C. Varrentrapp

Hermann von Wied und sein Reformationsversuch in Köln

ein Beitrag zur deutschen Reformationsgeschichte

C. Varrentrapp

Hermann von Wied und sein Reformationsversuch in Köln
ein Beitrag zur deutschen Reformationsgeschichte

ISBN/EAN: 9783743347014

Hergestellt in Europa, USA, Kanada, Australien, Japan

Cover: Foto ©ninafisch / pixelio.de

Manufactured and distributed by brebook publishing software (www.brebook.com)

C. Varrentrapp

Hermann von Wied und sein Reformationsversuch in Köln

HERMANN VON WIED

UND

SEIN REFORMATIONSVERSUCH IN KÖLN.

EIN BEITRAG

ZUR

DEUTSCHEN REFORMATIONSGESCHICHTE

VON

DR. C. VARRENTRAPP.

LEIPZIG,
VERLAG VON DUNCKER & HUMBLOT.
1878.

Vorwort.

Später, als ich wünschte und erwartete, werden die nachfolgenden Blätter veröffentlicht. Nicht nur persönliche Verhältnisse des Verfassers haben lange die Vollendung der Arbeit aufgehalten: besondere Schwierigkeiten waren gerade in der Vielseitigkeit der Interessen dieses historischen Stoffes begründet, auf welche ich in der Einleitung hingewiesen habe. Eben desshalb war es mir in hohem Grade willkommen, dass, während ich noch mit meinen Vorarbeiten beschäftigt war, der vierte Band von Ennen's Geschichte der Stadt Köln erschien, dass in ihm eingehend gerade die Zeit der Reformation behandelt wurde. Ennen's ausgesprochene Absicht ist auf eine Darstellung der Entwickelung der Stadt Köln vornehmlich auf Grund der reichen in dem Kölner Stadtarchiv aufbewahrten Quellenmaterialien gerichtet: so konnte ich namentlich für diese Seite meines Thema's mannigfache Belehrung seinem Buche entnehmen, andererseits machte dasselbe keineswegs eine Monographie überflüssig, welche vom Standpunkt deutscher Reformationsgeschichte aus, unter Berücksichtigung vieler dem Historiker der Stadt Köln ferner liegender Quellen und Erörterungen, den Reformationsversuch Hermann's von Wied behandelte. Noch weniger konnte mich zum Verzicht auf meinen Plan Drouven's Arbeit über „die Reformation in der Kölnischen Kirchenprovinz" bestimmen, die vor zwei Jahren veröffentlicht wurde, nachdem bereits drei Bogen der ersten und sieben Bogen der zweiten Abtheilung meiner Schrift gedruckt waren; von verschiedenen competenten Beurtheilern ist nachdrücklich hervorgehoben, dass durch Drouven das Bedürfniss einer Lösung der Aufgabe, die er sich stellte, nicht befriedigt ist.

Es erklärt sich leicht aus seinen persönlichen Verhältnissen, dass es ihm schwer fallen musste, auch nur des gedruckten vielfach zerstreuten Quellenmaterials habhaft zu werden. Der freundlichen Unterstützung der Vorsteher der Bibliotheken in Bonn, Düsseldorf, Frankfurt, Göttingen, Lübeck, Marburg, München und Wolfenbüttel verdanke ich, dass ich viele einschlagende zum Theil seltene Drucke des 16. Jahrhunderts einsehen und benutzen konnte, die meinen Vorgängern nicht zugänglich gewesen waren, so auch einen schon von Salig mit Recht als besonders interessant bezeichneten Sammelband der Wolfenbütteler Bibliothek; in diesem sind gedruckt fast sämmtliche Aktenstücke zusammengestellt, welche das von Drouven entdeckte, seinem Buche zu Grunde gelegte „Brauweiler Urkundenbuch" in Abschriften enthält. Wichtiger aber als das gedruckte ist auch für unser Thema das von Drouven nicht herangezogene archivalische Material. Die Benutzung von Archivalien aus Brüssel, Düsseldorf, Marburg, Neuwied, Weimar und Wien bot mir werthvolle Ergänzungen zu den Mittheilungen, die aus den genannten Archiven schon Deckers, Krafft, Lanz, Neudecker, Ranke, Reck und Seckendorf veröffentlicht hatten; weiteres handschriftliches Material durfte ich der Alfter'schen Sammlung in Darmstadt, einem Bande der Kindlinger'schen Sammlung in Münster, einer schon von Ennen mehrfach angezogenen Handschrift der Berliner Bibliothek, dem Archiv des Thomasstifts in Strassburg, den Archiven in Berlin, Bückeburg, Stolberg und Wernigerode entnehmen. Die Anmerkungen zeigen im Einzelnen, welche Punkte hierdurch in helleres Licht gesetzt werden konnten, wie sehr das freundliche Entgegenkommen der Verwalter dieser reichen historischen Schätze und die gütige Beihülfe befreundeter Fachgenossen meine Arbeit ge-

fördert hat. Es ist mir eine besonders liebe Pflicht, ihnen
Allen insgesammt auch an dieser Stelle nochmals meinen
herzlichen Dank auszusprechen, namentlich auch hier für die
Liberalität zu danken, durch die mir eine Benutzung der
Wied'schen und Stolberg'schen Archivalien an meinem Wohn-
orte gestattet wurde, wie für die stets bereite Gefälligkeit, mit
der Hermann Baumgarten in Strassburg, Archivrath Harless
in Düsseldorf, Pastor Krafft in Elberfeld und vor Allen meine
Marburger Freunde meine Studien unterstützten. Nur wer
in den letzten Jahren auf dem Marburger Schloss gearbeitet,
wer einen Blick in die dringend erforderlichen umfassenden
Ordnungsarbeiten geworfen hat, welche gegenwärtig die Kraft
der Beamten des Archivs in so hohem Grade in Anspruch
nehmen, vermag voll zu würdigen, wie sehr Gustav Koennecke
und Heinrich Reimer durch ihre unausgesetzten freundschaftlichen Bemühungen den oft so lästigen Benutzer zu Dank
verpflichtet haben. Eben bei meinen Studien im Marburger
Archiv überzeugte ich mich, wie werthvolle Aufschlüsse uns
nicht nur über den Reformationsversuch Hermann's von Wied,
uns überhaupt über die deutsche Reformationsgeschichte in
diesen entscheidungsvollen und verhängnissschweren Jahren
durch die hier aufbewahrte Correspondenz zwischen dem hessischen Landgrafen und Martin Butzer geboten würden; ich
hoffe, die einzelnen hier veröffentlichten Bruchstücke werden
auch anderen Fachgenossen die Freude begreiflich erscheinen
lassen, mit der ich den Entschluss Heinrich von Sybel's begrüsste, die Edition dieses Briefwechsels in die Reihe der
grossen von der neuen Archivverwaltung unternommenen
Publicationen aufzunehmen. Auch diese Arbeit dankt nicht
Weniges dem Verkehr, den ich mit dem Herausgeber
dieser Correspondenz, meinem Collegen Max Lenz pflegen
durfte.

Die Rücksicht auf seine und andere in nicht ferner Aussicht stehende Publicationen hat mich veranlasst, mehrere
Fragen der Geschichte dieser Zeit kürzer zu behandeln, als
ich ursprünglich beabsichtigt hatte; Niemand empfindet lebhafter als ich, an wie manchen Punkten diese Arbeit der Er-

gänzung fähig und bedürftig ist. Nichts würde mich mehr erfreuen, als wenn — im Anschluss an sie oder im Widerspruch gegen sie — weitere Aufklärung verbreitet würde über die hier behandelten und angeregten wichtigen Fragen rheinischer und deutscher Geschichte.

Marburg, im Juli 1878.

C. Varrentrapp.

Inhaltsübersicht.

Vorwort . . . . S V—VIII

Erste Abtheilung.

Einleitung . . . . S. 3—34

Die Bedeutung der Geschichte Hermann's von Wied.
Kölns Glanz im Mittelalter 3. — Kölns Elend im 18. Jahrhundert 5. — Die Wendung eingetreten im Zeitalter der Reformation 7. — Wichtigkeit von Hermann's Reformationsversuch für Köln, für Deutschland anerkannt durch Zeitgenossen und spätere Historiker 8. — Genügende Bearbeitung fehlt 9.

Das Kölner Erzstift von Arnold bis auf Hermann von Wied.
Bemühungen Arnold's von Wied für die Kölner Macht 10 f. — Territoriale Politik der Kölner Erzbischöfe 12 ff. — Kämpfe der Erzbischöfe mit der Stadt Köln und rheinischen Dynasten 14 ff. — Ausgang dieser Kämpfe 16 f. — Territorium des Erzbischofs 17 f. — Seine Doppelstellung 19. — Seine Wahl 20. — Das Kölner Domcapitel 21. — Kölner Landstände 22. — Erblandesvereinigung von 1463 22 f. — Kirchlicher Nothstand 23 f. — Wirren und Reformversuche des 14. und 15. Jahrhunderts 25 f. — Sie bringen Gewinn den weltlichen Fürsten des Niederrheins 26 f. — Keine Besserung der kirchlichen Zustände 28 ff. — Bedürfniss und Gegner von Reformen 31 ff. — Kölner Universität und Humanismus 32 ff.

Erstes Kapitel.

Erzbischof Hermann — Ende 1542 . . . . S. 35—124

Hermann's Abstammung 35. — Bildung 36 ff. — Wahl 38. — Seine Betheiligung an der Wahl Karl's V. 39 — und Ferdinand's 40. —

Inhaltsübersicht.

Hermann's Wirken als Landesfürst 41 ff. — Das Kölner Landrecht von 1538 42 ff. — Die Ordnung der geistlichen Gerichtsbarkeit 47 f. — Conflicte mit Rom, mit Ingenwinkel, mit päpstlichen Curialen 48 ff. — Bedeutung dieser Streitigkeiten 55. — Gegensätze im geistigen Leben Kölns 56 ff. — Die Kölner Universität; Verfall; Reformversuche 58 f. — Freunde der Reformation in der Stadt Köln: Augustiner 60; Fabritius, Westerburg, Wilhelm von Isenburg 61. — Verhalten des Stadtraths gegen Clarenbach, Fabritius, Westerburg, Isenburg 62 f. — Gründe seiner reactionären Haltung 64 f. — Entgegengesetzte Entwickelung Hermann's 66. — Massregeln gegen die Reformation 67. — Abneigung des Erzbischofs gegen Grausamkeiten; sein Wunsch, die Missstände zu beseitigen 68. — Humanisten an seinem Hof: Hermann von Neuenahr. Johann Gropper. Bernhard von Hagen. Ihre Beziehungen zu Erasmus 69. — Erasmische Reformbestrebungen in Köln und Cleve 70. — Münster'sche Unruhen 71. — In den revolutionären Bewegungen sieht der Erzbischof neue Aufforderung zu Reformen 71. — Kölner Provincialconcil von 1536 72 ff. — Gropper's Enchiridion 78 ff. — Hermann's Beziehungen zu protestantischen Fürsten und Gelehrten 82—93: Seine Reise zu den Kurfürsten von Sachsen und Brandenburg 82 f. — Der päpstliche Nuntius van der Vorst empfängt ungünstigen Eindruck vom erzbischöflichen Hof (V.'s Schilderung von Hermann's Aeusserem 75) 83 f. — Agrippa von Nettesheim 84. — Nicolaus Pruckner 85. — Peter Medmann 85 f. — Die Grafen von Neuenahr, Manderscheid, Nassau, Stolberg 86 ff. — Christoph von Oldenburg 87. — Johann Oldendorp 88—92. — Beziehungen zwischen Köln und Hessen. Eucharius Hirtzhorn. Siebert Löwenberg 92 f. — Eifrige Kämpfer gegen die Neuerung sterben, reformfreundliche Gesinnungen weit verbreitet, auch unter Cardinälen 94 f. — Union nicht möglich, aber Neigung zu Unionsverhandlungen gestärkt 95. — Auch bei Protestanten 96. — Politik Karl's V. 97 f. — Betheiligung der Kölner an den Friedens-Verhandlungen 98 f. — Wilhelm von Neuenahr's Mission 99 f. — Hermann besucht den Tag zu Hagenau, spricht mit Capito, Hedio, Butzer 101. — Charakteristik Butzer's 101—107. — Butzer und Gropper in Hagenau 108 ff. — Philipp von Hessen 110 ff. — Seine Bigamie 111. — Er wünscht Verständigung mit dem Kaiser 112. — Granvella benutzt diese Stimmung 113. — Er veranlasst ein Geheimgespräch zwischen Butzer und Gropper in Worms 114. — Bedeutung dieses Gesprächs 115. — Verhandlungen in Regensburg 116. — Ihr Resultat bedenklich für die Protestanten, aber Hermann durch sie in Reformplänen befestigt 117 ff. — Butzer von ihm im Februar 1542 berufen 119. — Butzer in Köln 120. — Kölner Landtag im März 120 f. — Aussichten und Hindernisse der Reform 121 f. — Butzer auf das Neue von Hermann berufen 122. — Gründe gegen und für Annahme des Rufs 122. — Butzer folgt dem Ruf 124.

Zweites Kapitel.

Butzer und Melanchthon in Bonn. Hermann's Reformations-Bedenken . . . . S. 125—218.

Butzer's Ankunft und erste Thätigkeit in Bonn 125. — Kölner Opposition 126. — Verhandlungen mit Butzer's Kölner Gegnern 127. — Verhalten des Domcapitels, Schreiben vom 4. Januar 1543 128. — Im Domcapitel gegen Butzer die Priesterherren, von den Adligen Thomas von Rheineck, Christoph von Gleichen, Georg von Sayn-Wittgenstein 129 ff. — Gropper gegen Butzer 131 ff. — Correspondenz Beider 136 ff. — Der Erzbischof hält an Butzer fest; dieser ruft Protestanten zu seiner Hülfe auf 139 f. — Melanchthon berufen, lehnt vorläufig ab 140 f. — Weitere Schritte der Kölner gegen Butzer 142 ff. — Gutachten der Verordneten des Domcapitels gegen ihn 143 ff. — Dem Erzbischof wird mit Berufung des Landtags gedroht 146. — Er findet für seine Bestrebungen Anhänger im Erzstift. Heinrich von Stolberg. Wilhelm von Nassau. Sarcerius und Johann Knipius in Andernach. Kempen 146 ff. — Philipp von Hessen für den Erzbischof, Schreiben des Papstes gegen sein Unternehmen 149. — Kölner Landtag im März 1543. Günstiger Verlauf desselben für Hermann's Pläne 150 ff. — Butzer's erste Vertheidigungsschrift 153 ff. — Der Landgraf und andere Protestanten unterstützen Hermann 156 ff. — Hedio, Pistorius, Steuper, Melanchthon kommen 157 ff. — Anhänger Hermann's auch in der Stadt Köln 159. — Massregeln gegen sie: Oldendorp und Meinertzhagen aus der Stadt vertrieben, Begräbniss von Longolius verweigert 160 ff. — Schroffe Antwort von Billick auf Butzer's Schrift im Namen der Universität und des Secundarclerus 165 ff. — Melanchthon, Butzer, Oldendorp erwidern Billick. Auszüge aus ihren Schriften namentlich über die Verehrung der Heiligen 167 ff. — Melanchthon und Butzer entwerfen das „Bedenken" der Reformation 176 f. — Dasselbe geprüft durch den Erzbischof 177. — Das Bedenken über Bibel und Tradition 179, über Pflichten der Pastoren 179 f., über wahre Erkenntniss und Anrufung Gottes 180 f., über Erbsünde 181, Vergebung der Sünde, Rechtfertigung durch den Glauben 182, über die Kirche 183, Missbräuche des Bilderdienstes und der Fasten 184, über Taufe und Abendmahl 185 ff., über Einsetzung der Pastoren 188, über Feiertage, Ordnung der Kirchenübungen, Bettage 188 ff., über Armenpflege 190, über Schulen 191 f., über Reformation der Geistlichen 192 ff., über deutsche Kirchengesänge 194, über Stifter und Klöster 194 ff., über Wiedertäufer 197. — Charakter des Bedenkens 197 ff. — Benutzung desselben in anderen Landen 199. — Neue heftige Angriffe gegen Hermann's Unternehmen: Latomus 200 f. Jesuiten Faber und Canisius 201 f. Schreiben des Papstes 202 f. — Die Schmalkaldischen Stände zu Hermann's Unterstützung aufgefordert, schicken Gesandtschaft nach Köln und

Bonn 203 ff. — Hier Landtag im Juli 205 ff. — Weltliche Stände erklären sich für den Erzbischof 207. — Eberhard von der Thann beurtheilt günstig die Aussichten der Reform 208 f. — Grosse Hoffnungen erregt auch durch die reformfreundliche Gesinnung Wilhelm's von Cleve 209. — Karl V. bekriegt ihn 210. — Weist alle Vermittlungsanträge ab 211. — In Bonn 211 ff. — Nimmt Düren 214. — Vertrag von Venlo 214 f. — Hermann hält fest an seinem Werk; dessen Aussichten 215 ff. — Wirkung des Siegs auf den Kaiser 217 f.

Drittes Kapitel.
Bedrohung und Absetzung des Erzbischofs. . S. 219—280
Deutsche Finanznöthe 219. — Gemeiner Pfennig und Römermonate 219 f. — Finanzielle Verlegenheiten des Kölner Erzbischofs 221 f., benutzt von Hermann's Gegnern 222. — Der „Gegenbericht" des Capitels gegen das „Bedenken" 223 ff. — Vermittlungsvorschläge zurückgewiesen 225. — Karl V. stärkt Hermann's Gegner 226. — Ist aber noch der Hülfe der Protestanten bedürftig 226. — Sie bewilligen seine Wünsche auf dem Reichstag von Speier 227 ff. — Friede zwischen dem Kaiser und Frankreich 227. — Abendmahlsstreit unter den Protestanten 229 ff. — Besorgnisse über Luther's Absichten 230 f. — Hermann's Kölner Gegner gehen zu offenem Angriff vor 232 ff. — Sie appelliren an Kaiser und Papst 234. — Weisen gütliche Verhandlungen zurück 235. — Werben um Bundesgenossen für ihre Appellation 236. — Suchen auch die weltlichen Stände für sich zu gewinnen 237. — Diese machen Vorschläge zur Herstellung der Einigkeit 238. — Gegenartikel Gropper's 239 f. — Der Erzbischof in seinem Glauben nicht erschüttert. 241. — Schreiben an und gegen ihn 241 ff. — In Münster Scheu vor entschiedenen Schritten 242. — Bischöfe und Capitel von Lüttich und Utrecht und Universität Löwen treten der Kölner Appellation bei 242 f. — Naves gegenüber den ständischen Deputirten und dem Erzbischof 243 f. — Dieser wendet sich an die Schmalkaldener: sächsisches Gutachten 245. — Heinrich von Braunschweig in Köln 246. — Hardenberg, a Lasco, Menno Symons, Gerhard Westerburg im Erzstift 247 f. — Anhänger der Reformation in der Stadt Köln 248 f. — Karl V. mahnt den Stadtrath zur Strenge 249. — Seine Mahnung befolgt: Massregeln des Raths, der Geistlichkeit und der Universität gegen Neuerer 249 f. — Inquisition 251. — Canisius predigt 251, Latomus, Cochlaeus, Billick, Gropper schreiben gegen Protestanten 251 ff. — Butzer antwortet namentlich Gropper 253. — Wormser Reichstag 253 f. — Das Erzbischofs Schreiben an Kaiser und Stände vom 26. Juni 1545 254. — Seine Gegenappellation 255. — Er wird vorgeladen nach Rom und Brüssel 255 f. — Auch seine Anhänger im Domcapitel bedroht 256. — Domherren in Bonn und Köln 257. — Stolberg und Genossen appelliren 258. — Kaiser und Papst gegen sie 258. — Hermann und die Schmal-

kaldener 258 ff. — Brück, der Landgraf und Butzer über die Kölner Sache 258 ff. — Allgemein die Pflicht anerkanut, dem Erzbischof zu helfen; aber zur That kommt es nicht 260. — Landtag im December 1545 261 ff. — Die weltlichen Stände für den Erzbischof 262 ff. — Mit ihrer Zustimmung beschickt er den Tag der Schmalkaldener in Frankfurt 264. — Bedeutung der hier gefassten Beschlüsse 264 f. — Die Gesandten der Protestanten in Maastricht 265. — Kaiserliche Politik 266. — Rheinische Grafen 267. — Karl will nicht offen mit seinen Plänen hervortreten, will Sachsen und Hessen isoliren 268 f. — Hermann unterstützt diese nicht. Vermittlungsprojecte. „Wahrhafte Erzählung" 269 f. — Päpstliche Absetzungssentenz; der Coadjutor zum Administrator des Erzstifts bestimmt 269. — Hermann protestirt gegen das päpstliche Urtheil 271. — Adolf's Unterhandlungen mit dem Kaiser, mit Hermann, mit Domherren und Grafen 272. — Der Kaiser beruft auf 24. Januar 1547 die Stände zum Landtag 272. — Hier Hermann's Absetzung, Adolf's Erhebung proclamirt; die Stände fügen sich 273 ff. — Hermann's und seiner Genossen ferneres Schicksal 276. — Hermann's letzte Krankheit, Tod und Begräbniss 277. — Ausgang seiner Gegner 278. — Spätere Religionskämpfe am Niederrhein 279. — Warum ist Hermann's Reformationsversuch gescheitert? 279 f.

Zweite Abtheilung.

I. Die Beschränkung geistlicher Gerichtsbarkeit am Niederrhein vor der Reformation . . . . S. 1—6
II. Hermann's erster Streit mit Rom . . . . S. 7—27
III. Gropper's und Butzer's polemische Schriften als historische Quellen . . . . S. 28—52
IV. Butzer's Briefe an Philipp von Hessen vom Niederrhein 1543 . . . . S. 53—90
V. Zwei Briefe von Dietrich von Büchel 1544 und 1545 S. 91—95
VI. Sächsische und hessische Gutachten in der Kölner Sache S. 96—111
VII. Briefwechsel zwischen Canisius und Gropper im Januar und Februar 1547 . . . . S. 112—119
VIII. Hermann's Bibliothek in Buschhoven . . . . S. 120—123
Nachträge und Berichtigungen . . . . S. 124—125
Chronologisches Verzeichniss der abgekürzt angeführten handschriftlichen und gedruckten Quellen und Bearbeitungen . . S. 126—130
Alphabetisches Personenverzeichniss . . . . S. 131—136

Erste Abtheilung.

Der erste Anblick Kölns, die erste Erinnerung an seine Geschichte ruft zunächst in uns den Gedanken an seine mittelalterliche Grösse wach. Keineswegs nur einheimische Stimmen rühmen dieselbe; berichtet im 11. Jahrhundert Lambert von Hersfeld, dass Köln nächst Mainz als das Haupt und die Fürstin von allen Städten des deutschen Reiches gelte, so bezeichnet etwas später Wilhelm von Malmesbury das von Waaren und Heiligthümern angefüllte Köln geradezu als die Metropole von ganz Deutschland und ebenso erklären Otto von Freising und Leopold von Oesterreich, Gottfried von Viterbo und der Dichter des Ligurinus das „reiche" Köln des 12. Jahrhunderts für die erste deutsche Stadt. Als 1333 Petrarca Tage lang ihre Strassen durchwanderte, flössten nicht bloss ihre angenehme Lage und ihr herrliches Wasser ihm Bewunderung ein, auch der feine Ton und die guten Sitten der berühmten Bewohner, wie er solche in einer Barbarenstadt kaum erwartet; „findest du in ganz Europa, schreibt noch im 15. Jahrhundert Enea Silvio de Piccolomini, Grossartigeres und Prächtigeres als Köln?"[1])

---

[1]) Vgl. die Aeusserungen der Schriftsteller namentlich des 12. Jahrhunderts, die Waitz (Deutsche Verfassungsgeschichte 6, 245), Toeche (Heinrich VI. S. 66), Ficker (Engelbert von Berg 236) und Ennen 1, 482 f. 3, 1044 zusammengestellt haben. Ueber Kölns Preis im Ligurinus s. Pannenborg, Forschungen zur deutschen Geschichte 11, 253. Auf Petrarca's interessante Schilderung Kölns (epp. fam. I. ep. 4 ed. Fracassetti 1, 44) hat in Deutschland auch weitere Kreise Jakob Grimm im Eingang seiner Schillerrede (Kleinere Schriften 1, 374) hingewiesen; neuerdings ist sie

Mit Recht ist darauf hingewiesen, dass Piccolomini bei seinem Preise der deutschen Städte von sehr bestimmter Tendenz geleitet wurde; mit Recht sind die Uebertreibungen zurückgewiesen, die mit veranlasst durch solche Schilderungen über die Zahl der Häuser und der Bevölkerung unserer mittelalterlichen Städte verbreitet sind: es ist ungerechtfertigt, auch die grössten und blühendsten derselben auf eine Stufe mit unseren modernen Grossstädten zu stellen, es ist ungerechtfertigt, von mehr als hunderttausend oder gar von mehreren hunderttausend Einwohnern des mittelalterlichen Köln zu reden[1]). Aber wohl dürfen die erwähnten Aeusserungen als vollgültige Zeugnisse dafür angeführt werden, welche Stelle im 11.—15. Jahrhundert unter den deutschen Städten nach dem Urtheil der Zeitgenossen Köln behauptete. Und gewiss schon ein Hinweis auf seine Kirchenbauten und Malerschule, auf die Gelehrten, die hier gewirkt, auf Albert den Grossen und Eckart, auf Thomas von Aquino und Duns Scotus genügt die Bedeutung dieser Stadt für die Kunst- und Culturgeschichte des Mittelalters ausser Zweifel zu stellen; wer je mit den Problemen deutscher mittelalterlicher Stadtverfassung sich beschäftigt hat, weiss, dass nur ein Verständniss der Kölner Verhältnisse ihre Lösung ermöglicht. Und wie mit der Stadt, ist es mit dem Erzstift bestellt, das ihren Namen trägt, in dessen Geschichte die ihre untrennbar verflochten ist. Wer könnte es unternehmen unsere mittelalterliche Kaiserzeit zu schildern, ohne eingehend der Kölner Erzbischöfe Bruno und Anno, Reinald von Dassel und Philipp von Heinsberg, Engelbert von Berg und Konrad von Hochstaden zu gedenken?

---

von L. Geiger in der Zeitschrift für deutsche Culturgeschichte N. F. 3 (1874), 213 ff. übersetzt. Unter den Lobeserhebungen Kölns durch Einheimische verdient besondere Beachtung der ausführliche, um 1400 verfasste Panegyrikus, den Huber aus Boehmer's Nachlass (Fontes rerum Germanicarum 4, 463 ff.) veröffentlicht hat.

[1]) Vgl. ausser Ennen (1, 683. 2, 681. Zeitschrift für deutsche Culturgeschichte N. F. 3, 301) auch Hegel, Nürnberger Chroniken 2, 500 ff. und Schmoller in seiner Rectoratsrede über Strassburgs Blüthe und die volkswirthschaftliche Revolution im 13. Jahrhundert (Strassburg 1875) S. 23.

Aber darf ein gleich allgemeines Interesse auch die Kölner Geschichte späterer Jahrhunderte für sich in Anspruch nehmen? Sicherlich gewaltig ist der Gegensatz zwischen dem Glanze Kölns im Mittelalter und dem Bilde, das dieselbe Stadt, dieselbe Landschaft im 17. und 18. Jahrhundert dem Beschauer bietet. „Köln, schreibt ein Reisender am Ende des vorigen Jahrhunderts, ist in jedem Betracht die abscheulichste Stadt von Deutschland. Die meisten Häuser drohen den Einsturz, ein grosser Theil derselben steht ganz leer. Einen Dritttheil der Einwohner machen privilegirte Bettler aus. Von Manufacturen kennt man hier nichts, als eine Tabacksfabrik und die Spitzen, welche die Weiber und Töchter der geringern Bürger klöppeln. Aller Industriegeist ist unterdrückt; die sogenannten hiesigen Kaufleute sind meistens nur Krämer und Commissionärs für die Kaufleute anderer Städte"[1]. Begreiflich, dass solche Schilderungen den Heimathstolz der Kölner verletzten, begreiflich, dass ein eifriger Kölner, wie Wallraf, alles aufbot, „den Fremden eine bessere Idee von seiner in den Reisebeschreibungen durchgehends so verschrieenen Vaterstadt beizubringen". Als er von Gercken vernahm, dass es dessen Absicht sei, „die Stadt, der Wahrheit gemäss, gegen übertriebene Angaben zu defendiren", lieferte er ihm bereitwillig Material zu dem Capitel seiner Reisebeschreibungen, das Köln behandelte; aber auch er „musste das Ansehen, welches er dem gegenwärtigen Zustande seiner Vaterstadt nicht zu vindiciren vermochte, in ihren früheren Tagen suchen; eine grosse Vergangenheit wollte er heraufbeschwören, die Mängel der Gegenwart zu verdecken"[2].

---

[1] Briefe eines reisenden Franzosen über Deutschland. Uebersetzt von K. R. 2. Aufl. 2, 350—367. Vgl. ausser Perthes, Politische Zustände z. Z. der französischen Herrschaft I, 145 ff. und den von ihm S. 159 erwähnten Schilderungen Lang's und Forster's auch Reise auf dem Rhein, II. Theil (Frankfurt am Main 1790) S. 243—318 und Malerische Rheinreise von Speyer bis Düsseldorf. Aus dem Italienischen des Abbate de Bertola (Mannheim 1796) S. 235 ff.

[2] Ennen, Zeitbilder aus der neueren Geschichte der Stadt Köln 261.

Und was zeigt uns ein Blick auf das Erzstift? Fast zwei Jahrhunderte hindurch lag dessen Regierung in der Hand von Angehörigen eines der ersten deutschen Fürstenhäuser, in der Hand von Wittelsbachern; ist die auswärtige Politik der meisten von ihnen bestimmt durch ein Deutschland schwer schädigendes Bündniss mit Frankreich, so ihre innere durch eine Nachahmung der Hofhaltung von Versailles. Aber nicht der Hinweis auf die deutsch-feindliche Politik, auf die Prachtliebe einzelner Kurfürsten genügt, die üble Lage der materiellen und geistigen Verhältnisse des Kurstaates Köln im 18. Jahrhundert zu erklären. In diesem grössten der geistlichen Kurstaaten zeigten sich auf das Stärkste die Nachtheile, welche die Verfassung dieser Staaten für ihre Bewohner mit sich brachte. Offen wurden diese Schäden von den letzten Kurfürsten selbst bekannt, das Bedürfniss von Reformen auf allen Gebieten eingeräumt. Auch sind solche wohl unternommen; dauernde Stärkung aber ist durch sie hier so wenig wie sonst in Deutschland dem geistlichen Fürstenthum zu Theil geworden. Mit Recht hebt es Häusser[1]) als charakteristisch hervor, dass, als der Sturm von Westen kam, vorwiegend in den geistlichen Gebieten unverhohlene Sympathien für die revolutionaire Strömung zu Tage traten. „Weder die Kirche, sagt Perthes[2]), noch das Reich, noch die Unterthanen hatten ein Interesse bei der Fortdauer der geistlichen Herrschaften; sie waren in ihrer Abgestorbenheit dem Untergang verfallen und bargen keine Keime in sich, welche bildend für eine künftige politische Gestaltung hätten werden können".

Gewiss, die Betrachtung solcher Zustände ist nicht erfreulich; aber ist sie darum minder lehrreich? Und wenn es wenig erquicklich und kaum nöthig erscheinen mag, im Detail den Verfall in all seinen Stadien zu verfolgen, ist es nicht eine Aufgabe von allgemeinem Interesse, Aufklärung über die Gründe des Verfalls zu suchen? Ist solche aber

---

[1]) Deutsche Geschichte 3. Auflage 1, 110.
[2]) Das deutsche Staatsleben vor der Revolution 121.

zu hoffen ohne genaue Kenntniss der Tage, in denen die Entscheidung für die weitere Entwicklung erfolgte? Auch für Kölns fernere Geschicke ist das 16. Jahrhundert bestimmend geworden: das Jahrhundert der Reformation. Sicherlich nicht allein Kölns Stellung zum Protestantismus erklärt seine Zukunft; umgekehrt ist eben seine Haltung gegenüber der Reformation sehr wesentlich beeinflusst durch mehr als ein nicht religiöses Moment. Aber unerlässlich für einen Jeden, der die neuere Geschichte dieser Stadt, dieses Landes verstehen will, ist eine Einsicht in die Kämpfe, durch welche in beiden die Einführung des Protestantismus scheiterte.

Es liegt nahe daran zu erinnern, eben hier musste die reformatorische Bewegung auf besondere Schwierigkeiten stossen, in dem „heiligen" Köln, das schon sein altes Stadtsiegel als treue Tochter der römischen Kirche bezeichnete; andererseits hatte es bekanntlich auch an Kämpfern gegen Rom in dem mittelalterlichen Köln nicht gefehlt. Sein angesehenster Reliquienschatz, die Gebeine der heiligen drei Könige waren ja hierher übertragen zur Belohnung für die Verdienste, die ein Kölner Erzbischof, als eifrigster und gefährlichster Gegner Papst Alexander III., im Kampfe gegen dessen wichtigste Verbündete sich erworben hatte, und wie Reinald von Dassel gab mehr als einer seiner Vorgänger und Nachfolger Rom mannigfachen Anlass zur Klage. Hier hatten schon früh im 12. Jahrhundert die Anhänger des Haeretikers Tanchelm sich verbreitet; 1143, 1146, 1163 und ebenso in den folgenden Jahrhunderten wird uns gerade aus diesen Landen von zahlreichen Ketzern und zahlreichen Ketzerverfolgungen berichtet[1]). Köln galt als Heerd der haeretischen Begharden, der Brüder vom freien Geiste; nicht bloss die Meister der Scholastik, auch die Meister der deutschen Mystik haben hier gelehrt und gelernt[2]).

---

[1]) Vgl. ausser den Quellenstellen, die Wattenbach, Deutschlands Geschichtsquellen 3. Aufl. 2, 173 verzeichnet, Ennen und Eckertz, Quellen z. G. der Stadt Köln, 1, 495 ff. 523 ff.

[2]) Mosheim, De Beghardis 198, 293 ff. K. Schmidt, Zeitschrift für historische Theologie 1840. Heft 3, 34. 57. Preger, Geschichte der deutschen Mystik 1, 3. 212 ff. 354 ff.

Dass eben in diesem Erzbisthum zwei Male im 16. Jahrhundert ein Erzbischof selbst es versuchte, sein Land zur Reformation hinüberzuführen, dass beide Male dieser Versuch misslang, ist nicht bloss interessant und wichtig für die Kölner Geschichte. Eben in diesen Tagen, eben hierdurch gewinnt dieselbe hervorragende Bedeutung für die Entscheidung wichtigster Verwicklungen deutscher und europäischer Geschichte; nimmt das Reformationswerk Hermann's von Wied zunächst die Aufmerksamkeit des Theologen in Anspruch, weil an ihm Melanchthon und Butzer in bedeutsamer Weise thätig Theil genommen haben, so drängt auch die politische Wichtigkeit dieses Unternehmens sich einem Jeden auf, der die Vorgeschichte, der die Ursachen und Folgen des Schmalkaldischen Krieges studirt. Schon die Zeitgenossen haben klar diesen Zusammenhang erkannt und ausgesprochen; „was man für Köln gethan, schrieb 1547 Philipp von Hessen, das reut mich nicht; aber endlich ist es ein grosser Anfang gewesen zu diesem Kriege, welches auch den Kaiser sehr verhitzt hat". Nachdrücklich haben protestantische und katholische Historiker alter und neuer Zeit die allgemeine Wichtigkeit der Geschichte Hermanns von Wied betont, wie in vergangenen Jahrhunderten Sleidan, Rabus und Surius, Meshov, Seckendorf, Salig und Planck, so in dem unsern Ranke und Döllinger, Loebell und Häusser[1]). So vielfach aber auf die Bedeutung dieses Abschnitts der Kölner Ge-

---

[1]) Ich hebe von den älteren Historikern nur diejenigen hervor, die eingehend auf Grund selbstständiger Quellen-Studien über Hermann gehandelt haben und daher ihrerseits wiederum als Quellen für unseren Gegenstand benutzt sind; auch im Verlaufe unserer Darlegungen wird desshalb noch mehrfach ihrer Angaben und Urtheile zu gedenken sein. Ebenso der Ausführungen Döllinger's und Ranke's. Loebell's und Häusser's Namen fügte ich den ihren hinzu, weil gerade von diesen Beiden mit besonderem Nachdruck die allgemeine Bedeutung der Geschichte Hermanns betont ist, von Loebell in den Historischen Briefen über die Verluste und Gefahren des Protestautismus S. 72 f., von Häusser in seinen durch Oncken herausgegebenen Vorlesungen über die Geschichte des Reformationszeitalters S. 215 ff.

schichte hingewiesen ist, eine genügende monographische Bearbeitung ist ihm bisher nicht zu Theil geworden [1]).

---

[1]) Nach gedruckten und ungedruckten Quellen hat Deckers, Religions- und Oberlehrer am katholischen Gymnasium zu Köln, der schon 1837 unserem Thema ein Gymnasial-Programm gewidmet hatte, eine Monographie verfasst, die u. d. T.: „Hermann von Wied. Erzbischof und Kurfürst von Köln (XXIV u. 269 S. 8.) Köln 1840, M. Du Mont-Schauberg" erschien. Schon damals ist in den Göttingischen gelehrten Anzeigen 1841 n. 32 nicht ohne Grund auf das Bedenkliche mancher Behauptungen des Vfs. hingewiesen; im Besitz eines viel reicheren Materials würde es heute nicht schwer fallen, an vielen Punkten Fehler und Mängel in seiner Darstellung aufzudecken. Aber da hiervon, irre ich nicht, jeder sachkundige Leser sich leicht überzeugen kann, erscheint es mir unnöthig, im Einzelnen den Beweis zu führen, dass das Buch den heute zu stellenden Anforderungen nicht genügt. Gern hebe ich dagegen ausdrücklich hervor, dass einzelne wichtige, früher unbekannte Aktenstücke aus dem Brüsseler Archiv hier zuerst mitgetheilt sind, dass der Vf. ferner trotz seiner eifrig katholischen Gesinnung, trotz seiner warmen Anerkennung der Gegner Hermann's, sich bemüht auch dem Erzbischof gerecht zu werden. „Was die Behandlung des Gegenstandes betrifft, lesen wir in der Vorrede S. VII, so liegt am Tage, dass diese der Ueberzeugung des Vfs. gemäss vom katholischen Standpunkte aus geschehen ist. Hoffentlich wird man dabei aber auch nicht verkennen, dass sie in humaner und freisinniger Weise geschehen ist. Das Erstere möchten nur mit hohem Unrecht die nicht-katholischen, das Letztere die katholischen Leser dem Vf. übel nehmen — diese um so mehr, da einmal diese Freisinnigkeit sich nicht auf das Wesentliche des katholischen Christenthums, sondern nur auf das Unwesentliche erstreckt, dann weiterhin nur auf solche Weise eine Rückkehr der getrennten Confessionen zur Kirche erzielt und allmählich vorbereitet werden kann". Durch das offene Bekenntniss zu dieser Gesinnung bietet unser Buch, bietet namentlich seine Vorrede, in der eben von diesem Standpunkt aus der katholische Religionslehrer regelmässige Abhaltung von Synoden wünscht, ein interessantes Gegenstück zu der ziemlich gleichzeitig in deutscher Uebersetzung erschienenen Schrift des Cardinal Pacca: Ueber die grossen Verdienste des Clerus, der Universität und des Magistrats zu Köln um die katholische Kirche im 16. Jahrhundert. Nebst einem Anhang, enthaltend einen vergleichenden Hinblick auf unsere Zeit, aus dem Italienischen. Augsburg 1841, K. Kollmann (59 S. 8). Hier wird der „schändliche" Abfall Hermann's, „der zu wenig Erfahrung hatte, um zu wissen, wie wenig man den verzuckerten Worten und dem geheuchelten Eifer der Ketzer für Friede und Einigkeit trauen dürfe", als „warnendes Beispiel für die Fürsten und Grossen der Erde" geschildert,

Einleitung.

Zur Erledigung der angeregten Fragen ist die Beantwortung einer Vorfrage unerlässlich. Wer sich in den Stand setzen will, Bestrebungen und Erfolge Hermann's von Wied richtig zu beurtheilen, wird zunächst versuchen müssen, sich die Kölner Verhältnisse bei seinem Regierungsantritt, 1515, zu vergegenwärtigen.

Mehr denn 300 Jahre waren damals verflossen, seit ein anderer Graf von Wied [1]) auf den Kölner Stuhl erhoben war. 1151 war Graf Arnold, bisher Dompropst in Köln und zugleich Kanzler Konrad's III., zum Erzbischof erwählt [2]). Unter

für die „es die schrecklichste Strafe ist, wenn sie der Leitung böser und irreligiöser Menschen überlassen werden". Ebenso wenig als diese Schrift kann selbstverständlich wissenschaftliche Bedeutung in Anspruch nehmen der in seiner Tendenz gerade entgegengesetzte Vortrag über „den reformatorischen Erzbischof von Köln, Hermann von Wied", der von dem Hauptverein für christliche Erbauungsschriften in den preussischen Staaten Berlin 1862 herausgegeben und verlegt ist.

[1]) Die Grundlage für eine Geschichte der Grafen von Wied bildet auch heute noch die fleissige Arbeit des Neuwied'schen Kanzlei-Directors Fischer, Geschlechtsregister der uralten deutschen reichsständischen Häuser Isenburg, Wied und Runkel, Mannheim 1775 (in Fol. mit 327 Urkunden, 5 Abbildungen von Grabmälern und einer Karte). Mit Benutzung der seitdem neu publicirten Urkunden, wie der Archive zu Neuwied und Runkel, bearbeitete dann „für Freunde der Vaterlandskunde" der evangelische Pfarrer in Neuwied R. St. Reck eine „Geschichte der gräflichen und fürstlichen Häuser Isenburg, Runkel, Wied, verbunden mit der Geschichte des Rheinthales zwischen Coblenz und Andernach von Julius Cäsar bis auf die neueste Zeit", welche mit 10 Abbildungen von Stammruinen, Münzen, einer Karte, Geschlechtstafeln und Urkunden Weimar 1825 erschien. Die ältere Literatur bis zur Mitte des vorigen Jahrhunderts ist verzeichnet in Zedler's Universallexikon s. v. Wied. Die wichtigsten genealogischen Daten sind kurz zusammengestellt im Genealogischen Hof-Kalender auf 1836 S. 257 ff.; für die älteste Zeit vgl. auch Eltester, Geschichtliche Uebersicht zum ersten und zweiten Bande des Mittelrheinischen Urkundenbuchs S. LXIX.

[2]) Nachrichten über Arnold's Thätigkeit als Kanzler und seine Wahl zum Erzbischof sind zusammengestellt von Jaffé, Konrad III. S. 257. 298 und von Giesebrecht, Deutsche Kaiserzeit 4, 515 (Register s. v. Arnold). Ueber Arnold's Erhebung zum Erzbischof s. namentlich die Schreiben Konrad's III. und der Kölner an den Papst bei Jaffé, Bibliotheca rerum Germanicarum 1, 469—475 und den Bericht Otto's von Freising Mon. G.

seinen Vorgängern hatte der Besitz der Kölner Kirche schwer
gelitten; so nahm Arnold die Wahl erst an, als König Konrad zu einem bedeutenden Privileg sich bereit erklärte; die
erzbischöflichen Tafelgüter, wurde verfügt, dürften in Zukunft
weder veräussert noch zu Lehen verliehen werden, die unter
Erzbischof Friedrich vergebenen Lehen sollten wieder eingezogen werden¹). Schon ein Jahr nach Arnold's Erhebung
starb König Konrad; lebhaft bemühte sich eben der Kölner
Erzbischof als seinen Nachfolger Friedrich Barbarossa durchzusetzen²), und dieser lohnte solche Dienste durch neue Bestätigung der erwähnten Privilegien. Solches freundschaftliche Einvernehmen zwischen Friedrich und Arnold hatte
Bestand, bis der Letztere 1156 starb. Er unterstützte Friedrich's Politik, er geleitete ihn, da Friedrich nach Italien zur
Kaiserkrönung zog³), und empfing dafür neue Beweise kaiserlicher Huld. Noch im Grabe ehrte Friedrich den Erzbischof; im Andenken an Arnold's „ausgezeichnete Verdienste"
nahm er dessen Geschwister, wie die Grabkapelle, die er sich
gegründet hatte, die Kirche von Schwarzrheindorf unter seinen kaiserlichen Schutz⁴). Bekannt ist die Bedeutung dieser
Kirche für die Baugeschichte des Rheinlands; schon die
wenigen angeführten Notizen genügen wohl, auch ihres Gründers Wichtigkeit für die politische Geschichte des Kölner
Erzstiftes zu zeigen.

SS. 20, 365. Dass man Arnold mit Recht zu dem Geschlechte der Grafen
von Wied rechnet, beweist Friedrich's I. Urkunde vom 17. Septemder 1156.
Stumpf 3752. Vgl. Fischer 62.

¹) S. Friedrich's I. Urkunde für Arnold vom 14. Juni 1153. Stumpf 3672.

²) Ann. Brunvilarenses Mon. SS. 16, 728. Ann. Colon. maximi SS. 17,
761. Im Mai 1152 schrieb Wibald an Arnold, der König gedenke magna
cum benivolentia et iocunditate beneficii vestri, quod ei gratis et plus quam
gratis in suis ad imperii culmen provectibus exhibuistis et postmodum in
suis primordiis singulari fide et constantia ad rei publicae et sua emolumenta indeficienter astitistis. Jaffé, Bibliotheca rerum Germanicarum 1,
512. Vgl. Giesebrecht a. a. O. 4, 498.

³) Vgl. Stumpf 3694. 3696. Jungfer, Friedrich's I. griechische und
normannische Politik S. 24 ff.

⁴) Stumpf 3752.

Die Bahnen, die er gewandelt, sehen wir mit glänzendem Erfolg auch seine beiden bedeutendsten Nachfolger einschlagen. Wie Arnold sind bald nach ihm zwei Reichskanzler, Reinald von Dassel und Philipp von Heinsberg, auf den Kölner Erzstuhl erhoben, beide unter Friedrich's unmittelbarem Einfluss, beide für wirksamste Unterstützung der staufischen Politik belohnt durch die bedeutendsten Privilegien und Schenkungen, die der Kaiser dem Kölner Erzstifte verlieh. Es war die Zeit, da überall in Deutschland die geistlichen Fürsten nach Ausbildung einer festen Territorialmacht strebten, da auch in Mainz und Magdeburg die Erzbischöfe Konrad und Wichmann vor Allem solcher territorialer Politik ihre Kräfte mit Eifer und nicht ohne Erfolg widmeten; günstiger als für beide lagen die Verhältnisse für ihre Kölner Collegen. Bedeutender Güterbesitz, wichtige politische Rechte in der Kölner Diöcese waren durch kaiserliche Gunst in die Hand der Kölner Erzbischöfe gekommen; besonders Anno der Heilige hatte es vortrefflich verstanden, seinen bedeutsamen Antheil am Regimente des Reiches für Mehrung des Besitzes seiner Kirche zu verwerthen[1]). Eher als in der weitausgedehnten Mainzer Diöcese war hier den geistlichen Herren die Möglichkeit zur Ausbildung geschlossener Territorialmacht gegeben, um so mehr, da hier nicht, wie in der oberrheinischen Ebene die Reichsregierung unmittelbar eingriff, da weiter auf der linken Seite des Rheins von einer concurrirenden herzoglichen Gewalt schon seit dem 10. Jahrhundert nicht mehr die Rede war. Nicht dem Kölner Erzbischof als solchem, seinem Bruder und treuen Genossen Bruno hatte einst Otto der Grosse das Herzogthum Lothringen übertragen; so wurden nach seinem Tode weltliche Herzöge in dem jetzt getrennten Ober- und Nieder-Lothringen wieder eingesetzt; nie aber haben diese herzogliche Gewalt in Ripuarien zu üben versucht, ja es begegnete

---

[3]) Coloniensis, sagt Adam von Bremen lib. 3 c. 34, quem avaritiae notabant, omnia quae domi vel in curia potuit corradere, in ornamentum suae posuit ecclesiae. Quam cum prius magna esset, ita maximam fecit, ut jam comparationem evaserit omnium quae in regno sunt ecclesiarum.

keinem Widerspruch, wenn hier solche geradezu von Köln in Anspruch genommen wurde. Auf der rechten Seite des Rheins suchte dagegen im 12. Jahrhundert Heinrich der Löwe in Westfalen auch in dem kölnischen Sprengel seine Herzogsgewalt zur Geltung zu bringen; eben dies Bestreben zu vereiteln, traten Reinald und Philipp an die Spitze seiner Gegner. Und es gelang nicht bloss den Welfen zu stürzen; auch den Löwenantheil der Beute trug der Kölner Erzbischof davon; ihm wurde auf dem Tage von Gelnhausen die herzogliche Gewalt im Gebiete der Paderborner und Kölner Diöcese übertragen[1]).

Schutz gegen den Welfen hatte Philipp vornehmlich im Anschluss an den Kaiser gesucht; auch die bedeutende Machterweiterung von 1180 dankte er kaiserlicher Gunst. Sie hatte ihn wie seinen Vorgänger so sehr gefördert, dass er fortan keinen Reichsfürsten mehr zu fürchten brauchte, dass er den Meisten an Macht überlegen, auch den Mächtigsten wohl gewachsen war. Sie hatte eben damit das Band gelöst, das bisher den Erzbischof an Friedrich gekettet hatte. Ein voller Umschwung in der Kölner Politik trat ein. Nicht wie bisher auf der Seite und im Dienste des Kaisers, im Gegensatz zu ihm sehen wir fortan Philipp und seine nächsten Nachfolger bestrebt, ihre Macht zu steigern; mit dem welfischen Herzogthum hatte Köln die welfische Politik ererbt. Die verhängnissvollen Wirkungen dieser Politik für Deutschland sind bekannt; ihr nicht zum wenigsten ist die Schuld des Bürgerkrieges beizumessen, in dem die Kraft des staufischen Kaiserhauses gebrochen wurde. Noch heute lesen wir

---

[1]) Dass 1180 dem Kölner Erzbischof die herzogliche Gewalt nur in seiner und in der Paderborner Diöcese, nicht, ausser in letzterer, auch in der ganzen Erzdiöcese Köln, dass sie ihm also nur in einem Theile, nicht in dem ganzen Umfang von Westfalen übertragen wurde, scheint mir durch die Untersuchungen von Hechelmann (Westfälische Zeitschrift 25, 12), Scheffer-Boichorst (Annales Patherbrunnenses Excurs V) und Stüve (Gogerichte 87 ff.), denen auch Waitz (Sybel's Historische Zeitschrift 25, 395) zustimmt, erwiesen, jedesfalls durch den Aufsatz von H. Kampschulte (Westfälische Zeitschrift 28, 107 ff.) nicht widerlegt zu sein.

mit Freuden die Gedichte Walther's von der Vogelweide auf Engelbert von Berg: ein trauriges Zeugniss für seine nächsten Vorgänger und Nachfolger, dass es uns erquickt, von einem Erzkanzler und Reichsverweser zu hören, der die Interessen des Reiches nicht verrieth. Jede Rücksicht auf das Gesammtwohl der Nation opferten diese Kölner Erzbischöfe dem Streben nach Ausbildung ihrer landesfürstlichen Gewalt; aber alle Macht, welche die Schwächung der Reichsgewalt in ihre Hände brachte, war nicht gross genug, sie zur Niederwerfung der Gegner zu befähigen, die mit den Zielen und Mitteln einer noch klarer partikularistischen Politik diesen Vertretern des für Deutschland gefährlichsten Partikularismus in ihrem eignen Gebiete entgegentraten. Unter Philipp sehen wir die Macht des Erzbischofs und der Stadt Köln sich wechselseitig steigern, sehen wir an seinem Hofe ihm dienstbereit und von ihm gefördert die Grafen von Mark, Kleve, Jülich, Berg. Schon im 13. Jahrhundert finden wir mehr als einmal die Nachkommen der eben genannten Grafen mit den Kölner Bürgern in bewaffnetem Bunde den Kölner Erzbischöfen gegenüber; ihren und Brabants geeinten Kräften gelang 1288 der Sieg von Worringen, gelang es hier Erzbischof Siegfried zum Gefangenen zu machen.

Wer diesen Umschwung verstehen will, wird zunächst der Veränderung der wirthschaftlichen Verhältnisse gedenken müssen. Von der niederrheinischen Tiefebene ist die grosse volkswirthschaftliche Revolution ausgegangen, die in der staufischen Zeit Deutschland umgestaltet, die aus einem Bauernvolk ein Volk mit Städten, Grosshandel, Gewerbe und Colonien[1] geschaffen hat. Kölns günstige Lage machte es zum Stapelplatz zwischen Mittelmeer und Nordsee; hier trafen „die grossen Handelszüge zusammen, die von Venedig und Genua über die Alpen und den Rhein hinab, dann vom fernen Nowgorod durch Vermittlung Lübecks und der westfälischen Städte dem Westen die Erzeugnisse des Ostens zu-

---

[1] Nach Schmoller's Ausdruck in seiner S. 4 angeführten Rectoratsrede S. 16.

führten; hier lagerten die Waaren, die aus England, Frankreich und den Niederlanden für den Osten bestimmt waren"[1]), von hier wurden Wein und Korn, flämisches Tuch und westfälische Eisenwaaren vertrieben. So entwickelte sich ein bedeutender Grosshandel und in seinem Gefolge eine nicht unwichtige Industrie; die Zahl und der Wohlstand der Einwohner wuchs, die Naturalwirthschaft wurde mehr und mehr durch Geld- und Creditwirthschaft verdrängt. Naturgemäss regte überall, wo solcher Umschwung eintrat, sich eine Opposition der städtischen Bevölkerung gegen die Naturaldienste und die Naturalsteuern, auf denen das bischöfliche Verwaltungssystem beruhte; hatte am frühesten und kräftigsten gerade in Köln Handel und Gewerbe sich entfaltet, hatten die commerciellen Beziehungen und Interessen seiner Kaufleute früh Einfluss auch auf die Politik seiner Erzbischöfe gewonnen, deren England zugewandte Haltung mit bestimmt, so war es am wenigsten zu erwarten, dass hier die erstarkte städtische Bevölkerung es dulden sollte, wenn der Erzbischof versuchte, ein Recht ausschliesslicher Herrschaft geltend zu machen. Sein Streben nach Ausdehnung seiner Gewalt schärfte den Widerwillen gegen dieselbe, stärkte das Verlangen, seine Herrschaft über die Stadt vollständig zu beseitigen, ein von ihm durchaus unabhängiges städtisches Regiment aufzurichten. So kam es zu fortgesetzten Streitigkeiten, zu Kämpfen, in denen die Kölner Bürger leicht einen Verbündeten an den kleinen weltlichen Grundherren der Diöcese fanden.

Früh schon begegnen die mannigfachsten Klagen der Geistlichen über die Art, wie die von ihnen für eximirte Besitzungen erwählten Vögte ihr Amt auffassten und verwalteten; wir sahen, wie viele Besitzungen der Kölner Kirche vor Erhebung Arnold's von Wied zu Lehen ausgegeben und dem Stifte entfremdet waren. Je mehr, durch Arnold's und seiner Nachfolger Gewandtheit und Glück, Besitz und Macht der Erzbischöfe gewachsen war, desto wichtiger musste ihnen die Aufgabe erscheinen, dem Unwesen weltlicher Vögte zu

---

[1] Ficker, Engelbert von Berg 86.

steuern; aber natürlich eben dies Bestreben rief die in ihren bedeutendsten Einnahmequellen bedrohten weltlichen Grundherren gegen sie auf. Im Anschluss vor Allem an Philipp von Heinsberg hatten sie ihren Besitz gemehrt; als Philipp's Nachfolger ihren Einfluss zu beschränken, eine starke landesfürstliche Gewalt auch ihnen gegenüber zu begründen unternahmen, suchten sie ihrerseits von allen weltlichen Ansprüchen ihres geistlichen Hirten sich freizumachen, seiner Kirche die Besitzungen zu entziehen, als deren Schutzherren sie eingesetzt waren: den Bemühungen des Kölner Erzbischofs um Aufrichtung eines Fürstenthums traten mit gleichem Bestreben seine Vasallen entgegen. Von diesen Kämpfen sind die letzten Jahrhunderte des Mittelalters erfüllt; mit mannigfach wechselndem Erfolg wurden sie geführt.

Entschieden vom Glück begünstigt waren die Kölner Erzbischöfe in Westfalen gegenüber den Grafen von Arnsberg; Theilungen schwächten die Macht der ehemaligen Inhaber des westfälischen Comitats; durch die Urkunden vom 25. August 1368 und vom 10. Mai 1369 übertrug schliesslich der kinderlose Graf Gottfried seine ganze Grafschaft dem Erzstifte[1]. Aber in derselben Zeit war dessen gefährlichstem Gegner, einem andern westfälischen Dynastengeschlecht, eine nicht minder bedeutende Erwerbung am Rhein geglückt: eben 1368 fiel den Grafen von Mark die Erbschaft ihres kinderlosen Oheims Johann von Kleve zu. Seit dem Ende des 13. Jahrhunderts, seit Eberhard I., hatte das märkische Grafengeschlecht die Führung im Kampfe der westfälischen und rheinischen Herren gegen den Erzbischof übernommen; es hatte sich Hoffnungen auch auf Arnsberg gemacht; dass dieses ihm entging und dem Gegner zu Theil wurde, diente natürlich dazu, den Gegensatz zu schärfen, in demselben Augenblicke, da auch die Kräfte beider Theile durch die neuen Erwerbungen gewachsen waren. In diesem Streit trug es der weltliche Fürst zweifellos über den geistlichen davon; durch glückliche Kämpfe mehrte Graf Adolf II. sein Gebiet

---

[1] Seibertz, Urkundenbuch n. 793. Lacomblet, Urkundenbuch 3, 589 (n. 659)

und sein Geld; 1417 wurde er zum Herzog von Kleve erhoben. Und ehe das 15. Jahrhundert zu Ende ging, war seinem Hause durch die Verlobung seines Urenkels mit der Erbtochter von Jülich und Berg Aussicht auch auf den Gewinn dieser Lande eröffnet; wirklich übernahm der Klevesche Prinz Johann 1511 nach dem Tode seines Schwiegervaters deren Regierung; 10 Jahre darauf starb sein Vater; so erfolgte 1521 die Verbindung von Jülich-Berg und Kleve-Mark unter Einem Fürstenhause. Auf dem Boden der Kölner Diöcese war so unter der Botmässigkeit dieses weltlichen Fürsten ein ansehnlicher Ländercomplex vereint, umfangreicher und besser abgerundet, als das Gebiet manches Kurfürsten, namentlich auch als das Territorium des Kölner Erzbischofs. Durfte man das Land des Herzogs von Kleve im 16. Jahrhundert mit einem Königreich vergleichen[1]), so bestand das Kurfürstenthum Köln nur aus einem schmalen Landstreifen längs des Rheins und dem davon völlig geschiedenen Herzogthum Westfalen. Beide Stücke waren ungefähr gleich gross, der Flächeninhalt eines jeden wird auf etwa 60 Quadratmeilen angegeben[2]); ein jedes von ihnen besass demnach noch nicht die Ausdehnung des heutigen Regierungsbezirks Köln, beide zusammengenommen erreichten nicht den Umfang des heutigen Regierungsbezirks Arnsberg. Und dabei war der Zusammenhang des Landstreifens, der hauptsächlich am linken Rheinufer sich ausdehnte, 20 Meilen lang, aber an manchen Stellen noch nicht eine halbe Meile breit, des eigentlichen Erzstifts[3]) mehrfach unterbrochen durch

---

[1]) Wilhelm von Grevenbroich schreibt, wie schon Krafft, Bullinger 105 bemerkt, 1533 an den Jungherzog Wilhelm: Si fines ditionum tuarum intuearis, tam longe lateque patent, ut nihil ipsis praeter nomen ad amplissimum regnum deesse videatur.

[2]) Das im 13. Jahrhundert erworbene Vest Recklinghausen war seit 1438 mehrfach verpfändet; trat dasselbe auch 1515 der Kölner Erblandesvereinigung bei, so kann es doch als Theil des Kölner Territoriums erst wieder betrachtet werden, seit 1576 durch Kurfürst Salentin die Wiedereinlösung erfolgte.

[3]) Vgl. ausser mehreren Aufsätzen in den Materialien zur geist- und weltlichen Statistik des niederrheinischen und westfälischen Kreises (1, 168 ff.

fremdes Gebiet; ja als solches musste auch die Stadt bezeichnet werden, die dem Land den Namen gegeben hatte. Es war den Kölner Bürgern gelungen, das erstrebte Ziel im Wesentlichen zu erreichen, am kaiserlichen Hofe eine Anerkennung ihrer Unabhängigkeit von der erzbischöflichen Gewalt durchzusetzen. In einem Freibrief vom 19. September 1475 erklärte Friedrich III., dass die Stadt Köln allein ihm und dem heiligen Reich zugehörig, dass Bürgermeister, Rath und Gemeinde allein dem König huldigen sollten, „und wenn die Genannten von Köln bisher zum Abbruch unserer und des Reiches Obrigkeit aus Vergessenheit oder auf andere Weise einem Erzbischof Huldigung oder Eid geleistet haben, so soll solches kraftlos, unmächtig und unverbindlich sein und es soll fortan von ihnen oder ihren Nachkommen in Ewigkeit keine solche Huldigung mehr geleistet werden". Freilich erkannte Erzbischof Ruprecht diese Verfügung nicht als gültig an; auch sein Nachfolger Hermann von Hessen, der im Anfang seiner Regierung ein gutes Verhältniss mit der Stadt erstrebt und erzielt hatte, gerieth später in neue Streitigkeiten mit derselben; als ihm Philipp von Dhaun folgte, glaubte der Kölner Rath in der Adresse, unter welcher der Erzbischof seine Briefe an die Stadt richtete, einen neuen Angriff auf deren Unabhängigkeit erkennen zu müssen. So wies er die Annahme aller so adressirten Briefe zurück; er setzte durch, dass Philipp nicht einmal den begehrten feierlichen Eintritt in die Stadt halten konnte[1]). Jeder Einfluss auf die innere Verwaltung der Stadt war dem Erzbischof genommen; war die hohe Gerichtsbarkeit[2]) ihm belassen, so

---

3, 226 ff.) namentlich die historisch-geographische Beschreibung des Erzstiftes Köln (VIII u. 218 S. S. Frankfurt am Main 1783, G. Fleischer). Auf Grund derselben ist in der 7. Auflage von Büsching's Erdbeschreibung der Köln betreffende Abschnitt wesentlich umgearbeitet, s. Büsching 6, 590 ff., aus ihm haben meist die Späteren geschöpft. Vgl. auch Scotti S. XXV, Viebahn, Statistik des zollvereinten Deutschlands 1, 33. 311 ff.

[1]) Vgl. Ennen 2, 413 ff. 3, 362 ff. 4, 11 f.

[2]) Vgl. über die beiden hierfür besonders wichtigen Urkunden Hermann's IV. vom 20. August 1491 und 10. August 1492 Walter 141. Ennen 3, 644.

fehlte es doch nicht an Streit auch über deren Ausübung; mehrfach sah er sich genöthigt, seinerseits sich und seine Unterthanen gegen Uebergriffe der Kölner Bürger zu vertheidigen [1]).

Nicht wenig hatten die Geschicklichkeit und das Glück märkischer Grafen und Kölner Bürger zu solchem Ausgang der Kämpfe des späteren Mittelalters beigetragen, nicht wenig auch mannigfache Fehlgriffe einzelner Kölner Erzbischöfe diese Entwickelung gefördert. Aber die Hauptursache der Schwierigkeiten, auf welche die Bestrebungen der Letzteren stiessen, lag in dem Wesen ihrer Stellung, war in der Natur des geistlichen Fürstenthums begründet. Die weltlichen Grossen im Zaum zu halten, hatten die sächsischen und fränkischen Kaiser freigebig Besitzthümer und Regierungsrechte in die Hand der Geistlichen gegeben; deren überlegene Bildung hofften sie für die Reichsgeschäfte nutzbar zu machen; „bei der nicht mehr zurückzuhaltenden allgemeinen Tendenz

---

[1]) Ich habe kaum nöthig, ausdrücklich hervorzuheben, wie sehr ich bei Ausarbeitung der vorstehenden Seiten überall durch die Werke von Ennen, Lacomblet und Seibertz gefördert worden bin; mehrfach ist auch der Ueberblick mir von Nutzen gewesen, den über „die niederrheinisch-westfälische Territorialentwickelung bis zum Anfang des 15. Jahrhunderts" A. v. Haeften in der Zeitschrift des Bergischen Geschichtsvereins 2, 1 ff. 3, 224 ff. geliefert hat. Eine Ausführung der hier gezeichneten Skizze, eine genügende Geschichte des Kölner Erzstifts im späteren Mittelalter dürfte allerdings erst zu erhoffen sein, wenn noch eine Reihe anderer Vorarbeiten vorliegen werden, so die Fortsetzung der Quellen zur Geschichte der Stadt Köln, die versprochenen Kölnischen Chroniken und Regesten der Kölner Erzbischöfe, der sehr wünschenswerthe Ergänzungsband zu Lacomblet's Urkundenbuch. Bisher ist weitaus am meisten für die staufische Zeit geschehen: ausser den von Waitz (Dahlmann's Quellenkunde der deutschen Geschichte 4. Aufl. S. 118—121) verzeichneten Schriften kommen hier besonders noch Abel's Artikel über die „politische Bedeutung Kölns am Ende des 12. Jahrhunderts" in der Kieler Allgemeinen Monatsschrift 1852 S. 443 ff.; Sybel's Abhandlung über Konrad von Hochstaden in Lersch's Niederrheinischem Jahrbuch 1843 S. 121 ff. und die Aufsätze von Nitzsch über „die oberrheinische Tiefebene und das deutsche Reich im Mittelalter" (Preussische Jahrbücher 30, 239 ff. 341 ff.) in Betracht; scharf betont dieser namentlich S. 261 und 367 den Gegensatz zwischen der Mainzer und der Kölner Entwickelung.

aller Beamtung zur Erblichkeit musste es ihnen als ein Vortheil erscheinen, weltliche Rechte mit den Bisthümern zu vereinigen, über welche ihnen eine freie Disposition zustand. Die Bischöfe waren zugleich ihre Kanzler und Räthe, die Klöster kaiserliche Meierhöfe"¹). Grosse Leistungen für Staat und Kirche sind von den deutschen Bischöfen des 10. und 11. Jahrhunderts vollbracht; die Voraussetzung derselben war ihr nahes Verhältniss zu den deutschen Herrschern, ihre Abhängigkeit von der deutschen Krone. Es ist einleuchtend, welche Gefahr eben in der Doppelnatur ihrer Stellung, eben in der ihnen verliehenen weltlichen Macht für die Dauer solchen Verhältnisses lag; es ist bekannt, dem Papstthum gelang es, das Band zwischen deutschem Königthum und deutschem Bisthum zu zerreissen. Noch im 12. Jahrhundert hatte vor allem Friedrich I. bedeutenden Einfluss auf die Besetzung der bischöflichen Stühle geübt; noch war damals ein Antheil auch der Laien bei der Bischofswahl bemerkbar²); unter und durch Innocenz III. wurde erreicht, was Gregor VII. und seine Nachfolger proclamirt hatten: die deutsche Staatsgewalt und die deutschen Laien verloren den Einfluss, der ihnen eingeräumt war, zugleich mit ihnen der grösste Theil des Clerus. Wie in Rom die Papstwahl allein den Cardinälen übertragen war, wurde ausschliesslich in die Hand der Domcapitel die Bischofswahl gelegt. Im Namen der Kirchenfreiheit war diese Veränderung gefordert und durchgesetzt; aber keineswegs wurde durch sie beabsichtigt, geschweige erreicht, dass die Bischöfe fortan weltlichem Besitz und weltlichem Recht entsagt, nur den Aufgaben ihres geistlichen Amts sich gewidmet hätten. Im Gegentheil, mehr

---

¹) Ranke 1, 18.
²) S. die Quellenstellen, die Thomassin 5, 183 ff., Sugenheim, Staatsleben des Clerus im Mittelalter 187 ff. und Hinschius 2, 59 Anm. 4 verzeichnet haben. Dass in Köln noch am Anfang des 13. Jahrhunderts ein Recht der Mitwirkung bei der Wahl von den Stiftsvasallen in Anspruch genommen und anerkannt wurde, zeigt die interessante, etwa 1206 abgefasste Flugschrift: Dialogus clerici et laici bei Böhmer, Fontes rerum Germanicarum 3, 403. Vgl. auch Winkelmann, Philipp von Schwaben 357.

und mehr wurden gleichmässig Gewählte wie Wähler geistlichen Pflichten und geistlichem Leben entfremdet; mehr als ein Anlass bot sich zur Wiederholung des wenig günstigen Urtheils, das über die neuen sogenannten canonischen Wahlen gerade einem Kölner Erzbischof gegenüber schon Friedrich I. gefällt hatte[1]). Früh war eben in Köln bei den Capiteln die Verpflichtung zu gemeinsamem Leben aufgehoben, waren den Mitgliedern aus den reichen Besitzthümern bestimmte Einkünfte angewiesen[2]); war durch die ausschliessliche Berechtigung der Capitel dem Stiftsadel sein früherer Einfluss bei der Bischofswahl genommen, so setzte er nun durch, dass adelige Geburt als Bedingung des Eintritts in die Capitel galt[3]). So wurden diese ursprünglich zu gemeinsamen geistlichen Uebungen gestifteten Vereinigungen wesentlich politische Corporationen; nicht die Förderung christlicher Frömmigkeit, kirchlicher Bildung, geistlichen Berufs, die Vertretung adeliger Standesinteressen erschien und musste ihnen nach ihrer Zusammensetzung als ihre Hauptaufgabe erscheinen. Begreiflich, dass auch bei ihren Wahlen vorwiegend politische Interessen den Ausschlag gaben; begreiflich, dass sie strebten, nicht nur an der Wahl, auch an dem weltlichen Regiment des Erzbischofs Theil zu nehmen. Und natürlich eben der Mangel der Erblichkeit des Fürsten erschwerte in diesen Territorien seine Stellung gegenüber dem Adel. Die Kämpfe zwischen Köln und Kleve-Mark hatten Ritterschaft und Städte des letzteren Landes benutzt, sich bedeutende Rechte zu sichern[4]); noch mehr war durch diese Kämpfe und die Finanzverlegenheiten, die sie im Ge-

---

[1]) Nach Arnold von Lübeck lib. III. c. 18. Vgl. Scheffer-Boichorst, Friedrich's I. letzter Streit mit der Curie 114.
[2]) Vgl. Hinschius 2, 55 ff.
[3]) Seuffert, Geschichte des deutschen Adels in den hohen Erz- und Domcapiteln, Frankfurt 1790, S. 30 ff.
[4]) S. die lehrreiche Abhandlung von Haeften über die landständischen Verhältnisse in Kleve und Mark bis zum Jahre 1641 in der Einleitung des 5. Bandes der Urkunden und Actenstücke zur Geschichte des Kurfürsten Friedrich Wilhelm von Brandenburg S. 4 ff.

folge hatten, im Erzstift Anlass zur Ausbildung von Landständen, zur Festigung und Erweiterung ihrer Befugnisse geboten. Nach dem Tode des Erzbischofs Dietrich stellten 1463 das Domcapitel, Grafen, Ritterschaft und Städte [1]) als künftiges Grundgesetz des Erzstifts die Erblandsvereinigung [2]) auf, zu deren Anerkennung jeder zu wählende Erzbischof vor der Huldigung sich eidlich verpflichten sollte. Es handelte sich hier nicht bloss um Sicherstellung der alten Privilegien: ein sehr wichtiger Antheil an der Regierung des Erzstifts wurde dem aus den genannten vier Ständen zusammengesetzten Landtag übertragen. Abgesehen von dem Einfluss, den die Bewilligung von Steuern in seine Hand gab, durfte ohne seine Zustimmung der Erzbischof keinen Krieg beginnen, Leiber und Grundstücke der Unterthanen nicht verpfänden, keine Schulden contrahiren, aus denen das Land ihn hätte lösen müssen; unter Umständen konnte der Landtag auch durch das Domcapitel zusammenberufen werden. Eine sehr einflussreiche Stellung wies die Erblandsvereinigung überhaupt gerade dem Capitel an, das hier, im Gegensatz z. B. zu der Einrichtung in Trier, allein den Clerus bei der Landschaft vertrat; zwei seiner Mitglieder wurde der Erzbischof verpflichtet auch stets bei Berathungen seines ständigen Raths [3]) zuzuziehen. Wörtlich gleichlautende Be-

---

[1]) In der Urkunde von 1463 werden Bonn, Andernach, Neuss, Ahrweiler, Linz, Rheinberg, Kaiserswerth, Zons, Uerdingen, Kempen, Rheinbach, Zülpich und Lechenich genannt, seit 1508 ausser diesen auch Brühl, Linn, Sinzig und Remagen. Ein gerade für Hermann's Zeit wichtiges Verzeichniss der Stände — und zwar der Stände auch in Westfalen und Recklinghausen — liefert Bd. 15 der Ms. Zwichemiana auf der Göttinger Universitäts-Bibliothek; hier sind S. 65 fl. die status archiepiscopatus Coloniensis convocati Coloniae a. 1547 Januario aufgeführt.

[2]) Lacomblet, Urkundenbuch 4, 395 (n. 325), Walter 44 ff. 35: ff. Vgl. auch Laspeyres 656 ff., namentlich auch über die bedeutsame Stellung, die anders als in anderen geistlichen Fürstenthümern gerade in Köln durch das Grundgesetz dem Domcapitel, dem status primarius, zugewiesen war.

[3]) Die Competenzen dieses Raths wie die Ordnung der Hofhaltung wurde im Einzelnen durch die Hofordnung des Erzbischofs Ruprecht von 1469 festgestellt, die Walter 405 ff. abgedruckt hat.

stimmungen fanden Aufnahme in das Grundgesetz für das Herzogthum Westfalen; noch in demselben Jahre, 1463, bestätigte der neu erwählte Erzbischof Ruprecht die Abmachungen, die für diesen Theil des Kurfürstenthums das Domcapitel und die westfälische Landschaft getroffen hatten[1]). Auch hier wurde dem Capitel das Recht eingeräumt, die Landschaft zusammenzuberufen; falls der Kurfürst die Verfassung brach und trotz der Ermahnungen von Capitel und Landständen keine Hülfe schaffte, so sollten die Stände in Westfalen wie im Erzstift der Verpflichtungen gegen ihn entbunden und dem Capitel gehorsam sein, bis Abhülfe geleistet.

Mit Fug und Recht durften die Verfasser der Erblandesvereinigung darauf hinweisen: eben die mannigfachen Unordnungen der vorausgegangenen Zeit hatten dargethan, wie nothwendig die Aufstellung und Aufrechthaltung fester Ordnungen. War nicht zu hoffen, dass das eigene Interesse die verschiedenen Stände wie den Fürsten bestimmen könnte, der Willkür zu steuern, deren Schäden Alle empfunden, in Reformen zu willigen, deren Dringlichkeit Alle hatten erkennen müssen? Nirgends waren solche mehr zum Bedürfniss geworden, als auf dem kirchlichen Gebiet. Ein Blick auf Weltgeistliche und Ordensclerus im späteren Mittelalter liefert nur allzu viele Beweise für die Wahrheit des Satzes, den einst ein Geistlicher aus der Eifel in das Güterverzeichniss seiner Abtei eingetragen hatte: die Reichthümer, der Frömmigkeit Töchter, hatten die Mutter aufgezehrt[2]). Begreiflich dort am meisten, wo sie am reichlichsten aufgesammelt waren. So in Deutschland in Köln, so in Europa in Rom. Schlimm wirkte das Beispiel, das hier am Mittelpunkt der Kirche gegeben wurde, schlimmer, directer die absolutistische Willkür, mit der von hier aus die verschiedensten

---

[1]) Scotti 9 ff. n. 2.
[2]) Kampschulte, Universität Erfurt 2, 112 A. 3, hat neuerdings an das Wort des Mönchs von Prüm wieder erinnert: Religio nobis peperit divitias, sed filia devoravit matrem.

sachlichen und persönlichen Angelegenheiten der einzelnen Diöcesen entschieden wurden. Zur Mehrung päpstlicher Macht und päpstlichen Einkommens wurden neue Rechte für die römische Curie erworben, fremde Rechte vernichtet; hatten die Päpste einst die Freiheit der canonischen Wahl der Bischöfe gegenüber dem Staat vertreten und durchgesetzt, so störten sie ihrerseits jetzt diese Freiheit durch die mannigfachsten Eingriffe; durch Appellationen, Dispensationen, Reservationen brachten sie auf die verschiedenste Art die Besetzung von Bisthümern und Pfarreien in ihre Hand; hatten sie einst vor allem den an den Fürstenhöfen getriebenen Pfründenverkauf gegeisselt und bekämpft, so ertönten jetzt überall die lautesten Klagen über die Simonie, die Erpressungen des päpstlichen Hofs. Im October 1372 verbündeten sich in Köln die Stifter und Abteien, um der von Rom beabsichtigten Bezehntung ihrer Gefälle sich zu widersetzen. Die schlimmsten Folgen für das Ansehen des römischen Stuhles, für den katholischen Glauben schrieben sie den fortdauernden Erpressungen, den mannigfachen Auflagen zu, mit denen die Geistlichkeit durch die Curie beschwert wurde. Verächtlich äusserten sich die Laien über die römische Kirche, die gegenwärtig nie Prediger und Beichtiger, wohl aber pomphaft auftretende, nur auf den eigenen Vortheil bedachte Geldeintreiber aussende; die Wenigsten seien in dieser Gegend mehr als nur dem Namen nach Christen [1]. Noch

---

[1] Ipsaque sancta sedes, heisst es in der Urkunde vom 14. October 1372 bei Lacomblet, Urkundenbuch 3, 627 ff. (n. 727, et nomen apostolicum, quae semper in hac terra reverentie fuerant et honoris, adeo vilipensa diffamantur, quod proinde fides catholica magna vacillat in parte, layicis videntibus, clerum et prelatos majores per sedem apostolicam et ejus diversarum inpositionum modos videlicet serviciorum communium, decimarum papalium, et imperialium, procurationum primarum annatarum, subventionum nunciorum apostolicorum, ecclesiarum reservationum ac spoliorum decedentium prelatorum, continuis extorsionibus affligi. Et exinde diversa et gravissima animarum pericula et scismata nedum provenire formidantur, sed heu jam insurgunt et fortiter invalescunt, layicis ipsis clamantibus et despective contra Romanam ecclesiam invehentibus, quod ipsa contra morem veterem sanctorum patrum ad partes exteras nunquam

in demselben Monat traten die Capitel von Bonn, Xanten und Soest in gleichlautenden Urkunden bei; im November folgte die Mainzer Geistlichkeit dem in Köln gegebenen Beispiel [1]).

Wenige Jahre später brach das grosse Schisma aus; immer schreiender wurden die Uebelstände, immer lauter der Ruf nach Reform. Auch Köln blieb nicht unbetheiligt an der grossen conciliaren Reformbewegung des 15. Jahrhunderts. Ein Gutachten der Kölner Universität behauptete die Obergewalt der in einer Synode versammelten Kirche über alle ihre Glieder, also auch über den Papst; auf dem Nürnberger Reichstag von 1444 gaben 21 Kölner, darunter 8 Professoren, ihre Stimme zu Gunsten des Baseler Concils und seines Papstes Felix V. ab; dessen Sache vertraten auf das Eifrigste die Erzbischöfe Jacob von Trier und Dietrich von Köln. Eben desshalb schleuderte gegen sie, „die Ketzer und Schismatiker", die „Rebellen gegen Rom" Papst Eugen IV. die Absetzungsbulle; aber die Bulle gegen Dietrich blieb in Rheinland und Westfalen ohne Wirkung. So oft die Stadt Köln sonst dem Erzbischof entgegengetreten, wir finden nicht, dass sie dieser päpstlichen Aufforderung zum Widerstand gegen ihn Folge leistete; in Soest „hielten die Pfaffen mehr von des Bischofs Banne denn von des Papstes Absolution" [2]).

---

hiis temporibus mittit predicatores vel viciorum correctores, sed cottidie mittit bene pompisantes et facta sua propria dirigentes pecuniarum peritissimos exactores. Et propter hec et alia que ut dolentissime referimus layici eidem inproperant sanctissime sedi, et paucissimi jam in terris istis inveniuntur nisi solo nomine christiani.

[1]) Wörtlich sind in die von Gudenus, Codex dipl. 3, 507 ff. mitgetheilte Urkunde vom 29. November 1372 die in der vorigen Anm. abgedruckten Klagen der Kölner aufgenommen. Mit Rücksicht hierauf wird in den Historisch-politischen Blättern 43, 767 bemerkt, 1372 habe sich die gesammte Mainzer Geistlichkeit Declamationen gegen Rom erlaubt, „wie sie kaum gegen Räuber und Diebe gerechtfertigt wären".

[2]) Vgl. Ennen 3, 342 ff.; G. Voigt, Enea Silvio de Piccolomini 1, 239 f. 357; Pückert, Die kurfürstliche Neutralität während des Basler Concils 122. 241. 253. Friebe, Quomodo universitates Germaniae adversus concilium Basileense se gesserint. P. I. Vratislaviae 1869. S. 12 ff. 25 ff.

Dennoch gelang es Rom, den Erzbischof zur Unterwerfung, die grosse kirchliche Reformbewegung zum Scheitern zu bringen. Es gelang durch diplomatische Künste grober und feiner Art, durch mancherlei Schwächen und Fehler der antirömischen Partei; es gelang vor allem durch geschickte Benutzung der Verfassungszustände Deutschlands, durch bedeutende Zugeständnisse, die Rom einzelnen deutschen Fürsten machte. Gerade hier am Niederrhein tritt es uns frappant entgegen: nicht der deutschen Kirche und nicht dem deutschen Reich, wohl aber deutschen Territorialgewalten ist aus den Wirren und Reformversuchen des 14. und 15. Jahrhunderts ein erheblicher, ein auch für die weitere Entwickelung bedeutsamer Gewinn erwachsen.

Bei den mannigfachen Streitigkeiten zwischen dem Kurfürsten von Köln und den weltlichen Territorialherren des Niederrheins empfanden, wie begreiflich, die letzteren besonders drückend die Eingriffe, zu denen die geistliche Stellung der Kölner Fürsten den Anlass gab, die Uebergriffe namentlich der geistlichen Gerichtsbarkeit auch in weltliche Fragen; je mehr es ihnen glückte, gegenüber Köln eine landesfürstliche kräftige Gewalt aufzurichten, um so lebhafter erwachte in ihnen ferner der Wunsch, auch die Geistlichen ihres Landes mehr und mehr aus der Abhängigkeit von dem Erzbischof zu lösen, einen bestimmenden Einfluss ihrerseits auch auf deren Anstellung und Leistungen zu üben. Eben zur Erfüllung solcher Wünsche sahen sie jetzt sich die Bahn geöffnet. Papst Bonifaz IX. gab den Klagen des Herzogs Wilhelm von Berg gegen die geistlichen Gerichte Gehör; in allen weltlichen Civil- und Criminalsachen sollte ein Bergischer Unterthan nie vor geistliche Richter gefordert, nie durch diese der weltlichen Gerichtsbarkeit entzogen werden[1]. Die Gültigkeit dieser Verfügung dehnte Alexander II. auch auf die mit Berg vereinten Lande Jülich, Ravensberg, Heinsberg und Löwenberg aus; Leo X. endlich bestätigte sie

---

[1] Diese Urkunde ist in Abtheilung II. n I. abgedruckt, ebenda auch die Literatur über die hier einschlagenden Fragen verzeichnet.

auch für Kleve-Mark. Eben hier hatte dem Herzog der Streit über die Basceler Decrete noch ein bedeutend weitergehendes päpstliches Privileg eingetragen; 1444 eximirte der Papst alle kleveschen Besitzungen von aller Jurisdiction und geistlichen Gewalt des Erzbischofs von Köln und des Bischofs von Münster; der Bischof von Utrecht sollte auf Verlangen des Herzogs für dessen Lande einen Weihbischof ordiniren, die von jenen beiden Ordinarien bisher geübten Spiritualien zu vollziehen. Dem Landesherrn wurde das Recht eingeräumt, nicht bloss zu dieser Stelle, auch zu allen bisher von den Bischöfen vergebenen Kirchenämtern zu nominiren. Wirklich wurde ein Bischof ernannt, der zu Kalkar seinen Sitz nahm; 1446 ernannte der Papst den Sohn des Herzogs zum Erzbischof von Köln an Stelle Dietrich's. Freilich erfolgte, wie erwähnt, bald die Aussöhnung des Letzteren mit dem Papste und damit seine Restitution; auch von einem kleveschen Bischof hören wir seitdem nichts mehr. Aber es ist unrichtig, wenn man behauptet hat, die Exemtion habe damit überhaupt aufgehört. Die Bulle von 1444 wurde nicht zurückgenommen; ungehindert durch die unbestimmte Klausel, die zu Gunsten der Rechte der Kölner Kirche beigefügt war, übten die Herzöge von Kleve fortan für die dortigen Kirchenämter ein freies Nominationsrecht und dehnten dies später auch auf das neu erworbene Jülich-Berg aus; ja Herzog Johann III. trug kein Bedenken, auch in den Monaten, in denen der Papst sich die Pfründenbesetzung vorbehalten hatte, Collationsrecht sich beizulegen. So kam das Wort in Umlauf: „der Herzog von Kleve ist Papst in seinen Landen". Durch die Landdechanten wurde hier die geistliche Gerichtsbarkeit ausgeübt, streng darauf geachtet, dass keine Competenzüberschreitungen vorkamen; der Landesherr übte ein Placet und hielt die geistlichen Immunitäten in festen Grenzen.

So hat das Papstthum selbst dazu geholfen, einer landeskirchlichen Entwickelung auch in Deutschland die Wege zu ebnen; wie den nationalen Staatsgewalten von Frankreich, England, Spanien hat es bedeutende Concessionen deutschen

28 Einleitung.

Territorialgewalten gemacht und eben durch solche die Angriffe der kirchlichen Reformpartei gegen das Papalsystem, die Bestrebungen auf eine Reformation der Kirche an Haupt und Gliedern vereitelt. So blieben namentlich in den kirchlichen Verhältnissen Deutschlands die Schäden bestehen, deren Beseitigung in Constanz und Basel erstrebt war; waren durch die Kleve gemachten Einräumungen die Befugnisse des Kölner Erzbischofs geschmälert, eine festere Ordnung der kirchlichen Rechtsverhältnisse, eine Zurückführung der Geistlichkeit zu den Aufgaben ihres geistlichen Berufs, eine Hebung ihres sittlichen Zustandes war in Köln so wenig wie sonst in Deutschland erreicht. Wohl wurde auf einem Kölner Provincialconcil von 1452 eine ältere Vorschrift über die regelmässige Abhaltung von Synoden erneuert: sie wurde nicht beachtet; wohl wurden damals und später ältere Verbote gegen Kleiderpracht, gegen Concubinat, gegen andere Ausschreitungen der Cleriker erneuert: sie wurden nicht berücksichtigt [1]. Von den verschiedensten Seiten hören wir aus dem 15. und 16. Jahrhundert die mannigfachsten Klagen über die Veräusserlichung alles kirchlichen Lebens, über den wenig geistlichen Lebenswandel der Kölner Weltgeistlichen, Mönche und Nonnen. In vertrauten Briefen vom Niederrhein erklärte Melanchthon 1543, schlimmer als in irgend einem anderen Theile Deutschlands sei hier die geistige Finsterniss, der Mangel an geeigneten Priestern, abgöttischer Bilderdienst; „täglich, schreibt er, läuft das Volk zu den Bildern, darin besteht die Religion der Massen" [2]. Und nicht bloss Butzer [3] und sein treuer Genosse Söll [4] fällten durchaus gleiche Ur-

---

[1] Vgl. die Beschlüsse der Kölner Synoden von 1452 und 1483 bei Harzheim 5, 413 ff. 541 ff.

[2] C. R. n. 2697. Vgl. n. 2699. 2700. 2706. 2712.

[3] S. namentlich Butzer's Schrift: Die ander verteidigung der christlichen lehr, die zu Bonn geprediget würd, namentlich den Abschnitt: vom Anrufen der Heiligen, Bl. 36 ff.

[4] Hic nulla oratio, schrieb Söll im Januar 1543 an Konrad Hubert, omnia fiunt lucri causa, parochi sunt caupones in plurimis locis, adulteri. Horrendo nihil dicere possum. Röhrich, Reformation im Elsass 2, 172. Anm. 50.

theile; in gleichem Sinne, wie diese Fremden, äusserten sich auch die geborenen Kölner Gerhard Westerburg und Agrippa von Nettesheim. Aber, könnte man einwerfen, haben diese Aussagen beweisende Kraft, die Aussagen entschiedener Feinde der altkölnischen Partei? Leider, Zeugnisse, gegen welche man dieses Argument nicht geltend machen kann, bestätigen die Richtigkeit ihrer Behauptungen. Das Kölner Provincialconcil von 1536 [1]) rügte mit ernstem Tadel die drei Hauptlaster des Clerus, Stolz, Habsucht, Ueppigkeit; was würde, erklärte man hier, die alte Kirche sagen, sähe sie die Geistlichen unserer Tage, die Schenkensitzer geworden und Tag und Nacht an die Schenken gefesselt sind? Gleichmässig gegen die Ausschreitungen der Canoniker und Pfarrer, der Mönche und Nonnen [2]) mussten die schärfsten Ermahnungen gerichtet werden. Der Ausgabe der Beschlüsse des Concils wurde ein Handbuch von Johann Gropper beigefügt, der nicht ohne Grund als Retter des Katholicismus in Köln bezeichnet ist. „Kaum ein Schatten von dem Wesen der alten Kirche, lesen wir hier, blieb in unseren Kathedralkirchen zurück, niemand thut mehr seine Pflicht in alter Weise; die Namen haben wir beibehalten, das Amt verwaltet niemand: kein Wunder, dass die Ketzer, wenn sie sehen, dass kaum einer von den zum geistlichen Dienst Bestimmten seines Amts waltet, Amt und Personen zugleich verspotten" [3]). In einer Schrift, die Gropper ausdrücklich zur Vertheidigung gegen die Angriffe namentlich Melanchthon's verfasste, räumte er ein, dass mannigfache Missbräuche bei dem Tragen des

---

[1]) Canones concilii Coloniensis 1536. Vgl. bes. Fo. X ff. XXXVIII ff. Aus dieser Quelle hat auch Cornelius einige besonders frappante Züge zu dem anschaulichen Bild entnommen, das er 1, 14 ff. 22 ff. von dem Zustand der niederrheinisch-westfälischen Geistlichkeit gezeichnet hat.

[2]) Monasteria olim virtutum scholae ac pauperum hospitalia erant, nunc proh dolor videmus ea quae virorum sunt e scholis virtutum in diversoria militum ac raptorum, quae vero mulierum sunt, in plerisque locis in suspectas de incontinentia domos (ne quid gravius dicamus) esse commutata. Canones Fo. XXXIX.

[3]) Gropper, Institutio compendiaria. Fo. CXCIII.

h. Sacraments vorgekommen, „dass man das Frohnleichnamsfest nicht hält, wie es eingesetzt ist, dass sonst das hochwürdige heilige Sacrament in Processionen viel zu oft umgetragen und dem gemeinen Volk ausser der täglichen Elevation im Amt der heiligen Messe viel zu oft und gemeinlich öffentlich vorgestellt wird, da doch weder Beichte noch Busse vorhergeht, geschweige der Empfang des Sacraments darauf folgt. Wahr ist es und ich kann es nicht leugnen, dass der Teufel, ein Verderber alles Guten, auch eingeführt hat, dass die gemeinen Umtrachten des h. Sacraments zu den bürgerlichen Zusammenkünften der Leute, zu Werbung und Handtirung und zu anderen weltlichen Sachen Verhandlung, ja zu Saufen und Fressen und was daraus folgt missbraucht werden"[1]. Schon Ennen hat auf eine Aussage Jacob's von Hochstraten hingewiesen: „der grösste Theil der Weltgeistlichen, schreibt dieser, sind Miethlinge und haben kein Herz für ihre Heerde; die meisten Pfarrer sind die ersten und letzten im Wirthshause und stets tapfer beim Zechen; häufig plaudern sie bei ihren Gelagen im Trunk die ihnen anvertrauten Geheimnisse aus". „Die amtlichen Gerichts- und Rathsprotokolle, sagt der genannte beste Kenner der Kölner Stadtgeschichte, reichen aus, die tiefe Gesunkenheit eines sehr grossen Theils der Kölner Geistlichkeit zu constatiren"; die von ihm aus diesen zuverlässigsten Quellen mitgetheilten einzelnen Thatsachen liefern leider nur zu schlagende Belege für die Richtigkeit seines Urtheils. „Wir hören vielfach von gemeinen, dummen und gierigen Pfaffen mit ihren hübschen Kellnerinnen und vollen Küchen, von Pfaffenhäusern mit ganzen Reihen kleiner Kinder. Nicht selten wurden bei nächtlichen Raufereien und Tumulten betrunkene, ausgelassene Mönche als die Hauptscandalmacher von den Gewaltdienern aufgegriffen. Welt- und Klostergeistliche verkehrten vielfach bei Tag und bei Nacht in verdächtigen, anrüchigen, beim Volke als Bordellen bekannten Häusern"[2].

---

[1] Von warer, wesentlicher und pleibender Gegenwertigkeit des leibs und bluts Christi. Köln 1556. Bl. 323 f.
[2] Ennen 4, 48 ff.

Gewiss gab es auch unter den Geistlichen dieser Tage Männer von schlichter Frömmigkeit und Seelenadel; mit gutem Grunde hat Cornelius[1]) darauf hingewiesen, dass in manchen Klöstern noch gelehrt und gelernt, gebetet und gearbeitet wurde, dass man namentlich bei den regularen Augustiner Chorherren Windesheimischer Congregation in Niederdeutschland, im Bereich der Kölner Erzdiöcese einer echten, erwärmenden und erweckenden Frömmigkeit begegnet. Aber nicht bloss, dass leider auch die rühmenswertheste Tugend einer Minderzahl wenig zu bessern vermochte, wo das Verderben zu Gewohnheit und Sitte der Mehrzahl geworden war: auch mannigfache Störungen der Ordnung blieben nicht aus, wenn gerade eifrige Ordensbrüder sich in die Seelsorge des Pfarrers einmischten, diese durch Errichtung von Conventikeln störten und behinderten, sich ohne Erlaubniss zur Predigt drängten und, wie das Kölner Concil von 1536 beklagte, aus Popularitätssucht den Pastor des Ortes auf der Kanzel ächteten, geistliche und weltliche Obrigkeit schmähten. Die Festhaltung jeder bestimmten rechtlichen Ordnung erschwerte auch jetzt vor allem das willkürliche Eingreifen Roms. Deutschland lernte erfahren, was es bedeutete, dass die Reformdecrete von Basel hier nicht behauptet waren; grösser denn je zuvor wurden die Geldsummen, die unter den verschiedensten Titeln über die Alpen geführt wurden[2]);

---

[1]) Cornelius 1, 22.
[2]) Die Koelhoff'sche Chronik erzählt z. J. 1465, wie viele Deutsche auf die Aufforderung des Papstes gegen die Türken nach Italien zogen. „Dye walen overberch, sagt der Vf. B. 316, b, spotten der duytschen, dat sy so geck weren und treckten uyss iren landen ind brechten yn dat gelt". Und etwas weiter unten, B. 317, lesen wir: „Och wat groisser summen geltz und wie mannich hondert duysent gulden komen alle jair zo Rome uyss Duytschlant me dan uyss eynigen anderen landen durch die gaistlicheit, des nit vil widerumb heruyss kumpt, dat wunder is, dat eynich gelt in den vurst landen is. Und is gheim wonder, dat des geltz und silvers van dage tzu dage gebrech is und gemynret wirt, so idt mit sulchen secken voll degelich vyll affgedragen wirt und affgeplucket mit manniger hande wiiss, nu mit einre sulcher wiise, nu mit einer ander gestalt, wie men idt machen und denken mag, dat der hase in den pfeffer kome. Ich halden, dat

die päpstlichen Finanzen zu bessern, musste auch die Besetzung der verschiedensten Stellen von Rom aus dienen. Wohl war es für das kirchliche Leben wenig förderlich, dass die Stellen der Domherren vielfach als Versorgungsanstalten für die jüngeren Söhne des Adels betrachtet wurden; aber war nicht zu hoffen, dass auch in diesen Kreisen eben die Höhe der Uebelstände das Verlangen nach Besserung wach rief, dass eine grosse nationale Strömung auch sie ergriff und mit sich fortriss? Jedenfalls, es war eine Aenderung von zweifelhaftem Werth, wenn die exclusive Berechtigung adliger Herren in den Domcapiteln gebrochen wurde, um auch dort „curtisanischen Doctoren" den Eintritt zu öffnen [1]). Und hierzu konnte nur zu leicht benutzt werden, dass man gerade im 15. Jahrhunderte begann, akademische Grade dem Adel gleichzustellen, Doctoren der Rechte, der Theologie, der Medizin in die Capitel einzuführen. So wurden auch im Kölner Domcapitel neben den ausschliesslich an Adlige zu vergebenden Pfründen 7 Priester-Präbenden eingerichtet, die nur an Magister des canonischen Rechtes oder an Graduirte in anderen Facultäten verliehen werden sollten [2]). Und leider, auch der Förderung wissenschaftlichen Sinnes unter der Geistlichkeit kam diese Bevorzugung der Vertreter akademischer Würden wenig zu Statten; denn nicht von den Universitäten und am wenigsten von der Kölner Universität war damals zu rühmen, dass hier die wissenschaftliche Bewegung der Zeit vorwiegend gepflegt wurde. Auch an der Kölner Universität hatten vorübergehend die Anschauungen von Basel

---

Duytschlant, dat doch van vrymodigen luden und groissmodigen mynschen boven andern landen berecmpt is, nie so hafftichlich van den Roemschen keyseren in der tzijt der heydenschaft mit jairlichen tribute zo geven beschoren wardt, als idt nu by unseren ziiden ind by 200 jairen hievur heymelichen bedeckt und listlich darzo bracht wirt, as dat eyn yglicher myrken ind syen mach in der ordnung der keyser ind der pavs ind sonderlinge nao dem as dat keyserdom an die Duytschen komen is."

[1]) Unter den 100 Beschwerden der deutschen Nation von 1522 wurde auch aufgeführt: Nec raro curtisanis licet indoctis et ignobilibus parantur ad canonicatus huiusmodi accessus.

[2]) S. Lacomblet, Urkundenbuch 4, 368. n. 318.

Vertretung gefunden; vorwiegend aber waren ihre einflussreichsten Professoren im 15. Jahrhundert eifrige Vertreter der auch von Rom geförderten Lehren des Thomas von Aquino, und entschiedener als in Rom wurde hier durch beschränkten Zunftgeist und einseitige Pflege der Scholastik den neuen humanistischen Studien der Zutritt gesperrt. Wohl sind diese auch am Niederrhein, auch in Köln gepflegt; vor allen Johann Cäsarius aus Jülich förderte hier seit 1510 das Studium des Griechischen; bedeutende Schüler sammelten sich zu seinen Füssen, Einheimische und Fremde, Glarean und Bullinger, Jakob Sobius und Graf Hermann von Neuenahr; aber es geschah in freien, ausserordentlichen Vorlesungen, nicht an, eher im Gegensatze zu der Universität[1]. Bekanntlich zu offenen Kämpfen kam es mit anderen Humanisten, Kämpfen, die Kölns Namen in wenig erfreulicher Weise bekannt machten. Es ist einleuchtend, welche Gefahren solche Zustände mit sich brachten: eben bei religiösen Naturen mussten sie einen Gegensatz gegen solche Vertretung der Kirche wachrufen; sie mussten den Laien Anlass zu Spöttereien, zu schärfsten und bittersten Angriffen geben. In gelehrter und populärer Literatur fanden diese ihren Ausdruck; beide beförderten die Verbreitung rein weltlicher Bildung und Weltanschauung; die bald gerade auch in Köln eifrig gepflegte Buchdruckerkunst bot ihren Erzeugnissen die Möglichkeit weitester Wirkung[2]. Immer lebhafter musste das Bedürfniss nach einer Aenderung, nach einer Reformation sich geltend machen; aber hatte diese nicht eben in Köln auch auf besonders gefährliche Gegner zu rechnen? Tradition und Interesse knüpften gerade hier Hunderte an

---

[1] Vgl. über Cäsarius ausser der Literatur, die Böcking 333 verzeichnet hat, Geiger, Reuchlin 364 ff., Krafft, Bullinger 32 ff.

[2] Interessant sind nicht bloss die oft citirten thatsächlichen Mittheilungen, welche die Koelhoff'sche Chronik Bl. 312 über die „boychdrucker kunst" bietet, auch die Betrachtungen, die der Vf. über die Bedeutung der Zeit ihrer Erfindung anstellt. Vgl. über Kölns Buchdrucker, ausser Ennen 3, 1034 ff., auch Norrenberg, Kölnisches Literaturleben im ersten Viertel des 16. Jahrh. S. X ff.

den bestehenden Kirchenzustand; die „alte Wissenschaft" hatte, wie erwähnt, in der Kölner Universität ihre Hauptburg, und die Universität übte wiederum durch ihre Beziehungen zum Domcapitel und Stadtrath einen bedeutenden Einfluss auf beide so wichtige Corporationen. Wohl traten an der Universität neben die Thomisten, welche vor allem die Montaner Burse beherrschten, in der Laurentianer Burse exclusive Albertisten; einig aber waren beide in dem Gegensatz gegen die neue Wissenschaft, einig gegen den Humanismus[1]). Ein eifriger Albertist, Arnold von Tungern, führte zusammen mit dem Thomisten Konrad Köllin und dem Ketzermeister Jakob Hochstraten den grossen Kampf der Kölner Theologen gegen Reuchlin, den Kampf, der Kölns Namen dem Gespött der Freunde der neuen Wissenschaft Preis gab. In Köln selbst theilten nicht wenige der Jüngeren die Verachtung gegen die „Dunkelmänner"; „es leben, wurde von dort an Reuchlin geschrieben, dort mehr von Deinen Freunden als Du vielleicht glaubst und hoffst". Cäsarius wandte sich selbst mit einem Brief an ihn; „überall, sagte er, wirst Du geliebt und verehrt, Du einzige, köstliche Zierde der Wissenschaften". Eine unermüdliche Thätigkeit entfaltete vor Allen Hermann von Neuenahr gegen Reuchlin's Gegner[2]).

Noch war dieser Streit nicht beendet: da starb eben in dem Jahre, in dem die ersten Briefe der Dunkelmänner erschienen, am 12. Februar 1515 Erzbischof Philipp. Zu seinem Nachfolger wurde Hermann von Wied erwählt. Wahrlich es waren nicht einfache Verhältnisse, nicht leichte Aufgaben, die er vorfand; welche Kräfte brachte er zu ihrer Lösung mit?

---

[1]) Vgl. Bianco 265 ff.; Prantl, Geschichte der Logik 4, 148 ff. 223 ff.
[2]) Es mag wohl erlaubt sein, hier nur mit kürzestem Wort an den grossen Streit der Kölner mit Reuchlin zu erinnern, da eben dieser Abschnitt der Kölner Geschichte neuestens weitaus am häufigsten und besten behandelt, durch die Arbeiten von Böcking, Geiger, Kampschulte, Krafft und Strauss seine Kenntniss erschlossen und verbreitet ist.

Erstes Kapitel.

Noch nicht ein Jahrhundert nach Erzbischof Arnold's Tode war der Mannsstamm des ältesten Wied'schen Grafenhauses erloschen. Seine Besitzungen und sein Name gingen auf Bruno von Isenburg über, den Neffen des 1243 gestorbenen Grafen Lothar. Aber auch der Mannsstamm seiner Nachkommen starb im 15. Jahrhundert aus. Friedrich von Runkel, der älteste Sohn aus der Ehe der Anastasia, der Tochter des Grafen Johann, mit Dietrich von Runkel, wurde der Begründer des noch jetzt blühenden Wied'schen Hauses. In Folge seiner Vermählung mit Agnes von Virneburg leisteten auch deren Brüder auf die Ansprüche Verzicht, die sie auf die Grafschaft Wied erhoben hatten.

Von Friedrich's und Agnes' Kindern sind uns fünf Söhne und eine Tochter bekannt; als der vierte dieser Söhne wird Hermann genannt, der am 14. Januar 1477 geboren wurde [1]. Er war kaum ein Jahr alt, als er die Mutter verlor; schon 1486 wurde ihm auch der Vater entrissen [2]. Noch bei dessen Lebzeiten war 1483 dem 6jährigen Knaben eine Pfründe im Kölner Domcapitel zu Theil geworden; 1493

---

[1] Nach übereinstimmenden Angaben von Rabus, Gelenius (bei Ennen 4, 359) und Teschenmacher in seinen Vitae wurde Hermann am 14. Januar 1477 hora secunda pomeridiana geboren. Dazu stimmt auch, dass er seiner Grabschrift zufolge im August 1552 im 76. Jahre starb.

[2] Fischer 191.

wurde er zusammen mit seinem jüngsten Bruder in der juristischen Facultät der Kölner Universität immatriculirt [1]). Auf diese dürftigen Notizen beschränkt sich, was uns über Hermann's Jugend gemeldet wird; leider erfahren wir nichts namentlich über seine Erziehung. Wir wissen, er war ein eifriger Jäger [2]); wir mögen daraus schliessen, dass er früh in körperlichen Uebungen gebildet war. Vielfach ist erzählt, seine geistige Ausbildung sei daneben arg vernachlässigt worden; so ist gerade Hermann als Beispiel für die fast unglaubliche Ignoranz angeführt, die möglich gewesen, bis nach dem Scherzwort von Erasmus Luther gelehrte Leute auf die Bischofsstühle brachte; eben dieser Mangel jeder gelehrten Bildung des Erzbischofs, ist von katholischen Schriftstellern behauptet, habe es den Protestanten erleichtert, ihn für ihre Lehren zu gewinnen. Soweit ich sehen kann, ist die directe oder indirecte Quelle aller dieser Behauptungen von Hermann's Unkenntniss ein einziges Zeugniss eines Zeitgenossen. Als 1546 Karl V. mit Philipp von Hessen in Speier zusammenkam, äusserte der Kaiser seinen heftigen Unwillen auch über die Kölner Reformation; dabei erklärte er: „Wie soll der gute Herr reformiren? Er kann kein Latein, hat sein Leben lang nicht mehr denn drei Messen gethan. Er kann das Confiteor nicht" [3]). Allzu grosses Gewicht wird man kaum auf solche, in solchem Zusammenhang gethane Aeusserung legen dürfen, wenn auch Karl V. behauptete, zwei der von dem Erzbischof gehaltenen Messen habe er selbst gehört, dennoch hat sie, wie gesagt, vielen

---

[1]) Domicellus Hermannus de Weda illustris canonicus majoris ecclesiae et domicellus Fredericus de Weda illustris canonicus s. Gereonis ad jura juraverunt, sed propter honorem nihil recepi, sed propinaverunt familiaribus in coquina. Kölner Matrikel 1, 197. Ennen 4, 359. Krafft, Theologische Arbeiten 1, 9.

[2]) In einem Brief vom 11. November 1543 erzählt Philipp von Hessen dem Erzbischof von einer Jagd; er bedauert, dass Hermann nicht mit dabei gewesen. 25 oder 26 Schweine seien gefangen, freilich auch manche Hunde verwundet, „welches wir E. l. als einem guten weidmann nicht bergen". M. A. Vgl. auch Ennen 4, 375. Deckers 72.

[3]) Druffel n. 6 (3, 9. 333). Rommel 1, 517.

katholischen und protestantischen Schriftstellern zur Grundlage ihres Urtheils über Hermann gedient; nicht bloss jede gelehrte Bildung ist daraufhin dem Erzbischof abgesprochen, auch eine ungewöhnliche geistige Beschränktheit und Indolenz desselben angenommen. So oft Karl's Behauptung nachgeschrieben ist, selten ist erwähnt, dass Philipp von Hessen dem Kaiser erwiederte: „Ich weiss E. M. zu sagen, dass er fleissig liest in deutschen Büchern und hat einen guten Verstand in der Religion". Viele Zeugnisse bestätigen für diese spätere Zeit Hermann's die Aussage des Landgrafen, dass der Erzbischof damals für religiöse Fragen das lebhafteste Interesse und ausgesprochenes Verständniss zeigte: Melanchthon und Butzer rühmen seine gespannte Aufmerksamkeit, sein geschicktes Eingreifen bei den Berathungen über den 1543 gestellten Reformationsentwurf; „viele dogmatische Controversen, sagt Melanchthon ausdrücklich, wusste er so geschickt zu entscheiden, dass ich sah, so grosse Fragen waren ihm seit lange vertraut und die unverfälschte Lehre der Kirche wurde von ihm richtig verstanden" [1]). Unter seinen Mobilien in seinem Lieblingsaufenthalt Buschhoven befand sich eine nicht ganz unansehnliche Bibliothek [2]). Auch in früherer Zeit sehen wir den Erzbischof inmitten eines geistig lebhaft angeregten Kreises: an seinem Hofe, in nahem Verkehr mit ihm finden wir durch Bildung und wissenschaftliche Kenntnisse hervorragende Männer. Erasmus hat mit ihm correspondirt, Johannes Sturm „dem Freunde der Wissenschaften und der Gelehrten" einen Band seiner Ausgabe Ciceronianischer Reden gewidmet [3]). Zur Genüge erweisen diese Angaben die Einseitigkeit und Unrichtigkeit der absprechenden Urtheile, die auf Karl's V. Autorität hin über Hermann gefällt sind; aber

---

[1]) C. R. 5, 148.
[2]) Quellen und Erörterungen VIII.
[3]) In der für die Geschichte des Kölner Humanismus sehr interessanten Vorrede zu dem 2. Bande seiner Ausgabe der Reden Cicero's preist Sturm, dass Hermann neben anderen Tugenden auch auszeichne litterarum amor et litterarum propugnatio, qui nostro seculo a nimium multis vestri ordinis hominibus contemnuntur.

andererseits ist einleuchtend, im Einzelnen bestimmte, klare Anschauungen über Hermann's Bildung liefern auch sie uns nicht, am wenigsten ergiebt sich aus ihnen, dass schon durch die Erziehung bei dem Knaben und Jüngling der Grund zu Kenntnissen oder Ansichten gelegt sei, denen wir später bei dem Manne, bei dem Greise begegnen.

Ob Hermann über die durchschnittliche Bildung seiner damaligen Standesgenossen sich erhoben, ob er selbst diese nicht erreicht habe: wir wissen es nicht; in keinem Falle wohl hat die Rücksicht auf seine Gelehrsamkeit, seine Kenntnisse das Kölner Domcapitel zu seiner Wahl bestimmt. Am Mittwoch, den 14. März 1515, einen Monat nach dem Tode des Erzbischofs Philipp, versammelten sich die Mitglieder des Capitels im Capitelshause; war als Candidat früher auch Friedrich von Beichlingen genannt [1]), so vereinigten jetzt alle ihre Stimmen auf den damals 38jährigen Hermann. Am 26. April ertheilte Kaiser Max ihm die Belehnung mit den Regalien, im Juni sprach auch Papst Leo X. die Bestätigung seiner Wahl aus, bewilligte ihm das Pallium und gestattete ihm, der bisher nur zum Subdiakon geweiht war, sich an einem und demselben Tag zum Diakon und Priester weihen zu lassen [2]). Aber erst drei Jahre später kam es zu Hermann's Inthronisation, und noch länger dauerte es, bis er seinen feierlichen Einritt in die Stadt Köln halten konnte. Der Rath wollte denselben nicht eher gestatten, bis eine Einigung über die Grenzen der beiderseitigen Rechte erzielt war, über die er mit Erzbischof Philipp gestritten hatte; erst nach vierjährigen Verhandlungen und Streitigkeiten kam man zu einer Abmachung, in welcher die Entscheidung über die wichtigsten Streitpunkte vertagt wurde. Daraufhin fand am 15. Juli 1522 Hermann's feierlicher Einritt in Köln statt [3]).

Dieses Ergebniss war erzielt wesentlich durch das Einschreiten Karl's V. Als noch zu Lebzeiten Maximilian's I.

---

[1]) Deckers 3.
[2]) Lacomblet, Urkundenbuch 4, 628 (n. 509) Anm.
[3]) Securis ad radicem 227 ff. Ennen 4, 12 ff.

die Stimmen der Kurfürsten für die Erhebung seines Enkels geworben wurden, waren auch Hermann bedeutende Versprechungen gemacht; namhafte Summen wurden nicht bloss ihm, auch zweien seiner Brüder und mehreren seiner Räthe zugesagt, falls Karl gewählt würde [1]; allein dem Kurfürsten persönlich wurde für diesen Fall eine Summe von 20,000 Goldgulden auf einmal und eine Leibrente von 6000 versprochen [2]. Nach dem Tode von Max dachte er noch bessere Bedingungen erzielen zu können; er trat in neue Verhandlungen ein, nicht nur mit Gesandten Karl's, auch mit den Franzosen. Letztere aber führten zu keinem Resultat; am 6. Juni 1519 erklärte Hermann, dass „er mit Frankreich nichts geschlossen, noch endlich gehandelt habe" [3]; drei Wochen später gab auch er in Frankfurt seine Stimme für den Habsburger ab. So sehen wir auch ihn in das hässliche Handelsgeschäft verwickelt, bei dem deutsche Fürsten möglichst hoch ihre Stimme für die deutsche Krone verkauften; indess wenn mit Recht hervorgehoben ist, dass bei ihnen in letzter Instanz doch die „grossen Motive von den kleinlich verwerflichen Absichten zwar berührt, aber nicht beherrscht, entschieden", so ist solches Urtheil wohl gerade auch über Hermann zu fällen. Eben bei ihm mag damals der in Deutschland weit verbreitete Widerwille gegen den Franzosen bestimmend gewirkt haben; erklärte er doch 1534: „Dieser Hahn wird sich nie zufrieden geben, wenn man ihm nicht einmal die Federn rupft" [4] Nach alter Sitte fiel ihm die wichtigste Rolle zu, als den 23. October 1520 die Krönung Karl's zu Aachen vollzogen wurde [5]; zusammen mit den übrigen Fürsten geleitete er den Herrscher nach Köln, wo Friedrich von Sachsen und Erasmus zuerst persönlich

---

[1] Mone, Anzeiger für Kunde der deutschen Vorzeit 1836 S. 409. Le Glay, Negotiations entre la France et l'Autriche 1, CXLIV. Ranke 1, 239. Rösler, Kaiserwahl Karl's V. 40.
[2] Lacomblet, Urkundenbuch 4, 630 (n. 512).
[3] Bucholtz 3, 674. Rösler, Kaiserwahl Karl's V. 93 ff. 143.
[4] Lanz, Correspondenz Karl's V. 2, 105.
[5] Rösler, Kaiserwahl Karl's V. 230 ff. Gennep, Epitome 37 ff.

den Kaiser begrüssten, wo noch während dessen Anwesenheit Luther's Schriften auf Betrieb des päpstlichen Legaten auf dem Domhofe verbrannt wurden; zwei Tage verlebte dann auf der Weiterreise Karl in Bonn und Poppelsdorf als Hermann's Gast [1]). Seine Verwandtschaft mit Karl's treuem Diener, mit Heinrich von Nassau, dessen Schwester den Bruder des Erzbischofs, den Grafen Johann, geheirathet hatte, trug dazu bei, ihn in nahe Beziehungen zu dem Kaiser zu bringen; bei den Streitigkeiten über die Erhebung eines römischen Königs wurde er 1526 zur österreichischen Partei gerechnet [2]). Da nach dem Augsburger Reichstage Karl eifrig die Wahl seines Bruders Ferdinand zum König betrieb, wurde auch Hermann für diese gewonnen; freilich zunächst forderte er Bürgschaft, dass endlich die vor elf Jahren bei Karl's Wahl ihm gemachten Versprechungen erfüllt würden. Da ihm diese geleistet war, stimmte er zu [3]), trotz des sächsischen Protestes wählte er am 5. Januar 1531 in Köln zusammen mit den Kurfürsten von Mainz, Trier, Pfalz und Brandenburg Ferdinand zum König; wieder war er es, der bei dessen Krönung in Aachen das Amt des Consecrators übernahm [4]). Er schloss sich dem Bündnisse an, das Wähler und Gewählter mit einander abschlossen; es wurde ihm gestattet, vorkommenden Falls die bedungene Hülfe in Geld zu leisten [5]). Und auch da wenige Jahre dar-

---

[1]) Wolters, Heresbach 19 ff. Krafft, Bullinger 51 ff. Ennen 4, 174 ff.

[2]) In einem französischen Gutachten von 1526 wird erklärt, dass Hermann „une bonne et simple nature est quasi gaigne pour l'archeduc par le moyen d'ung sien frere, qui a espouse la seur du conte de Nassau, et est entierement au commendement du dit conte". Lanz, Staatspapiere z. G. Karl's V. 30.

[3]) Vgl. Struve, Historisch-politisches Archiv 1, 79. Bucholtz 3, 579 ff Ranke 3, 221. 6, 141 ff. Wohl nicht ohne Rücksicht auf diese Verhandlungen fällte Karl V. am 3. October 1530 auch ein Hermann günstiges Urtheil in einem Streit zwischen dem Erzbischof und dem Herzog von Kleve: er verbot Letzterem, den ausgeschriebenen Zehnten von den in seinen Herzogthümern gelegenen Gefällen der dem Erzbischof unmittelbar untergebenen Geistlichkeit zu erheben. Lacomblet, Urkundenbuch 4, 649 (n. 529).

[4]) Bucholtz 3, 587 ff.

[5]) Lacomblet, Urkundenbuch 4, 650 (n. 530).

auf es sich in Köln um die Bestellung eines Coadjutors handelte, wurde durch Hermann ein dem Kaiser besonders genehmer Candidat zu diesem Posten befördert: ein Neffe Heinrich's von Nassau, Adolf von Schaumburg ¹).

So hat Hermann Karl's Interessen gedient, seinerseits selbst mannigfache Förderung durch den Kaiser erfahren. Auch in den Angelegenheiten seines Territoriums. Wie seine Vorgänger fühlte auch er zunächst sich als weltlicher Fürst; den Aufgaben seines weltlichen Amtes, seinen Pflichten als Landesfürst glaubte er vor allem seine Kraft widmen zu müssen ²). Gründe verschiedener Art haben bekanntlich gerade im 16. Jahrhundert in den deutschen Territorien die gesetzgeberische Thätigkeit angeregt: die Natur der deutschen Gewohnheitsrechte, ihr Verhältniss zu dem mehr und mehr eindringenden römischen Recht, die grosse Ungleichheit der Praxis bei den Gerichten, das Streben nach einheitlicher Rechtsordnung in dem ganzen Umfang der einzelnen Länder ³). Speciell in Köln war auf den verschiedensten Gebieten von Recht und Verwaltung das Bedürfniss nach Aufzeichnung, Regelung, Neuerung der bestehenden Ordnungen unabweisbar; nicht Weniges ist zu seiner Befriedigung unter Hermann's Regierung geleistet. Die Verhältnisse des namentlich in Westfalen eifrig betriebenen Bergbaues zu regeln, wurden 1533 und 1534 zwei Bergordnungen erlassen ⁴); wie schon am Ende des vorigen Jahrhunderts eine Regulirung des im höchsten Grade verwirrten Münzwesens versucht war ⁵), sind zu gleichem Zweck auch durch Hermann 1531 und 1534 zwei Münzordnungen publicirt ⁶). Mit Herzog Johann von

---

¹) Vgl. Karl's Brief an Heinrich von Nassau vom 10. Mai 1535 und dessen Antwort vom 19. October bei Lanz, Correspondenz Karl's V. 2, 179. 204.

²) S. ausser der unten citirten Vorrede der Polizeiordnung den Bericht von Joh. Alstorf über Hermann's Abscheiden A. III.

³) S. Stobbe, Geschichte der deutschen Rechtsquellen 2, 206 ff.

⁴) Scotti 36 (n. 9). Vgl. namentlich Brassert, Preussische Berg-Ordnungen 517 ff.

⁵) Scotti 20 (n. 6). Vgl. auch Scotti, Jülich-Berg 1, 7 ff. (n. 7—10).

⁶) Scotti 34 ff. 44 ff. (n. 8. 11).

Kleve und der Stadt Köln wurden Vereinbarungen über den Cours der Gold- und Silbermünzen für diese Gebiete getroffen[1]; ebenso schloss Hermann 1533 mit Herzog Johann einen Vertrag, durch welchen dem Unfug durchziehenden herrenlosen Gesindels wie der Schützengesellschaften gesteuert, die Bestrafung von Verbrechern, die in das benachbarte Gebiet entwichen waren, wie die friedliche Beilegung von Streitigkeiten der Unterthanen beider Fürsten ermöglicht werden sollten[2]. Die Bestimmungen dieses Vertrages fanden Aufnahme in die umfassende Reformation des weltlichen Gerichts, des Rechts und der Polizei des Erzstifts Köln, die Hermann 1538 nach vorhergegangener Berathung mit dem Landtag durch den Druck veröffentlichen liess[3].

Am wichtigsten und nothwendigsten erschien eine Neuordnung des Gerichtswesens; mit ihr beschäftigt sich der erste Abschnitt der Reformation. Die mannigfachsten Klagen über die Nichtigkeit vieler geführten Processe waren laut geworden: begreiflich genug, da es an bestimmten, allgemein anerkannten Vorschriften über das Verhältniss der verschiedenen Gerichte zu einander, ihre Zusammensetzung, die Art des Procedirens fehlte. Noch ist uns das interessante Gutachten einer Conferenz von Räthen und Amtleuten des Erzbischofs erhalten, die dieser auf Grund eines mit dem Landtagsausschuss vereinbarten Abschieds im Januar 1537 nach Poppelsdorf berufen hatte[4]. Im Geist ihrer Vorschläge wurde nun festgesetzt: um den Vorschriften der gemeinen beschriebenen Rechte zu entsprechen, den mannigfachen Missbräuchen zu steuern, sollten fortan alle weltliche Gerichte in Westfalen wie am

---

[1] Scotti 11 (n. 44). Vgl. auch Scotti, Jülich-Berg 1, 20 ff. (n. 22—24).

[2] Scotti 42 (n. 10). Vgl. auch Scotti, Cleve 1, 83 (n. 35). Jülich-Berg, 1, 29 (n. 26).

[3] Des Erzstifts Cöln Reformation dere weltlicher Gericht, Rechts und Pollicei 1538. Die Gerichtsordnung ist hieraus abgedruckt bei Saur, Fasciculus 1, 40 ff., die auf das Privatrecht bezüglichen Bestimmungen bei R. Maurenbrecher, Rheinpreussische Landrechte I, 365 ff.; S. 341 f. hat dieser auch die ältere Literatur über das Kölner Landrecht zusammengestellt.

[4] Kindlinger, Münster'sche Beiträge 2, 372 ff. Walter 417 ff.

Rhein mit frommen, verständigen Personen besetzt werden; einer derselben sollte „die Statt des Richters im Namen des Landesherrn vertreten, die anderen des Landesherrn und des Gerichts Schöffen sein". Gänzlich abzuthun sei der Missbrauch der westfälischen Gerichte, dass „die Urtheile nicht durch den Richter, sondern den ungefährlichen Umstand oder einen aus dem Haufen gegeben werden"; ebenso der Missbrauch, dass „an etlichen Orten einer aus den Schöffen durch die Parteien erfordert wird, der Parteien das Wort zu thun, zu rathen und also Richter und Fürsprecher zu sein". Jedes Untergericht sollte wenigstens mit einem Gerichtsschreiber und Gerichtsboten versehen werden. Ueber die Competenz der einzelnen Gerichte, die Zeit ihrer Abhaltung, das Verfahren, das von und gegen den Kläger und Beklagten zu beobachten, über die Beweisaufnahme, die Urtheile, ihre Execution, über die Appellation wurden bestimmte Vorschriften gegeben; Formulare für einzelne gerichtliche Acte wurden beigefügt. Ebenso ein Auszug aus der Reformation der geistlichen Jurisdiction und eine Reformation des westfälischen Vehmgerichts. Mitten in diese Darstellung des Processes wurde eine Vormundschaftsordnung eingeschoben; auch hier sollten offenbar dem nicht gelehrten Richter für einzelne besonders wichtige Gebiete, auch des Privatrechts, die entscheidenden Vorschriften an die Hand gegeben werden. Besonders in weltlichen Klagen war viel Gezänk und Störung dadurch entstanden, dass im Erzstift „nicht gleichmässig und an vielen Orten den gemeinen beschriebenen Rechten und des Reiches Ordnungen, auch zu Zeiten der natürlichen Redlichkeit und Billigkeit zuwider" geurtheilt wurde; den Parteien erwuchsen bedeutende Kosten, wenn die Sache dann durch Appellation an die Obergerichte kam, da „mehr nach gemeinen beschriebenen Rechten, denn nach ungewissen Gewohnheiten oder unredlichen Gebräuchen gehandelt" wurde. Diese Schäden zu verhüten, wurden in einem eignen Abschnitt die Sätze des römischen Erbrechts auseinandergesetzt; daneben wurde das eheliche Güterrecht nach deutschem Recht dargestellt und die aus ihm sich ergebenden Consequenzen auch für das Erbrecht berücksichtigt. Um weiter „etlichen Missbräuchen zu begegnen, die sich aus Unwissenheit des Rechts zur Zeit zutrugen", wurden warnungsweise Bestimmungen über Kauf auf Wiederkauf, Pfandschrift, Bürgschaft, Schulden der Kinder in väterlicher Gewalt mitgetheilt. Für das Strafrecht wurde die Carolina publicirt; ebenfalls schlossen sich den Reichsgesetzen vielfach die polizeilichen Verordnungen an, die den letzten Haupttheil unseres Werkes bilden.

Schon ein Blick in das Register zeigt die Buntheit seines Inhalts; hier wird über Gotteslästerung, über Lästerung der Maria und der Heiligen, über Wiedertäufer und Winkelprediger, über Drucker und Buchverkäufer, über Erziehung der Kinder [1]), über Bettler und Zigeuner, über das Schlagen von Holz gehandelt. Den Amtleuten wurde strenge Beaufsichtigung der Bier- und Weinhäuser und Bestrafung derjenigen anbefohlen, die Speisen und Getränke verfälschten oder den häufig vorgekommenen Betrug bei dem Verkauf von wollenen Tüchern übten; wucherliche Contracte, unordentliche Köstlichkeit der Kleidung, übertriebener Aufwand bei Hochzeiten, Kindtaufen, Fastnacht und Begräbnissen, Verkauf von gefärbtem Ingwer wurde verboten. Ebenso das Tragen von Büchsen ohne obrigkeitliche Erlaubniss und das „Abdingen von anderer Leute Dienstboten"; niemand solle fortan „eines anderen reisigen Knecht und anderen Dienstboten annehmen, er zeige denn zuvor eine Urkunde, dass er von seinem Herrn mit Willen und ehrlich abgeschieden ist". Da oft die „Städte und Flecken, sonderlich in Westfalen, durch den Brand aus

---

[1]) „Die ältern oder im falle so dieselbige tödtlich abgangen die nechstgesipten und verwanten sollen die minderjerigen kinder, sobalde sie uffwachsen und zu der lere geschickt sein, zu der lere scholen halten oder aber so sie die kinder irer unvermögenheit halb zu der lere nit halten oder verplegen können, zu einem handwerkampt, daran sie sich erlich erneren kunnen, anzuhalten schuldig sein. So sollen auch obgemelte ältern und die nechste bewanten die kinder, wan sie zu iren bestetlichen jaren kommen sein und sich in keinen geistlichen stand begeben wöllen, erlich zu bestatten sich befleissigen und dieselbige durch verzug des bestetnis nit unerbar und verdönlich leben kommen lassen". F. LXXII. B.

grosser Fahrlässigkeit sichtlich beschädigt und zu Zeiten in den Grund verdorben" waren, so wurden die Unterthanen ermahnt, solchen Gefahren nach Möglichkeit vorzubeugen, durch Erbauung von Brandmauern oder steinernen Schornsteinen, durch Errichtung abgesonderter Scheunen zur Aufbewahrung von Früchten, durch Beaufsichtigung von Kindern und Dienstboten. Zur Aufrechthaltung des Friedens wurde, ausser dem mit Johann von Kleve geschlossenen Vertrag, der 1521 in Worms aufgerichtete Landfrieden publicirt; schliesslich wurde das Brüchtenwesen geregelt[1]).

Mehrere besonders wichtige Punkte wurden späterer Ordnung vorbehalten: so die Einführung von einheitlichem Mass und Gewicht, die Regelung der Tagelöhne[2]), wie der Besoldungen der Gerichtspersonen. Auch bei den erwähnten privatrechtlichen Bestimmungen war auf sofortige allgemeine Befolgung nicht unbedingt zu rechnen: sie sollten dazu dienen, das römische Recht bekannt zu machen, der Wunsch wurde geäussert, seine Sätze sollten fortan die Richtschnur für den Richter bilden; aber ausdrücklich erklärte die Ueberschrift des erbrechtlichen Abschnitts andererseits, einem jeden Stand und Ort sollten seine löbliche Satzungen, Ordnungen, Plebisciten und wohlhergebrachte Gewohnheiten, so durch den Kaiser nicht abgethan, hierüber vorbehalten sein. Dieser Theil der Sammlung enthielt so keine gesetzliche Kraft; es ist daher die urkundlich bezeugte Thatsache nicht auffallend, dass die Gerichte in einzelnen Fällen im Widerspruch mit den hier gegebenen Vorschriften nach den alten Grundsätzen entschieden[3]). Es ist nicht schwer, Lücken und Mängel in die-

---

[1]) Vgl. Walter 134 ff.

[2]) „Dweill auch der tagelöner und arbeiter halb um den tägelichen pfenningk eine grosse unordnung allenthalben ist, in deme das niemands, so derselben nottürfig, die uberkomen mach, er gebe dan ires gefallens, und aber die tagelone bottelone muntz, die gescheffte und arbeit auch ungelich, darumb wir uns itzo darinne nit halten noch entlich entschliessen mögen, so wöllen wir den artikel in weiter bedencken nemen, deme sein gebürliche mass zu geben." F. LXXIV. B.

[3]) Daniels, Von Testamenten nach kurkölnischen Landrechten, Bonn 1791. 3 ff.

sem Kölner Landrecht nachzuweisen; auch hier liegt nicht eine erschöpfende Codification uns vor; eine wesentlich polizeiliche und processualische Gesetzgebung, lehnt sich dieselbe vielfach an die Reichsgesetze, wie an ein anderes Landesgesetz, an die Mainzer Landgerichtsordnung von 1534 [1]) an: Gründe, die uns abhalten werden, allzu hoch das Verdienst dieser Leistungen der Kölner Regierung anzuschlagen. Aber noch weniger würde es gerechtfertigt sein, geringschätzig von ihrer Bedeutung zu reden. Die hier gegebene weltliche Gerichtsordnung war bis in die letzte Zeit des Kölner Kurstaats die Quelle des Processes an den Untergerichten, das hier publicirte Criminalrechtsbuch ist ebenso lange das herrschende geblieben [2]); an Hermann's Polizeiordnung wurden nur wenige Paragraphen geändert, als 1595 Kurfürst Ernst eine neue Polizeiordnung erliess [3]); auch das 1663 aufgezeichnete Landrecht beruht wesentlich auf der Reformation von 1538 [4]). Es ist kein Ruhm für Hermann's Nachfolger, dass seine Ordnungen trotz der veränderten Zeiten so lange Gültigkeit behaupteten; für seine Zeit bedeutete ihre Aufzeichnung gegenüber der vorangegangenen Verworrenheit unleugbar einen Fortschritt. Und nicht bloss geschrieben, auch gehandelt ist von Hermann für das Wohl seines Landes; ein erbitterter Gegner seines kirchlichen Reformationsversuchs [5]) rühmt die Milde und Güte seines politischen Regiments.

Ausdrücklich erklärt die Vorrede der Polizeiordnung durch das ihm verliehene fürstliche Amt halte Hermann sich verpflichtet, für die Aufrechthaltung von Recht und Gerechtigkeit, von Friede und Einigkeit in seinen Landen zu sorgen, zu thun, was zur Wohlfahrt, Nutzen und Gedeihen von Land und Leuten gereichen möchte; um diese Pflicht zu erfüllen, ist von ihm die Neuordnung der weltlichen Gerichte unternommen. Diese

---

[1]) Vgl. beide Gerichtsordnungen bei Saur 1, 3 ff. 40 ff. Stobbe 259 Anm. 4.
[2]) Maurenbrecher 319.
[3]) Scotti 166 ff. (n. 37).
[4]) Maurenbrecher 322. Stobbe 399.
[5]) Meshov 6.

war unmöglich ohne Regelung auch der Verhältnisse der geistlichen Jurisdiction. Schon in dem ersten Artikel der Erblandsvereinigung von 1463 hatten die Stände auf eine Reformation des Officialats gedrungen [1]), das auch die Entscheidung reiner Civilsachen vielfach in seine Hand genommen hatte und hier mit allen weltlichen Gerichten in erster Instanz concurrirte. 1529 war eine solche publicirt; ein Auszug aus ihr, „so den Weltlichen zu wissen von nöthen", wurde der Gerichtsordnung von 1538 beigefügt [2]). „Der Official, wurde hier bestimmt, sollte den Parteien unverzüglich Recht mittheilen, dieselben gütlich hören, seines Amtes selber warten, und daran sein, dass der Process schleunig gehalten und die Parteien mit den geringsten Kosten zur Endschaft kommen mögen"; Klagen von nicht über zwei Gulden Werth zwischen zwei Laien, die über eine Meile von der Stadt Köln entfernt wohnten, sollte er nicht annehmen, sondern sie dem weltlichen Richter des betreffenden Kirchspiels überweisen. Er sollte nicht durch ungegründete Inhibition die Thätigkeit der weltlichen Richter stören, „niemand in den geistlichen Bann thun, denn allein die Ungehorsamen, die geistlichen Interdicte nicht leichtlich erkennen". Sachen unter zwölf Gulden Werth sollten innerhalb dreier Monate, Sachen unter hundert innerhalb eines halben, Sachen von grösserem Belang innerhalb eines Jahres geendigt werden. Advokaten und Prokuratoren sollten die Parteien nicht unterrichten, die Wahrheit zu verschweigen; die Briefträger des Gerichts sollten ohne allen Verzug die Briefe austragen und sich nicht durch Geld erkaufen lassen, dieselben bei sich zu behalten. Wer diese und ähnliche Vorschriften liest, wird kaum urtheilen, dass zu weit gehende Forderungen in ihnen enthalten seien; sicherlich war ihre Befolgung, war die Feststellung

---

[1]) Lacomblet 4, 399.
[2]) Des Erzstifts Köln Reformation F. XXVI ff. Scotti 26 (n. 7). Vgl. Walter 142 ff. Scotti und Walter nahmen an, dass nur der deutsche Auszug von 1538 uns erhalten sei; der freundlichen Mittheilung von Pastor Krafft in Elberfeld verdanke ich die Kenntniss des lateinischen Originals, von dem ein Exemplar sich in seinem Besitz befindet.

und Aufrechthaltung bestimmter gesetzlicher Regeln eben auf diesem Gebiet auf das Dringendste geboten. Aber konnte nicht andererseits gerade solches Streben den Fürsten in Kämpfe mit mächtigen Gegnern verwickeln? Die Uebelstände waren unleugbar, welche der Mangel fester Ordnung in allen kirchenrechtlichen Fragen für das staatliche und nicht weniger für das kirchliche Leben mit sich brachte; es war ebenso unleugbar, gerade dieser Mangel diente der römischen Curie als nicht unwichtiger Hebel ihrer Macht. Auch in Köln wurde der lebhafteste Tadel über Roms Eingriffe in deutsche Verhältnisse laut; wie später die unter dem Titel des Fasciculus rerum expetendarum et fugiendarum bekannte Sammlung von Klagschriften und Klagreden anticurialistischer Tendenz, wurden schon 1524 eben hier durch P. Quentel die hundert Beschwerden deutscher Nation gedruckt[1]). Beigefügt war ihnen die Instruction Hadrian's VI. an seinen Nuntius in Deutschland, in welcher der Papst selbst erklärte, dass es seit geraumer Zeit am heiligen Stuhle arg zugegangen, dass von dem Haupte das Verderben in die Glieder, von dem Papst über die Prälaten ausgebreitet sei. Aber so offen hier die Missstände des kirchlichen Regiments eingeräumt waren, ihre Abstellung erfolgte nicht. „Zu tiefe Wurzeln, sagt Ranke, pflegt der Missbrauch zu schlagen; mit dem Leben selbst ist er verwachsen".

Eine sehr bedeutende Summe hatte Hermann für sein Pallium erlegen müssen[2]); Roms Geldforderungen trugen dazu bei, die Finanznoth seines Erzstifts zu steigern. Um die Tilgung der Kölner Schulden zu ermöglichen, genehmigte Papst Clemens VII. im Juni 1524, dass der Erzbischof bei einer Besteuerung der Kölner Geistlichkeit auch die eximirten

---

[1]) Vgl. Ennen 4, 90 ff. 206 ff. 372 ff.
[2]) In der Bibliotheca Bremensis 7, 322 wird aus der Emdener Bibliothek mitgetheilt, Peter Medmann bezeuge propria manus suae scriptione, quod Hermannus Coloniensis archiepiscopus ipsi ingenue dixerit arce in Buschovica, quod suo pro pallio Romam miserit ad triginta sex millia aureorum solidorum.

Corporationen mit heranzog[1]), gleichzeitig übertrug er für die folgenden drei Jahre dem Erzbischof die Besetzung verschiedener Pfründen[2]). Eben die Bestimmungen des Wiener Concordats von 1448[3]) über das päpstliche Collationsrecht und ihre Handhabung durch Rom hatten zu den mannigfachsten Klagen Anlass gegeben, besonders die Festsetzung über die päpstlichen Monate[4]). Wurden in den Monaten Januar, März, Mai, Juli, September und November Beneficien erledigt, so sollte ihre Besetzung drei Monate lang dem päpstlichen Stuhl reservirt bleiben, erst dann der ursprünglich berechtigte Ordinarius sein Recht ausüben dürfen. Streitigkeiten waren kaum vermeidlich. Ausdrücklich waren von vornherein Ausnahmen stipulirt: über eine Reihe der wichtigsten Pfründen, die höheren Würden an Kathedral- und Collegiatkirchen sollte ordnungsmässig verfügt werden[5]); eben um ihre Reservationen zu behaupten, hatten auch hier

---

[1]) Lacomblet, Urkundenbuch 4, 645 (n. 525).
[2]) S. diese und die wichtigsten im Folgenden benutzten Urkunden über Hermann's ersten Streit mit Rom in Abtheilung II, S. 8 ff.
[3]) Erst 1461 wurde in Köln das Concordat verkündigt; s. die bei Hedderich, Elementa juris canonici 1, 234 ff. abgedruckte Urkunde. Die Bestimmung über die päpstlichen Monate findet sich hier S. 252.
[4]) Koch, Sanctio pragmatica Germanorum 223 ff. Vgl. die bei Phillips, Kirchenrecht 5, 525 ff. verzeichnete Literatur. Auch Luther klagt in der Schrift an den christlichen Adel deutscher Nation besonders über die Einrichtung der päpstlichen Monate, „damit fast alle Lehen hinein gen Rom werden gezogen, . . . damit den Stiften vil zu kurz geschicht und ist ein rechte Räuberei, die ihr fürgenommen hat nichts heraussen zu lassen. Darum sie sie fast reif und hoch Zeit, dass man die Papstmonat gar abethun und allis, was dadurch gen Rom kummen ist, wieder heraus reisse. Hält und gilt es, so der Papst des andern Tags seiner Erwählung Recht und Gesetz macht in seiner Canzelei, dadurch unser Stift und Pfrund geraubt werden, da er kein Recht zu hat: so soll es vielmehr gelten, da der Kaiser Carolus des andern Tags seiner Kronung Regel und Gesetz gäbe durch ganz Deutscheland kein Lehen und Pfruud mehr gen Rom lassen kummen durch des Papst Monat und, was hinein kummen ist, wieder frei werde und von dem Romischen Räuber erloset, dazu er Recht hat von Ampt wegen seines Schwerdts". Luther's sämmtliche Werke, Erlanger Ausgabe 21, 297 f.
[5]) Koch, Sanctio pragmatica 223 f. u. 83. Pückert 317.

die Päpste einzelnen deutschen Fürsten Concessionen gemacht, die Pfründenbesetzung auch in den päpstlichen Monaten ihnen übertragen. Umgekehrt die Fülle päpstlicher Reservationen erleichterte nur zu sehr Eingriffe der Curie auch über die weitgehenden ihm eingeräumten Privilegien hinaus. Wie wenn nun der päpstliche Stuhl erledigt, wenn der Papst gestorben oder der lebende ausser Stand gesetzt war, von seinem Collationsrecht Gebrauch zu machen? Gerade dieser, der letzte Fall trat ein genau in dem Jahre, da der Gültigkeitstermin des Hermann 1524 verliehenen Privilegs zu Ende ging. Wie für die Verwicklungen der grossen europäischen Politik, auch für Kölns Stellung zu Rom musste die Eroberung Roms durch die deutschen Landsknechte, die Gefangenschaft Clemens' VII. bedeutungsvoll werden.

Am 6. Mai 1527 war die Leostadt erstürmt, einen Monat später musste der Papst in der Engelsburg capituliren, anstatt seiner Schweizergarde zogen Deutsche und Spanier bei ihm auf Wache. Der Kaiser legte auf diese Kunde Trauerkleider an, aber er beeilte sich nicht, den Papst zu befreien; dem englischen Hof gegenüber beklagte er die vorgefallenen Excesse, an denen er schuldlos sei, aber er erkannte darin „das gerechte Urtheil Gottes"; aus seiner Umgebung wurde bei ihm angefragt, ob in der Stadt Rom noch eine Form des apostolischen Stuhls verbleiben solle oder nicht. „Nicht zehn Scudi Silber," schrieb Guiccardini, „sind dem Papst geblieben. Nur mit grösster Schwierigkeit gelangt man in das Castell und aus demselben. Mit dem Papste zu reden, ist beinahe unmöglich". War es ungerechtfertigt, wenn Hermann glaubte, unter solchen Umständen für die Besetzung der in päpstlichen Monaten erledigten Pfründen seinerseits sorgen zu müssen? In einer Urkunde, die er am 23. Juni in Brühl unterzeichnete, wurde auf die mannigfachen Beschwerden der deutschen Nation über die mit Rom geschlossenen Verträge und deren Bruch durch die Curie hingewiesen; nach den bedauerlichen neuesten Nachrichten über die Gefangenschaft des Papstes und der Mehrzahl der Cardinäle sei zu besorgen, dass viele Kölner Beneficien lange erledigt bleiben würden;

und den Gottesdienst in stetigem, ehrlichem Wesen zu erhalten, habe der Erzbischof, als der hierzu verpflichtete Ordinarius, sich entschlossen, fortan seinerseits die nicht besetzten Pfründen auch in den päpstlichen Monaten „ehrbaren, gelehrten, geschickten und tauglichen Personen" zu verleihen. Am 25. Juni proclamirte der erzbischöfliche Kanzler, Bernhard von Hagen, diese Erklärung Hermann's vor den versammelten Deputirten der Kölner Kirchen; als 1528 Hermann in sein westfälisches Gebiet reiste, schärfte er in einem Schreiben vom 4. August den Kölner Geistlichen ein, wenn inzwischen in päpstlichen Monaten Beneficien erledigt würden, sollten sie deren Besitznahme Niemand ohne seine Zustimmung gestatten [1])

In der erzbischöflichen Urkunde vom Juni 1527 wird an zwei Stellen nachdrücklich hervorgehoben, keineswegs beabsichtige ihr Aussteller, sich dem schuldigen Gehorsam gegen den Papst zu entziehen; dennoch begreifen wir sah man in Rom ungern, dass diese Anordnung getroffen und auch nach der Befreiung von Clemens aufrecht erhalten wurde. Schon früher war Hermann des Ungehorsams gegen den Papst beschuldigt. 1526 hatte er sich genöthigt gesehen, dem Missbrauche entgegenzutreten, der mit angeblichen päpstlichen Gnadenerlassen getrieben wurde; um hiervor seine Unterthanen zu schützen, hatte er verordnet, diese sollten stets vor ihrer Veröffentlichung durch erzbischöfliche Commissäre geprüft werden [2]). Wohl mit Bezug hierauf [3]) hatte gegen Hermann ein päpstlicher Kammerherr, der Probst zu Xanten,

---

[1]) Wie die in der zweiten Abtheilung II, 2 abgedruckte Urkunde vom Juni 1527 findet sich auch dies Schreiben vom 4. August 1528 im 27. Band der Alfterschen Sammlung zu Darmstadt.

[2]) Der interessante Erlass vom 30. September 1526, in dem Hermann seinen Commissaren, dem Official Arnold Broichschmidt und dem Grosssiegler Johann Gropper, diese Anordnung mittheilte, ist in der S. 47, A. 2 erwähnten Schrift von 1529, Jurisdictionis ecclesiasticae reformatio, abgedruckt und daraus neuestens zum grössten Theil auch von Liessem S. 13 f. mitgetheilt.

[3]) Die Vermuthung liegt sehr nahe, dass die Synodal-Constitution vom 2. October 1526, die in der Urkunde Ingeuwinkel's vom November

4*

Johann Ingenwinkel, Klage erhoben; derselbe hatte ausserdem unbefugt in erzbischöfliche Rechte eingegriffen, eigenmächtig einen Fiscal an St. Severin und einen Official in Nymwegen bestellt, ungerechtfertigt gestraft und absolvirt, fremde Priester in die Diöcese gebracht; daraufhin wurde er, zusammen mit dem Dechanten von Xanten, in Andernach 1527 gefangen genommen und in Brühl eingekerkert. Sein Oheim, Konrad Ingenwinkel, und Herzog Johann von Cleve verwandten sich für ihn; es wurde für ihn geltend gemacht, dass er ein Clevischer Unterthan, ein Rath des Herzogs[1]); dennoch erfolgte seine Freilassung erst, nachdem er feierliche Abbitte gethan und ausreichende Bürgschaft geleistet hatte, dass der Erzbischof für die Zukunft Aehnliches von ihm nicht zu befürchten brauche. Auch hören wir seitdem nichts mehr von Streitigkeiten Hermann's mit Ingenwinkel, wohl aber von noch bedeutsameren Conflikten mit römischen Curialen, ja mit dem Papste selbst eben über die Besetzung verschiedener Pfründen.

1530 war Bernhard Georgii von Paderborn zum Official ernannt; bald darauf verlieh ihm der Erzbischof die Stelle eines Dechanten von St. Cunibert. Es geschah im Einverständniss mit dem Capitel des Stifts; aber im Gegensatz zur Curie, die dem Magister Wilhelm Buwerdinck die Pfründe übertragen hatte. Die Probstei von St. Andreas bestimmte Hermann seinem Kanzler Bernhard von Hagen; in Rom sprach man statt dessen diese Prälatur dem päpstlichen Notar Nolden von Crefeld zu. Ebenso wollte man dort die Probstei

---

1527 (2, 15) erwähnt wird, den gleichen Inhalt hatte, wie der in der vorigen Anmerkung citirte Erlass.

[1]) In einem Fascikel des Düsseldorfer Archivs finden sich hierauf bezügliche Berichte Clevescher Räthe, zwei Briefe des Herzogs Johann vom 27. September und 9. October 1527 und Hermann's Antwort auf das erste Schreiben vom 3. October. Herr Archivrath Harless, der die Freundlichkeit hatte, mir auf meine Bitte über diese Correspondenz genauere Mittheilungen zu machen, schreibt über sie: „Neue Momente für Beurtheilung der kirchlichen Haltung des Erzbischofes bietet sie nicht; sie enthält fragmentarisch die Voracten zu der (2, 15 ff. abgedruckten) Urkunde vom 2. November 1527."

von St. Severin Nausea, die Bonner Probstei, die Hermann's Bruder Friedrich inne hatte, dem päpstlichen Legaten Peter van der Vorst zuwenden; auch hier trat der Erzbischof den Ansprüchen der päpstlichen Günstlinge entgegen[1]). Jahre lang zogen diese Streitigkeiten sich hin, nicht leicht wurden sie von beiden Seiten behandelt. In energischen Erlassen ermahnte der Erzbischof 1531 die Kölner Geistlichen, seinen Verfügungen hinsichtlich der Beneficien Gehorsam zu leisten; sei doch sein Entschluss, fortan seinerseits die in den päpstlichen Monaten erledigten Pfründen zu besetzen, dem Kaiser und den Stiftern mitgetheilt und von beiden gebilligt, sei doch auch auf dem letzten Landtag beschlossen, bei dem eingeschlagenen Verfahren zu verbleiben bis zur Entscheidung eines gemeinen Concils oder einer besseren Ordnung durch Papst, Kaiser und Reich. Andererseits dachte man in Rom nicht daran, auf einen Vermittlungsversuch einzugehen, wie gut beleumundet auch der Mann sein mochte, der ihn unternahm. Man kennt den Eifer, mit dem der Franziskaner Nicolaus Herborn auf der Homberger Synode, er allein, gegen die Thesen Lambert's von Avignon, gegen Landgraf Philipp selbst aufgetreten war; er hatte sich darauf nach Brühl zurückgezogen, war Ordens-Provinzial geworden; mit Eifer und Erfolg predigte er im Kölner Dom. Mit einem Schreiben des Dekans der Kölner theologischen Facultät wandte er sich an den päpstlichen Nuntius Aleander; er gab anheim, mit Rücksicht auf das Alter des Erzbischofs möge man Geduld mit ihm haben, durch einen Indult möge der Papst die Beneficien denen belassen, denen sie Hermann in den päpstlichen Monaten verliehen. Er erhielt die Antwort, es gebühre sich nicht, dass Seine Heiligkeit Gnade anbiete dem, der sie nicht verdient. Und es blieb nicht bei scharfen Worten. Der

---

[1]) Vgl. über Nausea und Vorst Epistol. ad Nauseam 154, de Ram, Nonciature de Vorst p. 62. Wichtig für unsere Frage ist auch der interessante Bericht, den Vorst am 8. Mai 1537 über seine Thätigkeit und seine Beobachtungen in Münster, Cleve und Köln an den päpstlichen Secretär erstattete. De Ram, Compte Rendu de la commission d'histoire, 3. série, 6, 315 ff.

Papst excommunicirte die Stiftsherren von St. Cunibert, der Erzbischof absolvirte sie.

Bei seinem Vorgehen gegen die Curialen fand Hermann Unterstützung auch bei dem Kölner Stadtrath. Schon früher hatte dieser bei dem Papste energischen Protest gegen unerträgliche und übermässige Pensionen erhoben, die von Rom Kölner Pfarrkirchen auferlegt werden sollten, ebenso gegen die Verleihung einer Pfründe im Stift St. Cäcilien an einen Curialen. In gleichem Sinn suchte er jetzt Nolden von Crefeld zu bestimmen, auf jedes processualische Verfahren gegen St. Cunibert zu verzichten; da Nolden seine Agitationen fortsetzte, sagte er ihm den städtischen Schutz auf. Auch in Rom verwandte er sich zu Gunsten der Stiftsherren, die von dort aus mit kirchlichen Censuren belegt waren; unter diesen Umständen hielt Clemens VII. es für gerathen, im März 1534 die verhängten kirchlichen Censuren bis Anfang October zu suspendiren. Noch ehe diese Frist verstrichen war, starb Clemens, am 25. September; sein Nachfolger, Paul III., suspendirte die Censuren noch weiter, schliesslich hob er sie auf. Bei den Bestrebungen seiner ersten Regierungszeit bedurfte er der Unterstützung auch Hermann's; so sah er sich zu Zugeständnissen an diesen in der Beneficienfrage veranlasst. Ein für den Erzbischof günstiger Vertrag wurde vereinbart; zu verschiedenen Malen ist Hermann vom Papst die Besetzung der strittigen Beneficien ausdrücklich zugestanden. Freilich eben die Fülle päpstlicher Erlasse in dieser Frage war bedenklich; Zugeständnisse, wie sie hier dem einzelnen Erzbischof bestimmt gemacht waren, wurden bald im Allgemeinen widerrufen; wurde dann auch auf das Neue ausdrücklich von dem Widerruf das Köln ertheilte Privileg ausgeschlossen, volle Rechtssicherheit war nicht erreicht. Die päpstlichen Curialen hielten ihre Ansprüche aufrecht, namentlich Nolden; als sein Genosse Buwerdinck gestorben war, producirte er ein päpstliches Mandat, das die Würde des Dechanten von St. Cunibert, die jener dem von Hermann ernannten Bernhard Georgii von Paderborn streitig gemacht hatte, einem anderen Curialen, Johann Cranen, verlieh; die Entscheidungen päpstlicher Bevollmächtigter gaben auch ferner dem Erzbischof wie den Stiftern Anlass zu bitteren Klagen[1].

Durchaus gleichen Charakter tragen diese Streitigkeiten mit den Streitigkeiten des 15. Jahrhunderts, mit den Kämpfen, wie sie zwischen Köln und Rom schon im Mittelalter begegnen: es handelt sich bei ihnen um Fragen des Besitzes, der äusseren Rechtsordnung; von einem dogmatischen Gegensatz, von einem Gegensatz der religiösen Anschauung ist hier keine Spur zu finden. Doch eben die Zeit, in der er geführt wurde, verlieh diesem Kampfe Hermann's eine erhöhte Bedeutung. Auch in Strassburg ist in denselben Jahren die gleiche Frage, die Frage der Besetzung der geistlichen Pfründen in den päpstlichen Monaten gegen Rom zu Gunsten der heimischen Regierung entschieden; dass und wie es geschah, hat hier die Durchführung der Reformation gefördert[2]. War Aehnliches auch von dem verwandten Kölner Kampf zu erwarten? Leider, so reichlich unsere historischen Quellen über viele einzelne nebensächliche Punkte uns unterrichten, häufig durchsuchen wir sie vergeblich, Auskunft über die wichtigsten Momente aus ihnen zu schöpfen. Dass die gewaltige wissen-

---

[1] Die wichtigsten der hier einschlagenden Actenstücke sind in der zweiten Abtheilung mitgetheilt; ausserdem findet sich im Düsseldorfer Archiv eine Copie eines päpstlichen Mandats vom 20. September 1536, das Einsetzung von Johann Cranen anbefiehlt, in der Alfter'schen Sammlung im 27. Bande ein Schreiben Paul's III. vom 11. April 1537, nach welchem der Papst die Entscheidung bestätigte, die drei Cardinäle in der streitigen Frage trafen, und zwei Briefe von dem Jahre 1536 in Sachen eines Bonner Canonicus Peter Cappertz von Dulken, der nach der Aussage der Bonner Stiftsherren de crimine furti gravissime infamatus nach ordnungsmässigem Verfahren suspendirt war, dann aber bei Auditoren des päpstlichen Stuhls Aufhebung der gegen ihn gerichteten Sentenz durchgesetzt hatte. Auf Bitten des Bonner Stifts wandte sich der Kölner Clerus an die Auditoren, ut penitus hujus negotii, quod publicum, non privatum est, qualitate perspecta jura et consuetudines cleri nostri sibi commendatas esse sinant majoremque publicae utilitatis quam unius hominis rationem habeant. Es sei zu befürchten, ut nisi capitulum ipsum Bonnense in integrum restituatur, omnis apud nos religio, omnis ordo omnisque honestas pereant.

[2] Vgl. Röhrich, Reformation im Elsass 2, 10. Rathgeber, Strassburg im 16. Jahrhundert 165.

schaftliche und religiöse Bewegung, die in den ersten Jahrzehnten von Hermann's Regierung das deutsche Leben in seinen tiefsten Tiefen erschütterte und umgestaltete, auch an dem Kölner Land nicht spurlos vorübergegangen, dass sie nicht stillgestanden an seinen Grenzen, ist zweifellos, ist durch mehr als eine Nachricht ausdrücklich bezeugt: wie sie im Einzelnen in Klöstern und Schulen, in Städten und Dörfern gewirkt, Aufnahme, Umbildung und Widerstand gefunden hat, davon ein anschauliches, lebensvolles Bild zu zeichnen, erscheint mir jedenfalls mit dem heute vorliegenden Material nicht möglich. Aber wenigstens einige Anhaltspunkte zur Beurtheilung dieser Fragen sind uns durch neuere Forschungen geboten[1]).

Hermann hatte die Regierung übernommen in einem Augenblick, da, wie wir uns erinnern, der Kampf der Humanisten gerade mit Kölner Theologen das Interesse des ganzen gelehrten und gebildeten Deutschlands auf sich zog. Die Schilderung, welche die Briefe der Dunkelmänner von dem damaligen Köln entwerfen, ist und will sein eine Cari-

---

[1]) Neben den Werken von Bianco, Cornelius und Ennen kommen hier namentlich die Arbeiten von C. Krafft in Betracht. Krafft hat u. A. werthvolle Mittheilungen über die Kölner Universität (Matrikel der Kölner Universität 467 ff., Bullinger 15 ff., Theologische Arbeiten 1, 7 ff., Briefe aus der Zeit der Reformation 118 ff.), die Kölner Augustiner (Bullinger 60 ff., Briefe aus der Zeit der Reformation 45 ff.), über Cäsarius (ausser an der bereits oben S. 33, A. 1 citirten Stelle auch in den erst seitdem erschienenen Briefen aus der Zeit der Reformation 127 ff.), Fabricius (Kölner Matrikel 497, Theologische Arbeiten 1, 11. 44 f., Zeitschrift des Bergischen Geschichtsvereins 10, 150). Sobius (Kölner Matrikel 484 f., Bullinger 38 ff.) und Isenburg (Zeischrift des Bergischen Geschichtsvereins 9, 155, Briefe aus der Zeit der Reformation 161 ff., 202 ff.) veröffentlicht; interessante Ergänzungen hat er zu den Monographien von Steitz über Gerhard Westerburg (Briefe aus der Zeit der Reformation 84 ff.) und von Nebe über Herborn (Bullinger 81, Briefe aus der Zeit der Reformation 160 ff.) geliefert. Besondere Verdienste hat er sich um die Aufhellung des Lebens und des Martyriums Clarenbach's erworben; vgl. namentlich Theologische Arbeiten 1, 7 ff., 43 ff., Zeitschrift des Bergischen Geschichtsvereins 9, 113 ff., 10, 176 ff., Briefe aus der Zeit der Reformation 59 ff. Diese von Krafft gemachten Mittheilungen liegen vor allem den folgenden Seiten zu Grunde.

catur: natürlich, dass nicht nur die Kölner Gegner Reuchlin's unbillig herabgesetzt sind, dass wir hier auch keine genügende Würdigung der Kräfte finden, über welche in Köln selbst die Freunde des Humanismus verfügen konnten. Von Fremden und Einheimischen sehen wir humanistische Studien hier gepflegt: jener Kampf hat auch in Köln dazu gedient, in nicht wenigen Köpfen den Gegensatz gegen den bestehenden Zustand zu schärfen, radicale Tendenzen zu fördern. Das Ansehen von Alt-Köln war tief erschüttert; aber gewiss nicht durch Witz und Spott war seine Macht zu stürzen. Es galt nicht nur zu schreiben, es galt zu handeln; es galt nicht nur einzureissen, es galt aufzubauen; wichtiger, nothwendiger als die Förderung gelehrter Studien war für das Volk eine Neubelebung, eine Vertiefung seines sittlich-religiösen Lebens. Nur allzu mannigfachen Anstoss hatte nicht nur die Beschränktheit, auch die Unsittlichkeit und die Frivolität vieler Kölner Geistlichen gegeben, mit Recht warf man ihnen vor, dass sie zugleich Aberglauben und Unglauben gross zögen; die entscheidende Frage war: wie stand es mit den sittlich-religiösen Kräften ihrer Gegner? Sehr verschiedene Gründe führten diese zur Opposition gegen die Dunkelmänner zusammen; waren sie, konnten sie einig sein in ihren positiven Wünschen und Zielen? Auch für die niederrheinischen Lande war das 14. und 15. Jahrhundert nicht nur eine Zeit des Verfalls alter Ordnungen, auch eine Zeit der Bildung neuer Kräfte gewesen; die Fortschritte und die Leiden der Zeit hatten auch hier nicht nur social-politische Kämpfe hervorgerufen: gerade gegenüber der zunehmenden Veräusserlichung und Verweltlichung der Kirche ward auch hier lebhafter das Bedürfniss nach Vertiefung, nach Verinnerlichung des religiösen Lebens empfunden. Empfunden von Laien und — Mönchen. Wer über die Entartung des deutschen Clerus im 15. Jahrhundert klagt, soll nicht vergessen zu erwähnen, dass in derselben Zeit in deutschen Klöstern dem christlichen Leben neue Gestalt und Inhalt gewonnen, wirksam dem Geist vorgearbeitet ist, aus welchem in der Augustinerzelle zu Wittenberg Luther sein Büchlein geschrieben hat von der Freiheit eines Christenmenschen¹). Wie im Elsass treten in dieser Zeit auch am Niederrhein deutsche Mystiker — wie deutsche Humanisten — uns entgegen; aber wer die Entwickelung von Strassburg und Köln in diesen Jahrhunderten mit einander vergleicht, kann nicht verkennen, dass hier kräftiger als dort im geistigen und im politischen Leben die Mächte der Beharrung waren. Nicht nur der Adel, auch die Kaufleute des Niederrheins standen damals in den lebhaftesten Beziehungen zu dem übrigen Deutschland: aber liess eben in diesen weltlustigen Häusern der Kölner Geschlechter Sinn und Ernst für die deutsche Forderung sittlicher Erneuerung von Grund aus sich erhoffen? war nicht zu fürchten, dass auch hier, um Fichte's treffendes Wort zu gebrauchen, „die neue Klarheit nur zu einer Verstandeseinsicht ausgebildet wurde, ohne das Leben zu ergreifen und anders zu gestalten"? Es ist nur zu begreiflich, dass die verschiedensten Bestrebungen eben in diesem deutschen Land mit einander sich verquickten und einander kreuzten: es ist nicht die geringste Schwierigkeit für eine Darstellung der niederrheinischen Reformationsgeschichte, dass es eben desshalb der Natur der Sache nach hier am wenigsten angeht, durch kurze Schlagworte den Standpunkt vieler der wichtigsten Persönlichkeiten zu bezeichnen.

Ein bedeutsames Zeichen der Zeit erblicken wir zunächst in der Abnahme der Frequenz der Kölner Universität. Eine grosse Zahl hervorragend begabter Jünglinge hielt wie in der vorangegangenen Zeit so auch in Hermann's ersten Regierungsjahren in Köln sich auf; 1515 wurden 355, 1516 370, 1517 287 Studenten immatriculirt. Es hing wohl mit der 1518 in Köln wüthenden Pest zusammen, dass uns in diesem Jahr eine bedeutend geringere Zahl der Inscriptionen begegnet; sie hob sich wieder, in den vier Jahren von 1519—1522 wurden stets, wenn auch nicht mehr über 300, doch über 200 Studenten aufgenommen; seit 1523 aber ist

---

¹) Absichtlich habe ich mich hier dem Wortlaut der Schlusssätze von Weingarten's auch für den Historiker so lehrreicher Abhandlung über die Ursprünge des Mönchthums angeschlossen.

diese Zahl nicht wieder erreicht, ja 1527—1534 finden wir in keinem Jahre mehr als 77, in einem Jahr sogar nur 54 Personen in die Matrikel eingetragen; mit Wehmuth bemerkte ein Dekan in dem Facultätsprotokoll, so wenig Baccalaureen und Magister seien noch nie promovirt. Unter diesen Umständen hoben ehemalige Zöglinge der Hochschule, hoben Kölner Gelehrte auf das Entschiedenste die Nothwendigkeit von Reformen hervor; in einer Erklärung des Weihbischofs Quirin von Wilich, der Arnold von Wesel und Hermann von Neuenahr auf das Lebhafteste zustimmten, wurde als der entscheidende Grund des Verfalls der Universität die Absperrung gegen den Humanismus bezeichnet, Anleitung zur Erlernung eines classischen Lateins und tüchtiger Kenntnisse im Griechischen als erstes Bedürfniss für die Jugend hingestellt; nachdrücklich trat für die Verbreitung des Griechischen durch Wort und That Caesarius ein. Sein Schüler und geistesverwandter Freund, Jacob Sobius, der bei Karl's V. Wahl zusammen mit Hermann von Neuenahr „gewissermassen ein Manifest des Humanismus" erlassen hatte, wurde 1525 vom Stadtrath mit der Aufgabe betraut, eine Reformation der Universität in das Werk zu setzen; aber er stiess auf die grössten Schwierigkeiten. Umsonst bemühte er sich, Erasmus nach Köln zu ziehen; umsonst richteten humanistisch gesinnte Studenten dringende Briefe an ihn; umsonst wies er darauf hin, diese Jugend habe nicht länger Lust, allein um seiner Vorlesungen willen in Köln ihr Geld zu verzehren, es sei ihr nicht um Bier- oder Brot-Accise zu thun, sondern um gute Professoren. Was Sobius erstrebte, wurde nicht erreicht, bald darauf wurde er selbst von einem Augenleiden befallen und starb 1528.

Schon aus dem Interesse, welches für den Kölner Stadtrath die Blüthe seiner Hochschule haben musste, begreift sich, dass mehrfach die Bemühungen humanistischer Gelehrten um Reform der Universität von dem Rath unterstützt sind; trotzdem haben diese Bemühungen nicht zum Ziele geführt. Sehr viel grössere Schwierigkeiten traten allen religiösen und kirchlichen Reformversuchen entgegen, sehr anders hat sich zu ihnen gerade der Kölner Stadtrath gestellt. Wohl empfand man lebhaft auch in seinen Kreisen die Uebel des bestehenden Zustandes; wir sehen, mit welch wichtiger Aufgabe von dem Rath Jacob Sobius betraut wurde; er war 1523 zum städtischen Orator ernannt, nachdem er 1520 „mit wuchtigem Ernst und bitterem Spott" das Treiben des Ablasscommissärs Arcimbold, das Verfahren Roms gegeisselt hatte. 1528 schrieb Erasmus an seinen Freund, den Kölner Bürgermeister Johann von Rheidt, über die Tollheit der Mönche. Aber eben dieser Brief ist zugleich einer der vielen Belege der Abneigung des grossen Humanisten gegen den Führer der Reformation; scharf tadelt Erasmus Luther's Heftigkeit, seine verkehrten Bestrebungen für die „Freiheit Aller": sicherlich das Verhältniss, in dem Kölner Rathsherren zu humanistischen Gelehrten standen, konnte kein Grund für sie zu freundlicher Haltung gegen die Vertreter lutherischer Ansichten sein.

Das Feuer, durch das auf dem Kölner Domhof 1520 Luther's Schriften feierlich verbrannt waren, hatte deren Verbreitung in Köln nicht hindern können. Das Kloster der Kölner Augustiner-Eremiten war durch Staupitz der sächsischen Congregation der Augustinerklöster zugewiesen, so mit den sächsischen Ordensgenossen in enge Verbindung getreten. Einzelne Brüder giengen auf längere oder kürzere Zeit nach Wittenberg; umgekehrt besuchte im Sommer 1521 Luther's Freund Link auf einer Visitationsreise das Kloster; im Herbst desselben Jahres siedelte aus Wittenberg Heinrich Hummel hierher über; durch theologische Vorlesungen machte Bruder Augustin, so lautete sein Ordensname, mit Eifer und nicht ohne Erfolg Propaganda für Luther's Anschauungen. Auch von zwei andern klösterlichen Instituten, dem Haus der regulirten Canoniker zu corpus Christi und dem Kloster der Antoniterherren klagte man, „die Lutherei" habe Eingang bei ihnen gefunden. In Wittenberg und später in Marburg finden wir Studenten vom Niederrhein, auch Kölner immatriculirt; gerade während seines Studiums in Köln wurde Heinrich Bullinger zum entschiedenen Anhänger der Reformation.

Von hier zog Theodor Fabricius, aus Anholt, also vom Niederrhein gebürtig, 1522 nach Wittenberg; Jahre lang studirte er dort Philologie und Theologie; 1526 kehrte er nach Köln zurück, um hier zu lehren, was er in Wittenberg gelernt hatte. Mit den Kreisen der dortigen Radicalen trat der Sohn einer angesehenen Kölner Kaufmannsfamilie, trat Gerhard Westerburg in enge persönliche Verbindung; er wurde ein Anhänger namentlich von Karlstadt, er heirathete dessen Schwägerin. 1523 wandte er sich in einer populären deutschen Schrift „vom Fegfeuer" gegen die grossen Unkosten „an Begräbnissen, Vigilien, Seelenmessen, Jahrmessen, Wachskerzen, Glockenläuten und dergleichen ungegründete und erdichtete Ceremonien"; er suchte zu erweisen, dass „solche Dinge weder Grund noch Boden in der heiligen Schrift haben, und den abgeschiedenen Seelen wenig helfen können"; Bürgermeister und Rath von Köln forderte er auf, dafür zu sorgen, dass fortan „die unnützen Kosten und die teuflische Pracht, so allein in Hoffahrt Geizigkeit und Unkenntniss ihren Grund hätten, abgelegt und gemindert würden". Er wirkte für Massenvertheilung dieser Schrift in seiner Vaterstadt; umsonst bemühte man sich, auf die verschiedenste Weise ihn zum Widerruf zu bewegen; er blieb bei der Forderung, man solle ihn durch das Wort Gottes widerlegen. Auch ein Mitglied des rheinischen hohen Adels, der Deutschordensritter Wilhelm von Isenburg trat in Köln durch eine Reihe deutscher Schriften für die Lehre ein, „dass wir allein um des Glaubens willen gerechtfertigt und allein durch Christum selig werden und nicht durch die Werke, die wir doch aus Pflicht göttlicher Gebote zu thun schuldig sind". Er liess sich nicht irren durch die Predigten, die von den Kölner Dominikanern und namentlich von Herborn gegen ihn gehalten, noch durch die Gegenschriften, die von Arnold von Tungern, Hochstraten, den Dominikanern gegen ihn verfasst wurden; energisch wandte er sich gegen das „sophistische Geschwätz der Prediger-Mönche". Es fehlte diesen Männern nicht an Anhang, wir sehen aus Briefen des Cäsarius von 1525 und 1526, welchen Eindruck die Schriften

Westerburg's und Isenburg's machten; aber eben diese Briefe zeigen uns auch, auf welche Schwierigkeiten, auf welche Gegner sie stiessen.

Nicht nur viele literarische Fehden wurden von Köln aus gegen Luther, gegen die Neuerer geführt; Hochstraten und seine Gesinnungsgenossen forderten auch den Rath zu energischem Vorgehen gegen die Ketzer auf. Sie konnten sich auf die Theilnahme des Raths bei der Verbrennung von Luther's Schriften, auf das Wormser Edikt berufen. Treu demselben übte der Rath eine Aufsicht über die Buchdrucker und Buchhändler; er warnte einen Jeden, Lutherische oder andere Schmähbücher zu drucken, zu kaufen oder zu verkaufen; er trat den Neuerungen, „dem Irrthum und der Empörung im Augustinerkloster entgegen". Trotzdem entsprach seine Haltung vielfach nicht den Wünschen der Clerikalen: Westerburg, Isenburg, Fabricius sind lange mit grosser Nachsicht behandelt, lange in Köln geduldet; aber gerade je entschiedener und erfolgreicher die Freunde der Reform am Niederrhein und sonst vorgiengen, je bedrohlicher namentlich radicale Tendenzen hervortraten, um so fester wurde der Rath in seiner Zurückweisung jeder Neuerung, um so strenger seine Massregeln gegen die Neuerer. Ein Kölner Bürgermeister bezeichnete 1525 einmal Cäsarius gegenüber die Furcht vor inneren Unruhen in der Stadt als bedeutsamen Hinderungsgrund für die Einführung reiner Predigt des Evangeliums. 1525 war es zum Aufruhr auch in Köln gekommen; wesentlich politischer Natur hatte er sich zugleich doch auch gegen Privilegien der Geistlichkeit gerichtet. Es war den Kölner Rathsherren gelungen ihn niederzuwerfen, ihre Herrschaft zu behaupten; dagegen sahen sie, wie in einer der niederdeutschen Städte nach der andern zugleich mit der Reformation eine Veränderung des politischen Regiments durchgeführt wurde, sie fanden Mancherlei über die neue Zeit zu klagen; lag es nicht auch ihnen, wie dem einigen von ihnen befreundeten Erasmus nahe, für alle Uebelstände, für alle Ausschreitungen an erster Stelle die verkehrten Bestrebungen Luther's „für die Freiheit Aller" verantwortlich zu machen? Auch Cäsarius, der den Augustinerorden glücklich gepriesen hatte, weil aus ihm Luther hervorgegangen, äusserte 1527 seine Zustimmung zu der Streitschrift von Erasmus gegen Luther: er tadelte dessen Weise, über Dinge zu schreiben, die man besser nicht vor den grossen Haufen bringe. Humanistische Studien hatte einst gerade auch in Köln Cochlaeus getrieben, er hatte in Bologna mit Westerburg verkehrt, 1525 kam er wieder nach Köln, aus seiner Stelle in Frankfurt vertrieben durch einen Aufstand, bei dem er die Hauptschuld seinem früheren Genossen Westerburg zumass. Auf das Heftigste griff er diesen an; gerade in Köln verfasste er eine Reihe von Schriften gegen Luther. Sehr verschiedenartige Ursachen wirkten so zusammen, in den leitenden Kreisen Kölns den Entschluss zu stärken, der Neuerung entgegenzutreten; dass man auch vor dem äussersten Mittel nicht zurückschreckte, zeigte sich, da hier 1529 Adolf Clarenbach und Peter Vliesteden den Märtyrertod erlitten. Wohl hatte sich eine Bewegung zu ihren Gunsten gezeigt, wohl machte die Festigkeit, mit der Beide im Tode Zeugniss für ihren Glauben ablegten, nicht geringen Eindruck. Ein interessanter Brief eines angesehenen Kölner Juristen, Dr. Johann Lump erzählt, wie die Standhaftigkeit Beider dem Volk Bewunderung eingeflösst habe, wie ihre Verurtheilung für eine Ungerechtigkeit erklärt sei. Cäsarius meldete an Melanchthon, die Mönche hätten sich geirrt in der Meinung, durch diese Flammen den Eifer für das Evangelium in Köln austilgen zu können, vielmehr gewachsen sei die Zahl derer, welche heiss evangelische Priester begehrten; „das Volk, schreibt Hermann Weinsperg, der selbst bei der Execution zugegen war, hat sich viel um sie gekümmert und es ist über sie viel Gerede in der Stadt gewesen". Aber mit Recht ist schon von Cornelius betont, eben der Antheil, den der Rath an dem Geschehenen hatte, musste ihn mehr als alles Andere für die Folgezeit auf der Bahn der Strenge festhalten: seit 1529 giebt sich bei seiner Mehrheit kein Schwanken mehr kund: was sich greifen und strafen liess, wurde gestraft. Fabricius hatte sich Clarenbach's angenommen, er hatte den mit diesem zusammen gefangenen Klopris befreien helfen: noch ehe das Urtheil über Clarenbach gefällt war, wurden seine Vorlesungen verboten, er selbst musste aus Köln weichen. Er fand eine Zuflucht bei Philipp von Hessen, als dessen Gesandter kam er 1534 noch einmal nach Köln, aber der Rath liess ihm befehlen, noch vor Sonnenuntergang die Stadt wieder zu verlassen, wenn er nicht gefänglich eingezogen werden wolle. Bald nach Clarenbach's Hinrichtung wurde beschlossen, „Isenburg ernstlich vorzuhalten, der Dinge müssig zu stehen"; gegen Westerburg wurde ein Haftbefehl ausgestellt, wenn er sich auf der Strasse betreten liesse; er zog vor, sich aus der Stadt zu entfernen. Aus den Rathsprotokollen theilen Ennen und Krafft eine Reihe von Beschlüssen mit, die gegen andere Anhänger, gegen die Verbreitung der Schriften der Reformatoren gefasst wurden; sie konnten nicht hindern, dass trotzdem deren Tendenzen weiter Eingang fanden, Eingang fanden in den Kreisen des Raths selbst; die Mehrheit desselben hielt sich durch das Wachsthum der Gefahr nur um so mehr zu energischem Einschreiten verpflichtet. 1532 wurde beschlossen, „neuen Fleiss bezüglich des Lutherischen Handels aufzuwenden, auch die Lutherischen Mitglieder des Raths in den Thurm zu schicken und den Wirthen anzusagen, dass sie sich der Beherbergung aller mit der Lutherei befleckten Fremden entschlagen sollen". Am päpstlichen und am kaiserlichen Hofe verstand man den Werth dieser Haltung des Kölner Magistrats wohl zu würdigen; durch Belobungs- und Ermahnungsschreiben suchten Clemens VII. und Karl V. ihn in seiner Gesinnung zu festigen, auf der eingeschlagenen Bahn festzuhalten und weiter zu treiben. In dem lebhaftesten Verkehr, in den engsten Beziehungen standen damals Köln und die Niederlande; eben aus diesem Grunde musste gleichmässig wie dem Kaiser ein unbedingter Gehorsam des Kölner Raths gegen seine kirchenpolitischen Anordnungen, so dem Kölner Rath die dadurch verdiente Gunst des Kaisers doppelt bedeutsam erscheinen. Und andererseits klagten nicht die Anhänger der „neuen Sekte" selbst über die Neuerung? „Mich bedünkt," schrieb

1532 der Kölner Reichstagsdeputirte Arnold von Siegen, „dass etliche Lutherische gerne wollten wiederum hinter sich auf die alte Bahn kehren, denn es ist' am Tage, dass es nicht anders in der neuen Sekte ist, denn ohne Seele und Leib sterben und verderben, Einer dem Andern das Seine nehmen und mit Auflauf zu trennen, das ist ja nicht nach dem heiligen Evangelium gehandelt". Erklärlich genug, wer so über das Lutherthum dachte, er sah in dem Treiben der Wiedertäufer dessen naturgemässe Consequenz, und die furchtbaren Excesse des Münster'schen Aufruhrs, dessen Gefahren in der ersten Stadt des westfälischen Kreises besonders lebhaft empfunden wurden, waren nur zu sehr dazu angethan, seine reactionäre Gesinnung, seine Neigung zu strengsten reactionären Massregeln zu verschärfen. Auch in Köln fanden sich Anhänger der wiedertäuferischen Lehren; Mehrere von ihnen wurden gefangen und hingerichtet. Von den Gefangenen wurden Gerhard Westerburg, der 1534 nach Köln zurückgekehrt war, und sein Bruder Arnold als Gesinnungsgenossen denuncirt: nur durch eilige Flucht konnten sie ihr Leben retten. Den anderen Städten der Hanse gegenüber rühmten sich die Kölner, „von Wiedertäufern, Sacramentsschändern und andern Sectirern wisse man bei ihnen nichts; wüsste man aber dergleichen Leute zu finden, so würden sie verbrannt, geköpft oder ertränkt werden. Mit der Religion wolle Köln es halten, wie bisher geschehen, bis zur Zeit dass ein Concilium versammelt werde. Müssten sie alsdann abstehen, so könnten sie leicht nachgeben; stünden sie aber im voraus ab, so möchten sie vielleicht zu weit gehen und hinterdrein mit Schanden zurücktreten müssen". Diese Worte zeigen, wie sehr die Abneigung des Kölner Raths gegen Reformationsbestrebungen gestiegen war; es war am wenigsten wahrscheinlich, dass er auf solche sich einliess, wenn dieselben von dem Erzbischof ausgiengen, mit dem die Stadt in mannigfache Händel verflochten, dem gegenüber sie seit Alters eifrig bedacht war, ihre Selbständigkeit zu sichern.

Eine der eben geschilderten entgegengesetzte Entwickelung lässt sich bei Hermann beobachten. Wie die Urtheile der Zeitgenossen, wie seine Thaten ihn uns kennen lehren, kein hervorragend begabter, kein leidenschaftlich erregter, ein schlichter ehrlicher treuer Mensch war er von Haus aus zur Milde, zu selbstloser Förderung des Wohls seiner Mitmenschen geneigt: es war von ihm nicht zu erwarten, dass er mit Fanatismus Andersgläubige verfolgte, ebensowenig, dass er um äusserer Vortheile oder Rücksichten willen seinen Glauben wechselte oder verleugnete. Erst allmählich sind die kirchlichen Fragen ihm nahe und näher getreten; bei seiner landesfürstlichen Thätigkeit lernte er die mannigfachen Uebelstände in dem bestehenden Kirchenwesen kennen. Zunächst als deutscher Fürst fühlte er die Verpflichtung, ihre Beseitigung zu erstreben; immer lebendiger durchdrang ihn zugleich die Ueberzeugung, auch sein bischöfliches Amt lege ihm die gleiche Verpflichtung auf. Seine Lebenserfahrungen, die Ereignisse dieser religiös erregten Zeit schärften in seiner „guten und einfachen" Natur sein religiöses Gefühl; je älter er wurde, um so bestimmter erschien ihm die Beschäftigung mit religiösen Dingen nicht nur als bedeutsame Amtspflicht, sie wurde ihm persönliche Herzenssache: die Erfüllung seiner christlichen Pflichten für sein und seiner Nächsten Seelenheil empfand er mehr und mehr als seine erste Lebensaufgabe. Genügte er ihr durch schroffe Abweisung jeden Reformversuchs, durch strenge Bestrafung aller Neuerer, konnte er mit gutem Gewissen diesen entgegentreten, wenn er nicht seinerseits ernstlich für Besserung der kirchlichen Zustände sich bestrebte? Nicht um die Entwickelung eines Gelehrten, nicht um die Seelenkämpfe eines Mystikers und auch nicht um die Wandlungen eines Politikers handelt es sich hier, nicht von einem dogmatischen System Hermann's lässt sich sprechen: man muss, irre ich nicht, von Erwägungen wie den obigen ausgehen, will man richtig seine Haltung gegenüber dem Protestantismus würdigen.

In der ersten Periode von Hermann's Regierung sind einige Massregeln gegen das Lutherthum getroffen. 1523 erinnerte er den Kölner Rath an die Gebote des Kaisers und

Papstes wider „diejenigen, so der verdammten Lehre Martin Luther's folgen"; eben mit Bezug hierauf ordnete er ein Verhör des Bruders Augustin an. Zwei erzbischöfliche Justizbehörden haben sich an dem Process gegen Clarenbach betheiligt; als das Reichskammergericht zu Gunsten des Angeklagten einzuschreiten versuchte, beschwerte sich der Erzbischof über dieses Vorgehen, durch das nur allzuleicht „wider des Kaisers Gebote und gute alte christliche Ordnung Empörung, Aufruhr und Widerwärtigkeit entstehen könnte"[1]). 1523 ward befohlen, gegen die „Verfolger der Kirche sollten drei Messen gelesen werden"; 1524 beriethen Räthe des Erzbischofs in Oberwesel zusammen mit Abgeordneten der drei anderen rheinischen Kurfürsten über die Haltung, die auf dem nächsten Reichstag zu beobachten sei hinsichtlich der „Lutherischen und andrer verführerischer Lehren, so sich jetzt allenthalben je länger je mehr ausbreiten"[2]). Besonders günstig für deren Ausbreitung war in Westfalen der Sommer des Jahres 1532; in der Stadt Paderborn drangen evangelische Prädicanten auf die Kanzeln. Eben damals nun wurde durch die Bemühungen des Kölner Kanzlers das Domcapitel von Paderborn bestimmt, Hermann an die Spitze des Bisthums zu berufen; der Papst bestätigte seine Postulation[3]); nachdrücklich wurde in seiner Wahlcapitulation seine Verpflichtung hervorgehoben, sein Land vor Aufruhr und Lutherthum zu schützen. Noch in demselben Jahr zog der Erzbischof selbst nach Paderborn; eine Reihe von Bürgern wurden als Aufrührer zu Hinrichtung verurtheilt; aber ihr Flehen um Gnade fand Erhöhung. Die Stadt wurde zum Gehorsam gegen die alten kirchlichen Ordnungen verpflichtet, Massregeln zu deren Aufrechterhaltung getroffen; der Erzbischof „trug kein Verlangen nach Blut"[4]).

---

[1]) Krafft, Zeitschrift des Bergischen Geschichtsvereins 10, 220.
[2]) Beide Actenstücke finden sich im Düsseldorfer Archiv, Chur-Köln, Geistliche Sachen n. 14.
[3]) Vgl. Clemens' VII. Urkunde vom 14. September 1532 bei Lacomblet, Urkundenbuch 4, 651 (n. 531).
[4]) So Cornelius 1, 185. Vgl. ausser ihm namentlich Ranke 3, 354 f.

Deutlich trat eben hier seine Milde zu Tage: er gehörte nie zu den Fürsten, welche in eifriger Verfolgung des Lutherthums eine ihrer wichtigsten Aufgaben erblickten. Melanchthon konnte 1539 ihm schreiben: „Wir wissen, dass Du bisher vor Grausamkeiten zurückgeschreckt und dem Bund gegen uns fremd geblieben bist"[1]). Hermann selbst erklärte später, ohne sein Zuthun sei das Wormser Edikt erlassen, er habe es nie gebilligt, der Augsburger Abschied habe ihm stets missfallen[2]). Wie berechtigt viele Klagen gegen den bestehenden Zustand waren, brachten seine Conflicte mit Rom ihm selbst auf das Deutlichste zum Bewusstsein; er konnte diesen Klagen um so weniger sein Ohr verschliessen, da sie nachdrücklich auch in den ihm nächststehenden Kreisen geltend gemacht wurden. Das Haupt der humanistischen Adligen, Hermann von Neuenahr war seit 1524 Probst des Domcapitels; sein Haus stand zudem in nahen verwandtschaftlichen Beziehungen zu den Wied's, indem sein Bruder, Wilhelm von Neuenahr, Anna, die Tochter des Grafen Wilhelm von Wied, die Nichte des Erzbischofs heirathete[3]). Beide Brüder hatten bedeutenden Einfluss am kurfürstlichen Hof; Beide finden wir im Gefolge des Erzbischofs auf dem Augsburger Reichstag, mit

---

[1]) C. R. 3, 651.
[2]) Schon Wolters, Heresbach 90, hat auf die einschlagenden Stellen der wahrhaften Erzählung hingewiesen; eine Erklärung gleichen Inhalts findet sich schon in Hermann's Brief an das Domcapitel vom October 1544. Vgl. auch die Anmerkungen, die am Ende zu seiner Ausgabe Sleidan's 1, 163. 226 gefügt hat.
[3]) Wilhelm von Neuenahr erhielt von seinem Schwiegervater die Grafschaft Mörs abgetreten, die dieser durch die Vermählung mit Margarethe von Mörs erworben hatte; er wird desshalb auch als Graf von Mörs bezeichnet. Schon Krafft (Bullinger 95, A. 1.) hat mit Recht hervorgehoben, dass Erzbischof Hermann nicht, wie meist (so neuerdings auch bei Ennen 4, 105. 501) zu lesen ist, der Schwager Wilhelm's von Neuenahr, vielmehr der Oheim von dessen Frau war. Ebenda hat Krafft auch auf die bedeutsame diplomatische Thätigkeit Wilhelm's hingewiesen; vgl. über diese auch Seckendorf 2, 156. 3, 15. 100. 128. 257. 658. Arnoldi bei Dippold und Koethe, Historisches Archiv 1 (2. Heft), 285 ff. C. R. 3, 959 ff. Wolters, Heresbach 52. 91. Cornelius, Zeitschrift des Bergischen Geschichtsvereins 10, 131 ff. Druffel 3, VI. f.

ihnen den wesentlich durch sie geförderten Johann Gropper[1]). 1502 in Soest geboren, hatte er vornehmlich juristische Studien in Köln getrieben; noch ehe er 1525 zum Doctor promovirt war, hatte ihn Hermann von Neuenahr zu seinem Official erwählt; 1526 wurde ihm, dem damals also erst 24jährigen, das Amt des kurfürstlichen Siegelbewahrers übertragen. Bisher hatte diesem Amt Bernhard von Hagen[2]) aus Geseke vorgestanden; er wurde jetzt an Stelle des im Mai 1526 verstorbenen Degenhard Witte zum kurfürstlichen Kanzler ernannt. Alle diese Männer, ebenso wie der Secretär des Domcapitels Tilmann vom Graben, unterhielten Beziehungen zu Erasmus; der Erzbischof persönlich stand mit diesem in Correspondenz; es wurden, freilich vergebliche, Versuche gemacht, Erasmus selbst nach Köln zu ziehen[3]). So wurden hier wie in dem benachbarten Jülich-Cleve Reformen in

---

[1]) Vgl. das Verzeichniss der eigenen Schriften Gropper's, wie der hauptsächlichsten gedruckten Quellen und Werke über sein Leben in Brieger's werthvoller Biographie Gropper's 240 ff. Wichtiges handschriftliches Material zu Gropper's Geschichte enthalten namentlich das Düsseldorfer Archiv und die Kölner Universitäts-Acten; Einzelnes aus diesen theilt Liessem in seiner Arbeit über G. mit, deren erster bis jetzt allein erschienener Theil Gropper's Jugend und erste Wirksamkeit am Kölner Hof behandelt. Für die Beziehungen Gropper's zu seiner Vaterstadt Soest sind von Wichtigkeit einzelne Documente des Soester Stadtarchivs, von denen ich Abschriften in den Sammlungen des Herrn Oberlehrer Vorwerk daselbst einsehen durfte.

[2]) Krafft, Kölner Matrikel 479.

[3]) Vgl. Erasmus' Brief an den Erzbischof vom 9. März 1528 und des Erzbischofs Brief an E. vom 25. Mai 1528 in Erasmi Opera 3 (Lugduni 1703), 1067. 1083. S. ebenda S. 372 f. das Lob, das E. in einem Brief an Beatus Rhenanus der Gelehrsamkeit und dem Charakter Hermann's von Neuenahr spendet; virum toti Germaniae charissimum nennt er diesen 1520 (ebenda 605). 1532 schreibt E. an Tilmann vom Graben: De Bernardo Hagio et Joanne Groppero nae tu magnam voluptatem mihi nuncias, scribam illis, simulac dabitur ocium (4, 1429). Im März 1532 berichtet Agrippa von Nettesheim an Erasmus, er habe sich mehrere Tage bei dem Erzbischof aufgehalten, qui te unice et amat et veneratur. Saepissime nobis sermo est de tua integerrima et invincibili doctrina. Sunt apud illum multi tui nominis praecones, inter quos Tilemannus de Fossa tui nominis cultor studiosissimus.

Erasmus' Geist geplant¹): es konnte nicht ausbleiben, dass bei den Verhandlungen, die über die gemeinsame Ordnung verschiedener weltlichen Angelegenheiten, wie schon früher erwähnt, zwischen beiden Höfen gepflogen wurden, auch ein gemeinsames Vorgehen zur Besserung des Kirchenwesens zur Sprache kam ²). Aber der Herzog von Cleve wollte die errungene Selbständigkeit in kirchlichen Angelegenheiten auch jetzt nicht preisgeben oder gefährden; so erliess er 1532 eine ohne Mitwirkung der geistlichen Oberen ausgearbeitete Kirchenordnung in Erasmischem Geist, er ordnete eine Visitation der Kirchen durch seine Räthe an. Auch Hermann traf seinerseits einige reformirende Massregeln; eben in dieser Zeit wurde die oben besprochene Ordnung der geistlichen Gerichtsbarkeit publicirt, die Zahl der Feiertage wurde verringert, „damit die Armen nicht durch allzu viele Feiertage beschwert und die an diesen üblichen Vergehen nicht zu sehr gehäuft würden" ³). Wilhelm von Neuenahr schrieb im März 1532 dem sächsischen Kurprinzen Johann Friedrich, der Erzbischof werde täglich besser und dem Papst feindlicher; zu tadeln sei nur seine Betheiligung an der Königswahl Ferdinand's; „er wird sonst mit Gottes Hülfe zu allem Wunsch gerathen".

Gewiss war es bedeutsam, dass die beiden mächtigen Fürsten des Niederrheins sich Rom entfremdeten; auch positive Hoffnungen mochte man für die Zukunft auf protestan-

---

¹) Tu vero, schreibt Hermann an Erasmus, perge pro tua virili ventilabro doctrinae Evangelicae purgare aream plenam jam dudum loligine et paleis. Quantum nostra interest, libenter etiam operam nostram ad id negotii accomodabimus sperantes Domini Dei nostri affulgente gratia pacem aliquando inter Christianos principes conventuram, sine qua frustra laborat, quisquis laborat errorum radices evellere.

²) Ueber die Verhandlungen zwischen Köln und Cleve findet sich ein sehr reichliches Material im Düsseldorfer Archiv, besonders in den schon von Wolters, Heresbach 90 ff. und Lacomblet, Archiv 5, 117 ff. benutzten Acten des Jülich-Bergischen Archivs (Geistliche Sachen 11 b, IV c 1) und in 3 aus dem Siegenschen Archiv stammenden Heften (181. 182. 183.).

³) So der Schulmeister Dietrich Bitter von Wipperfürth in seinem Brief an Bullinger vom 16. April 1532; s. seine Aeusserung wie die folgende Wilhelm's von Neuenahr 2, 23 A. 1.

tischer Seite an ihre tastenden Reformversuche knüpfen. Aber gerade die Cleve'sche Ordnung bot nur zu gerechtfertigten Anlass Luther zu bestärken in seinem Misstrauen gegen die Fähigkeiten und den ernsten Willen Erasmischer Politiker zu durchgreifender Ordnung der kirchlichen Verhältnisse; praktisch war auch in Cleve wenig geleistet, als die Gährung in Westfalen zu offenem schrecklichem Ausbruch kam. Niemand hatte ein näheres Interesse an der Bekämpfung des Münster'schen Aufruhrs als die niederrheinischen Fürsten. „Tag und Nacht," schreibt Tilmann vom Graben an Erasmus, „mühte sich unser Erzbischof dem Bischof von Münster Hülfe gegen die Aufrührer zu schaffen"; dem Erzbischof und dem Herzog wird in demselben Brief das Hauptverdienst bei der Bewältigung der Revolution zugeschrieben. Noch ehe Münster gefallen war, hatte Hermann den Kölner Rath zur Dämpfung des Wiedertäuferwesens ermahnt; ausdrücklich bot er hierzu seine Hülfe an. Den Wiedertäufern hatte sich auch Klopris zugewandt, der einst zusammen mit Clarenbach gefangen, durch Fabricius damals aus seiner Haft befreit war; er wurde jetzt in Warendorf ergriffen, dem Erzbischof überantwortet und am 1. Februar 1535 in Brühl verbrannt. Von ihrem Vater hatten Gerhard und Arnold Westerburg Antheil an dem kurfürstlichen Erblehen des Deutzer Fähramts; schon früher war Gerhard sein Lehen abgesprochen; da nun Hermann angezeigt wurde, dass Arnold sich „in das unehrliche und verdammte Laster der Wiedertaufe begeben", entzog er auch diesem sein Lehen und übertrug dasselbe einem Bruder Johann Gropper's [1]). Aber im bestimmtesten Gegensatz zu dem Kölner Stadtrath sah Hermann gerade in dem Münster'schen Aufruhr zugleich eine neue dringende Aufforderung, seiner-

---

[1]) Ausser den von Steitz, Westerburg 131 ff. und Ennen 4, 347 ff. benutzten Documenten geben über den Rechtsanspruch Arnold's von Westerburg auf die Einkünfte des Deutzer Fähramts auch einige in Wetzlar im Archive des Reichskammergerichts aufbewahrte Acten Aufschluss, die sich auf einen Process der Nachkommen Arnold's beziehen. Vgl. auch Butzer's Brief vom 20. Februar 1543 an Philipp von Hessen (2, 63).

seits den Weg der Reform zu beschreiten; er verschloss sich der Erkenntniss nicht, wie zutreffend es war, wenn damals Konrad Heresbach äusserte: „Niemand anders als wir selbst sind an dem Elend dieser Zeit Schuld. Weigern die Fürsten eine gerechte Reformation, so giebt sich das Volk an's Aendern". Auch ihn machten gerade diese Erfahrungen geneigter, das zu thun, was die Fürsten, wie Heresbach urtheilte, längst hätten thun sollen, nämlich den veralteten Missbräuchen, Gaukeleien und Träumereien der falschen Priester mit christlichen und gesetzlichen, religiösen und bürgerlichen Anordnungen entgegenzutreten[1]). Auf das Klarste hatte diese Revolution die Nothwendigkeit von Reformen dargethan und nicht minder den Gegensatz, in dem gerade die Reformatoren zu den Revolutionären standen. Waren es doch protestantische Theologen, welche vor allen den geistigen Kampf mit den Wiedertäufern führten, waren es doch die beiden vornehmsten protestantischen Fürsten, Sachsen und Hessen, welche vor allen Hülfe bei der Bewältigung Münsters leisteten.

Noch 1536 kam es zu neuen, besonders wichtigen Verhandlungen zwischen Köln und Cleve, in denen wie eine Reihe weltlicher Angelegenheiten ernstlich auch gemeinsame Massregeln zur Abstellung der „Missbräuche in der Religion" erwogen wurden. Gropper hatte einen Entwurf ausgearbeitet, der den Clevischen Räthen und dann ebenso der Kölner Geistlichkeit vorgelegt wurde. Er sollte die Grundlage der Berathungen eines Provinzialconcils bilden, das 1536 Hermann nach Köln berief. Veranlasst sei dies, so erklärte später die Vorrede der Publication der Concilsbeschlüsse, durch die Hemmnisse und Zögerungen, welche dem Zusammentritt des von Kaiser Karl geforderten, allgemein heiss begehrten Concils fortdauernd begegneten; der Erzbischof habe bei der bedrängten Lage der Kirche sich verpflichtet halten müssen, wenigstens für seine Provinz zu sorgen. Doch stiess auch sein Concil auf Schwierigkeiten. Für Cleve lag die Besorgniss nahe, dass diese geistliche Versammlung die Gel-

---

[1]) Wolters, Heresbach 86.

tung der kirchenpolitischen Anordnungen beeinträchtigte, welche die herzogliche Regierung aus eigener Machtvollkommenheit getroffen hatte, in welchen mehr und mehr dem Protestantismus verwandte Anschauungen ausgeprägt waren[1]). Umgekehrt befürchteten die Herren des Kölner Stadtraths, dass durch etliche Artikel von Gropper's Entwurf „unsre Bürgerschaft in ihrem hergebrachten Glauben wankend gemacht, von den guten alten Ceremonien entfremdet und in Zwiespalt getrieben werden könnte"; „als gehorsame Unterthanen des Papstes und des Kaisers", treu dem Befehl, den der päpstliche Nuntius Vergerius noch jüngst ihnen überbracht, wollten sie vorläufig alle diese Dinge ruhen lassen bis zu dem allgemeinen Concil[2]). Hermann aber liess sich durch diese Einwendungen nicht irren: am 6. März 1536 wurde nach Abhaltung einer Messe durch eine Rede des Weihbischofs Quirin von Willich die Versammlung eröffnet, zu welcher ausser der Kölner Geistlichkeit Gesandte der Kölner Suffraganbischöfe, des Bischofs von Lüttich und Franz von Waldeck's, der damals zugleich den Bisthümern Münster, Osnabrück und Minden vorstand, sich eingestellt hatten [3]).

Von Montag dem 7. bis Mittwoch den 9. März wurden täglich zwei Mal im Dom Sitzungen abgehalten, denen der Erzbischof persönlich beiwohnte; ausdrücklich liess er er-

---

[1]) Vgl. Wolters, Heresbach 71 ff. und Woker, De Erasmi studiis irenicis (Bonner Dissertation) Paderbornae 1872 S. 46 ff.

[2]) Vgl. Ennen 4, 382 ff. Zu dem hier von ihm mitgetheilten interessanten Schreiben des Kölner Raths vom 3. März 1536 sind in Bd. 69 der Kindlinger'schen Sammlung in Münster Marginalien, wahrscheinlich von Gropper's Hand, gefügt; hier heisst es u. A.: Nos non mutabimus caeremonias, sed declarabimus. Reverendissimus nihil agit contra pontificem, qui pontificis judicio omnia subjicit.

[3]) Es ist nicht richtig, wenn meist erzählt wird, die Suffraganbischöfe seien persönlich auf dem Concil zugegen gewesen. Ausdrücklich sagt die von Krafft (Bullinger 141) veröffentlichte Aufzeichnung eines Dekans der Kölner Artistenfacultät, dass sämmtliche Suffragane eingeladen wurden, dass aber von ihnen nemo per occupationes forte venire potuit; ebenso erklärt Hefmann in dem Vorwort zu der Publication der Concilsbeschlüsse, dass in Köln nobiscum reverendorum suffraganerorum nostrorum Leodiensis

klären, nichts solle hier beschlossen werden, was päpstlichen Constitutionen und kaiserlichen Gesetzen zuwider laufe. Am Donnerstag dem 10. März wurden die Beschlüsse des Concils verkündet; den Tag darauf verliess Hermann Köln. Einige Artikel des Gropper'schen Entwurfs waren gestrichen, darunter Bestimmungen, die sich gegen den Missbrauch der Excommunication in weltlichen Dingen, gegen angebliche Sammlungen von Ablassgeldern und Almosen, gegen Ausschreitungen der Verehrung von Reliquien und Heiligenbildern richteten; in den meisten Punkten hatten Gropper's Vorschläge Zustimmung gefunden. Sollten sie praktisch durchgeführt werden, so war es vor allem von Wichtigkeit den Clevischen Hof zu gewinnen. So wurden auf das Neue eifrige Verhandlungen mit diesem gepflogen — aber ohne Erfolg. Aus formellen und materiellen Gründen nahm man in Cleve an der Kölner „Reformation" Anstoss; man erklärte die Streichung der erwänten Artikel durch das Concil für eine wesentliche Verschlechterung des Entwurfs, hauptsächlich fand man offenbar auch jetzt es bedenklich dem Erzbischof die Visitation der Clevischen Kirchen zu überlassen: so wurde die Reformation in den Herzoglichen Landen nicht publicirt[1]).

---

episcopi ac Monasteriensis et Osnabrugensis confirmati administratorisque Mindensis ecclesiarum legati (Trajectensis interim episcopi pro curatoribus, quominus ad nos se reciperent, inter eundem per obrios milites, quem ad modum ipsoeum litterae excusatoriae continebunt, prohibitis) simul et cum venerabili clero nostro convenerint .. ac ecclesiae causam diligenter pertractarint.

[1]) Vgl. Wolters, Heresbach 92 ff.; Lacomblet, Archiv 5, 19 ff. Bedeutsam für die Stellung des Herzogs von Cleve ist auch, was der päpstliche Nuntius van der Vorst in seinem bereits oben S. 53 Anm. 1 erwähnten Schreiben vom 8. Mai 1537 nach Rom berichtete. Als er dem Herzog die Einladung zum Concil überbrachte, forderte er ihn u. A. auf, quod vellet se abstinere a collationibus beneficiorum reservatorum ac sineret literas apostolicas exequi quodque revocaret collationes per ipsum factas praesertim de beneficiis vacantibus apud sedem. Excusavit se, quod debuit ita facere pro conservatione ditionis suae et quod ita status sui statuissent. Contra quae replicavi hoc esse contra juris dispositionem expressam, contra concordata Germaniae et auctoritatem Sanctae Sedis Apostolicae quodque in hoc neque consiliarii neque status sui aliquid possent ita statuere; nam

Offenbar hat die Rücksicht auf diese Verhandlungen dazu mitgewirkt, dass erst sehr spät die Veröffentlichung der von dem Concil gefassten Beschlüsse erfolgte. Einer noch 1536 gedruckten kurzen Instruction für die Kirchenvisitation war ein Verzeichniss der Verordnungen des Concils beigefügt; diese selbst erschienen erst 1538 im Druck, zugleich mit ihnen das auf dem Concil verheissene dogmatische Handbuch aus Gropper's Feder [1]).

---

esset ponere falcem in messem alienam. Ad quae replicavit multa et praesertim quod curati, pastores et alii praelati non residebant in suis beneficiis, finaliter quod nollet esse inferioris conditionis quam ceteri principes ipso etiam inferiores. Ego respondi quod bonis mediis poterat provideri in illis et quod in hoc S[tas.] Sua, si fuisset admonita, non defuisset et quod vellem, ut alios id facientes mihi nominaret, quia non scirem aliquem nisi istos evangelicos, qui hoc facerent in contemptum sedis apostolicae. Respondit: bene scio alios. Tandem quia satis cognovi quod vellet innuere archiepiscopum Coloniensem, dixi: scio, vultis loqui de archiepiscopo Coloniensi. Dixit: scio, volo loqui de archiepiscopo Coloniensi. Dixit: ita et de aliis, sicut ipsi faciunt, ita et ego facio. De Ram, Compte Rendu de la commission d'histoire. 3. série 6, 319.

[1]) Den vollständigen Titel des Folianten, der die Canones concilii provincialis Coloniensis und das Enchiridion Christianae institutionis enthält, giebt Brieger Gropper 240 an; einen deutschen ausführlichen Auszug aus den Canones liefert Deckers 187 ff., kürzere Ennen 4, 37 ff. und Drouven 87 ff. Auf dem Titelblatt dieses Buchs ist der Erzbischof selbst in vollem Ornate abgebildet; das gleiche Bild finden wir auf dem Titelblatt der „Reformation" der weltlichen Gerichte von 1538. Den langen Vollbart Hermann's, den diese Abbildungen zeigen, weisen gleichfalls zwei von Deckers (Beilage VII) publicirte Münzen auf; ihn erwähnt auch Ettenius, der in seinem Tagebuch über die Reise des päpstlichen Legaten van der Vorst (1537) nachstehende Schilderung von dem Erzbischof entwirft: Vir satis procerae staturae et aetatis provectae habet barbam prominentem et omnino canam, quae illi dabat aliquid venerationis, alioquin parum habebat facies venerationis, habebat vestem bissinam subductam pellibus martiris seu sibillinis, capillos habebat amputatos, biretum nocturnum sericum et gladium (De Ram, Nonciature de Pierre van der Vorst 45). Die gesperrt gedruckten Worte sind nicht berücksichtigt in dem deutschen Auszuge, den aus dem Bericht des Ettenius schon früher Arendt, Raumer's historisches Taschenbuch 1839, S. 465 ff. veröffentlichte. Dieser Quelle sind wohl auch Ranke (4, 239) und Ennen (4, 377) bei ihren Worten über Hermann's Aeusseres gefolgt.

In den Verordnungen tritt überall die Tendenz zu Tage, den eingerissenen argen Missbräuchen zu steuern, Welt- und Kloster-Geistliche ernst an ihre Pflichten zu mahnen. Nachdrücklich wird die ganze Schwere der Anforderungen des Mönchslebens betont; eben desshalb soll zu ihm Niemand wider Willen gezwungen oder angereizt, Niemand unbedachtsam aufgenommen werden. Die höchste Vorsicht ist bei Mädchen anzuwenden, dass sie nicht in unreifem Alter, nicht aus Furcht, nicht aus irgend einem unchristlichen Affect zum Dienste Gottes sich bekennen, dem jeder gezwungene Dienst missfällig; die Eltern sollen ermahnt werden, ihre Kinder nicht wider deren Willen in das Kloster zu stossen. Mönch und Nonne sollen die Kenntniss der Schrift, nicht die Sünden des Fleisches lieben, beten und wachen, stets etwas arbeiten, damit der Teufel sie stets beschäftigt finde, eben aus diesem Grund, wie in den alten Klöstern geschehen, heilige Bücher abschreiben. In gleichem Geist sind die Vorschriften über das Leben und die Pflichten der Weltgeistlichen und namentlich der Pfarrer abgefasst. Als verdammenswerth werden menschliche Rücksichten und Bestechlichkeit bei der Vergebung kirchlicher Stellen bezeichnet; nicht vor ihrer Erledigung sollen Versprechungen auf sie eröffnet, nur Personen sollen sie verliehen werden, die das gesetzmässige Alter, gute Sitten, genügende Bildung besitzen. In Anknüpfung an die Beschlüsse des Concils von Chalcedon wird die Häufung von Beneficien in Einer Hand verboten, ausdrücklich erklärt: besser für den Bischof, wenige Priester zu haben, die würdig den Gottesdienst versehen, als viele unnütze. Nie sollen die Geistlichen die Bibel aus der Hand kommen lassen; die Pfarrer werden namentlich ermahnt, die in den Briefen an Timotheus und Titus enthaltenen Lehren zu befolgen. Dass besonders an diese Briefe angeknüpft wird, ist wohl ein bezeichnender Zug unserer Verordnungen, die daneben übrigens auch Sätze unbestritten echter Paulinischer Briefe citiren und einschärfen. Mit biblischen Worten wird als die wichtigste Pflicht der Pfarrer die Verkündigung des Wortes Gottes hingestellt; in ihrem Vortrag sollen sie eitele Fabeln wie jede leere Geschwätzigkeit meiden, nicht zu lange bei Heiligengeschichten verweilen, nicht zu viel Rühmens von Wundern machen, wenn sie nicht ausdrücklich durch die Schrift oder durch glaubwürdigste Schriftsteller bezeugt sind. Von allen Schmähungen, Sticheleien, Verwünschungen, von jeder unnützen Streiterei ist auch den Ketzern gegenüber abzusehen, rein und lauter das Wort Gottes zu predigen, gemäss der kirchlichen Ueberlieferung und der Interpretation der von der katholischen Kirche anerkannten Väter; speciell wird bei der Deutung von Allegorien auf die Autorität von Ambrosius, Hieronymus, Augustin, Chrysostomos verwiesen. Von streitigen Dingen soll gelehrt werden zu glauben, was die Kirche glaubt. Vor jedem öffentlichen Tadel geistlicher und weltlicher Obrigkeit wird gewarnt, zwei Male wird der Satz des Römerbriefs eingeschärft, dass jede Obrigkeit von Gott. Wer also der Obrigkeit widerstrebt, der widerstrebt Gottes Ordnung, wenn nicht — wird hinzugesetzt — die Obrigkeit ausdrücklich befiehlt, was wider Gottes Gebot; denn dann muss man Gott mehr gehorchen als den Menschen. Eifrig ist das Volk zum Gebet für die Obrigkeit anzuhalten. Besonders eingehend handelt ein eigener Abschnitt über die Verwaltung der auch hier festgehaltenen sieben Sacramente der katholischen Kirche. Bei dem Abendmahl wird einfach die reale Präsenz des Leibes und Blutes Christi betont, mit Berufung auf das Constanzer Concil die Forderung des Laienkelchs abgewiesen; als ein repräsentatives wird das Opfer der Messe hingestellt, als lebendigste Vergegenwärtigung, als täglich erneuerte Darstellung des ein für alle Male dargebrachten Opfers Christi. Bei der Predigt der Busse soll dem Volk Furcht vor dem Zorn und dem gerechten Gerichte Gottes eingeflösst; doch dem wahrhaft Zerknirschten Gnade und Barmherzigkeit verheissen werden. Unbescholten, unterrichtet und verschwiegen soll der Beichtvater sein, als ein kluger Arzt nach der Beschaffenheit der Krankheit die Arznei bereiten, die Kleinmüthigen trösten, die Trotzigen zurechtweisen. Unentgeltlich sind alle Sacramente zu spenden, nach dem Wort des Herrn: „Umsonst habt ihr es empfangen, gebt es auch umsonst". Die kirchlichen Gewohnheiten werden gegenüber den Angriffen der Feinde der Kirche vertheidigt, so auch die Beobachtung des Fastens; dabei sollen luxuriöse Fischspeisen nicht minder als Fleischspeisen gemieden werden. Bei allen Ceremonien ist mehr auf deren innere Bedeutung als auf die Aeusserlichkeiten zu sehen, abergläubischer Missbrauch des Heiligen zu untersagen, so auch der Missbrauch, der mit geweihtem Wasser, Salz, Kräutern zur Heilung von Vieh getrieben wird. Da bei Gelegenheit der Processionen durch die Felder viele Sünden begangen werden, wird es für besser erachtet, sie fortan innerhalb des Kirchenraums abzuhalten und damit eine passende Anrede an das Volk zu verbinden. Um wirksam den unzähligen verderblichen Ketzereien entgegenzutreten, ist vor Allem nothwendig, besondere Pflege der Erziehung der Jugend zu widmen. Acht Kapitel eines eigenen Abschnitts beschäftigen sich mit den Schulen. Die Winkellehrer sollen entfernt, die Gymnasien und niederen Schulen mit tüchtigen Lehrern versehen, an den einzelnen Kirchen ein unterrichteter Mann zur Bildung der Geistlichkeit angestellt werden; eine Reihe von Vorschlägen sind angereiht zur Hebung der Universität.

Man sieht, bei diesen Verordnungen handelt es sich nicht nur um äusserliche Vorschriften zur Abstellung einzelner Missbräuche: es sollten Vorbereitungen getroffen werden zu einer Reformation der Kirche „in Leben und Lehre". Bei den Sätzen über die Verwaltung der Sacramente waren auch kurze dogmatische Definitionen gegeben; mehrfach war hier wie bei dem Abschnitt über die Predigt auf das Handbüchlein verwiesen, das im Auftrag des Concils angefertigt, jedem Kölner Pfarrer eine 'zuverlässige klare Auskunft über die wichtigsten dogmatischen Fragen bieten sollte. Freilich bei der Ausarbeitung erschien es seinem Verfasser, erschien es Gropper unmöglich, sich in den Grenzen eines Handbüchleins zu halten; mehr als 500 Folioseiten zählt seine Institutio compendiaria Doctrinae christianae, die im engsten Anschluss an die Verordnungen des Concils jetzt mit diesen zusammen gedruckt wurde. Nicht nur als die ausführlichste, auch als

die wichtigste katholische Dogmatik der ersten Hälfte des
16. Jahrhunderts ist dieses Buch neuerdings, namentlich von
Brieger, mit Recht bezeichnet; eben von ihm ist bereits darauf hingewiesen [1]), wie hier stillschweigend Auswüchse der
scholastischen Kirchenlehre beseitigt, ebenso stillschweigend
manche von den Protestanten vertheidigten Sätze hinübergenommen sind. Ja Letzteres gilt auch von der Behandlung,
die hier dem wichtigsten Dogma, die hier der Lehre von der
Rechtfertigung zu Theil geworden ist. Ausdrücklich wird
für richtig, für wahr die Lehre erklärt, dass wir ohne die
Werke gerecht werden, eine Art von Imputation wird angenommen; aber unmittelbar neben den Sätzen, in denen hier
Gropper protestantische Anschauungen wiedergab, begegnen
andere, die mit solchen in keiner Weise vereinbar sind. Und
vor Allem die Consequenzen, die aus der protestantischen Auffassung der Rechtfertigungslehre für die Umgestaltung der
Sacramente, des gesammten kirchlichen Wesens gezogen
wurden, lehnt der Dogmatiker des Kölner Concils auf das
Entschiedenste ab. Was das Wichtigste in der Auffassung
des Kirchenbegriffs und seiner Ausprägung im Leben, tritt
er zu den Lehren und Forderungen der Reformatoren in den
bestimmtesten Gegensatz: er tritt für die Verehrung von Reliquien und Bildern ein [2]), er weist nachdrücklich die „verderbliche" Lehre vom allgemeinen Priesterthum der Laien
zurück [3]); er vertheidigt die überlieferte hierarchische Ord-

---

[1]) S. Brieger, Gropper 221, spceiell über G's. Rechtfertigungslehre die
von Brieger in den Anmerkungen 21—30 citirten Stellen. Vgl. hierüber
auch Döllinger 3, 390 ff. Brieger, Rechtfertigungslehre Contarini's 99.
108. 115. 139.

[2]) Vgl. F. CCLXX.

[3]) Principio repetendum nobis est, ecclesiae hostes hoc semper maximo
studio quaesisse, ut ordinem ex ecclesia tollerent, ex sacerdotibus (ut Tertullianus ait) laicos facientes et sacerdotalia munera laicis iniungentes . . .
Ut autem tam pernitiosum dogma plebi ex scripturis pessime detortis persuaderent, nempe nullum esse sacerdotii discrimen, omnes ex aequo presbyteros esse, omnes eandem habere potestatem, ordinem nihil esse quam
ritum quendam eligendi concionatoris in ecclesia, verbi quoque et sacramentorum ministerium non nisi laicorum consensu committi, in primis huc

nung, auch die hervorragende Gewalt, die zur Bewahrung der Einheit der Kirche vor den anderen Aposteln dem Petrus übertragen, von diesem seinen Nachfolgern, den römischen Bischöfen überliefert sei. Nicht ohne Grund haben demnach Melanchthon und Butzer, Sleidan und Seckendorf[1]) sich entschieden gegen Gropper's Buch erklärt, über seine den Evangelischen feindliche Haltung geklagt; aber nicht minder scheint es begreiflich genug, dass das Concil von Trient Gropper's Rechtfertigungslehre verwarf, ja dass man sich später nicht scheute, das von der Autorität des Kölner Concils gedeckte Werk auf den Index zu setzen. Vom neukatholischen, vom jesuitischen Standpunkt aus war es durchaus natürlich, dass einer seiner hervorragendsten Vertreter, dass Bellarmin nicht nur die Rechtfertigungslehre, auch andere Stücke des Kölner Buchs zu rügen fand: wohl musste ihm die milde Form der Polemik gegen die Ketzer, wohl die offene Einräumung mannigfacher Missbräuche bedenklich erscheinen, bedenklicher das überall hervortretende Streben, nicht an die Autoritäten der mittelalterlichen päpstlichen Kirche, vielmehr an Sätze der Bibel und der Kirchenväter anzuknüpfen. Schon die verhältnissmässige Kürze des Abschnitts über den Primat des Papstes ist charakteristisch[2]), noch mehr sein Inhalt. Neben die Worte des Matthäus-Evangeliums über die dem Petrus übertragene Gewalt, zu binden und zu lösen, stellt Gropper die Worte des Johannes-Evangeliums über die gleiche Gewalt, die allen Aposteln verliehen sei; er citirt diese Stellen in wörtlichem Anschluss an Cyprian's bekannte Ausführung,

---

detorquent, quod Petrus omnes Christianos alloquens ait: Vos estis genus electum, regale sacerdotium . . . . Rudem admodum in literis sacris eum esse oportet, qui non intelligat scripturas de duplici sacerdotio atque etiam regno loqui . . . Praeter spiritale sacerdotium, quod in sola mente consistit et unctionem tantum spiritalem habet, aliud est sacerdotium in ecclesia externum. Id quod nemo miretur, quum ad eundem modum utcunque sacerdotium scriptura synagogae etiam tribuerit. F. CLXXXIX.

[1]) Schon Brieger hat ihre wie die Aeusserungen der katholischen Beurtheiler des Enchiridion zusammengestellt, Gropper 222.

[2]) Kaum mehr als eine Seite ist ihm gewidmet, F. CXCVI.

er druckt aus dieser auch den Satz ab: „Das waren jedenfalls auch die übrigen Apostel, was Petrus war, mit der gleichen Theilnahme sowohl an Ehre als an Macht ausgerüstet". Er nimmt ebenso das Wort des Hieronymus an Evagrius auf, dass allen Bischöfen, wo sie auch existirten, dasselbe Verdienst, dieselbe priesterliche Gewalt zukomme. Denn diese priesterliche Gewalt ist geistig, unkörperlich, untheilbar. Jeder einzelne Bischof besitzt sie für seine Heerde, der römische Bischof aber besitzt sie für die ganze christliche Heerde. In diesem Zusammenhang wird auch der Satz Bernhard's von Clairvaux citirt, nach dem die anderen Bischöfe die ihnen anvertrauten Heerden haben, jeder seine besondere, dem Papste alle anvertraut sind [1]).

Es ist beachtenswerth, die diesem Satze folgenden Ausführungen Bernhard's, in denen er dem Papste sogar das Recht zuspricht, eventuell selbst über Bischöfe zu richten, sind von Gropper nicht aufgenommen; es ist nicht minder beachtenswerth, von allen Schriften des späteren Mittelalters wird hier von ihm nur diejenige angezogen, auf die in alten und neuen Tagen oft von Gegnern des päpstlichen Absolutismus zurückgegriffen ist [2]). Vor Allem aber zeigt der Abdruck der oben ausgehobenen Sätze von Cyprian und Hieronymus: so bestimmt Gropper den Primatialgedanken festhält, auch ihm ist der Papst nur der Primus inter pares: gerade an dieser bedeut-

---

[1]) Vgl. über die Anschauungen von Cyprian, Hieronymus und Bernhard in unserer Frage Langen, Das Vaticanische Dogma von dem Universal-Episcopat und der Unfehlbarkeit des Papstes I, 90. 2, 60. L. bespricht hier 4, 15 auch die einschlagenden Stellen des „hauptsächlich von Gropper verfassten Regensburger Buchs"; unser Werk wird von ihm nicht erwähnt.

[2]) Auf bedeutsame Benutzungen haben u. A. Hartwig, Heinrich von Langenstein 21 und Lechler, Wiclif 1, 69 ff. 302 hingewiesen; von ihnen nicht erwähnt ist die gerade für unser Thema interessante Thatsache, dass in den Tagen des Conflicts des letzten Kölner Kurfürsten mit Rom der hervorragendste theologische Lehrer der von Max Franz gestifteten Bonner Universität, dass Dereser 1767 einen Auszug aus der Schrift des H. Bernhard u. d. T.: „Rechte und Pflichten des Papstes", veröffentlichte. Bei der Einweihung der genannten Universität gedachte ihr Curator Spiegel vom Desenberg auch Hermann's von Wied; gerade wegen

samen Stelle erkennen wir es klar, der Geist dieses Buches ist verschieden von dem Geiste Luther's und Calvin's, aber wahrlich nicht minder verschieden von dem Geiste der Scholastiker und der Jesuiten. Die hier niedergelegten Gedanken zeigen manche Verwandschaft mit den Anschauungen, die im Anfang der zwanziger Jahre in den Kreisen des ständischen Reichsregiments, die auf den Reichstagen von 1522 — 1524 vertreten waren. Nicht diesen war es zuzuschreiben, dass die Nation sich gespalten hatte: liess sich nicht hoffen, dass eben solche Bestrebungen zur Beilegung der Spaltung, zur Wiedervereinigung führen konnten? [Mehrfach hat der Erzbischof später versichert, dass ihm von vornherein Gropper's Arbeit nicht genügte, dass er in ihr nur eine Vorbereitung für eine tiefer greifende Reformation gesehen habe;] jedenfalls traten schon damals Gedanken an eine solche ihm nahe, protestantischen Stimmen verschloss er sein Ohr nicht.

Noch im Jahre des Kölner Concils unternahm er eine Reise nach Berlin, ging von dort zusammen mit Joachim II. nach Sachsen zu Johann Friedrich. Ueberliefert ist nur, dass die drei Fürsten in der Lochauer Haide zusammen jagten, doch lässt die Annahme Seckendorf's sich kaum abweisen, dass die persönliche Begegnung mit einem der Häupter des Schmalkaldischen Bundes Hermann in seinen reformatorischen Plänen bestärkt hat[1]). In der That schrieb unmittelbar nach

---

dieses Satzes wurde seine Rede 1790 vom Kölner Domcapitel angegriffen; in einem päpstlichen Breve vom 27. März desselben Jahres sehen wir eben diese Erinnerung von Pius VI. gegen die Bonner Universität benutzt, die Kölner Domherren ermahnt, dem Beispiel zu folgen, das ihrer Vorgänger Opposition gegen Hermann's lutherische Bestrebungen gegeben habe. S. Planck, Neueste Religionsgeschichte 2, 490. 495. Wolf, Pius VI. 4, 320.

[1]) Seckendorf 3, 137 ersah aus dem Ernestinischen Archiv: Hermannum hoc autumno Torgaviae apud electorem fuisse, venatione cervorum oblectaturum (in der Hirschbrunst). Berolino venerat, ubi Brandenburgicum electorem inviserat. Verisimile est in hoc itinere confirmatum illum fuisse in proposito reformandae religionis. Mit diesen Notizen glaube ich andere combiniren zu dürfen, die ich einer freundlichen Mittheilung Brieg's entnehme. Nach dieser findet sich in der Ponickau'schen Bibliothek in Halle

dieser Reise, am 8. October der uns bereits bekannte evangelisch gesinnte Kölner Jurist Lumpius, noch hinderten die Vorurtheile der Theologen den Erzbischof offen herauszutreten; wohl aber predige ein ihm nahe stehender Minorit unter grossem Zulauf die lautere Lehre des Evangeliums [1]). Als im folgenden Frühjahr der päpstliche Nuntius Peter van der Vorst Hermann in Bonn aufsuchte, um ihm die Einladung zum Concil zu überbringen, verhehlte der Erzbischof nicht, es würde Anstoss erregen, dass das Concil nicht in Deutschland gehalten werden solle[2]). Nur Lutheraner, erwiederte der Nuntius scharf, hätten bisher solche Bedenken erhoben. In

---

Mscrpta. Histor. 187 1. Q. ein Manuscript von 7 Blättern aus dem Ende des vorigen oder dem Anfang des laufenden Jahrhunderts, „Abzeichnung eines Monuments, so ehemals bei der Heide-Mühle, eine Stunde oberhalb Anneburg, gestanden". Auf einem in 2 Exemplaren vorliegenden Kupfer sind in Brustbildern die drei Fürsten dargestellt, über ihren Bildern liest man ihre Namen und Titel, an dem oberen Rand: „Anno 1546 den 16. Sept. kahmen diesze drey Fürsten in der Lochauer Haide an Einer Eiche zusammen." F. 5 enthält eine etwas kleinere Federzeichnung desselben Bilds, dabei folgende Notiz: „Das auf einer hölzernen Tafel schlecht gemalte Original hat ehemals bei der Heidemühle, eine Stunde oberhalb Anneburg, unter einem Wetterdach auf einer steinernen Säule gestanden, nachdem aber dasselbe umgefallen, wird das Bild oder Monument in genannter Mühle verwahrlich aufgehoben". Auf F. 6 u. 7 folgen des Herrn Oberstadtschreibers Klopschen zu Freiberg Gedanken hierüber. Hier wird weitläufig auseinandergesetzt, dass die Zusammenkunft in der Lochauer Haide nicht am 16. September 1546 stattgefunden haben könne. Um dies zu erweisen, genügt es daran zu erinnern, dass damals bekanntlich Johann Friedrich in Süddeutschland stand. Alle Schwierigkeiten lösen sich, irre ich nicht, am einfachsten durch die Annahme, dass die durch das Monument gefeierte Zusammenkunft nicht 1546, sondern 1536 statt hatte, dass sie identisch mit der von Seckendorf berichteten ist.

[1]) Seckendorf 2, 139. Meuser (Gropper 189 A. 2), Krafft (Bullinger 85) und Ennen 4, 393 vermuthen, dass unter diesem Minoriten J. Meinertzhagen zu verstehen sei.

[2]) Gerade Köln war schon früher als Concilsort in Vorschlag gebracht; Krafft, Bullinger 111, führt den vollständigen Titel der Schrift an, die Wilhelm von Grevenbroich 1533 de sede concilii apud Coloniam Agrippinam deligenda bei Soter in Köln drucken liess; wie ein Brief von Dietrich Bitter lehrt, wurde diese Schrift „wieder underdruckt".

Köln hatte Vorst Klagen über das Vorgehen des Kurfürsten bei der Pfründenbesetzung, über die kurfürstlichen Räthe vernommen, schon in seiner Instruction war er auf deren üblen Einfluss hingewiesen; wohl wurden ihm in Bonn, wie er berichtet, Entschuldigungen und Versprechungen vorgetragen, dennoch empfing er einen wenig günstigen Eindruck von dem, was er am kurfürstlichen Hofe beobachtete[1]). Wie entschieden hier die Uebelstände des bestehenden Zustands, die Nothwendigkeit von Reformen in weltlichen und kirchlichen Dingen empfunden wurden, das legten die von Gropper redigirten Ordnungen von 1538 [2]) auf das Deutlichste dar, und es fehlt in Hermann's nächster Umgebung nicht an Männern, die um Vieles radicaler als Gropper dachten.

Freundliche Aufnahme, mannigfache Begünstigung hatte in den ersten dreissiger Jahren Agrippa von Nettesheim bei Hermann gefunden; die Occulta Philosophia ist diesem gewidmet; von Bonn aus hatte der streitlustige Kölner Gelehrte die heftigste Anklageschrift gegen die Universität seiner Vaterstadt erlassen [3]). Manche äusserliche Aehnlichkeiten mit Agrippa zeigt Nicolaus Prugner, der uns seit 1537 an Hermann's Hof begegnet; auch er war ein viel umgetriebener Gelehrter, auch er zugleich mit mathematischen, astrologischen,

---

[1]) Von de Ram (compte rendu de la commission d'histoire 3. s. 6 255 ff.) ist das für Vorst entworfene Verzeichniss abgedruckt, catalogus et conditio eorum principum, ad quod accessurus est nuncius, ut sciat quomodo melius in commissione sua exequenda se habeat. Hier wird Hermann charakterisirt suapte natura bonus et olim sedi apostolicae multum obediens, postea seducteus a suis plerasque praeter jus praeterque fas et fecit vel fieri permisit, esset tamen benignitate S[mi]. Domini Nostri ad obedientiam sanctae sedis reducendus (S. 256). Ueber die Unterredungen des Nuntius mit Hermann und Gropper s. den schon mehrfach erwähnten Bericht V's. vom 8. Mai 1537 (ebenda S. 320 ff.) und die Erzählung des Ettenius bei de Ram, Nonciature de Vorst 45 ff. Aus beiden Quellen ergiebt sich, dass nicht in Buschhoven, sondern in Bonn die Begegnung stattfand.

[2]) Dass Gropper auch das 1538 gedruckte Landrecht „gestellt", behauptet er selbst 1545 in der Warhaftigen Antwort. F. 35 b.

[3]) Vgl. Morley, Life of Cornelius Agrippa of Nettesheim 2, 287 ff. 309. 311. 313. Bianco 613 ff. Krafft, Bullinger 113 ff. Ennen 4, 115.

philosophischen und theologischen Studien beschäftigt; aber wesentlich unterscheidet ihn von dem Kölner Naturphilosophen seine Stellung zur Reformation. Ein geborener Franke, war er in Mühlhausen in den Augustinerorden getreten; hier und in dem benachbarten Basel treffen wir ihn abwechselnd in den Jahren 1522 und 1523, in Verkehr mit Zwingli und Oekolampad, auch mit Hutten in dessen letzten Tagen. Früh hatte er sich den Ansichten der schweizerischen Reformatoren zugewandt; sie in das Leben zu führen, wurde er Prediger, Reformator Mühlhausens. Die Folgen des Bauernkrieges machten seiner Thätigkeit dort ein Ende, in einer neuen Pfarrerstellung in dem kleinen Strassburger Städtchen Benfelden fühlte er sich wenig befriedigt, der Theolog in ihm trat vor dem Mathematiker und Astronomen zurück. Er bemühte sich für die astronomische Münsteruhr in Strassburg; Kalendermachen, Nativitäten stellen, Prognostica aufsetzen wurden seine Hauptbeschäftigungen. Eben diese brachten ihn wohl zunächst in Beziehung zu Hermann; aber ausdrücklich wird uns berichtet, dass Pruckner auch für seine religiösen Ueberzeugungen eintrat. Er stand in nahem Verhältniss zu den oberdeutschen, namentlich zu den Strassburger Reformatoren; im December 1538 fragte Hedio bei ihm an, ob es zur Anknüpfung einer Verbindung mit dem Erzbischof nicht dienlich sein könnte, wenn diesem Hedio seine unter der Presse befindliche deutsche Chronik widmete [1]). Wie Pruckner zu den Strassburger Reformatoren, so stand in alten Beziehungen zu den Wittenbergern Peter Medmann, der 1539 als Lehrer der Neffen und Mündel Hermann's, der Söhne des Grafen Johann von Wied [2]), begegnet. Aus einer Kölner Familie hervorgegangen, war er, auf die Stiftsschule von Emmerich geschickt, 1522 in Köln in die Laurentianer-Burse eingetreten; 1526 finden wir seinen Namen in der Matrikel der Wit-

---

[1]) Vgl. Röhrich, Mittheilungen aus der evangelischen Kirche des Elsass 3, 150 ff.

[2]) Nach Johann's 1533 erfolgtem Tod übernahm Hermann die Vormundschaft über alle Kinder seines Bruders. Fischer 296.

tenberger Universität. Aus späteren Briefen Melanchthon's sehen wir, wie grossen Werth dieser seiner Persönlichkeit beimass, wie viel er von dem Einfluss Medmann's auf die rheinischen Adelsfamilien hoffte, in denen er eine Anstellung als Erzieher fand [1]). Beziehungen aller Art verknüpften damals diese Familien mit dem Adel und mit den Fürsten des übrigen, auch des protestantischen Deutschlands: eben wegen dieser ihrer Stellung wurden mehr als einmal Verhandlungen mit Theilnehmern des Schmalkaldischen Bundes den Hermann verwandten, an seinem Hofe einflussreichen rheinischen Grafen von Neuenahr, Nassau, Manderscheid [2]) übertragen. Dem Grafen Wil-

---

[1]) Leider sind wir über Medmann's Jugend nur ungenügend unterrichtet; seine letzte Lebenszeit, die er in Emden verbrachte, hat zuletzt Bartels besprochen in seinem Vortrag zur Erinnerung an den Emdener Rathhausbau, Jahrbuch der Gesellschaft zu Emden 3 (Emden 1874) S. 70 ff. Ausdrücklich beklagt dieser, dass die Daten über M.'s. Leben sich noch nirgends in einiger Vollständigkeit zusammenfinden; über M.'s. Studienzeit vgl. Krafft, Kölner Matrikel 501. Krafft's freundlicher Mittheilung verdanke ich die Kenntniss eines noch ungedruckten Briefs aus dem Januar 1547; hier schreibt M. selbst an Bullinger: Te non novi Coloniae. Nam 1522 redii Coloniam Embricae, ubi sub Caspare rectore Silesio nomen dedi Embricensi scholae, usus domestico praeceptore Henrico Bessensi, qui adhuc Embricae docet, publicis Johanne Aelio, qui nunc agit Monasterii, et Petro Homphaeo Cochemensi, atroce evangelii hoste. Coloniae fui in collegio Laurentiano sub Campensi et N. (Vgl. über diese Lehrer M's. Krafft, Bullinger 13 ff.) Gerade da Medmann selbst seinen Eintritt in die Laurentianer Burse 1522 ansetzt, so ist Krafft neuerdings zweifelhaft geworden, ob mit Recht früher er — und ebenso Ennen 4, 393 — auf unseren Medmann die Inscription seines Namens in der Kölner Matrikel von 1527 bezogen, ob unter dem 1527 immatriculirten Peter M. nicht vielmehr ein gleichnamiger Verwandter zu verstehen sei; in der That besitzen wir ein Empfehlungsschreiben Melanchthon's a. d. J. 1547 für einen Verwandten unseres M., dessen Vorname ebenfalls Peter lautete (C. R. 6, 370). Gerade nach den angegebenen Daten wie nach den Briefen Melanchthon's erscheint mir dagegen wahrscheinlich, dass der 1526 in Wittenberg inscribirte Peter M. identisch mit dem späteren Correspondenten Melanchthon's und Agenten Hermann's ist.

[2]) Unter den damaligen Grafen von Manderscheid kommen für uns namentlich Dietrich und sein Vetter Arnold in Betracht; Letzterer war mit

helm von Neuenahr gab schon 1536 Kurfürst Johann Friedrich in einem Brief an Luther das Zeugniss, dass er das Wort Gottes höchlich liebe; Wilhelm's Hofprediger wurde von Spalatin und Myconius als fromm und gelehrt gerühmt, kam nach Wittenberg, fand Aufnahme in Luther's Haus¹). Gleichfalls ein Verwandter der Wied's, ein Schwager des Grafen Johann und zugleich ein Schwager der mit den Wied's ebenso verwandten Stolberg'schen Brüder, war Wilhelm von Nassau-Dillenburg²); er war am Hofe Friedrich's des Weisen erzogen; trotz der nahen Beziehungen seines Bruders zu Karl V., trotz der Gunstbezeugungen, durch die dieser auch ihn zu fesseln suchte, legte er offen seine Hinneigung zur Reformation an den Tag. Er führte in seiner Grafschaft die Nürnberger Kirchenordnung ein, schon 1535 bat er um Aufnahme in den Schmalkaldischen Bund; 1538 bestellte er zu seinem Hofprediger und Superintendenten Erasmus Sarcerius, der in Wittenberg studirt, dann in Oesterreich, in Rostock und Lübeck für die evangelische Sache im Schuldienst gewirkt hatte³). Der Schwager des Grafen von Nassau, Heinrich von Stolberg, 1509 geboren, hatte in jungen Jahren ein Canonikat im Kölner wie im Mainzer Domcapitel erlangt; er war zusammen mit seinen Brüdern Eberhard und Philipp in Köln

---

Margaretha von Wied, einer Nichte Hermann's, einer Tochter des Grafen Johann vermählt.

¹) Krafft, Bullinger 99 ff.; nach seiner Vermuthung war dieser Hofprediger Wilhelm's von Neuenahr der 1542 aus Mörs nach Wesel berufene Schulmann und Prediger Heinrich Bommelius. Vgl über diesen auch Krafft's Aufsatz in der Monatsschrift für rheinisch-westphälische Geschichtsforschung 2 (1876), 224 ff.

²) Johann von Wied heirathete, wie schon S. 40 erwähnt, die Schwester Heinrich's und Wilhelm's von Nassau Elisabeth, Wilhelm in zweiter Ehe Juliane von Stolberg. Von Julianen's Brüdern waren Wolfgang und Ludwig mit zwei Töchtern Johann's von Wied vermählt. Vgl. Fischer 304 ff. Zeitfuchs 52. 65. Jacobs, Zeitschrift des Harzvereins 7 (1874), 1 ff.

³) Vgl. über Wilhelm von Nassau Arnoldi, Geschichte der Oranien-Nassau'schen Länder 3. 1, 76 und namentlich Nebe, Zur Gesch. der evangel. Kirche Nassau's 2, 3 ff. S. 16 ff. sind hier auch die biographischen Notizen über Sarcerius am besten zusammengestellt.

Schüler von Cäsarius gewesen, der ihm mehrere Ausgaben lateinischer Grammatiken dedicirt hat [1]): unter seinem Vater Botho kamen evangelische Prediger nach Stolberg, das unter seinen Brüdern reformirt wurde. Von diesen hatten Wolfgang und Ludwig in Wittenberg studirt, Letzterer stand im Verkehr mit Melanchthon [2]); seine Schwester Anna, Aebtissin von Quedlinburg, hat dort, sobald sie es nach dem Tod Herzog Georg's von Sachsen wagen konnte, die Reformation eingeführt [3]).

Kölner Stiftsherr war auch Christoph von Oldenburg, der eifrige Förderer der Reformation in seiner Heimath, der streitbare Genosse Wullenwever's; liess er sich auch 1539 Absolution ertheilen für die kriegerischen Thaten, die er in den letzten Jahren verübt hatte, stets ist er dem evangelischen Bekenntniss treu geblieben [4]). Besonders bedeutsam aber war, dass 1538 nach Köln auch der Mann kam, dessen Beredsamkeit fünf Jahre zuvor den Oldenburger Grafen für Wullenwever's Pläne gewonnen hatte, der von Wullenwever selbst als „aller Handlung Ursacher" bezeichnet war: am 22. Juli wurde der „Hamburger Johann Oldendorp, Bologneser Doctor des Civilrechts" Mitglied der Kölner Universität [5]).

---

[1]) Vgl. die von Krafft, Briefe aus der Reformationszeit 167 ff. wieder abgedruckte Dedication des Cäsarius vor seiner Ausgabe des Diomedes. Für die Geschichte Heinrich's von Stolberg findet sich das wichtigste Material in den Archiven zu Stolberg und Wernigerode; Mehreres enthält auch ein Band des Archivs in Münster. (Fürstenthum Siegen 1 b. n. 54.)
[2]) Zeitfuchs 51 ff. C. R. 3, 1192. Plathner, Zeitschrift des Harzvereins 1, 66 ff. 286 ff.
[3]) Kettner, Quedlinburgische Kirchen- und Reformations-Historie 149 ff. Zeitfuchs 56 ff.
[4]) 1502 geboren war Christoph schon 1516 in das Capitel von St. Gereon, 1524 in das Domcapitel aufgenommen. Vgl. über ihn namentlich Hamelmann, Oldenburgische Chronik (1599) 305 ff. Halem, Geschichte Oldenburgs 2, 34. 48 ff. Alten, Chr. v. O. 90 ff. Waitz, Wullenwever 2, 19 ff. 3, 340 ff.
[5]) Krafft, Theologische Arbeiten 2, 68. Gerade Oldendorp's Kölner Aufenthalt ist von den bisherigen Bearbeitern seiner Geschichte am wenigsten berücksichtigt, da diese vorwiegend entweder nur seine Thätigkeit in den norddeutschen Städten oder seine Wirksamkeit in Marburg oder

Nicht nur die Universität hat darunter gelitten, dass an ihr, trotz der Wirksamkeit einiger nicht unansehnlicher Juristen im 15. Jahrhundert, doch die theologische Facultät die juristische, das canonische Recht das Civilrecht in den Hintergrund gedrängt hat[1]). So war es auch nicht nur für die Universität von Wichtigkeit, dass für sie eben im Jahr der Publication des Kölner Landrechts ein hervorragender Vertreter römischen Rechts, ein eifriger Vorkämpfer moderner Jurisprudenz gewonnen wurde. Eben in Köln veröffentlichte Oldendorp mehrere seiner wichtigsten Schriften, gerade hier 1539 auch seine „Einleitung juris naturalis gentium et civilis". Mit Recht sind übertriebene Schätzungen dieses, des „ersten selbstständigen Werks über Naturrecht" zurückgewiesen; es erweckt falsche Vorstellungen, wenn Kaltenborn[2]) seinen Verfasser als Vorläufer des Hugo Grotius preist; er selbst hebt

---

seine literarischen Leistungen in das Auge fassten. Dem Thema seines Buchs entsprechend hat nur die erstere Waitz im Wullenwever (1, 192 ff. 369 ff. 2, 21. 68. 3, 317. 398) behandelt; eine Rechtfertigung Oldendorp's gegen die ihm hier gemachten Vorwürfe hat Harder in seinem Aufsatz über Oldendorp in der Zeitschrift des Vereins für Hamburgische Geschichte 4 (1858), 436 ff. unternommen. Harder verzeichnet hier S. 436 die ältere Literatur über Oldendorp, seitdem sind manche biographische Notizen auch über Oldendorp durch Stölzel 1, 58. 108 f. 419. 2, 185, durch Bechstein, Aus dem Kalender-Tagebuch Victorin Schönfeld's, S. 17 ff., durch Wiechmann-Kadow, Jahrbücher des Mecklenburgischen Vereins 24, 141. 156 ff., und namentlich durch Caesar in seinen Ausgaben des Dilich und des Marburger Album academicum veröffentlicht. Einige noch ungedruckte Briefe von und an Oldendorp enthält das Marburger Archiv.

[1]) Vgl. Stintzing, Zasius 330. Muther, zur Gesch. der Rechtswissenschaft und der Universitäten in Deutschland 98 ff.

[2]) Kaltenborn, Die Vorläufer des Hugo Grotius 233 ff. Auch Hinrichs, der unter grosser Anerkennung der Verdienste Kaltenborn's Oldendorp ausführlich behandelt, sagt in seiner Geschichte des Rechts und Staatsprincipien seit der Reformation 1, 27: „Er hat so wenig als Melanchthon vermocht, das Recht aus der menschlichen Natur klar zu erkennen. Er hat das Naturrecht aus dem Dekalog entnehmen müssen, in welchem Gott dasselbe erneuert hat". Ebenso urtheilen Bluntschli, Geschichte der Politik 61; Mohl, Geschichte und Literatur der Staatswissenschaften 1, 229; Zeller, Geschichte der deutschen Philosophie 44.

hervor, dass Oldendorp's „Deduction noch theologisch be_
fangen" sei, dass sie „die Grundzüge des natürlichen Rechts
im Dekalog verzeichnet finde". Andrerseits aber zeigt schon
die Vorrede des Buches den Gegensatz, in dem dasselbe in
Methode und Ziel der Forschung zu den Schriften mittelalterlicher Canonisten steht. Mit warmen Worten wird das Zeitalter glücklich gepriesen, dass in ihm der echte Text der
Pandekten restituirt sei; nachdrücklich wird beklagt, wie
wenig die Universitäten für richtige Erkenntniss des öffentlichen Rechts leisteten. Und nicht nur dessen Erkenntniss,
auch dessen Umgestaltung sollte nach Oldendorp's Anschauung
die moderne Jurisprudenz dienen. Auch er preist den
Gelehrten Zasius; anders aber als dieser stand er zu den Bewegungen der Zeit, schreckte er nicht zurück vor dem Kampf
mit den bestehenden, namentlich mit den kirchlichen Autoritäten: in mannigfach bewegtem Leben hatte der „mächtig gelehrte und beredte", der „unstille" Mann, „klein an Gestalt,
aber gross an Thatkraft", wie Zeitgenossen ihn nennen, in
politische Händel bedeutsam eingegriffen. Wenig günstig
ist diese seine Thätigkeit, ist auch sein Charakter von dem
besten Kenner dieser norddeutschen Dinge beurtheilt; aber
nicht nur, dass dieses Urtheil bestritten worden ist, auf das
Entschiedenste erkennt gerade auch Waitz seine Talente,
seinen Einfluss an, betont er, dass Oldendorp diesen unablässig
für die Durchführung der Kirchenreform geltend gemacht
habe. Man wird es dem viel geschmähten Manne glauben
dürfen, dass nicht zum wenigsten aus diesem Grund der
eifrige Hass seiner Gegner zu erklären ist: gerade bei Berücksichtigung dieses Umstandes erscheint es doppelt beachtenswerth, dass er nach Köln kam, dass er hier in Beziehung
zu Caspar Gropper, Tilmann vom Graben, zu beiden Sittardt
trat[1]), dass der Kölner Magistrat bei seinen Finanz-Streitig-

---

[1]) Seine zuerst 1541 bei Johann Gymnich in Köln gedruckte Schrift:
De jure et aequitate forensis, widmete Oldendorp praestantissimo viro
Dn. Tielmanno a Fossa perpetuo studiosorum Mecoenati. Unter den Lei-
stungen der Zeitgenossen preist er hier besonders Melanchthonem totam de

keiten mit dem Kölner Clerus sich seines Beiraths bediente¹). Freilich nur kurze Zeit hat er hier gewirkt: schon 1540 wurde er nach Marburg berufen²). Aber zunächst ist er nicht dauernd dort gefesselt, auch später, auch nachdem er

moribus philosophiam methodica ratione in epitomen contraxisse, Cantiunculam institutiones juris certissimo docendi genere paraphrasticais enarrasse, . . Budaei Alciati ac Zasii monumenta, Haloandri sudores, . . Jacobum Spiegelium juris lexicon studiosis edidisse. Zu der gegenwärtigen Arbeit, erzählt er weiter, habe ihn angespornt Theodericus ter Laen ab Lynnip, juris doctor et archiepiscopi Coloniensis a consiliis; er widme sie Tilmann, dessen Kinder sich auszeichneten durch literarische Bildung, der sich zu Schwiegersöhnen zwei Rechtsgelehrte erwählt habe, dessen Sohn Leonardum eodem forte fortuna tempore, quo hic boni et aequi libellus prodiit in publicum, coram vidi optimis initiatum nuptiis ut proinde possit epithalamii vicem nobis exhibere. Porro quod honestissimam atque omnibus naturae dotibus elegantem puellam, excellentissimi medicinarum Doctoris Heinrici Andrii Zittardi filiam duxit uxorem, eo mihi nomine est charior. Ejus enim viri summam eruditionem atque peritiam, cum ubique gentium experti sunt, tum ego quoque huc adveniens statim sensi. Nam ex itineris incommoditate febri me vehementissime laborantem sanitati mira quadam dexteritate restituit. Et quamquam morbus ille molestus nonnihil fuerit: aliquid tamen utilitatis attulisse vel eo nomine mihi videtur, quod cum M. Cornelio doctoris Zittardi filio et literis et moribus ornatissimo contrahendae amicitiae occasionem praebuerit. Vgl. über Cornelius Sittardt, namentlich über seine Beziehungen zu Melanchthon, Krafft, Kölner Matrikel 502.

¹) Für Oldendorp's Beziehungen zum Kölner Magistrat ist interessant, dass er seine Schrift Collatio juris civilis et canonici 1541 strenuo atque amplissimo viro Dn. Arnoldo ab Siegen consuli Coloniensi widmete, den er u. A. auch wegen seiner Bemühungen um die bauliche Verschönerung Kölns preist. 1543 schrieb Oldendorp in seiner Responsio ad impiam delationum parochorum Coloniensium an die Kölner Decurionen: Scitis cancellarum vestrum Petrum Bellinghosium aliosque a vobis delectos mecum semel atque iterum egisse diligenter, ut aliquandiu hic gentium leges Romanas interpretarer et simul in causis respublicae vestrae patrocinium praestarem. Agebatur enim tum lis inter clerum Secundarium et vos de immunitatibus illationum. Auf Ansuchen des Raths verfasste er ein noch handschriftlich in den Act. et proc. 25, f. 136—179 erhaltenes Gutachten quare clerus teneatur ad praestationem accisiae. Ennen 4, 450.

²) Im Marburger Album ist 1540 bemerkt: Doctor Joannes Oldendorpius ab illust. Principe Philippo e Colonia Agrippina liberali stipendio vocatus VIII julii (Caesar, Programm von 1874, 8).

so in nahe Beziehung zu der ersten protestantischen Universität, zu ihrem Gründer getreten war, finden wir ihn am Anfang des Jahres 1543 wieder in Köln¹). Schon 1535 war ebenso einer der hervorragendsten Kölner Buchdrucker nach Marburg gewandert, Eucharius Hirtzhorn oder, wie er latinisirt auf seinen Drucken sich nannte, Cervicornus; nachdem er mehrere Schriften dort hatte drucken lassen, war er 1539 nach Köln zurückgekehrt²). An Philipp's Hof war einst Christoph von Oldenburg für die evangelische Lehre gewonnen³); in Marburg hatte man 1537 auch schon an die

---

¹) Aus dem Marburger Album sehen wir, dass Oldendorp in der zweiten Hälfte des Jahres 1541 peste sensim obrepente magistratum scholasticum gessit. Peste vero atrocius grassante nec non Oldendorpio ad tempus secedente designatus est prorector D. Justus Studiaeus. Aus Köln datirte Oldendorp vom 1. Januar 1543 die an König Ferdinand gerichtete Vorrede zu der zweiten Coloniae ex officina J. Gymnici erschienenen Ausgabe seiner Actionum forensium progymnasmata. Von diesem Werk war mir eben nur die erwähnte zweite Ausgabe zugänglich, nicht auch die erste von 1540, die de Wal in den Beiträgen zur Literaturgeschichte des Civilprocesses 51 anführt. Die Vorrede enthält einige interessante biographische Notizen. Nach der Erwähnung seines freundschaftlichen Verhältnisses zu Petrus Zassius, dem Rostocker Syndicus, sagt Oldendorp: Rediens ad intermissa juris studia cum Coloniam venirem profitererque leges Romanas hujus amplissimi senatus liberalitate, coeperunt viri doctissimi passim me adhortari, ut classes meas actionum ederem in publicum idque sperabant mecum huic urbi et academiae studiosisque omnibus profuturum. Et in primis quidem Dn. Adolphus Eichholtz, Doctor excellens, cum hic pontificia decreta profiteret, recte me admonuit. Sic enim amat literatos. Deinde . . . Caspar Gropperus, ex fratribus germanis doctoribus juris quartus, insigni Germaniae laude, literas ad me ex urbe Spirensi dedit elegantissimas multisque modis ad restituendam pro viribus juris disciplinam adhortabatur.

²) Am 25. November 1535 wurde in das Album der Marburger Universität eingezeichnet Eucharius Cervicornus Coloniensis typographus insignis et vir modestiae singularis; ebenda wurde im Mai 1536 Godefridus Cervicornus Coloniensis, wurde 1539 Joannes Faber Coloniensis typographus inscribirt (Caesar, Programm von 1572 S. 18. 21; von 1574 S. 7). Ueber Eucharius Cervicornus vgl. Ennen 4, 113. 133. 725; Krafft, Kölner Matrikel 474; Norrenberg, Köln Literaturleben S. XI und namentlich Strieder in Justi's hessischen Denkwürdigkeiten 4. 1, 148—153.

³) Alten, Christoff von Oldenburg 97 ff.

Berufung Pruckner's gedacht¹); seit 1537 war der Kölner Professor der Jurisprudenz und kurfürstliche Rath Siebert Löwenberg zugleich Agent des hessischen Landgrafen²).

Wozu alle diese Notizen? Gewiss keineswegs giebt ihre Zusammenstellung ein anschauliches Bild von dem damaligen geistigen Leben in Köln, gewiss keineswegs ist aus ihnen zu folgern, dass in demselben der Protestantismus die Oberhand gewonnen habe. Aber wohl zeigen sie, wie mannigfache Fäden den Erzbischof mit protestantischen Fürsten und protestantischen Gelehrten³) verknüpften: von schroffer Abweisung der Ketzer und ihrer Gedanken war hier, konnte hier

---

¹) Im Marburger Album lesen wir unter 1537: De accersendo mathematico Prugnero vel Schonawero consultabatur. Caesar, Programm von 1874, 2.

²) Stölzel 1, 415. Ueber Löwenberg's Doppelstellung geben die beste Aufklärung einige im M. A. befindliche Briefe, die er und Erzbischof Hermann im Sommer 1547 an den damals bereits gefangenen Landgrafen richteten. Löwenberg bat ihn, zu bezeugen, dass er nicht gegen den Kaiser, wie ihm vorgeworfen wurde, intriguirt habe; er sei, erklärte er, „in des Landgrafen Dienst, aber nit in zeit gegenwärtiger kriegsempörung komen, sondern nunmehr in das zehend jar seiner F. g. diener von haus aus gewest"; nie aber habe er sich in diesem Dienst wider den Kaiser brauchen lassen. In den Kölner Universitätsacten finden sich über Löwenberg folgende mir von Pastor Krafft freundlich mitgetheilte Notizen: 10. sept. 1526 Sibertus Lauwenberch de Tulpeto dioces. Col. ad jura juravit. — 15. oct. 1532 licentia celebrata in jure civili D. Siberti de Tulpeto in domo capitulari cum solemnibus consuetis. — 1533. 7 cal. julii promovebantur . . . Sybertus Lawenberg Tulpetensis in jure civili a doctore Petro Clappis.

³) Auch für unser Thema wäre es natürlich von grossem Interesse, liesse sich die Echtheit der 1818 veröffentlichten Kölner Urkunde erweisen, nach der Hermann und Melanchthon schon 1535 in Köln zusammen wirkten — als Vorsteher von Freimaurerlogen. Die mannigfachen Erörterungen über diese Urkunde (vgl. Findel, Geschichte der Freimaurerei 2. Aufl. 856), namentlich die Abhandlungen von Bobrik (Text, Uebersetzung und Beleuchtung der Kölner Urkunden, XVI und 108 S., Zürich 1840), Förstemann und Schwetschke (in den neuen Mittheilungen auf dem Gebiete historischantiquarischer Forschungen 5. 3, 65 ff. 7. 2, 1 ff.) haben aber auf das Klarste die Unechtheit dargethan: mit Recht ist als Beweis für diese gerade auch Hermann's Unterschrift betont, zu diesem Zweck besonders von Schwetschke einiges urkundliche Material für Hermann's Geschichte beigebracht.

keine Rede mehr sein. Gleichzeitig waren um die Mitte der
dreissiger Jahre mehrere der eifrigsten Kölner Kämpfer gegen
die Neuerung dahingeschieden: Konrad Köllin, Bernhard von
Lutzenburg, Johann Romberch, Nicolaus Herborn[1]; gleich
kräftige, gleich fanatische Jünger hatten sie nicht herangebildet. Mit gutem Grund klagte Cochlaeus, stets geringer werde
die Zahl der Katholiken[2]. Und andererseits bewies die Aufnahme von Gropper's Dogmatik, wie weit den seinen verwandte Anschauungen verbreitet waren: selbst unter italienischen Prälaten, selbst unter den Cardinälen. In einem Brief
an den Erzbischof spendete Sadolet reiches Lob dem Kölner
Werk; mit Recht ist die bedeutungsvolle Uebereinstimmung
Gropper's und Contarini's gerade in der Lehre von der Rechtfertigung hervorgehoben. Contarini und Pole empfahlen auf
das Wärmste das Kölner Buch dem Bischof von Verona; auf
seine Ermahnung wurde in Verona ein neuer Druck veranstaltet, dem Cardinal Hercules Gonzaga von Mantua dedicirt[3].
Freilich darf man die Unterschiede nicht übersehen, die in

---

[1]) Konrad Köllin, Bernhard von Lutzenburg, Herborn begegnen neben
Joh. Cochlaeus u. A. in dem für Vorst in de Rom ausgestellten Verzeichniss
der viri docti chatholici inter alios magis nominatis in Germania qui scribunt contra Lutheranos. De Ram, Compte Rendu de la Commission d'histoire
3 série 6, 258. Vgl. über diese Männer, namentlich über Romberch auch
Krafft, Bullinger 49, 122. 127; Zeitschrift des Bergischen Geschichtsvereins
9, 152 ff., über Köllin, ausser den von Jöcher und Rotermund angeführten
älteren Schriften, Werner, Apologetische und polemische Literatur 4, 128. 181.
Am 22. Juli 1535 starb zu Rom auch Hermann's oben erwähnter Gegner,
Johannes Ingenwinkel. Diese Angabe seines Todestages findet sich in dem
Liber confraternitatis B. Marie de Anima Teutonicorum (Vindobonae 1875)
S. 255; aus eben diesem ersehen wir, dass er dem deutschen Hospiz die
Hälfte seines Hauses in burgo s. Petri vermachte; in dem Einschreibungsregister wird er (S. 114) z. J. 1503 als decanus ecclesiae s. Martini Embricensis, Alexandri papae VI scutifer et familiaris bezeichnet.

[2]) Vgl. Ep. ad Nauseam 311.

[3]) Nach der vom 1. Februar datirten Dedication des bibliopola Anton
Puteletus hörte P. ex familiaribus episcopi Veronensis, opus hoc duobus
singulari et eruditione et pietate viris Contareno Poloque ita probatum, ut
ipsi omnium primi episcopum Roma illud legendum miserint, ipsumque
episcopum incredibiliter ejus lectione fuisse delectatum.

diesen Kreisen neben mancher Uebereinstimmung sich geltend machten: nicht ohne Bedeutung ist der entschiedene Tadel, den Sadolet neben allem Lob über Gropper's Arbeit ausspricht, weil hier die Lehre vom Fegfeuer mit „beredtem Stillschweigen"[1]) übergangen war. Und noch wichtiger ist es auch in diesem Zusammenhang des bekannten Rundschreibens zu gedenken, in dem in der gleichen Zeit eben Sadolet Calvin angriff. Auch wer nur aus Ranke's classischer Schilderung jene Cardinäle kennt, weiss, wie principiell verschiedene Geister hier vorübergehend sich geeint hätten, weiss, wie sehr auch die entschiedensten Reformfreunde unter ihnen der Respect vor den kirchlichen Autoritäten gefesselt hielt. Man erkannte die Nothwendigkeit von Reformen an; musste man sie suchen auf dem Weg der Reformation? Man wünschte die Abstellung der Missbräuche der Hierarchie; musste man desshalb die Hierarchie, das Papstthum verwerfen? Nur zu bald sollte zu Tage treten, wie wenig Sympathie und Verständniss die tiefe Innerlichkeit der glaubensvollen deutschen Ketzer jenseit der Alpen fand; gerade je näher sie sich traten, um so bestimmter musste beiden Theilen der Gegensatz zum Bewusstsein kommen, in dem die Tendenz der Vertiefung des religiösen Lebens, seiner Befreiung von den Fesseln der mittelalterlichen Kirche zu der Tendenz der Restauration, der reinigenden Kräftigung eben dieser päpstlichen Kirche stand. Aber wenn jene Reformbestrebungen nicht eine Union herbeiführten, herbeiführen konnten: wer wollte verkennen, dass auch sie dienten, in Deutschland den Wunsch nach, die Aussichten von Unionsverhandlungen zu stärken? Zu Verhandlungen, zu Versuchen einer Verständigung mussten hier

---

[1]) Vgl. Brieger, Gropper 221, Anm. 30. Eben mit Bezug hierauf gewinnt auch besonderes Interesse eine Stelle einer Schrift von Blomevenna von 1532, auf die kürzlich Krafft (Theologische Arbeiten 3, 122) aufmerksam gemacht hat. Siquidem in civitate Bonnensi, so sagt hier Blomevenna den Mitgliedern des Cassiusstiftes gegenüber, audivi inter alios articulos haereticos etiam illum articulum aliquando praedicatum fuisse a quodam perfido et execrabili, post hanc vitam non superesse purgatorium. O reverendi patres hoc perniciosum dogma una cum impiis talia docentibus arcete.

religiöse, nationale, politische Gründe Vertreter und Anhänger des alten Kirchenthums antreiben. Und lagen nicht Gründe all dieser Art auch für die Protestanten vor, solchen Verhandlungen sich nicht zu entziehen? Zugleich das Gefühl ihrer Stärke und eine Erwägung ihrer Schwächen mochte sie hierzu geneigt machen. Sie konnten principielle Discussionen nicht scheuen, zu denen sie stets sich erboten hatten, sie konnten mit Befriedigung darauf hinweisen, wie gerade in den letzten Jahren an wichtigen Stellen Augen und Herzen für die Erkenntniss von den Uebeln des alten kirchlichen Zustandes, von der Wahrheit ihrer Grundprincipien geöffnet waren. Aber es fehlte viel, dass die Reformatoren mit dem Erreichten zufrieden waren. Je höhere sittliche Anforderungen sie an sich selbst, an ihre Anhänger stellten, um so schmerzlicher empfanden sie, wie wenig diese ihnen genügten, wie bedenkliche Uebelstände, wie gefährliche Gegner in der Mitte der neuen Kirchengemeinden sich geltend machten: um so wärmer beklagten sie den Mangel fester Zucht. Conservativ und friedfertig hatten solche Erfahrungen die älter gewordenen Leiter der deutschen Bewegung gestimmt; „je breitere Bahnen es gewann, desto mehr schien die Begeisterung zu schwinden, die das neue Werk getragen und durchleuchtet hatte"[1]). Und natürlich, da die religiöse Erregung gemindert war, traten neben den religiösen und kirchlichen Gesichtspunkten politische Rücksichten, weltliche Interessen, territoriale Fragen bedeutender hervor; das nationale Gefühl und noch mehr dynastische und persönliche Begehrlichkeiten gewannen in beiden deutschen Lagern grösseren Einfluss auch auf die religiöse Frage. Es begreift sich, dass sehr verschieden die gerade in diesen Jahren thätigsten Persönlichkeiten beurtheilt, dass sie vielfacher Schwankungen und Wandlungen geziehen sind: die Kraft, so mannigfach verwickelte Verhältnisse segensvoll für das Ganze zu regeln,

---

[1]) So Droysen, Preussische Politik 2, 2 (2. Aufl.), 183. Absichtlich weise ich ausdrücklich auf diesen Satz Droysen's hin, da, wie mir scheint, seine anregenden Bemerkungen über diese Dinge bisher nicht die verdiente Beachtung gefunden haben.

zu leiten, konnte nur ungewöhnliche Sicherheit unbeirrbaren Gefühls und zugleich selten klare und scharfe politische Berechnung verleihen: wo waren beide vereint, wo war in Deutschland auch nur die zweite allein zu finden?

Nur in aller Kürze darf und kann an diesem Ort, wie an diese Verwicklungen der damaligen Lage, so an die Stellung erinnert werden, die zu ihnen der grösste, der gewandteste und mächtigste Politiker der Zeit einnahm. Von allen Kaisern des heiligen römischen Reichs ist an politischem Talent nur Friedrich II. Karl V. vergleichbar; noch deutlicher als bei dem Staufer liegt bei Karl zu Tage, nach Abstammung, Bildung und Besitz stand er von vornherein deutschen Gedanken und deutschen Interessen als Fremder gegenüber. Nicht deren Förderung hatten die in Deutschland geborenen, deutschredenden nächsten habsburgischen Vorfahren Karl's, sein Urgrossvater und Grossvater, erstrebt: kann es Wunder nehmen, dass der Sohn und Erbe des Burgunders und der Spanierin die Hoffnungen täuschte, die nationalgesinnte Deutsche an seine Erhebung geknüpft hatten? „Von dem Treiben des deutschen Geistes hatte er keinen Begriff"; seinen untrennbar verbundenen politischen und kirchlichen Gedanken waren die der deutschen Protestanten entgegengesetzt: es galt ihren Widerstand, ihre Selbständigkeit zu brechen, ihre, des geeinten Deutschlands Macht zum gefügigen Werkzeug der kaiserlichen Politik zu machen. Dieses Ziel hat Karl nie aus den Augen verloren; auf sehr verschiedenen Wegen hat er es verfolgt. Er liebte es, mehr als eine Sehne an seinem Bogen zu haben: von aufrichtiger Hingabe an seine Ideale katholischer Kaiserherrlichkeit erfüllt, war er scrupellos in der Wahl seiner Mittel zu ihrer Realisirung. Nicht nur die deutschen Protestanten waren seine Gegner: seinen Plänen stellten auch katholische Mächte, stellten mehr als einmal die Päpste selbst sich entgegen, wenn der Kaiser ihre Interessen, ihre Wünsche in den kirchlichen und in den italienischen Fragen verletzte, verletzen musste. Von den verschiedensten Seiten bekämpft, suchte er der Gegner Herr zu werden, indem er nach und neben einander Verbindungen mit den entgegengesetzten Parteien unterhielt, sie gegen einander benutzte: er liebte und verstand es, Anhänger und Vertraute in allen Lagern zu haben. Karl's Politik ist nicht dadurch gehemmt, dass seine Räthe sehr verschiedene Tendenzen gleichzeitig vertraten: eben in und wegen dieser Verschiedenheit waren sie geeignet, auf entgegengesetzten Wegen, bei entgegengesetzten Parteien dem einen gleichen Zweck zu dienen, der Steigerung des Einflusses ihres Herrn. Nur wer diese Sachlage sich gegenwärtig hält, versteht, wie unmittelbar dem Abschluss des Nürnberger Bündnisses, das gegen die Protestanten die Machinationen des kaiserlichen Vicekanzlers Held zu Stande gebracht hatten, die Verhandlungen folgen konnten, die Karl durch Veeze und Granvella mit ihnen führen liess. In schwierigster Lage, gegenüber gefährlichen Bedrohungen mannigfacher Art, bedenklichen Fortschritten verschiedenster Gegner wusste die kaiserliche Politik nicht nur deren Einigung zu hindern, sie erkannte eben in diesen durcheinander gewirrten Verhältnissen die Möglichkeiten glücklicherer Aussichten. Es galt und es gelang ihr durch Zugeständnisse an die grossen religiösen und nationalen Strömungen der Zeit wie an die persönlichen Interessen einzelner Fürsten beide für ihre Zwecke zu verwerthen.

Unmöglich konnten bei diesen Verhandlungen[1]) der Kölner Erzbischof und seine Räthe unbetheiligt bleiben. Aus ihrer Stellung ergab sich, das gerade sie auf das Lebhafteste bei allen Versuchen einer mittleren Richtung interessirt

---

[1]) Da es mir nicht möglich, an diesem Ort näher auf die allgemeine Geschichte dieser Verhandlungen einzugehen, freue ich mich um so mehr, auf das hoffentlich baldige Erscheinen der ausführlichen Darstellung verweisen zu dürfen, die gegenwärtig R. Zöpffel durch umfassende archivalische Studien vorbereitet. Die ältere Literatur finde ich am besten bei Salig 1, 516 Anm. g., die neuere in den Noten von Brieger's Arbeiten über Contarini und Gropper verzeichnet. Von besonderer Wichtigkeit sind, irre ich nicht, auch für die Geschichte der Unionsverhandlungen Butzer's Erwiederungsschrift von 1545 auf Gropper's „Warhafftige Antwort" und namentlich seine Correspondenz mit Landgraf Philipp; vgl. über beide den 3. Abschnitt der Quellen und Erörterungen 2, 28 ff.

waren, dass ihre Unterstützung, ihre Vermittlung von verschiedenen Seiten her in Anspruch genommen wurde. Bald nach Schluss der Frankfurter Anstands schrieb im März 1539 Melanchthon an Hermann und den kurfürstlichen Kanzler Bernhard vom Hagen, äusserte seine Freude über die Mittheilungen, die Peter Medmann ihn über Beider Gesinnung gemacht, warnte vor den Ränken des Papstes und ermahnte Beide thätig zu sein für Frieden und Eintracht in Deutschland, eine dauernde Eintracht, die nicht möglich, wenn, wie es im Kölner Enchiridion geschehen, durch geschickte Entschuldigung nur die alten Irrthümer gefestigt würden [1]). Noch in demselben Jahr wandte sich Hedio durch Pruckner's Vermittlung an den Erzbischof und suchte ihn zu bestimmen, die Initiative zur Besserung der kirchlichen Verhältnisse, zum Zusammentritt eines deutschen Nationalconcils zu ergreifen. Nur allzuviel Grund hatten die Protestanten, gerade damals misstrauisch gegen den Kaiser zu sein: er hatte sich wiederum dem Papst genähert, den Frankfurter Anstand, der in Rom die grösste Bestürzung hervorgerufen hatte, nicht ratificirt: es schien aussichtslos, dass, wie dort vereinbart, öffentliche Verhandlungen einer deutschen Versammlung zu einem Vergleich der Irrungen in der Religionssache zu Stande kämen. Aber neue Wendungen der europäischen Politik, Schwierigkeiten im Osten und Westen führten eine neue Annäherung des Kaisers an die Protestanten herbei; sie einzuleiten wurden von Granvella eben die Hermann nahe stehenden rheinischen Grafen Dietrich von Manderscheid und Wilhelm von Neuenahr bestimmt. Da jener erkrankte, erschien Neuenahr allein in Schmalkalden: freilich auch er bot

---

[1]) Beide Schreiben vom 17. und 24. März 1539 s. im C. R. 3, 650 ff. (n. 1784 u. 1766). Zwischen ihnen findet sich ein Brief Melanchthon's an den jungen Johann von Wied, Hermann's Neffen und Medmann's Schüler, den Melanchthon hier zu eifrigem Studium ermahnt. Aus dem Schluss des Briefs von Melanchthon an den Erzbischof sehen wir, dass schon damals eine Reise Melanchthon's nach Köln geplant wurde.

[2]) S. Hedio's Brief an Pruckner v. 18. Nov. 1539 bei Röhrich, Mittheilungen 3. 196 f. Krafft Bullinger 143.

weniger, als schon in Frankfurt den protestantischen Ständen verhiessen war; mit Recht liessen sich diese nicht darauf ein den Weg zur Ausgleichung der Irrungen dem Kaiser zu überlassen, sie beharrten dabei, eine öffentliche Verhandlung der Religionssache vor den Stünden des Reichs zu fordern: immer war durch Neuenahr der Weg zu weiteren Verhandlungen geebnet[1]). Bereits ihm vorausgesandt war Siebert Löwenberg, dessen Doppelstellung in Köln und Hessen ihn zu solchen Geschäften besonders geeignet machte: er vermittelte seit 1539 die Beziehungen zwischen dem Landgrafen und des Kaisers Schwester in den Niederlanden[2]). Bekanntlich erfolgte eben auf Grund dieser Verhandlungen das Aus-

---

[1]) Vgl. über seine Sendung die Literatur, die bei dem Abdruck der ihm ertheilten Antwort im C. R. 3, 989 verzeichnet ist. Neudecker, Urkunden 353 ff. Nach Hassenkamp 1, 531 bewirkte schon diese erste Annäherung des Kaisers, dass die Protestanten eine französische Gesandtschaft mit ihren Anträgen zurückwiesen; aber der Brief Butzer's, auf den er sich beruft, ist nicht 1540, sondern 1541 geschrieben: erst damals kamen Morlet und Sleidan im Auftrag des französischen Königs nach Strassburg. So richtig schon Seckendorf, der 3, 260 ff. aus dem Weimarer Archive sehr wichtige Mittheilungen über die Beziehungen Frankreich's und der Protestanten macht.

[2]) Vgl. Duller 31 ff. Neudecker, Aktenstücke 230 ff. Sehr ungünstig urtheilte mehrmals Butzer über Dr. Siebert, es lässt sich hierunter wohl Niemand anders als eben S. Löwenberg verstehen. Ein Brief Butzer's an Gereon Sailer aus Strassburg vom 23. November 1539, den Lenz bei seinen Forschungen im Marburger Archiv fand und mir freundlichst mittheilte, ist ausdrücklich zu dem Zweck geschrieben, vor dem Dr. Siebert zu warnen. Est quidam doctor, sagt Butzer hier, ni fallor Sigbertus, homo parvae staturae, nescio Trevir sit an Lucenburgius. Is habet stipendium a principe. Animadverti autem in eo et Casselae et Francofordiae magnam levitatem et causae Christi contemptum, monui itaque principem Francofordiae, ne illi nimium crederet. Item his diebus scripsit ad nos vir quidam valde bonus et doctus Parisiis, qui ut causam ita et principem vehementer colit, Sigbertum istum principi etiam pessime loqui, cum est apud adversarios. Et prae levitate hominis istius atque gravitate haec scribentis valde vereor hunc de illo vera scribere. Nam comperi Francofordiae, quam male apud alios locutus sit de communibus nostrorum principum conciliis, cum tam cottidie mensa principis uteretur. Illi jureconsulti, qui tam multis et inter se contrariis dominis operam suam addicunt, solent etiam admodum varia fide esse.

schreiben einer Versammlung nach Speier um „die Dinge dahin zu richten, dass der langwierige Zwiespalt der Religion einmal zu christlicher Vergleichung gebracht würde". Wegen einer ansteckenden Krankheit trat die Versammlung nicht in Speier, sondern in Hagenau im Juni 1540 zusammen. Hier erschien im Juli auch Hermann, der unmittelbar zuvor den Kaiser in Antwerpen besucht hatte [1]), in seinem Gefolge auch Peter Medmann und Gropper. Mit Freude hörten die Protestanten, dass der Erzbischof persönlich in vertrauliche Unterredung mit ihren Theologen sich einliess: wie mit Hedio und mit Capito, so auch mit dem Mann, der seitdem von entscheidender Bedeutung für ihn und sein Land wurde, mit Martin Butzer [2]).

Er war 1491 geboren, damals also noch nicht ganz 49 Jahre alt, vierzehn Jahre jünger als Erzbischof Hermann, acht Jahre jünger als Luther, aber sechs Jahre älter als Melanchthon, elf Jahre älter als Gropper. So ziemlich gleichalterig mit dem nur zwei Jahre zuvor geborenen Jacob Sturm hatte das Kind des armen Schlettstädter Küblers eine Jugend durchlebt, voll Schwierigkeiten und Aengsten, die dem Sohn des vornehmen Strassburger Geschlechts erspart blieben; aber wie dieser hatte auch Butzer die bestimmenden geistigen Anregungen seiner Jugend von dem Elsasser Humanismus empfangen; zum Eintritt in den Dominikanerorden gezwungen, hatte er doch erreicht, wie Sturm, die Universität Heidelberg besuchen zu können; hier hatte er 1518 Luther gehört, war

---

[1]) Vgl. die Berichte von Pate aus Antwerpen vom 15 Juni und von Mont aus Hagenau vom 24. Juli, State-Papers 8, 354. 369.

[2]) Noch am 21. Juni schrieb Calvin: Coloniensis et Treverensis spem dubiam fecerunt. Am 28. Juli urtheilte er: [L'archevêque de Cologne n'est pas des pires, car il entend jusques la que l'eglise a mestier destre reformee et voit bien que nous sommes superieurs en verite.] Diese Umstimmung des Urtheils erklärt sich aus den Nachrichten, die inzwischen nach Strassburg gekommen waren. Bedrotus berichtete am 19. Juli: Coloniensis vir bonus est. Cum Hedione solus nuper colloquutus est, circiter duas horas, nudius tertius etiam cum Capitone et Bucero. C. R. 39, 51. 66. 69.

er, der humanistische Mönch zum begeisterten Anhänger des Reformators geworden. Die Enschlossenheit, mit der er die alten Fesseln abwarf, neue Bande knüpfte — er war einer der ersten evangelischen Prediger, die sich verheiratheten — hatte ihm Kampf und Noth gebracht: nur vorübergehend hatte er bei Sickingen, dann in Weissenburg leben und wirken können; von dort vertrieben und verfolgt war er in grosser Armuth 1523 nach Strassburg gekommen. Hier fand er nicht nur Aufnahme, auch ein grosses Feld höherer Thätigkeit: genau in derselben Zeit, in der Sturm in die Verwaltung seiner Vaterstadt eintrat. Zusammen haben Beide seitdem Strassburg's kirchliche Politik bestimmt, weit über die Grenzen des Elsass hinaus für diese, durch diese gewirkt, in rastloser treuer Arbeit die Interessen des deutschen Protestantismus gefördert. Schon aus der Verschiedenheit ihrer Abstammung, ihrer Entwickelung, ihres Berufs ergaben sich mannigfache Unterschiede in der Form ihres Auftretens, in den Mitteln ihrer Wirksamkeit: sehr ähnlich gestaltet war doch der Kern ihres Wesens, das Ideal ihres Strebens. Der gelehrte Theologe war weniger vorsichtig als sein staatsmännischer Freund; mehr geneigt als dieser Menschen zu vertrauen, besass er weniger die gewinnenden Gaben, die sofort Vertrauen wecken; doch wüsste ich auch seine geistige Individualität nicht besser zu vergegenwärtigen, als durch einige Sätze aus der Schilderung, die von Sturm jüngst Baumgarten[1]) entworfen hat. „Heller, klarer Weltverstand leitet seine klugen Schritte; aber in seinem Gemüth glüht ein Feuer, das ihn im tiefsten Grund doch unabhängig von aller Weisheit der Welt und ihren Erfolgen macht. Jeglicher Fanatismus, der politische wie der kirchliche, stösst ihn zurück. Mit voller Ueberzeugung sein ganzes Leben lang für die Sache seines Glaubens thätig, durch keinen Misserfolg abgeschreckt, durch keine Niederlage entmuthigt, weiss er doch nichts von der Parteiblindheit, welche auf ihrer Seite alles Recht, bei den Gegnern nur Unrecht sieht. Noch viel weniger von der persönlichen Ge-

---

[1]) H. Baumgarten, Jacob Sturm (Strassburg 1876) S. 11.

hässigkeit, welche die sachlichen Gegensätze unnöthig vergiftet."

Niemand vielleicht hat mehr als Butzer unter Luther's schroffer Einseitigkeit gelitten und doch Niemand sich treffender gegen die Vielen gewandt, die über den Fehlern dieses „kräftigsten und heiligsten Werkzeugs des Evangeliums" übersehen, dass „keinem Sterblichen Gott gewaltigeren Geist und mehr göttliche Kraft zur Predigt seines Sohns, zur Besiegung des Antichrist verliehen"[1]. Und nicht erst den Todten hat er gepriesen: mitten in den schwierigsten Verhandlungen mit Luther erklärte er: „Ich habe den Mann befunden, dass er wahrhaft Gott fürchtet und die Ehre Gottes von Herzen liebt. Er ist aber doch also gesittet, dass er durch Ermahnen erst beweglicher wird. Also hat ihn uns Gott geschenket, also müssen wir sein gebrauchen. Es wird der Kirche kein Friede zustehen mögen, es sei denn, dass wir in diesem Mann viele Dinge dulden. Je mehr wir wollen, dass er rein schreibe, desto minder müssen wir ihn warnen und ermahnen und ihm seine Uebertreibungen zur Last legen"[2]. In hohem Grade scheinen mir diese Worte bezeichnend wie für den Geschilderten so für den Schreiber, dem es auch in kirchlichen Fragen werthvoller war, möglichst viel für die Kirche zu erreichen, als möglichst laut seinen Standpunkt zu betonen. Gelehrter zu werden, war das Streben seiner Jugend gewesen: ein reiches Wissen, eine seltene Bildung hatte er sich erarbeitet; es entsprach nicht nur den Bedürfnissen der Zeit, es entsprach auch seiner Natur, sie vorwiegend nicht zur Förderung gelehrter wissenschaftlicher Studien, sie vielmehr in praktischem Schaffen zu verwerthen. Erstaunlicher als der Reichthum war die Präsenz seines Wissens, ungewöhnlich sein dialektisches Talent; aber ihn reizte nicht mit beiden zu glänzen, ihm war es Bedürfniss, durch beide den Anschauungen und Menschen unmittelbar zu nützen, an denen

---

[1] So Butzer in einem ungedruckten Brief an Hardenberg vom 10. April 1546, Archiv des Strassburger Thomasstifts.

[2] Baum 474.

sein Herz hieng. Man versteht es, dass dieser Mann stets bereit und geneigt war, die Regelung schwieriger Fragen in mündlicher Debatte zu versuchen [1]: hier kamen seine Gaben zu voller Entfaltung, sein scharfer und schneller Blick für das, was wesentlich, wie für das, was unter den gegebenen Umständen erreichbar, sein Talent die Formel zu finden für das, worin auch Vertreter gegnerischer Ansichten übereinstimmten [2].

Nur zu begreiflich ist es, dass solche Naturen mannigfacher Missdeutung ausgesetzt sind: es sind nicht nur bornirte Eiferer, die abschätzig über sie urtheilen, es ist nicht leicht die Früchte ihres unermüdlich regen Thuns im Einzelnen nachzuweisen. Nicht ohne Grund ist Butzer Weitschweifigkeit vorgeworfen: nicht nur in seinen gedruckten Schriften, auch in seinen Briefen tritt sie für den Leser doppelt empfindlich wegen der mit ihr verbundenen Flüchtigkeit seiner Handschrift zu Tage; aber wann hätte dieser Mann die Zeit gehabt kurz und gut zu schreiben? Immer neue Anforderungen drängten sich an ihn heran, durch Wort und Schrift einzugreifen in sachlichen und persönlichen Angelegenheiten, in denen nur ihm sein Wissen, sein Takt ermöglichte zu bestimmen, was zu sagen, was zu verschweigen war. Doch warum, kann man weiter fragen, zersplitterte er Kraft und Zeit in aufreibendem vielgeschäftigem Thun, wies er bei der Arbeitslast, die ihm oblag, es nicht zurück, Beziehungen mit hundert und aber hundert Menschen zu pflegen,

---

[1] Utinam diem unum et alterum donaret nobis Dominus colloqui. Scriptis raro satisfieri animis potest. Satan melius quam nos utilitatem synodorum novit: nec enim eas tantopere nos expetimus, quantopere ille impedit. So schrieb Butzer am 17. April 1545 an Hardenberg (Archiv des Thomasstifts in Strassburg) und ähnliche Aeusserungen von ihm finden sich nicht selten.

[2] „Man sagt von ihm, er habe sich in der Jugend bei scholastischen Disputationen die Methode zu eigen gemacht, das Wesentliche und Nothwendige von dem minder Wesentlichen und Zufälligen zu unterscheiden. Indem er nun das einfache Wesen zwei einander entgegenstehender Behauptungen verglich, fand er wohl ein drittes Moment, das dieselben wieder vereinigte." Ranke 3, 246.

darunter auch mit Menschen, denen in Wahrheit nicht die
grosse Sache der Reformation, denen ihr eigenes Wohl in
erster Linie stand? Wer so fragt, übersieht, wie die Pflege
und Verwerthung dieser Beziehungen zusammenhieng mit den
Aufgaben, deren Lösung bei Strassburg's geographischer und
politischer Mittelstellung zunächst sein Beruf und sein Interesse war; eben hier konnte eine geschickte Hand An-
knüpfungspunkte finden für die Förderung der grossen gemeinsamen Anliegen des deutschen Protestantismus. Dachten viele
Andere, auch wenn sie diese im Munde führten, im Grund nur
zu sehr an die eigenen persönlichen Wünsche, so hoffte umgekehrt Butzer, indem er ihnen geschickt entgegenkam, ihre
Kraft für die allgemeinen religiösen und politischen Interessen
zu gewinnen. Schwerlich wird man die Berechtigung solcher
Erwägungen dem Politiker bestreiten dürfen; aber sind sie
dem Theologen gestattet? Dass das Diplomatisiren Butzer's
seine bedenklichen, seine gefährlichen Seiten hatte, ist in
seinen und späteren Tagen oft hervorgehoben: treffender
scheint mir von Niemandem als von Calvin. Aber nachdrücklich hat eben dieser zugleich betont, dass, wenn er nicht alle
Schritte Butzer's billige, er doch nicht im Mindesten zweifelte
an der Reinheit seiner Motive [1]. Wohl fesselte auch persönliche Dankbarkeit Calvin an den Strassburger Freund; dies
Gefühl allein würde vielleicht einzelne Handlungen, nie das
Urtheil des klarsten und schärfsten Kopfes des 16. Jahrhunderts bestimmt haben. Wahrlich, Niemandes Zeugniss

---

[1] Vgl. Calvin's vertraulichen Brief an Farel vom Mai 1541 im C. R.
39, 217. Schon Döllinger, Reformation 2, 25 hat aus diesem Brief Calvin's
Tadel über Melanchthon's und Butzer's Taktik hervorgehoben; die eben in
diesem Zusammenhange doppelt bedeutsamen Sätze, die den von ihm angeführten unmittelbar folgen, finden sich bei ihm nicht. Polliceor, schreibt
Calvin, tamen et tibi et piis omnibus, utrumque optimo esse animo nec aliud
cogitare quam ut promoveant Christi regnum. Nec possis ab illis quidquam
desiderare, quod non fideliter et constanter praestent, nisi quod in modo
agendi se tempori nimis accomodant. Male autem me habet, quod Bucerus
invidia se apud multos gravet. Quia sibi est optime conscius, se-
curior est quam utile sit. Neque enim sic contenti esse debemus

könnte werthvoller für die Ueberzeugungstreue Butzer's sein, als die vertraulichen vertheidigenden Aeusserungen Calvin's, als seine Klagen bei dem Tod des Freundes, — wenn es solches Zeugnisses Anderer noch bedürfte, wo des Mannes eigene Thaten reden. Um die seiner Ansicht nach wichtigsten Dinge zu fördern, hat Butzer in Fragen, die ihm minder wichtig als seinen meisten Gesinnungsgenossen erschienen, zu vielfachen Zugeständnissen sich verstanden — man wird sehr zweifeln können, ob stets mit Recht. Doch klar erweist sein Leben, glänzend vor Allem sein Verhalten gegenüber dem Interim, dass ihn in der Verfechtung seines Glaubens keine äussere Rücksicht bestimmte, dass er im Alter wie in der Jugend selbstlos und unerschütterlich, unbekümmert um Drohungen und Gefahren für seine heiligsten Ueberzeugungen einzutreten stets bereit war. Man darf und kann nicht diesen Reformator, wie Ranke ihn nennt, von „unzweifelhaftem Talent für secundäre Production" neben Luther und Calvin stellen, aber auf das Deutlichste treten, irre ich nicht, die Vorzüge des „friedfertigen Butzer" hervor, wenn man ihn als Kirchenpolitiker mit dem „beugsamen" Melanchthon vergleicht. Die Fülle der Verdienste, die sich der Praeceptor Germaniae um die Bildung unseres Volkes erworben hat, wird wohl jede tiefer eindringende Forschung in nur helleres Licht setzen; aber zeigt nicht auch er mehr als einmal jene Engherzigkeit und Zaghaftigkeit, die so oft, mit nur zu gutem Rechte seinen schulmeisterlichen Schülern vorgeworfen ist? Butzer war fester als Melanchthon in grossen und weniger

---

conscientiae integritate, ut non habeamus fratrum respectum: sed haec apud te defleo, mi Farelle, vide ergo ne effluant. Sehr bezeichnend ist gleichfalls, wie Calvin Bullinger gegenüber für Butzer eintritt (C. R. 40, 729. 41, 459), wie er über den Tod Butzer's klagt. C. R. 42, 106. 122. 133. Vgl. auch Bonnet, Les amitiés de Calvin, Bulletin de la société de l'histoire du protestantisme français 18 (1869), 260 ff. S. auch die Urtheile von Calvin, Grynaeus, J. Checus, Johann Sturm über Butzer, die wir vor seinen Scripta Anglicana zusammengedruckt finden; nachdrücklich preist hier Johann Sturm gerade Butzer's constantia, hebt hervor, dass dieser eben durch sein Eintreten für strenge Kirchenzucht sich manche Feinde gemacht habe.

eigensinnig als dieser in kleinen Fragen; er hatte mehr Zutrauen zu den guten Seiten der Menschen und weniger Menschenfurcht.

Es erschien mir nothwendig, etwas ausführlicher die Begründung meiner Auffassung von Butzer's geistiger Individualität zu versuchen: ist doch ihre richtige Würdigung [1]) die erste Bedingung zum richtigen Verständniss seiner Thätigkeit in den Unionsverhandlungen wie seines Verhältnisses zum Kölner Erzbischof. Wer die oben entwickelte Anschauung über ihn theilt, wird begreiflich finden, wie sehr gerade er sich bemühte, an seinem Theil dafür zu wirken, dass die in Frankfurt den Protestanten eröffneten Aussichten realisirt würden. In einem Schreiben an den hessischen Landgrafen vom 14. Januar 1540 entwickelte er die Vortheile, die

---

[1]) Von besonderer Wichtigkeit für sie erscheinen mir Butzer's Briefe an Landgraf Philipp, die auch durch Hassencamp nur theilweise ausgebeutet sind. Dennoch ist mit Recht die Bedeutung seiner gründlichen und eingehenden Hessischen Kirchengeschichte — aus der er den Abschnitt über B.'s Kirchenzucht in mehreren Aufsätzen der von Schneider herausgegebenen Deutschen Zeitschrift für christliche Wissenschaft 1856 n. 49—52 weiter ausgeführt hat — für die bessere Kenntniss Butzer's von competentester Seite hervorgehoben, von Baum in der Vorrede zu seinem anziehenden Buch über Butzer und Capito, auf das vor Allem zu verweisen wäre, wenn es nicht bekanntlich die für unser Thema wichtigsten Jahre von Butzer's Leben nur ausserordentlich summarisch behandelte. Zeitgenössische Urtheile über Butzer s. in der vorigen Anmerkung; einige neuere Schriften über ihn hat Herzog in der Allgemeinen Deutschen Biographie 3, 66 verzeichnet; vgl. ausserdem Lorenz und Scherer, Geschichte des Elsass 2, 177 ff.; Krafft, Theologische Arbeiten 1, 25. 2, 88 ff.; Tollin, Magazin für Literatur des Auslands 45. Jhrg. (1876), 333 ff.; Theologische Studien und Kritiken 1575, 711 ff Schon oben sind einige der treffenden Sätze Ranke's über Butzer mitgetheilt; auch er spricht sich dahin aus, dass Butzer's Vermitteungsversuche „in ihm selber alle mögliche Wahrhaftigkeit haben" (3, 247). Gegenüber den ungünstigen Urtheilen über Butzer's theologisches Diplomatisiren, die Döllinger, Reformation 2, 22 ff. zusammengestellt hat, mache ich besonders aufmerksam auf die Charakteristik von Cornelius. Er bezeichnet als „die Gaben, durch welche sich Butzer emporrang, vor Allem Scharfsinn und Gewandtheit"; er beurtheilt keineswegs freundlich „die aalglatte Meisterschaft" des Vermittlers; doch glaubt er (2, 51) „dass vorsätzliche Untreue ihm fern lag und dass es ihm Ernst war um Religion und Kirche."

aus einem Gespräch, wie es dort vereinbart, für die protestantische Sache zu gewinnen wären. „Unser Sach ist „Christi," schreibt er, die wird wahrlich so viel besser stehen, so viel mehr sie bei den Ständen des Reichs erkannt wird". In den Hauptlehren führte er aus, sprächen wie die Worte der Schrift auch die alten kirchlichen Autoritäten für die Protestanten; weit weniger wichen diese von der Lehre der Väter ab als die Gegner; so liesse sich klar die Unrichtigkeit der Vorstellung erweisen, zu der noch immer viel Leute beredet wurden, „die es doch gut meinen, es sei bei uns nichts denn ein Frevel und eigennützige Neuerung". Aber sollte ein Gespräch solche Früchte tragen, so galt es festzuhalten an den in Frankfurt darüber getroffenen Bestimmungen. Es erschien Butzer begreiflich, dass der Papst und sein Anhang gegen dieselben eiferten, ihre Bestätigung durch den Kaiser zu hindern suchten: eben weil ihnen dies bisher wirklich gelungen, forderte er, müsste man „es den Leuten zu deutsch vorhalten", es sei des Kaisers unwürdig nicht zu ratificiren, was in seinem Namen angeboten worden: er rechnete für die Durchführung einer Ausführung der Frankfurter Vereinbarung auf die Unterstützung von Pfalz und Brandenburg; er hoffte, dafür sei, wie die Mehrzahl der deutschen Kurfürsten und Fürsten, namentlich auch Köln zu gewinnen. Eben in Betreff der Kölner wurden seine Hoffnungen dann wesentlich gestärkt, als er im Sommer in Hagenau mit ihnen in persönliche Berührung trat. Sehr befriedigt schrieb er von dort am 17. Juli über das, was er von dem Erzbischof und den Seinen selbst gehört und vernommen. Er zählt Köln zu den Wenigen, die wie die Pfälzer und der Bischof von Augsburg „wahren Frieden d. i. mit einer leidlichen Reformation erstrebten, während ebenfalls nur Wenige gern stracks kriegen, der ganze übrige Haufe gern Friede wollte, aber ohne Christo, ohne Reformation". Lebhaft bedauerte er, dass Köln übergangen wurde, als die Stände katholischer Seite bestimmt wurden, die ihre Gelehrten zu dem Religionsgespräch entsenden sollten: er sah hierin ein übles Zeichen der Gesinnung des Habsburger

Hofes, ein bedenkliches Vorzeichen für die weiteren Verhandlungen. Wir wissen, mit wie grossen Besorgnissen andererseits der päpstliche Nuntius gerade wegen der Haltung der deutschen Bischöfe jedem Religionsgespräch in Deutschland entgegensah, wie eifrig und geschickt er sich desshalb bemühte, solche Verhandlungen, wenn er sie nicht zu hindern vermochte, doch nach Möglichkeit zu kreuzen. Der Kölner Erzbischof wünschte dagegen nach Kräften eine Verständigung zu erleichtern; er war überzeugt, dass nur Besprechungen zwischen wohlmeinenden, friedlich gesinnten deutschen Theologen beider Theile eine solche vorbereiten könnten. Desshalb schickte er Peter Medmann an Butzer und liess ihn auffordern, Gropper zu besuchen; gleichzeitig gab er diesem die Weisung, Butzer nicht abzuweisen, wenn er sich mit ihm besprechen wolle. So kam es zwischen Beiden schon in Hagenau zu Unterredungen, namentlich über die Lehre von der Rechtfertigung, doch auch über die Unterschiede ihre Anschauungen in der Lehre von der Kirche und den Sacramenten. Butzer fand, dass Gropper im „Artikel der Justification durch Schein der h. Schrift und Väter Sprüche des Menschen Vermögen zum Guten und sein Rechtthun etwas höher erhübe, denn es der Glaub Christi und die Gottes-Gerechtigkeit dulden mag", dass er besonders „die Gewalt und Jurisdiction der Bischöfe und anderer Prälaten über die Kirchendiener und Gemeinden Christi und des Papsts zu Rom über alle Bischöfe, Kirchen und besondere Christen viel grösser machte, dann es das Reich Christi leiden mag", dass er die „Missbräuche in den Sacramenten und Kirchenübungen mit falschem Entschuldigen und vergeblichen Deuten färbte und schmückte"[1]. Aber andererseits zeigte sich Gropper, dessen arbeitsames züchtiges Leben gerühmt wurde, bei diesen Gesprächen nicht nur als ein in der Schrift

---

[1] Butzer, Von wegen und mitlen deutsche nation zu vergleichen 59. Dass diese Schrift Butzer's, nicht wie bisher geschehen, die Darstellung Gropper's der Darstellung der Verhandlungen zwischen Beiden zu Grunde zu legen ist, habe ich im 3. Abschnitt der Quellen und Erörterungen (2, 29 ff.) zu erweisen versucht.

und den Vätern wohl belesener Gelehrter; er erklärte häufig, wie gern er eine Reformation der Kirche sehen wollte, er „bewies sich, wie Butzer später schreibt, in Worten und Gebärden, als ob er wahrlich Gott und nicht die Welt fürchtete, sein Vertrauen gänzlich auf Christum und nicht auf der Welt Macht und Gunst setzte", eine Kirchenordnung wünschte, die „zur Erbauung des Reichs Jesu Christi thätlich förderlich wäre"[1]. So hielt Butzer sich zu dem ernstlichen Versuche verpflichtet, Gropper's Einwände gegen die protestantischen Lehren und Einrichtungen, seine Missverständnisse derselben zu widerlegen; da der Kölner ihm sein Enchiridion schenkte, verehrte er ihm dagegen seine Schrift über den Römerbrief. Es fehlte nicht an protestantischen Stimmen, die ihn vor diesem Verkehr warnten: nur um so bedeutsamer war, dass der politische Führer der Protestanten, dass Philipp von Hessen ihn ermunterte, „sich mit Gutherzigen von dem Gegentheil in Gespräch einzulassen"[2].

Einer der besten Kenner des 16. Jahrhunderts hat kürzlich über den Landgrafen geäussert, er habe ein Doppelspiel stets für das Meisterstück der politischen Kunst gehalten, sich stets in einem Netz von Agitationen bewegt, zu dessen Fäden er auch Freunde und Bundesgenossen so weit verwendete, als sie sich gebrauchen liessen; er habe sich als doppelzüngiger Schürer der Zwietracht zwischen den sächsischen Fürsten gezeigt[3]. Dieses Urtheil Voigt's steht im Widerspruch mit der traditionellen Anschauung über Philipp, wie sie nicht nur von hessischen Historikern, wie sie auch von Ranke und Maurenbrecher vertreten ist; ich bekenne, Voigt's Ausführungen haben mich nicht davon zu überzeugen vermocht, dass diese Anschauung eine falsche, seinem verwerfenden Spruch beizutreten wäre. Das Glück und das Elend im Leben des Landgrafen, seine segensreichen und seine unheilvollen Thaten lassen sich, scheint mir, nicht erklären, wenn

---

[1] Ebenda 61.
[2] Neudecker, Urkunden 562.
[3] Voigt, Moritz von Sachsen 6. 15. 17.

man in ihm einen doppelzüngigen politischen Rechner erblickt: vielmehr dass nur allzu häufig bei ihm sinnliche Affecte und heftige unklare Gefühle edeler und unedeler Art die Erwägungen des politischen Verstandes kreuzten, darunter hat er persönlich, darunter hat auch die Sache des deutschen Protestantismus schwer gelitten, die seiner herzlich aufrichtigen Hingabe, seinem frischen Eifer mehr als einen Erfolg verdankt. Ein echter Vertreter der „treuherzigen Lebenskraft" des damaligen Deutschland besass er am meisten unter den zeitgenössischen Fürsten die Vorzüge und Schwächen der sinnlichen Stärke, die den Helden macht, die aber auch zu moralisch und politisch bedenklichsten Handlungen nicht genügend ethisirte Naturen fortzureissen geeignet ist. Eben in die hier geschilderte Zeit fällt wie bekannt der schwerste Fehltritt in Philipp's Leben: seine Bigamie hat ihn, sein Haus, sein Land, sie hat auch die allgemeinen Interessen des deutschen Protestantismus auf das Empfindlichste geschädigt. Harte und verdiente Strafe hat den Landgrafen, hat auch die Reformatoren getroffen, dass sie hier nicht gethan, was ihre Pflicht gebot. Wohl ist es nicht schwer, die Verkehrtheit des Urtheils ihrer Gegner zu erweisen, die als Frucht ihres Thuns Philipp's Doppelehe bezeichnen; wohl liegt es solchen Vorwürfen gegenüber nahe zu fragen, haben etwa auch ihre Lehren das Verhalten Karl's V. und Franz I. beeinflusst, hat etwa unter ihrem Einfluss Clemens VII. 1530 an den englischen Gesandten geäussert: „Viel weniger scandalös als eine Ehescheidung wäre ein Dispens gewesen, der dem Könige gestattet, zwei Frauen zu haben"?[1]) Wahrlich, nicht ihre Feinde, sie an erster Stelle haben das Gefühl des deutschen Volks gestärkt, das gegen die Verletzung der heiligsten Bande sich aufbäumt. Aber eben desshalb hat mit Recht nur um so schwerer sich an ihnen selbst ihre Schuld gerächt, dass sie, die in Lehre und Leben eingetreten für die

---

[1]) Vgl. Froude 1, 246. Maurenbrecher, England im Reformationszeitalter 125. Sehr bezeichnend ist die von Hassencamp 1, 472 schon citirte Aeusserung Franz I. über Philipp's Bigamie.

Heiligkeit der Ehe, hier casuistische Erwägungen, Compromisse in ethischen Principienfragen nicht zurückwiesen, dass sie in der Festigkeit ihres sittlichen Standpunkts durch Reminiscenzen theologischer Gelehrsamkeit, durch Erwägungen der Zweckmässigkeit sich erschüttern liessen. Von dieser Schuld ist vor Allen Butzer nicht freizusprechen; wer seine Briefe liest, sieht, wie unberechtigt es ist, wenn er desshalb zugleich serviler und leichtfertiger Gesinnung bezichtigt ist. Er glaubte der Sache des deutschen Protestantismus die Kraft des Landgrafen erhalten zu können und zu müssen; er hielt dies für möglich nur, wenn dem leidenschaftlich erregten Fürsten nicht jede Aussicht auf Erfüllung seines Wunsches abgeschnitten würde. So liess er zu Schritten sich herbei, die falsch und unheilvoll; aber wie bedenklich das Verfahren Philipp's, sprach er diesem selbst auf das Offenste aus. Er hat nicht nur die oft ihm beigelegte Schrift zur Vertheidigung der Bigamie, den Dialog des Huldreich Neobulus nicht verfasst, er hat vor dessen öffentlicher Verbreitung gewarnt[1]). Er ermahnte den Landgrafen auch, er möchte nicht wegen der Spannung, in der er mit seinen schmalkaldischen Bundesgenossen eben in Folge der Bigamie gerathen war, sich blindlings dem Kaiser in die Arme werfen. Nicht Butzer hat zur Förderung kirchlicher Unionspolitik den politischen Bund zwischen Philipp und Karl betrieben; umgekehrt, weil der Landgraf in seiner damaligen Lage eine Annäherung an den Kaiser erstrebte, wünschte und ersehnte er die Erreichung einer Verständigung auch in den kirchlichen Fragen, suchte er in diesem Sinn auf den ihm nächststehenden Theologen zu wirken.

Und in der That während der in Hagenau vereinbarten Zusammenkunft zu Worms wurde noch vor dem Ende des Jahrs 1540 ein bedeutender Schritt vorwärts zur Erfüllung solcher Wünsche gethan. Freilich blieben die eifrigen Bemühungen des päpstlichen Nuntius gegen das gefürchtete

---

[1]) Vgl. die von mir in den Forschungen zur deutschen Geschichte 16, 16 ff. citirten Schriften und Briefstellen.

deutsche Religionsgespräch nicht ohne Erfolg: erst nach den grössten Schwierigkeiten, erst unter den für die Protestanten ungünstigsten Bedingungen, erst im Januar 1541 kam es zum Beginn eines Gesprächs zwischen Melanchthon und Eck, die als die Hauptcollocutoren beider Parteien bestimmt waren. Aber gerade weil es immer deutlicher sich herausstellte, dass auf den bisher betretenen Wegen eine Verständigung nicht zu erreichen sei, hatte schon zuvor Granvella versucht, auf anderen Wegen sich dem Ziel zu nähern, dessen Erreichung er nicht minder lebhaft als der Landgraf, wenn auch aus sehr anderen Gründen erstrebte. Glaubte der Landgraf zu seiner Sicherung des kaiserlichen Schutzes zu bedürfen, noch mehr lag es im kaiserlichen Interesse, den thatkräftigsten deutschen protestantischen Fürsten zu fesseln, dadurch die Gefahren zu beschwören, die vor Allem in der Geldern'schen Frage das kaiserliche Interesse bedrohten. Die Verhandlungen dieser Monate zeigen auf das Glänzendste die Ueberlegenheit der kaiserlichen Politik, das diplomatische Geschick Granvella's: wie oben angedeutet, er verstand es, den Zusammenschluss der Gegner des Kaisers zu hindern, die für diesen bedrohlichsten Aussichten des deutschen Protestantismus zu vereiteln eben durch geschicktes Eingehen auf die Wünsche, auf die Stimmungen und Interessen deutscher Protestanten. Wieder einer der niederrheinischen Mittelsmänner, wieder Löwenberg verhandelte in Philipp's Auftrag neben Johann Feige mit Granvella über die politischen Fragen; auch ihre Berichte zeigen, wie angelegentlich diesen schon in den Unterredungen des Novembers die niederrheinischen Verhältnisse beschäftigten. Er erkundigte sich, ob Philipp ein Bündniss mit dem Herzog von Jülich in der Geldern'schen Frage geschlossen habe; da die hessischen Gesandten dies verneinten, andererseits betonten, dass Philipp auch Bedenken tragen werde, gegen den Herzog offensiv aufzutreten, fragte Granvella, ob der Landgraf „mocht neutralis sein". Nach einer zustimmenden Erklärung zeigte er sich auch damit wohl zufrieden[1]).

---

[1]) So berichten am 30. November Feige und Löwenberg an den Landgrafen M. A. Vgl. auch Hassencamp 2, 490 ff. 534 ff.

Eben bei dieser Sachlage wünschte er im entschiedensten Gegensatz zu dem päpstlichen Nuntius ernsthafte Besprechungen auch über die religiösen Fragen; es war keine Lüge, wenn er erklärte, dass er eine Verständigung mit den Protestanten suche, dass er in mehr als einem Punkte sich im Streit mit den Wünschen und Plänen des päpstlichen Hofes und der deutschen Anhänger des Papstes befinde. Solche Erklärungen gab er auch Butzer ab; er liess diesen durch Gropper und den kaiserlichen Secretär Gerhard Veltwick von Rabenstein auffordern, er und Capito möchten sich mit beiden genannten katholischen Gelehrten in ein Gespräch über die streitigen Artikel der Religion einlassen, das durchaus geheim gehalten werden sollte. Butzer verhehlte, als er dem Landgrafen diesen Vorschlag mittheilte, seine Bedenken gegen denselben nicht; doch glaubte er denselben nicht abweisen zu dürfen. Und nach den obigen Ausführungen wird es ebenfalls begreiflich erscheinen, mit lebhafter Freude begrüsste Philipp die hier eröffneten Aussichten: er mahnte Butzer vorsichtig zu sein, weil er die Schwierigkeiten für bedeutend hielt, die andere Protestanten der Verständigung bereiten könnten, persönlich zeigte er den lebhaftesten Wunsch zu einer solchen zu gelangen. Wie Butzer gebeten hatte, übersandte er diesem Weihnachten 1540 ein ostensibeles Schreiben, in dem er ihn ausdrücklich aufforderte, auf das beantragte Geheimgespräch sich einzulassen. Noch am letzten Tag des Jahrs konnte Butzer mittheilen, es habe sich mit diesem besser zugetragen als er gehofft. Schwierigkeiten bereiteten noch die Frage der Messe, des Gedächtnisses der Abgeschiedenen, der jährlichen Beichte, der Transsubstantiation. „Die Schriften, so wir verfasset", sollten zunächst dem Landgrafen und dem Kurfürsten von Brandenburg mitgetheilt werden, ebenso dem Kaiser. Gedächte dieser in der Sache fortzufahren, so sollte nach Butzer's Meinung auf dem kommenden Reichstag Joachim von Brandenburg den Pfälzer und womöglich etliche geistliche Kurfürsten gewinnen und diese Schriften „als die einen Weg der Vergleichung anzeigten", dem Kurfürsten von Sachsen und dem Landgrafen als den

Häuptern der Protestanten vorlegen[1]). Diese könnten dann die Artikel hinsichtlich der Justification, des Brauchs der Sacramente und der Kirchenordnung acceptiren, hinsichtlich der oben erwähnten vier streitigen Punkte und des Cölibats „sich zu christlicher Erörterung erbieten, aber mit Leuten, die dazu taugen". Damit aber auch diese Erörterung, die Reformation der Geistlichen nicht zu sehr hinausgeschoben würde, müsste hierüber auf dem Reichstag noch eine besondere Festsetzung getroffen werden.

Bestimmter als aus den früher bereits bekannten Aktenstücken erkennen wir gerade aus Butzer's vertraulichen Briefen an den hessischen Landgrafen, wie weit Gropper den Protestanten entgegenkam, wie bedeutsam die Verhandlungen waren, die er hier mit Butzer pflog. Welche Aussichten schienen sich zu eröffnen, da die Artikel über die sie sich geeint hatten, die dann Joachim von Brandenburg als „erheblichen Rathschlag" empfahl, nach freundschaftlichen Berathungen zwischen Gropper und Contarini dem in Regensburg 1541 eröffneten Religionsgespräch zu Grunde gelegt wurden, da zu diesem der Kaiser als Collocutoren neben Eck und Melanchthon Butzer und den Hessen Pistorius von der einen, Gropper und Pflug von der anderen Seite ernannte [2]). Wohl begreifen wir die Klagen, die Eck und seine Gesinnungsgenossen damals und später über Gropper und Pflug erhoben [3]) — auch

---

[1]) „In dem, sagt Butzer ausdrücklich, mussten dann E. f. g. sich halten als die solche schriften vor nicht gesehen". Aus diesen Worten lässt sich klar ersehen, wie es kam, dass nicht Philipp, sondern Joachim später die Artikel vorlegte, und zugleich, dass doch nicht erst er den Landgrafen mit den Artikeln bekannt machte, wie u. A. auch Ranke erzählt. Schon Hassencamp 1, 541 Anm. 1 hat mit Recht darauf hingewiesen, dass diese Annahme Ranke's auch mit den früher schon publicirten Aktenstücken nicht zu vereinigen ist.

[2]) Auch im Präsidium wurde dies Mal Köln vertreten durch Dietrich von Manderscheid. Ueber seine Haltung in Worms s. Roeder, De colloquio Wormatiensi, 19 ff.

[3]) Vgl. die Briefe von Eck und Cochlaeus von 1541 und 1542 in den Epistolae ad Nauseam S. 303 ff. und in Brieger's Zeitschrift für Kirchengeschichte 1, 472 ff., als besonders wichtig ist mit Recht schon von Brieger

nachdem die Verständigung zwischen den beiden Religionsparteien, die sie befürchteten, in Regensburg nicht erzielt war. War eine solche auch hier in wichtigen Fragen, namentlich in der Lehre von der Rechtfertigung zwischen den protestantischen Theologen und dem Verfasser des Kölner Enchiridion und seinen Gesinnungsverwandten erreicht[1]): unüberwindliche Schwierigkeiten bereiteten die Punkte, die schon in Worms Anstoss erregt hatten: die Artikel, bei denen es sich „um Fortbestand, Geltung, Autorität und Macht des hierarchisch organisirten Kirchenthums handelte"[2]). Ueber sie

a. a. O. 474 und von Wiedemann (Eck 312 Anm. 50) Eck's Brief vom 20. December 1541 hervorgehoben, in dem er tragoediam Ratisbonensem beklagt. Granvella et comes de Manderschit curaverunt, nobis omnibus insciis ut Gropperus quendam librum conscriberet concordie, homo puta in is rebus exercitatus. Charakteristisch ist auch das Lob, das damals Bruschius dem „nicht nur gelehrten, auch guten" Gropper spendete, während er gleichzeitig Eck auf das Heftigste angriff. Vgl. Horawitz, Bruschius 52. 240. 246. Die hier von Horawitz mitgetheilten Epigramme sind bereits früher von Roeder, De colloquio Wormatiensi 166 ff. veröffentlicht.

[1]) Auf das Klarste haben namentlich Brieger's neuere Forschungen die Richtigkeit des Urtheils Döllinger's erwiesen, dass „Gropper hier Melanchthon auf mehr als halbem Wege entgegenkam". Butzer konnte mit gutem Grund die Behauptung Gropper's zurückweisen, „das wir die Colloquenten dieses teils seien von im und seinen mitcolloquenten im gespresch zu Regenspurg durch die gewaltige warheit und Heilige schrift genöthigt und erzwungen zu bekennen, das wir nit durch den blossen werklosen, sondern durch den waren lebendigen glauben, der durch die Liebe thetig ist zu allen guten wercken, gerechtfertiget fromm und selig werden und das D. Luther mit uns derhalben nit gar wol sein zufriden gewest. Dann wir Gottlob ehe dann wir Groppers namen gehört, gelehret haben, das wir durch keinen wereklosen, sondern allein durch einen waren lebendigen glauben gerechtfertiget werden. So hat auch D. Luther desshalben kein onwillen gegen uns je gehabt, sondern uns dise warheit selb gelehrt". Von den wegen und mitlen deutsche nation zu vergleichen 89. Ueber die von Pigghe und Gropper vertretene Rechtfertigungslehre s. namentlich auch die Ausführungen des ersteren in seinem Buche: Controversiarum praecipuarum in comitiis Ratisponensibus tractarum luculenta explicatio (Parisiis 1542), p. 37—55.

[2]) So treffend Köstlin, Luther 2, 531. Pigghe sagt in dem eben citirten Buch im Anfang des Abschnitts De ecclesia controversia III: De ecclesia non est levis nec parvi momenti adversariorum a nobis dissensio,

eine Vereinbarung zu treffen, gelang auch den am meisten der Versöhnung zugeneigten katholischen Theologen nicht, und dass es nicht gelang, trug dazu bei, ihren Einfluss zu schwächen, die kriegerischen Elemente des Katholicismus und damit zugleich auch die kriegerischen Tendenzen am kaiserlichen Hofe zu stärken. Es war unter diesen Umständen doppelt bedenklich, dass eben hier Philipp von Hessen sich dem Kaiser gegenüber die Hände band, wie Granvella gewünscht hatte, die Unterstützung des Herzogs von Cléve verschwor. Heute ist unschwer zu erkennen, wie verhängnissvoll gerade die Regensburger Verhandlungen für den deutschen Protestantismus geworden sind; dennoch werden uns die Hoffnungen, die in der unmittelbar folgenden Zeit manche seiner Anhänger, die Befürchtungen, die seine erbitterten Gegner hegten, nicht auffallend erscheinen. Baierns Opposition hatte in Regensburg die Annahme des Brandenburgischen Toleranzprojects verhindert; deutlich aber hatte sich gezeigt, dass die weit überwiegende Mehrzahl der deutschen Stände demselben günstig gestimmt war, freie Lehre der vier Artikel wünschte, über die man sich hier verglichen hatte. In diesem Sinne hatten Gropper und Dietrich von Manderscheid, hatten auch die Abgeordneten der Stadt Köln sich geäussert[1]). Butzer sprach am 28. August die Hoffnung aus, Köln, Münster, Cleve und Pfalz würden etwas thun, der verglichenen Artikel halben[2]). Und was wichtiger, war in Regensburg die erstrebte gemeinsame Ordnung der kirchlichen Fragen nicht erreicht, die Möglichkeit und Sicherheit zu einer Durchführung reformatorischer Ordnung in den einzelnen deutschen Territorien war erhöht. Durch die Verträge des Kaisers eben mit Hessen und mit Brandenburg, durch die Declaration, die er den Protestanten ausstellte, an demselben Tage, an dem er, um

---

ut de qua una si recte conveniremus, facile tolleretur, quicquid est reliquum inter nos dissensionis et controversiae (S. 89).

[1]) Vgl. Brieger, Gropper 228 Anm. 6 ff. Ennen 4, 404. Den hier citirten wichtigen Brief Butzer's vom 27. December (nicht vom 24. Juni) 1542 s. vollständig bei Krafft, Theologische Arbeiten 2, 36 ff.

[2]) In einem Brief an den Landgrafen. M. A.

zugleich ihre Gegner zu gewinnen, den gegen sie geschlossenen Nürnberger Bund erneuerte. In dem Reichsabschied war ausdrücklich allen Geistlichen befohlen, unter ihnen und ihren Unterthanen „eine christliche Ordnung und Reformation vorzunehmen und aufzurichten, die zu guter, gebührlicher und heilsamer Administration der Kirche förderlich und dienstlich"; eine solche würde auch eine Vorbereitung zu endlicher christlicher Vergleichung der Religion sein, über die auf einem freien christlichen Concil in Deutschland, wenn dies nicht möglich, auf einem National-Concil oder, falls auch dies nicht zu Stande komme, auf einem Reichstag weiter berathen werden sollte [1]). Durch diese Bestimmungen hielt sich vor Allen Hermann verpflichtet, in seinen Bestrebungen für die Reformation der ihm anvertrauten Kirche fortzufahren [2]). Er sah, dass wichtige Beschlüsse des Provincialconcils nicht zur Ausführung gekommen, der Uebelstand der Häufung vieler Pfründen in Einer Hand nicht beseitigt war; auch Gropper erklärte es für nothwendig, für geeignete Pfarrer, die Gottes Wort rein und lauter dem Volk lehren könnten und wollten, und eben desshalb für die Herstellung von Schulen zu sorgen. Er schrieb in diesem Sinn an Butzer [3]); er hatte schon in Regensburg sich auch für Gestattung der Priesterehe ausgesprochen, wie sein Freund Pflug der Ansicht, dass es sonst an anstellungsfähigen Priestern fehlen würde [4]). So zeigte er sich in wichtigen Punkten

---

[1]) S. den Wortlaut der Declaration und des Reichstagabschieds bei Hergang, Das Religionsgespräch zu Regensburg (Kassel 1858) 466 ff.

[2]) In den späteren Streitigkeiten beruft sich Hermann für sein Vorgehen stets auf den Regensburger Abschied; vgl. hierfür und für das Folgende namentlich die Einleitung zur Verantwortung des Bedenkens.

[3]) S. seine Briefe vom 10. und 30. October 1541 bei Butzer, Von wegen und mitlen deutsche nation zu vergleichen 93 ff. Krafft, Theologische Arbeiten 2, 22 ff.

[4]) Vgl. Pflug's Auseinandersetzungen gegen Contarini bei Jansen, Neue Mittheilungen des thüringisch-sächsischen Vereins 10. 2, 99 ff. Brieger, Gropper 228 Anm. 8. Butzer führt es als eine der Unwahrheiten Gropper's auf, wenn er „verschwert, das er nit zu Regenspurg habe gerhaten den dienern der kirche, ob sie gleich klosterleut weren gewesen, die Ehe frei zu-

mit Butzer einverstanden, als Beide im Februar 1542[1]) am erzbischöflichen Hof zusammentrafen. Nach den Beziehungen, die zwischen diesem und den oberländischen Reformatoren geknüpft und unterhalten waren [2]), lag es nahe, den namentlich auch durch Gropper so sehr gerühmten Strassburger Theologen selbst an den Niederrhein zu rufen. Der Erzbischof ersuchte ihn, zu einer Besprechung nach Buschhoven zu kommen; er forderte auch Gropper und seinen Weihbischof Nopel auf, dort zu erscheinen. Nach den Berichten päpstlich gesinnter Schriftsteller liess Letzterer sich nur ungern auf ein Gespräch mit Butzer ein; da er schnell die Unmöglichkeit erkannte, ihn zu bekehren, weigerte er sich, weiter mit ihm zu verhandeln; wegen dieser Weigerung soll er seiner Stelle entsetzt, auch seines Gehalts beraubt sein, seitdem in Köln eifrig gegen die Reformer gewirkt haben [3]). Gropper besprach sich auch hier freundschaftlich mit Butzer über die wichtigsten controversen Fragen, er lud ihn darauf ein, ihn in Köln zu besuchen. Und nicht nur von ihm wurde Butzer dort willkommen geheissen: der Syndikus des Stadtraths, Bellinghausen, der schon in Regensburg reformfreundliche

---

zulassen, da doch Churf. Fürsten und andere das von im gehört und gelobt haben". Von wegen und mitlen deutsche nation zu vergleichen 89.

[1]) Dass Sleidan, der Butzer's Reise nach Köln in den Februar 1542 setzt (2, 251), auch hier besser unterrichtet war, als Neuere, die ihn desshalb des Irrthums zeihen, erweisen Butzer's eigene Briefe und Berichte der Gesandten Philipp's in Speier aus dieser Zeit. Anfang Februar kam Butzer nach Buschhoven; schon in dem Brief, in dem er Hubert seine Ankunft dort anzeigt, sagt er, er glaube bald wieder abreisen zu können. Er bestellt hier Grüsse von Sturm; so sehen wir auch aus diesem Schreiben — wie aus den Notizen bei Schmidt, J. Sturm 55 —, dass Johann Sturm Butzer begleitet hatte.

[2]) Schon oben ist auf Bullinger's Beziehungen zu Köln hingewiesen Er stand in Correspondenz mit Caesarius; sein ehemaliger Studiengefährte Dietrich Bitter von Wipperfürth hatte 1532 seine Schrift über das Prophetenamt dem Erzbischof vorgelesen; am 18. Februar 1541 richtete er selbst einen sehr interessanten Brief an Hermann über die Bedeutung der Messe. Krafft, Bullinger 138 ff. Vgl. ebenda S. 73 ff., 122 ff. Pestalozzi, Bullinger 278 ff.

[3]) So erzählen Meshov 35 ff., Harzheim 234, Reiffenberg 16 f.

Gesinnungen geäussert hatte, veranstaltete dem protestantischen Theologen zu Ehren ein Essen, wie er erklärte, im Auftrag des Raths [1]). Butzer liess sich durch die ihm erwiesenen Höflichkeiten nicht verleiten, die Schwierigkeiten zu unterschätzen, die den Reformtendenzen des Erzbischofs sich entgegenstellten; dennoch sprach er mit Freude von den Hoffnungen, welche der Aufenthalt am Niederrhein, welche namentlich der persönliche Verkehr mit Hermann in ihm belebt hatte [2]). Bald nach seiner Abreise [3]) traten die Stände in Bonn zusammen: der Erzbischof berichtete über die auf dem Regensburger Reichstag gefassten Beschlüsse, bat ihm

---

[1]) Vgl. Butzer's Brief an Bellinghausen vom 27. December 1542 bei Krafft, Theologische Arbeiten 2, 36 ff.

[2]) Am 30. März schreibt Butzer an Vadian, wie mir G. Meyer von Knonau aus der Simler'schen Sammlung mittheilt: In spe quidam aliqua sumus receptum iri Evangelicam doctrinam, verum usum sacramentorum et matrimonium sacerdotum admissum in ditionibus principis Clivensis et Coloniensis. Uterque enim princeps pius est et veram expetit reformationem. Sed vereor nunc, ut fucus Tridentini concilii plurimum impedimenti injectans (?) sit praesertim Coloniensi ut ecclesiastico et cui cum maxima cleri parte etiam ipsa civitas in causa Christi refragatur. Fui his diebus apud hunc et deprehendi optimi senis animum synoerum et recte judicantem et cupientem ecclesiis. Vgl. auch den Brief von Myconius an Calvin, C. R. 39, 383.

[3]) Auf der Rückreise nach Strassburg kam Butzer am 6. März nach Speier; er hatte dort in Hermann's Auftrag auch eine Unterredung mit Rupert von Mosham. Der frühere Passauer Domdechant hatte auch am Kölner Hof Propaganda für sein Project zu machen gesucht, die Einheit der Kirche herzustellen, indem man zugleich Luther und den Papst bewege, dass ein jeder von Beiden „sein arges und widerchristliches erkenne und bessere". Für die Durchführung seiner Gedanken rechnete er auf Hermann, suchte hierfür auch Butzer zu gewinnen. Dieser sah, „das der mann ganz wol getröst und seines furhabens acer sicher were, das ich michs verwundert"; er besorgte, „das er sich selb in fielen dingen meer dann gut seie vertröste". S. Butzer's Brief an den Erzbischof aus Speier vom 8. März 1542 bei Krafft, Theologische Arbeiten 2, 24 ff. 167. Ausser den hier von Krafft verzeichneten Schriften vgl. über Rupert von Mosham namentlich die Monographie über sein Leben und seine Schriften in Strobel's Miscellaneen literarischen Inhalts 5. Sammlung, S. 1—112; Ennen 4, 395; Röhrich, Reformation im Elsass 2, 119.

deren Durchführung zu ermöglichen. Insgesammt dankten die Stände, auch die Abgeordneten des Domcapitels, Hermann für sein christliches und löbliches Vorhaben einer Reformation; er wurde aufgefordert, den Gelehrten zu befehlen, den Entwurf einer solchen „christlich zu stellen", und diesen dem nächsten Landtag vorzulegen [1]). Allgemein war so der Wunsch ausgesprochen, dass reformirt werden sollte; aber — wie? war auch darüber ein Einverständniss zu erzielen?

Als Calvin von Butzer's Hoffnungen berichtet wurde, schrieb er zurück, man dürfe nicht viel von dem Erzbischof erwarten, wenn er nicht wage, etwas auch wider den Willen von all den Seinen zu beginnen; „denn wartet er, bis ihm die Kanoniker bei Herstellung der Kirche helfen, wird er lange Zeit müssig sitzen"[2]). Am 25. Mai sprach Butzer selbst dem Erzbischof seinen Schmerz aus, dass bisher noch nichts für die Reformation geschehen, ermahnte ihn, von dessen gutem Willen er überzeugt, zu baldigem energischem Vorgehen. Doppelt war ihm an solchem gelegen im Hinblick auf Cleve; den jungen Herzog hatten mehr und mehr nicht nur politische Erwägungen, auch seine religiöse Ueberzeugung den Protestanten genähert; sein Gesandter Vlatten erzählte in Speier, man beabsichtige in Cleve, mit Köln sich über den besten Weg zur Reform zu verständigen[3]). Um Köln vorwärts zu treiben, schrieb desshalb Butzer besorgt und mahnend auch an Gropper; in seiner Antwort bat ihn dieser, nicht aus der Verzögerung seines Schreibens auf eine Abnahme seiner freundschaftlichen Gesinnung zu schliessen,

---

[1]) Schon Ranke (4, 239 Anm. 1) hat aus einem im Düsseldorfer Archiv befindlichen Fascikel (Abschied dreier Landtäg und eins Ausschusstags in sachen unser heiliger Religion aufgericht) die wichtigsten Sätze aus dem Landtagsabschied vom März 1542 abgedruckt; s. dieselben auch bei Drouven 114 f. Die meisten Stücke des erwähnten Fascikels sind gedruckt; unter dem angeführten Titel findet sich diese Druckschrift auch im Kölner Stadtarchiv, vgl. Ennen 4, 429. 444.

[2]) Calvin an Myconius am 17. April 1542, C. R. 39, 394.

[3]) S. Butzer's Brief an Hermann vom 25. Mai 1542 bei Krafft, Theologische Arbeiten 2, 28 f. 167. Vgl. auch den oben angeführten Brief Butzer's vom 30. März an Vadian.

meldete, dass Hermann nicht aufhöre, an eine Reformation zu denken trotz vieler Hindernisse¹). In der That zeigte sich der Erzbischof entschlossen, durch alle Schwierigkeiten und Zögerungen, die gerade in seiner Umgebung seinem Vorhaben entgegengestellt wurden, sich von diesem nicht abbringen zu lassen. Um den 1. September legte er einen Entwurf über die ersten vorbereitenden Schritte zur Reformation zur Begutachtung den Kölner Gelehrten vor; da diese aber keinen Schritt thaten, die von ihnen selbst beklagten Uebelstände in der Kirche abzustellen, weder für Ausarbeitung eines Reformations-Bedenkens, noch für Berufung tauglicher Prediger sich thätig zeigten, wandte sich Hermann nach auswärts. Er forderte Butzer und Hedio auf, zu seiner Unterstützung zu ihm zu kommen: noch hoffte er, wenn Butzer zur Stelle sei, werde es ihm gelingen, sich über die Reformation auch mit den Kölner Gelehrten zu verständigen, die ja selbst die Nothwendigkeit einer Abstellung mannigfacher Missbräuche eingeräumt hatten²). Beide Strassburger Reformatoren glaubten damals nicht zusammen Strassburg verlassen zu dürfen; so lehnte Hedio vorläufig den Ruf des Erzbischofs ab, sprach aber seine Hoffnung aus, im künftigen Frühjahr die Reise unternehmen zu können³). Auch Butzer fiel es schwer, eben damals für längere Zeit sich von Strassburg zu trennen. Die furchtbare Pest von 1541 hatte ihn besonders schwer getroffen, seinen Collegen Bedrotus, seinen wichtigsten Mitarbeiter Capito, drei seiner Kinder und seine Frau, seine treueste Helferin und Pflegerin dahingerafft. Sterbend hatte sie ihrem Manne wie der Wittwe Capito's den Wunsch geäussert, beide

---

¹) Zwei Stücke aus Gropper's Brief vom 5. August 1542 hat Butzer drei Jahre später selbst veröffentlicht, Von den wegen deutsche nation zu vergleichen 101 ff.; beide zusammen druckt Krafft ab, Theologische Arbeiten 2, 29 f.

²) Vgl. ausser den schon von Brieger, Gropper 230 citirten Stellen der Warhaftigen Erzelung die Einleitung der bestendigen Verantwortung a. 3.

³) Vgl. Hedio's Brief an den Erzbischof vom 30. November 1542 bei Krafft, Theologische Arbeiten 2, 31.

verbunden zu sehen; als Butzer im Frühjahr 1542 vom Niederrhein zurückgekehrt war, erfüllte er diesen Wunsch, schloss mit Wibrandis Rosenblatt seine zweite Ehe und übernahm damit zugleich die Sorge auch für ihre Kinder, die hinterlassenen Kinder Oekolampad's und Capito's¹). Auch die Fülle seiner amtlichen Arbeiten war durch den Tod von Bedrotus und Capito, durch die Rückberufung Calvin's nach Genf erheblich vermehrt²). Dennoch zauderte er nicht, Hermann's Ruf zu folgen. Gelang sein Unternehmen, so war eben damals von seinem Vorgehen das Grösste zu hoffen: nach dem Sieg der schmalkaldischen Bundeshäupter in Braunschweig, nach der Ausbreitung des Protestantismus in der Pfalz, in Regensburg und Metz, bei der Stimmung anderer geistlicher wie weltlicher Fürsten. So des neuen Bischofs von Strassburg, Erasmus von Limburg, so vor Allen der beiden wichtigsten Nachbarn des Kölner Erzbischofs. Sehr beklagte Butzer die damalige Bedrängniss des Herzogs von Cleve — eben wegen dessen guter Gesinnung für die Reformation³). Und wie Herzog Wilhelm, zeigte gleichzeitig der mächtigste unter Kölns Suffragan-Bischöfen, Franz von Waldeck, sich geneigt, Hermann's Beispiel zu folgen, zunächst die Bisthümer Minden und Osnabrück zu reformiren. Er stand in freundschaftlichen Verhandlungen mit Philipp von Hessen: er hatte auf dessen Mahnung zum Zuge gegen Heinrich von Braunschweig Hülfstruppen gestellt, er rief die Intervention des Schmalkaldischen Bundes in seinen Streitigkeiten mit Tecklenburg an, ja er dachte selbst in den Bund einzutreten. Nach Osnabrück wurde Hermann Bonnus berufen; der Landgraf rieth dem Bischof, er möge ebenfalls Butzer zu sich erfor-

---

¹) Vgl. Krafft, Theologische Arbeiten 2, 89 f. Baum, Butzer 525 ff. Hagenbach, Oekolampad und Myconius 107 f. C. R. 39, 406 A 4.

²) Vgl. Butzer's Briefe vom 10. Juli und 12. August 1542. C. R. 39, 410. 424.

³) Vgl. Butzer's Brief an den Landgrafen vom 16. November. Ueber Cleve i. J. 1542 vgl. jetzt namentlich Ruble, Le mariage de Jeanne d'Albret 162 ff.

dern und sich seiner Hülfe bedienen [1]). Franz folgte diesem Rath: sein Ruf traf Butzer schon nicht mehr in Strassburg. Im December 1542 unternahm er die Reise, an die so grosse Aussichten sich knüpften.

---

[1]) Vgl. über Franz von Waldeck die bei Hamelmann im Register s. v. Franciscus verzeichneten Stellen und aus der neueren Literatur namentlich Stüve, Geschichte des Hochstifts Osnabrück 2, 59 ff. Manche Aufschlüsse auch über Franz' Geschichte boten mir wichtige, bisher noch unbenützte Akten im Marburger und Braunschweiger Archiv, wie in der Berliner Bibliothek; ich verzichte auf eine Verwerthung derselben an diesem Ort, da wir bald eine ausführliche Darlegung durch Dr. Ludwig Keller erwarten dürfen.

Zweites Kapitel.

„Das Volk hier scheint etwas ungebildeter als in unsern Städten und dem hier zu Land gewöhnlichen Laster des Trinkens ergeben, doch scheinen viele mit aufrichtigem Eifer das Wort Gottes zu hören." So schrieb Butzer neun Tage nach seiner Ankunft in Bonn an seine Strassburger Freunde[1]). Am 14. December war er von Frankfurt her nach Bonn gekommen; der Erzbischof hatte ihm seinen Entschluss eröffnet die Reformation zunächst mit der reinen Predigt des Evanliums, Austheilung der Sacramente und Gestattung der Priesterehe in Bonn, Linz, Andernach und anderen grösseren Orten des Kurstaats zu beginnen. Schon am folgenden Sonntag (am 17. December) begann Butzer in Bonn zu predigen; der Dechant des Münsterstifts, Adam Richardi, hatte ihm dem erzbischöflichen Befehl entsprechend hierzu die Münsterkirche selbst eingeräumt; Butzer dachte zunächst ausser an den Sonntagen an drei Wochentagen zu predigen, an drei anderen Wochentagen eine Vorlesung über den Korintherbrief zu halten. Sein treuer Genosse, der Tiroler Christoph

---

[1]) In einem Brief vom 23. December im Strassburger Thomasstift. S. über die dort aufbewahrten Briefe, wie die anderen Hauptquellen dieses Kapitels Abtheilung II S. 53 ff. Erst nachdem hier die Briefe Butzer's vom Niederrhein an den Landgrafen aus dem Marburger Archiv abgedruckt waren, fand Lenz im Weimarer Archiv Butzer's ersten schon von Seckendorf 3, 437 erwähnten Brief a. d. J. 1543 vom 6. Januar, den er mir freundlichst mittheilte.

Söll¹), der schon vor ihm aus Strassburg in Bonn eingetroffen war, und Peter Medmann rühmen, welche Beachtung, welchen Anklang Butzer's Reden fanden, doch verbargen sie sich nicht, dass es an Kampf nicht fehlen werde.

Besonders in der Stadt Köln regte sich eine lebhafte Opposition. Schon zwei Tage nach Butzer's erster Predigt stellte (am 19. December) das Domcapitel dem Erzbischof vor, in allen Gassen Kölns sei ein Geschrei über die Berufung fremder Prädicanten; Hermann wurde ermahnt nichts vorzunehmen ohne Rath des Capitels und der Landschaft²). In Köln wurde ein Libell öffentlich angeschlagen, in dem der Erzbischof und Butzer gottloser Neuerungen beschuldigt wurden; der Stadtrath setzte eine Commission nieder, die mit dem Domcapitel Schritte zur Wahrnng des alten katholischen Glaubens berathen sollte; an den Erzbischof wurde ein Ersuchen um Entfernung Butzer's gerichtet³). Um den Rath über seine Thätigkeit aufzuklären, dadurch den Anstoss zu beseitigen, den man an derselben nahm, hatte sich dieser am 27. December an den städtischen Kanzler, an Bellinghausen gewandt, bei dem er, wie erwähnt, früher freundliche Aufnahme gefunden hatte. Er erinnerte ihn hieran, wie an ihrer Beider Haltung in Regensburg, an die alten mannigfachen Beziehungen zwischen ihren beiden Städten, zwischen Köln und Strassburg; er bat über seine Lehre und Wirksamkeit

---

¹) Vgl. über Söll namentlich Röhrich, Mittheilungen 3, 231—240. Krafft, Theologische Arbeiten 2, 32—35. Er war während ihres gemeinsamen Bonner Aufenthalts in der ihnen gemeinsam angewiesenen Behausung Butzer's ἀρχιμάγειρος καὶ οἰκόνομος.

²) Dies Schreiben des Capitels vom 19. (nicht 9.) December ist das erste in der Reihe der zwischen Hermann und dem Capitel gewechselten Schreiben, welche uns das 2, 53 erwähnte Aktenheft des Düsseldorfer Archivs aufbewahet hat.

³) Ausser den Mittheilungen Ennen's S. 4, 414 sind für die Kenntniss der Anschauungen und Thätigkeit des Raths namentlich die von Krafft, Theologische Arbeiten 2. 36 ff. veröffentlichten Briefe Butzer's, Bellinghausen's und des Erzbischofs und die Aktenstücke in dem in voriger Anmerkung erwähnten Aktenheft des D. A. von Bedeutung.

Peter Medmann hören zu wollen, der desshalb nach Köln gesandt wurde, und ein Colloquium zwischen ihm (Butzer) selbst und den Kölner Theologen über die kirchlichen Differenzen zu ermöglichen. Bellinghausen erklärte sich in seiner Antwort vom 30. December bereit, hierfür zu wirken; die Berathungen, die an demselben Tage zwischen den Verordneten des Raths und Capitels geflogen wurden, zeigten, dass die Mehrheit beider Corporationen anders gesinnt war. In den eben nach diesen Berathungen an den Erzbischof gerichteten Schreiben und in seinen hierauf ertheilten Antworten tritt der Gegensatz der von beiden Seiten vertretenen Anschauungen deutlich hervor.

Der Erzbischof wünschte dringend im Einvernehmen mit seinen Geistlichen, seinen Unterthanen, wünschte so milde und gelind als möglich vorzugehen; er durfte betheuern, dass er jedem Umsturz, jeder vermeidbaren Neuerung abgeneigt; er schärfte Butzer ein, sich aller Polemik zu enthalten, nur rein und lauter Gottes Wort zu predigen. Des Friedens halber hatte er vorübergehend Butzer's Predigten eingestellt, eben in den Festtagen ihn Weihnachten von Bonn nach Brühl kommen lassen. Aber wie er dem Capitel durch seinen Rath Dietrich ter Laen von Lennep mittheilen liess, er entschloss sich baldigst wieder Butzer mit Predigen und Lehren fortfahren zu lassen. Er hielt sich für verpflichtet, für eine Besserung der trostlosen Zustände zu sorgen; je mehr er erkannte, dass er auf wirksame Hülfe seiner Geistlichen nicht zu rechnen habe, um so weniger glaubte er den ihm so oft gerühmten Strassburger Reformator entfernen zu dürfen, ohne dass dessen Gegner dargethan, dass er den christlichen Glauben gefährde; er hielt sich in seinem Gewissen nicht für berechtigt der christlichen Gemeinde, die „ihn zu hören auf das Höchste begierig", seine Predigt zu entziehen — wenn nicht erwiesen worden, dass dieselbe Aufruhr erwecke. Er forderte eben desshalb das Capitel und den Rath auf, Butzer's Predigten und Vorlesungen besuchen, durch fromme und unparteiische Leute aufschreiben zu lassen, was in ihnen Gottes Wort nicht gemäss; Butzer werde sich abweisen lassen von dem, was als übel gelehrt oder gepredigt nachgewiesen worden, und seine gebührliche Strafe empfangen¹). Aber die Kölner Gegner Butzer's wollten von einer Disputation mit ihm nichts wissen — so wenig wie einst Luther's Gegner in Worms; sie machten dem Erzbischof den schwersten Vorwurf daraus, dass er ihn überhaupt in das Erzstift gebracht habe. Es klang ihnen befremdlich, dass von einem „lutherischen verdammten Prädicanten" angenommen zu werden schien, er könnte „mehr denn all unsere heimische Prädicanten in Köln dem gemeinen Volk vorsagen und predigen, als ob in dem Erzstift überall keine fromme gelehrte Doctoren und Prädicanten wären, die auch das Wort Gottes rein lehren könnten". Diese Worte, die am 4. Januar das Capitel an Hermann richtete, zeigen klar einen der wichtigsten Gründe der Opposition der Kölner: während Butzer seinerseits wiederholt in seinen Briefen, so auch in seinem Schreiben an Bellinghausen, den nationalen Gesichtspunkt, die Bedeutung seines Unternehmens für die Einigung des deutschen Volks betonte, erblickten seine Kölner Gegner in der Berufung des „Fremden", des deutschen Ausländers eine Beeinträchtigung der Rechte der Kölner Geistlichkeit. In energischen Worten mahnte das Schreiben vom 4. Januar den Erzbischof, vor Allem diese zu achten, erinnerte ihn daran, dass er in der Zeit seiner Erwählung dem Domcapitel erklärt habe, er werde in allen wichtigen Sachen nichts ohne dessen Rath vornehmen; dadurch, dass er bisher diesem Versprechen nachgekommen sei, habe er seinen Landen und Leuten den Frieden erhalten. Solcher könne nicht dauern bei den neuen Predigten; diese würden die alte Religion und Ceremonien zerstören; „Zertrennung, Verlust und Abgang aller geistlichen Obrigkeit sammt unser aller Privilegien, Recht und Gerechtigkeiten und daneben Aufruhr und Unrath in der Stadt und

---

¹) So Hermann in seiner Antwort auf das Schreiben des Kapitels (vom 30. December) am 3. Januar; ganz ähnlich lauten seine Worte in dem an den Rath gerichteten Schreiben von demselben Tage bei Krafft, Theologische Arbeiten 2, 42.

Stift Köln sei auf das Höchste zu besorgen, wie zum Theil bereits vor Augen." Um dem Allem vorzubeugen, solle Butzer alles weitere Predigen verboten werden; gehe der Erzbischof auf diese Forderung nicht ein, so würde das Capitel sich gezwungen sehen, öffentlich jede Verantwortung für das Unternehmen Hermann's von sich abzulehnen, „die Sache an die Stände des Erzstifts und sonst, da es unsrer Kirche Nothdurft erfordert, gelangen zu lassen".

Diese Aeusserungen standen mit denen des Erzbischofs in schärfstem Gegensatz; es milderte denselben kaum, dass auch hier erklärt wurde, der alte christliche Glaube solle „ohne Approbirung und Bestätigung der eingerissenen Missbräuche" erhalten werden. Das Schreiben vom 4. Januar pries die 1536 beschlossenen Reformen, ohne zuzugestehen, dass dieselben zu gutem Theile nicht ausgeführt, dass 1542 neue Reformen von allen Ständen für nöthig befunden waren; mahnend und drohend forderte es vom Erzbischof, den von ihm berufenen Prediger ohne Weiteres zu entfernen, ohne dass auch nur der Versuch gemacht wurde, die gegen diesen gerichteten Vorwürfe, die Richtigkeit der Behauptungen über seine Thätigkeit und deren voraussichtliche Folgen zu begründen. Auf ein Einvernehmen mit dem Capitel konnte der Erzbischof nur rechnen, wenn die hier entwickelten Anschauungen nicht die im Capitel allein herrschenden waren oder blieben, wenn er Grund zu der Bemerkung seiner Antwort vom 7. Januar hatte, dass nicht alle Mitglieder des Capitels an solch heftigem Schreiben Gefallen finden würden.

Wie gewöhnlich waren auch bei den entscheidenden Sitzungen im Januar 1543 keineswegs sämmtliche Domherren anwesend: eben desshalb übten die in Köln wohnhaften Priesterherren einen um so grösseren Einfluss. Sie bildeten die Mehrheit auch bei der Absendung des Schreibens vom 4. Januar. Ausdrücklich wurde am 9. Januar dem Erzbischof erwidert, dies Schreiben sei als heilsam und nöthig von allen Anwesenden angesehen. Als solche wurden angeführt: Bernhard von Hagen, Hieronymus Einhorn, Johann Schuler, Tilman Kriech, Nikolaus Steinwieck, Peter Kannengiesser, Johann Gropper und neben diesen sieben Inhabern von Priestercanonikaten¹) nur vier Domherren vom hohen Adel, die sämmtlich wichtige Dignitäten im Capitel inne hatten: der Domdechant, der Vice- oder Afterdechant, der Chorbischof²) und der Domkepler. Dechant des Domstifts war 1542 an Stelle Friedrich's von Beichlingen Graf Heinrich Stollberg geworden, den wie erwähnt mannigfache Beziehungen mit protestantisch gesinnten Fürsten und Gelehrten verbanden; als besonders eifrige Gegner von Hermann's Unternehmen traten dagegen von vornherein die drei letztgenannten Würdenträger des Capitels auf. Der Afterdechant, der hochbejahrte Graf Thomas von Rheineck³), war zugleich Dechant des Stifts St. Gereon, Domküster in Mainz und Domdechant in Strassburg; er hatte dort vergeblich den Forderungen des evangelischen Stadtraths opponirt⁴); diese seine Strassburger Erfahrungen mochten ihn wohl besonders Butzer's Wirksamkeit fürchten lassen. Strassburger Domherr war auch sein Verwandter, der einäugige Graf Christoph von Gleichen; er hatte durch „sonderbare Beförderung seines Vetters", eben des Grafen von Rheineck, noch minderjährig

---

¹) Vgl. oben S. 32 A. 2 und Butzer's Briefe aus dem Juni und vom 3. Juli 1542 (2, 86. 89). Nach einem im vorigen Jahrhundert zusammengestellten Verzeichniss der Domherren, von dem ich eine Abschrift unter Krafft's Excerpten einsehen durfte, war Tilmann Kriech 1533, Steinwich im Februar 1534, Kannengiesser im April 1534, Gropper im October 1534 presbiter canonicus geworden.

²) Ueber die Dignitäten des subdecanus, der gerade in Köln schon im 12. Jahrhundert begegnet, und des choriepiscopus, der hier identisch mit dem cantor, vgl. Hinschius 2. 1, 97 A. 5. 99 A 1.

³) 1485, 17. August ist in die Kölner Universitäts-Matrikel eingetragen Domicellus Thomas de Ryneg Coloniensis et Argentinensis ecclesiarum canonicus (Bianco 1, 845). Wie ich einer gütigen Mittheilung Krafft's entnehme, fügte eine spätere Hand den Zusatz bei: Idem Thomas ecclesiae Coloniensis subdecanus a. Dl. 1519. Im Juli 1522 begegnet Thomas von Rheineck als Afterdechant bei dem Abkommen zwischen dem Stadtrath und dem Erzbischof über dessen Eintritt. Securis ad radicem 230. Ennen 4, 16.

⁴) Röhrich, Reformation im Elsass 2, 50 f.

1526 eine Pfründe in Strassburg erhalten; daneben war er auch in das Kölner Capitel aufgenommen; seit 1542 begegnet er hier als Chorbischof[1]). Ihn bezeichnete Medmann[2]) schon wenige Tage, nachdem Butzer zu predigen begonnen, als den ersten unter dessen geistlichen Gegnern; wiederholt fand Butzer selbst Anlass über Christoph's gehässige Feindseligkeit zu klagen[3]). Ebenso über den Grafen Georg von Sayn-Wittgenstein, der schon im 15. Jahrhundert minderjährig Mitglied des Capitels geworden, später die Würde des Domkeplers erlangt hatte[4]). Am Schmerzlichsten und Empfindlichsten aber musste den Erzbischof berühren, dass die beiden Männer ihm entschieden, nach Butzer's Ausdruck als die „Leithämmel" der Opposition, entgegentraten, auf deren Unterstützung und Dienste er auch jetzt vor Allem gerechnet hatte: seine bisherigen beiden wichtigsten Rathgeber, sein Kanzler Bernhard von Hagen und Johann Gropper.

Wir sahen, wie weit Gropper mit Butzer sich eingelassen, wie er noch im Sommer 1542 mit ihm freundschaftlich correspondirt hatte; ausdrücklich hatte er am 8. August dem

---

[1]) Vgl. Sagittarius, Historia der Grafschaft Gleichen S. 407.

[2]) In seinem Brief an Melanchthon bei Krafft, Theologische Arbeiten 2, 35.

[3]) S. namentlich Butzer's Briefe an Blaurer vom 19. Februar 1543 (bei Döllinger, Reformation 2, 28) und an den Landgrafen vom 5. April und 3. Juli 1543 (2, 78. 89). In letzterem führt er als Gegner im Capitel „die sieben Priester, den von Wittgenstein, den Alten von Rheineck, Isenburg und den eineigigen von Gleichen" auf.

[4]) Vgl. ausser dem eben erwähnten auch die Briefe Butzer's an den Landgrafen vom 18. Januar und 24. März 1543 (2. 56. 67). Auch über ihn durfte ich einzelne Personalnachrichten Krafft's Excerpten entnehmen. 1499 wurde er, wie schon aus Bianco 1, 846 zu ersehen, in Köln immatriculirt; nach der Notiz über die Inscription war er damals bereits canonicus Coloniensis, aber noch minorennis. Melchior Novesianus widmete das opus homiliarium Petri Chrysologi domno Georgio a Sein ex comitibus a Wittgenstein metropolitanae canonico et archigrammateo vulgo capellario nec non Gereonis et apostolorum ecclesiarum Coloniensium praeposito; er rühmt des Gepriesenen incomparibilem industriam in religionis catholicae syncero cultu observando defendendoque aliis interim in utrumque aurem stertentibus.

„ausgezeichneten, gelehrtesten, süssesten" Butzer versichert, wie ehrend, in wie warm empfehlenden Worten er stets und überall von ihm spreche. Dennoch war er nichts weniger als freudig überrascht, da er hörte, dass Butzer auf das Neue von dem Erzbischof berufen sei. Unter den Erfahrungen der letzten Jahre hatten sich Hermann und sein wichtigster Rathgeber der Persönlichkeit, sich auch den Doctrinen des Strassburger Reformators genähert; in der entscheidenden Stunde aber zeigte sich, dass Gropper von wesentlich „anderem Geist" nicht nur als Butzer, auch als der Erzbischof. Jede mögliche Rücksicht war Hermann auf Personen und Verhältnisse zu nehmen bestrebt — jede, die sich vertrug mit dem, was er als seine Gewissenspflicht erkannte: eben weil es ihm Gewissenssache für das Bekenntniss des Gottesworts einzutreten, war er entschlossen hiervon durch keine äussere Rücksicht sich abbringen zu lassen. Butzer urtheilte, der Erzbischof sei „etwas langsam in seinem Thun, dadurch die Päpstler desto mehr Raum bekommen Arges zu practiciren, aber ganz und gar, fügte er hinzu, sieht er auf Gott". Und wenige Tage später schrieb er: „Der Greis will lieber sein Land als diese Sache aufgeben"[1]. Auch Gropper war überzeugt von der Dringlichkeit der Abstellung vieler Missbräuche, eifrig war er bemüht für Reformen; aber diese Reformen strebte er durchzuführen im Frieden mit den Beherrschern der Kirche, keinesfalls sollten sie deren Autorität beeinträchtigen; eben diese Autorität, die eigene Stellung in der Kirche zu sichern, war schliesslich die oberste Rücksicht seines Handelns. Er hatte gehofft, für die von ihm erstrebten Reformen eine Unterstützung auch in Butzer's Thätigkeit zu finden; er hatte desshalb die Verbindung mit ihm nicht gescheut, so sehr ihm dieselbe verdacht wurde[2]. Aber da der

---

[1] Vgl. Butzer's Briefe an den Landgrafen vom 20. Februar und an Sturm vom 27. Februar (2, 58. 61).

[2] Vgl. Gropper's eigene Aeusserungen in seinen Briefen vom 8. August 1542 und vom 7. Januar 1543 bei Krafft, Theologische Arbeiten 2, 30. 45 und den Brief, den Eck nach der Zusammenkunft in Buschhoven am 16. Mai 1542 an Nausea schrieb, Ep. ad. Nauseam 338.

Erzbischof ohne ihn zu fragen Butzer auf das Neue berief, ihn predigen liess, sah er voraus, dass die so eingeleitete Reformation nicht ohne schweren Kampf mit der Curie [1]), nicht ohne Erschütterung der Stellung der Kölner Geistlichen durchzuführen sei. Im vergangenen Sommer hatte eine literarische Fehde Butzer's mit Albert Pighius gezeigt, wie sehr dieser Landsmann und Gesinnungsgenosse Gropper's und der Strassburger Reformator, trotz mancher Uebereinstimmung in wichtigen Fragen, so auch in der Lehre von der Rechtfertigung, doch bei anderen Punkten, doch vor Allem in der Auffassung des Kirchenbegriffs auseinandergiengen [2]): von welcher praktischen Bedeutung die Differenz der Anschauungen in dieser Frage, sollte jetzt zu Tage treten.

Nach Gropper's eigener späteren Erzählung erfuhr er in Marburg im October 1542, während er als Hermann's Gesandter in Verhandlungen zur Beilegung des Geldern'schen Kriegs thätig war [3]), zuerst im Geheimen, dass der Erzbischof Butzer wieder in das Erzstift kommen lassen wolle: sofort erklärte er, das würde nimmer gut thun, sein Herr würde

---

[1]) Wie sehr schon Butzer's Erscheinen im Erzstift im Frühjahr 1542 beuuruhigend gewirkt hatte, zeigt der Brief Morone's vom 23. Februar 1542 bei Laemmer, Monumenta Vaticana 415 ff.; s. ebenda S. 415 f. das Schreiben, das Morone am 28. Februar an Hermann richtete. Er ermahnte hier den Erzbischof, ut tamquam bonus custos gregi sibi credito diligenter invigilare velit operamque dare, ne quod in diocesi sua et maxime in templo Domini vel moribus prophanum admittatur vel haeresibus contaminatum inferatur et si quid forte admissum si quid illatum est, pervigili diligentia R. D. V. ejiciatur, auferatur.

[2]) Am 12. August 1542 schrieb Butzer an Vadian: Quum Albertus Pighius Campensis homo doctus et acutus, sed sophista impius et calumniandi summus artifex universam doctrinam nostram argutissime certe venenatis suis calumniatus sit magnis libris, praecipuas hujus calumnias depellere constitui. C. R 39, 424. S. hier in Anm. 1 und bei Baum 603 (n. 64) den vollständigen Titel von Butzer's o. O. u. J., nach dem Druckerzeichen am Ende in Strassburg bei Rihel erschienenen Schrift: De vera ecclesiarum doctrina ceremoniis et disciplina, reconciliatione et compositione. Responsio ad Alberti Pighii calumnias.

[3]) Ueber diese Verhandlungen finden sich manche noch unbenutzte Aktenstücke in den Archiven zu Düsseldorf, Marburg und Weimar.

dadurch sich selbst, den Coadjutor und das ganze Stift in grosse Widerwärtigkeit führen, das Capitel würde es nicht dulden, geschweige die Universität. Er forderte Wilhelm von Neuenahr, später den Coadjutor und Bernhard von Hagen auf, sich zu erkundigen, ob Hermann wirklich die ihm berichtete Absicht hege, dann ihr bei Zeiten zuvorzukommen; als Butzer im December in Bonn eintraf, während Gropper in Düsseldorf in der Geldernschen Frage wieder zusammen mit Wilhelm Neuenahr weitere Verhandlungen führte, bat er den Grafen, eiligst an den Erzbischof zu schreiben, er möge sich „der Aufstellung Butzer's enthalten". In das Erzstift zurückgekehrt, machte er darauf selbst seinem Herrn die entschiedensten Vorstellungen; er habe erreicht, berichtet er, dass Hermann dem Capitel erklärte, er wolle Butzer's Predigen und Lehren bis auf weiteren Bescheid einstellen, und das Capitel auffordern, ihm einen anderen Prädicanten für Weihnachten zu senden; aber trotz der Sendung eines solchen, des Pastors Hermann Blankfort zu St. Columba [1]), habe acht Tage später der Erzbischof „durch einen Butzerischen Doctor" dem Capitel eine durchaus widersprechende Erklärung abgeben lassen. Gropper bezieht sich hier auf die oben erzählte Sendung von Dietrich ter Laen an das Capitel bei anderen Einzelheiten vermögen wir nicht festzustellen, wie weit seine in anderen Punkten stark gefärbte spätere Erzählung [2]) hier dem historischen Thatbestand entsprochen: das Wichtigste, dass er Butzer's Entfernung durch Vorstellungen verschiedener Art zu erwirken suchte, lässt sich auch durch andere glaubwürdigste gleichzeitige Zeugnisse, lässt sich aus den Akten des Jahres 1543 erhärten. Butzer selbst hatte brieflich sich an Gropper gewandt; in seiner Antwort vom 7. Januar bedauerte dieser, dass Butzer dem Kölner Clerus und Volk nicht gefalle; auch ihm liege die Förderung des

---

[1]) Vgl. die Grabschrift auf Blankfort bei Mering, Bischöfe und Erzbischöfe von Köln 1, 435.
[2]) In der Warhafftigen Antwort S. 51 ff. S. über die Glaubwürdigkeit dieser Schrift den dritten Abschnitt der zweiten Abtheilung.

Reiches Christi am Herzen, aber nicht wollte er so treibend vorgehen, dass während er Christi Sache zu fördern wünsche, er sie vielmehr aufhalte. Scheu vor Kampf und Streit spricht in diesen Worten sich aus: eine Stimmung, wie sie einst den von Gropper und Hagen so hochverehrten Meister der Neu-Lateiner beseelt, wie sie Erasmus in dem Bekenntniss ausgesprochen hatte, er würde lieber einen Theil der Wahrheit preisgeben, als den Frieden stören. Gropper und Hagen hielten durch Butzer's Auftreten den Frieden, sie hielten zugleich die Rechte der Kölner Geistlichen und nicht am wenigsten ihre eigene Stellung gefährdet. Beide waren sie mit einer Fülle von Pfründen nach Butzer's Ausdruck grausam beschwert; Gropper's jährliche Einkünfte wurden auf mehr als 2000 Goldgulden geschätzt [1]). Es ist einseitig, wenn seine protestantischen Gegner als den entscheidenden Grund für seine Abwendung von seinem Fürsten seine Liebe zum Reichthum aufführen; es darf auf der anderen Seite nicht übersehen werden, wie viel Veranlassung er Butzer gab, das Bibel-Wort auf ihn anzuwenden, es sei nicht möglich, zwei Herren zu dienen, Gott und dem Mammon. Abzuwägen, welche Motive sein Handeln vorwiegend bestimmten, ist kaum möglich: persönlichste Interessen, Sorge auch für seine äussere Stellung, alte Erinnerungen [2]), Anschauungen allgemeiner Art wirkten auch hier zusammen. Treffend hatte schon in Regensburg Calvin von ihm geurtheilt, er gehöre zu der Art von Menschen, die sich abmühen, Gott weiss was für ein

---

[1]) Vgl. Butzer's Brief vom Juni 1543 (2, 66) und die von Brieger, Gropper 232 A. 36 ff. und von Krafft, Theologische Arbeiten 2, 53 A. 1 citirten Quellenstellen.

[2]) Eben im Januar 1543 starb Gropper's Vater, der einst vergeblich gegen das Lutherthum in seiner Vaterstadt Soest gekämpft und, da er den Sieg der Reformation nicht zu hintertreiben vermocht, der alten Heimath den Rücken gewandt hatte. Brieger, Gropper 218 A. 5 ff. Liessem, Gropper 2 A. 5 ff. Im Düsseldorfer Archiv findet sich ein Brief Johann Gropper's aus dem Februar 1543, in dem er meldet, dass seine Brüder Gottfried und Caspar nach des Vaters Tod sich zur Ordnung des elterlichen Nachlasses nach Soest begeben hätten.

halbes Ding zwischen Christus und der Welt auszudenken [1]). Auch seine Auffassung des Verhältnisses der Kirche hieng zusammen mit dieser Grundstimmung seiner Seele: es handelte sich hier nicht nur um eine dogmatische Differenz, in ihr kam die Verschiedenheit der ethischen Principien zum Ausdruck. Auch der Erzbischof — wie die Reformatoren — betrachtete das Christenthum als Gewissenssache: auch er empfand es als seine erste religiöse Pflicht, furchtlos einzutreten für das, was nach seiner Ueberzeugung das Wort Gottes, sein und seiner Nächsten Seelenheil erforderte. Hagen und Gropper fühlten Beide sich zunächst nicht als deutsche Geistliche, sondern als Kölner Juristen und Domherren: die Rechte ihres Stifts, auch die weltliche Macht ihres, des bevorrechteten Standes, des Kölner Clerus glaubten sie vor Allem vertreten zu müssen: Tradition und Interesse kettete sie an die Sache des alten Kirchenthums, an die Sache Roms. So versagten sie nicht nur den weiteren Schritten des Erzbischofs ihren Beistand, sie stellten sich an die Spitze der Opposition gegen ihren Fürsten, dem sie zu mannigfachem Dank verpflichtet waren, dessen bisherige Reformbestrebungen sie vor Allen gefördert hatten: sie wurden die eifrigsten Vertreter des Kirchenwesens, dessen mannigfache Mängel sie selbst wohl erkannten.

Auf diesem Standpunkt waren sie unzugänglich für Erörterungen, wie sie Butzer am 31. Januar an Gropper richtete. In einem eingehenden Schreiben [2]) beantwortete er den Brief vom 7. Januar: milde, schonend, entgegenkommend in der Form, fest und rückhaltlos in den Kernpunkten der Sache. Gleich im Anfang führte er selbst als Grund der langen Verzögerung seiner Antwort an, dass ihm nicht klar geworden, wie er zugleich der Liebe zu Gropper und den Pflichten seines Amts, wie den gegenwärtigen Zeitverhältnissen habe entsprechen können; jetzt sollte ihm die Liebe die Feder führen So vermied er jedes herbe, tadelnde Wort, er griff alle

---
[1]) C. R. 39, 204.
[2]) C. R. 5, 26 ff. Uebersetzt von Krafft, Theologische Arbeiten 2, 48—55.

Aeusserungen Gropper's auf, welche die Möglichkeit einer
Anknüpfung boten. Wenn jemand, Butzer durfte erklären,
„auch ich habe die Sache Christi nicht so betreiben wollen,
dass ich, während ich sie gefördert sehen möchte, sie nur
mehr aufhalte"; gewiss, stimmte er desshalb Gropper zu, die
Sache Christi darf und kann nicht anders betrieben werden,
als durch beständiges Bitten und durch bescheidenes, gelin-
des, gewissenhaftes, aber, fügt er hinzu, zugleich klares und
ganzes Bekenntniss und durch die Predigt Christi, welche
nicht bloss in Worten, sondern auch in Werken besteht. Und
Klarheit und Freiheit vermisste er auch bei den Kölner
Geistlichen, die „reiner predigten, als es bisher Gewohnheit,
in deren Predigten nichts geradezu Tadelnswerthes zu vernehmen war. Man sagt, dass in der Kirche St. Columba
dem Idol ihres Bildes ein Kleid für einen Preis von mehr
als 100 Gulden bereitet werde. Wenn der Pastor dieser
Pfarrkirche Christum rein und kräftig mit Nachdruck predigt, wie erträgt er solche Götzendienerei, der man sich schämen muss [1]?" Weiter fragte Butzer, wo und wer die Menschen seien, „die uns Lutheraner nicht ertragen können und
doch vom Reiche Christi nicht zurückschrecken. Die etwas
von Christo besitzen, urtheilte er, die halten es nicht aus,
irgend Jemanden zu hassen, der nicht zuvor gehört ist, ohne
Untersuchung der Sache; denn die Kinder Gottes erkennen
die Sprache Christi, seine Schafe folgen seiner Stimme, durch
wen immer er sie erschallen lässt". Wohl glaubte er, dass
einige zornig werden, gewaltigen Lärm machen würden; dass
sie die Sache des Herrn recht vertraten, das glaubte er nicht —
„denn sie können es nicht. Und wenn es der Herr ihnen
gestatten sollte, das Schlimmste gegen sein Reich zu thun, so
dürfen wir, die Söhne des Herrn, desshalb nichts verschweigen, nichts verhehlen, nichts nachlassen in dieser Sache

---

[1] Die Erwähnung gerade des Pastors von St. Columba ist desshalb
besonders bedeutungsvoll, weil nach Gropper's Erzählung das Domcapitel
gerade ihn, Hermann Blankfort, dem Erzbischof als Prediger zugesandt
hatte. S. oben S. 134 Anm. 1.

Christi". Er wusste sich frei von Vourtheilen gegen Gropper; hielte er ihn nicht für ein Glied Christi und mit herrlichen Gaben geziert, er hätte sich nicht so eifrig um seinen Umgang, um seine Freundschaft bemüht; eben desshalb flehte er, Gott möge ihn stärken und ermuthigen, dass er nur auf das sehe, wodurch er wahrhaft Gottes Reich nütze, nur stolz auf den Dienst des Kreuzes sei. „So grosse Reichthümer, so viele Ehrenstellen, so viel weltliche Geschäftssorgen sind doch Dornen, doch Lasten. Du bist ein Priester unseres Herrn Jesu Christi, dessen vornehmstes Amt es ist, Christum zu predigen. Die alten Heiligen duldeten nicht, dass ein Geistlicher die Vormundschaft für die Waisen oder die Sorge für Wittwen übernehme: so frei wollten sie ihn wissen von den Sorgen dieser Welt; mit wie viel Sorgen auch in Privatangelegenheiten und nicht immer in denen von Wittwen und Waisen du beschwert bist, das schmerzt ohne Zweifel dich selbst." Um so mehr mahnte Butzer, die jetzt gekommene Zeit des Heils gut zu benutzen; nochmals sprach er aus, wie viel ihm daran gelegen sein würde, mit Gropper und mit Hagen persönlich sich besprechen zu können.

Aber nicht nur Hagen hatte, als er in dieser Zeit nach Bonn kam, Butzer nicht gesprochen: auch Gropper war durch den Brief vom 31. Januar nicht zu bestimmen, diesen Wunsch zu erfüllen. Butzer hatte es für Pflicht gehalten, in milden und doch ernsten mahnenden Worten noch einmal von seinem religiösen Standpunkt aus das Gewissen des Mannes aufzurufen, der so oft sein Interesse für Reformen bekannt hatte: er selbst konnte kaum annehmen, dass es ihm gelingen werde, durch diese Darlegung den jetzigen Vorkämpfer der Kölner Beharrungspartei zu bekehren, dessen Unterstützung für seine Thätigkeit zu gewinnen. Aber bemühte er sich umsonst, seine Kölner Gegner zu überzeugen: seine milden und doch festen Vorstellungen auf der einen und ihre hartnäckige Abweisung auf der anderen Seite, sie wirkten zusammen, um den Erzbischof in der Ansicht zu bestärken, dass er auf dem rechten Wege. Butzer fand, wie er am 18. Januar dem hessischen Landgrafen schrieb [1]), „dass es sehr gut und dem Reich Christi mit nichten gefährlich, sich den Leuten auf's Allergelindest anzubieten, so ohne Verletzung der Majestät Christi und seines heiligen Worts immer geschehen kann. Denn damit kommt man ein bei denen, die wahrlich Christi sein, und bringt sie bald an's ganze Licht Christi; dagegen verstricken sich und verwickeln sich wunderbarlich alle die und werden erkannt, die nicht wollen Christi sein, und sieht man, dass sie Christum nicht suchen und dass all ihr Bekennen der Missbräuche und Erbieten der Reformation und das gute Vorwenden ihres Flickens und Malens an den Missbräuchen nichts denn eitel Lug und Trug ist". Da eben die Männer, die Butzer bisher selbst dem Erzbischof empfohlen hatten, sich jetzt gegen ihn wandten, da sie bei allen Reformen „auf des Papsts und des Concils Bewilligung wiesen, trieben sie sich selbst aus dem Werk, wurde der Kurfürst desto mehr zur lichten einfältigen ganzen Reformation befestigt". Die Kölner Gegner seines Reformwerks selbst drängten so Hermann immer entschiedener auf die Seite der Protestanten; mit um so grösserem Recht, mit um so besserer Aussicht auf Erfolg glaubte Butzer die protestantischen Fürsten und Gelehrten zur Unterstützung des Erzbischofs aufrufen zu hännen.

Schon am 6. Januar hatte er Philipp von Hessen gebeten, er möge selbst einen Trost- und Ermunterungs-Brief an Hermann richten, zu einem ähnlichen Schreiben auch die Kurfürsten von Sachsen und Brandenburg zu bestimmen suchen. Der Landgraf kam Butzer's Wünschen nach: in einem Brief vom 23. Januar sprach er dem Erzbischof seine Freude über sein Vorgehen aus, ermahnte ihn, sich nicht schrecken zu lassen [2]); gleichzeitig verwandte er sich auch bei Johann Friedrich für Hermann. Er hatte aus einem Brief des sächsischen Kurfürsten [3]) ersehen, dass dieser be-

---
[1]) S. 2, 55.
[2]) Das Concept dieses Briefes findet sich im Marburger, das Original im Wied'schen Archiv.
[3]) Vom 13. Januar 1543. M. A. Vgl. auch Butzer's Aeusserungen in seinem Brief an Sturm vom 4. Februar 2, 57 A. 2.

sorgte, Butzer werde zu bedenklichen Concessionen, zur Erhaltung mannigfacher Missbräuche sich verstehen, das Evangelium nur nach dem Regensburger Buch lehren; Philipp suchte ihn durch Uebersendung von Butzer's eigenem Brief von dem echt evangelischen Charakter der in Köln geplanten Reformation zu überzeugen. Wirklich entschloss sich auch der Kurfürst, tröstende und stärkende Worte an den Erzbischof zu richten [1]); dagegen wurde die wichtigste Bitte, deren Erfüllung dieser vor Allem von Wittenberg erhoffte, dort vorläufig abgelehnt. Peter Medmann war von dem Erzbischof nach dort gesandt, um Melanchthon zur Förderung des Reformationswerks ebenfalls, wenn auch nur für kurze Zeit, nach dem Erzstift zu holen [2]). Auf Butzer's [3]) Bitte trat auch der Landgraf in Wittenberg für dies Ersuchen ein; als Medmann Ende Januar auf seiner Reise nach Dillenburg kam, gab ihm Wilhelm von Nassau einen Brief an den Kurfürsten mit, in dem er das Anliegen Hermann's auch seinerseits warm empfahl. Aber Melanchthon ertheilte Medmann eine abschlägige Antwort: er war sehr erfreut über die gute Gesinnung des besten alten Herrn, er betete zu Gott, „ihn zu stärken wider alle bösen Stücke und Praktiken", doch selbst nach dem Erzstift zu reisen, trug er Bedenken. Er erklärte, dort seien tüchtige Prediger nöthig, wozu er dort zu gebrauchen, könne er nicht erachten [4]); dagegen würde

---

[1]) Der Erzbischof dankte beiden Fürsten für ihre Trost-Schreiben durch einen Brief vom 6. März. Ernestinisches Archiv zu Weimar.

[2]) Aus den Originalen im Weimarer Archiv sind der Beglaubigungsbrief Hermann's für Medmann vom 15. Januar und das Schreiben von Wilhelm von Nassau vom 26. Januar im C. R. 5, 19 abgedruckt.

[3]) S. Butzer's Briefe an Philipp von Hessen vom 18. Januar und an Sturm vom 4 Februar 1543 2, 57.

[4]) Sehr bezeichnend scheint mir, wie Melanchthon auch hier betont, er fühle sich untauglich zum Prediger. So oft er für Andere Predigten schriftlich entworfen hat, er trug bekanntlich Scheu selbst die Kanzel zu betreten. „Mit Thränen und Wehmuth" soll er 1547 in Braunschweig geäussert haben: „O ich armer Mensch, der ich in der Feder so fertig worden, dass ich mich nicht scheuen wollte, vor dem ganzen Römischen Reich aufzutreten, auf der Canlzel aber nicht ein Wort vor wenig Zuhörern machen

seine Reise die Wittenberger Universität schädigen; zudem besorgte er trotz der gegentheiligen Versicherungen, trotz der von ihm nicht bezweifelten besten Absichten des Erzbischofs, „die Gewaltigen" würden suchen, etliche Missbräuche zu erhalten [1]). Butzer bedauerte lebhaft, dass Melanchthon nicht wenigstens auf acht oder vierzehn Tage hatte kommen wollen [2]); ihm erschien eine solche Unterstützung um so wünschenswerther, je heftiger die Angriffe der Kölner Gegner wurden.

Die Correspondenz, die im Verlauf des Januar zwischen dem Erzbischof und dem Capitel geführt wurde, diente nur dazu, die Gegensätze zu verschärfen. Wiederholt, nachdrücklich besonders in einem Schreiben vom 22. Januar, betheuerte Hermann, er wolle „Niemand das Seine entziehen, keine plötzliche Neuerung anrichten, keine neue Lehre einführen, sondern er wolle das Wort Gottes klar und rein, wie es in der Zeit der Apostel und der ersten alten christlichen Kirche in Uebung gewesen, zur Ehre des Allmächtigen, christlicher Erbauung seiner Kirche und Wohlfahrt, Heil und Seligkeit unseres Nächsten predigen und lehren lassen". Er forderte auf, den Reformationsbegriff, den er ausarbeiten lassen wollte, zu prüfen und eventuell zu bessern; eben in der Zuversicht,

---

kann". Rehtmeyer, Der berühmten Stadt Braunschweig Kirchen-Historie 3, 180. Wie anders Butzer! Auch er war nicht von Natur berufen zum „Prediger für die Masse"; oft ist erzählt, wie Luther ihm vorgehalten, er „suche seine Predigt gar zu hoch und schwebe in den Lüften im Gaischt-Gaischt". Dennoch hat er unermüdlich, wenn nöthig, auch diese Arbeit auf sich genommen, auch dem „ungebildeteren Volk" des Niederrheins 1543 täglich zwei Male gepredigt. S. seinen Brief an Konrad Hubert vom 16. März bei Krafft, Theologische Arbeiten 2, 68.

[1]) S. seinen Brief an Camerarius vom 22. Februar C. R. 5, 47 n. 2645 und namentlich den ebenda abgedruckten folgenden Brief n. 2646. Am 15. Februar übersandte diesen Johann Friedrich an Philipp (M. A.); an diesen wandte sich Melanchthon selbst in dem vom 12. Februar datirten Schreiben, das Hassencamp 1, 569 und Krafft, Theologische Arbeiten 2, 56 aus dem M. A. mitgetheilt haben. Danach sind die Angaben Bretschneider's über Zeit und Adressat des Briefes n. 2646 zu berichtigen.

[2]) Vgl. seine Briefe an den Landgrafen vom 8. März (2, 64) und an Melanchthon selbst vom 12. März (C. R. 5, 59 n. 2657).

jeder gottesfürchtige Mensch werde mindestens seinen guten Willen spüren und empfinden, in der Ueberzeugung, nicht sein, sondern Christi, nicht der Menschen, sondern Gottes Lob und Gunst zu suchen, erklärte er, so sehr er Prüfung seines Werkes wünsche, er könne dasselbe nicht aufgeben, nicht stillsteben. Seine Gegner aber verlangten von ihm immer entschiedener, vollständig stillzustehen, bis er ihre Zustimmung gewonnen, forderten immer nachdrücklicher vor allem Weiteren die Entfernung Butzer's. Nach seiner Ankunft hatten sie sich nun entschlossen, einige Artikel einer Reformation dem Erzbischof einzureichen; die Lehre von der Rechtfertigung war, wie Butzer dem Landgrafen schrieb[1]), „nicht übel, aber das Andere in Bräuchen der Kirche verschlägts alles wieder. Denn sie auch die Communion beider Gestalt und Priesterehe stellen zu höherer Gewalt, das ist zum Papst oder Concilium". Was ihm von seinen Gegnern vorgeschlagen wurde, erschien dem Erzbischof als ein Flickwerk; legte nicht ihr Verhalten den Verdacht nahe, sie wollten nicht nur „eine gemalte und geflickte", sie möchten überhaupt keine Reformation leiden? sie drängten desshalb so eifrig auf die Entfernung von Butzer und seinesgleichen, weil, wie Butzer schrieb, „uns Gott gegeben aus den Vätern und Concilien ihre Heuchelei zu entdecken"? Gedanken dieser Art konnten Hermann nicht fern bleiben, wenn er die Schriftstücke las, die ihm am 27. Januar das Capitel übersandte. Am Tage zuvor waren vor diesem Deputirte der Universität und Deputirte des Kölner Secundarclerus[2]) erschienen; beide hatten „Supplicationen" überreicht, die in gleichem Sinn und Ton abgefasst waren, um deren Beförderung an den Erzbischof ge-

---

[1]) Am 20. Februar 2, 61. Vgl. auch Warhafte Ergebung A. 4.

[2]) „Die hochwerdigen Heren des Thumbcapitels als Erbherren des stifts Cöllen werden Clerus primarius oder die obersten, die Collegia Abdien und edel junckfrauwen stiffter secundarius oder die zweite und die pastoren clöster und ander conventen tertiarius oder die nederste Clerisei in rechter ordnung nach eins jederen geburliche wirdigkeit von altem herkommen genannt". Gennep in der Nachschrift zu seiner Verdeutschung des „Urteil der Universität und Clerisie zu Kölne".

beten. Butzer selbst, wurde hier ausgeführt, habe bekannt, ein Schüler Luther's zu sein; „in vielen deutschen Städten und Landen zeigten sich die Früchte der Thätigkeit der Lutheranischen Secten und ihrer Prädicanten, Verwüstung der hohen und niederen Stifte, Klöster und Gotteshäuser, Aufhebung und Zertrennung aller andächtigen Ceremonien und Gottesdienste. Aehnliches Unheil sei auch in Köln zu fürchten, die Privilegien, Hoheit, Freiheit und Regalien des Erzstifts gefährdet; durch das Domcapitel, die Erbherren des Stifts, möge desshalb der Erzbischof ermahnt werden, Butzer und seinen Anhang aus dem Stift zu relegiren und keine Neuerung einzuführen, bis durch ein gemein Concil, so jetzt vorhanden und angefangen, mag erörtert und beschlossen werden, wie man sich allenthalben hinsichtlich der religiösen Streitpunkte und Missbräuche halten solle". Von der Nothwendigkeit einer Abstellung der Missbräuche, von der Geneigtheit zu irgendwelchen Reformen war hier überhaupt nicht die Rede: in den schärfsten Ausdrücken wurde nur die Wirksamkeit des von dem Erzbischof berufenen Predigers verurtheilt, seine Entfernung gefordert. Das Domcapitel übersandte nicht nur diese Schriftstücke an Hermann; auch seinerseits richtete es auf das Neue an ihn das gleiche Verlangen. Um dasselbe zu begründen, hatten die Gelehrten des Capitels ein Gutachten[1]) zusammengestellt, warum es dem Erzbischof nicht gebühre, Butzer im Erzstift das Predigtamt zu befehlen. Es sollte dadurch Hermann's Aufforderung entsprochen werden, ihm aus der Schrift nachzuweisen, welche Gründe gegen sein Vorgehen sprächen; er wurde ermahnt, dies Gutachten mit seinen heimischen Schriftgelehrten gründlich zu erwägen; keineswegs, erklärten ausdrücklich die Domherren, sei es ihre Absicht, „uns dadurch mit Butzer in einige Schrift oder Widerschrift oder Disputation einzulassen".

Das Gutachten machte gegen ihn geltend, dass er nicht

---

[1]) Die sententia delectorum per venerabile capitulum ecclesiae Coloniensis de vocatione Martini Buceri ist lateinisch und in deutscher Uebersetzung hinter dem Gegenbericht des Domcapitels abgedruckt.

unter Zustimmung von Volk und Clerus von Köln berufen sei, dass er sein Gelübde gebrochen, indem er sich verheithet, ja mit einer geweiheten geistlichen Person verheirathet habe, dass er dann sogar zur zweiten Ehe und zwar mit einer Wittwe geschritten sei. Und wie seine Person, sei auch seine Lehre nicht unsträflich. Oeffentlich stehe er auf Luther's Seite, der durch Papst, Kaiser und Stände verdammt worden, ja selbst durch Luther seien früher einige seiner Ansichten, über das Abendmahl wie über das Bilderstürmen als hochsträflich angefochten; die Früchte seiner Lehren lägen in Strassburg zu Tage. Sehr bezeichnend ist, welche Lehren Butzer's den Verfassern des Gutachtens als besonders bedenklich erscheinen. Aus einer 1541 von ihm veröffentlichten Schrift[1]) entnehmen sie, er sei der ausdrücklichen Meinung, „dass die Domstifter bloss in Schulen gewandt werden sollen, darin diejenigen, so darauf gehalten, nicht vornehmlich gelehrt oder gerichtet werden sollten, einige geistliche Dienste in der Kirche zu vertreten, sondern Land und Leuten zu dienen und solches in dem Stand und Leben, danach ein jeder nach angeborner Art und sonst geschickt befunden werde. Item dass die edlen Domherren nicht geistlichen Aemtern, sondern weltlichen Verwaltungen sollten vorgesetzt werden und dass man diejenigen, so jetzt zur Zeit noch da sein, mit Notturft ihr Leben lang versorgen sollt und dass die Renten und Einkünfte darnach gewendet werden sollten auf die Prädicanten. Dessgleichen will er, dass die zeitlichen Güter der Collegiatkirchen und Klöster in zwei Theile sollten getheilt werden, also dass der eine Theil denen zukomme, die den Dienst vertreten, als (wie er auslegt) den Prädicanten und Schulmeistern und dass der andere Theil gelassen werde den faulen Kanonichen, bis sie tödtlich ab-

---

[1]) Abusuum ecclesiasticorum et rationis qua corrigi eos abusus oportent indicatio Imperatorie Majestati in comitiis Regenspurgi postulanti exhibita. Per Martinum Buccrum. Argentorati 1541 augusto. Die angezogene Stelle findet sich hier 10, b unten. Nach dem Baum (n. 55) vorliegenden Exemplar ist die Schrift schon junio veröffentlicht.

gehen und dass in der Folge auch solcher Theil auf diejenigen, die sich zu berührten Diensten verstricken, gewendet werden solle. Item dass die Präbenden nicht wie bisher gleich sein sollen. Item dass einem jeden Stand durch das ganze Reich frei zugelassen werde, sich umzusehen um geschickte Prädicanten und dieselben anzusetzen — da doch solches nicht dem gemeinen Volk, sondern dem Bischof zusteht, aber nicht anders denn nach der Apostolischen Regel. Er gibt dem gemeinen Volk nicht allein die Wahl, aber er will auch, dass die Gemeinde bei der Erforschung sein und die Disciplin in der Kirche mit anrichten, auch mit urtheilen soll. Er will, dass dem Clero zugeordnet werden sollen Laien über die geistlichen Renten, dieselben einzunehmen und davon zu rechnen. Item dass eine jede Kirche ihre weltlichen Schaffner, Schirmer und Vitzthume haben soll, die die zeitlichen Güter der Clerisei verwalten. Er will, dass den Weltlichen die Gewalt gegeben werde, den Clerum und die Vertretung des geistlichen Amts vor sich zu fordern und anzustrengen — welchs doch des Bischofs Amt und nicht der weltlichen Obrigkeit ist. Er will, dass die Bestrafung der Clerisei bei der weltlichen Obrigkeit sei und dass dieselbe über die Clericos in Civilsachen zu erkennen habe. Kürtzlich sein Rath ist, dass die weltliche Obrigkeit die Straf und Gewalt haben sollte, beide über die Personen und die Güter dem Clero zuständig, in aller Maassen, wie die alten kaiserlichen Gesetze, ehe der Clerus dermassen befreiet worden, vermögen. So missfällt ihm auch die geistliche Freiheit, welche er eine Freidigkeit des Cleri nennt, und wird gesagt, dass er ein eigen Büchlein davon geschrieben habe, darauf gehend, dass man den Clerum davon sollte entsetzen. Was diese Dinge alle auf sich haben, so schliesst dieser Abschnitt des Gutachtens, und was Früchte daraus dieses Orts zu verhoffen, ist leichtlich zu bedenken." Noch weitere Gründe werden dann gegen Butzer's Berufung angeführt, gegen sie auch Vorschriften der alten Canones, auf deren Autorität sich Butzer selbst berufen, herangezogen. Der Erzbischof handle durch sein Vorgehen päpstlichen und kaiserlichen Befehlen zuwider; beharre er auf seinem Vorhaben, so sei zu besorgen, dass seine Unterthanen, um Papst und Kaiser gehorsam zu bleiben, um die Einigkeit der Kirche zu erhalten, ihm den Gehorsam entziehen möchten.

Und die Domherren beschränkten sich nicht auf diese mahnenden und drohenden Worte an den Erzbischof. Sie erinnerten den Coadjutor an die von ihm übernommene Verpflichtung, das Erzstift bei dem alten Glauben zu schirmen, ermahnten ihn desshalb gegen die Neuerung aufzutreten [1]); nach den Bestimmungen der Erblandesvereinigung glaubten sie sich berechtigt und verpflichtet einige unter den Ständen des Erzstifts zusammenzuberufen, um bei ihnen Klage über Hermann's Vorgehen zu führen, mit ihnen zu berathen, offenbar mit ihnen sich gegen den Erzbischof zu einen. Dieser war, wie er am 17. Februar dem Capitel schrieb, über dessen Absicht, „etliche von der Landschaft zu beschreiben, nicht ohne Beschwerde", da er selbst bereits früher geäussert, er wolle, wenn nöthig, den Landtag einberufen. Nachdem nun das Capitel darauf beharre, eine Zusammenkunft der Stände sei wünschenswerth, verkündete er selbst seine Absicht, dieselben baldigst zu bescheiden und ihnen Mittheilungen über die Zwecke seines Unternehmens zu machen. So kam er den Gegnern zuvor: er selbst berief die Stände, die er nicht durch das Capitel berufen sehen wollte. In der That, war es nicht möglich, dass auf diese Weise, was gegen ihn benutzt werden sollte, eben für ihn sich verwenden liess? konnte er nicht gerade in dem Landtag auch eine Stütze gegen das Capitel finden?

Anders als die Priesterherren und einige der Würdenträger des Domstifts standen viele der Adligen zu Hermann's Reformations-Tendenzen. Schon am 18. Januar hatte Butzer dem Landgrafen melden können, dass im Capitel selbst der Dechant, Heinrich von Stolberg, und Graf Johann von Beich-

---

[1]) Auch dies Schreiben an den Coadjutor vom 10. Februar findet sich in dem mehr erwähnten Aktenheft des Düsseldorfer Archivs, das die Correspondenz zwischen dem Erzbischof und dem Capitel 1543 enthält.

lingen, „mit rechtem Verstand und beständigem Eifer" den Erzbischof unterstützten, dass sie hofften, mehr herbeizubringen, dass auch der zur Zeit im Capitel nicht anwesende Domprobst, Herzog Georg von Braunschweig — ein seinen beiden Brüdern, Heinrich dem Jüngeren und Erzbischof Christoph von Bremen „gar ungleicher, friedlich und freundlich gesinnter Herr"[1]) — „sich alles Guten erbiete"[2]). Im Februar kamen Wilhelm von Neuenahr, sein Vetter Humbert und Wilhelm von Nassau an den erzbischöflichen Hof: auch sie bestärkten Hermann auf dem von ihm betretenen Wege[3]). Wilhelm von Nassau gab seinem Superintendenten, gab Sarcerius Erlaubniss, in Andernach[4]) zu predigen: mit ihm zusammen wirkte der Vorsteher der lateinischen Schule, Johann Knipius

---

[1]) Vgl. über Georg, der 1553 Bischof von Minden wurde, 1558 seinem Bruder Christoph in Bremen und Verden nachfolgte, Duntze, Gesch. Bremens 3, 272 ff.; Havemann, Gesch. der Lande Braunschweig und Lüneburg 2, 153 ff.
[2]) 2, 56. Vgl. über Heinrich von Stolberg auch 2, 58. Aus den Aufzeichnungen des Secretärs des Capitels sehen wir, dass Heinrich sich bei dem Erzbischof befand, als das Capitel am 10. Februar das erwähnte Schreiben an den Coadjutor richtete und gleichzeitig dem Erzbischof seinen Entschluss anzeigte, „Etliche aus den Grafen, der Ritterschaft und den Städten bei uns zu beschreiben."
[3]) 2, 58. Vgl. Arnoldi 3. 2, 68. Nebe, Programm von 1864 S. 25.
[4]) Ueber die Verfassungszustände Andernach's sind einzelne archivalische Notizen bei Mering und Weyden, Burgen und Klöster in den Rheinlanden Heft II (Bonn 1835) veröffentlicht; über die dortigen „lutherischen Prediger" in Hermann's Zeit und ihre siegreiche Bekämpfung durch einen Antoniter-Mönch wird hier nur „eine Sage" mitgetheilt, „die sich im Munde der Andernacher erhalten hat". Auch ich fand in dem wohlgeordneten Stadtarchiv von Andernach wenig Aufschluss über die damaligen kirchlichen Verhältnisse: dasselbe enthält einige Einzeldrucke der auf die Absetzung des Erzbischofs bezüglichen Aktenstücke und des erzbischöflichen Mandats von 1534 gegen die Wiedertäufer, ausserdem einige Documente über Steuerfragen. Viel wichtiger für die Erkenntniss der kirchlichen Zustände Andernach's in dieser Zeit ist das Wied'sche Archiv; doch beziehen sich die hier aufbewahrten Schriftstücke meist auf das Jahr 1545. Schon von 1543 sind zwei Andernach betreffende Schreiben Hermann's datirt, die in der Berliner Handschrift befindlich dort bereits von Krafft benutzt und unten noch zu erwähnen sind.

Andronicus¹). Und wie in Andernach und Bonn zeigte sich ein Verlangen nach evangelischen Predigten auch in Linz und Kempen²). Noch ist uns das interessante Schreiben erhalten³), in dem mehr als 50 namentlich unterzeichnete „arme Untersassen der Stadt und des Landes Kempen" ihre „dringende Noth" klagten, dass sie „von aller seligen Lehre des Evangeliums durch Feinde des Kreuzes Christi verführt" würden, desshalb an den Kurfürsten die inständige Bitte richteten, „sie mit einem sinceren Prädicanten gnädiglich zu versehen". Hier in Kempen förderte die evangelische Bewegung der Amtmann Graf Wilhelm von Rennenberg, der schon 1527 in Beziehungen zu Melanchthon stand, jetzt auch mit Butzer correspondirte⁴). Diesem sehen wir unter Hermann's Räthen weiter Dietrich ter Laen von Lennep und des Erzbischofs Sekretär Dietrich von Büchel besonders nahe treten⁵). Auch in dem Hauptsitze seiner Gegner, auch in der Stadt Köln glaubte er auf Verbündete rechnen zu können; auch hier begehrten im Rathe und in der Gemeinde nach seinen Nachrichten Viele des Evangeliums.

„Reiche Ernte, wenig Arbeiter, viel Feinde": so zeichnete Butzer kurz und treffend die Lage. Sie zwang ihn nicht nur die Reise nach Münster hinauszuschieben, zu der Bischof Franz ihn wiederholt aufgefordert, zu der auch Philipp von Hessen ihn angetrieben hatte, der auf persönliche Besprechung, auf gemeinsames Vorgehen der beiden reformationsfreundlichen geistlichen Fürsten drang: trotz angestrengtester eigener Thätigkeit empfand Butzer immer lebhafter die Nothwendigkeit weiterer Unterstützung im Erzstift. Eben desshalb setzte

---

¹) Vgl. über ihn die lehrreiche Monographie von Steitz im Archiv für Frankfurts Geschichte und Kunst N. F. Bd. 1 (Frankfurt 1860), 167 ff., namentlich den hier S. 223 f. abgedruckten Brief Butzer's an Cnipius.

²) Auch über die Verhältnisse Kempen's bietet wichtige Aufschlüsse besonders das Wied'sche Archiv.

³) Im Wied'schen Archiv; aus diesem abgedruckt von Krafft, Theologische Arbeiten 2, 43.

⁴) Vgl. Krafft, Bullinger 95; Theologische Arbeiten 2, 60.

⁵) S. über Dietrich ter Laen von Lennep 2, 79; über Büchel 2, 91 ff.

er in Strassburg durch, dass jetzt Hedio ebenfalls Urlaub für eine Reise nach dem Niederrhein ertheilt wurde [1]; zugleich bat er auch den Landgrafen einige seiner Prediger, Pisotrius aus Nidda und Steuper aus Wieseck bei Giessen, eventuell auch den Pfarrer des damals hessischen Rense dem Erzbischof zur Disposition zu stellen; später nach Beendigung des Kriegs um Geldern, sei wohl auf Kräfte vom Niederrhein zu hoffen. Philipp, der eben in dieser Zeit fortgesetzt auch mit Franz von Münster verhandelte, schrieb auf Butzer's Bitten im Interesse des erzbischöflichen Unternehmens auch an die Kurfürsten von Pfalz und Trier [2]. Namentlich am Hof des Trierer Erzbischofs wurde lebhaft gegen Hermann geeifert; stärkte es diesen, dass namentlich Hessen sich warm seiner Sache annahm, so wurden auf der andern Seite seine Gegner von den deutschen und ausserdeutschen Feinden der Protestanten zu weiterem Widerstande ermuthigt. Schon am 1. Februar hatte Papst Paul III. Capitel und Clerus von Köln ermahnt, in allen Stürmen der Zeit bei dem wahren Sinn des katholischen Glaubens zu beharren. Wohl war, als das Breve abgefasst wurde, die Hoffnung noch nicht geschwunden, den Erzbischof von den Ketzern sich wieder abwenden zu sehen: so war sein Name nicht genannt, nur von den Gottlosen gesprochen, die Ausgang und Ende anderer Ketzereien überdenken sollten [3]. Butzer sah voraus, mit welcher Erbitterung Roms treue Diener, die Gegner des Erzbischofs, diesen auf dem Landtag angreifen würden: sie handeln, urtheilte er schon am 20. Februar, ohne alle Scheu darauf, dass sie ihn absetzen möchten. Aber von Grafen, Ritterschaft und Städten, meldete er am 8. März, versieht man sich Gutes.

Und diese Hoffnungen sollten nicht getäuscht werden.

---

[1] S. Butzer's Briefe vom 8. und 16. März 2, 65. Theologische Arbeiten 2, 89.

[2] S. 2, 62. 64. 65. 71. 75. Am 4. März forderte der Landgraf den Kurfürsten von der Pfalz auf, an den Erzbischof ein Trost- und Ermunterungsschreiben zu richten; Ludwig aber antwortete am 14. März ablehnend (M. A.), wie Butzer meinte, beeinflusst durch den Hofmeister von Rehberg.

[3] Das Breve ist gedruckt bei Meshov 62. Raynald ad a. 1543 n. 22.

Montag den 12. März wurde der Landtag eröffnet [1]). Der Kurfürst legte ihm drei Artikel vor. In den beiden ersten forderte er einen Ersatz der von ihm für den Türkenkrieg ausgelegten bedeutenden Geldsummen und schlug einige auf den Französischen und Geldern'schen Krieg bezügliche Massregeln vor; der dritte betraf die Religion. Er erinnerte an die Hermann durch den Regensburger Abschied auferlegte Pflicht, an den auf dem letzten Landtag ihm einmüthig ausgesprochenen Wunsch einer Reformation; nachdem er über Mittel und Wege einer solchen sich bedacht, möge jetzt jeder der vier Stände aus den Seinen etliche gottesfürchtige Männer verordnen; zusammen mit diesen wolle Hermann den Begriff einer Reformation berathen. Als Vertreter des Capitels waren auf dem Landtag Heinrich von Stolberg, Herzog Richard von Baiern, Georg von Sayn-Wittgenstein, Hagen und Gropper erschienen; die drei letztgenannten eifrigen Gegner der Berufung Butzer's waren also hier in der Mehrheit. Sie theilten den weltlichen Ständen die bisher über diese Frage zwischen dem Erzbischof und dem Capitel gewechselten Schriften mit; sie suchten auch die drei anderen Stände zum Anschluss an die Vorstellungen des Capitels zu vermögen. Mit ihnen, forderten sie dieselben auf, möchten sie den Kurfürsten zu einer Haltung bestimmen, die ihm bei Papst, Heiligkeit, Römischem Kaiser und König und den Ständen des Reichs unverweislich sei, ihn ermahnen, dass er Butzer aus dem Stift weise, sich aller Fremden entschlage und Stiftssachen nur mit Stiftsangehörigen verhandele. Ehe nicht Butzer heimgesandt werde, erklärten sie, könnten sie auf keinen der dem Landtag proponirten Artikel eingehen. Einige Adlige, die Lehen vom Capitel hatten, unterstützten ihre Forderungen; aber die Mehrheit der weltlichen Stände zeigte sich von anderen Gesinnungen erfüllt. Sie fassten den Beschluss, zuerst jeder der drei Stände für sich, dann alle

---

[1]) S. die Instruction des Domcapitels „auf dem Landtag im März 1543 vorgetragen" und den Landtagsabschied in dem schon S. 121 Anm. 1 erwähnten Fascikel des Düsseldorfer Archivs (einzelne Sätze des Abschieds s. auch bei Ennen 4, 429; Drouven 129) und Butzer's Brief vom 24. März 2, 67 ff.

drei in gemeinsamer Berathung, dem Kurfürsten in der Förderung einer christlichen Reformation beizustehen und ihm keine Vorschriften über die Männer zu machen, deren Hülfe er dabei gebrauchen wolle. Die Forderung des Capitels, Butzer vor Allem hinwegzuschaffen, gleiche, wurde gesagt, einer Zumuthung von Wölfen an die Schafe, diese sollten die Hunde von sich thun, dann wollten jene guten Frieden mit ihnen treffen. Ehe die Stände diesen ihren Beschluss den Vertretern des Capitels eröffneten, theilten sie dem Kurfürsten mit, wie er vor ihnen angeklagt sei, zu welcher Antwort sie sich darauf entschlossen hätten. Hermann erstattete ihnen eingehenden Bericht über sein ganzes Vorhaben wie über Butzer's Wirksamkeit und die Gründe, aus denen er den Vorstellungen des Capitels nicht nachgegeben habe; er forderte sie auf, über Butzer sich bei denen zu erkundigen, die ihn selbst gehört hätten; würde ihm etwas Unchristliches nachgewiesen, so erklärte er sich bereit dem Verlangen des Capitels zu willfahren. Dessen Vertreter begründeten darauf den weltlichen Ständen gegenüber genauer ihre Klagen über Butzer: geschickt suchten sie jetzt eben sein Verbleiben im Stift als das hauptsächlichste Hinderniss jeder Reformation hinzustellen. Jetzt sprachen auch sie ihre principielle Geneigtheit zu einer solchen aus, sie selbst seien auch gegen Butzer's Persönlichkeit nicht so eingenommen, wie die Kölner Geistlichkeit; von dieser aber würde nichts zu erreichen sein, so lange er im Stift predige. Diese Auseinandersetzungen blieben nicht ohne Eindruck auf einige Mitglieder des Landtags; wieder wurde auch von diesen Eröffnungen des Capitels der Erzbischof in Kenntniss gesetzt. Unerschütterlich fest beharrte er auf seinem Standpunkt. Ehrbaren Leuten käme es zu, sagte er, „Gründe darzuthun, die in Gottes Wort und mit der Ehrbarkeit bestünden, warum Butzer nicht sollte Christum predigen"; solche hätte er noch nicht vernommen. Ehe die Gegner nicht nachwiesen, dass der Angeschuldigte unrecht lehrte oder lebte, würden sie ihn mit Reden oder Schreiben nicht aus dem Stift treiben — wenn sie nicht den Erzbischof selbst vertrieben. So machte Herman diese Frage zur eigenen Existenzfrage — und die weltlichen Stände traten seinen Gegnern gegenüber auf seine Seite. Sie erklärten dem Capitel, sie blieben bei ihrem Beschluss, den Kurfürsten bei dem Werke christlicher Reformation zu unterstützen, sie sähen keinen Grund, ihn um die Entlassung Butzer's zu ersuchen. Die Domherren hielten es daraufhin für gerathen mildere Saiten aufzuziehen: sie sprachen ihre Geneigtheit aus, wenn sie die Vorlage des Erzbischofs, wie sie müssten, dem Capitel überbrächten, hierfür eine billige Antwort wirken zu wollen. Wie im Landtagsabschied bemerkt wurde, vertrauten sie, dass, wenn der Begriff einer Reformation den Mitgliedern des Capitels zugestellt sei, sie denselben mit ernstem Fleiss und Gottesfurcht prüfen und gebührliche Antwort ertheilen würden. Auf den Vorschlag des Erzbischofs, sofort Verordnete zur Berathung über den Reformationsentwurf zu bezeichnen, waren sie demnach nicht eingegangen; Hermann seinerseits hatte, als sie den Wunsch äusserten, es möchte der Reformationsentwurf ihnen zuerst zur Begutachtung zugehen, erwidert, er würde denselben gleichzeitig jedem der vier Stände zustellen. Die drei weltlichen Stände aber waren ihm noch weiter, als er verlangt, entgegengekommen: sie stellten dem Erzbischof selbst die Wahl von Verordneten aus ihrer Mitte anheim, baten ihn, wie in dem Abschied ausdrücklich bemerkt wurde, nach seinem Gefallen „verständige gottesfürchtige Männer, denen nur an der Ehre Gottes und ihrem Seelenheil gelegen, zu wählen und sobald die Reformationsordnung entworfen sei, sie zu ihrer Prüfung zu erfordern".

So hatte die Zusammenkunft der Stände, die gegen Hermann zuerst geplant war, vielmehr gedient, ihn zu stärken und zu festigen: „auf diesem Landtag", schrieb Butzer, „ist der alte fromme Kurfürst erst recht zum christlichen Bischof von der Landschaft erwählt und angenommen worden, da ihn das Capitel, das ihn zum päpstlichen Bischof erwählt hat, wollte wieder entsetzt haben". Er entschloss sich daraufhin, bei dem Osterfest das Abendmahl in beiderlei Gestalt Allen, die es mit christlichem Grunde begehrten, reichen zu lassen: in Bonn,

Andernach, Linz und Kempen, bei einigen Herren und Grafen, die evangelische Prediger hatten, wurde die Abendmahlsfeier nach Christi Einsetzung gehalten; von den Mitgliedern des Capitels selbst empfingen Heinrich von Stolberg und sein College auf dem Landtage, Herzog Richard, das Sacrament nach evangelischer Ordnung. Butzer hatte vorausgesehen, dass darüber „ein neu Feuer angehen" würde: dasselbe wurde auch durch eine eben in dieser Zeit von ihm veröffentlichte, aus Bonn vom 10. März datirte Schrift[1]) nicht besänftigt.

In ihrem ersten Theil unternahm er darzulegen, was er in Wahrheit lehre und predige; im zweiten suchte er, ohne das Gutachten der Gelehrten des Domcapitels ausdrücklich zu nennen, die Gründe zu widerlegen, mit welchen sie seine Berufung bekämpft hatten. Hermann habe dadurch, führte er aus, keineswegs gegen die Pflichten seines erzbischöflichen Amtes gehandelt, vielmehr dieselben erfüllt, auch die Papst und Kaiser geleisteten Versprechungen nicht verletzt. Behaupteten die Gegner, Butzer's Lehren seien von dem Papst verdammt, der Erzbischof müsse ihm darin gehorchen und Butzer's Lehre für verdammt halten: so antwortete er, die Lehre, die er führe, sei Christi Lehre, „wer's anders erweisen kann, der thue es. Solche Lehre hat kein Papst, der canonice

---

[1]) Was im namen des ‖ Heiligen Evangeli unsres Herren ‖ Jesu Christi ietzund zu Bonn im Stifft Cöllen ‖ gelehret und geprediget würdt. ‖ Das der dienst derselbigen predigen ‖ und lehre zu Bonn ordentlich fürgenommen ist und ‖ geübt würdt, also das die Christen des ein ‖ gut gefallen und kein beschwerden ‖ billich haben sollen. ‖ Das die Christen ausz solchem dienst ‖ überal sich kaynes argen oder uuraths zu befaren ‖ sonder aller gnaden und segen Gottes zu ‖ zeitlicher und ewiger wolfart ge ‖ wiszlich zu erwarten haben. ‖ Durch Martinum Bucerum jetzund dienen — ‖ de dem H. Evangelio Christi zu Bonn. Die Bibelsprüche auf dem Titelblatt s. bei Baum S. 603 n. 65; schon Baum hat auch die Bemerkungen am Ende des Textes vor dem Register: Scriptum Bonnae X Martii 1543, am Ende des Buchs: Gedruckt zu Marpurg bei Hermann Bastian notirt. Aus dem Briefe, den Butzer bei Uebersendung des Buches an den Stadtrath zu Köln richtete, ergibt sich, den ersten Theil hatte dort L. von der Müllen gedruckt; da „vermercket worden", die Publication der Schrift in Köln würde dem Stadtrath vielleicht nicht gefallen, hatte Butzer „das Werk anderswo lassen vollenden" —

eingangen und geregiert hat, mögen verdammen. Die Päpste selbst bezeugten, wo von Christo dem Herren, den lieben Aposteln und h. Concilien etwas schliesslich gesetzt und geordnet ist, dass sie von demselbigen kein neue Gesetz oder Edikt zu geben haben, ich schweige etwas Widerwärtiges zu gebieten". Aus diesen und anderen Gründen könne Niemand dem Erzbischof vorwerfen, er habe dem Gelübde entgegengehandelt, das er dem römischen Stuhl gethan: Niemand „der nicht darzuthun weiss, dass mein Dienst dem Gottes-Wort und der Väter Regeln entgegen sei. Das wird aber, Gott sei Lob, kein Mensch darthun mögen". Im Gegentheil der Inhalt seiner Predigten stimme überein mit den in Regensburg verglichenen Artikeln, er wie alle Anhänger der Augsburger Confession gebe ganzen Glauben der Schrift Gottes, bekenne von Herzen alle Symbole der alten Concilien und Väter, auch seine Ehe stehe nicht im Widerspruch mit den richtig verstandenen Worten des Apostel Paulus. Nur weil sich die Gegner selbst wohl bewusst, dass sie ihre gegen ihn erhobenen Anklagen nicht beweisen könnten, behaupteten sie, mit ihm als verdammtem Ketzer dürften sie nicht disputiren: aber gerade

---

eben in Marburg durch Hermann Bastian, den Butzer mehrere Jahre zuvor von wiedertäuferischen Ansichten zurückgebracht hatte. Vgl. Hochhuth, Zeitschrift für historische Theologie 1859, 357. Koennecke verdanke ich die Mittheilung einer 1545 durch Andr. Kolb in Marburg gedruckten Schrift: Eyn merckliche Predigt des heylgen Bischofs Augustini an die Richter, die Justus Alberti von Volckmarsen, Pfarher zu Gladenbach, „dem erbarn und fürnemen Hermann Bastian Diakon und Burger zu Marpurg gewidmet hat. Strieder hat diese Schrift nicht verzeichnet; auch ihm ist von Drucken Bastian's einzig unser Buch vorgekommen. — 1544 veranstaltete Lorenz von der Mülen in Bonn einen neuen Druck dieser Schrift Butzer's u. d. T.: Was Evangelion ‖ nun zu Bonn im erzstift Cöllen ‖ gelehret und geprediget würdt. ‖ Das diese Lehre und Predige ‖ Wie recht und ordentlich angestellet seie und ‖ geübet werde. ‖ Das daraus kein unrath sonder Gottes ‖ gnad und segen zu erwarten seye. ‖ Durch Martinum Bucerum. Sampt dem urtheil der verordneten von der Clerisey zu Cöllen auff die Schrifft Mar- ‖ tini Buceri zu Bonn ausgangen. Ein Exemplar dieser bei Baum nicht verzeichneten Auflage findet sich in der Frankfurter Stadt-Bibliothek.

die von ihnen angerufenen Autoritäten sprächen gegen sie. Butzer erinnerte solchem Verfahren gegenüber daran, wie anders „alte gottselige Kaiser, Päpste und Bischöfe mit den Ihrigen gehandlet, immer gesucht zu gewinnen, was verloren war, unterweist und gestärkt, was irrig und schwach war. Gaben jedermann gern Rechenschaft aller Wahrheit und begehrten dieselbe zu bekennen und zu vertheidigen vor männiglich, schämten und scheuten sich mit nichten, vor ordentlichen Obrigkeiten und Laien vom Glauben, der alle Christen angeht, zu handlen, sondern traten frei und freudig auf den Plan, wo ihnen das gegeben ward. Wie meine Widerwärtigen eine Sache haben und die Wahrheit auf ihrer Seite, also suchen sie auch die Wahrheit. Wenn sie aber damit das Recht erlangen mögen, dass sie, wen sie wollen, verklagen und schelten mögen, wie sie wollen, und dazu anziehen Schrift Canones und Leges, auch wie sie wollen, und dass man darauf Niemand, den sie also ihres Gefallens verklagen, hören solle, ob sie wohl sie mit ihrem Klagen und Anziehen der Schrift, Canoum und Legum neben aller Wahrheit einherfahren: so werden sie keines Streits unterliegen und mit denen, die sie gern verdammt sehen, eher fertig sein als die Juden mit unserem Herrn vor dem Pilato, der dennoch unseren Herren selbst auch hören wollte, wie ungerecht er auch war. Fromme ehrbare Leut aber, und die auch etwas von der Wahrheit Christi erkennen, werden's bei dem alten gemeinen Recht bleiben lassen: Audiatur et altera pars, und sagen wie Nicodemus: Unser Gesetz verdammt Niemand, es höre ihn dann vor und vernehme, was er gethan hat."

Eben von diesem Standpunkte aus hatte Butzer schon am Schluss des ersten Theils seiner Schrift ausdrücklich sich bereit erklärt, jede Einrede „vor einer jeden christlichen Verhör und glaubwürdigen Zeugen" zu hören; er hoffte darthun zu können, dass er „in aller Lehr und Predigt anders nichts suche oder einführe als die Verbreitung der seligen und lebendigen Erkenntniss und Glauben unseres Herren Jesu Christi, welche durch die Lieb thätig sei zu allen guten

Werken". Je ein Exemplar seines Büchleins, das er absichtlich so gelinde als möglich abgefasst hatte [1]), übersandte er an das Capitel, die Universität und den Stadtrath [2]); er bat auch letzteren, den ersten Theil „verlesen zu lassen und falls ein Fehl hier befunden würde, ihn zu sich zu berufen und seine christliche Antwort genugsam zu vernehmen, denn so man in allen Sachen den andern Theil auch hören solle, wie viel mehr dann in göttlichen Sachen?" Aber auch jetzt wurde Butzer eine Disputation, wie er sie wünschte, nicht bewilligt. Vielmehr wandte sich die Mehrheit des Capitels mit neuen Klagen gegen ihn an den Erzbischof [3]); sie wandte sich mit Bitten um Unterstützung auch nach auswärts, an den Papst und Granvella, nach Mainz und Trier.

Der geistlichen Gewalt des Erzbischofs von Trier waren die politisch zum Kurfürstenthum Köln gehörigen Orte Linz und Andernach unterstellt; bei Hermann wurde jetzt von Trierer Seite Beschwerde geführt, dass er auch hier habe evangelische Predigten halten, nach evangelischem Brauch das Abendmahl reichen lassen. In Mainz war, wie erwähnt, Heinrich von Stolberg Domherr; es war seinen Kölner Gegnern willkommen, dass auch im dortigen Capitel gegen ihn agitirt wurde. Eben desshalb verwandte umgekehrt Butzer sich für ihn bei Philipp von Hessen; er ersuchte den Landgrafen, ferner an die Domcapitel von Mainz und Trier, ebenso auch an das Kölner Capitel zu schreiben, Christoph von Gleichen durch seine evangelischen Verwandten zur Mässigung mahnen zu lassen, durch den Kurfürsten von Sachsen dessen Schwager, den Herzog von Jülich-Cleve, zu bestimmen, dass er Hermann's Absichten hinsichtlich der Vergebung der zumeist gerade im Gebiet des Herzogs gelegenen geistlichen

---

[1]) Vgl. Butzer's Brief an Philipp von Hessen vom 24. März 2, 73.

[2]) S. die Schreiben Butzer's an den Stadtrath und die Universität vom 1. April bei Krafft, Theologische Arbeiten 2, 56 fl., und letzteres auch bei Bianco 1, 412.

[3]) In einem Schreiben vom 18. April in dem mehrerwähnten Fascikel des Düsseldorfer Archivs.

Lehen, der Verwendung der Kirchengüter unterstütze[1]). Philipp entsprach diesen ihm geäusserten Wünschen: er ermahnte das Kölner Capitel[2]), von der Opposition gegen Hermann abzustehen, sein Unternehmen vielmehr zu unterstützen: eine Stärkung, die den reformfreundlich gesinnten Domherren um so werthvoller war, da auf den 4. Mai eine Versammlung sämmtlicher Mitglieder des Capitels berufen war. Auch nach Wittenberg schrieb der Landgraf, wie Butzer gewünscht hatte; von Johann Friedrich wurde darauf Hans von Dolzig an den Clevischen Hof gesandt und empfieng günstigen Bescheid von Herzog Wilhelm, der Ostern auch nach evangelischem Brauch das Abendmahl genommen hatte[3]).

Bei diesem Anlass meldete der sächsische Kurfürst seinem Schwager, wie auch er die Kölner Reformation unterstützen wolle: er habe Melanchthon Urlaub zur Reise in das Erzstift ertheilt. Jetzt wurde Butzer die Hülfe zu Theil, die er am eifrigsten erbeten hatte, die besonders von Nöthen war: erwünschteste Mitarbeiter stellten sich ein. So aus Strassburg Hedio, aus Hessen Johann Pistorius[4]), der Pfarrer, seit 1546 Superintendent zu Nidda, der schon an den Versammlungen von Hagenau, Worms und Regensburg an Butzer's Seite Theil genommen hatte, und Gerhard Steuper, der Pfarrer von Wieseck bei Giessen, der bereits 1530 als Testaments-

---

[1]) Vgl. Butzer's Briefe aus dem März und April 2, 73 ff.
[2]) In einem Schreiben vom 10. April im Marburger Archiv und in einer Handschrift der Berliner Bibliothek Ms. Bor. 846 Blatt 21.
[3]) S. die Briefe Johann Friedrich's an Hans von Dolzig vom 20. April und Philipp's an Johann Friedrich vom 20. Mai im Weimarer Archiv.
[4]) Vgl. bei Hassencamp die im Register zu seinem ersten Bande s. v. Pistorius aufgeführten Stellen und namentlich 2, 457 f.; Strieder 17, 119. Roeder, De colloquio Wormatiensi 167 veröffentlicht unter den epigrammata in Utopia nata ad viros doctos, qui Wormaciensi et Ratisbonensi colloquiis interfuerunt (von Bruschius?) auch folgendes Epigramm ad Joannem Pistorium:

    Parvulus es formamque tibi natura negavit
    Corporis: ast animi gratia quanta tui?
    Corpore quo minor es, tanto pietate fideque
    Maior es; ingenio ac religione vales.

vollstrecker Lambert's von Avignon mit Butzer in freundschaftliche Correspondenz getreten war [1]). In Andernach predigte weiter Sarcerius unter grosser Anerkennung des Erzbischofs und des Raths [2]), in Kempen Dietrich Vollebier [3]). Mit grösster Freude aber begrüsste natürlich Butzer, dass Melanchthon erneuten lebhaften Vorstellungen Gehör gab: von seinem Kurfürsten mit Geld ausgerüstet, durch zwei Wachen geschützt, von Hieronymus Schreiber und dem damals erst siebzehnjährigen gleichnamigen Sohn von Justus Jonas begleitet trat er am 17. April die Reise nach Bonn an [4]).

Wie seine Briefe von dort erkennen lassen, überzeugte ihn der Augenschein bald, dass ihm Butzer durchaus richtig die Verhältnisse im Erzstift geschildert hatte. Er war entsetzt über die Veräusserlichung des kirchlichen Lebens, über den Bilderdienst und Aberglauben der Massen, über die Unwissen-

---

[1]) Hassencamp, Lambert von Avignon 56 ff.; Krafft, Theologische Arbeiten 2, 70 ff. Gerhardus Steuper Hachenbergius begegnet unter den ersten Marburger Studenten, wurde schon 1527 in das Album der Universität eingetragen. Caesar, Programm von 1872 S. 2.

[2]) In der Berliner Handschrift finden sich zwei Briefe Hermann's an Wilhelm von Nassau vom 2. April und 11. Mai 1543, die das Wirken von Sarcerius in Andernach rühmen; letzterer ist aus Andernach selbst datirt. Krafft, Theologische Arbeiten 2, 78.

[3]) Vgl. ausser den oben bereits erwähnten Aktenstücken im Wied'schen Archiv eine Aufzeichnung über die Kempener Verhältnisse im 69. Band der Kindlinger'schen Sammlung in Münster.

[4]) C. R. 5, 87 ff.; C. Schmidt, Melanchthon S. 418. Ueber Justus Jonas d. J. s. Voigt, Briefwechsel mit Albrecht von Preussen S. 346 ff. Krafft, Theologische Arbeiten 2, 64. Am 23. April war Melanchthon nach Gotha gekommen; auf der Weiterreise wurde er in Siegen von Graf Wilhelm von Nassau ehrenvoll aufgenommen und trat in freundschaftliche Beziehungen zu dem Secretär des Grafen, Wilhelm Knüttel; an diesen ist der erste uns bekannte Brief Melanchthon's aus Bonn vom 5. Mai gerichtet. Vgl. Nebe, Zur Geschichte der evangelischen Kirche Nassau's 2, 25 f. Am 29. April hatte Butzer dem Landgrafen seine Freude ausgesprochen, dass Melanchthon komme; am 6. Mai meldete er erfreut an Bonnus, dass nun Melanchthon und Pistorius eingetroffen seien; hinsichtlich des Letzteren hatte er am 15. April wiederholt Philipp gemahnt. Noch bedeutend später, erst Ende Juni, kam Hedio nach Bonn. C. R. 5, 144 (n. 2727).

heit der Geistlichen: dagegen erfreuten ihn sehr der Ernst und Eifer des Erzbischofs, der Geist und Erfolg der Wirksamkeit Butzer's. Melanchthon übernahm es diesen bei Ausarbeitung des Reformations-Bedenkens zu unterstützen, mit ihm gemeinsam die Angriffe der Kölner Gegner zurückzuweisen.

Auch in der Stadt Köln waren Anhänger der Reformbestrebungen des Erzbischofs offen hervorgetreten: unter den Geistlichen der Stadt selbst traten der Pfarrer von Maria Lyskirchen und Johann Meinertzhagen für die Communion unter beiderlei Gestalt ein; aus der Hand des letztgenannten Minoriten hatten Ostern Oldendorp und 14 andere Männer den Kelch empfangen. Darüber beschwerten sich die Kölner Stadtpfarrer bei dem Stadtrath und beantragten Bestrafung der beiden namentlich erwähnten Schuldigen, Meinertzhagen's und Oldendorp's. Letzterer richtete darauf an den Rath am 5. April ein Schreiben, in dem er Wort für Wort den Behauptungen der „muthwilligen Schmähschrift der vermeinten Pastoren" zu widerlegen suchte. Der Stadtrath ordnete eine Besprechung von Kölner Theologen an; entschieden sprachen sich diese für feste Aufrechthaltung des Herkommens aus: hierzu sollte die gesammte Geistlichkeit der Stadt ermahnt werden. Einige Rathsherren wurden beauftragt den Sacramentirern, welche die Communion unter beiderlei Gestalt empfangen hatte, zu erklären, solches solle in Zukunft nicht mehr geduldet werden; speciell gegen Meinertzhagen wurden energische Massregeln ergriffen. Die theologische Facultät der Universität schickte ihm am 3. Mai eine Citation zu, er solle sich vor ihr verantworten wegen seines widerkirchlichen Handelns; er wurde mit einem Process bedroht, weil er seinen Licentiateneid gebrochen[1]. Zugleich wurde der Rath aufgefordert, Meinertzhagen die Abhaltung von religiösen Conventikeln zu untersagen. Auf Grund der Beschlüsse, die eine

---

[1] Am 2. Juni 1535 juravit frater Johannes Stammelus de Meynershachen ordinis minoritarum divi Francisci ad facultatem theologicam. Krafft, Bullinger 85. Theologische Arbeiten 1, 12. Vgl. oben S. 83 Anm. 1.

Conferenz von Mitgliedern des Raths und der Universität gefasst hatte, wurden der Guardian und der Provinzial der Minoriten angewiesen, ihrem Ordensbruder jedes Zuwiderhandeln gegen den alten Gebrauch auf das Strengste zu verbieten; der Rath bot ihnen seinen Beistand an, falls ihr Befehl nicht beachtet werden sollte. Meinertzhagen seinerseits protestirte gegen das Vorgehen der Universität; nach den Schmähungen, die sie gegen ihn ausgestossen, müsse er solche Richter als verdächtig erklären. Er warf ihnen Competenz-Ueberschreitung vor: wie dürften sie ihn verfolgen, da er nach den klaren Worten des Evangeliums, nach der Sitte der Väter das Sacrament gespendet habe, wie dürften sie Gottes Wort meistern? So appellirte er von ihnen an das Urtheil seines und ihres Herrn des Kurfürsten. Diese Appellation selbst seinen Gegnern zu überreichen, glaubte er nicht wagen zu können: am 11. Mai hatte er sich in einem ersten Termin selbst gestellt, eine viertägige Bedenkzeit war ihm zugesagt worden; noch vor Ablauf derselben riethen ihm einige Rathsherren, sich weiteren Nachstellungen durch die Flucht zu entziehen. So wandte er sich am 14. Mai von Köln nach Bonn; in seinem Namen überreichten zwei Studenten seine Appellation. Als Verfasser derselben wurde Oldendorp bezeichnet; der Secretär des Raths warf ihm ausserdem vor, dass er den Kelch von Meinertzhagen sich habe reichen lassen, in seinen Vorlesungen seine Zuhörer zu Neuerungen aufgereizt habe. Ungeachtet der Verdienste, die er sich um die Universität wie um den Rath gerade bei dessen Streitigkeiten mit der Geistlichkeit erworben hatte[1]),

---

[1]) S. oben S. 91 Anm. 1. Gegenüber den Agitationen seiner akademischen Gegner, die ihn auch von akademischen Feierlichkeiten auszuschliessen suchten, namentlich des Dn. Peter Clapis und seiner Anhänger, beruft sich Oldendorp auf deren und aller Bürger Zeugniss, me scholam juris Coloniensem propemodum desolatam numerosa ornatissimorum auditorum frequentia illustrasse. Zu seinen Schülern in Köln gehörte auch J. Lambach, der eben 1543 das für die westdeutsche Schulgeschichte wichtige Archigymnasium in Dortmund gründete; vgl. über ihn die Untersuchungen Döring's, die zuerst in den Programmen des Dortmunder Gymnasiums 1872 ff.,

wurde ihm Sold und Dienst gekündigt[1]). In dieser Lage nahm er bereitwillig den Antrag zu dauernder Rückkehr in seine Marburger Stelle an; der Landgraf erklärte sich geneigt, auf seine Wünsche einzugehen, die von der Universität befürwortet wurden, versprach seine Besoldungs- und Wohnungs-Verhältnisse zu verbessern, vor Allem für die Pflege gründlichen juristischen Studiums in Marburg sorgen zu wollen[2]). So verliess auch Oldendorp Köln; auch von Marburg aus trat er literarisch seinen Kölner Gegnern und Verfolgern entgegen[3]). Immer durften diese es als einen be-

dann auch separat unter dem Titel: J. Lambach und das Gymnasium zu Dortmund 1543—1552, Berlin 1875, erschienen sind.

[1]) Einige der wichtigsten Aktenstücke in diesen Streitigkeiten hat Oldendorp abgedruckt und commentirt in seiner: Confutatio judieii abominabilis quorundam secundariorum (ut sese vocant) atque leguleorum Coloniae Agrippinae, dictati haud ita pridem adversus Dn. Joannem Meinertzhagium divini verbi praeconem aliosque bonos viros. 78 S. 8°. Diese Schrift Oldendorp's ist mit seinen beiden andern in Anm. 3 erwähnten Flugschriften gegen die Kölner in einem Pastor Krafft gehörigen Bändchen zusammengebunden; auch seine Benutzung verstattete mir gütigst der Besitzer. Die in diesem seltenen Büchlein abgedruckte Beschwerdeschrift der Kölner Pastoren und die dagegen von Oldendorp gerichtete Erklärung vom 5. April sind aus „einer alten Handschrift" bei Mering und Reischert, Die Bischöfe und Erzbischöfe von Köln 1. 442 ff., die einschlagenden Notizen der Acta rectoralia bei Bianco 1, 422 f. und Senden, De Sleidano 60 f. veröffentlicht. Aus den Kölner Rathsprotokollen hat wichtige Mittheilungen Ennen 4, 448 ff. gegeben; wer unsere beiden Darstellungen vergleicht, wird auch hier unschwer erkennen, wo ich auf Grund der Aktenstücke glaubte von ihm abweichen zu müssen.

[2]) Im Marburger Archiv finden sich die für die Universitätsgeschichte interessanten Briefe Oldendorp's und der Professoren an den Landgrafen vom 9. und 13. Juni und Philipp's Antwort an Oldendorp vom 15. Juni 1543.

[3]) An den Kölner Rath richtete er ein gedrucktes Sendschreiben: Responsio ad impiam delationem parochorum Coloniensium de communicatione sacramenti corporis et sanguinis Christi sub utraque specie. 47 S. 8°; gegen das „Urtheil des Secundar-Clerus und der Universität" veröffentlichte er die ebenfalls noch 1543 gedruckte Schrift: De scripto quodam cleri secundarii et leguleorum Coloniensium plane detestabili adversus Evangelii doctrinam et ordines Imperii nuper edito, querela Marci Aelii Antonini imperatoris, qui Philosophus a bonis literis magna laude cognominatus est. In der ersten dieser beiden Schriften ist ein Trostbrief Me-

deutenden Erfolg bezeichnen, dass Meinertzhagen und Oldendorp vor ihnen aus der Stadt hatten weichen müssen: ermuthigt gingen sie auf dem Weg der Intoleranz gegen Lebende und Todte, gegen Menschen und Bücher weiter vor. Oldendorp's Weggang war für die Universität um so schmerzlicher, als diese kurz zuvor drei andere wirkungsvolle Lehrer verloren hatte: 1542 waren Johann Strubbe, Johann Bronchorst aus Nymwegen (daher Noviomagus genannt) und Gisbert Longolius durch den Rostocker Rath nach dort berufen. Longolius nun kehrte im Frühjahr 1543 noch einmal nach Köln zurück, um seine zurückgelassenen Bücher und Manuscripte zu holen; er erkrankte und starb am 31. Mai. Auch er hatte einer Feier des Abendmahls unter beiderlei Gestalt beigewohnt: desshalb wurde ihm jetzt ein Begräbniss auf dem Domkirchhof wie auf dem bei St. Columba verweigert. Seine Freunde brachten seine Leiche nach Bonn; dort wurde sie im Minoritenkloster beigesetzt; Melanchthon dichtete ein Epitaph [1]). Die Kölner Feinde aber wandten sich auch gegen die Frau des Todten; 1545 wurde sie aus der Stadt vertrieben [2]). Schon früher, schon 1543,

---

lanchthon's an Oldendorp vom 18. Mai 1543 mitgetheilt; ihn hat Krafft, Theologische Arbeiten 2, 67 f. abgedruckt. Keine der drei Broschüren von 1543 erwähnt Harzheim in dem Verzeichniss seiner Schriften; dagegen führen Strieder und nach ihm Rotermund die Titel von Confutatio und Responsio auf. Dass auch die querela Marci Aelii Antonini von ihm verfasst ist, bezeugt ausdrücklich Billick's 1545 gegen sie wie gegen Melanchthon und Butzer gerichtete Gegenschrift.

1) C. R. 10, 581 n. 200. Vgl. über Longolius Krabbe, Universität Rostock 443 ff.; Krafft, Kölner Matrikel 495 f. Bullinger 29 und die von Beiden citirte Literatur.

2) Vgl. Ennen 4, 495. Professor Wolters war so gütig, mir seine Excerpte aus einer polemischen Schrift von Draconites gegen Eberhard Billick von 1546 mitzutheilen, die er in einem Miscellan-Band der Utrechter Bibliothek gefunden; hier sagt Draconites: Tunc (wenn Köln zum Evangelium bekehrt worden) non recusabitis Longolium Coloniae sepelire nec conjugem ejus fidam Longoliam propter veritatem relegabitis. Auch in Melanchthon's Brief vom 21. Juli 1543 wird Longolia erwähnt: statt dieser Lesart der Handschrift Longolius zu lesen, wie im C. R. 5, 146 n. 6 vorgeschlagen wird, empfiehlt sich nicht.

traf das gleiche Schicksal die Frau des Buchdruckers Lorenz von der Mülen, Cäcilie, die Tochter des Buchdruckers Arnt von Aich. Dieser war in seinem Geschäft einer volksthümlichen Richtung gefolgt; von ihm sind nur deutsche Drucke bekannt; er hatte gerade für das Volk eine Sammlung von Bibelstellen veranstaltet. Dies „Handbüchlein des evangelischen Bürgers" hatte Meinertzhagen neu bearbeitet; heftig klagten auch wegen der hier enthaltenen „Blasphemien" seine Kölner Gegner ihn an. Wie gegen dies auf Arnt von Aich zurückgehende Buch wandten sie sich nun auch gegen seine Familie. Seine Frau war schon 1534 wegen Unterstützung der Ketzer bestraft; ihr Schwiegersohn Lorenz von der Mülen hatte den ersten Theil von Butzer's Vertheidigungsschrift gedruckt. Auch er sah sich darauf genöthigt, von Köln nach Bonn zu flüchten; er gründete hier eine Druckerei, aus welcher die wichtigsten reformatorischen Schriften der nächsten Jahre hervorgegangen sind. Seine Frau war in Köln zurückgeblieben; als der Rath erfuhr, dass sie „ketzerische" Bücher feil hielt, wurde ihr befohlen, sich nicht nur solchen Verkaufs zu enthalten, auch die Stadt zu verlassen und zu ihrem Mann zu ziehen[1]). Auch der Pfarrer von Maria-Lyskirchen, Meinertzhagen's Gesinnungsgenosse, wurde gezwungen, seine pfarramtliche Thätigkeit einzustellen, gegen Ende des Jahres auch aus der Stadt vertrieben; wiederholt

---

[1]) Ueber Arnt von Aich und seine Familie, namentlich auch seinen Schwiegersohn s. Merlo, Annalen des historischen Vereins des Niederrheins 19, 69 f., ausserdem Ennen 4, 453 und Allgemeine deutsche Biographie 1, 165. Dem „Handbüchlein" hat einen eigenen Aufsatz Cosack gewidmet in dem aus seinem Nachlass herausgegebenen Werk: Zur Geschichte der evangelisch-ascetischen Literatur in Deutschland. Basel 1871. Er beschreibt hier die Eintheilung in zwei Bücher und deren Titel und liefert einen ausführlichen Auszug aus der Vorrede und einigen Abschnitten des seltenen Werkes nach der Ausgabe von 1544; auch mir ist allein von dieser ein Exemplar bekannt geworden, das der Münchener Bibliothek (Asc. 3227) angehört. Seckendorf erwähnt im schol. 18 ad indicem I eine Ausgabe des von ihm sehr gepriesenen Buches sine temporis aut loci indicio, Bianco 1, 425 und Ennen 4, 445 eine Ausgabe von 1541.

wurde eine Confiscation lutherischer und verwandter Schriften verfügt¹).

Diese terroristischen Massregeln konnten nicht die Verbreitung, wohl aber das offene Hervortreten von reformatorischen Anschauungen in der Stadt Köln hindern. Hocherfreut schrieb von dort der greise Caesarius über Melanchthon's Erscheinen am Niederrhein; um ihn zu sprechen, reiste er selbst nach Bonn²); auch mit andern Kölnern, den Aerzten Johann Echt und Cornelius Sittardt, unterhielt Melanchthon damals freundschaftliche Beziehungen³). Im Rath selbst sassen Vertreter reformfreundlicher Gesinnungen, eine Neuwahl im Jahre 1543 führte neue Anhänger ihnen zu; die Mehrheit aber stand, bestimmt durch die Weiber, wie Butzer schrieb, auf der Seite seiner Gegner. Es war nicht daran zu denken, dass sie der Aufforderung Folge leisteten, die damals von Wittenberg aus der vertriebene Theodor Fabritius an sie richtete, sie möchten Butzer's und Melanchthon's Rath über Reformen, Reformen auch an der Universität einholen, dass sie den Schreiber, der sich bereit erklärte, dann wieder in Köln wie zuvor Hebräisch lehren zu wollen, zurückberufen hätten⁴): sie hörten nicht auf seine Mahnung, durch Berufung bewährter Prediger des Evangeliums dem Unheil, das die Schwärmer und Rottengeister anrichteten, durch Reformen also der Revolution vorzubeugen; durch That und Wort wiesen sie vielmehr ausdrücklich alle Annäherungsversuche der Ketzer zurück.

---

¹) S. ausser den von Ennen 4, 453 angeführten Stellen der Rathsprotokolle Butzer's Brief vom 3. Juli 2, 89.

²) S. den Brief von Caesarius an Camerarius vom 2. Juni 1543 bei Krafft, Theologische Arbeiten 2, 69.

³) S. seine Briefe an P. Medmann und H. Schreiber im C. R. 5, 111. 138. 148. Einen Empfehlungsbrief für Schreiber richtete er im Mai auch an Nicolaus Pruckner, den er, wie eben dieser Brief lehrt, 1539 in Frankfurt persönlich kennen gelernt hatte. Ueber Echt s. Adami, Vitae Germanorum medicorum 71 f., über Sittardt oben S. 90 Anm. 1.

⁴) S. den interessanten Brief von Fabricius vom 15. April bei Krafft, Theologische Arbeiten 2, 61 ff.; er ist interessant namentlich auch wegen der Mittheilungen über des Schreibers Leben, wie wegen der Erinnerung an Clarenbach.

So erfolgte auch auf Butzer's versöhnliche Vertheidigungsschrift von Köln aus eine schroff feindselige Entgegnung.

Schon 1540 war auf dem Wormser Tag mit Melanchthon und Butzer unter den Kölner Gesandten auch der Carmeliter Prior und Kölner Professor Eberhard Billick zusammengetroffen; schon damals — anders als Gropper — ihr eifriger Gegner[1]), trat er jetzt, inzwischen (1542) zum Provinzial seines Ordens erwählt, als hitzigster Wortführer im Kampfe gegen Butzer auf. Im Namen der Verordneten des Secundarclerus und der Universität verfasste er ein Gutachten über Butzer's Berufung, mit dem verglichen das frühere gegen dieselbe gerichtete Gutachten der Verordneten des Domcapitels als gemässigt und vornehm bezeichnet werden muss. Eben dies frühere Gutachten unternahm Billick gegen Butzer's Einwendungen zu vertheidigen; aber die Vertheidigung erfolgte in der Form des schärfsten Angriffs. Auch Billick konnte nicht leugnen, dass in Butzer's Buch manches gelehrt werde, was dem gemeinen christlichen Glauben nicht zuwider; aber nicht nur, dass dafür nicht Butzer zu danken, sondern der Kirche, von der er solche Lehre empfangen: er vermenge auch diese guten Lehren nur desshalb unter seine schlechten, um dadurch einfältige ungelehrte Leute um so leichter zu verführen, auch das Schlechte zu glauben. Butzer's Behauptung, nicht seine, nur Gottes Ehre zu suchen, sein Erbieten zu einer Disputation sind in Billick's Augen nur die Würmer, um unkluge Fische zu fangen; wie viel schändliche, verdächtige und zum Theil verdammte und ketzerische Irrungen in den angeblich echt christlichen Lehren Butzer's sich finden, wird dann eingehend darzulegen gesucht. So bekämpft Billick seine Ausführungen über die Bedeutung der

---

[1]) Es ist bezeichnend, dass Bruschius, der, wie oben S. 115 Anm. 3 erwähnt, damals Gropper pries, auf Billick folgendes Epigramm dichtete:
    Semper tu quereris, quod non admiseris unquam
    Ad Dominos: fugiunt quod male semper oles.
Vgl. über Billick die Artikel von Meuser in Dieringer's Zeitschrift 1 (1844), 2, 62—67 und von Ennen in der Allgemeinen deutschen Biographie 2, 639 f.

guten Werke, über die richtige Auffassung der Sacramente, namentlich des Abendmahls, der Messe und besonders die Gründe, die Butzer zur Rechtfertigung seiner Ehe geltend gemacht hatte. Unehrlich, unziemlich, hurerisch wird diese, ein Mensch ohne Scham und Ehre, ein Fälscher der Worte der Bibel und der Väter, ein reissender Wolf Butzer gescholten. Und nicht nur gegen ihn werden Schmähworte gehäuft, gegen die Protestanten überhaupt. Wenn auch unter diesen manche, die mit Butzer nicht verglichen werden sollten, die ihn selbst missbilligten, selbst nur verführt seien, in erregtester Sprache schildert Billick doch den Schaden, den überhaupt die Erzketzer der christlichen Kirche zufügten, geisselt er ihre Verachtung der wahren Kirchenhirten, ihre Rechtsumwälzung, ihre hoffärtige Verschmähung der Prälaten, ihre Beraubung der Kirchen, ihre Zerstörung der Bilder, ihre Verwüstung der Klöster, ihren Bruch der Gelübde, die schändlichen Ehen von Priestern und Nonnen, den Raub der Klostergüter. Er schweige von den Sacramentsschändern, den Wiedertäufern, den Unterdrückern des freien Willens, von viel anderen daraus entsprungenen Gotteslästerungen: wer möchte alle Schande und Laster ihrer Sekten und deren Früchte aufzählen? Wer solche Sprache führte, dachte nicht an Verständigung mit dem Gegner: die Disputation, die dieser vorgeschlagen, konnte von ihm keinenfalls in dem vorgeschlagenen Sinn acceptirt werden. Freilich erklärten jetzt Billick und seine Auftraggeber, damit der hochmüthige Prahler nicht vor dem Volk, das er betrügen wolle, sich so sehr rühmen und die Leute überreden könne, sie scheuten das Licht und seien nicht im Stand, ihm zu antworten, wollten sie sich in diesem Nothstand über das Verbot hinaussetzen, mit Ketzern zu disputiren; aber sie verlangten, die Disputation solle vor Richtern stattfinden, die nach christlicher Ordnung befugt seien, über Glaubens- und Kirchensachen zu urtheilen, und auf beiden Seiten solle mit gleichen Waffen gestritten werden, d. h. auch ihr Widersacher solle die Heilige Schrift nach der Auslegung der Kirchenväter, die Canones und Decrete, die von der ganzen Kirche erlassen worden, wie die Lehre der Väter und der Kirchenlehrer, die vor der sogenannten scholastischen Theologie lebten, als massgebend anerkennen. Allein dazu, sagte das Gutachten ausdrücklich, wurde — unter solchen Bedingungen! — jetzt der geforderte gelehrte Zweikampf angenommen, damit der böse Wolf so viele Seelen nicht ungestraft verführe und seine verkehrte falsche Lehre nicht so arg rühme und preise gegen den heilsamen gemeinen, sonst lang gelehrten und gepredigten Glauben der heiligen Kirche. Liessen diese Stellen über Sinn und Zweck des Gutachtens keinen Zweifel zu: einen besonders drastischen Ausdruck fand die gleiche Gesinnung in dem Vorwort, das unter dem Namen von Joachim Westphal von Magdeburg dem Urtheil vorgedruckt wurde[1]). Zwei sehr verschiedene, aber sehr geschickte Werkzeuge zum Angriff auf die Kirche hat hiernach Satan gefunden: beide tragen den gleichen Namen von dem Planeten Mars, dem Zerstörer des Friedens. Aber während Martin Luther mit Fluchen, Donnern, Lästern und Schelten die Kirche angreift, unternimmt Martin Butzer, sie mit vergifteten süssen Reden zu betrügen und unversehens zu überfallen: er ist eben desshalb schädlicher als jener, weil er ihn in Gleissnerei, Schmeichelei und trügerischem Sinn übertrifft; er schleicht hin und her, er wendet sich in tausend Weisen, bis die Katz die Maus oder das Krokodil den Menschen ergreife. Darum ist wohl zu glauben, dass er nicht deutscher Abkunft, dass er aus dem trugvollen jüdischen oder einem andern bösen und falschen Stamm entsprossen.

Offenbar auf den „grossen Haufen" war diese Sprache berechnet; eben desshalb wurde die Schrift schnell auch in das Deutsche übertragen, auch Cochlaeus suchte sie durch

---

[1]) Oldendorp wirft am Schluss seiner gegen das Gutachten der Kölner gerichteten Broschüre diesen mehrere Lügen vor: Primum epistolam scripto vestro praefixam falso adscribitis adolescenti cuidam Magdeburgensi, tyroni literarum, cum ipsi vos sitis authores. Secundo: Cum in priore vestra editione adjeceritis nomen adolescentis, in posteriore nullum adhibetis authorem epistolae.

einen Auszug weiter zu verbreiten¹). Aber solche Ausdrucksweise, welche die Massen fanatisiren sollte, erregte in anderen Kreisen schwersten Anstoss; sie erleichterte es den reformfreundlich gesinnten Domherren, durchzusetzen, dass das Domcapitel jede Verbindung mit diesem Gutachten ablehnte: durch eine nachträgliche Correctur des Titels wurde hier als verantwortlich ausdrücklich nicht der Kölner Clerus, sondern nur der Kölner Secundarclerus bezeichnet²). Durch die Rohheit und Plumpheit, mit der die Kölner hier Butzer und seine Gesinnungsgenossen angegriffen hatten, gaben sie diesen selbst brauchbarste Waffen in die Hand. Geschickt wurden sie von Melanchthon, Oldendorp und Butzer verwerthet. Vom 11. Mai war das Gutachten datirt; schon am 20. Mai konnte Butzer den gedruckten Anfang von Melanchthon's Gegenschrift nach Strassburg senden, am 5. Juni schrieb Melanchthon selbst, er habe seine Arbeit vollendet, heute würde die Ausgabe erfolgt sein, hätte nicht die Anwesenheit des Herzogs von Jülich ihn abgehalten³). Leider ist diese seine Antwort auf Billick's Gutachten nicht in die neueste Gesammtausgabe seiner Werke aufgenommen: sie gehört zu dem Schneidigsten, gehört nach Seckendorf's mehr-

---

[1] Den vollständigen Titel der lateinischen Ausgaben des Judicium cleri ac universitatis Coloniensis, der bei Caspar von Gennep erschienenen deutschen Uebersetzung und des in Ingolstadt gedruckten Auszugs von Cochlaeus s. bei Krafft, Theologische Arbeiten 2, 72. In gleichem Sinn veröffentlichte im Juli der Rektor der Montaner Burse Mathias Kremer von Aich eine Hagen gewidmete Schrift; vgl. über sie wie über ihren Verfasser Harzheim, Bibliotheca Coloniensis 241 f. Meuser, Dieringer's Katholische Zeitschrift 2 (1845). 2, 76 ff. Krafft, Bullinger 17. 73.

[2] Melanchthon schrieb am 23. Mai an Cruciger: Cum saniores in collegio comites quidam vidissent, scriptum dignius esse scurris quam clero jusserunt mutari titulum ac testati sunt, id opus non probari suo collegio. Addita est ergo tituli correctio; pro clero jubent legi clerum secundarium, nothos videlicet cleros intelligunt. C. R. 5, 113 f. (n. 2707). Vgl. auch Ennen 4, 421 Anm. 2; s. S. 423 auch den Titel der Gegenschrift des Domcapitels, das sich darauf beschränkte, in einem „kurzen Auszug" die heterodoxen Lehren des Butzer'schen Büchleins zusammenzustellen.

[3] C. R. 5, 118 (n. 2712).

fach nachgesprochenen Urtheil zu dem Besten, was er zur
Vertheidigung der evangelischen Sache geschrieben hat[1]).
In der Einleitung hob er hervor, wie freundliche Erinnerungen
ihn mit Köln verbänden; gern gedenke er seiner zwei alten
Lehrer, Georg Simler und Konrad Helvetius, die einst in
Köln studirt, von denen Helvetius ihm gelehrt, was er selbst
bei Caesarius gelernt, gedenke er seiner freundschaftlichen
Beziehungen zu vielen anderen ehemaligen Angehörigen der
Kölner Hochschule, zu Buschius, Mosellanus, Metzler. So
wolle er wahrlich nicht mit den Guten in Köln streiten; um
so mehr müsse er den bitteren Schmähungen der kürzlich
veröffentlichten Kölner Schrift gegen die Protestanten ent-
gegentreten. Ihnen gegenüber schildert er, was in Wahrheit
Luther und seine Anhänger erstrebten, wie in Wahrheit die
von ihnen bekämpften kirchlichen Zustände beschaffen, schildert er so namentlich den Bilderdienst und die Anrufung der
Heiligen, wie sie hier gebräuchlich[2]). „Das Volk läuft zu den
Bildern, sagt die Bitte her, denkt nicht daran, wen es anrufe,
ob Gott oder die Seele des Todten, denkt nicht daran, ob
Gott auch so angerufen werden will. Meinen die Leute,
Quirinus vertreibe die Krankheit, so liegt darin Gottlosigkeit,
dass sie einem Geschöpf göttliche Macht zuerkennen. Meinen

[1]) S. über die Ausgaben und gleichzeitigen deutschen Uebersetzungen
von Melanchthon's Responsio ad scriptum quorundam delectorum a clero
secundario Coloniae Agrippinae Strobel, Neue Beiträge zur Literatur besonders des 16. Jahrhunderts 5. 2, 314 ff.; Krafft, Theologische Arbeiten
2, 75 f. Einen ausführlichen Auszug liefert Seckendorf 3, 239 ff., aus
Jonas' deutscher Uebersetzung theilt einzelne Stellen Pescheck, Zeitschrift
für historische Theologie 15 (1845), 160 ff. mit. Im Namen Söll's antwortete Melanchthon damals auch durch ein Gedicht auf ein gegen Butzer
und Söll gerichtetes Schmähgedicht. Vgl. C. R. 5, 800. Krafft, Theologische
Arbeiten 2, 34 f.

[2]) Ich mache besonders auf diesen interessanten Abschnitt unserer
Schrift aufmerksam, da dieselbe auch von H. Jacoby, der in seinem Buch
über die Liturgik der Reformatoren 2, 15 ff. die sonstigen Aeusserungen
Melanchthon's über die Verehrung der Heiligen zusammenstellt, nicht berücksichtigt worden ist — wohl auch in Folge der leidigen Auslassung
im Corpus Reformatorum.

sie aber, Gott vertreibe die Krankheit wegen der Bitten des Quirinus, so ist das gottlos, Gott an das Bild zu fesseln und zu meinen, so fände das Gebet bessere Aufnahme. Solcher Brauch zieht die Menschen ab von dem wahren Mittler und von der Erkenntniss des Mittlers. An den unfehlbaren Gott soll das Gebet gerichtet, schon in seiner Form das christliche Gebet von dem heidnischen unterschieden sein. Aber die nothwendige Lehre dieser wichtigsten Dinge vernichten die heidnischen Meinungen, die Ihr nährt und befestigt. Welches Idol schafft Ihr bisher ab? Noch höre ich, wird Geld gesammelt für einen Mantel der H. Anna." Und nicht anders zeigt sich heidnischer Sinn bei dem Umhertragen der Hostie. „Wenn Ambrosius und Augustin, gar nicht zu reden von den Aposteln, wieder auflebten und zu diesen Schauspielen kämen, sie würden erschrecken und nicht glauben, sie seien an christlichen Orten". Wie könnten die Gegner solchen offenbaren Missständen gegenüber die Seufzer und gerechten Klagen frommer Männer abweisen, ja eben diese Missbräuche vertheidigen, sowie den Fürsten anschuldigen, der gewissenhaft aufrichtig sich bestrebe, diese Uebel abzustellen, einen reinen Gottesdienst einzurichten, wahrlich nicht — aufgeputzte Neuerungen einzuführen! Erklärten sie sich verpflichtet, vor Allem der Reformation entgegentreten zu müssen als Vertheidiger des Cölibats, scheuten sie und ihr Gesinnungsgenosse Eck sich nicht, desshalb nicht nur die verheiratheten Prediger, auch deren Frauen mit Schmutz zu bewerfen: so vertheidigte Melanchthon in warmen Worten namentlich die so schmählich angeklagte erste Frau Butzer's, vertheidigte er die nun wohl 10.000 verheiratheten deutschen Priester, die eben im Ehestand mit gutem Gewissen Gott dienten, hob er dagegen nachdrücklich die übelen Folgen des gottlosen Eheverbots, die wahren Motive seiner Anhänger hervor. Am eingehendsten und schärfsten beleuchtet seine Schrift eben diesen von den Gegnern in den Vordergrund der Discussion gerückten Punkt: möchte Einigen seine Antwort, erklärte er am Schluss, zu bitter erscheinen, wer die Kölner Schrift gelesen, würde ihn eher lau als heftig schelten, ihm vorwerfen, dass er dem wüthenden Stil des Gutachtens nicht schärfer begegne. Auch Justus Jonas scheint dieser Ansicht gewesen zu sein; in der vermuthlich von ihm herrührenden deutschen Uebersetzung ist der Ton den Feinden gegenüber geschärft. Wie in Wittenberg, wohl durch Jonas, wurde eine deutsche Uebersetzung auch in Bonn durch Gerhard Steuper veranstaltet: das erste uns bekannte Buch, das in Bonn von Lorenz von der Mülen gedruckt wurde. Kein Geringerer als Luther endlich schickte derbe Worte voll Feuereifer gegen den römischen Hof und seine deutschen Diener der Wittenberger Ausgabe des Büchleins voran: lauter Zeugnisse, wie sehr dasselbe in protestantischen Kreisen geschätzt wurde.

Bald folgte ihm die ausführlichere Gegenschrift Butzer's nach [1]). So sehr er glaubte, dass namentlich nach dem Erscheinen von Melanchthon's Schrift es weiterer Antwort auf die Kölner eigentlich nicht mehr bedürfe, so hielt nach der Vorrede doch auch er sich für verpflichtet, zum Nutzen „einfältiger, blöder und doch gottesfürchtiger Gewissen" etliche Hauptstücke der bestrittenen Punkte christlicher Religion weiter zu vertheidigen. Nachdrücklich hob er hervor, dass die Gegner „an den Orten am grausamsten wider uns mit ihrem Lästern und Schelten wüthen, da wir mit klaren und dringenden Ursachen zu der wahren Reformation der Geistlichen vermahnen und unsern Dienst hieran, dess sie als gern quitt wären, wider ihr falsches Verkehren und Anklagen so vertheidigen, dass nicht allein die verständigeren Christen, sondern auch alle, die etwas Gottesfurcht und Liebe der Wahrheit haben, greifen, dass sie ihres Lästerns keinen

---

[1]) Auch sie ist bei Lorenz von der Mülen 1543 gedruckt unter dem Titel: Die ander vertey- ‖ digung und erklerung der Christlich- ‖ en Lehr in etlichen fürnemen hauptstucken ‖ die dieser zeyt zu Bonn und etlichen an ‖ deren Stetten und orten im Stifft ‖ und Churfürstenthumb Cöllen ‖ geprediget würdt. Den vollständigen Inhalt des Titelblattes der über 300 Seiten füllenden Schrift s. bei Baum S. 603 n. 66; mir lagen von ihr zwei Exemplare aus Frankfurt und Lübeck vor. Schon am 10. Juni schrieb Melanchthon an den Landgrafen, dass „jetzund Herr Martini Buceri Antwort auch im Druck" sei. C. R. 5, 119 (2713).

Fug haben". Der christliche Leser werde hieraus „wohl erkennen, dass es diesen Leuten alles darum zu thun ist, dass sie ihren jetzigen Staat, Pracht, Wollust und Gebrauch der Kirchengüter erhalten mögen, fürchten, eine christliche Reformation werde ihnen dies ihr geliebt Leben und Wesen etwas betrüben und verringern. Darum unterstehen sie, alles das sie in gemeinem Missbrauch jetzund haben in Leben, in Lehre, in Ceremonien, im Kirchen-Regiment und -Leben, wie öffentlich die Fehl und Mängel in dem Allem am Tag liegen, zu vertheidigen, zu färben und zu entschuldigen und dagegen alles, was wir zu befördern christliche Reformation vorbringen, zu verwerfen, zu verdammen oder wenigstens in falschen Verdacht zu ziehen".

Von diesem Gesichtspunkt aus beleuchtet auch er eingehend namentlich „Verehrung, Fürbitte und Anrufen der Heiligen und die Wunderwerke bei ihren Grübern"[1]). Auch nach seiner Meinung sollen dem Volk „die schriftlichen Historien von heiligen Patriarchen, Propheten, Aposteln und anderen heiligen Männern und Frauen, auch der Märtyrer und Heiligen Historien, die von bewährten Lehren gemäss der H. Schrift berichtet sind, vorgetragen, das Volk soll dadurch an die dem Menschengeschlecht in solchen Heiligen verliehenen Gnaden und Gaben Gottes erinnert und angewiesen werden, Gott desshalb Dank zu sagen, seinen Glauben dadurch zu stärken, dem Exempel solcher Heiligen, ein Jeder nach dem Mass seiner Berufung, nachzueifern". Das ist aber auch nach unserer Schrift „die einzige christliche Ehre, die wir den Heiligen anthun sollen und mögen; hierzu

---

[1]) Auch Oldendorp handelt in seiner oben S. 161 Anm. 3 angeführten Gegenschrift gegen Billick besonders ausführlich de iuvocatione Sanctorum. An den Abdruck einer Reihe von Sätzen der Bibel wie der Kirchenväter knüpft er S. 50 die Worte: Ex his credo videtis, quam graviter offendatis Deum, si ita perrexeritis colere vestrum Sebastianum, Dominicum, Petrum Mediolanensem, Thomam Aquinatem, Albertum, Franciscum, Rochum et alios, quos habetis patronos peculiares, sicut hactenus fecistis. Et quam misere imponatis simplici plebeculae, non possunt agnoscere: nimirum vos illis ad aurem canitis quotidie ea, quibus putatis consultum commodis vestris, maximo multorum incommodo.

soll alles das dienen, das man von Heiligen singt und sagt. Was man zur Ehre der Heiligen vornimmt, das hierzu nicht dient, das ist abgöttisch und Götzenwerk, es sei was es wolle. Unbewährte und fabelhafte Historien der Heiligen den Christen vortragen ist abgöttisch. Denn wer vom Wort Gottes und der Wahrheit abtritt, der tritt auch ab von Gott. Also ist auch den Heiligen besondere Kräfte zu pflegen und zu helfen zuschreiben wider das Wort Gottes, das Gott allein alle Strafe und Hülfe zugibt. Den Heiligen opfern, Bilder zur Ehre anstellen, zieren und schmücken, diese ihre Götzen und Gebeine anbeten, das ist niederfallen, Hände und Augen zu ihnen aufrichten, ihnen Altar und Tempel bauen und weihen, sie zur Erlangung von Hülfe umhertragen: dies alles ist abgöttisch". Und dass solche „Abgötterei" in Köln wirklich betrieben werde, beweist Butzer durch Citate aus öffentlichen Kirchengesängen, in denen „die Mutter des Herrn, die Engel und Heiligen fast um alles das angerufen werden, darum man Gott anrufen soll". So wird St. Peter angerufen: „O herrlicher Patron, Werkmeister unseres Heils gib, dass unsere Herzen befinden deinen Schutz. Du bist unsere Zuflucht, unsere mächtigste Stärke. Du unser Heil und Schirm, komme uns gnädiglich zu Hülfe". So St. Nicolaus: „Uns die wir sind in dieser Welt und in der Tiefe der Laster Schiffbruch erlitten, ziehe o herrlicher Nicolaus zu dem Port des Heils", so heisst es vom H. Antonius, „er vertreibt die Pestilenz und Krankheit"[1]). Solchen und ähnlichen Sätzen stellt Butzer die Uebersetzung. etlicher ältester und bewährtester Collecten gegenüber, die zeigen, wie in alter Zeit „die Gemeinde Christi auch in den Gedächtnissen der Heiligen allein den Vater durch unsern Herrn Jesum Christum anruft, gedenkt der Gaben, die Gott den Heiligen verliehen. Hernach aber hat man auch der Heiligen Fürbitte, demnach auch ihre Ver-

---

[1]) „Es ist kaum ein hausmann," erzählt Westerburg, „der nicht Sanct Antonius zum minsten ein schwein gibt, darum das er doch sein haus und scheuren nicht wolle verbrennen lassen". Andere Zeugnisse über den Cult des H. Antonius s. bei Wolters, Reformationsgeschichte von Wesel 14 f.

dienste, zuletzt auch ihre Macht zu helfen in die Collecten mit eingemengt". Den Gegnern weist er dabei Verdrehungen seiner wie der Worte der Kirchenväter nach, ihnen gegenüber hebt er den wahren Kernpunkt des Streites hervor. „Darin", erklärt er, „ist unser Streit wider Euch, dass Ihr und Euer Haufe das arme Volk in den Irrthum geführt habt und darin stecken lassen, dass es die Gutthaten und Hülfe Gottes den Heiligen nach ungöttlichem Gedicht abtheilt, dass Gott um dieses willen die, um eines Anderen willen eine andere Krankheit hinnehmen, um dieses willen die Gabe, um eines Anderen willen eine andere Gabe geben solle und dass man dann solche Gutthaten mit den erdichteten Diensten, die sie den Heiligen thun, mit Fasten, Messen und dergleichen erlangen möge. Denn dies ist die freie unangebundene Gnade und Hülfe Gottes an die Creaturen und deren Werke wider Gottes Wort heften, ist neue Mittel göttlicher Hülfe erdichten und also ungezweifelte Abgötterei treiben". Wohl berufen „die unbestellten Rentmeister der Heiligen, die mit ihrem Gebein und erdichteten Wunderwerken ihren Genuss und Pracht suchen", sich auf die „Erfahrung: man habe das erfahren, dass eben Vielen, die St. Antonius haben angerufen, vom Brand, die St. Cornelius, von fallenden Siechtagen, die St. Huprecht, von der rasenden Hunde Biss, und also die andere Heilige, von anderen Plagen geholfen sei". Butzer aber fragt: „Habt Ihr das eigentlich erfahren und wisst, dass allen denen in Wahrheit geholfen sei, deren Hülfe man sich an den Orten, da man solcher Heiligen Hülfe sucht, rühmt, da man die Tafeln davon aufhängt und die Wachsbilder vorstellt?" Er mahnt, nicht alles zu glauben, was „die Leute, so ihren Gewinn mit den Heiligen suchen, für Zeichen und Wunder vorgeben", mahnt, genau zu prüfen, ob „sie in wirklicher That befunden sind und zur Stärkung des Glaubens an Christum thätig gedient haben". Keinesfalls sind „solche Zeichen durch einige äussere Mittel an einigen Stätten, durch einiges heilige Gebein oder anderes äusserliche Thun zu suchen. Wolltest du darum zu solchen Heiligen-Gedächtnissen laufen und deine Bittfahrt thun, so versuchtest du Gott und triebest Abgötterei. Denn du seine Hülfe durch Wege und Mittel suchtest, die er dir nicht angegeben hat, und verliessest seine so reiche Zusage, in der er dir versprochen hat, wenn du ihn, deinen Gott und Vater anrufst im Namen seines lieben Sohns, unseres einzigen Mittlers und Heilands, dass er dich da selbst zu deinem Heil in allen Nöthen erhören und helfen wolle".

Von den gleichen Grundanschauungen aus bespricht Butzer eingehend namentlich noch die Differenzen über das Abendmahl und die Messe, wie die Frage, wer als wahres Mitglied der christlichen Gemeinde, wer als Ketzer und Abtrünniger zu betrachten sei. Ein Ketzer ist nach seiner Erklärung „einer, der in nothwendigen Artikeln unseres christlichen Glaubens eine falsche Lehre verstockt hält und lehrt"; weder den protestantischen Ständen noch ihm selbst vermöchten die Gegner solches nachzuweisen. Er zeigt, wie unberechtigt desshalb ihre Angriffe, ihre Schmähungen, wie unberechtigt namentlich auch ihre Schmähungen gegen die Priester-, gegen seine eigene Ehe. Melanchthon's und Butzer's Ausführungen mussten eben an diesem Punkte besonders scharf ausfallen im Hinblick auf die Personen, die ihnen hier als Vertreter des Cölibats entgegentraten: Billick wurde von Melanchthon in einem vertraulichen Brief als Priester des Bacchus und der Venus bezeichnet; „wer diese Leute kennt, schrieb Butzer, der weiss wohl, was ihnen an wahrer Keuschheit gelegen"[1]). Noch einmal erklärte er sich am Schluss seiner Schrift zu öffentlicher Disputation bereit, zu einem Verhör vor dem Erzbischof im Beisein der Stände, und wenn

---

[1]) bl. 147, b: „Und zeigets", fährt er fort, „nun ir vorfechter Mathias von Aich zu vil wüst an, der offentlich hat im druck — in der oben S. 166 Anm. 1 erwähnten Schrift — schreiben dörffen und, damit diss kleinot in seinem buche nit übersehen werde, auch am randt verzeichnet, dass ein priester weniger sünde, wenn er sich mit hundert huren vergehe, dann so er ein eheweib hab". Vgl. auch Melanchthon's Brief vom 21. Juli C. R. 5, 146 n. 2729 (in dem statt Aquorsem zu lesen ist Aquensem). Meuser nennt es eine Verdrehung der Gegner, wenn sie erklärten, Kremer habe „absolut behauptet: Melius esse fornicare cum centum diversis

seinen Gegnern „dies Verhör nicht gelegen, wählen sie zu solchem Verhör, welche sie zu wollen, zu halbem Theil und lassen mich auch den halben Theil dazu wählen, den ich doch nicht denn von ehrlichen Herren, Edlen und Anderen, dieses Stifts und Stadt Köln wählen will und die, so in ehrlichen Aemtern und Geschäften des Stifts sind. Besonderer Richter, wie der H. Ambrosius bezeuget, in diesen Sachen bedarf man nicht: jeder muss da nach seinem Glauben und für sich richten. Aber nichtsdestoweniger soll bei solchen Richtern stehen, ob ich an Gottes Wort dienen soll oder nicht an den Orten, da sie die Obrigkeit haben. Und wiewohl die göttliche Schrift alles, das uns zur Seligkeit dient, überflüssig lehrt, auch alles Arges übergenugsam straft und verwirft: nichtsdestoweniger, damit sie, die Kölner Deputaten sich desto weniger zu beklagen haben, will ich gern in der Disputation gelten lassen alle Canones und Schriften der H. Väter von den Aposteln bis auf den H. Augustin, der mit eingeschlossen sein soll, und soviel gelten, als die berührten H. Lehrer und Väter selbst erkennen, dass sie gelten sollen".

Man verzeihe die ausführlicheren Auszüge aus diesen heute nicht leicht zugänglichen Schriften: zeigen sie doch nicht nur, mit welchen Gründen Melanchthon und Butzer die Angriffe ihrer Kölner Gegner zurückwiesen, finden wir doch in ihnen zugleich auch einen wichtigen Theil der „Motive" zu dem Reformations-Entwurf, den sie eben in dieser Zeit ausarbeiteten. Als Melanchthon in Bonn eintraf, hatte Butzer bereits begonnen, gegenüber den wohl im Januar von Gropper vorgeschlagenen Artikeln eine Reformations-Ordnung zu entwerfen. Er legte dabei die von Osiander gearbeitete Brandenburg-Nürnberger Kirchenordnung von 1533 zu Grunde; ferner wurden die 1539 in Hessen und im Herzogthum Sachsen und die 1541 in Halle publicirten Ordnungen

personis quam cum una quapiam contrahere matrimonium. Ein Vorwurf, der in der Reformationszeit mehreren katholischen Schriftstellern z. B. dem Albert Pighius gemacht worden, aber jedesmal dahin zu berichtigen ist, dass eine durch ein Gelübde gebundene Person nicht blosse Fornicatio, sondern auch Sacrilegium begehe".

benutzt¹); doch führte Butzer nach seiner Art vieles weiter aus, fügte mannigfache Aenderungen und Ergänzungen hinzu. Er gab dann seine Arbeit Melanchthon zu lesen und überwies ihm speciell die Abfassung der Artikel von der Dreieinigkeit, von der Schöpfung, von der Erbsünde, von der Rechtfertigung, von der Kirche und von der Busse. Am 23. Mai schrieb Melanchthon an Cruciger, er habe bisher seine Zeit auf die Reduction der erwähnten Artikel verwandt, zugleich die von Butzer verfassten Abschnitte über Taufe und Abendmahl gelesen: das Werk sei fast vollendet. Als beide Reformatoren ihre Arbeit abgeschlossen hatten, wurde sie gründlicher Prüfung durch den Erzbischof selbst unterzogen. An fünf Tagen wurde in je fünf Morgenstunden der Entwurf gelesen und besprochen: der Erzbischof hatte hierzu den Coadjutor, Heinrich von Stolberg, Dietrich ter Laen, Büchel, Hausmann und Melanchthon berufen. Dieser war überrascht und erfreut über das Interesse und Verständniss, mit dem Hermann in alles Einzelne einging: er hatte die Luther'sche Uebersetzung zur Hand, seine Einwürfe und Anregungen zeigten, mit welchem Ernst und Eifer er die in Betracht kommenden Fragen durchdacht hatte und ihre möglichst befriedigende Lösung erstrebte. Nach solcher gründlichen Prüfung beschloss er dem Landtag, der in der zweiten Hälfte Juli zusammentreten sollte, den Entwurf vorzulegen; am 12. Juli schrieb Melanchthon, er sei bereits dem Domcapitel zur Einsicht übersandt²).

---

¹) S. diese Ordnungen bei Richter, Kirchenordnungen 1, 176 ff. 295 ff. 307 ff. 339 ff. (n. 42. 62. 64 70); vgl. ausser der von Richter citirten Literatur über die Nürnbergerr Möller, Osiander (Elberfeld 1870) 164 ff., über die hessischen Hassencamp 2, 482 ff.

²) Unsere wichtigste Quelle für die Geschichte der Entstehung des „Bedenkens" sind die schon von Richter citirten Briefe Melanchthon's, namentlich das Schreiben an Cruciger vom 23. Mai und das an Caesarius vom 24. Juli (C. R. 5, 113 f. 146 f. n. 2707. 2730). Eben nach dem letzteren Brief widmete der Erzbischof quinque diebus matutinas horas quinas huic auscultationi; diese frühere Angabe verdient wohl den Vorzug vor der etwas abweichenden des erst einen Monat später niedergeschriebenen Berichtes an Spalatin, der sonst in allem Wesentlichen mit Melanchthon's

Zweites Kapitel.

Das so festgestellte erzbischöfliche „Bedenken" über die Aufrichtung einer Reformation war nicht wenig umfänglich: gedruckt füllte es mehr als 300 Folio-Seiten [1]). Gleich in

---

früheren Erzählungen übereinstimmt. Diesen Brief vom 25. August, der sich noch nicht im C. R. findet, s. bei Bindseil 174 fl. und bei Krafft, Theologische Arbeiten 2, 80 f.

[1]) Am 25. August schreibt Butzer an Melanchthon: Instatur impressori ut reformatio quam primum exeat. Auf dem Titel dieses ersten Drucks des Bedenkens liest man: Von Gottes genaden || unser Hermans Ertzbischoffs zu || Cöln umd Churfursten || einfaltigs bedencken, warauff ein || Christliche in dem wort Gottes gegrünte Reformation an Lehr || brauch der Heyligen Sacramenten vnd Ceremonien Seelsorge vnd || anderem Kirchendienst, biss vff eines freyen Christlichen Gemeinen || oder Nationals Concilii oder des Reichs Teutscher Nation || Stende im Heyligen Geyst versamlet verbesse- || rung, bei denen, so unserer Seelsorge || befolhen, anzurichten seye. Darunter steht das erzbischöfliche Wappen, ihm zur Seite links der Spruch Hieremi VI: Also spricht der Herre, Trettet etc., rechts der Spruch Actorum XX: So habt nun acht auff euch selbst etc. Die von Buschhoven datirte Vorrede des Erzbischofs füllt 4½, das Register 2½ unpaginirte Seiten, die Reformation selbst 153 paginirte Blätter. Die letzte unpaginirte Seite enthält den Beschluss, darunter die Worte: Gedruckt in der churfürstlichen Stadt Bonn durch Laurentium von der Müllen in dem Jar MDXLIII. Ebendort wurde im November 1544 das Bedenken „zum andren mal mit grösserem fleiss gedruckt gecorrigirt und gebessert". Schon Seckendorf 3, 443 bemerkte, dass diese Ausgabe im Text nicht wesentlich von der ersten verschieden; bibliographirt hat das auf der Hamburger Stadtbibliothek befindliche Exemplar dieser Ausgabe Hoffmann im Serapeum 31 (1870), 2 beschrieben. 1545 wurde das Bedenken in das Lateinische übersetzt von Hardenberg; er schreibt am 8. März: Absolvam interea ipsius Celsitudinis librum latinum. Gerdes 4, 684. Auch diese Uebersetzung erschien 1546 Bonnae ex officina Laurentii Mylii typographi unter dem Titel: Nostra Hermanni .. simplex ac pia deliberatio, qua ratione Christiana et in verbo Dei fundata reformatio ... instituenda sit; den vollständigen Titel s. bei Seckendorf 3, 443. Ebenfalls 1545 wurde in Marburg eine Quart-Ausgabe des Bedenkens durch Anthonium Tirolt gedruckt. Auszüge liefern Seckendorf 3, 443 ff.; Reck 161 ff.; Deckers 225 ff. „Die eigenthümlichen Verhältnisse, unter denen diese Cölnische Reformation verfasst worden", veranlassten auch Richter, Kirchenordnungen 2, 30 ff., reichhaltigere Auszüge mitzutheilen. Den Abschnitt über die Taufe hat Daniel, Codex liturgicus ecclesiae 2, 202 ff., die von Richter auch in diesem Fall ausgelassene Schulordnung Vormbaum, Evangelische Schulordnungen 1, 403 ff. abgedruckt.

dem ersten der 60 Kapitel, in dem einleitenden Abschnitt „von der Lehre" tritt die Verwandtschaft mit der Nürnberger Ordnung hervor: weiter ausgeführt als in dieser begegnen auch hier die gleichen Sätze, in denen als einzige Glaubensnorm die heilige Schrift hingestellt wird. Als „vergeblich und schädlich, wie der Herr Christus und der Prophet Jesaias sagen", wird in beiden Ordnungen die ungewisse Menschen-Lehre bezeichnet, die nämlich, fügt das Bedenken hinzu, die Menschen ohne Wort und Geist Gottes hervorbringen, als nützlich und heilsam dagegen nach dem Zeugniss des Apostels Paulus die gewisse Heilige Schrift. Haben desshalb doch auch die Kirchenväter „der anderen heiligen Lehrer, die vor und bei ihren Zeiten geschrieben und gelehrt, Schriften und Meinungen nie darum annehmen wollen, dass dieselbe durch so heilige und gelehrte Leute angegeben, sondern allein demnach ein Jeder seine Lehre und Meinung aus der Göttlichen Schrift oder mit glaubwürdigen Ursachen bewährt und angegeben hat. Sie haben auch allein die Ursachen für glaubwürdig erkannt und angenommen, welche sie befinden möchten, aus der Heiligen Schrift hervorgebracht und dargegeben zu sein". Aus der Schrift sollen desshalb die Pastoren „ihre Predigten und Lehren getreulich und gänzlich nehmen und sich mit allem Fleiss hüten vor aller menschlichen Lehre und Auslegung, die aus diesem reichen Brunnen Göttlicher Lehre nicht herfliesst und gewisslich genommen ist. Von allen weltlichen Geschäften sollen sie sich möglichst frei machen, damit sie Gott erbitten und mögen allen seligen Verstand der Gottseligkeit aus Göttlicher Schrift selbst recht und beständig fassen und dann mit klarer gründlicher und kräftiger Lehre und Unterweisung gegen alle Erwählten Gottes ob diesem gewissen Wort des Heils halten, männiglich in der Gemeine, Verständige und Unverständige, Kluge und Einfältige von dem Heiligen Evangelio Christi und aller Göttlichen Wahrheit unterrichten". Weiter „sind die Pastoren schuldig diejenigen, so die gewisse Lehre von der Gottseligkeit angenommen und gefasst haben, zu ermahnen, dass sie diese Lehre behalten, sich fröhlich und getrost Gott darauf ergeben und sich als Kinder Gottes mit gutem christlichem Wandel beweisen". Drittens sind die Pastoren verpflichtet, „die Widersprecher zu strafen und mit gewissem Grund zu überzeugen", den Missbrauch darzuthun, den viele von diesen gerade mit einzelnen Bibelworten trieben. Als Beispiel wird der Satz der Bergpredigt angeführt: „Ihr sollt dem Bösen nicht Widerstand thun, sondern so dich einer auf den rechten Backen schlägt, so biet ihm auch den andern. Berufen sich auf diesen Spruch die Widertäufer wider die Strafe, so von ordentlicher Obrigkeit mit Recht und Gericht geübt wird, sagen, der weltlichen Obrigkeit Stand sei nicht von Gott: so soll man wider diese falsche Deutung andere klare Sprüche halten, als Römer 13, die zeugen, dass ordentlich Gesetz, Gericht und Obrigkeit Gottes Werk und Befehl. Durchaus soll man dazu merken in Göttlicher Schrift, dass zweierlei Regierungen sind, die leibliche und der Dienst des Evangelii, und dass dieser Dienst des Evangelii nicht verhindert oder verbietet leibliche Regiment, die zur Zucht und zum Frieden von Gott geordnet sind. Dieser Unterschied stimmt durchaus mit der Göttlichen Schrift. Darum erklärt sie den angeführten Spruch, dass daselbst nicht die Regiment verboten sind, sondern Aufruhr der Privat-Personen wider ihre Obrigkeit und eigene Rache wider christliche Nächstenliebe und Geduld". Auf das Dringendste wird den Pastoren eingeschärft, diesem ihrem hohen und verantwortungsreichen, schweren, aber lohnenden Amt, dem Dienst des Gottesworts ganz und mit allem ihrem Vermögen obzuliegen. „Damit sie sich besser in die Heilige Schrift schicken und ihre Lehre desto ordentlicher führen mögen, so heisst es auch hier mit den Worten der Nürnberger Ordnung, soll im Folgenden ihnen eine kurze Anleitung gegeben und die vornehmsten Stücke christlicher Lehre, die sie am meisten und fleissigsten treiben und den gemeinen einfältigen Christen einbilden sollen, nach einander erzählt werden, nicht eben in der Meinung, dass sie daran hangen sollen, sondern dass sie dadurch in die Heilige Schrift gewiesen und geführt werden, dass sie daselbst reichlichen und genugsamen Unterricht erlangen".

Dem Geist dieser Einleitung entsprechen die Vorschriften, dass der Predigt allweg eine Lection aus der Heiligen Schrift vorhergehen und die Predigten aus derselben genommen, dass alle Predigten auf unseren Herrn Christum gerichtet werden sollen. In den Artikeln von der Dreieinigkeit und der Schöpfung wird auf die wahre Erkenntniss und Anrufung Gottes gedrungen, von der das Volk nur zu sehr abgewandt ist: „Sie sehen, so wird geklagt, wohl stets Himmel und Erde und so viele wunderbare heilige Geschäfte und Werke Gottes an, gehen damit um, habens in Händen, gebrauchen und nutzen sie; aber ihr Herz denkt dabei wenig an Gott, danken ihm und preisen ihn nicht um solche seine so grossen Gutthaten, als der solches alles zu unserem Guten geschaffen und gegeben hat. Sparen also ihren Gottesdienst und -Ehr, bis sie etwa zu den Bildern und in die Kirchen kommen, da sie ihren vermeinten Gottesdienst verrichten wollen, und dann an allen anderen Orten ihres Gefallens leben, Gottes nicht gedenken, seine Werke und Gaben vielfältig missbrauchen." Darum soll das Volk ernstlich gelehrt werden, dass Gott allein alles erschaffen und gemacht hat und in allen seinen Werken und Geschöpfen will erkannt und geehrt sein, dass Gott auch bei seinem Werk bleibt, allenthalben ist, alles weiss, alle Geschöpfe erhält, ihnen Leben und Güter gibt. Durch solche Lehre ist zu begegnen den weit verbreiteten heidnischen Gedanken, nach denen der Mensch durch eigenen Fleiss und eigene Vorsichtigkeit die Güter erhält, und „der bösen Gewohnheit derjenigen zu steuern, so Hülfe bei den verstorbenen Heiligen suchen, meinen, sie geben Gesundheit, gutes Wetter, Frieden, so doch solches Gottes Gaben sind und nicht der Creaturen". Nicht aber von Gott geschaffen oder gewirkt ist die Sünde. Von der Erbsünde sollen die Prediger nach den Aeusserungen der Schrift und den Erklärungen Augustin's und Anselm's lehren, dass „sie ein Mangel der Erbgerechtigkeit sei, aus dem die Menschen vor der Widergeburt nicht in Gottes Gnaden sind, nicht ewige Seligkeit erben, sondern verworfen sind und einen Willen haben, der von Gott abgewandt ist": so dass die „menschliche Vernunft Gott und sein

Wort ohne neue und göttliche Erleuchtung nicht recht erkennen noch glauben, auch der menschliche Wille ohne den Heiligen Geist nicht sich zu Gott selbst bekehren" kann. Wohl aber vermag menschlicher Verstand und Wille auch vor der Wiedergeburt äusserliche Zucht zu halten, die Gott auch fordert; doch muss man dieses wissen, „dass solche äusserliche Zucht nicht ist Verdienst zu erlangen Vergebung der Sünden, ist auch nicht Gerechtigkeit; sondern dem einigen Sohn Gottes unserem Herrn Christo soll diese Ehre bleiben, dass er allein Vergebung der Sünden um uns verdient hat, die wir durch Glauben und Vertrauen auf ihn erlangen". Die Grundgedanken dieser Bemerkungen sind dann in den hieran angeknüpften Abschnitten über das alte Testament, über den Unterschied des alten und neuen Testaments, über die Predigt des Gesetzes, in der eingefügten summarischen Erklärung der zehn Gebote und der Erklärung der Lehren des Evangeliums von der Vergebung der Sünden und der Rechtfertigung, von den guten Werken und dem rechten Verstand des Wortes Glaubens weiter ausgeführt. „Die Prediger, heisst es bei dem letztgenannten Punkt, sollen das wohl fassen und getreulich lehren, dass dieser seligmachende Glaube ein Werk ist des heiligen Geistes in den Erwählten Gottes, durch das ihr Herz so erleuchtet und gelehrt wird, dass sie dem Heiligen Evangelio und darum auch aller Göttlichen Schrift und Worten Gottes gewissen Glauben geben und daraus das ergreifen und eigentlich schliessen, dass Gott ihnen durch Christum Jesum unseren einigen Heiland alle Sünde verzeihen und das ewige Leben schenken und also ein gnädiger Gott und Vater sein und sie als seine Kinder und Erben halten wolle in Ewigkeit: aus welchem Glauben nothwendig entsteht ein herzliches Vertrauen und Liebe zu Gott und ein ernster Eifer ihm in allem Gehorsam seiner Gebote zu dienen". Darum soll man reden „von einem wahren lebendigen Glauben, der ein herzliches Vertrauen zu Gott in sich hat und darum wahre und inbrünstige Liebe zu Gott in den Herzen der Gläubigen gebiert und entzündet: welcher Glaube in uns wirkt einen wahren Eifer zu aller Heiligkeit und giesst in unser Herz eine wahre thätige Liebe gegen den Nächsten, die sich dann befleisst allem dem zu leben, das Gott geboten hat".

In diesen Ausführungen zeigt sich die echt evangelische Gesinnung der Urheber des Bedenkens: die gewählte Ausdrucksweise musste dem Erzbischof besonders zusagen. Sie entsprach seiner versöhnlichen, milden Anschauung, sie liess wohl eine gewisse Verwandtschaft mit dem Geist erkennen, in dem man die gleichen Fragen 1536 und 1538 in Köln beurtheilt hatte. Aber waren in den Concilsbeschlüssen von 1536, waren in Gropper's Enchiridion nur in einzelnen Fragen Berührungspunkte mit den Grundgedanken der Reformatoren vorhanden: Hermann's Zustimmung zu dem Bedenken zeigte, dass er jetzt vollständig mit diesen einverstanden, dass er entschlossen war, auch die Consequenzen aus ihnen für das kirchliche Leben zu ziehen. Die Differenzen zwischen dem Werke von 1536 und dem Werke von 1543 treten naturgemäss besonders bei dem Blick auf die weiteren Abschnitte des Bedenkens hervor, die von der Kirche, ihren Ordnungen und besonders eingehend von den Sacramenten handeln. „Die sichtbare Kirche, heisst es zu Anfang dieses Theils, und Gemeine Gottes in diesem Leben ist die Versammlung derer, so Gottes Wort uns durch Christum und die Apostel befohlen wahrhaft glauben und durch den Heiligen Geist neu geboren sind, die Kirche ist zusammenzufassen und zusammenzuhalten durch Eintracht in der Lehre des Evangelii und im rechten Verstand desselben, durch gleichmässigen rechten Gebrauch der von Christus eingesetzten Sacramente, durch Gehorsam gegen die Pastoren in den Stücken, die im Evangelio den Seelsorgern befohlen, nicht in Sachen, die wider Gottes Gebot oder ausser dem Evangelio sind". In genauem Anschluss wieder an die Worte der Nürnberger Ordnung wird die Bedeutung des Gebets, wie die Pflicht hervorgehoben, die Missbräuche auszurotten, die dabei namentlich durch falsche Anrufung und Verehrung der Heiligen eingerissen, daran ein eigener Abschnitt wider die Abgötterei, des Bilderdiensts geknüpft. Die Prediger sollen das Volk warnen vor den vielen Bildern, die falsche und abergläubische Dinge vorstellen,

sollen lehren, dass man die Bilder nicht anbeten dürfe, dass
wer dies thut, offenbar sündigt gegen Gottes Gebot, sollen
die „Leute ermahnen, dass sie nicht so Lust zu den Bildern
haben, nicht solche unnütze Kosten daran wenden und damit
die Kirchen schmücken und zieren, dass sie vielmehr Bibeln
kaufen und darin fleissig lesen, dass sie sich auch fleissig in
die Kirchen zu den Gottes-Versammlungen, zu den Predigten,
den Heiligen Sacramenten und gemeinem Gebet verfügen und
dadurch Gedächtniss, Glaube und Liebe Gottes bei sich selbst
stärken und fördern. Was Gott uns an zeitlichen Gütern
verliehen hat, sollen wir auf die lebendigen Bilder Gottes,
unsere Nächsten wenden und Christum den Herrn in denselbigen speisen, tränken, kleiden und mit anderen nützlichen
Diensten verehren und die theuren Gottesgaben nicht an Holz
und Stein hängen". Ebenso ist zu warnen vor den Missbräuchen bei Fasten, vor dem jetzt so häufig getriebenen
Spott und Hohn göttlicher Majestät, wenn man „schier alles
Fasten damit allein ausrichtet, dass man nicht Fleisch und
Eier isst, sonst aber von Fischen und anderer Speise wohl
köstlicher denn sonst isst. Weil das wahre christliche Fasten
längst so tief verfallen ist und aller Ueberfluss und Muth-
wille mit Essen und Trinken überhand genommen, dass Viele
leider sind, die sich auf etliche Tage wohl vornehmen zu fasten,
ja so oft zu Wasser und Brod fasten, die sich gleich den anderen Tag und auf die Feste, auf die sie gefastet haben, nicht
schämen voll zu trinken und sonst schändlich zu leben: darum
sollen die Prediger thun, wie die alten lieben Väter gethan
haben und vor allen Dingen auf das Fasten treiben von Sünden und von allem Ueberfluss und fleischlichem Muthwillen".
Niemand meine, mit dem Fasten Gott etwas abzuverdienen,
Niemand auch ihm durch einige Opfer für sich selbst einen
gefälligen Dienst zu erweisen. Als die einzigen gottgefälligen
Opfer werden ein um der Sünde willen reumüthiges und zer-
schlagenes Herz, Lob und Dank für die empfangenen Gutt-
thaten, Steuer und Hülfe für die Armen und zu allem, das
zur Förderung des Reichs Christi dienen mag, bezeichnet. „Viel
zeitliche Güter Gott aufopfern, um Kirchen, Altäre und Klöster

zu bauen oder zu schmücken, weiter dann dies zur wahren Förderung christlicher Religion dient und aus dem Aberglauben, als ob das Gott viel mehr behaglich sein sollte, dann so sie es den Armen geben um des Herrn willen, sind nicht die Opfer, die Gott gefallen, sondern dadurch mehr Gottes Zorn erweckt wird".

Besonders eingehend wird dann in gleichem Sinn die Darreichung und Ausspendung der Lehre und Sacramente, namentlich Taufe und Abendmahl behandelt. Für die Bestimmungen über die Taufe ist es bezeichnend, dass sie zu nicht geringem Theil der Nürnberger, Kasseler und Sächsischen Ordnung entnommen sind, dass auch Luther's Taufbüchlein benutzt ist; daneben findet sich manches dem Bedenken Eigenthümliche, so die Vorschrift, dass womöglich am Feierabend vor der Taufe der Kinder die Katechismi gegen Eltern und Pathen und die Exorcismi gegen die Kinder gehalten werden, auf dass alles mit mehr Ernst und Andacht verrichtet werde [1]). Die spätere Firmung der getauften Kinder wird den Visitatoren übertragen; vor ihrer Ankunft haben die Pastoren die Kinder ihrer Gemeinde vorzubereiten; der Katechismus, dessen sie sich bedienen sollen, ist der Kasseler Ordnung entlehnt. Das Abendmahl soll genau entsprechend der Einsetzung Christi gehalten werden. Von den Predigern ist die Meinung zu bekämpfen, „dass der Priester in diesem Amt Christum unseren Herrn Gott dem Vater aufopfere, d. i. durch seine Intention und Gebet ihn zu einem neuen und angenehmen Opfer bei dem Vater mache für das Heil der Menschen oder den Verdienst des Lebens Christi und des seligen Opfers applicire und austheile denen, die das mit ihrem eigenen Glauben nicht ergreifen und annehmen. Denn dazu, dass die Leute von dem Abendmahl des Opfers und Verdiensts Jesu theilhaftig werden, hat der Priester,

---

[1]) Hanc consuetudinem, urtheilt Daniel, C. l. 2, 208 n. 1, nisi fallor Coloniensi libro propriam et peculiarem non possum satis laudare. Primo enim servat quodammodo antiquissimae ecclesiae scrutinia: dein ipsius baptismi formula redigitur in breve.

der das Abendmahl hält, weiteres nicht zu thun, denn dass er das Heilige Sacrament zurichte und getreulich predige und erkläre die ganze Geheimniss dieses Sacraments, die Erlösung und Gemeinschaft unseres Herrn Jesu Christi und spende die Heiligen Sacramente aus nach der Einsetzung Christi, in den Leuten zu erwecken den wahren Glauben an Christum". Gänzlich sollen die Pastoren fortan den Missbrauch unterlassen, das Sacrament auszustellen und umherzutragen wie ein Spektakel[1]) und mit Gold und Silber zu verehren; ebenso wird es als ein Missbrauch bezeichnet, dass man in den letzten verfinsterten Zeiten, da die Kirchenvorsteher ihres Amtes übel

---

[1]) Schon das Provincialconcil von 1536 hatte, wie S. 78 erwähnt, eine Verordnung gegen die Missbräuche bei Processionen für nöthig gehalten; eine Besserung aber war nicht geschaffen, so hatte Hermann noch vor Vollendung des Bedenkens eine eigene Verordnung über diesen Punkt am 13. April 1543 erlassen. Ein Einzeldruck derselben findet sich in einem Sammelband der Lübecker Stadtbibliothek; sein Titel lautet: Christliche verbesse- || rung der Creutzgheng und au- || stellung gemeines gepetts. || Durch den Hochwir || digsten unseren gnedigsten Herren || Ertzbischoffen und Churfursten zu Cüllen. || Anno MDXLIII. Mit grösster Leichtfertigkeit und Aberglauben, erklärt der Erzbischof hier, seien Heiligenbilder mit Kreuzen und Fahnen durch die Felder getragen; das gemeine Volk habe zuletzt es nicht anders gewusst, als dass dieses Umhertragen zur Abwendung von Ungewitter und Misswachs dienen solle. Ferner habe er erfahren, dass „an etlichen Orten auch das Sacrament des Leibs unseres Herrn Jesu Christi nach den Ostertagen im Felde umhergetragen und sondere Stationen gehalten, da das Evangelium gesungen, und dabei ein Tisch mit Wein und Brod denen, so essen und trinken wollen, zugerichtet werde und dass die Mägde, welche der Heiligen Bilder und andere Dinge tragen, auch Wein mitnehmen, zu denen die Junggesellen mit allerlei Ueppigkeit sich fügen und leichtfertige Reden sammt anderer Unzucht gebrauchen, zu dem das gemeine Volk sich fast ungeschicklich anstellet, hin und wieder umherlauft und nicht allein unnütz Geschwätz treibt, sondern sich auch mehrer Theils vollsaufen und verderben". Alle Pfarrer und Geistliche werden desshalb ermahnt, sich solcher Processionen und Heiligen Tracht durch das Feld und andere Oerter und Plätze zu enthalten, bis durch die auszuarbeitende Reformation auch in dieser Frage definitive befriedigende Ordnung geschaffen sei. Dies Mandat soll dem Volk an den Tagen, da man die erwähnten Processionen bisher zu halten pflegte, von der Kanzel verkündet und erklärt, es soll zur Erkenntniss der Sünden und der für diese von Gott verhängten Strafen, zur Bitte um Abwendung dieser wohlverdienten Strafen

gewartet, allein das Brod den Laien gespendet, während nach des Herrn Verordnung und dem Brauch der alten Kirche alle Christen Brod und Kelch zu empfangen haben. Die von Butzer vertretene unionistische Auffassung des Abendmahls ist auch hier ausgeprägt, aus der Kasseler Kirchenordnung ist der Unterricht vom „Heiligen Nachtmal" entlehnt und nach der Art des Bedenkens zum Theil weiter ausgeführt. So wird auch hier gelehrt, der Herr selbst sei mitten unter uns, dass uns also auch das Brod, das wir brechen, wahrlich sei die Gemeinschaft seines Leibs, und der Kelch, den wir trinken, die Gemeinschaft seines Bluts: „allein dass wir allweg fleissig betrachten, warum der Herr uns also seine heilige seligmachende Gemeinschaft im Heiligen Sacrament immer mittheile, nämlich darum und dazu, dass wir unsere Sünden immer gründlicher erkennen, herzlicher bereuen, der Verzeihung derselben in Christo mehr getröstet, auch in dem neuen Leben mehr gefördert und gestärkt werden, auf dass wir also immer mehr in Christo dem Herrn bleiben und leben und er in uns, also dass wir nunmehr sein Leib und Glieder und er unser Haupt sei: welches wir bezeugen, so wir seine Gemeinschaft in seinem Sacrament alle empfangen und theilhaftig werden seines Leibs und Bluts, wie wir dann alle eines Brods und Kelchs vom Tisch des Herrn theilhaftig werden"[1]).

An die sehr ausführlichen, allein über 39 Folioseiten füllenden Erörterungen über das Abendmahl reihen kürzere Ab-

---

ermahnt, passende Kirchengesänge desshalb gelesen werden, deren Sinn deutsch auszulegen ist, damit sie ihr Amen dazu sagen können. Dann sollen die Pfarrer einen jeden wieder heimgehen lassen zu seiner Arbeit (wenn anders derselbe Tag nicht ein Sonntag oder der vornehmen Feste eins ist), nicht aber zum Müssiggehen und zum Trinken, das an diesen Tagen und sonst zu verbieten ist.

[1]) Wörtlich stimmen beide Ordnungen überein bis zu den Worten: nämlich darum und dazu dass, nach diesen aber lesen wir statt der obigen längeren Sätze kürzere in der Kasseler Kirchenordnung: Dass er immer mehr und mehr in uns und wir in ihm leben ein recht heiliges seliges, das ist ein göttliches Leben und wir seien ein Leib in ihm unserem Haupt, wie wir da an einem Brod und Trank des Herrn alle Theil nehmen. Richter, Kirchenordnungen 1, 301. Hassencamp 2, 444.

schnitte sich an von der Bekehrung von Sünden, vom Bann, von Einsetzung der Pastoren. Nachdrücklich wird in den Auseinandersetzungen über den Bann der Unterschied zwischen kirchlichen und weltlichen Strafen, das Recht der weltlichen Obrigkeit zu strafen, die Pflicht der Geistlichen betont, den Bann nur um öffentlicher Sünden, nicht um weltlicher Sachen willen zu üben. Bei der Einsetzung der Pastoren ist auf vorhergehendes gründliches Examen zu dringen; Niemandem soll sein Patronatsrecht entzogen werden, aber alle Patrone werden vermahnt, nur tüchtige Personen zu präsentiren und nicht ihre Pfarreien aus Gunst oder anderen ungebührlichen Ursachen ungeschickten Personen zu verleihen; Niemand darf investirt werden ohne gründliches Examen durch die ordentlichen Examinatoren. Diesen hat der Ordinandus 1) von seinem Beruf und seinen Sitten wahrhaftige schriftliche Zeugnisse vorzulegen; 2) ist zu prüfen, ob er ziemlichen Verstand habe und diese Lehre, der Summa wir in dieser Ordination gefasst, für recht halte und bekenne, welch gewisslich ist die einige christliche Lehre der katholischen, d. i. allgemeinen Kirche Gottes; 3) soll er zusagen, bei dieser christlichen Lehre zu bleiben, sie treulich zu lehren und sich dieser Ordnung gemäss zu halten und sonst in seinem Amte Fleiss zu thun. Auch von den jetzigen Pastoren wird gehofft, sie „werden sich mit Lehre, Ceremonien und Leben dieser Ordnung gleichförmig machen; wo aber Mangel sein wird, da sollen unsere Visitatoren Befehl haben, solche Versehung zu thun, dass sich Niemand zu beschweren habe". Vielfach wieder im Anschluss an die Nürnberger und Kasseler Ordnung werden weiter Vorschriften gegeben über das Einsegnen der Ehe, deren Heiligkeit, Art und Eigenschaft die Pastoren dem Volk stets getreulich erklären sollen, über die Ordnung der Feiertage [1]), wobei noch einmal auch die Fastenfrage in gleichem Geist, wie in dem früheren Abschnitt, behandelt wird, der Begräbnisse und der Kirchenübungen. „An den Feiertagen

---

[1]) Alle Sonntage sollen „gentzlich gefeiert werden und die leuth auf die kein leiblich arbeit thun noch gescheft oder unnötige reisen furnemen, kein

soll in den Städten und Freiheiten, da Schüler und mehr denn ein Kirchendiener, morgens früh eine Versammlung gehalten werden um des Gesindes willen, das etwa zum rechten Amt nicht kommen kann, in dieser Versammlung ein deutscher Psalm vor und nach gesungen und eine Predigt von dem Katechismo mit Verkündigung des Heiligen Evangelii gehalten werden". Mehrfach wird auch für andere Versammlungen das Singen deutscher Psalmen vorgeschrieben; „wo der Brauch ist zu Abend einen Lobgesang zu singen, das soll Christo unserem Herren gesungen werden und zu Deutsch mit einem gemeinen Gebet anstatt des Salve Regina und anderen dergleichen Gesängen". Auch an Werktagen sollen in den Städten „täglich wenigstens zwei Kirchenversammlungen gehalten werden, Morgens und Abends, zu den Zeiten, die dem Volk am besten gelegen sein mögen; in jeder Versammlung soll man eine Lection und deren kurze Auslegung thun mit deutschen Psalmen vor und nach und einem gemeinen Gebet". Alles, Singen, Lesen, Predigen und Beten darf zusammen nicht über eine Stunde dauern; die Abendmahlsfeier ist nicht auf die Werktage anzusetzen. Auf den Dörfern sollen die Pastoren in der Woche ein oder zwei Versammlungen im Winter, aber im Sommer drei halten mit einer Lection aus

---

kumerschaft treiben, sonder wie Gott geboten ire zeitliche werck die sechs tage der wochen thun und den Sonntag dem Herren heiligen". Fleissig ist das Volk zu berichten, „wie schwäre sund es sei, wan die leut auf die tag, die Gott vor anderen sollen geheiligt sein, sich der vollcreien und aller uppigkeit mer begeben, dann auf andere tag, wie leider bisher vil zu vil beschehen". Neben dem Sonntag „sollen genzlich gefeiert werden diese folgenden Fest: der Weihnachttag samt Stephani und Joannis, Circumcisionis, Epiphanie, Conversionis Pauli, Purificationis Marie, Annunciationis Marie, der grune Donnerstag und weisse Freitag, der Ostertag mit zwei folgenden Tagen, Auffartstag, Pfingsttag und der folgende Montag, Nativitatis Johannis Babtiste, Petri et Pauli, Visitationis Marie. Auf dem tag Michaelis soll gedechtnus und predig gehalten werden von den Engeln aus dem ort Mathei 18. Auf der andern Aposteln tagen soll feier gehalten werden biss nach der predig, danach mag ein jeder etwas nützlichs arbeiten und schaffen. Dan leider am tag ligt, das das feiren nach mittag einen grossen theil volks zu mehrer ergernus reizet".

der Schrift und gemeinem Gebet. Zu bestimmten Zeiten sind ausserdem besondere Bettage zu halten, sowohl ausserordentliche bei besonderer Noth und besonderen Ursachen, als ordentliche jeden Monat auf einen Mittwoch oder Freitag, wie das jedem Volk am besten gelegen; an ihnen ist eine deutsche Litanei zu singen. Zur Armenpflege sind in jedem Kirchspiel durch die Visitatoren „etliche fromme und verständige Männer zu wählen und zu verordnen, welche sollen aller Armen und Dürftigen Namen an jedem Ort aufschreiben, auch ein gut und fleissig Aufsehen auf sie haben, wie sie leben und wess sie sich halten und einen jeden zur Arbeit, so viel ein jeder vermag, anhalten oder ihm seinen Theil von dem Almosen abkünden. Diese sollen, was die Gläubigen und Gutherzigen dem Herrn in der Kirche opfern, in ihren verordneten Gotteskasten aufheben". Eine bequeme Opferstätte nicht weit vom Altar ist einzurichten, das Volk zu ermahnen für diese bei allen kirchlichen Handlungen um so lieber ein Opfer zu bringen, da die Verordneten das Almosen zu Nutzen der wirklich Bedürftigen „gar viel ordentlicher ausspenden mögen, dann jemand besonders für sich selbst thun könnte. Die Visitatoren sollen auch bestellen, was noch gemeiner Almosen und Stiftungen für die Armen oder Bruderschaften hin und wieder vorhanden sind, dass solche auch zum Gotteskasten verordnet werden", um es so mit der Zeit dahin zu bringen, „dass die Armen und Dürftigen an gebührender Handreichung keinen Mangel leiden und der muthwillige Bettel abgeschafft und jedermann, so viel er vermag, zu nützlicher Arbeit angehalten werde". Auch die Spitäler für Kranke, Waisen, alte Leute, Aussätzige und andere gebrechliche Leute sollen visitirt, auch hierbei die Armenpfleger mitherangezogen werden.

Wie bei den Reformen von 1536 wird auch in dem „Bedenken" schliesslich eine besondere Aufmerksamkeit der Besserung des Schulwesens [1]) und der Geistlichen gewidmet.

---

[1]) Am 20. Juni 1543 übersandte gerade von Bonn aus auch Melanchthon dem Rath von Soest eine Denkschrift, um ihn zur Gründung einer

In jeder Stadt ist eine Lateinschule einzurichten; für den Unterhalt des Schulmeisters und seiner Diener wird, um den gemeinen Mann weniger zu beschweren, die Bestimmung etlicher Vicarien und Präbenden zu diesem Zweck und die Erhebung eines jährlichen Schulgelds von den Knaben, so nicht betteln, in Aussicht genommen. Dem jüngsten Haufen ist Lesen und Schreiben zu lehren, dazu sind lateinische Bücher zu brauchen, „darin das Pater Noster, Credo, Decem precepta und dergleichen Kinderlehr gefasst ist, damit die Kindheit zugleich zu christlicher Unterweisung gewöhnt werde, darnach lehre man sie den Donat lesen. Welche nun lesen können und anfangen zu schreiben, die setze man in den anderen Haufen". Dieser ist anzuhalten, vor Allem ordentlich die leider zu oft von dem Schulmeister vernachlässigte Grammatik zu treiben. „Die Knaben sollen in dieser zweiten Klasse bleiben, bis sie den Donat und die ganze Etimologie ziemlich können und sollen dabei der Cato, Aesop's Fabeln, die kleineren Briefe Cicero's, etliche Dialoge Mosellani oder Erasmi exponirt werden. Und was man Abends exponirt hat, das sollen die Kinder anderen Tags selbst exponiren und sollen dabei etliche Wörter decliniren und conjugiren", ausserdem täglich das Schreiben üben. In der dritten Klasse sollen Terenz und Virgil abwechselnd mit Cicero's Briefen erklärt und die Regeln der Syntax auswendig gelernt und geübt, in der vierten Klasse sollen Ovid und Cicero erklärt und die Schüler angehalten werden, Dialektik [1]) und Prosodie zu lernen und lateinische Verse zu machen. An der Dialektik er-

---

„lateinischen christlichen" Schule zu ermahnen. C. R. 5, 124 ff. (n. 2718. 2719). Vgl. auch Döring, Dortmunder Programm von 1872 S. 38. 1873 S. 13 ff. 1875 S. 13 ff.

[1]) Zum Unterricht empfohlen wurde die Dialektik Cesarii, Philippi oder Sturmii. Wie bereits oben S. 119 Anm. 1 erwähnt wurde, war Sturm, der 1540 dem Erzbischof den 2. Band seiner Ausgabe der Reden Cicero's gewidmet hatte, persönlich von Hermann schon 1542 berufen worden; auch 1543 kam er in das Erzstift; am 12. Juli 1543 schrieb Melanchthon an Calvin: Nihil in hac Rheni ripa congressu Sturmii nostri jocundius adhuc quidem mihi fuit. C. R. 39, 594. Krafft, Theologische Arbeiten 2, 79.

sparte Zeit ist auf den Unterricht in griechischer Grammatik und Erklärung von Phocylides und Hesiod zu verwenden. Für diese Lectionen sind Montag, Dienstag, Donnerstag und Freitag bestimmt, der Mittwoch für Unterricht im Katechismus; empfohlen wird dabei der Nürnberger Katechismus, den Schulmeistern verboten, neue Katechismen zu machen. Am Samstag ist Musik zu treiben, da der Schulmeister und die Jugend in der Kirche helfen soll zu singen und den Choral zu halten; doch sollen „die Knaben im Winter nicht zu lang in der Kirche gehalten werden, dass sie nicht von der Kälte Schaden nehmen und es soll des Singens auch nicht gar zu viel sein, dass die Studia dadurch nicht verhindert werden". Für den höheren theologischen Unterricht wird die Gründung einer Schule in Bonn in Aussicht genommen, „darin etliche Lectoren nach Gelegenheit wohnen und soll da ein gemeiner Tisch, wie sonst in Universitäten gewöhnlich, eingerichtet werden. Zum Anfang sollen sieben Lectoren sein": zwei Theologen, von denen einer zugleich zum Rector der Schulen und zum Superintendenten der Kirchen der Gegend bestimmt ist, ein Dialekticus, ein Rhetoricus, ein Grammaticus, ein Mathematicus und Physicus, endlich ein Jurist. Jedes Vierteljahr soll eine theologische Disputation, jeden Monat eine philologische stattfinden, dabei der Rector auf die Wahl „nützlicher und unärgerlicher Materien" achten. „Diese nützliche Schule möchte stattlich angerichtet und unterhalten werden, so dass nicht allein die Legenten ihre Besoldung, sondern auch etliche arme Knaben ihre Zehrung hätten, so man ein einziges Kloster zu diesem guten Werk braucht, welches doch jetzt übel gebraucht; denn es sind jetzt in vielen Klöstern kaum fünf oder sechs Personen und die Niemand nutz sind und diese grosse Stiftung vergeblich verschwenden".

Wie mancher vorangegangene zeigt deutlich gerade dieser Satz den engen Zusammenhang dieser Reformpläne auf dem Gebiet des Schulwesens mit den zuletzt im Bedenken erörterten Fragen, den Gedanken zu einer Reformation der Geistlichen. Im Pfarrdienst soll Niemand geduldet werden, „der in öffentlichem Laster der Unzucht, des Geizes oder wucherischer Unbilligkeit befunden wird"; nachdrücklich werden alle Pfarrer ermahnt, nüchtern und keusch zu leben; ebendesshalb wird ihnen die Ehe nicht verboten, aber ihnen vorgeschrieben, solche Frauen zu suchen, „die ihnen wahre Gehülfinnen seien zu ihrem christlichen Dienst, gottesfürchtige, ehrliche Töchter, die den anderen zu gutem Exempel in aller Gottseligkeit und Zucht vorangehen". Ausser sittlichem Lebenswandel wird von dem Pastor gefordert, dass er „sich befleisse die Bibel zu lesen, darin täglich studire und daraus so viel Verstand und Wissen von christlicher Lehre und Leben und von Haushaltung der Kirche erlangt habe, auch mit solcher Geschicklichkeit begabt sei, dass er zum wenigsten die gemeinen Lectionen, so dem Volk aus göttlichen Schriften sollen vorgelesen werden, ziemlicher Mass wisse zu erklären und daraus die Hauptstücke unserer christlichen Religion sammt dem Katechismo recht zu lehren und darin das Volk, jung und alt, zu unterweisen". Um der Seelsorge mit höchstem Ernst dienen zu können, haben die Pastoren sich aller weltlichen Geschäfte zu entschlagen. Guten Rath sollen sie sich bei bestimmten dazu verordneten „vornehmen Pastoren und Lehrern" holen, eifrig auch die Synoden besuchen; regelmässig sollen eben zur Feststellung der Schäden und der Mittel der Besserung Visitationen und Synoden abgehalten werden. Hinsichtlich der Stifter, die gänzlich ihrem ursprünglichen rein geistlichen Charakter entfremdet, wird auf die Durchführung einer ganzen Reformation verzichtet, um nur überhaupt „eine wahre thätliche Besserung, nicht, die allein in Schriften bliebe", zu erlangen. So werden dem Domcapitel neben freier hergebrachter Wahl alle seine Würden, alte Rechte, Freiheiten und Privilegien und ihr Gebrauch unbehindert belassen. Gefordert wird nur, dass die Stiftsherren „sich mit der Lehre, Messe, Haltung der Sacramente und anderen Kirchen-Diensten und -Ceremonien nicht anders halten, dann wie hie oben in unserer Reformation davon vermeldet", dass sie einen gottseligen Wandel führen, dass ihr Singen und Lesen in der Kirche in Einklang mit der Heiligen Schrift: eine von ihnen und dem Erzbischof erwählte Commission soll desshalb „die Gesänge und Bücher, so man jetzt hat, besichtigen und alles, was durchs ganze Jahr gesungen und gelesen, nach der Richtschnur der Schrift richten". Dem Domcapitel und allen Collegien soll der Gebrauch lateinischer Gesänge freistehen; „doch wo die Pfarren den Collegien incorporirt sind, da sollen die Gesänge deutsch gesungen werden, damit die Gemeine dieselben mitverstehe und ihr Amen dazu sagen könne"[1]).  Weiter wird dem Domcapitel eingeschärft, für Anstellung und guten Unterhalt tüchtiger Prediger und Schulmeister bei den ihm von Alters her incorporirten Pfarreien, weiter für zwei fromme gelehrte und geschickte Prädicanten im Stift und für gute Pflege der Stiftsschule zu sorgen. Den einzelnen Würdenträgern des Capitels, Probst, Dechant, Afterdechant, Chorbischof und Domscholaster werden dann im Einzelnen ihre Pflichten vorgehalten, zu deren Erfüllung, zu Gehorsam gegen ihre Vorgesetzten auch die anderen Adligen und Priester-Canonici ermahnt. Nachdem letztere „hierfür zu den vielfältigen Messen wie bisdaher nicht verpflichtet sein sollen", so wird anempfohlen, dass zwei von ihnen fortan an Sonntagen und vornehmen Festen das Amt halten und die Sacramente reichen, zwei das Predigtamt verwalten, zwei in der Schule lesen, zwei endlich als Rechtsgelehrte dem Capitel und Stift juristischen Beistand leisten möchten. Die Diakonen sollen sich der Armen annehmen, die von Communicanten und Anderen geopferten Almosen an Hausarme austheilen, auch die Vikarien nicht müssig gehen, sondern treu-

---

[1]) Wohl in diese Zeit gehören die ersten Arbeiten für die Zusammenstellung des Bonner evangelischen Gesangbuchs, dessen erste Ausgabe 1544 erschien. Leider ist es, auch nachdem Wackernagel sie in der Bibliographie des Kirchenlieds S. 476 erwähnt, nicht gelungen, diese älteste Ausgabe wieder aufzufinden; es ist daher nicht festzustellen, ob und welche Unterschiede sich zwischen ihr und den uns bekannten späteren Auflagen finden. Die ältesten bekannten Ausgaben von 1561, 1564 und 1569 beschreibt Wackernagel, Das deutsche Kirchenlied I, 450. 461. 478; vgl. auch die Bemerkungen von Crecelius über das Bonnische Gesangbuch in seinem lehrreichen Aufsatz über die ältesten protestantischen Gesangbücher am Niederrhein in der Zeitschrift des Bergischen Geschichtsvereins 5, 253 ff.

lich den Gesang halten helfen. Da die grosse Zahl der Letzteren nach Einführung der neuen Ordnung unnöthig, mag man einen Theil aussterben lassen und ihr Einkommen zum Besten der Kirche verwenden; ebenso ist darauf zu halten, dass nach dem Tod von Stiftsherren, die sich verheirathet, die von ihnen bezogenen kirchlichen Renten nicht etwa an ihre Kinder und Erben, sondern wieder an die Kirche fallen. In gleicher Weise, wie so bei dem Domcapitel, soll es auch in St. Gereon gehalten, auch bei den anderen Stiftern soll eine weitere Aenderung nicht eingeführt werden, wenn sie die gleichen Pflichten erfüllen. Ein Theil der Stifter ist für Adlige zu reserviren, da die Güter den Stiftern meist durch Adlige zugekommen.

Auch hinsichtlich der Ordensgeistlichkeit bezeichnet es das Bedenken als hoffnungslos, „die alte wahre Möncherei wieder in Schwang zu bringen": eine Aufhebung der Klöster sowenig wie eine Aufhebung der Stifter wird hier geplant, von beiden nur verlangt, dass sie in Einklang mit der neuen Ordnung der Lösung der wahren Aufgaben der Geistlichen dienen. „Diejenigen, so sich in die Klöster begeben, sollen hinfür nicht mit den Gelübden, die man substantialia nennt, beschwert werden, sondern nur geloben, sich züchtiglich in aller gottseligen Ehrbarkeit halten, ihren Obern gehorchen und der Lehre fleissig obliegen zu wollen, so dass sie sich in göttlicher Schrift üben, des Predigens befleissen und wenn sie zu Kirchen- und anderen nothwendigen christlichen Diensten gefordert, sich dazu ganz willig gebrauchen lassen." Die zum Pfarrdienst nicht geschickt und zum Klosterleben nicht begabt und willig sind, mögen mit etwas Steuer von ihren Klöstern und den Klosterpflichten frei gelassen werden, die Zurückbleibenden ein christliches Leben führen und sich mit nothdürftiger Unterhaltung genügen lassen. In den Klöstern sind die Studien zu pflegen, auch bei den Bettelorden; Mitglieder dieser, die als Prediger und für den Kirchendienst tauglich, sollen auch hierzu bestimmt werden. In Aussicht genommen wird später nach dem Rath der Landschaft einige Klöster zu Schulen, einige speciell für Adlige einzurichten.

Um der Besorgniss mancher Eltern zu begegnen, nach Aufhebung des Klosterzwangs möchten aus dem Kloster heimgekehrte Kinder „ungerathene" Ehen schliessen oder auch Zank in der Familie wegen bereits erfolgter Erbtheilung beginnen: so werden die Klosterpersonen ermahnt, ihre Freiheit nicht in solcher Weise zu missbrauchen; auch wird ausdrücklich die Bereitwilligkeit des Erzbischofs ausgesprochen, wenn die Landschaft zustimme, zu verfügen, dass „deren keine, die aus dem Kloster kommen würden, einige vorverfallene und schon getheilte Erbschaften anzusprechen Recht haben sollten". Auch den freien weltlichen Jungfrauen-Stiftern wird ungehinderte Weiterexistenz zugesichert, nur auch von ihnen ein wirklich gottesfürchtiges Leben im Einklang mit der neuen Ordnung gefordert. Sehr bezeichnend ist, wie schliesslich die Keplerbrüder[1]) — bekanntlich sprach für das Fraterhaus in Herford auch Luther seine warme Anerkennung aus — gelobt werden, dass sie „ohne das am nächsten bei der wahren Möncherei geblieben, dass sie frei bei einander gelebt, Schulen gehalten und leiblich gearbeitet haben", wie ihnen desshalb alle Förderung versprochen wird, damit sie nach Durchführung der verordneten Reformen in Singen und Lesen „unsträflich leben in wahrer Gemeinschaft der andern Christen und Gehorsam der gemeinen Pastoren". Auch den Begharden wird nachgerühmt, dass sie „ohne das ihrer Arbeit gelebt, der Kranken gewartet und zu Begräbnissen gedient haben; desshalb sollen zu solchem recht christlichen Leben und Dienst befördert werden, die anders dieser Dienste mit wahrem Glauben und Treue wollen warten und sich in Gehorsam der gemeinen Pastoren mit christlichem Wandel halten".

Dieser ganze letzte Abschnitt des Bedenkens zeigt, mit wie grosser Mässigung, mit wie bestimmter Rücksicht auf

---

[1]) Eine wie reiche Literatur eben neuerdings namentlich in den Niederlanden über die nach ihrer Tracht auch als Kappen-, Kappel- oder Kugelherren bezeichneten Brüder vom gemeinen Leben erschienen ist, zeigt der umfängliche Artikel von Hirsche in der neuen Auflage von Herzog's Real-Encyklopädie 2, 678 ff.; doch sind hier keineswegs genügend gerade die deutschen Bruderhäuser behandelt.

das Herkommen die hier vorgeschlagene Reformation durchgeführt werden sollte. Mit Recht hob Melanchthon in einem Brief an Caesarius die sehr gemässigten Erörterungen über die Collegien, über die kirchliche Hierarchie als charakteristisch für das Kölner Buch hervor; sein Urtheil über dasselbe fasste er in einem Schreiben an Spalatin dahin zusammen: „Es stimmt mit unseren Kirchen überein, nur werden die Stifter nicht aufgehoben, sondern nur in ihnen die Lehre und falsche Ceremonien gebessert"[1]). Es erweckt falsche Vorstellungen, wenn das Bedenken als ein Versuch bezeichnet ist, „mit Ausschluss der Wiedertäufer[2]) die drei damals in der deutschen Kirche neben einander bestehenden Parteien, die katholische, lutherische und reformirte mit einander zu vereinigen und zu verschmelzen"[3]): schon desshalb, weil es

---

[1]) S. diese beiden Briefe Melanchthon's vom 24. Juli und 25. August C. R. 5, 148 ff. Bindseil 178 f.

[2]) Zwischen dem Abschnitt vom christlichen Opfer und dem Artikel von der Administration der Sacramente finden wir in dem Bedenken Bl. 72, b—75 eingefügt: Warnung und Befehl wider die Irrthumb der Wiedertäufer. Hier werden ihre Irrthümer über politische und geistliche Fragen auseinandergesetzt zur Anleitung der Prediger, die ermahnt werden, auch andere christliche gegen die Wiedertäufer erschienenen Schriften zu lesen und zu gelegener Zeit den gemeinen Mann hierüber zu unterrichten und so weiterer Verbreitung der Wiedertäufer zu steuern. Wer als solcher verdächtig, soll dem Amtmann angezeigt, zunächst vor diesem, dem Pastor und etlichen verständigen Personen verhört werden. Stellt sich heraus, dass er einige wiedertäuferische Artikel bekennt, ist dann einige Tage darauf von dem Superintendenten ein Examen vorzunehmen. Die „sich unterweisen lassen, sollen die Irrthümer ausdrücklich vor den Verhörern verschwören; so sie aber im Irrthum verharren, soll solches der Herrschaft angezeigt werden, die sie nach Gelegenheit der Person und des Irrthums strafen wird mit Landesverweisung oder mit schweren Leibesstrafen, alles weiteres inhalts des Heiligen Reichs Ordnung und den ergangenen kaiserlichen Constitutionen. Männiglich soll wissen, dass in diesen Landen und Gebieten Niemand wird geduldet werden, der der Wiedertäufer Irrthum einen oder mehrere billigt".

[3]) So wörtlich Göbel 1, 267. Wohl darf man auch diesen seinen Satz als Beleg für die Richtigkeit des Urtheils anführen, das Gillet wie mir scheint sehr gut in folgenden Worten formulirt hat: „Kaum etwas Anderes hat der Auffassung und Beurtheilung der deutschen Verhältnisse im 16. Jahrhundert mehr Schaden gethan als das beharrliche Festhalten

ein Anachronismus ist, 1543 in dieser Weise die später in Deutschland organisirten kirchlichen Parteien einander entgegenzustellen. Nicht nur zeigt sich gerade bei dem Kölner Unternehmen, wie wenig die hauptsächlich bei ihm betheiligten protestantischen Theologen confessionell lutherisch oder confessionell reformirt im späteren Sinn des Worts waren: gerade damals, gerade in seiner Schrift gegen die Kölner erklärte auch der „Lutheraner" Melanchthon, dass eben in den Kirchen seiner Gesinnungsgenossen in Wahrheit die Lehre der „katholischen" Kirche Gottes ertöne, gab er dem oberländischen Butzer das Zeugniss, dass dieser in Bonn rein und treu die lautere Summe christlicher Lehre vertrete[1]). Sehr wesentlich unterscheidet sich das theilweise von Melanchthon verfasste, durchweg von ihm gebilligte Kölner Reformationsbuch von 1543 von den 1539 durch ihn entschieden getadelten früheren Reformordnungen: es zeigt, dass der Erzbischof in dem Suchen nach der evangelischen Wahrheit mit Butzer und Melanchthon durchaus einverstanden war: wie sie stellte auch er Gottes Wort als einzige Autorität für seine religiöse Ueberzeugung hin. Wie in der Vorrede erklärte er sich in den Schlussworten des Bedenkens zu Aenderungen bereit, „wenn Gott uns seinen Willen besser zu verstehen geben würde", zu

---

an der Fiction, als habe es wo möglich schon von 1517 an in Deutschland eine lutherische Kirche gegeben. Es gab eine lutherische Lehre und eine lutherische Reformation, aber erst seit 1530 Stände und seit dem Religionsfrieden eine Kirche Augsburger Confession im deutschen Reiche". Sybel's Historische Zeitschrift 19, 41.

[1]) Nec dubito hoc totum doctrinae genus, quod sonat in ecclesiis nostris, vere esse consensum ecclesiae catholicae Dei inde usque ab initio. Terra mihi potius dehiscat et obruat tota Aetna, quam velim defendere ullas corruptelas doctrinae caelestis aut pugnare cum Ecclesia Dei, in qua cupio, ut in aeterna schola, post hanc vitam etiam videre filium Dei patres prophetas apostolos et eorum frui doctrina et familiaritate: Hanc futuram scholam mente intueor, quoties in nostras scholas ingredior. Nec velim unquam meum judicium ab illis optimis sejungere. Cumque audierim Bonnae Bucerum, sum ei testis pure ipsum et fideliter summam Christianae doctrinae integram tradidisse. Operum Melanchthonis pars 2 (ed. Peucer. Witebergae 1562), 113 f.

Besserungen nach der Richtschnur göttlichen Worts. Er gedachte so eine evangelische Ordnung in einem geistlichen Fürstenthum durchzuführen mit möglichster Schonung aller überlieferten Rechte — ohne Schmähung und ohne Erwähnung des Papstes. Göbel urtheilt, Hermann's Versuch sei gescheitert, „weil seine Ordnung keine Partei recht für sich zu begeistern wusste, in ihrem officiell vermittelnden Charakter vielmehr jede mehr oder weniger unbefriedigt liess oder gar verletzte"; spricht es aber nicht zu Gunsten dieser Ordnung, dass sie Graf Philipp IV von Hanau-Lichtenberg bei der Durchführung der Reformation in seinem Lande 1545 zu Grunde legte[1]), dass sie eine Zeit lang in Hessen in Gebrauch war[2]), dass sie in Ostfriesland, in Oesterreich, in England[3]) bei der Entwerfung neuer Ordnungen benutzt wurde? Kaum dürfte demnach der „vermittelnde Charakter" des Bedenkens an und für sich erklären, warum seine Durchführung in Köln nicht gelang; wohl aber drängen sich bei einem vergleichenden Blick auf die genannten Lande weltlicher Fürsten und das geistliche Kurfürstenthum Köln die Fragen auf: welchen Einfluss übte auf den Ausgang in Köln die Eigenart eben dieses geistlichen Fürstenthums? wurde er herbeigeführt trotz oder wegen der Concessionen, die hier der „geistlichen Hierarchie" gemacht waren? welche Wechselwirkungen lassen sich hier zwischen den inneren Kölner Verhältnissen und der allgemeinen Entwickelung deutscher und europäischer Politik nachweisen?

Selbstverständlich je klarer die evangelischen Tendenzen des Erzbischofs zu Tage traten, mit um so lebhafterem In-

---

[1]) Vgl. Röhrich, Mittheilungen 2, 66 ff.
[2]) Vgl. Richter, Kirchenordnungen 2, 30. Hassencamp 2, 491.
[3]) Am 26. Juli 1544 schrieb a Lasco an Hardenberg: Meditamur nunc formam quandam disciplinae in nostra ecclesia, in qua constituenda magno nobis erit adjumento Episcopi Coloniensis ordinationis. Kuyper 2, 575. Gerdes 2, 515. — Ueber die Benutzung in Oesterreich (1571) s. Richter, Kirchenordnungen 2, 347. Krabbe, Chytraeus 222. — Auf ein interessantes Zeugniss für die Nachahmung in England weist Krafft hin, Theologische Arbeiten 3, 123.

teresse verfolgte man ausserhalb des Kurstaats die in diesem
beginnenden Kämpfe; um so kräftigere Anstrengungen machte
die päpstliche Partei, Hermann's Unternehmen zum Scheitern
zu bringen. Am 5. April hatte Butzer dem Landgrafen gemeldet, des Erzbischofs Kölner Gegner hätten sich an den
Papst, an Granvella, nach Mainz und Trier gewandt, indess
bisher nur erreicht, dass Trier bei Hermann über die Vorgänge in Andernach und Linz Klage geführt hätte. Zur Erledigung dieser Fragen war eine Zusammenkunft zwischen
den Kurfürsten von Trier und Köln mehrmals in Aussicht
genommen; Räthe des Ersteren erschienen in Buschhoven;
sie erklärten, „ihr Herr wollte das General-Concil abwarten,
aber doch sich mit Hermann nicht einlegen". Am Trierer
Hof selbst waren verschiedene Ansichten vertreten; in einem
Hermann's Tendenzen ungünstigen Sinn wirkte dort besonders Bartholomaeus Latomus. Er hatte früher in Löwen und
Paris mit Johannes Sturm und Sleidan in freundschaftlichen
Beziehungen gestanden, auf der Rückkehr von seiner italienischen Reise 1541 auch in Strassburg mit Butzer freundschaftlich verkehrt[1]); so war es diesem doppelt empfindlich,
als ihm von glaubwürdiger Seite berichtet wurde, wie gerade
der geschätzte und einflussreiche Philologe in Koblenz sich
gegen den Kölner Reformationsversuch öffentlich ausspreche,
sich für die Anrufung der Heiligen, gegen die Gewährung
des Laienkelchs und der Priesterehe erkläre. Am 15. Juni
richtete desshalb Butzer einen Brief an Latomus, forderte ihn
zu gründlicher Prüfung der streitigen Fragen an der Hand
der Bibel und der Schriften der Protestanten auf und übersandte ihm desshalb gleichzeitig Melanchthon's Erwiderung
auf Billick's Schmähbuch. Aber Latomus' eingehende Antwort vom 12. Juli zeigte nur, von wie verschiedenen Grundanschauungen er ausging: er erblickte nur Störungen des Frie-

---

[1]) S. über Latomus die bei Bianco 1, 747 und bei Nève, Le college
des trois langues à l'université de Louvain 337 verzeichnete Literatur,
ausserdem Paur, Sleidan's Commentare 15. 24. Ch. Schmidt, Jean Sturm
6. 49. 54. Krafft, Bullinger 134 f

dens in dem Vorgehen gegen die Kirche. Der Kritik Melanchthon's und den Schmähungen Luther's gegenüber berief er sich auf die Zeugnisse der Kirchenväter für die Autorität der Kirche und des Papstes. Eifrig wurde dieser Brief von Butzer's Gegnern verbreitet, auch separat bald darauf, wenn auch nicht von Latomus selbst, in Köln gedruckt [1]). Wohl mochte dies Schreiben des humanistischen Gelehrten auch dem humanistischen Mainzer Erzbischof zusagen. Nach dem Regensburger Reichsabschied hatte auch Albrecht sich verpflichtet gehalten, eine Reformationsordnung ausarbeiten zu lassen; der ebenfalls 1543 von Albrecht's Kanzler Jakob Jonas vollendete Entwurf unterstellte aber alle Reformvorschläge der Prüfung der römischen Kirche, deren höchste Autorität ausdrücklich anerkannt werden sollte; von vornherein wurden die Fragen des Cölibats, des Laienkelchs, der Transsubstantiation, der Privatmessen, der Ohrenbeichte u. a. als solche bezeichnet, die nur durch den Consens der ganzen Kirche geordnet werden könnten, und desshalb dem erwarteten allgemeinen Concil vorbehalten [2]). In Regensburg hatte der Kurfürst den ersten Jesuiten, der nach Deutschland gekommen, kennen gelernt; Peter Faber verstand es, ihm zu imponiren; eifrig und erfolgreich wirkte er in Mainz für die Zwecke seines Ordens. Als er von Hermann's Ketzerei vernahm, eilte er selbst an den Niederrhein; er suchte in per-

---

[1]) Beide Briefe vom 15. Juni und vom 12. Juli hat Butzer abgedruckt in seiner später gegen Latomus veröffentlichten Schrift: Scripta duo || adversaria D. Bartho- || lomaei Latomi LL. doctoris || et Martini Buceri Theologi. || Argentorati in Aedibus || Wendelini Rihelii MDXLIIII. Genaue Titel-Angaben des Kölner Separatabdrucks von L.'s Brief vom 12. Juli und der später von ihm gegen Butzer gerichteten Schriften s. bei Krafft, Bullinger 135. Mit grösster Gehässigkeit gegen Butzer erzählt diese Vorgänge Brower, Annales Trevirenses (Leodii 1671) 2, 968 ff.

[2]) Vgl. May, Albrecht II. von Mainz und Magdeburg 2, 369. 405 ff. 527 ff. In diesem Zusammenhang ist die Thatsache von besonderem Interesse, dass, wie Albrecht selbst dem Kaiser meldet, als er gerade 1543 seinen Kanzler, eben Jonas zur Visitation des Kammergerichts verordnete, die Protestanten schriftlich begehrten, denselben hierzu nicht zu gebrauchen. Lanz, Correspondenz Karl's V. 2, 401 (n. 511).

sönlicher Unterredung den Erzbischof umzustimmen, seinem Orden zugleich eine feste Position in Köln zu schaffen. Eben damals gelang ihm eine wichtigste Erwerbung für den Orden: keiner wohl unter den rheinländischen Jesuiten hat mehr ihrer Sache genützt, als Peter Canisius, der Sohn einer angesehenen Familie in Nymwegen, der 1535 in der Kölner philosophischen Facultät immatriculirt, 1540 dort zum Magister der freien Künste creirt war: an seinem zweiundzwanzigsten Geburtstage, am 8. Mai, legte er 1543 nach wöchentlichen Uebungen, die Faber, sein „zweiter Vater", geleitet hatte, in Mainz das Gelöbniss ab, in den Orden einzutreten. Darauf wandte er sich wieder nach Köln; von seinem Vermögen wurde hier ein Haus für den Orden erworben; am 25. Juni liessen sich neun Jesuiten, von denen sechs bereits den Magistergrad erlangt hatten, theils in der philosophischen, theils in der theologischen Facultät inscribiren. Freilich glaubte der Rath die Gründung eines neuen klösterlichen Convents in der Stadt nicht gestatten zu dürfen; aber „durch Vermittlung des Rectors der Universität erhielten die Jesuiten die Erlaubniss, in der Stadt zu bleiben, unter der Bedingung, dass sie abgesondert von einander wohnten und sich aller Conventikel enthielten". Sehr kamen ihnen hier die Beziehungen zu Statten, die Canisius und Faber mit den Karthäusern, bei denen sie wohnten, geknüpft hatten. So fassten eben in den Monaten, in denen Oldendorp und Meinerzhagen aus Köln vertrieben wurden, dort die Jesuiten zuerst festen Fuss[1]). Faber rief zur Bekämpfung des ketzerischen Erzbischofs auch den päpstlichen Nuntius, Johannes Poggio, auf; von Rom wurden am 1. Juni eine Reihe von Briefen nach Köln gerichtet. Wie schon am 1. Februar Rath und Capitel von dem Papst zu kräftiger Behauptung des alten Glaubens und Gehorsams ermahnt waren, wurde jetzt jede beider Corporationen für den mannhaften Widerstand gegen das „wahnsinnige" Unternehmen des Erzbischofs und die lutherischen Prediger

---

[1]) Vgl. Orlandini, Historia societatis Jesu lib. 3, 35 ff. Reiffenberg 6 ff. Bianco 1, 863. Riess, Peter Canisius 8 ff. Ennen 4, 498 ff.

belobt, zu weiterem treuem Standhalten ermuntert. Schon wurde es als fraglich bezeichnet, ob Hermann in Wahrheit noch des Namens eines Erzbischofs würdig sei; nur aus christlicher Liebe liess ihm der Papst, obgleich er sich durch sein Vorgehen bereits unwerth aller päpstlichen Gnade und Milde gezeigt, in einem ebenfalls am 1. Juni erlassenen Breve doch zunächst, ehe andere Schritte gegen ihn erfolgten, die Aufforderung zugehen, in den Schoss der Kirche zurückzukehren und im Hinblick auf die schrecklichen Früchte der Neuerung die Lutheraner zu entfernen. Gleichzeitig wurde Hermann's wichtigster Gesinnungsgenosse im Domcapitel, wurde Heinrich von Stolberg, unter Androhung der Entziehung aller seiner kirchlichen Würden, persönlich nach Rom citirt[1]).

Fanden Hermann's Kölner Gegner so im Ausland Ermunterung und Unterstützung, so sahen andererseits Butzer und Melanchthon darin erneuten Anlass, ihre deutschen Glaubensgenossen zu thätiger Hülfe für den Erzbischof aufzurufen: gerade die Schmähungen ihrer Feinde konnten und sollten auch hierzu auf das Beste von ihnen benutzt werden. Am 10. Juni stellte Melanchthon dem Landgrafen vor, wie die Kölner „nicht allein die Prädicanten, sondern auch die Stände, so christlicher reiner Lehre anhängen, sehr unflätig angriffen"; die Fürsten möchten sich darüber bei dem Kölner Rath beschweren. Butzer unterstützte diesen Vorschlag in zwei Briefen an Philipp; in dem zweiten vom 3. Juli verwies er als auf ein treues Zeugniss des Kölner Geistes auch auf Vorstellungen, welche die Universität neuerdings an Rath und Domcapitel gerichtet hatte. Von dem Capitel wurden diese auch dem Erzbischof übermittelt. Butzer und Melanchthon verantworteten sich dagegen in einer an Hermann adressirten

---

[1]) Die Schreiben an den Erzbischof, das Capitel und den Rath s. bei Raynald ad a. 1543 n. 24 ff., das an das Capitel auch bei Meshov 62. Eben diese Schreiben finden sich auch im Düsseldorfer und im Wied'schen Archiv, im letzteren mit Glossen, welche bezwecken, die Lügenhaftigkeit der päpstlichen Erörterungen nachzuweisen. Das noch nicht gedruckte Breve an Heinrich von Stolberg entnahm ich dem Stolberger Archiv.

Schrift, die sie baten, auch dem Rath zugehen zu lassen[1]). Entschieden wiesen sie die drei lügnerischen Vorwürfe zurück, die ihnen gemacht worden, dass sie heimliche Anträger und Ohrenbläser seien, dass sie die Sacramente vernichteten, dass ihr Thun die Erweckung Arianischer Secten fördere; nachdrücklich betonten sie, dass eben von ihnen die Wiedertäuferei bekämpft, von ihnen Gehorsam gegen die Obrigkeit gepredigt sei. In der That waren diese Angriffe nur der Sache der Angegriffenen förderlich: es war nicht schwer, solche Anklagen zu widerlegen, es lag nahe, sie gegen die Ankläger selbst nicht nur im literarischen Kampf zu verwerthen. Wie erwähnt, dienten Butzer die „Supplicationen" der Universität neben Billick's Schrift jetzt als Argument, um eine Intervention der deutschen protestantischen Stände zu befürworten: da der Erzbischof auf einem Landtag in der zweiten Hälfte Juli die Reformationsordnung vorlegen wollte, beantragte er, eben zu diesem Landtag möchten die Schmalkaldener eine Gesandtschaft schicken, um bei Capitel, Geistlichkeit, Universität und Stadtrath über die Schmähungen gegen die protestantischen Stände sich zu beschweren, zugleich dem Terrorismus der Feinde zu begegnen und die Gutgesinnten zur Fortführung des reformatorischen Werkes zu ermuntern und zu stärken. Nach Butzer's und Melanchthon's Wünschen instruirten Philipp und Johann Friedrich ihre Vertreter auf dem Tag der schmalkaldischen Bundesgenossen, der Ende Juni in Schmalkalden eröffnet wurde; demgemäss wurde hier beschlossen, Gesandte nach Köln zu schicken, um durch sie Vorstellungen des von Butzer bezeichneten Inhalts machen zu lassen. Butzer hatte gewünscht, u. A. möchten mit dieser Mission Eberhard von der Thann und Jakob Sturm betraut werden; Ersterer ward wirklich von Sachsen, Werner von Wallenstein und Richard Rink

---

[1]) Den vollständigen Titel dieser christlichen und wahren Verantwortung auf die unbillige Anklage der Universität zu Köln s. bei Ennen 4, 439, der ebenda auch einige Sätze aus dem Schlussabschnitt der seltenen Schrift mittheilt; ein Exemplar derselben fand ich in der Wolfenbütteler Bibliothek.

wurden von Hessen abgeordnet; als Vertreter der Städte trat an Sturm's Stelle ein Frankfurter Rathsherr[1]).

Am 21. Juli trafen sie sämmtlich sich in Köln; noch an demselben Abend erbaten und erhielten sie eine Audienz bei Heinrich von Stolberg, der auf ihr Ersuchen eine Versammlung des Capitels auf den folgenden Morgen, einen Sonntag, berief. Auf ihre hier vorgetragenen Klagen erhielten sie die Antwort, das anstössige Buch sei weder vom Capitel verfasst noch unter seinem Namen ausgegangen, Secundarclerus und Universität erklärten, nur durch Butzer's Angriffe gereizt hätten sie scharfe Worte ihm erwidert; sie richteten sich nur gegen Butzer, keineswegs gegen die protestantischen Stände. Noch am Nachmittag des 22. Juli erledigten sich die Gesandten ihres Auftrags auch bei dem Kölner Stadtrath; auch dessen Vertreter stellten nachdrücklich jede feindliche Absicht gegen die protestantischen Stände in Abrede, äusserten ihre Geneigtheit, den Kölner Druckern die Veröffentlichung aller gegen diese Stände gerichteten Schmähschriften verbieten zu wollen. Die Gesandten begaben sich darauf am Montag, dem 23. Juli, nach Bonn, wo eben an diesem Tage die Stände zusammentraten.

Melanchthon, der nach Feststellung des Bedenkens sehr gewünscht hatte heimzukehren, war durch vielfache Bitten bestimmt worden, seine Abreise bis nach Schluss des Landtags aufzuschieben; man versprach sich viel von dem Einfluss, den er hier üben könnte, man wünschte sein Bleiben wohl um so mehr, da in der Umgebung des Erzbischofs die Ansicht verbreitet war, wegen der persönlichen Gehässigkeit, mit der manche der Gegner Butzer verfolgten, sei es räthlich, wenn er sich möglichst zurückhielte. In diesem Sinn

---

[1]) Ueber den Tag von Schmalkalden und die dort beschlossene Gesandtschaft nach Köln geben ausser den Akten des Weimarer und Marburger Archivs, aus denen schon Seckendorf 3, 418 ff. und Neudecker (Aktenstücke 323 ff.) Mittheilungen gemacht haben, auch einige hier einschlagende Documente Aufschluss, die sich in Bd. X der werthvollen wohlgeordneten Akten-Bände zur Geschichte des Schmalkaldischen Bundes im Braunschweiger Stadtarchiv finden.

hatte schon am 8. Juli der Coadjutor an Wilhelm von Nassau geschrieben, ob er nicht etwa Butzer zu sich berufen und dadurch für einige Zeit von Bonn entfernen wolle, Graf Wilhelm aber diese Anfrage ablehnend beantwortet¹). So war auch Butzer zur Zeit des Landtags in Bonn; am Tage seiner Eröffnung hatten er und Melanchthon eine Besprechung mit den Grafen von Manderscheid und Neuenahr. Die Grafen, die weltlichen Stände überhaupt zeigten sich auch jetzt dem Unternehmen Hermann's günstig, sie äusserten sich für die Annahme des Bedenkens. Auch unter den Gesandten des Domcapitels rühmte Melanchthon ²) einige als bestgesinnt, so Heinrich von Stolberg und den jüngsten Bruder des Erzbischofs Friedrich, den früheren Bischof von Münster, der 1531 auf diese Würde resignirt hatte ³), so auch den Grafen von Gleichen: dem anfänglich so besonders eifrigen Gegner Butzer's, Christoph von Gleichen, waren durch seine protestantischen Verwandten, namentlich durch seinen Vater, solche Vorhaltungen gemacht, dass er im Juli seinem Bruder versprach, „das Evangelium nicht zu verhindern, sondern gern fördern zu helfen" ⁴). Aber ausser diesen Adligen hatte das Domcapitel zwei Priesterherren deputirt, Hieronymus Einhorn und Gropper, und namentlich der Letztere kämpfte, wie Melanchthon schreibt, mit „mannigfaltigen Künsten gegen die Besserung der Kirche". Zwölf Tage zuvor war das Bedenken dem Capitel zugestellt; nur in Eile hatten, wie die Hermann feindlichen Domherren später ⁵) erklärten, einige hochgelehrte und gottes-

---

¹) Auf diese in der Berliner Handschrift uns erhaltene Correspondenz hat schon Ennen 4, 441 hingewiesen; über die Haltung des Coadjutors im Jahre 1543 s. namentlich Butzer's Aeusserungen in seinem Brief vom 8. März 2, 64.
²) In seinem für die Geschichte des Landtags besonders interessanten gleichzeitigen Brief an Caesarius vom 24. Juli C. R. 5, 149 n. 2730.
³) Vgl. über ihn Fischer 297. Cornelius 1, 13. 122 ff.
⁴) S. die Auszüge aus dem Briefe von Christoph's Bruder vom 26. Juli und aus Christoph's Brief vom 6. August 1543, die Sagittarius, Historia der Grafschaft Gleichen S. 408 f. mittheilt.
⁵) In dem Vortrag an die weltlichen Stände vom November 1541. Schon Ennen und Drouven benutzten neben diesem Bericht über den Land-

fürchtige Theologen die besonders anstössigen Punkte verzeichnen können; die Gesandten des Capitels waren daraufhin instruirt worden, zunächst zu fordern, dass der Reformationsentwurf dem Landtag erst vorgelegt würde, nachdem er gemeinsam von dem Erzbischof und dem Capitel nochmals berathen worden. Natürlich liess sich Hermann hierauf nicht ein; ebenso lehnte er das Verlangen ab, er möge versprechen, Butzer wie seine Gesinnungsgenossen zu entfernen, und die vorgenommenen Neuerungen abzustellen und „das Reformationsbuch zu verhalten" — dann wolle das Capitel sich „zu aller gebührlichen Reformation, sofern dieselbige vermöge göttlichen und beschriebenen Rechts wie vormals 1536 vorgenommen würde, gutwillig verstehen". Auch der Versuch, die weltlichen Stände umzustimmen, scheiterte: sie waren auch jetzt nicht zu vermögen, gemeinsam mit dem Capitel vor Allem Butzer's Entfernung von dem Erzbischof zu fordern; so nahm der Landtag einen ähnlichen Verlauf wie der vorangegangene im März. Hermann hatte vorgeschlagen, sämmtliche vier Stände möchten „etliche gelehrte und gottesfürchtige Männer, die allein nach Gottes Ehre und der Seele Heil eifern", erwählen; diese sollten zusammen mit Verordneten des Erzbischofs das Bedenken „mit Fleiss und nach Nothdurft besichtigen und erwägen, dessgleichen nach dem Wort Gottes in christliche Vergleichung richten und zum Werk bringen helfen". Die Gesandten des Domcapitels sahen nun, nachdem ihre entgegenstehenden Vorschläge nicht durchgedrungen waren, sich zu der Zusage genöthigt, „in bestimmter Zeit, nämlich vierzehn Tagen oder drei Wochen, mit höchstem Fleiss die gestellte Reformation durch gelehrte und gottesfürchtige Männer besichtigen zu lassen und guten wahren beständigen und christlichen Bericht dem Kurfürsten und seinen Verordneten zuzusenden"; sollte nicht der ganze Bericht in so kurzer Zeit geschickt werden können, wollten sie doch etwas schicken, um die Berathung nicht aufzuhalten.

---

tag namentlich die einschlagenden Mittheilungen des Landtagsabschieds vom 26. Juli; auch er findet sich in dem mehrerwähnten Fascikel des Düsseldorfer Archivs.

Dagegen gaben die drei weltlichen Stände diese hochwichtige, das Seelenheil betreffende Sache gänzlich dem Kurfürsten anheim, dessen „gute Wohlmeinung sie gespürt und vermerkt", in der festen Zuversicht, er werde die Reformation „christlich und heilsam also stellen, dass er es vor Gott verantworten könne und dass männiglich dadurch erfreut und niemand beschwert werde".

Wohl konnte Melanchthon befriedigt auf solches Resultat zurücksehen, als er zwei Tage nach dem Schluss des Landtags Bonn verliess; günstige Eindrücke empfingen auch die Gesandten der Schmalkaldener bei den Audienzen, die ihnen von dem Erzbischof und den Ständen gewährt wurden. Eberhard von der Thann urtheilte in seinem Schlussbericht vom 29. Juli[1]) an den sächsischen Kurfürsten, der Erzbischof und die drei weltlichen Stände würden bei der Reformation bleiben und fest bestehen, auch mit der Zeit das Capitel sich wohl in solche begeben, da viele seiner Mitglieder offen sich zum Evangelium bekennten. Misslich stand es nach Thann's Ansicht mit dem Rath; „denn es ist durchaus ein unverständig Volk, das allein von seiner Kaufmannschaft, Geniessen und Wollust und von Gott gar nichts versteht". Doch habe das Capitel nur erst seinerseits auch in die Reformation gewilligt, lasse wohl mit Gottes Hülfe, „der aus Steinen und Klötzen Kinder Abraham's macht", auch dieser Widerstand sich überwinden, Gott werde „sein angefangen Werk voll-

---

[1]) Er findet sich im Ernestinischen Archiv zu Weimar, dessen Benutzung mir auch an dieser Stelle mehrfach Ergänzungen zu Seckendorf's werthvollen Auszügen (3, 441 f.) bot. Schon Seckendorf hat als Datum der Abreise Melanchthon's, hinsichtlich dessen im C. R. der 28. oder 29. Juli angegeben ist, bestimmt den 28. Juli bezeichnet — gestützt offenbar gerade auf Thann's Zeugniss. In einem Zettel, den er seiner am 29. Juli aus Holzhausen datirten Relation beigefügt, bemerkt er, dass ihm der Erzbischof, der Coadjutor, der Domdechant, die Grafen von Nassau und Neuenahr „E. Ch. Gn. ire freuntliche und underthenige dienst und daneben der bischof freuntliche dancksagung von deswegen, das E. Ch. Gn. ime Magistrum Philippum geschickt hat und gelihen, anzusagen bevolen". Melanchthon sei von Hermann entlassen und „Sonnabend nach Jacobi zu schiff frisch und gesunt nach Frankfort gereiset".

bringen und dadurch den anderen Geistlichen ein Exempel machen".

Eben von diesem Gesichtspunkt aus erfüllten die Nachrichten aus Köln auch Luther und Calvin [1]) mit besonderer Freude: so bedeutsam es an und für sich war, wenn es dem Erzbischofe gelang, sein Land für die reformatorischen Anschauungen zu gewinnen, wie viel bedeutender musste dieser Gewinn noch erscheinen im Hinblick auf Hermann's Stellung im Kurfürstencolleg, auf die geographische Lage seines Gebiets, auf das Vorbild, das durch ihn seinen Standesgenossen, die Stärkung, die seinen Glaubensgenossen gegeben wurde! „Hätte sich Holland, fragt Ranke, wohl je von Deutschland getrennt, wenn es einen protestantischen Erzbischof von Köln gegeben hätte?" Gerade auch unter diesem Gesichtspunkt waren die gleichzeitigen, durch das Kölner Beispiel gekräftigten verwandten Bestrebungen in den beiden wichtigsten Nachbarlanden von besonderer Wichtigkeit: in Münster und in Jülich-Cleve. Aus Butzer's Briefen sehen wir, mit wie gespannter Aufmerksamkeit er von Bonn aus die Entwickelung in den niederrheinischen Herzogthümern, den Geldern'schen Krieg verfolgte: je grössere Hoffnungen die Fülle „evangelischer guter Leute im Jülicher Land" die gute Gesinnung des Herzogs erregte, um so lebhafter ward Butzer durch wenig tröstliche Nachrichten über die politische Unfähigkeit des „Jülicher Regiments", über die Aussichten der feindlichen „Brabanter" bekümmert. Wie schon früher hatte zu Ostern Herzog Wilhelm das Abendmahl nach evangelischer Ordnung genommen; er hatte befohlen, dasselbe in gleicher Weise Allen, die es begehrten, zu reichen, und versprochen, dem Reformationswerk Hermann's sich anzuschliessen [2]). Er

---

[1]) Vgl. Luther's Briefe vom 10. März 1542, 7. Mai, 13. Juni und 18. August 1543 bei De Wette 5, 441. 557. 567. 585; Calvin's Briefe vom 16. Februar und 23. Juli 1543. C. R. 39, 516. 598. 601 (n. 454. 491. 492).

[2]) S. 2, 83. Schon am 19. Januar 1543 schrieb Spalatin, Hans von Dolzig habe bei seiner Rückkehr von Jülich erzählt ducem quod faustum felixque sit communicasse secundum institutionem Christi ipso die natalicio Christi. Quod spero initium futurum suscipiendi amplectendique Evangelii per omnes ejus ditiones. Krafft, Theologische Arbeiten 2, 46.

sandte nicht nur seinen Vertrauten Heresbach an den kurfürstlichen Hof, am 5. Juni kam er selbst nach Brühl, hörte dort Butzer; Melanchthon wurde von ihm in sein Land eingeladen. Aber Melanchthon's Reise konnte so wenig ausgeführt werden, wie eine Berathung über die Durchführung der Kölner Reformationsordnung in den herzoglichen Gebieten: beide vereitelte der Krieg.

Klar hatte Karl erkannt, welche Gefahren hier für die Behauptung seiner politischen und kirchlichen Stellung, welche Aussichten hier für den Protestantismus sich zeigten; nach dieser Erkenntniss handelte er — durch die deutschen Protestanten selbst gefördert. Jetzt trat die ganze verhängnissschwere Bedeutung des Bündnisses zu Tage, durch welches der Kaiser Philipp von Hessen 1541 gefesselt hatte — der eifrigste Vorfechter des Protestantismus selbst war es, der diesem Bündniss entsprechend die Aufnahme des Herzogs in den schmalkaldischen Bund, der so eine wirksame Unterstützung Wilhelm's gehindert und Karl's Interesse in entscheidender Stunde auf das Bedeutsamste gefördert hat[1]). Man begreift, dass unter diesen Umständen eifrige und einsichtsvolle Protestanten dringend eine Beilegung des Krieges wünschten, ehe der Kaiser selbst Truppen gesammelt, um den Herzog niederwerfen zu können — man begreift nicht minder, dass der Kaiser nicht daran dachte, solchen Wünschen zu entsprechen, dass er alle in letzter Stunde gemachten Vermittlungsversuche zurückwies, um mit Energie den günstigen Augenblick voll auszunutzen. So bemühte sich umsonst auch Hermann für den Herzog; er hatte sich bald nach Schluss des Landtags persönlich nach Speier begeben, wo Karl am 25. Juli eingetroffen war; aber ohne etwas für Jülich erreicht zu haben, reiste er am 4. August heim. Dem Kaiser lag daran, zunächst den Herzog vollständig zu isoliren; so hatte er jetzt noch gnädige Worte für den Erzbischof, tadelte auch

---

[1]) Schon im Juni beabsichtigte Hermann persönlich Philipp aufzusuchen gerade auch propter Juliacensem, wie Melanchthon an Schreiber am 11. Juni meldete (C. R. 5, 120); die Reise aber unterblieb; vgl. 2, 85.

zunächst seinen Reformversuch nicht, versicherte ihn, er dürfe für sich und die Seinen nichts fürchten — freilich der Krieg führe unendliche Uebel mit sich[1]). Nur zu sehr sollten der Kölner Fürst und die Seinen die Wahrheit dieses letzten Satzes empfinden. Wie zwischen beiden Fürsten besprochen war, folgte bald der Kaiser dem Erzbischof nach dem Niederrhein: einen Tag nach Hermann verliess er Speier, am 7. August kam er nach Mainz: schon hier gab er Zeugnisse seines Unwillens auch über das Kölner Reformationswerk ab. Er leistete den Wünschen der Gegner des Erzbischofs Folge und er richtete Schreiben[2]) nach Köln an Rath und Geistlichkeit, belobte sie wegen ihres Widerstands gegen die neuernden Prädicanten, ermunterte sie zu weiterer kräftiger Behauptung des alten wahren Glaubens.

Am 12. August schiffte er sich in Mainz zur Rheinfahrt ein; nach längerem Aufenthalt in Coblenz kam er am 17. nach Bonn, wo er bis zum 20. blieb. Schon vorher hatte sein Heer sich hier gesammelt, das auf über 40,000 Mann geschätzt wurde; zuerst waren etliche Tausend spanischer und italienischer Truppen unter der Führung des Vicekönigs von

---

[1]) So erzählt Hedio in seinem Schreiben an Herzog Albrecht von Preussen vom 12. September (bei J. Voigt, Briefwechsel mit Albrecht von Preussen 304 ff.). Ueber die Tage von Speier unterrichten uns ferner Mont's Bericht an Heinrich VIII, State-papers 9, 468 ff. und zwei von dort datirte Briefe Löwenberg's an den Landgrafen vom 2. und 4. August (M. A.); nach diesen kam Hermann erst am 3. August zum Kaiser, während Vandenesse p. p. Gachard 259 schon zum 1. August seine Ankunft berichtet.

[2]) Ein gleichzeitiger Druck des Schreibens an die Geistlichkeit vom 8. August befindet sich in dem Wolfenbütteler Mischband 79 Jur.; s. dasselbe lateinisch auch bei Meshov 65; das Schreiben an die Universität bei Bianco 1, 416. Das Schreiben an den Rath „wurde am 15. August in Rathsstatt verlesen". (Ennen 4, 454.) Vgl. auch hierüber Butzer's interessantes eingehendes Schreiben an Melanchthon vom 25. August bei Bindseil 180 ff., von dem dann eine deutsche Uebersetzung Krafft, Theologische Arbeiten 2, 81 ff. veröffentlicht hat. Schon früher war der Hauptinhalt des Briefs durch die Publication eines Schreibens von Veit Dietrich an Herzog Albrecht von Preussen (bei Voigt, Briefwechsel mit Herzog Albrecht S. 150 ff.) bekannt geworden, da hier Veit Dietrich Butzer's Mittheilungen abschrieb.

Neapel eingetroffen. Wie Butzer erzählt[1]), mahnte Gonzaga selbst, dass die Prediger sich nicht unter seine Soldaten begäben, denn er habe eine wilde Kriegerschaar und könne ihre Verwegenheit nicht immer zügeln. Wirklich stiessen die Spanier und Italiener bedenklichste Drohungen gegen die ketzerischen Prediger aus, die jetzt ihr Quartier verlassen mussten, aber in Bonn blieben[2]); sie sahen so mit eigenen Augen, wie schwer die Stadt und Umgegend unter dem fremden Kriegsvolk litten, das über 300 Morgen Weinberge gänzlich verwüstete und, was an Früchten auf dem Acker sich fand, verheerte. Die Bonner Bürger, die ihr Brod sich selbst im Lager kaufen mussten, schätzten ihren Verlust auf über 100.000 Gulden. Die umliegenden Orte wurden gänzlich beraubt, das Vieh weggeführt, aller Hausrath mit den Früchten genommen, alles Geräth von den Soldaten verkauft, als ob sie mitten in Feindesland wären. Die „Messpriester" redeten den Bedrängten vor, all dieses Unglück sei wegen der neuen Lehre entstanden; in einer Predigt im Münster liess der Erzbischof von Compostella viele Drohungen gegen die lutherischen Prediger fallen; Gerhard Veltwyck, den Butzer um eine Unterredung ersuchen liess, erklärte, mit einem Windbeutel wolle er nicht sprechen. Der Kaiser selbst machte dem Erzbischof ernste Vorhaltungen, verlangte, Hermann solle die drei Prädicanten entfernen, deren Anwesenheit Karl besonders ungern sehe, Melanchthon, Hedio und Butzer, und sein Vorhaben bis zum Concil oder bis zum nächsten Reichs-

---

[1]) In dem in der vorigen Anmerkung erwähnten Brief an Melanchthon, dem hauptsächlich auch das Folgende entnommen ist; ausser ihm liefern werthvolle Nachrichten über das Auftreten des Kaisers und seiner Truppen in Bonn auch Hedio's Brief an Herzog Albrecht vom 12. September und der ein Jahr später eilig niedergeschriebene Bericht Butzer's an den Pfalzgrafen Ott-Heinrich, den aus dem noch jetzt im Thomasstift befindlichen Concept Butzer's zuerst Rabus, Historien der Martyrer 2, 734 in der Strassburger Ausgabe von 1572, dann modernisirt Baum 530 ff. abgedruckt hat.

[2]) Auch Surius sagt von Butzer und Hedio: Si in Hispanos milites incidissent, haud dubio martyres evasissent. Commentarius brevis Coloniae 1567 p. 503.

tag aufschieben, damit er nicht der erste Neuerer unter den Bischöfen sei. Doch so sehr der greise Fürst durch all diese Wirren bewegt wurde, Butzer durfte ihm christliche Standhaftigkeit nachrühmen. Er liess durch Siebert Löwenberg dem Kaiser antworten, dass er keine Neuerung, sondern nur eine solche Reformation beabsichtige, welche mit dem Wort Gottes und den Einrichtungen der wahrhaft katholischen Kirche übereinstimme und von der er nicht zweifle, dass auch Gott, der Kaiser und die Stände sie billigen würden; er wolle sie, wenn sie fertig sei, Seiner Majestät zur Beurtheilung übergeben. Und da Karl wiederholt forderte, dass Hermann jede Aenderung hinausschiebe, bis er ihm den Reformationsentwurf eingehändigt habe: beharrte der Erzbischof dabei, er wolle sich so benehmen, dass er hoffe, er werde seine Handlungen vor Gott, dem Kaiser und den Ständen verantworten können. In Betreff der drei namentlich getadelten Prediger äusserte er, nach dem, was er über sie und von ihnen gehört, habe er nicht gedacht, dass sie dem Kaiser missfallen würden; doch sei Melanchthon bereits wieder abgereist, auch Butzer wolle schon lange abreisen und ebenso könne Hedio nicht bleiben; leicht könne daher er (der Erzbischof) in dieser Personenfrage sich nachgiebig zeigen, aber er werde von seinem Gewissen und durch die Verantwortlichkeit seines Amts genöthigt, sich anderer geeigneter Lehrer zu bedienen. Karl wünschte in diesem Augenblick keineswegs einen offenen Bruch herbeizuführen; als er sah, wie der Erzbischof standhaft bei seiner Ueberzeugung blieb, sagte er ihm beim Scheiden freundlich Lebewohl, während er bei der ersten Begegnung in sehr kalter Haltung erschienen war. Genugsam hatten seine Worte und sein Betragen verrathen, mit welchen Augen er das reformatorische Unternehmen des Erzbischofs betrachtete, wie viel für dasselbe von ihm zu fürchten war, wenn er ungebunden durch Rücksichten auftreten konnte, wenn der Feind bezwungen war, zu dessen Besiegung er von Bonn auszog. Während er hierzu seine ganze Kraft zusammennahm, ward Herzog Wilhelm wie von den deutschen Protestanten auch von dem französischen König in der entscheidenden Stunde ohne Unterstützung gelassen: allein war er unfähig, dem kaiserlichen Heere erfolgreichen Widerstand zu leisten; schon am 23. August wurde der festeste Platz des Herzogs, wurde Düren trotz tapferster Gegenwehr der Vertheidiger erstürmt und geplündert; den Tag darauf wurde fast die ganze Stadt ein Raub der Flammen. Gewaltig wirkte der Schrecken, den dies Ereigniss verbreitete, noch im August ergaben sich Jülich und Roermond. Als der französische König sich jetzt aufmachte, dem Herzog zu Hülfe zu ziehen, erfuhr er auf dem Wege, Wilhelm habe sich bereits dem Kaiser unterworfen. In den ersten Septembertagen waren in Bingen Hermann und die anderen drei rheinischen Kurfürsten zusammengetreten, die der Herzog ersucht hatte, eine Fürsprache bei dem Kaiser für ihn einzulegen [1]; aber während sie beriethen, machte Karl weitere Fortschritte; schon am 6. September sah er seinen Feind vollständig gebeugt im Lager vor Venlo zu seinen Füssen. Herzog Heinrich von Braunschweig und mehrere Abgesandte des Kölner Erzbischofs, Adolf von Schaumburg, Wilhelm von Neuenahr und Gropper hatten ihn zum Kaiser geleitet, bei dem er um Verzeihung für die Majestätsbeleidigung flehte, die er in jugendlicher Leichtfertigkeit, durch die Vorstellungen Anderer getäuscht begangen habe, in dem am 7. September unterzeichneten Vertrag verzichtete er zu Gunsten des Kaisers auf das Object ihres Streits, auf Geldern und Zütphen, entsagte er ausdrücklich dem Bündniss mit Frankreich, Dänemark und Schweden und zugleich allen kirchlichen Reformtendenzen. Alle seine Lande und Unterthanen verpflichtete er sich in dem orthodoxen Glauben und der Religion der allgemeinen Kirche zu erhalten, schlechthin keine Neuerung und

---

[1] Diese in den bisherigen Darstellungen des Jülicher Kriegs nicht erwähnte Notiz entnehme ich Hedio's mehrfach angeführtem Brief vom 12. September; vgl. sonst über den Krieg und den Vertrag von Venlo Ranke 4, 212; Henne, Charles V en Belgique 8, 120 ff.; Wolters, Heresbach 110 ff.; Voigt, Moritz 64 ff.; Ruble, Le mariage de Jeanne d'Albret 182 ff. und die von ihnen citirten Quellen.

Aenderung vorzunehmen und zu dulden, jede etwa bereits vorgenommene Neuerung wieder aufzuheben.

Was dieser Vertrag auch für Hermann's Reformwerk bedeutete, bedarf keiner Ausführung: er vereitelte die grössten Aussichten, die sich an dasselbe geknüpft hatten, er hinderte jede Ausführung der reformatorischen Gedanken des Erzbischofs in diesem wichtigsten Theil seiner eigenen Diöcese. Aber damit nicht genug: so gross der directe Schaden war, den dieser Erfolg Karl's der protestantischen Sache zufügte — noch viel grösseres Leiden sollten ihr in der Zukunft die Folgen dieses kaiserlichen Sieges bringen. Trotz desselben war der Kaiser zunächst noch gezwungen, Rücksichten zu nehmen; durch denselben war Hermann in seinem Glauben nicht erschüttert, zum Verzicht auf sein Unternehmen nicht bestimmt. Hedio war mit ihm nach Bingen und von dort weiter in die Heimath gereist, auch Butzer, nachdem er zuvor noch den Landgrafen aufgesucht hatte, im September nach Strassburg zurückgekehrt[1]); aber an ihrer Stelle wirkten im Erzstift die Männer, denen sie selbst „die Kirche übergeben" hatten, unter ihnen vor Allen der von Köln nach Bonn geflüchtete Meinerzhagen[2]); treu und fest standen unter den wichtigsten Räthen des Erzbischofs namentlich Medmann und Büchel zu der Sache der Reform; noch 1543 wurde für ihre Vertretung im Erzstift eine neue hervorragende theologische Kraft in dem von Butzer warm empfohlenen, nicht minder von Melanchthon hoch geschätzten Albert Hardenberg gewonnen[3]).

---

[1]) Vgl. über Hedio seinen mehrerwähnten Brief vom 12. September, über Butzer das im Marburger Archiv befindliche, für ihn vom Erzbischof ausgestellte Beglaubigungsschreiben an den Landgrafen. Am 5. September schrieb er an Konrad Hubert aus Kassel: Hodie huc perveni, sed principem in venatione occupatum convenire non potui (Archiv des Strassburger Thomasstifts). Am 16. September kehrte er nach Strassburg heim.

[2]) S. Krafft's Anmerkung zu Butzer's Brief vom 25. August (Theologische Arbeiten 2, 86) und Hedio's Brief an Pruckner vom 25. August bei Röhrich, Mittheilungen 3, 197.

[3]) Nach einer eigenhändigen Bemerkung Hardenberg's in einer Handschrift des Euklid (vgl. Schweckendieck Anm. 25) war er bereits früher, bereits

Hermann zeigte dauernd die gleiche Gesinnung: conservativ und vorsichtig, erschien er dem sanguinischen hessischen Landgrafen, den er im Winter persönlich aufsuchte, bedenklich kleinmüthig, auch in manchen Punkten nicht frei von Aberglauben und nicht einverstanden mit den protestantischen Gelehrten zu sein; aber gerade auch aus dem Bericht Philipp's über den Erzbischof sehen wir, wie dieser allen Nachdruck allein auf das Bekenntniss zu Gottes Wort legte; er war entschlossen, eher Land und Leben, als seinen Glauben aufzugeben. Immer wieder tritt es uns entgegen, dass er sein Vorhaben allein auf Gottes Hülfe baute, dass er die „Weltweisheit" geringschätzte: darin lag seine Stärke und seine Schwäche. Er dachte nicht daran, dem Beispiel Albrecht's von Preussen zu folgen: nicht eine Stärkung seiner fürstlichen Macht, nicht einen Gewinn für sich und sein Haus strebte er mit seiner Reformation zu verbinden: dass er die Institutionen seines geistlichen Fürstenthums erhalten, auch die Gegner möglichst schonen wollte, das erschwerte seine Aufgabe, aber zugleich war das so offenbar durch keine äussere Rücksicht bestimmte Vorgehen des greisen Fürsten wohl geeignet, „moralische Eroberungen" für seine Anschauungen bei seinen Unterthanen zu machen. Sehr bedeutend war unter ihnen die Zahl der Bekenner evangelischen Glaubens: in Bonn, in Andernach, in Linz, in Kempen[1]), überall wo evangelische Predigten gehalten waren. Auch in Deutz lief dem Prediger, der „die neue Lehre und das neue Wesen" verkündete, so sehr das Volk auch aus Köln zu, dass der Rath den Erzbischof bat, „den Prädicanten wegzuschaffen,

---

1541 einmal zu dem Erzbischof gereist; nach seinen beiden neuen Biographen, Schweckendieck und Spiegel, wurde er dann erst 1544 wieder von Hermann berufen und zwar zunächst auf den Speierer Reichstag. Unbekannt ist Beiden ein im Archiv des Strassburger Thomasstifts befindlicher Brief Butzer's geblieben, in dem er schon im November 1543 warm Hardenberg dem Erzbischof empfiehlt.

[1]) Gerade aus dem Sommer 1543 finden sich im Wied'schen Archiv interessante Documente über den Fortschritt der evangelischen Bewegung in Kempen.

um weiteren Irrthum zu verhüten"¹). So mannigfachen Widersachern und Schwierigkeiten die Sache der Reformation gerade in diesem geistlichen Kurfürstenthum begegnete: so grosse Aussichten schien sie trotz aller Hemmnisse auch hier zu haben — wenn nicht äussere Gewalt gegen sie einschritt. Gerade darin aber lag die wichtigste, die für den Protestantismus verderblichste Folge des kaiserlichen Sieges, dass er den Sieger über die Schwäche, über die politische Unfähigkeit der deutschen Ketzer aufklärte, ihm zeigte, wie viel leichter, als er gedacht hatte, es möglich wäre, solche Gegner mit Gewalt niederzuwerfen. Karl's eigene Denkwürdigkeiten geben uns über diese weitere Bedeutung seines Erfolgs gegen Cleve den besten Aufschluss. „Er hatte, heisst es hier vom Kaiser, immer wie viele Andere die Ueberzeugung gehabt, es wäre unmöglich, eine solche Halsstarrigkeit und eine so grosse Macht, wie sie die Protestanten besassen, auf dem Weg der Strenge zu beugen: er war daher unschlüssig, was er in einer Sache thun könnte, deren Ordnung ihm so wichtig war. Aber Gott beschränkte sich nicht darauf, dem Kaiser die Gnade zu erweisen, ihm Geldern so schnell zu verschaffen: die Beobachtung dessen, was sich hier zutrug, öffnete die Augen des Kaisers und erleuchtete seinen Verstand dermassen, dass es ihm nicht bloss nicht mehr unmöglich vorkam, mit Gewalt einen solchen Hochmuth zu bändigen, sondern dass ihm dies sehr leicht erschien, wenn er es unter geeigneten Zeitumständen und mit passenden Mitteln unternähme"²). Die geeigneten Umstände galt es herbeizuführen,

---

¹) S. Krafft, Theologische Arbeiten 2, 81. Wotton berichtete aus Köln am 3. September 1543 an Heinrich VIII, der Kaiser habe Butzer von Bonn verbannt and likewise hannished Pistorius, that did preache anent Colen ultra Renum in a place called Tuitium (State-papers 9, 496). Wie auch Bonn gegenüber auf dem rechten Rheinufer in jülich-bergischem Gebiet evangelische Prediger wirkten, zeigen die interessanten Notizen des im Düsseldorfer Archiv befindlichen Erkundigungsbuchs; vgl. Krafft, Theologische Arbeiten 3, 124 und Crecelius über die Pfarrei Obercassel in der Zeitschrift des Bergischen Geschichtsvereins 12, 256.

²) Commentaires de Charles-Quint p. p. Kervyn de Lettenhove p. 100 f. (in Warnkönig's Uebersetzung S. 86 f.). Auf die Wichtigkeit eben dieser

die passenden Mittel zu beschaffen. Beide Parteien mussten hierzu dienen: Hermann's Kölner Gegner den Widerstand gegen den Erzbischof fortführen und sein Unternehmen hemmen, Hermann's protestantische Freunde dem Kaiser weiteren Vorwand zu ihrer Bekämpfung liefern und zugleich selbst helfen, seine noch gebundenen Kräfte frei zu machen, auf dass er sich gegen sie, sich namentlich auch gegen Hermann wenden konnte.

Stelle der Commentarien haben neuerdings auch Riess, Canisius 64 und L. Müller, Nördlingen im schmalkaldischen Krieg 9 f. hingewiesen. Interessant ist es, mit ihr die von Voigt (Moritz von Sachsen 66) citirten Aeusserungen von Mocenigo zu vergleichen, der in seiner 1548 erstatteten Relation bemerkt: Erano molti anni, che sua M^{ta}. haveva in animo di far questa guerra, ma per la gran difficultà, che in quella vedeva, andava scorrendo et si come mi ha detto persona, che lo po sapere, l'Imperatore si risolse al tutto di volerla fare quando vide che cosi facilmente et in cosi breve tempo havea superato il duca di Cleves, e toltoli tutti li stati soi, imperoche accorgendosi all' horn, che li Thedeschi non erano quelli valent' huomini, che si esistimavano, disse con alcuni de soi confidenti, ho havuto molti travagli di mente, pensandomi di voler far guerra à questi germani, ma vedendo horn, che si lassano vincer cosi facilmente, non ho piu pensar altro, se non di fargela subito, che mi vhenghi l'occasione. Fiedler, Fontes rerum Austriacarum 2. 30, 55. Wie klar Butzer erkannte, jetzt sei von dem Kaiser alles zu fürchten, zeigen sein Brief an Calvin vom 25. Oktober 1543 (C. R. 39, 634 f.) und namentlich ein ebenfalls noch 1543 verfasstes ausführliches bedeutsames Schreiben an Bullinger, dessen Kenntniss ich einer freundlichen Mittheilung von Lenz verdanke.

Drittes Kapitel.

Nicht minder gross, nicht minder verhängnissvoll als das Elend des Kriegswesens des alten deutschen Reichs war das Elend seiner Finanzen. Als in dem Zeitalter der Kreuzzüge überall in der politischen Entwickelung der abendländischen Völker die Bedeutung des Geldes und der Geldsteuer in den Vordergrund trat, ist auch in Deutschland die Möglichkeit einer solchen Einrichtung zu wiederholten Malen erwogen: aber den deutschen Königen Heinrich V. und Otto IV. gelang nicht, was ihren Vorbildern in England geglückt war. Und wie bekannt, auch im 15. Jahrhundert scheiterten die auch auf diesem Gebiet eifrig betriebenen, zugleich aus popolitisch-nationalen und aus finanziellen Gründen wichtigsten Reformversuche: gerade ihr klägliches Schicksal zeigte auf das Beste die Mannigfaltigkeit der Schäden, an denen das Reich litt, das „unendlich zerrissene und selbstische Treiben in all seinen Landen und Städten". Dies voll zu würdigen aber vermag nur, wer auf den Verlauf der Sache in einzelnen Territorien eingeht; sehr dankenswerth sind eben desshalb die neuerdings in dieser Richtung angestellten Untersuchungen über die Schwierigkeiten, die Art des Widerstands, die dem in der Noth der Hussitenzeit 1427 ausgeschriebenen gemeinen Pfennig begegneten [1]). Die Säumigen wurden damals wohl auf das Beispiel der Kurfürsten verwiesen; doch war auch bei

---

[1]) S. F. v. Bezold, König Sigmund und die Reichskriege gegen die Hussiten 2, 126 ff. 143 ff.

diesen keineswegs alles in Ordnung; „zeitig und ordentlich scheinen nur Mainz, Trier und Pfalz gezahlt zu haben. Der Erzbischof von Köln hatte gleich anfangs bei seinen Unterthanen hartnäckigen Wiederstand gefunden und Gewalt brauchen müssen; trotzdem war die Steuer nur vom Clerus und den armen Leuten des Erzstifts aufzubringen". Verwandte Gründe wirkten stets mit, den immer wieder auftauchenden Gedanken einer directen Reichssteuer immer wieder zum Scheitern zu bringen. Die Entwürfe, die „sich auf die Idee der Einheit, der Reichsangehörigkeit sämmtlicher Unterthanen gründeten", hatten keinen Erfolg; man griff statt dessen zu Matrikularumlagen, die „von vornherein auf dem Gedanken der Absonderung der Territorialmacht der einzelnen Gewalten beruhten. Der Unterschied, sagt Ranke [1]), ist unermesslich, die Absichten nahmen eine bei weitem weniger ideale, allgemein-vaterländische Wünsche befriedigende, aber eine ausführbarere praktischere Richtung". Leider nur, dass in Wahrheit doch auch auf dem Weg der „Römermonate nur ein sehr klägliches Resultat erzielt wurde; welche Schwierigkeiten es auch hier machte, um die ausgeschriebenen Summen wirklich aufzubringen, lässt klar wieder nur ein Einblick in die Verhältnisse der einzelnen Glieder des Reichskörpers erkennen. Unter diesem Gesichtspunkt ist eine Betrachtung der finanziellen Verlegenheiten Hermann's von Wied von allgemeinerem Interesse: sie wurden zugleich bedeutungsvoll auch für sein kirchliches Reformwerk, da seine Gegner in ihnen eine werthvolle Handhabe zu dessen Bekämpfung fanden.

Im 13. Jahrhundert erscheint in einer interessanten elsässischen Aufzeichnung [2]) der Kölner Kurfürst als der weitaus reichste unter den geistlichen Kurfürsten, unter den

---

[1]) Ranke 1, 110.
[2]) In der Descriptio Theutoniae Mon. SS. 17, 238; vgl. auch Lorenz, Deutsche Geschichte im 13. und 14. Jahrhundert 1, 382. Schmoller, Epochen der preussischen Finanzpolitik in dem Jahrbuch für Gesetzgebung, Verwaltung und Volkswirthschaft im Deutschen Reich h. v. Holtzendorff und Brentano 1, 36.

deutschen Erzbischöfen überhaupt: während dem Mainzer nur 7000, dem Trierer nur 5000, wurden ihm 50.000 Mark jährliche Einkünfte zugeschrieben — genau ebensoviel wie dem Kurfürsten von Brandenburg. Er hätte demnach für seine Hof- und Centralverwaltung über 1½ Million heutiger Reichsmark, resp. über die Hälfte dieser Summe zu verfügen gehabt — je nachdem man annimmt, dass in unserer Aufzeichnung die löthige Mark zu 11 Thaler oder die Zahlmark des 13. Jahrhunderts gemeint sei. Ungünstiger war es zur Zeit Hermann's nach einer Venetianer Mittheilung um seine Einnahmen bestellt. Tiepolo schätzt dieselben in seiner 1532 erstatteten Relation auf jährlich 50.000 rheinische Gulden, während er das Jahreseinkommen des Mainzer auf 70.000, das des Salzburger Erzbischofs auf 100.000 Gulden veranschlagt[1]). Erschwert wurde auch in diesen finanziellen Fragen die Lage des Fürsten nicht am wenigsten durch die Verfassung seines Fürstenthums, durch den Doppelcharakter seiner Stellung, durch die Privilegien der Geistlichkeit und insbesondere des Domcapitels. Die hieraus erwachsenden Schwierigkeiten traten in Köln wie in Mainz[2]) besonders zu Tage, da es sich in den vierziger Jahren um die Aufbringung der ausgeschriebenen Türkensteuer handelte. Auf beiden 1543 abgehaltenen Landtagen hatte der Erzbischof die Stände zur Berathung über diesen Punkt, zur Rückerstattung der von ihm bereits vorgestreckten bedeutenden Summen aufgefordert; im Juli wurde die Einsetzung eines Ausschusses beschlossen. Grafen und Ritterschaft wählten für denselben sofort Depu-

---

[1]) Tiepolo bei Alberi, Relazioni degli ambasciatori Veneti 1. 1, 114. Leider nur unbestimmtere Angaben über diesen Punkt enthält die oben erwähnte sonst so eingehende Finalrelation von Mocenigo aus dem Jahr 1548. Er sagt (Fiedler S. 67): Li principi ecclesiastici, li quali hanno anco il Dominio temporali sono assai et molto ricchi. Sono di prima otto Archivescovi, cioè Maguntia, Trevere, Colonia, Saltspurg, Magdeburg, Brema, Rigense et Bisuntino, alcuni delli quali hanno fino 100 m. fiorini d'entrata. Dagegen schätzte Soranzo 1563 die Mainzer Einkünfte auf 100, die Kölner auf 200, die Trierer auf 70, die Salzburger auf 150 Tausend Gulden (Fiedler S. 164).

[2]) Vgl. May, Albrecht von Mainz 2, 392 ff. 402 ff.

tirte; sie traten mit den Vertretern des Domcapitels und der Städte im Oktober in Poppelsdorf zusammen, um über die Eröffnungen zu berathen, die ihnen die erzbischöflichen Räthe machten. Diese stellten dem Ausschuss vor, wie bedeutende Auslagen und Vorschüsse der Erzbischof bereits aus seinem eigenen Vermögen für das Stift habe leisten müssen, wie er vom Kaiser bei schwerer Strafe aufgefordert sei, die Türkensteuer zu erlegen, welche die Stände auf den letzten Reichstagen in Speier und Nürnberg bewilligt hatten. Die weltlichen Stände erachteten für billig, dass gemäss den Anordnungen des letzten Speierer Reichstagsabschieds dem Kurfürsten die Türkensteuer, von allen vier Ständen gleichmässig eine halbe Türkensteuer geleistet würde. Zu diesem Zweck sollten in jedem Amt der Amtmann und ein dazu speciell verordneter Adliger jeden zu dem Amt gehörigen Adligen vorfordern, jeder zu eidlicher Angabe seines beweglichen und unbeweglichen Vermögens und zur Zahlung der halben Steuer von seinen Gütern gemäss den Speierer Festsetzungen verpflichtet werden. In derselben Weise sollte in den Städten der Bürgermeister die Steuer einfordern; den Amtsleuten und Bürgermeistern wurde strenge Verschwiegenheit über alle ihnen gemachten Vermögensangaben auferlegt. Die städtischen Deputirten klagten zuerst, wie schwer die Erfüllung von Hermann's Forderungen den Städten fallen würde; nach längeren Verhandlungen aber stimmten sie dem gemachten Vorschlag zu und baten nur um Erleichterung durch Verlängerung der Zahlungsfrist. Dagegen machten die Vertreter des Domcapitels alle Bewilligungen von einer Vorbedingung abhängig: im Namen des Capitels und der Geistlichkeit erklärten sie, die begehrte Steuer nicht verweigern zu wollen, wenn Hermann auf ihre ihm vorgetragenen Bitten einginge, ihren Wünschen in den kirchlichen Fragen nachkäme[1]). So knüpften auch sie die kirchliche und die Finanz-Frage an einander — ebenso wie in demselben Jahr das

---

[1]) Auch der Abschied dieses Ausschusstages findet sich in dem mehrerwähnten Fascikel des Düsseldorfer Archivs, welches die Abschiede der

Osnabrücker Domcapitel, das seinerseits sich im Juni nach Köln gewandt hatte, um sich Raths zu erholen, wie dem Vordringen der Reformation Einhalt zu gebieten sei [1]). Die Gesinnungen und Forderungen der Mehrheit des Capitels in Sachen der Reformation waren dem Erzbischof acht Tage vor dem Zusammentritt des Steuerausschusses dargelegt worden. Am 1. Oktober war ihm der „Gegenbericht" übersandt, den im Namen des Capitels Gropper verfasst hatte: das Gutachten über das „Bedenken", dessen baldige Ausarbeitung auf dem Landtag im Juli in Aussicht gestellt war. Wie in dem Begleitschreiben ausgesprochen war, sollte Hermann daraus ersehen, dass sein Reformationsbuch in unzähligen Stücken der katholischen Lehre und allgemeiner Uebung der christlichen Kirche ganz ungemäss, desshalb für sträflich zu halten und keineswegs annehmbar sei. Würde das Bedenken publicirt, so würden dagegen alle Unterthanen des Kurfürsten, die Papst und Kaiser gehorsam bleiben wollten, protestiren müssen; denn ernst und streng hätten Beide, die oberste geistliche und weltliche Obrigkeit solche Neuerungen verboten, wie sie in dem erzbischöflichen Buch enthalten; sein Druck würde auch den Druck des Gegenberichts [2]) zur Folge haben. Schon sein erster Abschnitt zeigt auf das Deutlichste Grund und Wesen seines Gegensatzes zu

---

drei vorangegangenen Landtage enthält; ein ausführlicher Auszug ist bei Drouven 162 ff. abgedruckt. Wohl verdient er Beachtung auch wegen seiner Bedeutung für die Geschichte der Entwickelung des Kölner Steuerwesens im 16. Jahrhundert, bei dessen Darstellung man bisher (vgl. Walter 183) nur auf den folgenden Landtag von 1544 zurückgegangen ist. Von welcher Wichtigkeit für die Ausbildung von Steuern auch in anderen deutschen Territorien gerade die auf den Reichstagen der vierziger Jahre erfolgten Bewilligungen geworden sind, zeigen die Mittheilungen von Droysen Preussische Politik 2. 2 (2. Aufl.), 203 und von Hildebrand, Die Steuerverfassung in Althessen in den Jahrbüchern für Nationalökonomie 25, 300

[1]) Vergl. Stüve, Geschichte des Hochstifts Osnabrück 2, 94.

[2]) Wirklich wurde dieser 1541 veröffentlicht u. d. T.: Christliche und Ca- || tholische gegenberichtung eyns || erwirdigen Dhomcapitels zu Cöllen wi- || der das Buch der guanter Reformation so den Sten- || den des Erzstifts Cöllen uff junxstem Landtage zu || Bonn vorgehalten und nun unter dem Tittel eyns || Be-

dem Bedenken. Mit Berufung auf den H. Basilius wurde hier, in der Erörterung über die katholische Kirchenlehre nachdrücklich der Werth der Tradition betont, ihr gleiche Kraft wie der Heiligen Schrift zugeschrieben. In gleichem Sinn, mit gleicher Methode der Argumentation wurden dann der Reihe nach die wichtigsten Artikel des Reformationsbuchs durchgegangen und verworfen, überall ihnen die Lehren der Väter und das kirchliche Herkommen entgegengestellt. Die umfängliche Schrift verrieth ihres Verfassers Belesenheit; sie war nicht nur im Vergleich zu den Productionen anderer Gegner des Erzbischofs gemässigt in der Form: in der Lehre von der Rechtfertigung entwickelte Gropper auch hier noch ähnliche Anschauungen wie einst schon im Enchiridion von 1538. Ernstlich sind ebendesshalb von den correct römisch gesinnten Löwener Theologen in diesem Punkt die übrigens eifrig von ihnen belobten Kölner getadelt; vergebens bemühte sich Gropper später, als er auch in dieser Frage sich der auf dem Tridentinum getroffenen Entscheidung unterwarf, den Unterschied zwischen dieser und seiner noch 1543 vertretenen Ansicht[1]) zu verwischen. Melanchthon urtheilte in einem Brief an Heinrich von Stolberg, in der Frage von der Rechtfertigung entferne sich der Gegenbericht nicht weit von der Lehre der Reformatoren, wohl aber verläumde er diese; als hauptsächlich anstössig hob er die Vertheidigung der Verehrung der Heiligen, des Cölibats und vieler anderer

---

denckens im Truck (doch mit allerley zusätzen || und veränderungen) uszgangen ist. || Coloniae excudebat Jaspar Gennepaeus cum gratia et privilegio || Caes. Majestatis anno 1544. Noch in demselben Jahr erschien ebenfalls bei Gennep eine lateinische Uebersetzung, deren vollständigen Titel Brieger, Gropper 240 verzeichnet. Die auf dieses Buch bezügliche Notiz der Acta Rectoralia (bei Bianco 1, 424. Senden, De Sleidano 62) bezeugt, wie schon Brieger, Gropper 235 mit Recht bemerkt, nicht, dass der Gegenbericht von mehreren Verfassern herrührt, sondern nur, dass zum Zweck der Publication des von Gropper nach seiner eigenen Angabe verfassten Werkes eine Commission eingesetzt wurde.

¹) Vgl. Brieger, Gropper 235 Anm. 56 ff.

offenbarer Irrthümer und Missbräuche hervor[1]). Sehr bezeichnend war in der That, wie eingehend Gropper die Verehrung der Heiligen, den Gebrauch der Bilder, das Cölibat, die herkömmliche Feier mehrerer Marientage und der Fasten zu rechtfertigen suchte, wie entschieden er die geplanten Reformen in Schulen, Stiftern und Klöstern verwarf.

Den Erzbischof zu bekehren, war dieses Buch sicherlich nicht geeignet: andererseits war, so lange bei dem Capitel solche Anschauungen die Herrschaft behaupteten, ebenso wenig von ihm eine Nachgiebigkeit gegen Hermann's Reformtendenzen zu erwarten: auch wenn er zunächst sich beschränkte und nicht Annahme des ganzen Inhalts seines Reformationsbuchs forderte. Während Butzer zu dessen Vertheidigung eine Antwort auf den Gegenbericht auszuarbeiten begann, machte der Erzbischof dem Capitel und der Kölner Geistlichkeit den Vorschlag, sie möchten wenigstens in vier Punkten Reformen nicht hindern, die Anstellung evangelischer Prediger, die Spendung des Abendmahls unter beiderlei Gestalt, deutsche Tauffeierlichkeiten und deutsche Kirchengesänge gestatten. Aber in Köln war ein entschiedenes Nein die Antwort auf diese Vorschläge[2]). Eben desshalb belobte der Kaiser die Geistlichen, versprach ihnen seinen Beistand, als er kurz darauf im Januar 1544 mehrere Tage in Köln verweilte[3]). Er befand sich auf der Reise von den Nieder-

---

[1]) Dieser im C. R. und bei Bindseil nicht abgedruckte Brief Melanchthon's an Heinrich von Stolberg vom 1. Januar 1544 ist neuerdings nicht weniger als drei Male publicirt: von Jacobs im Anzeiger für Kunde der deutschen Vorzeit 19 (1872), 165, von Krafft in den Briefen aus der Reformationszeit 171 f. und von mir in den Forschungen zur deutschen Geschichte 16, 19 f.

[2]) Ueber die Vorschläge, die im Januar 1544 Dietrich von Manderscheid, Wilhelm und Humbert von Neuenahr, Hacs und Hausmann im Auftrag Hermann's dem Capitel und Clerus von Köln übermittelten, ist von dem damaligen Rector der Universität, ist von Hermann Blankfort eine Notiz in die Acta Rectoralia (bei Bianco 1, 423; Senden 61) eingetragen.

[3]) Nach Vandenesse p. p. Gachard 275 kam Karl am 12. Januar nach Köln, blieb dort am 13. und 14., ging am 15. nach Bonn, am 16. nach Reim-

landen nach Speier, wo im Februar der Reichstag eröffnet wurde, den auch Hermann persönlich besuchte[1]. Auch für ihn mussten die schweren politischen Fehler verhängnissvoll werden, die hier seine protestantischen Freunde begiengen. Noch war die Zeit nicht gekommen, in der Karl die Ketzer mit dem Schwert hätte niederwerfen können: so leicht sein Triumph über den Herzog von Cleve errungen war, der folgende Feldzug gegen den französischen König nahm keineswegs den erwünschten Verlauf. Wie im Osten durch den türkischen, war der Kaiser so namentlich im Westen durch den französischen Krieg bedrängt; er sah sich um so mehr auf die Hülfe der deutschen Protestanten angewiesen, als der Papst sich völlig auf die Seite seines Gegners neigte. Es war selbstverständlich im Interesse der Protestanten geboten, diese Gunst der Lage auszunutzen, dem Kaiser in keinem Falle ihre Unterstützung gegen seine Feinde zuzusagen, ehe volle Sicherheit für sie erreicht war. Aber die Vertrauensseligkeit

---

bach. Gachard und Stälin Forschungen 5, 577 verstehen hierunter Remagen; auch mir erscheint als wahrscheinlicher, dass der Kaiser auf der Strasse am Rhein geblieben, als dass er im Januar über Rheinbach nach Andernach gegangen; im letzteren Falle läge die Vermuthung nahe, er hätte den Erzbischof in dem gerade zwischen Bonn und Rheinbach gelegenen Buschhoven besuchen wollen, doch ist mir irgend eine Nachricht über eine damalige Zusammenkunft zwischen Karl und Hermann nicht bekannt. Ueber des Kaisers Aufenthalt in Köln vgl. auch Bianco 1, 423; Ennen 4, 458; Gachard, Trois années de Charles-Quint 27. Wie wir aus den eben von G. excerpirten Depeschen Navagero's ersehen, erschien in Köln auch Herzog Wilhelm von Cleve, dem Kaiser zu Gefallen in spanischer Tracht. Schon ehe Karl damals nach Köln kam, hatte er seiner Missstimmung über Hermann Ausdruck gegeben, eine Ermahnung zur Festhaltung an dem alten Glauben nach Köln gerichtet. Vgl. Mont's Bericht an Heinrich VIII vom 22. November 1543. State-papers 9, 560.

[1] Wotton berichtet am 23. Februar 1544 aus Speier, am 30. Januar sei der Kaiser, am 8. Februar Philipp von Hessen eingetroffen. There ar comme hether of the Electors the thre Prelates and the Duke of Saxon, who camme upon the eighteenthe of this moneth. The Bysshop of Coleyn also and the Landgrave rode fourthe to meet him. State-papers 9, 598. Vgl. auch Vandenesse p. p. Gachard 276 und Druffel, Karl V und die römische Curie 1544—46. Erste Abtheilung 22 A. 10.

und das eifrige Streben der beiden fürstlichen Häupter des
schmalkaldischen Bundes, in ihren particularen Angelegenheiten [1]) wie in der Braunschweiger Sache sich mit dem Kaiser
zu verständigen, machten es diesem möglich, eine Geschäftsbehandlung nach seinem Sinn und Interesse durchzusetzen,
einen grossen, wie Granvella erklärte, auf kaiserlicher Seite
selbst kaum erwarteten Erfolg zu erreichen. Umsonst protestirte Köln gegen die Verschiebung der Religionsangelegenheit; Büchel, der zusammen mit Medmann und Hardenberg
in Speier dem Erzbischof zur Seite stand [2]), beklagte lebhaft,
dass man „blindlings in die Hülfe hineingegangen" und „die
Sache der Religion bei Seite gesetzt" habe [3]). Freilich, war
die Zusage einer Unterstützung gegen Franzosen und Türken
von den Ständen nach des Kaisers Wunsch bald gegeben,
lange deliberirte man über die Art und Weise, in der die
bewilligten Summen aufgebracht werden sollten. Zusammen
mit Mainz und Brandenburg gab im Kurfürstencolleg auch
Köln seine Stimme für den gemeinen Pfennig ab; zuletzt entschloss man sich, die Defensivhülfe, die zunächst allein bewilligt worden, nach den alten Anschlägen umzulegen, zur
Leistung der Offensivhülfe wieder einen gemeinen Pfennig
auszuschreiben. Die dem Kaiser gemachten Bewilligungen
blieben hinter seinen Forderungen nicht wenig zurück; was

---

[1]) Unter diesen war für die Kölner Reformationssache besonders bedeutsam und bedenklich der gerade in Speier eifrig betriebene Streit über
Katzenellenbogen zwischen Philipp von Hessen und Wilhelm von Nassau, den
beiden protestantischen Fürsten, die mit dem Erzbischof in besonders
naher Beziehung standen, auf deren Unterstützung er besonders angewiesen war. Vgl. über diesen Streit Arnoldi 3. 1, 81—163. Rommel,
Philipp 1, 78. 409. 477 f. 570 f. 2, 49 ff. 371 ff. 533. 612 ff. Wie sehr
Butzer eine Einigung zwischen beiden Fürsten wünschte, zeigen mehrere
seiner Briefe an den Landgrafen aus dem Jahr 1544. Vgl. S. 232 Anm. 1.

[2]) Am 25. März rieth Melanchthon Hardenberg, ut aperte et ingenue
cum D. Buchelio et Medmanno et Bucero de tuis rebus omnibus deliberes.
Horum prudentiam et fidem scis tantam esse, ut tibi utilia suasuri sint.
Et ingenii vim in Buchelio jam animadvertisse arbitror. C. R. 5, 340
(n. 2591).

[3]) S. Büchel's Brief an Melanchthon vom 15. April 1544 2, 92.

schlimmer, auch jetzt wurde keineswegs alles, was auf dem Papier ihm zugestanden war, bezahlt; als es an das Zahlen gieng, zeigten sich neue Schwierigkeiten gerade auch in Köln, wo im Juni der Landtag die Ausschreibung einer Vermögens- und Einkommensteuer beschloss, die 80.000 Goldgulden ertragen sollte [1]). Trotz all dieser Umstände aber, die den Werth der dem Kaiser positiv geleisteten Hülfe des Reichs verringern mochten, war für ihn doch ausserordentlich werthvoll, was in Speier ihm zu erreichen gelungen war: die Protestanten hatten durch ihr Auftreten ihm die Niederwerfung des französischen Königs möglich gemacht, sie hatten selbst geholfen, das Gegengewicht zu beseitigen, welches Karl bisher gehindert hatte, einen grossen Krieg in Deutschland zu entzünden. Und keineswegs konnte als ausreichender Schutz gegen solche Gefahr betrachtet werden, was im Reichstagsabschied in der Religionsfrage bestimmt war. Allerdings seine Worte klangen höchst erfreulich für die evangelischen Stände; wörtlich wurden einige Hauptartikel der Regensburger Declaration von 1541 in den Abschied aufgenommen, eine Vergleichung des Zwiespalts auf einem gemeinen freien christlichen Concil, eine Erledigung der religiösen Streitigkeiten innerhalb der deutschen Nation in Aussicht gestellt. Aber ausdrücklich hatten die römisch gesinnten Stände jede Verantwortlichkeit für die gemachten Zugeständnisse abgelehnt, sie allein dem Kaiser zugeschoben, und dieser hatte ihnen Erklärungen gegeben, die sie wohl über die immerhin sehr dehnbaren und unbestimmten Verheissungen beruhigen konnten, welche er unter dem Druck der augenblicklichen Lage den Protestanten zu geben für nöthig hielt. Auch diesen fehlte es nicht an Männern, die scharf und weit genug sahen,

---

[1]) Vgl. den Auszug aus dem Landtagsabschied vom 13. Juni 1544 bei Walter 153. 420 ff. Der Landtagsabschied findet sich zusammen mit anderen auf die Steuerfrage bezüglichen Aktenstücken auch in der Berliner Handschrift Blatt 30 ff. Aus einem im Wied'schen Archiv befindlichen Schreiben Hermann's vom 24. März sehen wir, dass er bei dem Kaiser Klage führte über die Schwierigkeiten, die ihm das Domcapitel bei der Erfüllung seiner Pflichten für das Reich durch seine Haltung in der Steuerfrage bereitete.

um sich durch die schönen Worte des Kaisers nicht täuschen zu lassen: lebhaft beklagten Butzer und Calvin, Jakob Sturm und der ihm geistesverwandte Stadtschreiber von Augsburg Georg Frölich die Blindheit, mit der ihre Parteigenossen hier ihren Feind gestärkt, ihr eigenes Vermögen verringert hatten [1]).

Nur zu bald sollten ihre Befürchtungen gerechtfertigt werden. Siegreich drang der Kaiser tief in Frankreich ein; dann hielt er mitten in seinem Siegeslauf inne, um im September den Frieden zu Crespy zu schliessen, bei dem sich der französische König zur Unterstützung der kaiserlichen Politik auch in der religiösen Frage verpflichtete [2]). Die deutschen Protestanten sahen sich isolirt; aber damit nicht genug, dass schwerste Gefahr sie von aussen bedrohte: ihr gegenüber war es doppelt bedenklich, dass genau in derselben Zeit innere Spaltungen ihre Kraft lähmten. Der verderbliche Streit über das Abendmahl war heftig auf's Neue entbrannt und gerade der einschlagende Artikel des Kölner Reformationsbuchs schien zu offener Fehde Luther's auch gegen Butzer und Melanchthon führen zu sollen [3]). Hermann hatte das Bedenken wie dem Kaiser auch protestantischen Fürsten und namentlich dem Kurfürsten von Sachsen mitgetheilt; dieser forderte Amsdorf auf, ein Gutachten darüber zu erstatten [4]).

---

[1]) S. über den Reichstag von Speier namentlich Ranke 4, 215 ff. Bucholtz 5, 30 ff. Baumgarten, Jakob Sturm 17 ff. Druffel, Karl V und die römische Curie 1544—1546. Erste Abtheilung 17 fl. Albert de Boor, Beiträge zur Geschichte des Speirer Reichstags von 1544. Strassburger Dissertation 1878.

[2]) Vgl. Baumgarten, Sybel's Historische Zeitschrift 36, 29 f. Druffel, Karl V und die römische Curie 59 ff.

[3]) S. die neuerdings von Köstlin (Luther 2, 649) und Jacoby (Liturgik der Reformatoren 2, 118 ff.) verzeichneten einschlagenden Stellen der Briefe Luther's und Melanchthon's.

[4]) Am 4. Juni sandte Johann Friedrich das ihm in Speier von Hermann übergebene Buch an Amsdorf und ermahnte ihn in einem noch im Weimarer Archiv befindlichen Begleitschreiben zu gründlicher Prüfung. An Albrecht von Preussen schickte Hedio das Bedenken am 19. Mai und ersuchte ihn dabei im Namen des Erzbischofs, das Buch bei sich zu verwahren, damit es nicht gedruckt oder abgeschrieben oder sonst veröffentlicht werde; denn aus wichtigen Gründen seien bisher nur einige Exemplare dem Kaiser, dem König Fer-

Dem eifrigen Schüler Luther's gab schon Anstoss, dass das Buch nicht des Meisters Autorität namentlich citirte, noch mehr, dass es nicht ein Wort wider „die Schwärmer" sagte. Luther selbst war zu gross und klug, um nicht — ganz im Gegensatz zu dem übereifrigen Verehrer — Gefallen daran zu finden, dass sein Name nicht angezogen war; „denn der, urtheilte er treffend, schreckt die Leute im Anfang ab und ist besser, dass es ohne Aller Namen im Namen des Bischofs von Köln ausgehe". Aber wohl reizte auch ihn die möglichst versöhnliche Fassung des Artikels vom Abendmahl, das Fehlen jeder Polemik gegen die Schwärmer und Sacramentirer, gegen die er eben in dieser Zeit mit höchster Leidenschaft aufzutreten für geboten hielt. Er hatte bisher das Buch nicht gelesen, sondern nur Melanchthon über dessen Inhalt befragt und sich bei dessen günstigem Urtheil beruhigt; da er nun es selbst vornahm, zugleich mit Amsdorf's Censur, drückte ihn bei dem Abschnitt über das Sacrament, wie er dem Kanzler Brück schrieb, „hart der Schuh. Es treibt lange viel Geschwätz vom Nutz, Frucht und Ehre des Sacraments, aber von der Substanz mummelt es, dass man nicht soll vernehmen, was davon zu halten". So fand er, das Buch sei „den Schwärmern nicht allein leidlich, sondern auch tröstlich, vielmehr für ihre Lehre, als für unsere. Darum habe ich sein satt und bin unlustig darauf". Die besorglichsten Gerüchte über Luther's weitere Absichten wurden verbreitet. Melanchthon wagte nicht, ihn persönlich zur Rede zu stellen, aber er selbst schrieb an auswärtige Freunde, Luther bereite ein grimmiges Buch vor, in dem er ihn und Butzer öffentlich angreifen werde; er sprach von seinem Entschluss, dann Wittenberg zu verlassen. Butzer hatte sich unablässig bemüht, die durch Luther schwer gereizten Schweizer zur Mässigung zu ermahnen; da der Sacramentsstreit jetzt noch

---

dinand und anderen fürstlichen Personen zugesandt mit der Bitte anzuzeigen, was etwa darin mit dem Worte Gottes nicht übereinstimme oder was besser ausgedrückt werden könne. J. Voigt, Briefwechsel mit Albrecht von Preussen 317.

grössere Dimensionen anzunehmen schien, wandte er sich mit
beredten Worten an seinen fürstlichen Freund in Hessen, um
diesen zu bestimmen, all seinen Einfluss in Wittenberg aufzuwenden, dies „Wetter zu stillen". In demselben Sinn schrieben gleichzeitig die Strassburger Dreizehn, schrieb auch jetzt
in voller Uebereinstimmung mit ihnen Georg Frölich von
Augsburg [1]) an den Landgrafen. Philipp zauderte nicht, ihren
Mahnungen zu folgen; er schickte Butzer's Brief an den
Kanzler Brück; er selbst bat diesen, für die Einigkeit nach
allen Kräften zu wirken. „Sollte erst zwischen Luther und
Melanchthon Uneinigkeit erwachsen, helf Gott! was würde
daraus werden, wie würden die Papisten gloriren und sagen,
wenn ein Reich in ihm selbst uneinig ist, so wird's vergehn.
Es würden auch ohne Zweifel unzählige viele christliche Leute
sich daran stossen und ärgern und viele ganz vom Evangelio
fallen" [2]). Wenigstens das Schlimmste wurde in der That
glücklich vermieden. Luther griff in dem kurzen Bekenntniss vom heiligen Sacrament, das er noch 1544 veröffentlichte, mit den härtesten Schmähworten „die Schwärmer" an,
schalt ihr „eingeteufelt, durchteufelt, überteufelt lästerlich
Herz und Lügenmaul", aber er richtete seine Angriffe gegen
Karlstadt, Schwenkfeld, Zwingli und Oekolampad, nicht gegen
Butzer und Melanchthon, nicht gegen das Kölner Buch. Doch
das Verhältniss zwischen ihm und Melanchthon war und blieb
getrübt; Frölich hatte nur zu guten Grund zu seinem Urtheil: Welches Frohlocken mussten diese Streitigkeiten den
Papisten, welche Kümmernisse den Gutherzigen und besonders dem Kölner Erzbischof bereiten!

---

[1]) Im Marburger Archiv finden sich die interessanten Briefe Butzer's
und der Dreizehn vom 1. Oktober und das Schreiben Frölich's vom 28.
September. Wer des Letzteren Briefe liest, wird wohl dem Urtheil beistimmen, dass er bis heute zu wenig gewürdigt ist, trotz des Denkmals,
das zur Erneuerung seines Andenkens ihm Strobel in den Literarischen
Miscellanen Sechste Sammlung S. 81 ff. errichtet hat. Vgl. über ihn
auch Horawitz, Bruschius 59. 189.
[2]) C. R. 5, 502 (n. 3081).

Wie hätten seine Gegner diese Gunst der Lage unbenutzt lassen sollen! In Speier war auch Gropper persönlich erschienen, nicht an der Seite seines Kurfürsten, sondern als Anwalt Wilhelm's von Nassau in dem Streit über Katzenellenbogen [1]). Butzer hörte hier, dass Gropper erzähle, er habe Schriftstücke Butzer's in Händen, die unwiderleglich zeigten, wie dieser früher zu durchaus anderen Ansichten sich bekannt, als den jetzt von ihm vertretenen; um Klarheit zu schaffen, wünschte Butzer, solle ein Gespräch zwischen ihnen Beiden vor dem Kurfürsten von Brandenburg veranstaltet werden. Aber Gropper war abgereist, ehe er seiner späteren Versicherung nach von diesem Plan seines Gegners irgendwie unterrichtet war. Wohl wäre es auffallend, hätte er nicht den Verkehr mit den kaiserlichen Räthen benutzt, mit ihnen auch über die Kölner religiösen Verhältnisse zu sprechen; noch im Sommer, auf dem Feldzug, schickte der Kaiser von St. Dizier aus ein Schreiben an Hermann [2]), in dem er Klage über Butzer's Nachfolger in Bonn, über Meinertzhagen führte. Die so documentirten Gesinnungen und zugleich die Erfolge des Kaisers stärkten die Kölner Gegner des Erzbischofs: zu offenem Angriff gingen sie im Herbst eben in der Zeit des Friedens von Crespy vor. Hermann hatte sein Reformationsbuch absichtlich noch nicht öffentlich

---

[1]) S. Gropper's Warhafftige Antwort bl. 6. Danach hatte Wilhelm von Nassau im Lager vor Venlo Gropper um seinen juristischen Beistand in diesem Streit gebeten; in der Berliner Handschrift findet sich ein Schreiben des Erzbischofs aus Poppelsdorf vom 3. Dec. 1543 an Wilhelm, in dem auf dessen Gesuch Hermann gestattet, dass Gropper eine Zeit lang Wilhelm's Geschäften diene. Vgl. über den Streit oben S. 227 Anm. 1.

[2]) Das Schreiben Karl's vom 12. Juli 1544 findet sich im Wied'schen Archiv. Einer freundlichen Mittheilung von Wolters verdanke ich die Kenntniss eines in demselben Monat geschriebenen Briefes von Meinertzhagen, der namentlich desshalb von Interesse ist, weil er uns zuverlässige Auskunft über M.'s Ehe giebt, die seine Gegner ihm besonders zum Vorwurf machten. M. schreibt hier einem Freund: Duxi puellam annos natam octodecim virginem unicam ex probis parentibus filiam moribus ac pietate instructam.

ausgegeben ¹), sondern nur einzelne Exemplare vertheilt, er wollte so die Möglichkeit zu etwaigen Verbesserungen geben, zugleich auch den ihm vom Kaiser in Bonn und Speier geäusserten Wünschen nachkommen. Aber seine Gegner machten ihm einen schweren Vorwurf daraus, dass er nicht durch den Gegenbericht des Capitels überhaupt von jeder weiteren Verbreitung seines Buchs sich hatte abhalten lassen; sie veröffentlichten nun ihrerseits den Gegenbericht, sandten ihn an die Landdechanten. Daraufhin glaubte auch Hermann nicht länger mit der Publication des Bedenkens zögern zu dürfen: eine neue Auflage desselben wurde gedruckt, auf der Frankfurter Messe und auch im Erzstift öffentlich verkauft, ebenfalls an die Landdechanten versandt, der evangelische Gottesdienst, der den hier getroffenen Bestimmungen gemäss an verschiedenen Orten des Erzstifts gehalten wurde, vom Erzbischof geschützt. Seine Feinde begnügten sich nicht damit, über die dadurch entstehenden Unordnungen zu klagen: am 19. September wurde Hermann aufgefordert, in wichtiger dringender Sache Abgeordneten des Domcapitels und der städtischen Kölner Stifter eine Audienz zu gewähren; da er diese bewilligte, erschienen am 24. September Johann von Isenburg, Georg von Sayn-Wittgenstein, Bernhard von Hagen als Abgeordnete des Domcapitels und drei Deputirte der Kölner Stifter in Brühl, um dem Erzbischof eine „letztliche Ersuchung um Abstellung der schismatischen Prädicanten und der vorgenommenen Neuerungen" vorzutragen. Sollte wider Verhoffen Hermann auch diese ihre Bitte nicht erhören, so erklärten sie, „ohne Verletzung ihrer Gewissen und ohne Erwartung schwerer Strafe von Gott und ihren Obern es nicht länger umgehen zu können, alle rechtlichen Wege und Mittel, die zur Abschaffung dieser höchsten Beschwerung dienlich, vor Hand zu nehmen" und sich desshalb direct an die Oberen des Kurfürsten zu wenden. Ohne Zaudern schritten sie dann zur Ausführung dieser Drohung. Am

---

¹) S. oben S. 229 Anm. 4. Ein Exemplar hatte er auch an das Münster'sche Domcapitel gesandt, vgl. Ennen 4, 461.

9. Oktober traten die in Köln anwesenden Domherren[1]) mit Abgeordneten des Secundarclerus und der Universität zusammen; in ihrem Namen las als ihr Prokurator Heinrich von Wilshausen vor dem Dompropst Georg von Braunschweig eine Urkunde vor, in welcher sie gegen alle bereits zugefügten und vielleicht noch bevorstehenden Bedrückungen, um deren Abstellung sie oft, aber vergebens den Erzbischof ersucht, an Papst Paul III. und den „Schützer der heiligen Religion und Kirche", den Kaiser appellirten. Am 16. Oktober wurde ein Notar nach Brühl gesandt, diese Appellation dem Erzbischof zu insinuiren. Er hatte am Tag zuvor in ausführlichem Schreiben das „letzte Ersuchen" der Kölner Geistlichen beantwortet: eingehend bemühte er sich, die ihm gemachten Vorwürfe zu widerlegen; um einen neuen Beweis seines nur auf christliche Einigkeit gerichteten Strebens zu liefern, machte er den Vorschlag, von beiden Seiten sollten fromme und gelehrte Männer zu neuer Prüfung des Reformationsbuchs und der angegriffenen Prädicanten verordnet werden; nochmals erklärte er sich bereit zu bessern, was der göttlichen Wahrheit der Schrift und der Lehre der Apostel zuwider. Er forderte seine Gegner auf, ebenso nur Gott die Ehre zu geben, ihren greisen Fürsten nicht weiter zu beunruhigen, noch von ihm zu verlangen, was wider sein Gewissen. Diesen Standpunkt vertrat er auch, nachdem ihm die Appellation zugestellt war: sofort ermahnte er am 17. Oktober das Capitel, dieselbe fallen zu lassen, indem er nachdrücklich die thatsächliche Unrichtigkeit vieler aufgestellten Behauptungen betonte. Aber seine Gegner waren durch seine Ausführungen von dem Weg, den sie eingeschlagen hatten, nicht zurückzubringen; in der Antwort, die sie am 25. Oktober auf seine beiden Schreiben erliessen, beriefen sie sich auf alle ihre früheren Vorstellungen und Warnungen, hoben sie bestimmt die principielle Differenz zwischen ihren und den An-

---

[1]) Ausdrücklich wird einerseits die Anwesenheit des Afterdechanten, des Chorbischofs, des Scholasters, andererseits die Abwesenheit des Dechanten hervorgehoben.

schauungen des Erzbischofs hervor. Wolle er, sobald er
etwas der Schrift gemäss finde, dies sofort in das Werk
setzen: so könnten sie ihm darin nicht zustimmen, das sei
auch der Schrift stracks zuwider, die ausdrücklich gebiete,
bei Streitigkeiten über die Lehre seien Concile zu halten und
Verstand und Auslegung der Schrift sei nur zu suchen bei
der christlichen und katholischen Kirche d. i. bei den Hirten
und Lehrern, so Gott von der Apostel-Zeit der Kirche vorgesetzt. Völlig aussichtslos erschien ihnen die von Hermann
vorgeschlagene erneute Prüfung seines Reformationsbuchs,
da er ja bisher durch all ihre Vorstellungen, auch durch
ihren Gegenbericht keineswegs sich habe bestimmen lassen;
entschieden lehnten sie jede Disputation mit den schismatischen Prädicanten ab. Sie machten es Hermann zu besonderem Vorwurf, dass er sich Meinertzhagen's annehme, aus
dessen Handbüchlein sie eine Reihe von Stellen ausgezogen
hatten, die sie als Blasphemien, Gottlosigkeiten und auf-
rührerische Dogmen bezeichneten: es war charakteristisch,
dass ihnen zu besonderem Anstoss die Bemerkungen Meinertzhagen's gegen eine abgöttische Verehrung der Jungfrau Maria,
der Heiligen und Bilder und seine Ausführungen über den
Primat der römischen Kirche und den Papst gereichten[1]).
Nur wenn zuvor er und die anderen schismatischen Prädicanten entfernt und alle Neuerungen abgestellt seien, wollten
sie zur Erlangung christlichen Friedens sich in neue Verhandlungen einlassen; käme der Erzbischof ihren Wünschen
nicht nach, so erklärten sie bei ihrer Appellation beharren

---

[1]) Die Jungfrau Maria bezeichnete das Handbüchlein an der angegriffenen Stelle (2, 111) als die „allerhöchste und wirdigste creatur, so
von Gott geschaffen ist im himel und uff erden. Darumb ir (nechst Gott)
die höchste ehre soll erboten werden als einer demutigen jungfrawen und
mutter Jesu Christi, nicht das wir trost, hilf und schutz bei ihr als bei
Gott sollen suchen, sonder das wir sie in ehren halten, die reiche
gabe Gottes, damit sie Gott gezieret, wol zu hertzen füren, erkennen aus
rechtem Glauben in Christum und daher Gott grossmachen, loben und
preisen, auch irem glauben lieb geduld demut und anderen tugenden recht
nachfolgen. Alsdann ehren wir sie recht, sonst machen wir ein abgott

zu müssen; gerade für diese machten sie auch den Speier'schen Reichstagsabschied geltend, auf den seinerseits sich Hermann für sein Vorgehen berufen hatte.

So wurden fernere gütliche Verhandlungen, wie sie der Erzbischof vorgeschlagen hatte, von seinen Gegnern zurückgewiesen: sie hatten den Weg des Processes gegen ihn beschritten und zeigten sich entschlossen, denselben mit aller Kraft zu verfolgen. Von den Domherren, die sich bei der Appellation nicht betheiligt hatten, wurde eine bestimmte Erklärung verlangt; Bischöfe und Capitel der Suffraganbisthümer, verschiedene Universitäten, der Kölner Stadtrath wurden aufgefordert, der Appellation beizutreten. Zu gleichem Zweck wurde eine Versammlung des Diöcesan-Clerus auf den 8. November anberaumt; die Aebte, Dechanten und sonstigen Vertreter der Geistlichkeit, die sich eingefunden hatten, wurden ermahnt, ihrer Pflicht zu entschlossener Vertheidigung der bedrohten katholischen Kirche nachzukommen. In diesem Sinn sollten sie auch ihre Capitel und Convente resp. die Pastoren ihres Dekanats über die Sachlage unterrichten und dafür sorgen, dass diese binnen fünfzehn höchstens zwanzig Tagen eine Urkunde einsendeten, in der sie ihren Anschluss an die Appellation erklärten; jedem Anwesenden wurde desshalb ein Formular des Adhäsions-Instruments eingehändigt. Zur Begründung ihres Vorgehens beriefen sich die Appellanten nachdrücklich auf die Mandate des Kaisers. Schon im Sommer hatten sie sich an diesen gewandt, den Dekan der

---

daraus, wie leider öffentlich geschieht". Wie hier, ist auch sonst die Polemik des Handbüchleins gemässigt; vgl. die ebenfalls angegriffenen Abschnitte über das Abendmahl und das Fegfeuer bei Cosack 284 ff. Wer das Büchlein selbst zur Hand nimmt, wird einen wesentlich anderen Eindruck erhalten, als ihn das von den Gegnern aufgefertigte Verzeichniss seiner „Blasphemien" erweckt; über Meinertzhagen's wirklichen Standpunkt unterrichtet uns auch sein im Wied'schen Archiv aufbewahrtes Vertheidigungsschreiben, das der Erzbischof im Oktober dem Domcapitel übersandte. Neben ihm wurde bei Hermann besonders ein Prädicant in Mühlheim angeklagt; ausführlich erzählt Meshov 99 ff., wie hier die Lutheraner den ordentlichen Priester gewaltsam vertrieben hätten.

theologischen Facultät Johann von Thiel zu ihm geschickt, um ihm und seinen wichtigsten Räthen ihre Sache zu empfehlen; Karl erliess darauf am 12. Oktober von Brüssel aus ein Schreiben, in dem er Aufhebung der Neuerungen und Bewahrung des alten Glaubens gebot. Nicht weniger bestimmt sprach sich gegen die neuernden Prädicanten der vom Kaiser im November zu den Kölnern entsandte Vicekanzler Naves und ein vom 14. November datirtes kaiserliches Mandat aus [1]).

Letzteres traf in Köln ein, als eben dort am 18. November der Afterdechant und seine Gesinnungsgenossen im Capitel auch die von ihnen geladenen weltlichen Stände des Erzstifts zu gemeinsamem Vorgehen gegen den Erzbischof zu bestimmen suchten. Nachdem ihnen die Appellation vorgelesen war, wurden sie ersucht, 1) nichts gegen dieselbe zu attentiren oder attentiren zu lassen, 2) die neuen Prädicanten nicht zu unterstützen, keine Neuerungen einzuführen und zu dulden, 3) den Bestimmungen der Erblandesvereinigung gemäss Rath und Hülfe dem Domcapitel nicht zu verweigern und den Kurfürsten womöglich durch Güte von seinem Vornehmen abzubringen, damit eine weitere Verfolgung der Appellation unnöthig und die Einigkeit hergestellt werde. Die

---

[1]) Von den wichtigsten erwähnten Aktenstücken des Septembers, Oktobers und Novembers sandte Dietrich ter Laen von Lennep am 21. November an den Landgrafen Copien, die noch im Marburger Archiv aufbewahrt werden. Andere Copien fand ich im Weimarer und im Berliner Archiv. Viele der gegen Hermann gerichteten Schriftstücke wurden sofort gedruckt; meist ist als Drucker Genuep ausdrücklich angegeben. Ennen führt mehrere dieser Druckschriften an, die er im Kölner Stadtarchiv benutzte; sie sind gesammelt in dem Wolfenbütteler Mischband 79 Jur. Einige der Documente dieser Monate hat auch Meshov 105 ff. abgedruckt. Weitläufige Auszüge theilen Deckers und Drouven mit, letzterer auch hier nach den Abschriften des „Brauweiler Urkundenbuchs". Ueber den Antheil der Universität liefern wichtige, auch wegen der genauen chronologischen Angaben werthvolle Notizen die von Bianco 1, 424 und unvollständiger von Senden veröffentlichten Acta rectoralia. Eine interessante Aufzeichnung über die Sendung von Naves und die ihm von Hermann ertheilte Antwort enthält das Berliner Archiv.

weltlichen Stände aber giengen auch jetzt auf das Ansinnen der Gegner der Erzbischofs nicht ein: sie sprachen ihren Schmerz über den entstandenen Streit aus, baten auf andere Mittel und Wege zu sinnen, die eher geeignet wären, den Fürsten zu gewinnen [1]). Wie entschieden dieser die in der Appellation vertretenen Anschauungen verwarf, zeigte er seinen Gegnern gerade am Tage der ständischen Versammlung: hatte er schon vorher in verschiedenen Schreiben sich gegen die Appellation ausgesprochen und gewarnt, ihr beizutreten, so liess er jetzt, gerade auch am 18. November eine Urkunde verlesen, in welcher er feierlich gegen die frivole und ungerechtfertigte Appellation protestirte [2]). Auf den 2. December schrieb er einen Landtag nach Bonn aus; hier machten ihrerseits die weltlichen Stände Vorschläge zur Herstellung der Einigkeit. Danach sollte bis nach Schluss des bevorstehenden Reichstages das Bedenken beruhen; der Lehre halben sollten die Prädicanten das Evangelium oder Epistel nach dem Buchstaben ablesen und danach dasselbe kürzlich nach der Auslegung des Theophylactus und sonst nicht weiter erklären; diejenigen seiner Prädicanten, die das Domcapitel namentlich als unleidlich anzeige, möge der Erzbischof entfernen, in der Hoff-

---

[1]) Auch bei Gennep ist noch 1544 gedruckt der Vortrag eins erwirdigen Dhom-Capittels den weltlichen Stenden nemlich Graven Ritterschaft Stetten und gemeyner Landschafft des Ertzstiffts Cöllen verlesen am achtzehnten Tag des Monats Novembris, Anno 1544. Dass es unrichtig, wenn Meshov erzählt, die weltlichen Stände hätten damals die Appellation unterzeichnet, haben schon Ennen 4, 472 und Drouven 198 f. mit Recht hervorgehoben. Die in dem Vortrag an die Stände aufgestellten Behauptungen seiner Gegner suchte der Erzbischof durch ein Schreiben vom 13. December zu widerlegen, aus dem einen ausführlichen Auszug Seckendorf 3, 442 veröffentlicht hat, dessen Mittheilungen Deckers 134 f. und Drouven 213 f. übersetzen.

[2]) Unmittelbar vor der in der vorigen Anmerkung erwähnten Druckschrift finden sich im Wolfenbütteler Mischband 79 Jur. die zusammen 13 Folio-Seiten füllenden: Protestatio et apostolorum responsio reverendissimi domini archiepiscopi Coloniensis ad appellationem cleri et universitatis und die darauf erfolgte: Responsio cleri et universitatis Coloniensis ad insinuationem earundem protestationis et responsionis.

nung, dass sich das Capitel doch nicht über Alle beschweren werde. Endlich viertens sollten bis zum Reichstag die Sacramente in lateinischer Sprache verrichtet, je nach dem Begehren eines jeden sollte ihm das Abendmahl unter einer oder unter beiderlei Gestalt gereicht und vor der Ausspendung der Sacramente stets eine Predigt aus dem Wort Gottes gehalten werden, welche dem Volk die Einsetzung und Bedeutung derselben erklärte. Eben dieser letzte Punkt erregte besonderen Anstoss bei den Appellanten. Nachdem ihnen am 5. December die vier Artikel zugestellt waren, beauftragten sie einige ihrer gelehrten Theologen, ein Gutachten abzufassen, das am 19. December verlesen und gebilligt wurde. Die Artikel der weltlichen Stände wurden als häretisch und schismatisch bezeichnet; Gropper schlug Gegenartikel vor, deren Annahme die Differenz zwischen den Anschauungen seiner Gesinnungsgenossen und denen der weltlichen Stände auf das Bestimmteste hervortreten liess. Bis zum Schluss des bevorstehenden Reichstags sollten hiernach alle auf Grund des „Bedenkens" vorgenommenen Neuerungen abgestellt, später nach dem auf dem Reichstag vereinbarten Abschied verfahren werden. Bei der Predigt des Evangeliums wurde eine Bindung an die Auslegung der von der allgemeinen Kirche angenommenen Lehrer gemäss dem Augsburger Abschied von 1530 verlangt und die Entfernung sämmtlicher neuer Prädicanten gefordert. Die sieben heiligen Sacramente und Messen sollten in lateinischer Sprache mit den alten christlichen Ceremonien durchaus nach dem Herkommen der katholischen Kirche gehalten, vor einer Entscheidung des Concils namentlich auch keine Aenderung hinsichtlich der Spendung des Abendmahls getroffen, die Einführung der Communion unter beiderlei Gestalt nicht gestattet werden. Ausdrücklich wurde erklärt, dass diese Bewilligung der gemeinen Kirche nicht möglich sei „ohne ein erschreckliches Schisma", ausdrücklich endlich darauf gedrungen, dass die Prediger die Bedeutung der Sacramente aus dem Wort Gottes nur „nach dem einhelligen Verstand der katholischen Kirche" erklären dürften. In ihrem Bericht hoben die Kölner Theologen hervor, auch sie begehrten nach Frieden und Einheit; aber „von Kindes Beinen auf mit der Milch der katholischen Lehre erzogen und von der Kirche nie abgesondert", wüssten sie von keinem Frieden ausserhalb der Kirche: von Friede sei nur zu sprechen, wo „wahre Einigkeit des Glaubens und der katholischen Religion". Die Vorschläge der weltlichen Stände hielten sie für widerwärtig, ganz gefährlich und unzulässig; eine Unterhandlung auf Grund derselben schien ihnen mit ihrer Pflicht zu streiten, „alles, was Christus und die heilige Kirche verordnet, bis zu einem Stippchen zu vertheidigen"; sie erblickten darin die „Begehung eines grausamen und schrecklichen Schisma, davor Gott das Capitel und die hochberühmte Kirche von Köln, die von St. Peter's Zeiten in Einigkeit des rechten Glaubens und der katholischen Kirche durch besondere göttliche Gnade standhaft geblieben, gnädiglich behüten" möge. Diesen Bericht ihrer Gelehrten übersandten der Afterdechant und seine Parteigenossen im Capitel am 20. December den weltlichen Ständen; sie empfahlen denselben eifrig die Gropper'schen Artikel, ermahnten sie, allen Fleiss aufzuwenden, um zu deren Annahme den Erzbischof zu bestimmen; erst wenn diese erfolgt sei, wenn Hermann seine Neuerungen abgestellt habe, könnten sie von einer weiteren Verfolgung ihrer Appellation absehen [1]).

Bei solchen Anschauungen der Kölner war an eine friedliche Verständigung nur zu denken, wenn der Erzbischof sich einschüchtern und beugen liess; geradezu wurde ihm jetzt gedroht, das Capitel werde sich lossagen von dem ihm geleisteten Treueid. Hermann aber zeigte sich unerschütterlich

---

[1]) Alle einschlagenden Aktenstücke sind zusammengestellt in dem Druck: Mittel der dreier weltlicher ‖ Stende und Gegenmittel eyns Erwirdigen ‖ Dhomcapittels sampt eyner neben Instruc- ‖ tion in sachen unser heiliger ‖ Religion. Ausser dieser Druckschrift selbst enthält der Wolfenbütteler Mischband 79 Jur. auch eine 1546 veröffentlichte lateinische Uebersetzung derselben per quendam religiosum fratrem. Ennen hat die Druckschrift nach einem Exemplar des Kölner Stadtarchivs benutzt, Drouven auch hier weitläufige Auszüge nach den Abschriften seines Brauweiler Urkundenbuchs mitgetheilt. Vgl. auch Bianco 1, 429.

fest in der so oft in den letzten Jahren vertretenen Gesinnung: er erklärte, lang habe er auf eine Ordnung der kirchlichen Angelegenheiten durch ein Concil oder durch Religionsgespräche gehofft, stets sei seine Hoffnung getäuscht; in seinem Alter, nahe dem Grabe, habe er es für Gewissenspflicht gehalten, bei Gelehrten Rath zu suchen, selbst die Bibel und christliche Schriften fleissig zu lesen. Von der hier gewonnenen Erkenntniss könne er nicht weichen, nicht die Ueberzeugungen verleugnen, die für sein und aller wahren Gottes-Menschen Seelenheil von höchster Bedeutung. Wie er alle Pflichten des Gehorsams gegen den Kaiser in allen bürgerlichen Sachen erfülle, wolle er auch seine Unterthanen nicht beschweren; von seinem Privat-Vermögen habe er bisher die zwölf bis fünfzehn berufenen Prediger unterhalten [1]), da sie nicht, wie wohl billig, aus Landesmitteln besoldet wären. Er stelle es Gott anheim, ob es ungerechtfertigten Machinationen gelingen solle, ihn von seinem Amt zu vertreiben: schlimmsten Falls würde er als einfacher Graf von Wied, wie er geboren, sein Alter, sein Leben beschliessen, nie aber auf die Vertheidigung der reinen christlichen Lehre verzichten[2]). Er sah, seine Gegner waren entschlossen, ihn immer entschiedener zu bedrängen; sein treuer Rath Dietrich ter Laen von Lennep schrieb an den hessischen Landgrafen [3]): „Die Dinge lassen sich allhier nicht anders ansehen, denn dass das Feuer, das nun in deutscher Nation lange Zeit gekühlt, bei uns erst recht angehen und brennen werde". Hätte es Hermann nicht bereits gewusst, eine Fülle an ihn gerichteter Schreiben musste ihn darüber belehren, welchen Gefahren er sich aussetzte;

---

[1]) S. über die damals im Erzstift thätigen evangelischen Prediger namentlich die schon oben citirte Zusammenstellung bei Krafft, Bullinger 130. Vgl. auch Theologische Arbeiten 2, 86.

[2]) S. die Zeitung vom Stift Cöln aus dem Hoflager zu Bonn, die ich im Weimarer und und im Braunschweiger Archiv fand. Aus dem Weimarer Exemplar theilte schon Seckendorf 3, 553 f. einen ausführlichen lateinischen Auszug mit.

[3]) In seinem im Marburger Archiv befindlichen Brief an Philipp vom 21. November 1544.

die verschiedensten Versuche wurden gemacht durch Vorstellungen und Drohungen ihn umzustimmen. In den Suffraganbisthümern zeigten die Domcapitel von Münster und Osnabrück eine Scheu vor entschiedenen Schritten, ebendesshalb suchte man von Münster aus Hermann durch gütliche Vorstellungen zur Nachgiebigkeit zu bewegen; entschieden sprachen dagegen die Bischöfe und Capitel von Lüttich und Utrecht dem Erzbischof aus, sie würden der Appellation gegen ihn beitreten, wenn er nicht von seinem Vorhaben abstehe — und da die Erklärungen, die ihnen Hermann gab, wie Büchel vorausgesehen, sie nicht befriedigten, machten sie ihre Drohung wahr[1]). Wie sie, kam bereitwillig auch die Löwener Universität den Wünschen der Kölner nach: auch sie erklärte ihre Adhäsion zu der Appellation und unterstützte die Bemühungen der Kölner auch bei der Pariser Universität[2]). Hermann's Gegner hatten sich auch nach Mainz und Trier

---

[1]) Besonders wichtige Mittheilungen über die Haltung der Domcapitel der Suffraganbisthümer bietet die mehrerwähnte, auch von Ennen benutzte Handschrift der Berliner Bibliothek; sie enthält namentlich die interessante Correspondenz des Münster'schen Capitels mit dem Erzbischof wie mit seinen Gegnern, die sehr deutlich die Schwierigkeiten und Bedenklichkeiten des genannten Capitels veranschaulicht. Ueber die Stellung der Lüttichter Geistlichkeit hat nach Mittheilung Schoonbrodt's einige Notizen aus Lüttichter Akten Riess, Canisius 65 f. veröffentlicht; über das Verfahren des Osnabrücker Capitels s. Stüve, Geschichte des Hochstifts Osnabrück 2, 98. Vgl. auch Büchel's Brief vom 19. Januar 1545 2, 93 ff.

[2]) Aus den Notizen der Acta rectoralia (bei Bianco 1, 430) sehen wir, dass Seitens der Kölner Universität am 1. Februar an den Bischof von Lüttich geschrieben wurde, ut requirat universitatem Lovaniensem ad adhaerendum appellationi, quae jam parata erat adhaerere, si requireretur. Fuit item ibidem conclusum scribendum esse ad reliquas universitates Trevirensem Moguntinam Heidelbergensem atque Parisiensem, sed dilatum est ob causas hactenus, nisi quod scriptum est ad universitatem Parisiensem. Am 21. April empfingen die Kölner die Erklärung des Beitritts zur Appellation von, Seiten des Lüttichter Primär- und Secundär-Clerus und der Löwener Universität; an demselben Tag schrieben sie in gleicher Sache an die Universitäten Ingolstadt, Freiburg und Wien. Die wichtigsten 1545 von Löwen in der Kölner Sache erlassenen Schreiben sind zusammengestellt in der Druckschrift: Literae insignis et famigeratae universitatis Lovaniensis

um Unterstützung gewandt; auch von dort, auch von Rom aus wurden Schreiben an und gegen den Erzbischof gerichtet [1]). Besonderes Bedenken musste natürlich die Haltung des Kaisers einflössen, die von gleicher Gesinnung zeugte. Auf dem Landtag hatten im December die weltlichen Stände beschlossen, an ihn eine Gesandtschaft zu schicken, um ihm den wahren Sachverhalt darzulegen und ihn zu ersuchen, er möge die Appellanten anweisen, ihre Appellation fallen zu lassen, wolle er das nicht, wenigstens vor jedem weiteren Schritt gegen den Kurfürten diesen selbst noch einmal hören. Erst am 9. Februar erlangten die ständischen Gesandten am kaiserlichen Hofe eine Audienz; in Karl's Namen wies Naves ihre Vorstellungen zurück, wiederholte er das im November

---

ad reverendum capitulum universalemque clerum et universitatem Coloniensem cum aliis eisdem literis introclusis, ex quibus memoratae universitatis Lovaniensis zelus pro defensione domus Dei liquido deprehenditur. Hier ist auch der Brief abgedruckt, den am 16. April 1545 die Löwener nach Paris richteten, um diese gemeinsame Angelegenheit des Glaubens und der Religion der Universität zu empfehlen, die inter universitates catholicas summam autoritatem existimationem et gloriam omnium consensu behaupte. Die Pariser Universität aber erkundigte sich, ehe sie sich entschied, wie Bulaeus, Historia universitatis Parisiensis 6, 396 erzählt, erst nach der Meinung des Königs, und Franz consulebat universitati, ut ad Colonienses scriberet, se laetari quidem quod animo forti adversariis fidei catholicae obsisterent, caeterum se non posse defensionem patrociniumque suscipere eorum qui essent extra fines regni Gallicani. Et secundum illud regis consilium rescripsit universitas. Es ist demnach auch hinsichtlich der Pariser Universität nicht richtig, wenn Ennen 4, 469 erzählt: „Von den Universitäten Paris, Lüttich, Utrecht und Ingolstadt gingen alsbald Zustimmungsbezeugungen ein". In dem von ihm citirten, bei Neudecker, Aktenstücke 592 ff. abgedruckten Briefe der hessischen Gesandten in Frankfurt vom 3. Januar 1546 wird nur gemeldet, dass „die universitet Ingolstadt der pfaffen zu Colln Appellation adheriret". Einen Auszug aus dem Schreiben der Kölner an die Wiener Universität veröffentlicht Kink, Geschichte der kaiserlichen Universität zu Wien 1. 2, 156.

[1]) Auch das berichtet die eben citirte Zeitung aus dem Hoflager zu Bonn. Hermann seinerseits hatte am 20. November 1543 unternommen, sein Vorgehen auch in einem Schreiben an den Papst zu rechtfertigen; leider nicht vollständig, sondern nur stückweise findet sich dies Schreiben im Wied'schen Archiv.

verkündete Gebot auf Abstellung der Neuerungen. Und in gleichem Sinn sprach er sich am 1. März dem Erzbischof gegenüber aus, als er zusammen mit beiden Granvella's nach Bonn kam. Der Kaiser hatte sie, seine Commissäre für den Wormser Reichstag zunächst beauftragt, den Erzbischof aufzufordern, auch er möge dort persönlich erscheinen; Hermann bat ihn mit Rücksicht auf seine Gesundheit zu entschuldigen, wenn er nach Worms nur seine Räthe sende; eingehend suchte er zugleich nochmals sein Vorgehen in der religiösen Frage zu rechtfertigen, den Ungrund der ihm gemachten Vorwürfe darzuthun. Mit Schrecken hatte man am kaiserlichen Hofe beobachtet, wie weit verbreitet sich in den Niederlanden der Wunsch zeigte, Hermann's Beispiel zu folgen, welchen Beifall dort sein Unternehmen fand: nicht am wenigsten diese Rücksichten einheimisch-niederländischer Politik stärkten Karl's Wunsch zur Unterdrückung des Kölner Reformationsbuchs. Naves behauptete, dasselbe sei mit einem erzbischöflichen Schreiben nach Nymwegen geschickt; Hermann erwiderte, jedenfalls sei dies wider sein Wissen und Willen geschehen, er glaube nicht, dass Naves recht unterrichtet sei. Auch jetzt erbot er sich zu neuer Prüfung: er wies darauf hin, dass eben die Veröffentlichung des Gegenberichts durch die Gegner ihn veranlasst habe, auch seinerseits schneller mit der Publikation des Bedenkens vorzugehen, die er nach des Kaisers Wünschen bereit gewesen sei noch hinauszuschieben; auch jetzt, versicherte er, sei er geneigt, soweit es Gottes Wort erlaube, allen Wünschen des Kaisers zu entsprechen. Er versprach eben desshalb zum Schluss, er wolle zunächst nur Gottes Wort rein und lauter „ohne unnöthiges Schelten" predigen lassen, sich aller Neuerungen in den streitigen Punkten enthalten — bis zum Schluss des Reichstags [1]).

Auch für die Kölner Sache musste dessen Verlauf be-

---

[1]) Einen ausführlichen Bericht über diese seine Unterredung mit Naves vom 1. März schickte Hermann am 6. März an Philipp von Hessen, dem er am 15. Februar den Bericht der ständischen Gesandten über ihre Audienz am kaiserlichen Hoflager übersandt hatte. M. A.

deutungsvoll werden. Was war von ihm zu erwarten? wie weit konnte der Erzbischof darauf rechnen, dass auch sein Interesse hier durch die religionsverwandten Stände gefördert würde? Um Rath und Hülfe hatte sich Hermann an sie gewandt: er hatte den Landgrafen im November von den Agitationen seiner Gegner unterrichten lassen, war mit ihm in eifrige Verhandlungen getreten; zugleich hatte er Peter Medmann nach Sachsen an Johann Friedrich und Moritz und weiter an den Kurfürsten von Brandenburg gesandt[1]). Medmann fand eine wohlwollende Aufnahme; in einem ausführlichen sächsischen Gutachten, das Johann Friedrich im Januar dem Landgrafen zugehen liess, wurde die grosse allgemeine Bedeutung der Kölner Sache treffend gewürdigt: der schliesslich dem Ezbischof ertheilte Rath konnte allerdings nur dann wirksam das Interesse Hermann's und der Protestanten Sache fördern, wenn man sich nicht auf den vorgeschlagenen demonstrativen Schritt beschränkte, wenn man entschlossen und in der Lage war, den Worten Thaten folgen zu lassen. Nach der hier entwickelten Ansicht sollte nämlich Hermann, falls seine Gegner nicht von ihrer Appellation abständen, durch eine Gegenappellation antworten an „ein gemein frei christlich und unparteiisch Concil oder eine Nationalversammlung in deutschen Landen zu halten" und dann zum Beitritt zu dieser seiner Appellation alle Stände der Augsburger Confession und auch den Bischof von Münster, den Kurfürst von Brandenburg und Herzog Moritz auffordern. Besonderer Werth wurde darauf gelegt, dass so in allen religiösen Fragen eine engere Verbindung des Erzbischofs und der genannten Fürsten mit dem schmalkaldischen Bunde eintreten könnte, auch ohne dass sie förmlich Mitglieder desselben würden: was Hermann vielleicht aus Rücksicht auf seine Unterthanen zu vermeiden wünschte. Dieser sächsische Rathschlag gefiel dem Erzbischof; er befahl seinen Abgeordneten zum

---

[1]) Die einschlagenden Aktenstücke finden sich im Berliner, Marburger und Weimarer Archiv; das im Januar an den Landgrafen geschickte sächsische Gutachten s. 2, 96 ff.

Wormser Reichstag[1]), dort mit den sächsischen und hessischen Räthen und mit Jakob Sturm vertrauliche weitere Besprechungen zu pflegen. Die ihm von seinen Gegnern drohenden Gefahren mussten ihn immer entschiedener auf die Seite der Schmalkaldener treiben: in der That Gerüchte waren verbreitet, nach denen der Erzbischof das Schlimmste zu fürchten hatte. Sie wurden namentlich durch die Anwesenheit Heinrich's von Braunschweig in Köln veranlasst; Philipp von Hessen erhielt Besorgniss erregende Nachrichten über Rüstungen des Herzogs; er verlangte von dem Kölner Stadtrath, er solle Heinrich längeren Aufenthalt in Köln verbieten. Der Landgraf nahm mit Recht an, dass Heinrich's Rüstungen zunächst der Wiedergewinnung seines Landes gelten sollten, doch fürchtete er zugleich auch für den Erzbischof: er bat diesen, auf seiner Hut zu sein, dass er nicht überrumpelt, gefangen und an seiner Statt Dompropst Georg, des Herzogs Bruder erhoben werde[2]).

Auch jetzt ist Philipp wohl durch die persönliche Bitterkeit, mit der er und der Braunschweiger Herzog sich befehdeten, verleitet, zu grosse Bedeutung der Thätigkeit Heinrich's beizumessen: viel wichtiger, viel bedenklicher für den Kölner Erzbischof war das Verhalten des Kaisers. Lange durch Krankheit in den Niederlanden zurückgehalten, konnte er im Mai die Reise zum Reichstag unternehmen; auf dem Weg nach Worms kam er am 7. Mai nach Köln. Er war erzürnt darüber, dass seine wiederholten Befehle ihren Zweck, die Unterdrückung der Neuerungen keineswegs erreicht hatten. Die von Hermann geschützten evangelischen Prediger sammelten eine eifrige ausdauernde Zuhörerschaft um sich; nach einer längeren Reise, die er nach dem Reichstag von Speier angetreten hatte, stand jetzt auch Hardenberg persönlich dem Erzbischof wieder zur Seite; vorübergehend finden wir auch

---

[1]) Dietrich von Manderscheid, Degenhard Haes und Dietrich ter Laen von Lennep. Ihre Berichte enthält das Wied'sche Archiv.

[2]) Zu den Mittheilungen, die Ennen 4, 548 ff. aus dem Kölner Stadtarchiv gemacht hat, liefern die Marburger Archivalien wichtige Ergänzungen.

seinen Freund Johannes a Lasco im Erzstift[1]). Hardenberg war zunächst vor allem thätig zur Zurückweisung der gegen Hermann gerichteten Angriffe; eben in dieser Zeit übersetzte er auch das Bedenken und ebenso die zu dessen Vertheidigung von Butzer ausgearbeitete ausführliche Erwiderungsschrift auf den Gegenbericht in das Lateinische[2]). Er sehnte sich aus dieser Thätigkeit nach einem bestimmten Predigtamt; so hatte es viel Verlockendes für ihn, als ihm Aussicht hierauf durch einen Ruf eröffnet wurde, den gerade an ihn Bischof Franz von Münster ergehen liess; dennoch bestimmte ihn seine Anhänglichkeit an den greisen Kölner Fürsten zum Bleiben: er wurde dann als Prediger angestellt und wirkte in dieser Stellung in Linz und später namentlich in Kempen. Aus seinen Briefen wie aus den Berichten des hier dauernd die evangelische Sache schützenden Amtmanns von Rennenberg sehen wir, dass es an Schwierigkeiten nicht fehlte; auch wiedertäuferische Bewegungen traten hervor: Menno Symons suchte gerade damals persönlich im Erzstift Propaganda für seine Anschauungen zu machen[3]). Doch konnte

---

[1]) Die Hauptquelle für Beider Geschichte ist ihre von Gerdes 2. 1, 477 ff. 2, 623 ff. 4. 1, 445 ff. 2, 680 ff. und Kuyper 2, 589 ff. veröffentlichte Correspondenz. Vgl. auch Schweckendiek 17 ff. Spiegel 56 ff. Unbekannt sind Beiden die schon früher erwähnten Briefe Butzer's an Hardenberg im Archiv des Strassburger Thomasstifts und die 1545 von Hardenberg in die Schweiz an Vadian und Bullinger gerichteten Briefe geblieben, die sich in der Simler'schen Sammlung finden; Auszüge aus letzteren verdanke ich G. Meyer von Knonau. Besonders interessant ist ein Schreiben an Vadian vom 22. März 1545, dessen Original noch in St. Gallen aufbewahrt wird: Hardenberg schildert hier die Agitationen der Gegner des Erzbischofs, die bedrohliche Haltung des kaiserlichen Hofes.

[2]) Eine bibliographische Beschreibung der Bestendigen Verantwortung des Bedenkens liefert Hoffmann im Serapeum 31, 2; genaue Angaben über den Titel dieser Schrift und der erst 1613 veröffentlichten lateinischen Bearbeitung s. auch bei Baum, Butzer 605 f. n. 76. Am 28. Januar 1545 schrieb Butzer an Hardenberg: Si rediisti, fac ut refutatio brevi excudatur, ut bene distinguantur omnia, ut correcte imprimantur. Vgl. auch den oben S. 176 Anm. 1 erwähnten Brief Hardenberg's vom 8. März.

[3]) Vgl. Menno Symons, Godgeleerde wercken (Amsterdam 1681) Bl. 235. 515. Cramer, Het leven en de verrigtingen van Menno Simons

etwas später Hardenberg aus Kempen berichten: „Wiedertäufer sind hier nur wenige und diese halten sich schweigsam, bescheiden und sind es nur im Stillen. Der grössere Theil derselben nämlich und zwar gerade der, der früher etwas hartnäckig war, ist in unsere Kirchengemeinschaft zurückgekehrt". Viel gefährlicher erschienen ihm die Agitationen der Priester, die um so eifriger gegen die neue Ordnung redeten und hetzten, je mehr diese sich befestigte. Fort und fort bezeichneten sie alle Unordnungen als Folge der Reformation; wohl diente zur Schärfung der Gegensätze, dass wie schon früher sein Bruder Arnold, so jetzt auch Gerhard Westerburg mit dem Fürsten seiner Heimath und dessen Theologen in Verbindung trat, dass er 1545 selbst nach Bonn kam, gerade damals mehrere polemische Schriften gegen die Missbräuche des „grossen Gottesdienstes" in seiner Vaterstadt veröffentlichte. Diese Schriften wurden auch in der Stadt Köln eifrig gelesen[1]); dort hielten sich, wie dem Rath angezeigt wurde, viele Anhänger „böser Secten" auf. Sogar einige Pfarrer wurden als Gesinnungsgenossen der Protestanten bezeichnet; ein Kölner Stiftsherr, der junge Graf von Hoya, wurde von seinem Hofmeister Joachim Claudius für die lutherischen Anschauungen gewonnen, wie er bekannte sich zu diesen ein Canonicus von St. Cunibert. Wie aus andern Klöstern des Erzstifts entsprangen Mönche

---

(Amsterdam 1837) 83 f. Gerade 1545 veröffentlichte Johann a Lasco in Bonn bei Lorenz von der Mülen seine Schrift: Defensio verae semperque in ecclesia receptae doctrinae de Christi Domini incarnatione adversus Mennonem Simonis anabaptistarum doctrinae, die nach dem ersten Druck Kuyper 1, 1—60 wieder abgedruckt hat. S. auch die Bemerkungen seiner Praefatio p. LXX.

[1]) S. genaue Angaben über Titel und Inhalt dieser Schriften in der sorgfältigen Monographie von Steitz über Westerburg 196 ff. Auch diese Schriften zeigen, dass Westerburg, der von seinen radicalen Anschauungen zurückgekommen war, damals im Wesentlichen auf dem Standpunkt Bullinger's stand; sie lassen, wie Steitz treffend hervorhebt, „in ihrem Verfasser nicht sowohl eine reformatorische Persönlichkeit als einen Plänkler im reformatorischen Kampf erkennen, legen aber sämmtlich Zeugniss ab für einen verständigen und redlichen Sinn".

auch aus einem städtischen Convent; trotz aller Verfolgungen gab es noch 1545 auch hier Personen, die sich weigerten, die Sacramente nach katholischem Ritus zu empfangen, das Abendmahl unter beiderlei Gestalt verlangten [1]). Der Erzbischof wies dem Münster'schen Capitel gegenüber darauf hin, auch innerhalb der Corporationen, die den Process gegen ihn begonnen hatten, seien keineswegs alle mit der Appellation einverstanden: war es doch notorisch, dass im Domcapitel der Dechant und mehrere seiner Collegen sich ihr nicht angeschlossen hatten.

Unter diesen Umständen hielt es der Kaiser für geboten, seinerseits seinen Aufenthalt in Köln zu benutzen, um die städtischen und kirchlichen Behörden zu noch strengerem Verfahren gegen die Neuerer anzutreiben. Seine Mahnung an den Rath, „allen Fleiss aufzuwenden, um alle Neuerungen, Winkelversammlungen und geheimen Predigten zu hindern", fand empfängliche Hörer: es war namentlich der einflussreiche Bürgermeister Arnold von Brauweiler, der in des Kaisers Sinn zu wirken eifrig beflissen war. So beschloss der Rath nicht nur seinerseits eine Reihe strenger Massregeln gegen alle irgendwie verdächtigen Personen: er trieb zu solchen auch die kirchlichen Corporationen an. Abgeordnete des Raths traten mit Vertretern des Domcapitels, der städtischen Geistlichkeit und der Universität zu einer Besprechung über die Klagen des Kaisers zusammen, die Versammlung zeigte sich einig in dem Wunsch, jeden Anlass zu solchen hinwegzuräumen. Schon im April hatten Secundärclerus und Universität öffentlich gegen die Behauptung protestirt,

---

[1]) Vgl. Ennen 4, 492 ff. Spiegel weist S. 58 auf einen Brief Hardenberg's von 1545 hin, aus dem er folgert, dass eben damals sich die Klöster im Kölnischen zu leeren begannen. Eben auch in dieser Beziehung von Interesse sind die von Crecelius in der Zeitschrift des Bergischen Geschichtsvereins 12, 256 mitgetheilten Notizen des Erkundigungsbuches über G. Kuiff von Bonn, der im Kloster der Minderbrüder war, mit Bewilligung des Erzbischofs und des Convents von dort auszog und später die Kirche in Oberkassel „zu bedienen angenommen". Er wurde in Bonn investirt — und ebendort duxit uxorem suam et per Meynertzhagenum copulatus. Habet 3 proles.

dass ihre Appellation nicht der Ausdruck der Ueberzeugung der gesammten Körperschaft, sondern nur das Werk einzelner Mitglieder sei [1]); auch waren bereits Seitens der Universität diejenigen ihrer Angehörigen, die ihren Beitritt noch nicht ausgesprochen hatten, zu einer ausdrücklichen Zustimmungserklärung aufgefordert. Jetzt ergingen neue Mahnungen an Siebert Löwenberg und Dietrich ter Laen; da sie die geforderte Erklärung nicht gaben, wurden sie ausgestossen, ihre akademischen Rechte und Einkünfte ihnen abgesprochen [2]). Weiter wurde im Juli bestimmt, Niemand dürfe fortan mehr immatrikulirt werden, der nicht eidlich Gehorsam gegen die katholische Religion und den Papst gelobe und verspreche, alle von der Universität in Glaubenssachen gefassten Beschlüsse anerkennen zu wollen; jedes Universitätsmitglied, das von der katholischen Religion abfalle, solle aller Privilegien und Rechte seiner akademischen Stellung verlustig gehen und aus der Matrikel gestrichen werden [3]). Aehnliche Bestimmungen wurden in den einzelnen Stiftern getroffen, auch hier für die Zukunft als Bedingung für die Aufnahme ein Specialeid zum Gehorsam gegen den apostolischen Stuhl und ein Gelübde zur Vertheidigung des kirchlichen Herkommens vorgeschrieben, dessen Bruch die Suspension nach sich ziehen sollte [4]). Zur Ermittelung und Bestrafung der

---

[1]) In dem oft erwähnten Mischband der Wolfenbütteler Bibliothek 79 Jur. findet sich auch die Druckschrift: Publica attestatio magnifici domini rectoris almaeque universitatis generalis studii necnon venerabilis cleri secundarii civitatis Coloniensis super eo quod omnia hactenus circa interpositionem et persequutionem appellationis in causa religionis contra reverendissimum dominum archiepiscopum Coloniensem acta et gesta de communi consilio assensu et mandato omnium facta sint nullis singularibus personis asscribenda.

[2]) Zu den Mittheilungen, die aus dem Weimarer, dem Kölner Stadt-Archiv, den Kölner Universitätsakten schon Seckendorf, Ennen und Bianco gemacht haben, finden sich namentlich auf die Verfolgung Löwenberg's bezügliche Ergänzungen im Wied'schen Archiv.

[3]) Ennen 4, 496.

[4]) Vgl. Ennen 4, 497 und Drouven 294 über die Statutenänderungen, die in St. Gereon und in St. Aposteln im Oktober 1545 und im Januar 1546 beschlossen wurden.

Schuldigen wurde eine kräftige Herstellung der Inquisition für nöthig erachtet. Geistlichkeit und Universität wandten sich an den päpstlichen Nuntius, um eine neue Inquisition statt der ordinären aufzurichten; der Erzbischof brachte nachdrücklich in Erinnerung, dass nicht dem Papste, sondern ihm die Ernennung eines Inquisitors zustehe: er musste erleben, dass der von ihm eingesetzte Official, dass Bernhard Georgii, dessen Interesse er einst im Kampf mit päpstlichen Curialen vertreten hatte, ihm selbst erklärte, er werde kaiserlichem Befehl gemäss gerichtlich alle die als Ketzer verfolgen, die von der Lehre der Kirche und den Decreten von Constanz und Basel abwichen[1]). Mit der Inquisition wurden nun namentlich auch die dem Erzbischof anhänglichen Domherren bedroht.

Doch es galt nicht bloss, durch Strafen die Neuerer zu schrecken, ihren Reden und Schriften sollte auch durch Wort und Schrift begegnet werden. Hermann's bedeutendster Gegner, Gropper, ward auch der hauptsächlichste Förderer der Jesuiten in Köln, er förderte namentlich Canisius; dieser widmete sich mit Eifer der Aufgabe, durch Predigten auf das Volk zu wirken. Ziemlich gleichzeitig erschienen 1544 und 1545 eine Reihe polemischer Schriften, die namentlich den eifrigsten literarischen Verfechter der Gegenpartei, namentlich Butzer bekämpften. Latomus führte die mit ihm 1543 entbrannte literarische Fehde fort, Cochlaeus, der sich in diesen Jahren mit Bullinger in eine heftige Polemik eingelassen, diesem gegenüber eine dem Kölner Domcapitel gewidmete Schrift über Anrufung der Heiligen und Verehrung der Reliquien veröffentlicht hatte, griff in seiner sechsten Philippika noch directer in den Kölner Streit ein, suchte in ihr Melanchthon's Ausführungen für Butzer's Berufung gegen das „Urtheil" der Kölner zu entkräften. Bisher hatte der Verfasser

---

[1]) Vgl. Seckendorf 3, 554. Ranke 4, 262. Ennen 4, 484. 530 f. Drouven 242.

[2]) S. den Brief von Canisius an Nausea vom 18. Mai 1545 Epist. ad Nauseam 375. Riess, Canisius 54.

des Urtheils alle Gegenschriften unbeantwortet gelassen; jetzt publicirte auch Billick eine umfängliche heftige Erwiderung „auf die Verläumdungen Melanchthon's, Butzer's, Oldendorp's und ihrer Nachtreter" [1]. Es ist bezeichnend für den Ton seiner Schrift, dass er Oldendorp als Dollendorp hinstellt, ausspricht, er habe lange gezweifelt, ob er es mit einem gesunden Menschen zu thun, nicht vielmehr für Arznei als für eine Antwort zu sorgen habe; diese Sprache konnte sicherlich nicht zur Empfehlung des Inhalts in einflussreichen Kreisen dienen, die zu gewinnen Gropper vor Allem für seine Aufgabe hielt. Er begab sich ebendesshalb persönlich auf den Reichstag; wie zu gleichem Zweck eben damals Cochlaeus ein offenes Schreiben an die Stände richtete, trat auch er literarisch den Vorschlägen entgegen, die Butzer für die Behandlung der religiösen Frage gemacht hatte, suchte er in seiner dem Kaiser gewidmeten „Wahrhaftigen Antwort" die Behauptungen zu widerlegen, die Butzer über ihr beiderseitiges Verhältniss aufgestellt hatte. Beide hatten sich gründlich in den Hoffnungen getäuscht, die sie auf einander gesetzt hatten: so diente die Erinnerung an die freundschaftlichen Verhandlungen, die sie früher mit einander gepflogen hatten, nur dazu, um so bitterer ihre jetzige Gegnerschaft zu gestalten. Um den Verdacht einer Meinungsänderung, eines Schwankens im Glauben von sich abzuwälzen, unternahm es Gropper, nicht nur die Anschauungen, auch den Charakter Butzer's zu verdächtigen, in eingehender, scheinbar durchaus akten-

---

[1] Genaue Angaben der Titel der Schriften von Latomus, Cochlaeus und Billick s. bei Krafft, Bullinger 132 ff. Hier nicht verzeichnet ist die: Philippica sexta Johannis Cochlaei (cum adjunctis tractatulis tribus Mihaelis Vehe, Arnoldi Wesaliensis, ejusdem Cochlaei de vera ecclesiae doctrina) contra Philippi Melan. responsionem pro Bucero in Colonienses Bonnae nuper aeditam. Ingolstadii ex officina A. Weissenhorn 1544. Diese Schrift von Cochlaeus ist zusammen mit der Schrift Billick's in einem Mischband der Bonner Universitäts-Bibliothek (Gf. 221) enthalten. Dass schon früher, schon 1543, Cochlaeus auch seinerseits auf den Kölner Kampf einzuwirken versucht hatte, beweist seine an den Erzbischof gerichtete, von Meshov und Raynald gepriesene Ermahnung; über seine späteren Schriften in der gleichen Sache s. die folgende Anmerkung.

mässiger Erzählung seine Doppelzüngigkeit und ihre Folgen aufzudecken. Aber Butzer war in der Lage, gründlich die Unwahrhaftigkeit der wahrhaftigen Antwort seines Gegners nachzuweisen: eben zu diesem Zweck verfasste er zwei seiner besten und schneidigsten polemischen Schriften: die eine lateinisch, die er zugleich gegen Cochlaeus und Gropper, die andere deutsch, die er allein gegen Letzteren richtete. Auf das Schwerste gereizt, brachte er jetzt die Briefe Gropper's aus vergangenen Jahren zum Abdruck, die auf das Unwiderleglichste zeigten, wie anders 1541 und 1542 „seinem süssesten Freund" gegenüber der Führer der Kölner Opposition gegen Butzer's Wirken in Köln sich geäussert hatte: er stellte der Berufung auf Aktenstücke, auf die Gropper sich gestützt hatte, die Mittheilung von Aktenstücken selbst entgegen; er forderte Gropper auf, den gleichen Beweis für die Richtigkeit seiner Behauptung beizubringen — wenn er es könne; er forderte ihn auf, die in der Wahrhaftigen Antwort citirten compromittirenden Briefe zu veröffentlichen — wenn er sie habe [1]).

Gropper hat auf diese Aufforderung geschwiegen, im literarischen Kampf hat Butzer das Feld behauptet. Er durfte sich rühmen, die Berechtigung seines Handelns, seiner Sache überzeugend dargelegt zu haben: die Gegner im politischen Kampf geschlagen, seine „Wege zur Vergleichung deutscher Nation" betreten zu sehen, war ihm nicht beschieden. Gerade der Verlauf des Wormser Reichstags zeigte, mit wie gutem Grund er und seine nächsten Freunde nach dem Ausgang

---

[1]) Von Butzer's Schriften aus dem Jahre 1545 liefert Seckendorf werthvolle Auszüge; er macht dabei auch auf die beiden gegen ihn von Cochlaeus gerichteten Schreiben aufmerksam. Mit Recht haben Seckendorf und nach ihm Brieger namentlich die Bedeutung der Schrift Butzer's De concilio hervorgehoben; im 3. Abschnitt der Quellen und Erörternngen habe ich zu beweisen gesucht, dass die zweite, deutsch von Butzer gegen Gropper's warhaftige Antwort geschriebene Erwiderungsschrift noch wichtigere Zeugnisse für die Unrichtigkeit von Gropper's Aufstellungen beibringt. Ueber die Zeit der Abfassung von Gropper's Schrift vgl. die Notiz der Acta rectoralia zum 5. Mai bei Bianco 1, 432 und Epist. ad Nauseam 377.

des Tags von Speier besorgt und warnend sich geäussert, den Hoffnungen sich nicht hingegeben hatten, die andere Protestanten damals auf den Kaiser setzten. Wie es in Speier vereinbart war, hatten die protestantischen Theologen einen Reformations-Entwurf, die „Wittenberger Reformation" ausgearbeitet; sie zeigt in ihrer Tendenz eine Verwandtschaft gerade mit den Gedanken des Kölner Reformationsbuches: den Stiftern des Reichs wurden hiernach ihre Hoheiten, Würden, Güter und Herrlichkeiten nicht entzogen, den Bischöfen wichtigste weltliche und geistliche Rechte zugebilligt, wenn sie rechte Lehrer annehmen und erhalten wollten. Karl aber dachte nicht daran, in diesem Sinn einen Vergleich mit den Protestanten zu vereinbaren, so wenig wie sie seinem Wunsch nachkommen konnten, das päpstliche Concil zu beschicken: auf das Entschiedenste trat gerade hier die Differenz des beiderseitigen Standpunktes in der religiösen Frage hervor, deren Besprechung der Kaiser vertagte. Eben jetzt einte er sich vielmehr mit dem Papst und — schloss einen Stillstand mit den Osmanen. Das Jahr zuvor hatte er den Protestanten schöne Worte gegeben, um mit ihnen die Feinde Deutschlands in Ost und West zu bekämpfen: als bald darauf unerwartet der Friede zu Crespy geschlossen wurde, glaubten vertrauensvolle Deutsche, nun werde mit aller Kraft der Kampf gegen den Erzfeind der Christenheit unternommen werden; jetzt sahen sie, Karl vertrug sich auch mit den Türken. Die Fortdauer des Kampfes zwischen Frankreich und England gab ihm erhöhte Sicherheit vor einer Bedrohung von Westen: so war er von keiner Seite gehemmt, wenn er die Regelung der deutschen religiösen Angelegenheiten unternahm. Und wie er zu diesen stand, zeigten auf das Deutlichste eben die Schritte, die er in Worms in der Kölner Sache that.

In einem aus Buschhoven am 26. Juni an ihn gerichteten Schreiben legte der Erzbischof noch einmal die Gründe und die Berechtigung seines Vorgehens dar; er berief sich auf den Regensburger und den Speierer Abschied; da nach letzterem die Erledigung der religiösen Differenzen auf einer deutschen Versammlung in Aussicht gestellt sei, erbot er sich, auf dieser mit seinen Gegnern nochmals die zwischen ihnen streitigen Punkte zu erörtern. Er sprach die Hoffnung aus, dass Karl seine dauernd bezeugte versöhnliche Haltung anerkennen, um so weniger durch die ungerechtfertigten Agitationen seiner Gegner sich einnehmen lassen werde; er bat auch die Stände, sich für ihn bei dem Kaiser zu verwenden. Aber ehe dies Schreiben in Karl's Hand gelangen konnte, hatte er bereits die Appellation der Kölner angenommen, schon am 27. Juni einen Schirm- und Schutzbrief für sie ausgestellt. Hermann hielt darauf für geboten, wie Sachsen vorgeschlagen hatte, zu einer Gegenappellation zu schreiten: am 10. Juli appellirte er gegen alle durch seine Widersacher ihm zugefügten und angedrohten Beschwerungen an ein freies christliches in Deutschland zu haltendes allgemeines oder ein National-Concil, ev. einen Reichstag. Die Gegner protestirten, sie überreichten dem Kaiser eine eingehende Widerlegungsschrift; seinerseits machte dieser noch einmal dem Erzbischof die ernstesten Vorstellungen, als er nach dem Schluss des Reichstags im August über den Rhein nach den Niederlanden zurückkehrte. Noch im Juli war eine päpstliche Vorladung an Hermann erfolgt: binnen sechzig Tagen sollte er sich in Rom stellen. Karl wies ihn nun darauf hin, dass seine kurfürstliche Stellung abhängig von seiner erzbischöflichen Würde, die ihm der Papst verliehen: würden die Neuerungen nicht abgestellt, müsse der Kaiser als gehorsamer Sohn des römischen Stuhls thun, was seines Amtes. Zugleich liess er dem so bedrohten Fürsten unter der Hand durch Naves empfehlen, freiwillig zu Gunsten des Coadjutors zu resigniren. Natürlich ging Hermann hierauf nicht ein, bezeugte auch in der Antwort, die er jetzt dem Kaiser ertheilte, die gleiche Gesinnung, die seine bisherigen Schritte, die auch sein letztes Schreiben an Karl dictirt hatte. Darauf wurde er auch nach Brüssel vorgeladen; binnen dreissig Tagen sollte er dort sich stellen, in der Zwischenzeit sich aller weiteren Neuerungen enthalten. Hermann schickte einen Anwalt nach Brüssel, um dagegen zu protestiren, dass man am kaiserlichen Hofe gegen ihn einen Process instruire, um die gesetzliche Frist zu fordern, innerhalb deren er seine Exception vorbringen könne; er täuschte sich nicht über die Grösse der Gefahr, die nicht nur ihn, die auch seine Anhänger bedrohte [1]). Die Gegner des Erzbischofs im Domcapitel hatten ihre Appellation in Abwesenheit des Dechanten beschlossen, ihn auch zu der betreffenden Versammlung nicht geladen: Heinrich von Stolberg hatte darauf das Ersuchen zu nachträglichem Beitritt abgelehnt, sich vielmehr bemüht, seine Collegen auf den Weg gütlicher Verhandlungen zurückzuführen. Aber nicht nur waren seine Anträge zurückgewiesen: ihm und seinen Gesinnungsgenossen war gedroht, die Inquisition würde gegen sie ebenso wie gegen alle andern Anhänger der Neuerungen einschreiten, wenn sie diesen nicht auf dem im Juli abzuhaltenden Generalcapitel absagten, den kaiserlichen Mandaten sich gehorsam erwiesen. Wie das Kölner Volk gegen sie aufgereizt war, zeigte, dass vor dem Hause eines der mit dem Dechanten einverstandenen Domherrn, des Rheingrafen

---

[1]) Auch von den Aktenstücken des Juni und Juli finden sich Einzeldrucke in dem Wolfenbütteler Miscellan-Band Jur. 79; so auch von der erzbischöflichen Appellation. Sie wurde „aus dem Lateinischen verteutscht", wie der Drucker L. von der Mülen selbst angibt, durch Leute, „die in solcher arbeit nicht fast geübt und erfahren". Ein Exemplar dieser Uebersetzung, deren Titel Ennen 4, 506 verzeichnet, enthält ein Miscellan-Band der Bonner Universitäts-Bibliothek (Gg. 66). Der Natur der Sache nach sind in diesen späteren Erörterungen beider Parteien im Wesentlichen die historischen und dogmatischen Auseinandersetzungen wiederholt, durch welche beide schon 1543 ihr Verhalten zu rechtfertigen gesucht hatten; es erschien mir um so weniger nöthig, auch aus diesen späteren Streitschriften ausführlichere Auszüge mitzutheilen, als gerade aus ihnen solche Drouven gegeben hat. Von ihm nicht beachtet ist, dass aus einer Gothaer Handschrift Neudecker, Aktenstücke 464 die von Seckendorf 3, 554 nur kurz erwähnte interessante Aufzeichnung über Karl's Vorstellungen an den Erzbischof und dessen Antwort im August 1545 veröffentlichte: sie findet sich auch im Berliner und im Weimarer Archiv. Einem Brief Karl's an Granvella entnahm Gachard, Trois années de Charles V. 98 die Notiz, dass Karl dem Erzbischof fit suggerer par le vice-chancelier Naves de resigner l'archevêché de Cologne à son coadjuteur; mais l'électeur ne s'y montra point disposé.

Jakob¹), dieser selbst und Stolberg als lutherische Ketzer ausgeschrieen waren: es werde nimmer gut gehen, war dazu gerufen, bis man sie mit Keulen todtgeschlagen. Unter diesen Umständen erschien es am Hofe des Erzbischofs unmöglich, dass die Domherren frei berathen könnten, wenn, wie Thomas von Rheineck und seine Parteigenossen beabsichtigten, in Köln die Capitelsversammlung gehalten würde, in der nach der Meinung des Afterdechanten auch die Wahl von Deputirten für das Concil von Trient stattfinden sollte. So forderte Hermann den Dechanten als den zur Einberufung des Capitels berechtigten Würdenträger auf, sämmtliche Domherren auf den 20. Juli nach Bonn zu berufen; sämmtlichen versprach er freies Geleit. Aber nur wenige derselben folgten seinem Ruf: ausser dem Rheingrafen des Erzbischofs Bruder Friedrich, Philipp von Dhaun und Christoph von Oldenburg, der auch von dem Pfalzgrafen Richard als sein Vertreter bevollmächtigt wurde; der Afterdechant und seine Partei blieben in Köln. Sie beschwerten sich wie über die Form der Berufung, welche die Rechte des Afterdechanten als des Seniors der Prälaten verletzte, so über das Ersuchen, das nach Eröffnung der Bonner Versammlung nochmals an sie gerichtet wurde, sie möchten dort erscheinen: in ihrer Mehrheit erwiesen sie sich später nicht einmal geneigt, die Garantien zuzusagen, welche die in Bonn zusammengetretenen Domherren für ihre Sicherheit forderten, ehe sie ihrerseits, wie gewünscht wurde, sich entschlössen, wieder nach Köln zu kommen. So scheiterten die Verhandlungen, die Bernhard Hagen eingeleitet hatte: der Gegensatz zwischen den in Bonn tagenden hohen Adligen und ihren Kölner Gegnern, deren Mehrheit durch die Priesterherren bestimmt wurde, kam zum schärfsten Ausdruck. Die Grafen in Bonn wandten sich mit einer Beschwerde an den Wormser Reichstag über die

---

¹) S. über seine verwandtschaftlichen Verhältnisse Schneider, Geschichte des Wild- und Rheingräflichen Hauses (Kreuznach 1854) 152. Melanchthon rühmte am 5. Juni 1543 seine gute Gesinnung; C. R. 5, 117 (n. 2712).

Beeinträchtigung ihrer Rechte, die dadurch drohende Gefährdung der Stellung des Adels in den Capiteln; auch sie appellirten wie der Erzbischof an das Urtheil einer deutschen Versammlung, wie er sie als allein massgebend bezeichnet hatte. Ihre Gegner antworteten auch auf diese Gegen-Appellation mit einem Protest, und der Kaiser trat auch in diesem Streit auf ihre Seite. Während seiner Anwesenheit in Köln erliess er ein Mandat gegen den Dechanten und die ihm anhängenden Domherren; auch gegen sie wurde jetzt von Rom aus ein Process instruirt [1]).

Wie musste die Kunde von diesen Vorgängen bei den protestantischen deutschen Fürsten wirken, zu denen der Erzbischof Ende August Peter Medmann und Siebert Löwenberg entsandte? Wie viel hier für das allen gemeinsame Interesse auf dem Spiele stand, wurde von mehr als einer Seite klar erkannt und ausgesprochen; durfte Hermann hoffen, dass diese klare Erkenntniss zu einer rettenden That führte? Am 19. September erstattete der sächsische Kanzler Brück seinem Kurfürsten ein Gutachten, indem er treffend nachwies, warum Hermann von den Protestanten nicht verlassen werden dürfe: der dem Erzbischof gemachte Process würde dem Papst, so urtheilte er, besser noch als das Concil dazu dienen, sich zum Herrn und Richter in deutschen Religionssachen aufzuwerfen und Luther's Lehre auszurotten; gelinge den hohen Häuptern das Spiel mit Köln, so würde gegen die religionsverwandten Stände ebenfalls processualisch vorgegangen oder erklärt werden, das sei gar nicht nöthig, da sie notorisch alle in gleichem Irrthum befangen seien. Auch die Schädigung, die den Rechten der Kurfürsten durch das vom Kaiser beobachtete Verfahren widerfahre, hob Brück nachdrücklich hervor; nach seiner Meinung sollte der Erzbischof der Citation nach Brüssel keine Folge leisten, in

---

[1]) Die von Drouven über den Streit der beiden Parteien des Capitels auszüglich mitgetheilten Aktenstücke finden sich gedruckt in dem Wolfenbütteler Band 79 Jur.; werthvolle Ergänzungen liefern die Akten des Stolberger und des Berliner Archivs.

eine Verhandlung seiner Sache dort keinesfalls willigen: in der Frist von dreissig Tagen, die ihm hier gestellt sei, würde es auch nicht möglich sein, die sämmtlichen übrigen religionsverwandten Stände zum Beitritt zu der erzbischöflichen Appellation zu bestimmen. Die Adhärenz ihrer aller aber war nach des Kanzlers Meinung besonders zu erstreben; dringend empfahl er gemeinsames Vorgehen aller protestantischen Stände, dringend warnte er seinen Herrn, allein „der Katze die Schelle anzubinden". So räumte der sächsische Staatsmann bestimmenden Einfluss auf Sachsens Entschluss der Haltung seiner Bundesgenossen ein; unter ihnen war wohl für den Erzbischof am meisten von Hessen und Strassburg zu hoffen. Scharf und bestimmt stellte der Landgraf in einem an seine Strassburger Vertrauten, an Butzer und Jakob Sturm gerichteten denkwürdigen Schreiben die Gründe zusammen, aus denen es trotz der Bedenken, die Hermann's Alter und seine geringe Fähigkeit zu kriegerischen Unternehmungen erwecken könnten, entschieden geboten sei, ihn kräftig zu unterstützen; klar zeigte er auch, dass man sich nicht mit Worten begnügen dürfe. Er hielt Rüstungen für nöthig, ein offensives Vorgehen für gerathen: er erörterte, wie viel vortheilhafter für die Protestanten es sei, dem Gegner zuvorzukommen. In seiner Antwort stimmte Butzer dem Landgrafen darin völlig bei, dass die Unterstützung des Erzbischofs vom protestantischen, vom national-deutschen Standpunkt aus Pflicht sei; er fürchtete das Schlimmste von der Erhebung des Coadjutors, den Geldinteressen an die Burgunder fesselten. Für einen so bedeutenden Zweck müssten die von Philipp für nöthig erachteten Summen flüssig gemacht werden: zu seiner Erreichung sollten nach seiner Meinung die Protestanten dem Landgrafen die Gewalt eines Dictators übertragen. Noch einmal schlug er vor den Kaiser zu ersuchen, nicht gegen den Erzbischof vorzugehen: man möge dabei nicht scharf in der Form auftreten, vielmehr alle Drohungen vermeiden, um nicht durch solche den Vorwand zur Verschleppung der Sache zu bieten, dann aber mit der That antworten, wenn keine Besserung erfolgte. Aber eben zur rettenden That für den Erzbischof kamen die Protestanten nicht, so einmüthig sie alle, auch Moritz von Sachsen, ihr Bedauern über seine Bedrängniss aussprachen, so entschieden auch viele seine Vertheidigung für ein allgemeines protestantisches Interesse erklärten: so unter den Städten des Schmalkaldischen Bundes neben den Strassburgern auch jetzt namentlich die Augsburger und die Frankfurter. Wohl mochte ein eifriger Protestant einen Dictator herbeisehnen, wenn er sah, wie in entscheidenden und gefahrvollen Tagen die wichtigsten allgemeinen Interessen geschädigt wurden durch die mangelhafte Organisation des Schmalkaldischen Bundes, durch die Langsamkeit und Schwerfälligkeit seiner Geschäftsbehandlung und vor allem durch particulare Händel seiner Mitglieder, durch Gegensätze zwischen Ober- und Niederdeutschen, zwischen Fürsten und Städten, durch den Doctrinarismus und die Bedenklichkeiten von Theologen und Juristen. Aber nicht genug, dass diese Uebelstände vorhanden waren: eben sie bereiteten zugleich unermessliche Schwierigkeiten einem jeden, der ihre Abstellung versuchte: Schwierigkeiten, die zu überwinden der sächsische Kurfürst zu indolent und engherzig, der Landgraf zu wenig überlegt und stätig und der einzige staatsmännische Kopf der Schmalkaldener, Jakob Sturm, nicht mächtig genug war. Unter diesen Missständen musste naturgemäss auch die Kölner Sache leiden[1]). In den Herbstmonaten nahm der Kampf mit Heinrich von Braunschweig die Thätigkeit und Gedanken der Hauptleute des Bundes vorwiegend in Anspruch; über die Frage der Unterstützung Hermann's kam es auch auf einer Bundesversammlung in Naumburg nur zu vor-

---

[1]) Ueber die Verhandlungen, welche die Schmalkaldener mit dem Erzbischof und unter einander über seine Sache führten, boten mir die reichsten Aufschlüsse die Marburger Archivalien; als besonders wichtig erschien mir unter ihnen der Brief des Landgrafen vom 9. September, den ich desshalb 2, 103 ff. vollständig abgedruckt habe. Manche einschlagende Aktenstücke finden sich auch im Berliner, im Weimarer und im Strassburger Stadt-Archiv; dem Weimarer hat schon Seckendorf 3, 554 eine kurze Notiz über Brück's Gutachten entnommen. Vgl. auch State-papers 10, 590. 595f. 612. 635

bereitenden Verhandlungen: der Erzbischof wurde auf den im December abzuhaltenden Tag in Frankfurt vertröstet, aufgefordert, auf diesen auch seinerseits Gesandte zu schicken. Hier sollte erwogen werden, wie die Bundesgenossen seine Sache am besten gegenüber dem Kaiser und gegenüber den Kölner Geistlichen und weltlichen Ständen vertreten könnten.

Der Erzbischof hatte den Wunsch geäussert, die Schmalkaldener möchten auch auf letztere einzuwirken suchen, desshalb durch eine Gesandtschaft den Landtag beschicken, den er auf den 9. December nach Bonn berufen hatte. Hermann hatte hierzu auch den Afterdechanten und dessen Parteigenossen im Domcapitel geladen, die Einladung aber nicht an den Afterdechanten als Repräsentanten des Capitels, sondern an jeden einzelnen Domherrn gerichtet. Schon hierin fanden Thomas von Rheineck und seine Genossen eine Verletzung des Herkommens, der Rechte des Afterdechanten; sie protestiren dagegen, dass, wie nach dem Berufungsschreiben beabsichtigt sei, in der hierzu keineswegs competenten Versammlung der Stände über ihre Händel mit dem Dechanten berathen werden sollte: nicht sie hätten, wie behauptet werde, gegen Stolberg und Genossen, vielmehr diese Herren gegen sie ungütliche Handlungen vorgenommen, nur desshalb hätten sie Recht bei den höchsten Obrigkeiten gesucht, deren Erkenntnisse sie jetzt auch in ihrem Streit mit dem Erzbischof zunächst erwarteten. Aus diesen Gründen weigerten sie sich, auf dem Landtag zu erscheinen; von vornherein erklärten sie jeden Beschluss, der dort etwa gegen sie gefasst würde, für kraftlos, für ein Attentat gegen päpstliche und kaiserliche Befehle. Umsonst wurde nach dem Zusammentritt des Landtags noch ein Versuch gemacht, sie zur Theilnahme an den Verhandlungen wenigstens über die drängende Steuerfrage zu bestimmen: auch hinsichtlich dieser hielten sie fest an ihrer abgegebenen Erklärung, nach der sie jede Bewilligung von der vorhergegangenen Erfüllung ihrer Forderungen in den religiösen Verhältnissen 'abhängig machten. So traten die Stolberg'sche Partei des Capitels und die weltlichen Stände allein mit dem Fürsten in die Verhandlungen ein: schon in dem Berufungsschreiben hatte Hermann ausgesprochen, die Abwesenheit und Proteste Einzelner würden die Abhaltung des Landtags nicht hindern. Eine Einigung unter den Versammelten wurde unschwer erzielt: auf das Neue erkannten die Stände die Berechtigung des Vorgehens des Erzbischofs an, einmüthig beschlossen sie, von dem Kurfürsten als ihrem rechten natürlichen Herrn sich nicht abzusondern, noch ihn zu verlassen, sondern bei ihm zu stehen und zu bleiben und seiner Appellation zu adhäriren. Sie sprachen ihr Bedauern über den im Capitel ausgebrochenen Zwiespalt aus; ausdrücklich missbilligten sie das Verfahren des Afterdechanten und seiner Genossen und bezeichneten dem gegenüber das Verhalten der Stolberg'schen Partei als ehrlich, löblich und rühmlich. Welcher beider Theile fortan für das Capitel zu halten sei, glaubten sie indess nicht ihrerseits entscheiden zu können: weitere Erwägungen und Massnahmen in dieser und anderen Fragen stellten sie der gemeinschaftlichen Berathung des Erzbischofs und seiner Räthe mit einem Ausschuss anheim, den sie ebendesshalb aus ihrer Mitte erwählten. Er sollte den Erzbischof auch bei den von ihm vorgeschlagenen und von dem Landtag gebilligten Reformen in der Verwaltung und ebenso bei der Regelung der Steuerfrage unterstützen. Die dem Kurfürsten früher bereits bewilligten Summen sollten nun endlich wirklich gezahlt, auch die Geistlichkeit herangezogen und desshalb eine Aufzeichnung ihrer Güter vorgenommen werden. Es war vorauszusehen, dass die Unterhandlungen scheiterten, die unmittelbar nach Schluss des Landtags Omphalius im Auftrag der weltlichen Stände mit Bernhard von Hagen und Georg von Wittgenstein anknüpfte, um nochmals zu versuchen, die Oppositionspartei des Capitels, als deren versöhnlichste Mitglieder sie galten, zu einer Aussöhnung zu bestimmen; gerade die Beschlüsse des Landtags boten dem Afterdechanten und Genossen neuen Grund zu lebhaften Klagen. Ihre Antwort zeigte, sagt Ennen mit Recht, dass sie entschlossen waren, den Process gegen den

Erzbischof zum Austrag zu bringen und den Kampf bis zum
Aeussersten fortzusetzen. Auch Heinrich von Stolberg gegenüber führten sie den Kampf noch schroffer in der Form
weiter; da er, um einer ihrer formellen Forderungen Genüge
zu leisten, selbst nach Köln kam, eine Versammlung des
Capitels zur Berathung über die Beilegung der Streitigkeiten
in dessen dortigen herkömmlichen Versammlungsraum einberief, stellten sie auch dort sich nicht; sie verkündeten
ihrerseits, sie würden sich auf keine Unterhandlung mit
Stolberg einlassen, solange er nicht sein Verhalten geändert
habe, und schoben ihm die Verantwortlichkeit für alle übelen
Folgen des Zwiespalts zu. Wie sie wies auch der Rath den
Antrag der weltlichen Stände auf Verhandlungen zur Herstellung des Friedens zurück; wie sie berief auch er sich
auf die Gebote des Kaisers gegen die Neuerungen. Dicht
vor dem Beginn und bald nach dem Schluss des Landtags
erliess Karl neue Mandate, die alle dort gegen seine Kölner
Schützlinge gefassten Beschlüsse für ungültig erklärten: so
suchte er weiter den Erzbischof mit den Seinen einzuschüchtern und Hermann's Gegner in ihrem Widerstand zu stärken
Freilich wurde die gerichtliche Entscheidung in dem an seinem Hof instruirten Process, mit der Hermann fortdauernd
bedroht war, noch nicht getroffen: wohl fällte dagegen eben
jetzt der päpstliche Nuntius Hieronymus von Verallo, der
Erzbischof von Rossano, der mit der Führung des Processes
gegen den Dechanten und seine Adhärenten betraut war,
gegen diese das Urtheil. Am 8. Januar 1546 sprach er über
Stolberg und drei seiner Genossen, den Rheingrafen Jakob,
Christoph von Oldenburg und Friedrich von Wied, die
Strafe der Suspension aus: er erklärte sie aller Rechte und
Einkünfte ihrer kirchlichen Würden für verlustig [1]).

Die Bemühungen der weltlichen Stände waren gänzlich
gescheitert: nur noch heftiger war der Streit entbrannt. Aber

---

[1]) Auch die hier einschlagenden, von Ennen und weitläufig von
Drouven excerpirten Aktenstücke über den Landtag, sowie die von dem
Dechanten und gegen ihn ergangenen Erklärungen finden sich gedruckt in

ebendesshalb war nur um so wichtiger, dass die weltlichen Stände sich so entschieden auf die Seite des Erzbischofs gestellt, dass sie auf dem Landtag sich auch für eine Verbindung mit den Schmalkaldenern ausgesprochen, dem Erzbischof zugerathen hatten, Gesandte zu dem Tag von Frankfurt zu schicken. Büchel und Löwenberg erhielten demgemäss den Auftrag, dort über die Bedrängnisse des Erzbischofs zu berichten; daran knüpften sie das Ersuchen, die Sache des Erzbischofs als eine gemeinsame Angelegenheit der religionsverwandten Stände zu behandeln und sich auch des Domdechanten anzunehmen. Desshalb möchten die schmalkaldischen Bundesgenossen der Appellation Hermann's förmlich adhäriren, nochmals durch Gesandte bei dem Kaiser und in Köln um Einstellung der gegen den Erzbischof begonnenen Verfolgung, des Processes wenigstens bis zum nächsten Reichstag, um eine Vergleichung nach den Beschlüssen von Speier anhalten, und falls diese Gesandtschaft kein befriedigendes Resultat erzielte, sich über weitere Mittel zur Abwehr der drohenden Gefahren verständigen. Lebhaft traten namentlich die hessischen Gesandten treu der Instruction ihres Fürsten für die Anträge der Räthe des Erzbischofs ein; am letzten Tag des Jahres 1545 sprachen die Schmalkaldischen Stände ihren Beitritt zur Appellation des Erzbischofs feierlich aus und beschlossen die Abfertigung einer Gesandtschaft; auch die Kurfürsten von Pfalz und Brandenburg erboten sich, zu dieser ebenfalls Deputirte zu verordnen. Auch eine Defensivhülfe dem bedrängten Fürsten zu leisten, zeigte sich die Frankfurter Versammlung bereit; aber gerade über die Art der Ausführung dieser Hülfe gingen die Instructionen der einzelnen Deputirten auseinander. Es klang

---

dem Wolfenbütteler Miscellan-Band 79 Jur. Drouven erzählt S. 301, Richard von Baiern und Philipp von Dhaun seien von ihren Genossen abgefallen; doch erscheinen auch ihre Namen unter den Erklärungen der Stolberg'schen Partei im August und September 1546; schon Lacomblet, Urkundenbuch 4, 691 Anm. 1 hat bemerkt, dass auch sie durch eine Sentenz vom 28. Juli 1546 suspendirt wurden.

dann freilich sehr energisch, als der Beschluss gefasst wurde, wenn der Kurfürst angegriffen würde, ihm unverzüglich Hülfe zu leisten, und zwar, da nichts anderes angegeben war, mit aller Macht. Aber der Kurfürst von Sachsen hob das Bedenkliche der unbestimmten Fassung dieses Beschlusses hervor; er bedauerte, dass nicht festgesetzt war, wie viel Geld und Soldaten vorkommenden Falls jeder Stand liefern sollte; er befürchtete, schliesslich werde ihm und Hessen wieder die Last allein zufallen. Und der Landgraf, dem er seine Besorgnisse aussprach, theilte dieselben: auch er äusserte sich unwillig über die Doctoren, die von Kriegssachen nichts verständen. Eine reelle Sicherheit gegen drohende Gefahr wurde dem Erzbischof durch diese Frankfurter Abrede nicht geboten: andererseits hatten seine Räthe auf die Frage der Schmalkaldener, welche Hülfe sie sich von den Kölner Freunden versprechen dürften, nur mit allgemeinen Betheuerungen des besten Willens des Fürsten und der weltlichen Stände antworten können.

Diese Unsicherheit war um so wichtiger und verhängnissvoller, als die Gesandtschaft der Protestanten an den Kaiser, wie vorauszusehen war, keine befriedigende Antwort zurückbrachte. Ende Februar trugen die protestantischen Gesandten am kaiserlichen Hoflager in Mastricht ihr Ersuchen für den Erzbischof vor; Naves erörterte darauf wieder, alle Schuld liege nur an Hermann, der trotz aller Mahnungen des Kaisers in ungerechtfertigter Weise vorgegangen sei. Auch wegen weiterer Entscheidung in der Kölner Frage verwies er die Protestanten auf den kommenden Reichstag, der nach Regensburg ausgeschrieben sei; nachdrücklich betonte er die friedliche Gesinnung des Kaisers. Auch Granvella schrieb in gleichem Sinn gleichzeitig an den Landgrafen, um seine Besorgnisse zu widerlegen: entschieden widersprach er den weit verbreiteten Gerüchten, der Kaiser denke an einen Religionskrieg. Waren sie wirklich ohne Grund? oder hatten diejenigen Recht, die wie Löwenberg meinten, es komme dem Kaiser vor allem nur darauf an,

Zeit zu gewinnen, oder die, wie Büchel meldete, erzählten, der Kaiser wolle friedliche Absichten vorgeben, um desto ungestörter seine Rüstungen betreiben zu können?[1])

Der Enkel Ferdinand's des Katholischen zeigte nicht nur in den Zielen, auch in den Mitteln und Wegen seiner Politik manche Verwandtschaft mit dem Grossvater. So umfassend und weitschweifend seine Pläne waren: ebendesshalb legte er in der Taktik hohen Werth auf die Uebung der „wahren Politik", die nach dem Urtheil des grössten Nachfolgers seiner universalmonarchischen Bestrebungen „nichts ist als die Erwägung der Umstände und Möglichkeiten"; wie Napoleon hielt auch er „nur einen äusserst kalten, standhaften, rechnenden Mann befähigt, die grossen Ergebnisse zu erreichen, welche die erhitzte und begeisterte Phantasie erblickt". Mit höchstem Geschick, mit grossem Erfolg hatte er seit dem Sieg über Cleve eine Reihe von Massnahmen getroffen, die ihm einen Krieg mit den deutschen Protestanten ermöglichten und erleichterten: er täuschte sich nicht über die Schwierigkeiten, die noch immer dem Gelingen seines Planes im Wege standen. Gerade der Verlauf der Kölner Sache erbitterte, reizte ihn weiter zur Ausführung seines Vorhabens — und mahnte ihn zugleich zu vorsichtigem Handeln. Er musste erleben, dass, trotz aller von ihm eifrigst geschürter und gestärkter Agitationen, Hermann's Vorgehen Billigung und Unterstützung bei den weltlichen Ständen, in den wichtigsten Städten des Erzstifts fand, dass evangelische Prädicanten auch im kölnischen Westfalen

---

[1]) Ueber die Vorgänge in Frankfurt und Mastricht bieten besonders die schon von Seckendorf und Neudecker theilweise ausgenutzten Archivalien in Weimar und Marburg reiche Aufschlüsse; vgl. auch Deckers 143 ff. 257 ff. Sattler, Geschichte Würtembergs unter den Herzogen 3, 235 ff. Beilagen n. 76 ff. State-papers 10, 821. 11, 1 ff. 36 ff. Sleidan's Brief vom 6. Februar h. v. Geiger, Forschungen z. d. G. 10, 185. Zur Charakterisirung des von Ranke 4, 264 nachdrücklich hervorgehobenen Frankfurter Beschlusses über die dem Erzbischof zu leistende Hülfe ist besonders Johann Friedrich's Schreiben vom 5. Februar wichtig, das ich ebendesshalb 2, 109 ff. vollständig abdruckte.

wirkten[1]), dass aus seinen Niederlanden seine Unterthanen über die Kölner Grenze eilten, die evangelischen Predigten zu hören[2]). Weiter und weiter verbreiteten sich in Deutschland die protestantischen Anschauungen; ein offener Angriff gegen sie, eine Absetzung des Erzbischofs verletzte vielfach mächtigste Gefühle und Interessen. Die Einleitung des Processes gegen den Erzbischof verstiess gegen die Rechte der Kurfürsten; Hermann konnte seine Collegen von Mainz[3]) und Trier darauf hinweisen, wie auch ihre Rechte den Domcapiteln gegenüber durch die Agitationen des Kölner Afterdechanten und seiner priesterherrlichen Parteigenossen bedroht würden; durch sie erschien besonders die Stellung des hohen Adels in den Capiteln gefährdet. Die Frankfurter Versammlung hatte ebendesshalb dem Erzbischof anheimgegeben, er möge die rheinischen Grafen zu seiner Unterstützung, zum Beitritt zu seiner Appellation aufrufen; ein ansehnlich besuchter Grafentag trat im März in Oberwesel zusammen. Dietrich und Arnold von Manderscheid, Wilhelm von Nassau, Wilhelm von Neuenahr, Philipp und Reinhard von Hanau-Münzenberg, Philipp von Rheineck, Ludwig von Stolberg und Königstein (der Bruder Heinrich's), drei Solms, drei Erbach u. A., im Ganzen neunzehn Grafen, waren persönlich erschienen, sieben durch Gesandte vertreten. Die Grafen gaben dem Gesandten Hermann's tröstliche Worte, aber eine thätige Beihülfe versprachen sie zunächst nicht; sie lehnten einen Beitritt zur Appellation des Erzbischofs ab,

---

[1]) Vgl. Kampschulte, Geschichte der Einführung des Protestantismus im jetzigen Westfalen S. 182 ff. Hoegg, Programm zur zweiten Säcularfeier des Laurentianums zu Arnsberg 1843 S. 4. Ueber den von Hoegg nur kurz erwähnten Widerstand des Abtes Hermann Lilie gegen Hermann's Reformationsversuch gibt ein im Münster'schen Archiv (Kl. Glinfeld. Urk. n. 446 a) befindlicher Brief des Abtes nähere Auskunft.

[2]) Die von der Wolfenbütteler Bibliothek erworbene Nolte'sche Handschrift enthält einen Original-Brief Butzer's vom 10. Oktober 1545, in dem er dem Landgrafen meldet, dass zu Tausenden die Leute aus Geldern nach Kempen liefen.

[3]) Vgl. über die Mainzer Verhältnisse nach Albrecht's Tod Seckendorf 3, 569. Arnoldi 3. 2, 89. Gachard, Trois années 109. Ranke 4, 266 f.

um noch einen Vermittlungsversuch zwischen ihm und den ihm anhänglichen Domherren und der Partei des Afterdechanten unternehmen zu können. Wie zu erwarten war, führten auch diese Verhandlungen[1]) zu keinem Ergebniss: in einer neuen Versammlung verwiesen daraufhin die Grafen im April die Gesandten Stolberg's und seine Freunde auf den Regensburger Reichstag; schon in Oberwesel hatten sie auch dem Erzbischof den Rath ertheilt, dort möge er seine Sache führen; ihm und ihren bedrohten Standesgenossen im Kölner Capitel bezeugten sie ihre Sympathie. In solcher Lage erschien es dem Kaiser räthlich, ja nicht zu früh offen mit seinen Plänen hervorzutreten; er wusste, ihr Gelingen beruhte nicht zum wenigsten darauf, dass es gelang, bis zum letzten Augenblick die deutschen bedrohten Stände hinzuhalten und ein entschlossenes gemeinsames Auftreten zu verhindern. Wenn eben die Kölner Sache den Kaiser nicht am wenigsten zum Kriege gegen die Protestanten reizte, gewiss nicht in seinem, im Interesse seiner Gegner hätte es gelegen, als nächsten Grund des Krieges gerade diese Angelegenheit erscheinen zu lassen. Er konnte demnach auch hier nicht dieselbe Taktik beobachten, wie Rom und dessen fanatische Anhänger in Köln; er hielt es auch weiter für gerathen, auf der einen Seite Hermann's Gegner fortdauernd in ihren Agitationen zu stärken, auf der anderen den Erzbischof zugleich einzuschüchtern und doch nicht zum Aeussersten zu reizen. So liess er auch durch Naves, den er eben zu diesem Zweck im Frühjahr 1546 nach Köln sandte, die Kölner beloben und ermuntern, Hermann drohend ermahnen und zugleich seines alten Wohlwollens versichern: noch jetzt wolle Karl ihm verzeihen, wenn er endlich den kaiserlichen Befehlen sich füge[2]). Eben aus dieser Lage der Verhältnisse erklärt

---

[1]) Ausser den theilweise schon von Ennen benutzten Mittheilungen der Berliner Handschrift bieten über die Verhandlungen der Grafen namentlich die Stolberger Archivalien manche Aufschlüsse. Vgl. über die Bedeutung der Grafentage in dieser Zeit Arnoldi 3. 1, 227 ff.

[2]) S. die Naves ertheilte Instruction bei Lanz, Staatspapiere z. G. Karl V. S. 397 ff. n. 74.

sich auch, warum eine lange Zeit zwischen der Fällung des päpstlichen Urtheils und seiner Execution durch den Kaiser verstrich.

Schon am 16. April sprach Papst Paul III. die grosse Excommunication über den Erzbischof aus: Hermann wurde seiner erzbischöflichen Würde für verlustig erklärt, seine Unterthanen vom Eid der Treue gegen ihn entbunden. Aber es dauerte lange, bis diese päpstliche Sentenz in Deutschland bekannt und ausgeführt wurde — zugleich mit einem vom 3. Juli datirten päpstlichen Breve, welches dem Coadjutor Adolf von Schaumburg die Administration des Erzstifts übertrug[1]). Auch die Zuverlässigkeit der katholischen Gesinnung des Coadjutors war nicht über jeden Zweifel erhaben; Billick und Gropper erhielten den Auftrag, ihn genau zu prüfen; wir hören, dass man, im Fall sich Adolf unbrauchbar erweise, an die Erhebung Otto's von Augsburg dachte. Doch beruhigten dann die Erklärungen, die Billick, Gropper und der Coadjutor selbst abgaben, über diesen Punkt[2]): aber auch im Sommer und Herbst, ja gerade während dieser Zeit hatte der Kaiser mannigfache Gründe, dem Drängen des Afterdechanten und seiner Partei auf schnelles Vorgehen nicht nachzukommen. Eben da er jetzt offen den Krieg gegen Sachsen und Hessen begann, lag ihm alles daran, diese zu isoliren, den Erzbischof von einer thätigen Unterstützung derselben zurückzuhalten. Und wirklich lehnte Hermann die Aufforderung seiner protestantischen Freunde ab, Truppen zu ihrer Hülfe zu schicken; mit den

---

[1]) Beide Aktenstücke sind von Meshov 151 ff. abgedruckt, das päpstliche Breve an Adolf auch von Lacomblet, Urkundenbuch 4, 691. Gleichfalls am 3. Juli richtete der Papst auch ein im Düsseldorfer Archiv befindliches Schreiben an Rath, Geistlichkeit und Universität von Köln, in dem er ihre Haltung belobte, ihnen die Entsetzung Hermann's und die Ernennung Adolf's mittheilte und sie zu dessen Unterstützung aufforderte.

[2]) Die Briefe von Adolf, Gropper und Billick finden sich im Düsseldorfer Archiv. Schon Druffel, Viglius Tagebuch 224 hat auf die interessante Notiz über Otto von Augsburg bei Ribier 1, 605 hingewiesen; vgl. damit auch die Bemerkungen in Wotton's Schreiben vom 23. December 1546, State-papers 11, 350.

Waffen seinen Gegnern entgegenzutreten, konnte er sich nicht entschliessen; ja er forderte seine Unterthanen zu guter Aufnahme der durch sein Land ziehenden kaiserlichen Truppen auf[1]). Als der Krieg bereits entbrannt war, der auch über Kölns Zukunft entscheiden sollte, beschäftigte man sich in den dem Erzbischof nahe stehenden Kreisen noch mit weitaussehenden Vermittlungsprojecten: im Juli 1546 wurde zwischen Hermann und Wilhelm von Nassau über eine Denkschrift verhandelt, welche den Vorschlag einer umfassenden Neuordnung der deutschen Dinge und der hiedurch herbeizuführenden friedlichen Ausgleichung der Streitfragen entwickelte[2]); Laski bemühte sich jetzt, den Erzbischof für den Plan zu gewinnen, durch ein neues Religionsgespräch eine Einigung aller streitenden Parteien zu versuchen[3]). Während man so unausführbare Pläne entwarf, geschah nichts zu energischer Abwehr der nahen drängenden Gefahr; die Berathungen, die von den schmalkaldischen Bundesgenossen 1546 in Worms, Nürnberg und Ulm, unter Anwesenheit auch erzbischöflicher Räthe gepflogen wurden, führten zu keinem Resultat[4]); Hermann trat auch jetzt den Gegnern, die seine Existenz bedrohten, nur mit Worten entgegen. Er veröffentlichte zur Rechtfertigung seines Vorgehens nochmals eine eingehende „wahrhafte Erzählung" des ganzen Streites; ihre Behauptungen suchten die Gegner durch eine „wahrhafte Beantwortung" zu widerlegen[5]); umsonst be-

---

[1]) S. Carne's Bericht an Heinrich VIII. vom 1. August 1546, Statepapers 11, 259. Vgl. ebenda auch S. 276. 342. Am 31. Juli schrieb Königin Marie: Le conte Palatin electeur, l'archevesque de Cologne et l'evesque de Munster et leurs païs se tiennent paisibles et ont declaré rien vouloir attempter contre l'empereur. Papiers d'état de Granvelle 3, 239.
[2]) Die einschlagenden Aktenstücke finden sich im Düsseldorfer Archiv.
[3]) Vgl. Steitz, Westerburg 195.
[4]) Auch für die Kenntniss dieser Verhandlungen liefern zu Seckendorf's Mittheilungen aus dem Weimarer Archiv vor allem die Marburger und Braunschweiger Archivalien viele werthvolle Ergänzungen; vgl. auch L. Müller, Nördlingen im schmalkaldischen Krieg 15 ff. 57 fl. 69 ff.
[5]) Auszüge aus beiden Schriften s. bei Ennen 4, 523 ff. Ein Exemplar der bei L. v. d. Mülen gedruckten „Warhaften Erzelung" besitzt die

mühten sie sich ihrerseits auf das Neue, die weltlichen Stände des Erzstifts zum Abfall von dem Erzbischof zu bestimmen. Sie beriefen einen Landtag auf den 9. September; die Stände leisteten dem Erzbischof Folge, der den Besuch des Landtags verbot: so konnte derselbe überhaupt nicht abgehalten werden[1]). Zu entscheidenden Schritten kam es in Köln erst, als die Entscheidung in Süddeutschland erfolgt war.

Erst im November erhielt Hermann zuverlässige genaue Kunde über das gegen ihn geschleuderte päpstliche Absetzungsdecret. Er veröffentlichte darauf einen feierlichen Protest „gegen die nichtige und unrechtmässige Sentenz des römischen Bischofs, den er nach göttlichem und menschlichem Recht und speciell wegen seiner offenbaren Parteilichkeit und Feindschaft für einen gebührlichen Richter in dieser Sache" nicht halten könne; er appellirte auf das Neue an das Urtheil einer deutschen Versammlung, wie er sie früher als allein massgebend bezeichnet hatte, wie sie auch von dem ihm befreundeten Domherren angerufen war, die bereits im August gegen die Sentenz ihrer Suspension protestirt hatten. Ein Einblick in die Schreiben, die damals zwischen Adolf und dem Afterdechanten gewechselt, in die Verhandlungen,

---

Bonner Universitätsbibliothek in einem Mischband (Gg. 66), der auch die Appellation und die gleich zu erwähnende Protestation des Erzbischofs gegen seine Absetzung enthält. Butzer antwortete 1546 in einer Schrift über den 120. Psalm, deren vollständigen Titel Baum S. 606 n. 79 verzeichnet, auf ein anonymes gegen ihn gerichtetes Pamphlet. Wie er dem Landgrafen vom 8. Mai mittheilt, war dasselbe verfasst von Antonius Engelbrecht, der früher Weihbischof in Speier, dann wegen seines evangelischen Glaubens von dort weichen musste, Pfarrer in Strassburg wurde, danach aber „um falscher lehr willen vom pfardienst abgesetzt, ein Epicureer worden und sich zuletzt wider zu den papisten und gohn Collen gethan hat". Schon am 1. Oktober 1544 hatte Butzer über Engelbrecht geschrieben, er sei zu Gropper gekommen und helfe ihm und anderen Kölnern „das fein muss kochen, das sie meinen uns durch den kaiser anzurichten". Vgl. über Engelbrecht auch Röbrich, Reformation im Elsass 2, 17. 96 f. Zeitschrift für historische Theologie 30 (1560), 6 f. 11.

[1]) Die Mittheilungen der von Ennen 4, 526 erwähnten Druckschrift werden ergänzt durch Düsseldorfer Archivalien.

die damals zwischen Adolf und verschiedenen Grafen gepflogen wurden, zeigt, wie Hermann's Gegner noch keineswegs frei von der Sorge waren, er sei im Stande sich zu behaupten; mit eifrigen Bitten um Unterstützung, unter Versicherung seines treuen Gehorsams wandte Adolf sich schriftlich an den Kaiser, den Papst und hervorragende Räthe Beider. An den kaiserlichen Hof wurden Johann von Isenburg und Billick gesandt, am 15. December trafen sie Granvella in Krailsheim. Adolf selbst kehrte eben damals von Lüttich heim, wo er in die Hand des Bischofs Georg den Eid der Treue gegen den päpstlichen Stuhl als „Administrator und erwählter Erzbischof" von Köln abgelegt hatte. Noch stand er mit Hermann in Correspondenz; dieser forderte nach Adolf's Rückkehr eine Erklärung von ihm, ob die Gerüchte begründet seien, denen zu Folge die Kölner Widersacher beabsichtigten, ihn, ihren alten Herrn von Land und Leuten zu vertreiben. Adolf gab eine ausweichende Antwort; zugleich erklärte er vor einem Notar, durch die Annahme der von Hermann an ihn gerichteten Briefe wolle er nicht dessen Recht anerkennen, ihn, den neuen Erzbischof als Coadjutor zu bezeichnen. Alle Zweifel über die Absichten auch des Kaisers mussten schwinden, da Karl aus Schwäbisch-Hall vom 21. December ein Mandat an die Kölner Stände erliess, ihnen anbefahl, am kommenden 24. Januar in Köln zu einem Landtag zu erscheinen, und zwei Tage darauf den Coadjutor aufforderte, sich zur Uebernahme der Regierung des Erzstifts bereit zu halten und im Fall der Noth auf die Unterstützung des kaiserlichen Feldherrn, des Grafen von Büren zu rechnen[1]).

Mit der Leitung der Verhandlungen in Köln wurden als kaiserliche Commissäre Philipp Lalaing, der Statthalter von

---

[1]) Sehr genau sind wir über Adolf's und seiner Parteigenossen Thätigkeit 1546 durch die Düsseldorfer Akten unterrichtet, die durch den 69. Band der Kindlinger'schen Sammlung in Münster ergänzt werden. In Düsseldorf sind uns auch zwei interessante Berichte Billick's über seine Reise vom 6. und 8. December aufbewahrt; dass er und Isenburg am 15. December zu Granvella kamen, meldet Viglius in seinem von Druffel herausgegebenen Tagebuch 213.

Geldern und Viglius van Zwichem betraut; am 22. Januar trafen sie in Köln ein. Alle Vorsichtsmassregeln wurden ergriffen, um die Stände zu friedlicher Unterwerfung unter des Kaisers Willen, zur Anerkennung Adolf's zu bestimmen. Hermann hatte selbst in Köln erscheinen wollen: es wurde verhindert; als er darauf wünschte, sich wenigstens durch Bevollmächtigte vertreten zu lassen, musste der Rath diesen das begehrte freie Geleit verweigern; ebenso verlangte Viglius, dass der in der Stadt anwesende Siebert Löwenberg ausgewiesen wurde. So trat die Versammlung ohne irgend einen Vertreter des alten Fürsten am festgesetzten Tag im Domchor zusammen; Viglius eröffnete sie durch einen Vortrag, in dem er verkündete, dass der Kaiser nach dem päpstlichen Urtheil Hermann nicht länger als Erzbischof dulden könne; dieser habe auch gegen den Kaiser sich vergangen, dessen Edicte nicht beachtet, Hülfe bei den Schmalkaldenern gesucht. Alle Unterthanen seien durch die päpstliche Excommunication und ein kaiserliches Decret vom Gehorsam gegen ihn entbunden: Papst und Kaiser hätten Adolf die Regierung des Erzstifts überwiesen; den Ständen wurde anbefohlen, ihn jetzt als Erzbischof anzuerkennen, ihm allen Gehorsam zu leisten. Das gleiche Ansinnen stellten auch der Afterdechant und seine Capitelsgenossen, denen Adolf seinerseits — ebenso wie dem Stadtrath — ihre alten Privilegien bestätigte; aber die weltlichen Stände äussersten die schwersten Bedenken. Sie erklärten, sie könnten sich nicht ihres Eides erledigt erachten, wenn ihr alter Herr nicht selbst einwillige und ihnen ausdrücklich erlaube, einem neuen Fürsten zu huldigen; sie erbaten, um mit ihm verhandeln zu können, eine viertägige Frist. Die kaiserlichen Commissäre und das Capitel gewährten dieselbe; aber da sie befürchteten, das in grosser Zahl in den Dom geströmte Volk, das mit ihnen keineswegs ganz einverstanden war, möchte Unruhen erregen, hielten sie für nöthig, sofort Adolf's Inthronisation vorzunehmen, um so ein fait accompli zu schaffen. So wurde noch am 24. Januar unter den herkömmlichen Ceremonien Adolf auf den Hochaltar geführt und feierlich als Erzbischof proclamirt: neben den

Priesterherren betheiligten sich nur vier adlige Domherren bei der Feierlichkeit: Thomas von Rheineck, Georg von Wittgenstein, Johann von Isenburg und der Graf von Solms. Am folgenden Tag erwählten die Stände Deputirte, die nach Brühl zu Hermann reisten; er beklagte sich bitter über das ihm zugefügte Unrecht, er ersuchte um einen Aufschub von vier Monaten, damit er sich vor dem Kaiser rechtfertigen könne; ev. möge Karl, bis er sich besser informirt habe, das Land in Sequester nehmen. Sei auch dies nicht zu erreichen, so erklärte er, um schwersten Kampf zu vermeiden, wolle er der Gewalt weichen — wenn er durch seine Abdankung rettete, was ihm höher stand, als seine persönliche Würde und Macht. Er forderte als erste Bedingung seines Rücktritts eine Zusicherung, dass in dem Zustande der Religion des Kurfürstenthums nichts verändert, das Evangelium nicht unterdrückt würde; er verlangte daneben eine Sicherheit für seinen und seiner Diener Unterhalt und für die Wahrung der Rechte der ihm anhänglichen Domherren. Als die ständischen Deputirten mit diesem Bescheid nach Köln zurückkehrten, folgten neue eingehende Verhandlungen. Adolf und die Domherren äusserten, zweierlei Religion sei nicht im Erzstift zu dulden; die kaiserlichen Commissäre lehnten es ab, über diesen Hauptpunkt in Unterhandlungen einzutreten, denn davon stände nichts in ihrer Instruction. Lange bemühten sich namentlich die Gesandten des Clevischen Herzogs vergebens, eine Verständigung herbeizuführen: die Stände blieben fest, bis die kaiserlichen Commissäre ihnen bei längerer Weigerung mit offener Gewalt auf Grund eines kaiserlichen Mandats drohten. Am 31. Januar Abends verstanden sich daraufhin die Stände zur Unterwerfung. Nochmals bedauerten sie lebhaft, dass der Kaiser die Entsetzung des alten Fürsten fordere, der nun über dreissig Jahre löblich, wohl und friedlich regiert hätte; doch nachdem ihnen ein strenges Mandat mitgetheilt worden, das ihnen verbiete, Hermann ferner als ihren Landesherren anzuerkennen, wollten sie aus Furcht vor Strafe dem Befehle nachkommen und sich Adolf's Regierung unterwerfen. Ausdrücklich wurden weitere Verhandlungen über die Bedingungen der Unterwerfung, über die Forderungen Hermann's vorbehalten. Aus einem Brief des eben damals zum Kaiser gesandten Canisius sehen wir, mit welcher Spannung an Karl's Hofe die Nachrichten aus Köln erwartet wurden: bei allem Siegesgefühl täuschte man dort auch jetzt sich nicht über die Schwierigkeiten, die der Ausführung des kaiserlichen Befehles im Wege standen. Wohl durfte Viglius es als einen grossen Erfolg bezeichnen, dass die von ihm geleiteten Verhandlungen ohne Heranziehung von Truppen zu solchem Ergebniss geführt hatten. Denn nachdem einmal die weltlichen Stände der drohenden Gewalt so weit gewichen waren, liess natürlich eine Durchsetzung ihrer Wünsche, der Begehren Hermann's sich nicht mehr erreichen. Ohne eine förmliche Auflösung des Landtags entfernten sich nach und nach die einzelnen Stände aus Köln; Adolf unternahm es, ohne sich weiter um ihre Bedenken zu kümmern, seine Regierung mit Abstellung der Neuerungen seines Vorgängers einzuleiten. Von hundert Reitern und einigen Domherren begleitet ritt er am 7. Februar nach Brühl, liess dort das Sacrament der Eucharistie aus dem Franziskanerkloster wieder in die Pfarrkirche tragen, nach katholischem Ritus einen Knaben taufen und Messe halten. Am 9. bemächtigte er sich Poppelsdorf's, am 10. hielt er seinen Einritt in Bonn und liess auch hier im Cassiusstift durch seinen Kaplan wieder Messe lesen. Hermann hatte schon früher Brühl verlassen und sich weiter rheinaufwärts gewandt, um seinen Unterthanen weitere Verwirrung zu ersparen, liess er sich durch Dietrich von Manderscheid und Wilhelm von Neuenahr bestimmen, am 25. Februar seinen Verzicht auf seine erzbischöfliche Würde auszusprechen [1]).

So war ihm seine Herrschaft geraubt; auch für die

---

[1]) Ausser den wichtigen Mittheilungen, die aus den Archiven von Brüssel, Köln, Wied und Wien Bucholz 9, 389 ff. Deckers 264 ff. Ennen 4, 555 ff. Ranke 4, 341 ff. 6, 237 ff. Reck 170 über die Vorgänge des Januar und Februar veröffentlicht haben, erschienen mir lehrreich eine eingehende im 69. Band der Kindlinger'schen Sammlung in Münster er-

Seinen hatte er das Erstrebte nicht zu erreichen vermocht; in langen ärgerlichen Verhandlungen konnte er nicht einmal die Geldforderungen durchsetzen, zu denen er sich berechtigt glaubte [1]). Nur Eines hatten alle Drohungen und Gefahren ihm nicht zu rauben vermocht — seinen Glauben. An ihm hielt er unerschütterlich fest [2]), mit gleicher Treue, wie all seine hervorragenden Genossen bei seinem Unternehmen [3]); zu ihm bekannte er sich, auch als Krankheit ihn niederwarf. 1552 erregte ein

---

haltene Aufzeichnung über die Kölner Verhandlungen, die in Brüssel befindlichen Berichte der kaiserlichen Commissäre, deren Kenntniss ich Baumgarten's Freundlichkeit verdanke, und die Düsseldorfer Archivalien, die namentlich über Adolf's Verhältniss zum Kaiser Aufschluss bieten. Unter ihnen findet sich auch der leider undatirte Entwurf einer Conföderation zwischen beiden Fürsten und die 2, 111 ff. abgedruckten Briefe von Canisius aus dem Januar 1547.

[1]) Neben den schon von Ennen 4, 565 ff. theilweise ausgezogenen Aktenstücken der Berliner Handschrift findet sich reiches Material über diese Verhandlungen im Düsseldorfer und namentlich im Wied'schen Archiv. Dass auch die ähnlichen Verhandlungen Stolberg's und der ihm gleichgesinnten, 1547 nun auch abgesetzten Domherren sich lange hinzogen, zeigt ein Blick in die einschlagenden, in Berlin, Düsseldorf und Stolberg aufbewahrten Akten. Eine Veränderung auch in Stolberg's äusserer Lage trat ein, da er 1557 zur Ehe mit Elisabeth von Gleichen schritt, eine Verbindung schloss, der wie bekannt das heute blühende Stolberg'sche Haus seinen Ursprung verdankt. Deutlich führt den Unterschied zwischen Stolberg's früheren und späteren Verhältnissen ein Vergleich der beiden 1543 und 1569 von ihm aufgesetzten Testamente vor Augen, die ich in Wernigerode einsehen durfte.

[2]) Am 15. August 1549 schrieb Butzer aus London an Hardenberg: Noster optimus senex Colouiensis adhuc fortissime perstat Domino (Archiv des Strassburger Thomastifts).

[3]) Unter diesen ist vor Hermann nur Butzer (1551) gestorben, noch in demselben Jahre mit Hermann Hedio und Büchel, erst 1559 Sarcerius, 1572 Heinrich Stolberg, 1574 Hardenberg, 1583 Pistorius, 1584 Peter Medmann. Ueber Westerburg hat Krafft, Briefe aus der Reformationszeit 90 f. einen interessanten Brief veröffentlicht, den er an Hermann noch nach dessen Entsetzung am 30. August 1549 aus Ostfriesland richtete: eines der letzten uns aufbehaltenen Lebenszeichen des Schreibers. Ueber Löwenberg's spätere Verhältnisse s. die schon S. 93 Anm. 2 erwähnten Marburger Akten und Ennen 4, 558. Ein wahrscheinlich von Meinertzhagen am 16. Juli 1548 an Ludwig von Stolberg gerichteter Brief findet sich im Archiv zu Wernigerode.

langwieriges Beinübel ernsteste Besorgnisse, mehrere Aerzte wurden befragt, ohne ihm helfen zu können; er bewährte sich im Leiden als „frommer Christ, der bald in das ewige Leben zu scheiden begehrte". Am 16. Juli liess er den Prediger von Wied, Johann Alstorf zu sich kommen, sprach mit ihm von dem ewigen Trost und Leben, ermahnte auch ihn standhaft zu sein im Glauben. Er erzählte ihm, wie er erst spät allmählich zu wahrer Erkenntniss seiner bischöflichen Pflichten gelangt sei, in welchem Geist er sein Reformationsbedenken habe stellen lassen; „auf diesem seinem Bekenntniss sammt der Augsburgischen Confession denke er zu leben und zu sterben". Bliebe er in seinem damaligen Aufenthaltsort, in Wied und würde er dort noch schwächer, so sollte Alstorf ihm biblische Trostsprüche und das Glaubensbekenntniss langsam vorsprechen, und ihm das Abendmahl reichen. Nach diesen Anordnungen wurde verfahren, als Hermann im August noch kränker wurde: Sonntag den 14. August empfing er das Abendmahl, stündlich wurde in der folgenden Nacht sein Ende erwartet. Graf Johann, Dr. Johann Echt, Dr. Jakob Ebel, mehrere Diener, im Ganzen vierzehn Personen umstanden das Bett des Sterbenden; noch einmal sprach ihm der Prediger den Glauben vor, und die Worte: Vater, in Deine Hände befehle ich meinen Geist! Unmittelbar darauf „verschied der alte und fromme Herr" am 15. August 1552 Morgens um 9 Uhr [1]). Wer von Neuwied im Thale der Wied nach der Ruine von Altwied aufwärts steigt, gelangt ungefähr eine Stunde, ehe er das alte Schloss der Wied'schen Grafen erreicht, zu dem Dorfe Niederbieber; dort wurde Her-

---

[1]) Ueber Hermann's letzte Stunden unterrichtet uns: Warhaffter und bestentiger bericht von dem Christlichen ende und seligen abschiede Hermans erzbischoven zu Colln . . . durch Johann Alstorffen verkundiger des worts Gottes zu Wied kurtzlich begriffen. Ich fand die seltene Druckschrift in der Bonner Universitätsbibliothek (Gg. 66). Nach dem von Ennen 4, 568 benutzten Exemplar erfolgte der Druck zu Leipzig durch Wolf Günther bei St. Niclaus 1553. Rabus hat vollständig die Schrift abgedruckt, den letzten Theil derselben haben nach einem in Brüssel befindlichen Exemplar Deckers und Drouven mitgetheilt.

mann beigesetzt, unter dem Altartisch der Dorfkirche ist noch heute die Steinplatte zu sehen, die das Grab des, wie die Inschrift verkündet, im 76. Jahre verstorbenen Fürsten deckt. Er hatte noch in seinen letzten Wochen den Zusammenbruch des Gebäudes erlebt, das 1547 im Kampf auch gegen ihn der Kaiser aufzurichten unternommen hatte: den Vertrag von Passau, die Befreiung des deutschen Protestantismus. Aber eben in dem deutschen Land, das Hermann der Reformation zu gewinnen gestrebt hatte, behauptete die Reaction von 1547 dauernd die Oberhand. Freilich ihre Folgen waren weit entfernt, auch nur ihre Führer zu befriedigen: die Restaurationsbestrebungen Gropper's führten nicht zu der Neuordnung, die er selbst wünschte; das Bedenkliche des Sieges jesuitischen und römischen Sinnes, den er auf das Entschiedenste gefördert hatte, machte sich ihm selbst noch nachdrücklich fühlbar [1]). Der Clevische Herzog, dessen Abwendung von Hermann so verhängnissvoll für dessen Reformationswerk geworden war, widerstrebte jetzt auch der Einführung der neuen kirchlichen Anordnungen, die in entgegengesetzter Tendenz unter Adolf entworfen wurden, in seinen Gebieten [2]); alle getroffenen Vorkehrungen [3]) konnten nicht hindern, dass in dem Erzstift selbst neue Versuche unternommen wurden,

---

[1]) Vgl. Brieger, Gropper 239. Gropper starb 1559, nachdem schon 1556 Erzbischof Adolf, Johann Nopel und Bernhard von Hagen, im Januar 1557 Eberhard Billick gestorben war. Vgl. über die drei Letzten Hamelmann 1337. Ebenda erzählt er auch von dem traurigen Ende Georg's von Wittgenstein, der an Stelle Heinrich's von Stolberg Dechant geworden war. Irrthümlich behauptet Drouven 401, diese Würde sei Gropper zugefallen; doch ging auch dieser nicht leer aus: ihm wurde die dem Bruder Hermann's Friedrich entzogene Propstei in Bonn zu Theil.

[2]) Vgl. Lacomblet, Archiv 5, 67 ff. Wolters, Heresbach 119 ff.

[3]) Im Sinne des Afterdechanten und seiner Freunde wurde eine Aenderung jetzt auch in den Statuten des Domcapitels, wie auch in der Erblandesvereinigung vorgenommen, in der Erblandesvereinigung von 1550 das von ihnen in den vorangegangenen Streitigkeiten beanspruchte Recht dem Capitel ausdrücklich zugebilligt, die Landschaft zu beschreiben, wenn der Erzbischof „etwas Neuerung in Sachen unser heiligen Religion wider der Christlichen und Katholischen Kirche allgemeine Ordnung oder sonst in

um das Verhältniss unbedingter Unterwürfigkeit unter Rom
zu lockern oder abzuschütteln. Zehn Jahre nach Hermann's
Tod wurde sein Neffe, Friedrich von Wied, zum Kölner
Erzbischof erwählt: er gerieth in einen neuen bedeutsamen
Conflict mit Rom[1]); bald darauf machte ein anderer Kölner
Erzbischof wieder wie Hermann, wenn auch aus sehr anderen
Motiven als dieser, einen Versuch, sein Land zum Protestan-
tismus hinüberzuführen. Wieder begegnen in diesen Kämpfen
die Nachkommen der Grafen von Neuenahr und Nassau, die
einst an Hermann's Seite standen: andere Kraft als einst ihre
Vorfahren entwickelten Adolf von Neuenahr, der Sohn Gum-
pert's, der Schwiegersohn Wilhelm's von Neuenahr und namentlich der gleichnamige Sohn Wilhelm's von Nassau, der
Neffe Heinrich's von Stolberg; aber umsonst rief der grosse
Oranier die deutschen Protestanten auf, seinem Beispiel zu
folgen. In Köln trug auch jetzt die Gegenreformation den
Sieg davon; Nordniederland wehrte unter Oraniens Führung
erfolgreich alle Angriffe ab. Hier behauptete sich der Protestantismus, weil hier seine Vorkämpfer zugleich scharfen und
weiten politischen Blick und die Kraft des Glaubens bewährten, die den Muth gibt, nicht nur zu dulden, auch zu handeln
und zu wagen, weil sie „mit Schwärmers Ernst des Weltmanns
Blick zu paaren" wussten. Dass es Hermann und seinen
Freunden an solcher Kraft gebrach, das hat ihren Gegnern
den Sieg erleichtert; wer dieser Erzählung bis hierher gefolgt
ist, wird kaum dem Urtheile beistimmen, dass Hermann's und

---

geistlichen und weltlichen Sachen understunde durch sich oder die Seine
vorzunehmen". Vgl. § 21 in der Erblandesvereinigung von 1463 und von
1550 bei Walter 392. 401.

[1]) Vgl. über ihn die von Ennen in der Allgemeinen Deutschen Bio-
graphie 7, 547 verzeichnete Literatur. Als Friedrich dem Landgrafen von
Hessen seine Wahl anzeigte, erinnerte er an das freundschaftliche Ver-
hältniss zwischen Philipp und Hermann, worauf Philipp in seiner Antwort
ebenfalls seines geschiedenen „nahen Freundes" gedachte. Auch von dem
Dichter der „Nachtigall" wurde Friedrich gemahnt, an die Absetzung seines
Vetters Hermann durch die Pfaffen zu denken, gebeten „den frommen
Vetter nicht zu schänden". Lessing's Schriften (h. von Lachmann und
Maltzahn) 9, 95.

Butzer's Bemühungen wegen „des einträchtigen Widerstandes des mit seinen Geistlichen verbundenen Volkes" oder wegen der überlegenen Reinheit und Tiefe der sittlich-religiösen Principien ihrer Feinde misslungen sind. Vielmehr den Verfassungsverhältnissen des heiligen römischen Reiches und seiner Glieder, dem Einschreiten des ausländischen Trägers der deutschen Krone, der Kurzsichtigkeit und Zaghaftigkeit deutscher Protestanten: diesen Gründen verdankt es Rom, dass es ihm und seinen treuen Dienern in Köln gelang, den Reformationsversuch des Kölner Erzbischofs zum Scheitern zu bringen. Liegt nicht eben in dieser Erwägung für den Deutschen von heute die tröstende, noch mehr die mahnende Kraft der Geschichte Hermann's von Wied?

Zweite Abtheilung.

Quellen und Erörterungen.

I.

Die Beschränkung geistlicher Gerichtsbarkeit am Niederrhein vor der Reformation.

Für die Stellung der Herzoge Johann und Wilhelm von Cleve zur Reformation, speciell für ihr Verhältniss zu den kirchenpolitischen Entwürfen der Kölner Erzbischöfe Hermann und Adolf war von entscheidender Bedeutung, dass bereits ihre Vorgänger bedeutende Rechte gegenüber den Geistlichen ihres Landes, gegenüber deren geistlichem Vorgesetzten, eben dem Kölner Erzbischof, errungen hatten. Wie in Oesterreich, Sachsen, Brandenburg[1]), ist ein nicht geringer Einfluss auf die Kirche ihres Landes auch diesen weltlichen Fürsten des Niederrheins eingeräumt; schon vor den Tagen der Reformation treten uns auch hier die Anfänge einer Kirchengewalt des deutschen weltlichen Fürstenthums, die Anfänge der Bildung territorialer Kirchen entgegen, und zugleich sehen wir Schutzmauern gegen die Uebergriffe geistlicher Gerichtsbarkeit, geistlichen Einflusses auf rein weltliche Fragen errichtet. Nach beiden Seiten hin sind diesen weltlichen Fürsten Concessionen gemacht, gemacht durch die Päpste selbst, gemacht zur Beschwörung der Gefahren, welche zwiespältige Papstwahlen und die grosse conciliare Reformbewegung für die Stellung des Papstthums mit sich brachten[2]).

[1]) Friedberg, De finium inter ecclesiam et civitatem regundorum judicio 178 ff. Droysen, Preuss. Politik 2. 1 (2. Aufl.), 71. Mühler, Kirchenverfassung in Brandenburg 22. Pückert 247 ff. 313 ff. 223 ff. Ranke, S. W. 25, 112. 37, 27.

[2]) Sehr charakteristisch sind die Worte, durch welche Papst Eugen IV. die gemachten Bewilligungen noch, ehe er sie verbriefte, in geheimem Ge-

So sind die hier einschlagenden Actenstücke nicht nur von localem Interesse; eben deshalb sind sie mit Recht mehrfach auch in der Literatur behandelt. Bei Teschenmacher[1], Scotti[2], Krafft[3] sind eine Reihe wichtiger urkundlicher Notizen über diese Verhältnisse zusammengestellt; Jacobson[4], Laspeyres[5], Gieseler[6], Friedberg[7], Maurenbrecher[8] haben die Bedeutung derselben hervorgehoben. Aber nur Jacobson, soviel ich sehe, erwähnt kurz das älteste der hier in Betracht kommenden Documente: ein Privileg Papst Bonifaz' IX. für Herzog Wilhelm von Berg vom 15. November 1400[9]. Und doch ist gerade diese Urkunde von besonderer Wichtigkeit: sie bezieht sich auf Berg, während die meisten unserer übrigen Nachrichten nur über Cleve-Mark uns Aufschluss geben; zeigt die Mehrzahl von diesen, wie gegenüber dem Baseler Concil Rom zu Concessionen an deutsche Landesfürsten sich herbeilässt, so liefert unser Document ein urkundliches Zeugniss, dass durch den erwähnten niederrheinischen Territorialherrn noch vor Basel, ja vor Pisa

wissensvorbehalt zurücknahm. Da König Friedrich, die Kurfürsten von Mainz und Brandenburg und andere deutsche Prälaten, so erklärt er, quaedam petiverint a nobis fieri quae necessitas ipsa et ecclesiae utilitas, ut eos ad nostram et sanctae Romanae ecclesiae unitatem et obedientiam alliciamus, nos concedere quodammodo compellit, nos ad vitandum omne scandalum et periculum quod exinde sequi posset, nolentes aliquid dicere aut confirmare vel concedere quod esset contra sanctorum patrum doctrinam vel quod vergeret in praejudicium hujus sanctae apostolicae sedis . . . . tenore praesentium protestamur, quod per quaecunque a nobis dictis regi archiepiscopo marchioni praelatis principibus ac nationi responsa et respondenda, concessa et concedenda non intendimus in aliquo derogare doctrinae sanctorum patrum aut praefatae sedis privilegiis et auctoritati, habentes pro non responsis et non concessis quaecumque talia a nobis contigerit emanare. Raynaldi Annales 1417 n. 7. Mit Recht hat schon Pückert 304 A. 1 hervorgehoben, es ist durchaus unzulässig, dies Salvatorium — wegen eines Zwischensatzes über Eugens Krankheit — durch eine gewisse Unzurechnungsfähigkeit des dem Tode Entgegenzitternden zu erklären; an gleichem Tag mit ihm sind mehrere wichtige Bullen von dem Papst ausgefertigt; es entspricht durchaus dem Verhalten Eugens in gesunden Tagen; seine Nachfolger haben es in die Raynald'sche Sammlung, haben es in die Reihe vollgültiger Actenstücke aufnehmen lassen.

[1]) Teschenmacher, Annales Clivae 294. 314. 324.
[2]) Scotti, Cleve-Märkische Gesetze 1, 7 ff. (n. 2½. 4. 7. 13. 14. 19. 21.)
[3]) Krafft, Bullinger 103 ff.
[4]) Jacobson 11 ff.
[5]) Laspeyres 153 ff.
[6]) Gieseler 2. 4, 103.
[7]) Friedberg, De finium inter ecclesiam et civitatem judicio 178 ff. (Grenzen zwischen Staat und Kirche 106.
[8]) Maurenbrecher, Studien und Skizzen 331.
[9]) Jacobson sagt im Text: vom 7. November 1400 in Anm. 16 gibt er die richtige Datirung: XVII Cal. December.

und Constanz, dass in der Zeit des Schismas Papst Bonifaz IX. zu einem Erlass gegen die Ausdehnung geistlicher Gerichtsbarkeit bestimmt wurde. Schon Jacobson und Laspeyres haben darauf hingewiesen, dass auch für Cleve-Mark damals eine Beschränkung der Uebergriffe geistlicher Jurisdiction verfügt wurde[1]; auch zu Gunsten der Stadt Dortmund sind in den Streitigkeiten, in die sie über ähnliche Fragen mit Köln verwickelt war, mehrere gegen den Kölner Einfluss gerichtete Entscheidungen durch Bonifaz IX. getroffen[2]. Vielleicht in der Hoffnung, Jacobson[3] selbst werde die wichtige Urkunde von 1400 ediren, hat Lacomblet dieselbe in das niederrheinische Urkundenbuch nicht aufgenommen; so dürfte ihr Abdruck nicht unerwünscht sein.

Papst Bonifaz IX. befreit auf Bitten des Herzogs Wilhelm von Berg dessen Unterthanen in weltlichen Civil- und Criminalsachen von der geistlichen Gerichtsbarkeit. Rom 1400, November 15.

1400
Nvbr. 15.

Aus dem Düsseldorfer Staatsarchiv: Jülich-Bergische Urkunden n. 1405½. Or. mb. mit anhängender Bleibulle.

Bonifatius episcopus servus servorum Dei. Ad futuram rei memoriam. Meruit dilecti filii nobilis viri Wilhelmi ducis Montensis sinceritatis preclara devotio, qua nos et Romanam ecclesiam intentis desideriis reveretur, ut nedum personam suam sed etiam sue ditioni temporali subditos specialibus favoribus et gratiis prosequamur illaque eisdem subditis favorabiliter concedamus, que ipsorum commoditatibus fore conspicimus oportuna. Sane petitio pro parte dicti ducis nobis nuper exhibita continebat, quod plerumque contingit habitatores incolas et personas laicales opidorum castrorum villarum et aliorum locorum temporali ditioni ipsius ducis subditorum in causis civilibus et mere prophanis coram diversis judicibus ecclesiasticis extra loca et infra ipsa loca ordinariis seu ipsorum vicariis vel commissariis incolatus seu domicilii proprii ad iudicium trahi in gravem habitatorum incolarum et personarum huiusmodi lesionem et iacturam. Quare pro

---

[1] S. den Erlass des Grafen Adolf von Cleve-Mark vom 5. September 1402 bei Scotti, Cleve-Märkische Gesetze 1, 13.
[2] Fahne, Grafschaft und freie Stadt Dortmund II. (Urkundenbuch) 2, 174. 200. 209. 211. 212. 224. (n. 450. 466. 475. 479. 480. 488.)
[3] Wie Jacobson's Anmerkung zeigt, hat er das Original der Urkunde gekannt; abschriftlich ist dieselbe und ebenso spätere Bestätigungen und andere einschlagende Actenstücke im Düsseldorfer Archiv zu finden in dem interessanten Fascikel: Jülich-Bergisches Landesarchiv III, 10, 1.

1400
Nvbr. 15.
parte dicti ducis nobis fuit humiliter supplicatum, ut super hoc de oportuno remedio providere de benignitate apostolica dignaremur. Nos igitur volentes habitatores incolas et personas utriusque sexus huiusmodi premissorum intuitu favoribus prosequi gratiosis huiusmodi supplicationibus inclinati, omnibus et singulis habitatoribus incolis et personis utriusque sexus hujusmodi opidorum castrorum villarum et aliorum locorum predictorum presentibus et futuris auctoritate apostolica tenore presentium de speciali gratia indulgemus, ut nullus eorum in causis civilibus criminalibus pecuniariis et mere prophanis, in quantum videlicet ad seculare forum pertinent, coram aliquibus judicibus ecclesiasticis apostolica vel alia quacunque auctoritate fungentibus extra loca sive infra ipsa loca ordinariis vicariis seu commissariis eorundem incolatus seu domicilii proprii per litteras apostolicas de cetero impetrandas non facientes plenam et expressam ac de verbo ad verbum de indulto hujusmodi mentionem aut vigore constitutionum provincialium vel synodalium seu statutorum ac consuetudinum ad judicium valeat evocari. Sic tamen quod coram propriis judicibus infra eadem loca de ipsis conquerentibus teneantur legitime stare juri et quod conquerentes ipsi in eventum, quo eis coram eisdem judicibus non ministraretur justitie complementum, recurrendi ad quoscunque judices ecclesiasticos liberam habeant facultatem. Decernimus insuper sententias et processus quas et quos contra praesentis indulti formam forsan contigerit haberi irritos et inanes. Nulli ergo omnino hominum liceat hanc paginam nostre concessionis et constitutionis infringere vel ei ausu temerario contraire. Si quis autem hoc attemptare presumpserit, indignationem omnipotentis Dei et beatorum Petri et Pauli apostolorum eius se noverit incursurum. Datum Rome apud sanctum Petrum 17 kal. decembris pontificatus nostri anno duodecimo.

II.

Hermanns erster Streit mit Rom.

Lange Zeit ist gläubig die Behauptung älterer katholischer Historiker nachgeschrieben, erst durch den persönlichen Einfluss von Butzer sei Hermann von Wied aus einem treuen Anhänger Roms in dessen Gegner verwandelt. Mit gutem Recht ist neuerdings auch von katholischer Seite[1]) darauf hingewiesen, diese Ansicht ist durch spätere Enthüllungen berichtigt; namentlich die von Laemmer veröffentlichten Nuntiaturberichte zeigen, dass der Erzbischof schon viele Jahre, ehe Butzer ihm nahetrat, in Streitigkeiten mit Rom gerieth. Auch den Anlass dieser Streitigkeiten lernt man aus den hier edirten Briefen Aleander's und Morone's kennen; er war, schreibt Letzterer 1542 über Hermann[2]), dem päpstlichen Stuhl allezeit entfremdet, um gewisser Beneficien willen. Aus einem Bericht Aleander's von 1531 ersehen wir, dass damals ein angesehener Oberer des Minoritenordens einen Vermittlungsversuch gemacht, gebeten hatte, man solle Geduld haben mit dem Erzbischof, der Papst möge die Beneficien denen belassen, denen sie Hermann in päpstlichen Monaten verliehen; ihm wurde erwidert, das sei nicht der Weg, zu verzeihen Einem, der gefehlt; Seiner Heiligkeit gezieme es nicht, Gnade anzubieten dem, der sie nicht verdient[3]). Aus rheinischen urkundlichen Quellen entnahm Krafft zur Bestätigung und Ergänzung dieser Nachrichten die merk-

---

[1]) Riess, Peter Canisius 43 f.
[2]) Laemmer, Monumenta Vaticana 417.
[3]) Laemmer, Monumenta Vaticana 90.

würdige Thatsache, dass Hermann 1528 den mit Pfründen überhäuften Propst zu Xanten Johann Ingenwinkel, der als päpstlicher Kammerherr und Abbreviator in Rom eine bedeutende Stellung einnahm, wegen seiner Uebergriffe in die erzbischöflichen Rechte eine Zeit lang verhaften liess; er wies weiter auf Originalbriefe in der Alfter'schen Sammlung in Darmstadt hin, denen zufolge durch den Erzbischof die Stelle eines Dechanten zu St. Kunibert dem Official Dr. Bernhard Georgii von Paderborn verliehen, statt dessen aber von Rom ein unbekannter Curtisan aus Rom eingesetzt sei[1]*). Den Namen dieses Curialen theilte Ennen mit; wie über seine, gab er auch über die Ernennung anderer päpstlicher Curialen und die hierdurch veranlassten Streitigkeiten interessante Aufschlüsse aus den Acten des Kölner Stadtarchivs*[2]*). Um zu genauer Kenntniss zu gelangen, erschienen aber auch hier weitere Nachforschungen erforderlich; namentlich in dem 27. Bande der Alfter'schen Sammlung in Darmstadt, ausserdem in den Archiven zu Düsseldorf*[3]*), Neuwied und Wetzlar fand ich mehrere Documente, die für unsere Frage, die, irre ich nicht, für die Beurtheilung des päpstlichen Hofes wie des Erzbischofs nicht ohne Bedeutung sind. Die wichtigsten derselben stelle ich nachstehend, chronologisch geordnet, zusammen:*

1524 Juni 28.

1. *Papst Clemens VII. überträgt dem Erzbischof Hermann für die nächsten drei Jahre die Besetzung verschiedener Pfründen. Rom 1524, Juni 28.*

Aus dem Düsseldorfer Staatsarchiv: Churkölnische Urkunden 2787. Or. mbr. Mit Bleibulle.

Clemens episcopus servus servorum dei venerabili fratri Hermanno archiepiscopo Coloniensi salutem et apostolicam benedictionem. Devotionis tue probata sinceritas, qua erga nos et sedem apostolicam clarere dinosceris promeretur, ut illa tibi favorabiliter concedamus, per que de beneficiis ecclesiasticis personis bene meritis et tibi obsequentibus ac alias gratis et acceptis providere et te erga illos gratiosum reddere possis. Hinc est quod nos te speciali dicte sedis favore prosequi volentes et a quibusvis excommunicationis, suspensionis

---

[1] Krafft, Bullinger 82 ff.
[2] Ennen, 4, 366.
[3] Da mir die hier gemachten Excerpte von Nr. 1 und 4 nicht genügend erschienen, hat ich Herrn Archivrath Harless um genauere Mittheilungen; auf seine freundliche Veranlassung hin hatten Hr. Oberlehrer Dr. Gerss und Hr. Dr. Goecke die Güte, vollständige Abschriften beider Urkunden für mich anzufertigen.

et interdicti aliisque ecclesiasticis sententiis, censuris et penis a jure vel ab homine quavis occasione vel causa latis, si quibus quomodo libet innodatus existis, ad effectum presentium dumtaxat consequendum harum serie absolventes et absolutum fore censentes motu proprio, non ad tuam vel alterius pro te nobis super hoc oblate petitionis instantiam, sed de nostra mera liberalitate fraternitati tue infra triennium a data presentium computandum dumtaxat unam ex dignitatibus, non tamen majorem post pontificalem, ac tres ex canonicatibus et prebendis presbyteralibus majoris cui preesse dinosceris, necnon unum et unam singularum collegiatarum civitatis et diocesis Coloniensis ecclesiarum ac omnia et singula beneficia ecclesiastica cum cura et sine cura ad collationem, provisionem, presentationem, electionem et quamvis aliam dispositionem abbatum et abbatissarum pro tempore existentium et dilectorum filiorum, conventuum, singulorum monasteriorum quorumvis etiam Cisterciensis et Cluniacensis ordinum, civitatis et diocesis predictarum pertinentium, etiamsi beneficia ipsa decanatus vel archipresbyteratus, rurales seu parrochiales ecclesie aut vicarie vel capellanie perpetue ac illa necnon dignitas ac canonicatus et prebende predicti ex quavis causa etiam de necessitate exprimenda dispositioni apostolice generaliter reservata fuerint, quam quos et que extra dictam curiam per decessum illam illos et illa obtinentium, videlicet quo ad reservata in quibusvis etiam ordinariis collatoribus per constitutiones apostolicas pro tempore editas aut etiam concordata nationis Germanice cum sede predicta quo vero ad non reservata in Januarii, Martii, Maji, Septembris et Novembris mensibus simul vel successive vacare contigerit, quibusvis personis, de quibus tibi videbitur, etiam quecunque quotcunque et qualiacunque beneficia ecclesiastica obtinentibus et expectantibus auctoritate nostra libere et licite conferendi et de illis etiam providendi plenam et liberam auctoritate apostolica tenore presentium facultatem et auctoritatem concedimus. Districtius inhibentes dilectis filiis ecclesiarum predictarum capitulis ac illi vel illis, ad quem vel ad quos dignitatis ac canonicatuum et prebendarum predictorum collatio, provisio, presentatio, electio seu quevis alia dispositio communiter vel divisim pertinet, necnon prefatis abbatibus, abbatissis et conventibus ac quibusvis nostris et dicte sedis etiam de latere legatis ac cum potestate legati de latere nuntiis per nos illuc pro tempore destinatis ac Coloniensis et aliarum universitatum, studiorum generalium rectoribus, provisoribus et conservatoribus, ne de dignitate ac canonicatibus et prebendis necnon beneficiis predictis, cum ut prefertur vacaverint, etiam pretextu quarumcunque litterarum, facultatum, privilegiorum et indultorum eis etiam super conferendis canonicatibus et prebendis etiam de prima vel secunda gratia nuncupatis ac dignitatibus ecclesiarum et beneficiis hujusmodi etiam non nisi doctoribus et graduatis in Coloniensi aut aliis universitatibus predictis promotis seu presentationibus ad illa faciendis sub quibuscunque tenoribus et formis ac cum quibusvis clausulis et decretis, concessis, approbatis et innovatis cuiquam providere vel aliquem ad illam illos seu illa presentare seu nominare seu alias de illis quomodolibet disponere nec non quibusvis aliis personis cuiuscunque dignitatis status, gradus, ordinis vel conditionis existentibus etiam familiaribus nostris continuis commensalibus etiam antiquis et pro tempore descriptis ac in capella nostra pro tempore capellanis et conclavistis necnon Romane curie officialibus etiam causarum palacii apostolici auditoribus ac aliis quacunque etiam episcopali archiepiscopali seu alia majori auctoritate aut alia majori ecclesiastica dignitate etiam cardinalatus honore aut mundanae etiam imperiali regali ducali vel alia majori auctoritate seu excellentia fungentibus, quascunque speciales vel generales etiam mentales reservationes expectativas et alias gratias ac perpetuas vel temporales uniones suppressiones applicationes primarias et regales preces absque consensu coadjutorum deputationes nominationes nominandi et nominatis vel aliis conferendi ac alias citra accessus et regressus facultates mandata privilegia concessiones litteras et indulta quecunque etiam specialiter nominatim et expresse de dignitate canonicatibus et prebendis ac beneficiis predictis etiam cum provisionibus aut aliis dispositionibus etiam extunc, prout ex die vacationis illorum et econtra etiam imperatoris, regum, ducum aut aliorum principum vel prelatorum etiam cardinalium contemplatione vel intuitu seu in eorum aut ecclesiarum, capitulorum, monasteriorum, mensarum, beneficiorum ecclesiasticorum ac universitatum, etiam studiorum generalium etiam Coloniensis hujusmodi et doctorum ac aliarum personarum earundem aut piorum locorum seu etiam in nullius favorem etiam ob remunerationem laborum et obsequiorum seu in recompensam virium cessorum vel ablatorum aut ex quibusvis aliis etiam quantumcunque maximis excogitabilibus et urgentissimis etiam necessario[1]) exprimendis causis sub quibuscunque verborum formis et expressionibus ac cum

---

[1]) Das gesperrt Gedruckte steht auf Rasur.

quibusvis antelationibus suspensionibus declarationibus atte- 1524
stationibus modificationibus et aliis efficacissimis et insolitis Juni 28.
etiam derogatoriarum derogatoriis clausulis etiam presentibus
expresse derogantibus seu illas suspendentibus ac etiam irri-
tantibus: quod hujusmodi reservationes et gratie plenarie suum
debitum et omnimodum etiam vere et non ficte effectum sor-
tite sint et esse censeantur. Et personis, ecclesiis, capitulis,
monasteriis, mensis, universitatibus, beneficiis et locis predictis
ex tunc plenum jus in re quesitum sit ac regula de non tollendo
jure quesito gaudere debeat et quod illis nullatenus aut non
nisi sub certis modis et formis inibi expressis vel de consensu illorum, quibus concessa sunt, derogari aut illa suspendi
seu alterari possint et quotiens suspenderentur aut illis dero-
garetur, totiens de novo sub data per eos eligenda concessa
sint et esse censeantur aut expediri possint. Et sic quod per
quoscunque judices judicari debeat aliisque efficatioribus decretis et alias sub quacunque forma et expressione verborum
etiam per modum pacti et statuti perpetui per nos et sedem
predictam et ejus legatos etiam motu proprio et ex certa
scientia ac de apostolice potestatis plenitudine quomodolibet
concessas et concessa ac imposterum concedendas et concedenda, quas et que necnon constitutiones, concordata, litteras
facultates, privilegia et indulta predicta illorumque omnium
vim et effectum eorum tenores, data et formas ac decreta
in illis apposita etiam quod eis non nisi imperatoribus regibus
decanis et capitulis rectoribus provisoribus et aliis personis
prefatis vocatis et seu intimationibus eis ac de asserta expressa longeva consuetudine illiusque observantia et confirmatione necnon aliis in litteris desuper concessis contentis
specialis specifica et expressa ac de verbo ad verbum non
autem per clausulas generales derogatoriarum earundem im-
portantes mentione facta et parte vocata et de ejus consensu
ac per trinas seu alias diversas vices et litteras diversis temporibus certo temporis intervallo presentatas et alias certis
modis et formis in illis observatis aut etiam nullatenus derogari aut illorum effectus suspendi possit et si aliter derogetur
aut ille suspendantur derogatio et suspensio hujusmodi nemini
suffragetur. Et sic judicari debeat disponentia, ac si de verbo
ad verbum inserta forent presentibus pro expressis habentes,
quatinus presentium effectui prejudicare viderentur omnino
suspendimus et in dignitate canonicatibus et prebendis ac
beneficiis predictis effectum sortiri aut locum sibi vendicare
non posse neque debere decernimus illisque omnibus specialiter et expresse derogamus habentibus et pro tempore

1524
Juni 28.
habituris ac dignitatem canonicatus et prebendas ac beneficia hujusmodi acceptare aut de illis sibi provideri vel illa comendari seu ad eorum commodum uniri facere vel alias de eis se intromittere quoquo modo presumant ac decernentes ex nunc irritum et inane si secus super hiis a quoquam quavis auctoritate scienter vel ignoranter contigerit attemptari, non obstantibus premissis ac constitutionibus et ordinationibus apostolicis necnon ecclesiarum monasteriorum et ordinum predictorum juramento confirmatione apostolica vel quavis firmitate alia roboratis statutis et consuetudinibus ceterisque contrariis quibuscunque. Volumus autem quod concessa tibi per presentes facultate conferendi auctoritate nostra litteris presentibus non expeditis nec tibi presentatis uti valeas quodque hii quibus tu dignitatem canonicatus et prebendas ac aliqua beneficia ecclesiastica reservata hujusmodi cujus seu quorum fructus redditus et proventus viginti quatuor ducatorum auri de camera secundum communem extimationem valorem annuum excedunt vigore presentium contuleris infra sex menses a tempore factarum collationum hujusmodi computandos novas provisiones desuper a dicta sede apostolica impetrare et litteras apostolicas in totum expedire ac jura propterea camere apostolice debita cum effectu solvere teneantur, alioquin eisdem elapsis mensibus dignitas canonicatus et prebende et beneficia predicta vacare censeantur eo ipso nisi legitimo impedimento detenti fuerint vel ipsis petentibus novas provisiones ac per eos protestantibus quod per eos non stetit contigerit eas illis denegari. Nulli ergo omnino hominum liceat hanc paginam nostre absolutionis concessionis inhibitionis suspensionis decreti derogationis et voluntatis infringere vel ei ausu temerario contraire. Si quis autem hoc attemptare presumpserit indignationem omnipotentis dei ac beatorum Petri et Pauli apostolorum ejus se noverit incursurum. Data Rome apud sanctum Petrum anno incarnationis dominice millesimo quingentesimo vigesimo quarto, quarto Kal. Julii[1]) pontificatus nostri anno primo.

1527
Juni 25.
2. *Erzbischof Hermann lässt eine Erklärung verlesen, in Folge der Gefangenschaft des Papstes werde er fortan die in den päpstlichen Monaten erledigten Pfründen besetzen. Köln 1527, Juni 25.*

Aus der Alfter'schen Sammlung in Darmstadt Bd. 27. Cop.

Anno 1527 die mensis 25 junii hora septima ante meridiem coram dominis singularum collegiatarum civitatis Colo-

---
[1]) Das gesperrt Gedruckte ist mit anderer Tinte geschrieben.

niensis ecclesiarum designatis et deputatis in camera capitularis majoris ecclesiae Coloniensis congregatis comparuit Bernhardus cancellarius una cum venerabilibus egregiis et doctissimis civis dominis Johanne Groppero sigillifero, Bernhardo Georgio de Paderbornis, Jodoco Weilpurg de Erbach et Johanne Burmann doctoribus et consiliariis archiepiscopi. *Der Kanzler insinuirt folgende Erklärung des Erzbischofs:*

Nachdem hiebevor vur langen jairen zwischen unserm hilligsten vater dem bapst und stoil zu Rome eins und allen churfursten und fursten geistlichen und weltlichen duitscher nation andersteils, dere stifft geistliche lehen und kirchengift halb, einigung, und vertrege uffgericht und doch ires inhalts und boichstabens nit gehalten, darumb sich dan auch zun vilmalen churfursten fursten und gemein stende deutscher nation gegen bepstlicher heiligheit und stoil zu Rome vast hoichlich (wiewohl alles unbetlich) beclagt und beswert haben und noch *[beschweeren?]*, und wir nu kurtzlich glaublich bericht, das in eroberong der stat Rome unser hilligster vatter der bapst und der meistentheil der cardinale gefangen und weggefort sein sulten (wilchs uns doch hertzlich leit ist), vernommen: haben wir besorgt, das die stiffter und kirchen der prelaten und vurweser der lehen, so dieser zit verstorben, lange zit sulten ledig stain, dardurch der gotz dienst, daruff dieselbigen fundirt und gestifft sein, verhindert wurde, dass auch daruss solicher gift halb den stifften und kirchen vill irrthuunbs und beschwernuss entstain sulte. Und darumb wir als der ordinarius, der darin von ampts und oberigkeit wegen billig insehens sall haben, solich besorgten unraidt und beschwernuss der kirchen unseres stiffts zu furkomen, auch den gotzdienst in stetigem erlichen wesen zu verschen und zu underhalten bedacht und entschlossen, nach datum diss brieffs all und jede giffte, so hinfurter in des bapst monat erledigen und fallen werden, uff wolgefallen bepstlicher heiligkeit gemein kunfftigs concilium und ordnung, so derhalb durch bepstliche heiligkeit und romische keiserliche mt. mit churfursten fursten und stenden, so des zu thun haben, uffgericht wirdet und nit bepstlicher heiligkeit zuwidder und ungehorsam, sundern uss ertzelten und andern beweglichen ursachen, erbaren gelerten und geschickten und dogentlichen personen zu verlihen und zu vergeben. Innmaissen wir desshalb den wirdigen ersamen und ersamen unsern reethen lieben andechtigen und getruwen Bernarten vom Hagen unserem kantzler und priestannopichen unseres dhumstiffts und Johann Groppern unserem siegeler, Bernarden von Paderborn,

1527
Juni 23.
Joisten Wilpurg von Erbach und Johann Burmann, allen der rechten doctoren, bevolhen und damit ganz unser volmacht und gewalt geben haben, uch soliche unser meinung und bewegen furzutragen und offentlich von unser wegen in der bester weise mass und formen, das im rechten bestendig beschehen sal und mag, zu protestirn und zu uberzugen, das soliche unser furnemen bepstlicher heiligkeit und stoill zu Rome nit zuwidder, sonder uss angezeigten uns darzu hardt bewegenden ursachen ist oder sein soll. Und ob uns das anders von jemants uffgelegt oder zugemessen mocht werden, dass wir uns dess, nu als dann und dann als nu, gegen bepstlicher heiligkeit r. kei. mt. und einem jeden entschuldigt und darfur uberzugt haben wollen. Dan wir sein keins andern willens oder gemuts dan unss hinfurter, wie wir auch verhoffen bissher gethan zu haben, unser plicht und eide nach als einen gehorsamen churfursten zu halten und bepstlicher heiligkeit und r. kei. mt. gehorsamlich zu leben, wie ir das auch von gedachten unsern reethen und geschickten selbst muntlich und weiter vernemen werdent. Urkhunde unsers hierunten uffgedruckten siegels, geben zum Bruell am sonntag nach unsers Herrn Lichnams tage, 1527.

Juni 25.
Dehinc hujusmodi schedula propositionis et protestationis per me ex mandato dominorum meorum de capitulo Coloniensis ecclesie alta voce coram prefatis dominis deputatis ex clero lecta idem dominus cancellarius rursus protestabatur u infra pagina precedenti habetur et sibi aut verius prefato do mino nostro Reverendissimo Coloniensi super premissis per eum propositis et exhibitis a prefato clero seu illius deputatis hic presentibus responderi petivit, cujusnam animi seu mentis forent, an scilicet hujusmodi ipsius domini reverendissimi intentioni annuere et parere velint necne. Tandem cancellario cum doctoribus et consiliariis prefatis paululum extra cameram capitularem secessis et interea aliquam inter prefatos dominos deputatos ex clero super premissis habita deliberatione eodemque domino cancellario iterum ad se cum prefatis dominis doctoribus et consiliariis accersito, eidem responderunt, se hujusmodi ipsius domini reverendissimi allegationes propositiones et protestationes acceptare et eas pro insinuatis et intimatis habere.

Septbr. 9.
3. Konrad Ingenwinkel legt bei dem Statthalter des Erzbischofs, Graf Johann zu Wied, Fürbitte für Johann Ingenwinkel ein. 1527 September 9.

Aus dem Archiv zu Neuwied. 64. 5. 12 Or.

Nachdem der werdiger her Johann Ingenwinkel praist und min leve neve etzlicher maissen mit sampt dem dechen von Xanten zum Broill etzliche zit verhalten sin worden, möge *Johann Beiden doch erlauben, das Gefängniss zu verlassen, um etwas sich im Freien zu ergehen, auch gelegener Zeit für ihre Freilassung wirken.* 1527 Sptbr. 9.

4. Johann Ingenwinkel, Probst zu Xanten, schwört die ihm vom Erzbischof Hermann auferlegten Artikel treu zu halten. Brühl 1527, November 2. 1527 Nvbr. 2.

Aus dem Düsseldorfer Staatsarchiv: Churkölnische Urkunden 2799. Or. mbr.

Ich Johannes Ingenwinkell probst etc. doin kunt vur mich und meinen nachkomelingen. So als der hoichwirdigster furst und here, her Herman ertzbischoff zu Collen churfurst etc. mein gnedigster here, mich vur etlichen tagen durch s. chf. gn. hoichwiese rethe besandt unnd durch dieselbigen mir under andern hait doin vurhalten, wie das ich s. chf. gn. hiebevorns by bepstlicher hilligkeit unverwarnter sachen wider mein eide und pflichten, damit ich sr. chf. gn. vilfeltig verwandt und angedain, unverschulter ursachen betragen, verclagt unnd nachgesacht habe, das s. chf. gn. wider ire hilligkeit, hoicheit, und oberigkeit gethain unnd gehandelt solte haben durch verkundung einer synodaill constitution, 1526 denn zweiten tag in Octobri usgangen, unnd also durch solich betragen unnd anderer s. chf. gn. by bepstlicher hilligkeit, den hoichwirdigen hern cardinalen und anderen an sr. chf. gn. eren, wirden, famen, und namen zu verungelimpffen und zu smehen understanden, als s. chf. gn. des glaublichen bericht von etlichen trefflichen personen entfangen hetten. Welchs mir als sr. chf. gn. underthanen und vereidten, dem s. chf. gn. vur andern vill ere erbotten, gar nit gezemet und dardurch in s. chf. gn. straiff gefallen und groisslich gegen s. chf. gn. verwirckt und misshandelt haben sulte, auch wie ich als ein brobst zu Zantten und archidiaken der kirchen zu Collen und probst zu sanct Severin in Collen der jurisdiction, so mir derhalben zustendig, durch mich und meine commissarien in vill wege missbraucht sr. chf. gn. ordentlicher jurisdiction mirgklichen abbrug gethain, und villerley sachen, uber alle alt herbrachte ubung und gewoinhait mere dan andere probst und archidiaken ye understanden, haben gehandelt und handeln laissen, das mir als probsten und archidiaken nit geburt ader gezempt, sunder s. chf. gn. als einen ertzbischoff zu Collen allein, und niemantz anders in sr. chf. gn. stift nach vermugen gemeiner rechten zugehort, als nemlich mit setzung eines fiscails zu sanct Severin und eins officiails zu Nymagen mit straiffung

1527 Nvbr. 2. der priesteren und andere gewigte personen absolvierung der, die durch handtslaglung an geistliche personen in den ban gehalten, zulaissung frembder priester und dergleichen, und daneben angezeigt, das mein gnedigster here dere unnd ander mere ursachen halb in meynung were mich zu geburlichem verhoere und redden zu stellen mein antwurt zu horen, und nach befindung dere wairheit ferner zu handeln wie sich zu recht eiget und geburt. Uff welchs furgeben ich mich bedacht und by mir und anderen in rait funden, dweill ich der vurangezeigter betragung by bepstlicher hilligkcit nit gestendig, auch will got nit bewisst werden mag und mich derhalb zu verhoere, wie nachfolgt, erbotten, aber in anderen articulen, die jurisdiction belangen, nutzer und besser zu sein dere gnaden dan des rechten zuwarten, und hab darumb uss vilen ursachen, die durchluchtigen hoichgebornnen fursten und hern zu Cleve, Guilich und Berge hertzogen etc. vatter und soen mein gnedige hern unnderthenglich bitten lassen und gebetten, hoichgemelten meinen gnedigsten hern ertzbischoff und churfursten zu bitten, mich solichs verhoers und rechtlicher handelung gnediglich zu erlassen. Das dan ire furstliche gnaden uff mein underthenig bit gethain und durch ire furstliche gnaden vurbit meinen gnedigsten hern dahin beweget, das s. chf. gn. mich solichs verhoers und rechtlicher handelung dieser zeit gnediglich erlassen und solicher enthaltung, dar in ich etliche tage doch mit erlicher underhaltung gewest, uss gnaden verlaissen und erledigt haben, welchs dan angesehen und uff das hoichgemelter mein gnedigster ertzbischoff und churfurst sr. chf. gn. nachfolger am stifft, auch alle ire furstlicher gnaden underthain, und sunst yedermanne diser sachen unthaltung und verhandelung halben nu und allewege unbetadinget und sunder alle beswerung blieben. So hab ich vurg. probst mit frien eigenen wissen und willen und wolbedachtem vurrade hoichgedachtem meinem gnedigsten herrn ungedrungen und unbezwungen zugesacht unnd by meinem lieblichen eide, den ich uff das hillig ewangelium gethain und geschworen habe, gelobt und versprochen, alle und igkliche articulen und wes hernach folgt truwelich, erberlich und unverbruchlich zu halten.

Anfengklich und zum ersten, hab ich gelobt und geschworen, wanner und zu welcher zeit hoichgemelter mein gnedigster here ertzbischoff und churfurst adir sr. chf. gn. am stifft nachfolger mich hernachmals durch i. chf. gn. brieff oder sunst durch ire botschafft uff zemliche termyn und tage, dar ynnder ich erschienen kan und magh, fordern, beroeffen adir

heisschen werden unnd das in die probstien zu sanct Severin
in Collen kundt doin vurg. betragung by bepstlicher billigkeit mich zu betedingen und zu verhoeren und redden zustellen: das zu ir. chf. gn. willen stain sall, das ich so oft
und duck dasselbige geschicht und geschehen wirdt, an der
ort ein nemlich zum Bruell ader zu Poppelstorff, welchs mir
benant und bezechent wirdt, unverzuglich sunder alle weigerung und widderredde, alsbalde mich in eigener persoen
und durch niemantz anders dahin fuegen und stellen sall
und will, sunder alle exeption und behulff dargegen zu gebruchen, und wo ich in einichen vurg. betragung geschieht
sein sall, streffbarlich befunden, und mich deren mit gutem
beschiet und redden nit genochssam entschuldigen kan, sall
und will ich allezeit derhalben zu geburlicher straiff und
boess ir. chf. gn. staen, dieselbige guitlichen entfangen und
vullen brengen, und nit von dannen scheiden adir wichen,
ich sy dan zuvor en mit ir. chf. gn. derhalb vertragen gentzlich
geslicht und vereinigt. Unnd uff das nit noitt sey mich anderswo zu suechen, so keise ich hiemit die vurger. probstie
zu sanct Severin als vor eine bequeme platz, dar solich ver-
kundigung und heisschung gescheen sullen, und verwillige
hiemit by meynem eide, das alle forderung und citation, die
dar in gescheen in aller maissen geacht und gehalten sullen
werden und mich verbinden gelicher weise, als ob sy myr
persoinlich uberantwurt und verkundigt weren. Und under-
werffe mich hiemit und alle meine habe und guter geistlich
und werntlich, die ich nu habe ader nachfolgendes kriegen
werde, wissentlich ir. chf. gn. ordentlicher jurisdiction, vuran-
gesehen aller exemption und freiheit, die ich habe ader nachmals kriegen ader erlangen mochte, so ich aller best thun
sall kan ader mag. Zum andern die jurisdiction beider vurger.
probstien betreffen, hab ich mich mit ir. chf. gnaden vereinigt und vertragen, auch by geschwornem eide zugesagt, gelobt und geschworen, das ich von nu an unnd hinfurter
keinen fiscaill zu sanct Severin ader als ein probst daselbst
haben, setzen ader ordenen sall ader will, auch keinen officiaill zu Nymagen, und so einiger fiscaill ader officiaill an
den vurgerurten orten ader der vurg. probstien halben
durch mich itzo gesatzt weren, dieselben sall und will ich
widerroeffen unnd absetzen. Darzu sall und will ich mich
auch hinfurter der vurgenanten articulen, als mit namen der
correction ader straiffung, geistlicher unnd gewigeter personen, absolution deren die durch handtslagung an geistliche
personen in den ban gefallen sein ader fallen werden gebung

1527 Nvbr. 2. der licentiatorien frembder priester und aller anderer sachen, die meinen gnedigsten hern als einen ertzbischoff sunderlich zustaen und geburen, gleichs andern der kirchen zu Collen archidiaken enthalten und nit derselbigen in zukomenden zeiten durch mich selbst mein bevelhaber oder imantz anders gar nit mere annemen thun noch zu thun bevelhen ader gestatten in keine wege sunder alle geverde und argelist. Und so dan hoichgemelter mein gnedigster here hiebevor mit sr. chf. gn. dhoimcapittell graven ritterschaft stetten und gemeiner landtschafft in ordnung und satzung der geistlichen jurisdiction halben zu walfart ir. chf. gn. und der stiffts underthanen gemacht und beslossen haben, die auch als ich verstain von andern und sunderlich zween archidiaken der kirchen zu Collen angenomen und sovill ire jurisdiction bewilligt und approbiert sein: demnach und uff das dan derhalben kein mangell an mir gespurt werde, so hab ich gelobt und geschworen, das ich soliche ordenung geleichs anndern archidiaken der kirchen zu Collen ader zwein von inen auch halten und halten thun sall unnd will, und dargegen nichts furnemen durch mich ader imantz anders von meinen wegen. Darzu sall und will ich mich aller gebure und billicheit halten, und von nu vortan vurg. jurisdiction halben nichts wythers noch anders handelen, vurnemen ader thun durch mich ader meine bevelhaber, die ich nu habe ader hernachmails setzen werden, dan mir von alter hergebrachter gewoinheit und loblichen gebruch geburt unnd zusteet.

Zum vierdten hab ich zugesagt gelobt und by meinem eide geschworen und wissentlich versprochen, das ich solich annemung und enthaltung meiner personen zu Andernach und zum Bruell und wes mir an beiden orten underwegen durch ader sunder bevelh meines gnedigsten hern ader sunst in einigen wege begegent geschehen unnd widervaren ist, mit worten ader wercken gegen hoichgemelten meinem gnedigsten hern ertzbischoven und churfursten etc. sr. chf. gn. am stifft nachfolger stifft stifftz underthain verwanten ader imantz anders nu noch immer meere zu den ewigen tagen ciffern ader rechen sall ader will, durch mich selbst, ader imandtz anders mit meinen wissen und willen, mit worten ader werken heimlich ader offentlichen mit recht ader sunder recht geistlich ader werntlich noch sunst in einigen wegh wie der furgenommen oder erdacht mocht werden ichtwes derhalbenn furnemmen ader thun noch gestatten gedain zu werden, uff vermeidung einer penen nemlich zehen dhusent gulden churfurster montzen bey Rhein, dar inne ich so offt und durch mich ader imantz anders gegen

diese gelobde, zusage unnd verschreibung iren inhalt ader 1527
einigen puncten und articulen derselbigen ichtwes furgenomen Nvbr. 2.
wirdt ader geschicht, heimlich ader offentlich und solichs bewyst wurde, also balde, mit der thait, sunder alle erkentenus
von stunden an gefallen sein sall, und dieselbigen peen, so
offt und mannich werff solich geschicht, s. chf. gn. ader iren
am stifft nachfolger bei meynem geschworen ede bezalen und
on weigerung entrichten sall und will, und darzu als ein
meinediger, ere und truweloser man von iederman genant
und geacht werden, und dannocht sall diese verschribung zusage und gelobde, in allen iren puncten clausulen und inhaldt bestendig und krefftig sein und blieben, und nit destoweniger unverletzt in alle wege durch mich gehalten werden
sunder alle widderredde unnd argelist.

Were auch sache das gegen und widder diese vurgerurte
verschribung gelobde und zusage nu ader hernachmails durch
bepstliche hilligkeit keyserliche Maiestat ader iemantz anders hoichs ader niddern standes die itzo seint ader hernach kommen werden uff einichs ansoechen ader auch uss
egenem bewegnuss ader gewaldt gegen hochgmelten meinen
gnedigsten hern i. chf. gn. nachfolger stifft stifftz verwandten
ader underthain vurgenomen, ader sunst meiner annemung
und enthaltung und wes mit mir gehandelt in einigen wegh
mit ader sunder recht geschege, solichs alles und jedes sall
und will ich nach meinem höchstem flyss allezyt uff meinen
costen, schaden, muhe und arbeit sunder ire aller und eins
iedern entgeltnuss understain abstellen und abzuschaffen, und
i. chf. gn. und andern wie vurg in alle weg allens costens
schadens und interesse schadeloiss halten und aller ding entheven by vurg. peen, so offt und duck das geschicht, und off
ich solichs nit abschaffen konde und mochte, will ich mich
desta mynder in eigener person in hoichgemelts myns gnedigsten hern hande zum Bruell in allermaissen, wie ich itzt
dar gewest byn widerumb stellen behelt'ich alle wege diesem
vertrag und anndern wie vurgeschrieven irer volmacht zu
bezalen und zuvergenoegen ain alle widderredde. Unnd dieses
alles wie obstet zu merer bevestigung so hab ich vurg. probst
mit rechtem wissen und willen und by meinem lieblichen eide
hoichgemeltem meinem gnedigsten hern und s. chf. gn. nachkommen am stifft zu rechten warem und wissentlichen underpande gesatzt verstricket und verbunden, thun das auch hiemit und in crafft dises brieffs, wie ich das aller best und
vestiglichs sall kan ader mag alle und igklich mein habe und
guter renthen zynsen und gulten beweglich und unbeweg-

1527
Nvbr. 2.
lich die ich itzo habe und hernachmails uberkomen werde nichtz davon ussgescheiden, wo ader an welchen orten die gelegen und befunden werden, unnd bewillig, das i. chf. gn. ader ire nachfolger durch sich ader ander ire bevelhaber sich derselbigen alle zeit in vurger. falle sunder einichs rechtes ader richters erkentnus ader erleuffnus underwinden, annemen, inhalten unnd gniessen sullen und mugen, bis so langk i. chf. gn. und andern wie vurg. aller cost schade interesse und pene wie vurger. volkomelich und wolbezalt und vorgenoegt ist vurbehalten alle zeit dieser verschribung in irer macht zu blieben.

Alle und igkliche vurg. articulen hab ich vurg. Johannes probst und archidiaken alles ires inhaltz zugesagt, globt und by meinem eide, den ich uff das hillig ewangelium gethain und geschworen hab, versprechen fast stede und unverbruchlich zu halten und dawidder nit zu thun und dargegen ader sunst gegen einichen puncten, clausulen und articulen diser verschribung zusage und globten mich keiner exemption, dispensation friheit begnadung ader privilegien noch exception nichtigkeit appellation restitution absolution relaxation cassation declaration, die ich nu habe oder hernachmails erlangen ader uss eigener bewegnuss durch bepstliche hilligkeit ader sunst iemantz anders mir gegeben ader verlehent werden mochten, in was formen gestalt ader mit was worten das auch gescheen ist ader gescheen werden mochten, in keinen weg zu gebruchen ader darmit zu behelffen ader zu beschudden, vant ich daruff und sunst uff alle forderung spraich action iniurien, sambt allen exceptionen vis doli metus und ander behulff geistlicher ader werntlicher rechten ader anders, wie ich die habe ader haben mochten, gleicherweiss, als ob die alle semptlich und besunder clerlich hir inne ussgedruckt und geschrieben stunden gentzlichen by meynem geschworen eide unnd vermeidung vurg. peen verziegen habe und verziegen vor mich und alle andern in der besten formen und wiesen, so ich das das aller best doin kan ader magh, und will das diese verschribung in alle weg, alle zyt bestendig geacht und gehalten sall werden, sunder alle widderredde und argelist. Und des zu noch starcker versorgnus, so hab ich gebetten die wirdige wolgebornen erenvesten und ersamen myne gnedige hern unnd gunstige frunde hern Georgen von Sein graven zu Witgenstein dhoimkepler zu Collen und probsten zu Soest, Wilhelm graven zu Nuwenar erffhoeffmeister des stiffts Collen und hern zu Bedbur, Stephan Veell von Wevelkoven zu sanct Cunibertz, Conraden Ingenwinckell

zu den apostelen bynnen Collen, Sybert von Ryszwick zu 1527
Cleve unnd Johan Slachheck zu sanct Marien bynnen Utricht Nvbr. 2.
probste, Henrich Benne dhoimhern zu Utricht, unnd Hillebrant
Wyman scholaster zu Deventer, vort Claisen Tyngknagell,
Amden von Ryssweck rentmeister und Otten Ingenwinckell
siegeler zu Zancten, das sy unnd ein igklicher von innen vor
all vur mich aller vurger. sachen halb, burge gewurden seint,
all sy auch gethain haben in maissen als hernach folgt. Were
auch sache, das einich der burgen, der ader die geistlich
personen weren, samen ader einer von innen doitzhalben ab-
gengen, so sall unnd will ich allezyt einen ader meher anndern, sowill der gestorwen, geleich guit und vermugend in des
ader der stat allezyt so offt das geburt setzen und stellen,
der ader die sich zu gleichermaissen wie sy gethain verstricken und verbinden sall ader sullen.

*Die Bürgen geloben für Ausführung dieser Artikel Sorge
zu tragen, widrigen Falls 10.000 Gulden zahlen zu wollen; sie
verpflichten sich, so oft der Erzbischof es fordere, in Brühl
oder Poppelsdorf zur Verhandlung in dieser Angelegenheit sich
einzustellen. Diese sämmtlichen Punkte beschwören sie; in
keiner Weise gegen dieselben zu handeln versprechen sie unter
Verzicht auf jede Exception.*

Vorther is us besunder gnediger bewilligung hoichgemelts
unsers gnedigsten hern uns burgen zu gnaden zugelassen und
abgereddet, ob sache were, das s. chf. gn. gnanten probst
Winckell in maissen der articull, anfengklich und zum ersten
inwendig vier iaren den nchisten nach datum dieses brieffs
der betragung halb sich zu verantwurten nit inmanen ader
furdern wurde das alsdan wir burgen inen der ursach halb
zu liebern nach usgangk der vier iaren nit lenger verhafft
ader verbunden sein, unnd doch gleichwoll s. chf. gn. macht
haben sullen gnanten Winckell, so lange er ime leben ist sich
des artikels halb zu verantwurten, in zu manen und zu fordern, er auch zu folgen und sich zu stellen verbunden sein
in maissen wie der articull das weiter ussfoeret. Darneben
ob sache were, das gedachter probst in einichen puncten
dieser verschribung bruchig befunden, dargegen im theile
ader zu maill handeln wurde, und wir burgen derhalben von
hoichgerurten unserm gnedigsten hern erfordert ader uff die
pene vurg. gemaent wurden, wanne und welche zeit alssdan
wir burgen vurgedachten probst s. chf. gn. persoinlich gin
Bruell liebern, sullen wir burgen dere peen von zehen dhusent
gulden ledig sein und mit solicher lieberung abstaen und
genoeg gethain haben. Und dieses alles zu urkunde der

1527 Nvbr. 2. wairheit haben ich Johannes Ingenwinckell probst etc. als principaill mein und wir anndern als burgen obengnant ein igklicher vur sich sein eigen insiegell an diesen brieff wissentlich gehangen, der geben ist zum Bruell am saterstage nach sanct Symon und Juden der hilligen apostolen tagh, im iair uunsers hern funffziehenhundert siebenunndzwentzig.

5. *Erzbischof Hermann ermahnt das Capitel des Doms* 1531 Debr. 9. *und der anderen Kölner Kirchen seinen Verfügungen über die Besetzung der in päpstlichen Monaten erledigten Pfründen Gehorsam zu leisten. Brühl 1531, December 9.*
Aus der Alfter'schen Sammlung in Darmstadt. Bd. 27. Cop.

Erinnert, aus welchen Gründen er sich entschlossen habe die in den päpstlichen Monaten erledigten Beneficien seinerseits zu besetzen, dass dieser Entschluss dem Kaiser angezeigt, von diesem gebilligt, darauf auch den Kölner Kirchen eröffnet und volgends mit euwer beschener bewilligung und acceptation in wircklig ubung bracht worden ist. Derhalben wir uns gentzlich zu uch versehen gehabt, ir sulten uns hirinne euwer beschener bewilligung und wircklicher annemung nahe ferrer statlich underthenig gehorsam erzeigt und auch unserem jungst derhalb an uch ussgangen schreiben[1]) gemeess und gehorsamlich wie ir hiebevor gethan und hinfur zu thun gmant worden sein gehalten. So haben wir doch geleublichen bericht entfangen, das noch etzlich capittell und personen under uch sein, die sulchem unserem schriben (so auch bisher von uch unbeantwort bliben) nit nachkomen, sonder . . . sich dagegen ungehorsamlich streben und halten. Nachdem nun das kunftig concilium zu mehrmalen und zulest uff gehalten Ausspurgischem reichstage mit ernennung der zit des ussschribens zugesagt und aber verzogen wirt, von welchem wir doch an groiss zersturung zerruttung und beschwerniss unsers stiffts und furstenthuumbs von berurtem unserm furnemen nit abstain kunnen oder megen, haben wir uff unserm zulest gehaltenem landtage uns mit gemeiner unser lantschaft abermals verglichen und entschlossen, uf berurtem unserem redlichen furnemen bis uf gemein concilii entscheidung ader babstlicher heiligheit und kei. mt., auch chf. fursten und stenden des heiligen reichs erkenntnus und besser ordinung zu beharren und solliche collationes, so durch uns bescheen und kunfftiglich bescheen werden, wie uns dasselbig woll gezemen

---

[1]) Ebenfalls in der Alfter'schen Sammlung befindet sich ein Schreiben Hermann's vom 16. Oktober 1531, in dem die Kölner Kirchen zum Gehorsam ermahnt werden.

will, zu hanthaben und zu wircklicher volnzehung zu brengen. So ist abermals unser an uch ernst gesinnen, dass ir on lenger weigeren, ufhalten und verzog uns als eweren lantsfursten und ordinarien in dickgemeltem unserm redlichen vurnemen geburlich gehorsam leisten und uch der massen ertzeigen, wie wir uns des uch zugetruwen. Daran thut ir uns befelh und ernstlich meinung. Dan in fall ewres ungehorsams sein wir gleichwoll gement sambt unser lantschafft demselbigen sein geburlich vollstreckung zu verschaffen und uns weiter gegen die ungehorsamen der gebur zu halten[1]).

1531 Debr. 9.

6. Papst Clemens VII. theilt den Kölner Kirchen mit, dass er die gegen Köln verhängten kirchlichen Censuren bis Anfang Oktober suspendirt habe. Rom 1534, März 30.

1534 März 30.

Aus der Alfter'schen Sammlung in Darmstadt. Bd. 27. Cop.

Literas vestras per nuntios vestros ad nos destinatos recepimus nobis humiliter supplicantes, ut eas censuras et interdicta ecclesiastica que contra vos ob non paritionem literarum et provisionum apostolicarum ad instantiam nonnullorum nostrorum curialium late et apposita fuerunt, removere ac tollere dignaremur. Quandoquidem ut scribitis metu et edictis venerabilis fratris Hermanni archiepiscopi Coloniensis, qui

---

[1]) Wohl auch mit diesen Streitigkeiten hängt zusammen, dass gerade in dieser Zeit, am 28. November 1531, Papst Clemens VII. an die Stadt Köln das Lob- und Dankschreiben für ihren Widerstand gegen die Ketzerei richtet, das Cornelius 1, 250 abgedruckt hat. Ebenfalls von Cornelius (2, 100) ist ein Auszug aus einem von Köln datirten auch für unser Thema interessanten Brief Dietrich Bitter's, vom 10. April 1532, veröffentlicht; vollständig ist dieser dann von Krafft, Bullinger 73 ff. mitgetheilt. Hier schreibt Bitter an Bullinger über den Erzbischof: Abrogavit seu liberus potius fecit aliquot sanctorum solennitates, ne pauperes tot diebus festivis gravarentur et ne peccata flagitiaque tum fieri solita multiplicarentur. Nec vero magni facit bullas fulmina et execrationes papisticas, quibus se opponit conferens libere beneficia ecclesiastica cuilibet in turno etiam apostolico ut dicitur. Nam nuper collegium s. Cuniberti, eo quod jussu episcopi possessionem offerenti taedas apostolicas conferre nollet, excommunicavit papa, episcopus vero contra absolvit. Quamvis haec videbuntur ridicula et absona, ut sunt re vera minutula, novi tamen aliquid portendere designantur. Wie erfreut man auf protestantischer Seite über Hermann's Vorgehen war, zeigt auch ein Brief Wilhelm's von Neuenahr. „M. g. h. von Coellen", schreibt dieser am 22. März 1532 an Johann Friedrich von Sachsen, „wirt alleu dagh besser und dem papst viandter, so das der legat u. s. gn. mit grossem unwillen von einander gescheiden hon. Es dribt Got sine hentel gewaltiklich fort. Ich hab an diessem mane keine fehel, dan das in der duiffel zo der wal des koeninks gedragen hat; er wirt sust mit gotlicher hulf zo allem wunsch geraden". (Zeitschrift des Bergischen Geschichtsvereins 10, 183.) Vergl. auch Aleander's oben citirten Bericht bei Laemmer, Monum. Vaticana 90.

eodem benefitia per nos collata aliis contulit, deterremini, ne nostris literis sicut debetis et velletis parere possitis. Quod quid aliud est, filii, quam petere ut simul justitiam ipsam authoritatem hujus sancte sedis et jus tertii tollemus? quidve aliud quam fatere vos voluntatem vestri archiepiscopi viri quidem insigni dignitate ac nobilitate prestantis nobis tamen unacum ceteris archiepiscopis et episcopis subiecti pluris estimare quam nostram? cui non solum vos verum ipsum quoque archiepiscopum obedire omni jure debitum est. Neque vos latet aut quemquam latere potest, quam sit perspicui juris et ab omnibus ubique recepti, beneficia ecclesiastica apud sedem apostolicam et in mensibus nobis reservatis vacantia seu alias generaliter reservata per solum Romanum pontificem conferri posse ipsumque archiepiscopum non solum sacrorum canonum dispositione et communi omnium prelatorum offitio sed proprio et jure jurando et totius Germanie concordatis astringi ad apostolicas provisiones de eisdem benefitiis factas omni obedientia recipiendum ac tuendum. Que cum essent nota vobis et ita perspicua, ut nullam prorsus dubietatem reciperent, offitii vestri tanquam fidelium et obsequentium filiorum fuerat obedientiam nostris literis vel cum detrimento et periculo vestro prestare, quamquam ea probitate arbitramur predictum ipsum archiepiscopum vestrum, ut non fuerit vobis justitie obtemperantibus quicquam ab eo timendum, licet provisiones a se factas importunitate suorum motus tueri conetur. Quin potius speramus eum, voluntate nostra quam et nonnihil in nostrorum prejuditium temperavimus intellecta, justitie et literis nostris tandem locum esse daturum, perinde ac offitium et dignitas hominis postulat. Ut vero id commodius et tranquillius fieri possit et devotiones vestre sciant se pio et indulgenti parenti preces porrexisse, censuras predictas contra vos propterea latas et interdicta predicta ob eandem causam in ecclesiis vestris opposita hinc ad calendas octobris proxime futuri authoritate apostolica tenore presentium suspendimus, ita ut diurna offitia resumere et usque eo prosequi et celebrare interim libere et licite valeatis. Quodsi id quod non credimus vos censuris et literis apostolicis hujusmodi interim non parueritis vel ipsi intrusi cum provisis a nobis ut potuerint non concordaverint, ilico calendis octobris proximi advenientibus vos in censuras predictas absque alia declaratione vel ministerio judicis reincidisse et vestras ecclesias et capitula ecclesiastico interdicto ut prius subjacere et supposita esse usque quo integre paritum per vos fuerit eisdem autoritate et tenore exnunc prout extunc decernimus et declaramus. Quamobrem hortamur vos paterno affectu, ut et in hac ipsa et in ceteris rebus posthac occurrentibus, que justitie et nostrarum literarum observantiam concernent, non sinatis a nobiso ffitium et fidem vestram desiderari, ne, si secus feceritis, vos indignos et hactenus concessis et in posterum concedendis ab hac sancta sede gratiis reddatis. Datum Rome apud sanctum Petrum sub anulo piscatoris die 30 martii 1534 pontificatus nostri a 11.¹).

1534 März 30.

7. Erzbischof Hermann ermahnt das Capitel von St. Cunibert, der Aufforderung des päpstlichen Curialen Nolden von Crefeld zur Entsetzung des vom Erzbischof eingesetzten Dechanten Dr. Bernhard Georgii von Paderborn keine Folge zu leisten. Poppelsdorf 1536, November 11.

1536 Nvbr. 11.

Aus der Alfter'schen Sammlung in Darmstadt. Bd. 27. Cop.

Uns langt an, wie kurz vergangener dage unser rebell und widerwertiger underthan Creveldie euch ein vermeint pabstlich breve und sunst etliche andere vermeinte pabstliche mandata verkundigt und in krafft derselbigen euch bei vermeitung etlicher schwerer straiff .. erfordert haben soll, unsern official Bernharten Georgii von Paderborn, ewer kirchen dechanten, siner dechenei zu entsetzen und einen curtisan Johann Cranen widderumb darinzusetzen, dessgleichen etliche ewer mitcanonichen, so durch uns providirt worden sein, us iren prebenden zu expelliren und dagegen ine, Crevelden zu solchen prebenden komen zu lassen. *Dies vermeintliche Breve widerspreche einem Vertrag, den der Papst unter Vorwissen der Cardinäle mit dem kaiserlichen Orator und dem Erzbischof geschlossenen; es müsse erschlichen sein.* Dan wir halten bapstliche heiligheit und solich weilich collegium der cardinalen und insunderheit die sieben, so sich mit eigenden benden underschreben und versiegelt haben., darzu vil zu redelich, das sei solten das eine mit solichem ausgehabten reiffen rathe transigeren und vertrags wise mit keyr. mat. orntor von irer mat. und unser als eins ertzbischoffs und churf. wegen annemen und aber alssbalde dargegen das contrarium und widderspill mit wissen manderen und bevelhen, dweill ir solichs widder alle naturliche billicheit (geschwigen des rechten) were. Derhalb unsers achtens

---

¹) Vgl. das an demselben Tage von dem Papst an den Rath der Stadt Köln gerichtete Schreiben bei Cornelius 1, 251 f.; ein zweites Schreiben des Papstes an den Stadtrath vom 21. Mai 1534 erwähnt Ennen 4, 367.

²) Im Düsseldorfer Staatsarchiv. (churkölln. Urkunden n. 2832) findet sich ein Breve Paul's III. vom 26. Juni 1536, durch welches der Papst die Besetzung der in den päpstlichen Monaten erledigten Beneficien an Hermann überträgt.

1536
Nvbr. 11.
kein groisser verkleinerung und verachtung irer hilligheit und dem collegio cardinalitio zugefugt werden mach dan eben durch disen moit und argwilligen handell dises Crevelts die dae pabstliche heilligheit und seiner hilligkeit glidder die cardinale alle ehr und treweloiss zu machen understeht und nicht bedenken kann, das pabstlicher heiligheit weniger fuegt pacta und conventa nit zu halten dan einem privato. Aber es sei weith von uns, das wir ein solichs von irer heiligkeit gedenken solten. Vilweniger wir suspiciren moegen, das der cardinal Campegius sambt den andern cardinalen den vertrag mit eigener hant underschriben und uns zugeschickt und doch dargegen die vermeinte supplication des pabstlichen fiscails doch mit vurwissen signiert haben. Dan wan solichs were, wisten wir nit, wem wir bald gleuben solten. Demnach unser ernst bevelh ist, das ir so lieb wir euch sein widder berurten offentlichen und schinbaren vertrag gegen gemelten unsern official adir andre unsren provisen nichts das zu einigem irem nachteil erreichen moegen furnemen adir handelen. Dan neben dem, das wir in hoffnung sein, unsre oratoren sollen irem schreiben nach mit guter expedition bei uns dag vur dag ankomen, so sein wir doch daneben gmeint und entschlossen pabstliche heiligheit und das gantze collegium der cardinalen zum furderligsten anzusuchen und erfragen zu lassen, ob auch ire heiligkeit uns obgemelten vertrag zu halten adir nit zu halten gmeint sei. Kunnen darumb nit gestaden, das vur ankumpft unsrer oratoren adir irer heiligkeit antwort ichtes zu unsrer verkleinerung attentirt wird. Dan die sachen nit allein unser provisen sunder auch uns und unsre reputation welche wir nit gekrenkt haben wollen berurend. Wo ir aber hingegen ichts thun wurden, werden wir ewer liff und guter darfur ansehen. Dan wo ir wol willen, so kunt ir durch diesen unsern bericht euch gegen pabstliche heiligheit und die gantze welt per viam appellationis oder sunst woll beschutzen und entschuldigen, indem das wir euch widder unser widderwertigen zu beschirmen gemint sin. Wo aber nit, werden wir verursacht (der noitturft nach) widder euch wie obgemelt zu handlen. Darnach habt ir euch zu richten. Datum Poppelstorf am dage Martini Episcopi 1536[1]).

---

[1]) Ausser den von Ennen 4, 366 ff. benutzten Kölner Archivalien geben über die auf Nolden von Crofeld bezüglichen Streitigkeiten Aufschluss auch einige in Wetzlar, im Archiv des Reichskammergerichts befindliche Acten von 1534; sie handeln über Angriffe, die bei Gelegenheit von Universitätsfeierlichkeiten damals Nolden gegen Georgii richtete.

8. Papst Paul III. bestätigt das Privileg, durch welches er auf drei Jahre dem Erzbischof Hermann die Besetzung der in den päpstlichen Monaten erledigten Beneficien übertragen habe. Rom 1537, April 15.

1537
April 15.

Aus dem Düsseldorfer Staatsarchiv: Churkölnische Urkunden 2832. Or.

.... Cum autem antea nos ut expectantes apostolici ex eorum gratiis expectativis fructum reportare possent, certas alias constitutiones sive regulas revocatorias facultatum conferendi per nos editas et in cancellaria apostolica diversis temporibus publicatas innovando inter alia omnia et singula facultates et indulta quibusvis archiepiscopis et praelatis etiam ordinariam collationem seu aliam dispositionem beneficiorum ecclesiasticorum de iure vel consuetudine habentibus disponendi quomodolibet de beneficiis ecclesiasticis etiam sedi apostolice generaliter reservatis seu affectis cum irritantis appositione decreti per aliam constitutionem nostram de 22 mensis Augusti pontificatus nostri anno secundo in eadem cancellaria publicatam revocavissemus, Nos ad singularia ipsius fraternitatis tue merita respectum habentes ac propterea illam condigni favoris gratia prosequi . . . te ac facultatem et litteras tibi concessas predictas . . adversus revocationem . . in pristinum robur restituimus . . ut tu beneficia ecclesiastica . . iuxta earundem literarum continentiam et tenorem conferre et de illis etiam libere et licite valeas in omnibus et per omnia perinde ac si constitutio revocatoria huiusmodi non emanasset etc. *Die durch den Erzbischof erfolgten Besetzungen sollten rechtskräftig sein, jeder Angriff gegen sie ungültig,* non obstantibus revocatione et decretis nostris predictis et quibusvis aliis constitutionibus et ordinationibus apostolicis etc. Rome apud s. Petrum die 15. aprilis a. 1537 pont. nostri a 3[1]).

---

[1]) Dies Breve erwähnt Paul III. in einem neuen Breve an Hermann vom 21. November 1537. Da er am 2. October einen Widerruf gegen die einigen Erzbischöfen und Anderen verliehenen Collationsbefugnisse erlassen, erneuert er Hermann in gleichem Wortlaut wie in dem Breve vom 15. April das ihm verliehene Privileg, dessen Gültigkeit er dann wiederum am 28. Mai 1540 auf weitere drei Jahre verlängerte mit denselben Worten, wie sie die vorangegangenen Breve's anwenden, non obstante premissis nec non quadam in cancellaria apostolica die 25. mensis februarii pontificatus nostri anno quinto publicata omnium et singularum facultatum et indultorum quorumcumque quibusvis archiepiscopis episcopis et locorum ordinariis collatoribus . . . . disponendi de beneficiis ecclesiasticis . . concessorum . . . . revocatoria ac quibusvis aliis cancellariae praedictae regulis hactenus editis et in posterum quomodolibet edendis . . . . . Lacomblet, Urkundenb. 4, 655 Anm.

III.

Gropper's und Butzer's polemische Schriften als historische Quellen.

Eine der wichtigsten und schwierigsten Fragen für die Geschichte der Zeit, die uns beschäftigt, nicht bloss für die Kölner Reformationsgeschichte, betrifft das Verhältniss Butzer's und Gropper's zu einander. Wie ist es zu erklären, dass die beiden Männer, die vor allen anderen geneigt und geeignet erschienen eine Union ihrer beiden religiösen Parteien einzuleiten, später als entschiedenste Gegner einander gegenüber traten? Wann, wodurch ist diese Wandlung ihres Verhältnisses erfolgt? Von welchen Grundanschauungen sind sie 1541, sind sie 1543 ausgegangen? Es liegt zu Tage, diese Fragen haben nicht bloss ein hervorragend psychologisches Interesse; von ihrer Beantwortung hängt zu gutem Theile auch die Beurtheilung der denkwürdigen Unionsversuche jener Jahre ab. So ist auch in den zahlreichen Schriften, die über diese, speciell über das Regensburger Interim erschienen sind, wieder und wieder das Verhalten Butzer's und Gropper's erörtert und kritisirt worden. Gerade hierüber nun liegen uns Berichte von beiden genannten Männern selbst vor. Sie sind veranlasst durch die Polemik, die 1545 beide mit einander führten. In unsern Tagen haben Meuser und Kampschulte[1]) *auf die Bedeutung einer dieser polemischen Schriften hingewiesen, der* warhaftigen Antwort und Gegenberichtung, *die Gropper 1545 gegen* Buceri freventliche Klage und angeben *richtete. „Der hier mitgetheilte Bericht*

---
[1]) Meuser, Gropper 362; Kampschulte, Calvin I, 337 A. 5.

über die in Worms und Regensburg gepflogenen Verhandlungen, sagt Kampschulte, wirft auf die Entstehung des Regensburger Buches bedeutsames Licht". Diese Ansicht hat in einer eigenen Abhandlung H. Schaefer auszuführen und zu begründen unternommen; er erklärt geradezu Gropper's Schrift für die wichtigste Quelle über die Entstehungsgeschichte des Regensburger Buches[1]). *Schon Brieger*[2]) *hat dem gegenüber darauf aufmerksam gemacht, dass manche wichtige Angaben Gropper's in einer späteren Schrift Butzer's*, De concilio, *bestritten und widerlegt würden. Aber nicht direct gegen Gropper, vielmehr zunächst gegen Latomus ist diese Abhandlung Butzer's gerichtet; so begreift sich, dass manche von Gropper behandelte Punkte hier nur beiläufig oder gar nicht besprochen sind. Um so mehr, da Butzer eingehend an anderer Stelle auf Gropper's Anklagen erwiderte; ebenfalls noch 1545 erschien seine leider auch Brieger unbekannt gebliebene Schrift:* Von den einigen rechten wegen und mitlen deutsche nation in christlicher religion zu vergleichen und was darfür und darwider auf den tagen zu Hagnaw Worms und Regenspurg Anno 40 und 41 und seither fürgenomen und gehandelt worden ist. Mit warhaffter verantwortung auf das offenbar falsch erdichtes anklagen des sich an die Kei. Mt. D. Johann Gropper wider Mart. Buccrum angemasset hat[3]). *Diese Antwort auf Gropper's Anklagen füllt den letzten und grössten Theil der Abhandlung (S. 46—117); Butzer geht auf die ihm gemachten Vorwürfe auf das Genaueste ein; die gröberen Unwahrheiten des Gegners sucht er durch eine detaillirte Darstellung des wirklichen Thatbestandes zu widerlegen; er leugnet, dass Gropper je die Handschriften empfangen, aus denen* „er mich überweisen könnte, das ich alle und jede Articel, die er mir felschlich zugeschrieben frei bekennet und mir nit habe missfall lassen; wo anders, gebe er sie herfür". *Seinerseits beruft er sich zur Widerlegung von Gropper's Aussagen auf Briefe, die Gropper an den Erzbischof, an ihn selbst gerichtet; ja er bringt die letzteren zum Abdrucke.*

Es liegt zu Tage, wie nothwendig unter solchen Umständen eine Vergleichung, eine kritische Prüfung beider Berichte ist. Welchem von ihnen, wie weit können wir einem von ihnen

---

[1]) H. Schaefer, De libri Ratisbonensis origine atque historia (Bonner Dissertation 1870) 21. Vgl. auch Maurenbrecher, Hist. Zeitschrift 26, 231.
[2]) Brieger, Gropper A. 53.
[3]) Baum hat in seinem Verzeichniss der Butzer'schen Schriften auch diese Schrift verzeichnet, aber an falscher Stelle; sie würde S. 606 nach n. 76 einzureihen sein. Ich fand dieselbe in Wolfenbüttel und Marburg.

Vertrauen schenken? Betrachten wir ihre einander widerstreitende Angaben gerade über zwei der wichtigsten Controversen genauer.

Nachdrücklich ist gerade neuerdings von verschiedenen Seiten auf die Bedeutung der Unterredungen hingewiesen, die Butzer und Gropper im December 1540 in Worms mit einander führten; an so manchen Punkten auch die Ansichten von Schaefer und Brieger aus einander gehen, darin stimmen beide überein, dass in dem Wormser Geheimgespräch der Grund zu dem denkwürdigen Regensburger Unionsversuch von 1541 gelegt, dass eben deshalb eine genauere Kenntniss über den Ursprung, den Verlauf, die Resultate dieses Gesprächs vor allem wünschenswerth sei. Auch unsere beiden polemischen Schriften heben dessen Wichtigkeit hervor; aber gleich über seinen Beginn, über die Frage, von wem die Anregung zu diesem Gespräch ausgegangen, behauptet die eine das Gegentheil der andern.

Weil das öffentliche Colloquium in Worms, so *erzählt Gropper (Bl. 38),* sich in die lenge verzohen, so begerte er [Butzer], das der herr Secretari [Gerhard Veltwick] und ich in sampt noch einem hochgeachtem scheidbaren man jenes teils anhören und uns mit inen in ein vertrawt gespräch einlassen wölten, solten spüren, das sie es trewlich meinten und daz den sachen leichtlicher da man villicht meinte nach E. K. M. beger durch christliche vergleichung solt gehulfen werden mögen. Darauf ist der herr Secretari doch nit an fürwissen seiner herren bewegt worden, solchs mir zu kennen zu geben. Ich haben aber gegen den hern Secretari mich diss anfangs beschwert, abermals bedenkend allerlei geferlikeit, der man solcher leute halber zu besorgen. Doch hab ich zuletzt gesagt, ich wölls mit dem grafen zu Manderschiedt und Cölnischem Cantzeler, den ich zugeben, bedenken und im folgends daruff mein meinung entdecken. *Beide redeten Gropper zu, sich auf das Gespräch einzulassen, insonderheit wenn der Secretär auch daran Theil nähme; darauf sei das Gespräch eröffnet.*

Butzer seinerseits gibt zu, dass er in Worms wie früher schon in Hagenau zu Gropper komen freuntlich gesprech mit ihm gehalten. Aber er fährt fort (S. 65): In dem hat er an mich und ich nit an ine (das weyss Gott und er wol) gesunnen, das D. Capito selig und ich mit im in beisein des h. secretari Gerardi solten von allen streitigen articlen unser religion nach ordnung red haben und weg und mittel suchen, wie die zu gleichem verstand möchten gezogen werden, ob flicht das etwan dahin gerahten möchte, das es zu gemeiner vergleichung dienete. Wiewol nun wir D. Capito selig und ich uns schuldich wusten einem jeden unseren glauben zu bekennen und zu vestem verstand christlicher lehre gern zu dienen, bei dem wir des einige besserung mochten hoffen und uns auch zu diesen zweien sovil guts versahen, das wir guter hoffnung waren, sollich gesprech und handlung mit inen würde one besserung nit abgohn: noch haben wir in solch gesprech nit bewilliget on vorgehapten rhat zweier furnemer männer von den gesandten unsers teils. Dann wir dannoch auch sorg hatten, weil man von Key. Mat. gohn Wormbs beschriben war, von gemein gesprech mit den andern stenden zu haben, unser gesprech möchte etwan ein anstoss oder hindernuss an mehrem guten bringen. Weil uns aber beide, Gropper und gedachter secretari, vertrosteten, das dis unser gesprech solte on alle gefahr und menniglich onvergrifflich sein und also, wa kein besunder nutz, doch auch niemand einigen nachteil bringen, haben wir nie sehen könden, mit was glimpf wir inen solich gesprech hetten künden abschlagen.

Beide Flugschriften sind zunächst an den Kaiser gerichtet; es begreift sich schon deshalb, dass von beiden ihm gegenüber Rücksichten genommen werden, dass beide Granvella's bedeutsame Thätigkeit in diesen Tagen nicht erwähnen; aber dürfen wir bei beiden Beobachtung dieser und ähnlicher Rücksichten voraussetzen, welcher von beiden Autoren liefert trotz ihrer uns den der Wahrheit am nächsten kommenden Bericht?

Zur Entscheidung dieser Frage sind wir in der glücklichen Lage einige sehr wichtige Actenstücke heranziehen zu können, vertrauliche Briefe, die nicht 1545, die im December 1540, in den Tagen der Wormser Verhandlungen selbst Butzer an Landgraf Philipp geschrieben hat. Im Marburger Archiv finden sich noch Butzer's sehr ausführliche und sehr interessante Schreiben an den Landgrafen aus Worms vom November und December 1540 zusammen mit einigen Antworten Philipp's[1]*.*

Der erste dieser Berichte Butzer's ist vom 3. November 1540 datirt; er habe Philipps Schreiben vom 24. October empfangen, den 30 underwegen, und sage dem Herren lob und danck, der E. f. g. diess gemiet gibt und erhaltet, das Sie . . umb erhaltung der waren religion Christi in reiner lere, warem brauch der sacramenten und christlicher zucht auch alles

---

[1] Kurze Mittheilungen aus denselben hat Hassencamp 1, 538 gegeben; auch an dieser Stelle hat es sich empfindlich geltend gemacht, dass seine werthvolle Arbeit nicht die verdiente Beachtung gefunden hat.

Nvbr. 3. zu leiden, ee dann man das nachgebe, das dem reich Christi abruchlich sein möchte, bereit sein. Die sach ist Gottes, der wird uns nit lassen. Und wa man uf irem teil Gott suchet, were die concordi wol zu finden. Aber wie es die werk zu fil clar anzeigen, so suchet der k. hove nicht die ware religion, sondern bade der waren und falschen religion zu seinem zeitlichen furhaben, welchs ist zeitliche herrschung zu vermeren und befestigen, zu gebrauchen. Teglich haben wir auch des meer und gleichlautende kundschaft, das k. Mt. für sich selb der hendel gar nicht horet noch achtet und das es alle in Granweles hand und rath staht, der auch wie alles sein thun beweiset, in himel nach nicht sicht. Wie dann der konig, Menz und Baiern [und unser bischove][1]), welche drei in der handlung sieben stimmen und drei in der presidency haben, leut hergesandt haben, so beide die presidency und handlung verrichten sollen, so ist sichs warlich hochzubesorgen, das sie vorhaben ein ganz geferlich gespött auss unsers herrn Jesu sachen anzurichten. *Möchte ein Zeugniss für die christliche Wahrheit auf dem künftigen Reichstag wenigstens* bei den andern als Pfalz, Brandenburg, Colln und Cleve und womoglich auch Trier *zu erhalten sein. Ausführlich spricht B. über die Art, wie das Gespräch zu führen.* Der herr hat sein reich uns deutschen zugesandt und des iemer herrlich erweiterung gegeben, in dem müssen wir im trewlich dienen, das wirs den deutschen vor allen furtbringen. Der keiser setzt mer in Italien und Hispanien und helt die thewre gabe Gottes, die deutsche freiheit, gewisslich fur ein onleidliche ongehorsame. Dienet dem Papst und bischoven in teglicher scherfung der verfolgung Christi, also das er in Niderlanden in dem jungsten edict wider Christen erkennet und in eigner person im beisein kongen Maria den stenden seiner niderlanden verkundt mit grossem ernst, under anderen auch verpotten ein buchlin, darinnen kein wort ist, dann allein die gepotten, so in der Bibel hin und wider begriffen sind. Darum mussen wir furdrung des H. Evangeli suchen nicht bei des keisers, sondern allein Christi gnaden.

In der von demselben tage datirten ausführlichen Beilage äussert sich B. ebenfalls misstrauisch über die Absichten des Kaisers, empfiehlt dem gegenüber die Verbindung mit Frankreich nicht abzuweisen. Er übersendet mit Bezug hierauf Copien von Briefschaften aus Frankreich[2]).

---

[1]) Die eingeklammerten Worte sind an den Rand geschrieben.
[2]) Briefe, aus denen kurze Auszüge schon Seckendorf mitgetheilt hat.

Unter den folgenden Briefen Butzer's ist für uns von be- Dec. 20.
sonderer Wichtigkeit sein ausführliches Schreiben vom 20. December. Hier lesen wir:

„Den herren von Granvela belangend hatt sichs also zugetragen, das er durch ein Colnischen gelarten und rath Doctor Johann Gropper, der hohen stift zu Coll thumherren und des bischoves rath, der sich erzeiget zur reformation nit ongeneigt, und dann auch durch k. Mt. secretari, den er bei sich hat, der so gelart ist und von dem e. f. g. ich hievor auch geschriben, heisst M. Gerhardt Veltwyck von Rabenstein, hat dinstag jungst vergangen an mich mit höchstem ernst gesinnen lassen, das ich sampt D. Capito mich solte in ein vertrawt gesprech von streitigen articulen unser h. religion, wie die zu gleichem verstand bracht werden mochten, mit jetzt gemeldtem Colnischen doctor und k. Mt. secretari in höchster geheim einzulassen und weg der vergleichung suchen zu helffen, mit theurstem zusagen, das solichs dem gemeinen gesprech alhie in keinem wege verhinderlich noch unseren oberen und stenden einiger gestalt nachteilig, auch in höchster geheim solte gehalten werden, damit es auch unseren personen onverwisslich blibe. Dan er fur sich selb auch solichs in höchster geheim halten musste von wegen unser widerwertigen, deren etliche zum kriege so begirig weren und aller fridlichen handlung so streng entgegen, das sie, wa sie solich sein furhaben vernemen, alssbald zum thor hinausreiten wurden. Als ich nun diss ansinnen vernomen, hab ich bei m. g. h. E. f. g. cantzler und her Jacoben rath gesuchet, die beide mit mir die gefar bei dieser sachen bewogen, weil dise leut sich gegen dem gemeinen gesprech und sust so ongleich und wunderbarlich finden lassen und das auch diserlei handlung solten mit gemeinem gehell der unsern gehandlet werden. Nach weil ich selb wol vermerket, das das gemein gesprech nit hett wollen frugohn und E. f. g. begeret, das ich mit dem herren von Granvella solte von solichen sachen red haben, dann auch bedacht, das jedem christen zustelt, wie er seine nechsten, schweige seine oberen und heupter zu Christo furdere, haben doctor Capito und ich im namen des herren zu solichem vertrawten geheimen gesprech bewilliget. Darauf mich des anderen tages morgens zu sechsen gemelter doctor zum herren von Granvella gefuret, welcher wol ein stund mit mir geredt, doch in summa diss allein, wie begirig er des fridens und reformation, und wie geneigt er auch E. f. g. seie und das er dieselbige gern in k. mt. dienst bringen wolte. Item das er mit den leuten, so vom gegenteil zum

Dez. 20. gesprech verordnet, nichs wuste auszurichten. So weren deren meer, dann wir meinten, die k. mt. zum kriege riethen. Wa er dann k. mt. keinen trost einer vergleichung wusste zu bringen, so were grosse sorge darbei, die zum krieg riethen, wurden bei k. mt. iren willen erlangen. Dann k. mt. wusste mit Frankreich und andern alle stund die wege zu treffen, das ir mt. gegen uns zu handlen gantz geringe sein wurde. Schwur mir unseglich theur, wie diss gesprech solte weder dem gemeinen gesprech verhinderlich noch unseren fursten und stenden oder auch unseren personen in einigem wege nachteilig oder vergriflich sein. Ich zeiget im hinwieder an, das wir aller dinge nichs suchten, dann reformation und friden, und ob wir wol Christi unsers lieben herren halben an hauptstucken der religion nichts wusten zu begeben, so weren wir doch bereit, dieselbigen wesentlichen stuken also, wa man uns allein hören wolte, zu erkleren, das uns ein jeder christ, der dise dinge richten mochte, werde zeugniss geben, das wir in denselbigen anders nicht glaubten oder lereten, dann die alte ware apostolische kirche je und je glaubt und geleret hette, wie das aus der h. schrift und den h. vetern uberflussig zu erkennen were. Daneben wurden sich unsere fursten und obern und wir prediger der andern articel halben, die zur christlichen religion nicht wesentlich gehören, und kirchenguter halben auch dermassen beweisen, das man sehen und greiffen solte, das uns nichs lieber seie, dan frid und ruw unter den Christen mit Christo zu erhalten. Erkleret im also die hauptstuck und die anderen puncten aufs kurzist, zeiget im auch an, was uns die hoffnung der vergleichung am meisten schwechet, das wir nemlich sehen, wie mechtig noch der papst were, der kein reformation leiden mochte, on die wir aber zu christlicher vergleichung nit komen konden. Erzelet auch daneben, wie leicht eerlich und nutzlich es k. mt. sein wurde, so sie sich umb der reformation der kirchen mit recht annemen wolte. Dann so allein der kirchendienst von der weltlichen regierung gesondert und des papst vergebner zorn hindan gesetzet wurde, zu dem beide, der meerer teil unser bischoven und prelaten mit gar geringem wol zu weisen sein wurden, so man inen allein die weltliche regierung und güter lassen wolte, alssdann wurde man sich aller religion halben gar bald durch freundlich gesprech vergleichen moge, nachdem der anderen stende lengst das meerer teil der reformation begeren. Wa dann k. mt. die deutsche nation wider vereinbaret und sie ime damit zu hochster dankbarkeit verpflichtet hette, wurde ir mt. durch der deutschen folge und dienst gar leicht papst, Italien und andere bei gleichem behalten. Auf solch mein red war immer sein antwort, die reformation konde oder mochte nit anders, dann das die deutsche nation zuvor vereinbaret were, erlanget werden. So hetten die stende des andern teils solche leut hergesandt, das mit inen zu solcher vereinbarung uberal nichts zu handlen were. Derhalben musste die k. mt. andere wege furnemen. Dieselbigen zu furdern wusste er diesmals uberal kein besser mittel, dann unser gesprech, dazu er uns mit höchstem erinnern erbat. Und aber schwur zum allertheursten, wie gut ers gemeint und wie trewlich er unser arbeit brauchen wolte. Aber mit keinem wort wolt er sich in einigen articel einlassen, wie oft anlass ich im gabe und ernste vermanung thete, wie k. mt. und er solten die sachen recht erkennen und der kirchen helfen, dadurch sie allein ire macht und herrlichkeit erhalten und befestigen mochten. Solche red haben wir die stund mit einander gewechselt, das er drei mal redet und ich ihm wieder drei mal antwurt. Auf diss haben wir, vorgedachte fier, der doctor, der secretari, Capito und ich solich gesprech desselbigen tages und seither geubet, und seind im articel der erbsund und justification so nahe zusamen komen. Wa es in anderen dergestalt sich schicken wolte und aber dann die k. mt. ir auch solche unsere vergleichung wolte gefallen lassen, so mochte wol etwas guts daruss werden.

Aber gnediger furst und her, die andern hendel stimmen alsszumal ubel hierzu. Sie befinden nun genugsam, das der mererteil und die furnemisten fursten im reich einer reformation begeren und nach der weiss zu Franckfort angesetzet gern mit ernst zu vergleichung handleten. Wa inen nun ernst zu rechter vergleichung were, weil sie sehen, das es mit diser so gar parteiischen weiss, die fursten auszulesen und abzuteilen, wie es mit disem gesprech geschehen, nicht thun will, warumb lassen sie die sachen nit wider an alle stende gelangen und dieselbigen zur handlung solche leut zu wehlen, wie zu Frankfort verabscheidet? Hie haben sie zusamen bracht funf die allerhartisten fursten wider uns, so im ganzen reich sind, ausgenommen den braunschweigischen hund, und haben die in neun personen abgeteilet, drei presidenten und sex disputierende. Und dise haben die allerverruchtisten verbittersten onsinnigsten ongestiemisten pfaffen und monch hergesandt, die in deutscher nation sein mogen, die sich auch mit inen selb keins wegs vertragen oder vergleichen konden. Dises klagen mir dise leut selb und bezeigen sich, das inen

Dec. 20.

Dec. 20. anders nichs im wege lige dises gesprechs halben, dann das sie von wegen diser funf sendenden und ir Mei gesanten hartneckikeit sich, wa sie die mit uns ins gesprech zusammen liessen uberall keines guten, sonder gewisser ursachen des krigs versehen musten. Weil dann dem also und sie greifen, das diss auslesen der fursten an ihm selb so schedlich und geferlich, wie es auch stracks wider des h. reichs recht und freiheit ist, warumb lassen sie dann den handel nicht wieder dahin kommen, dahin er gehört, und lassen nach der form zu Frankfurt angesatzt, die concordi suchen, in welchem einigen weg etwas zu hoffen ist. Warlich wer die rechten mittel zu einem end nicht will, der will das end auch nit. Zum andern alles was dise leut, so lange wir hie gewesen, unserm teil haben konden oder mogen abbrechen und onglimpfes auflegen, das haben sie gethan. Und jetzt dise woche haben sie den rath alhie mit ernst anhalten dahingetrieben, das sie iren einigen prediger des Evangeli hie solten abstellen. Und wa unsrer f. und oberen gesanten nit hetten getrawet, die iren alsdann aufzustellen, were es geschehen und wer schon geschehen. Aber da der rath dem herrn von Granvella das, das wir die unseren wolten aufstellen, fil fur ainen, *[anzeigte]*, da hat er nachgelassen. Zum dritten, das mich zum allerhöchsten erschrecket diss manns halben, ist diss. Bisanz [1]) in der graveschafft Burgundi gelegen hat k. mt. regierung daselbst lengist under sich und vom reich zu bringen understanden. Die hatten aber ein sindicum und etlich andere fromme herren des raths, die haben sich durch hilf des kaiserlich regiments, so gewesen, und dann der Berner des erweret jetzt ein gute zeit. Alss aber jungst das burgerrecht mit den Bernern ausgelaufen, haben die Burgundischen zu Bisanz mit den pfaffen die sach dahin bracht, das der rath zu Bisanz gedachten sindicum im schein des Evangeli und das er solte francosisch sein hatt enthaupten lassen. Demnach haben sie zwen eerlich redlich herren auch gefangen alss durch die pfaffen und burgundischen practicen. Weil aber deren onschuld offenbar und das volk des vorigen tods nicht zufriden, lassen sie dise zwen jetzt lang ligen und dorfften sie nit tödten. Da hat nun diser mann inen burgundische mandat in k. mt. namen zugesant, das sie die zwen richten

---

[1]) Ueber die Verhältnisse in Besançon vgl. Castan, Monographie du Palais Granvelle Mémoires de la societe d'émulation de Doubs. 4 série, t. II, 1866. 71 ff. und die Arbeit desselben Vfs.: Granvelle et le petit empereur de Besançon, Revue Historique 1, 78 ff.

sollen. Nachdem sie aber, die regenten der stadt, daran durch Dec. 20.
etlich verhindert worden damit, das dieselbigen furgeworfen,
sie hetten ein reichstat und sollten ire mandaten nit vom
burgundischen hove, sondern vom reich entpfahen, da hat der
man geschafft, das die Camerrichter an den fiscal und seinen advocaten beide zwen theure redliche doctoren gesonnen
haben, sie solten das Camergericht anruffen umb mandat an die
von Bisanz, die zwen gemelten gefangenen zu richten. Und
da sie, dise zwen doctores, das geweigert, weil sie der gefangenen schuld nit wusten, haben die Camerbeisitzer also
auf sie getrungen, das die doctoren beide iren dienst aufgeben haben, allein das sie nit gewust ire hend mit diser
blut zu verunreinen. Solte es aber nun dise meinung im h.
reich gewinnen und das die leut zu todten genug sein solte,
der herr wills so haben, gedenken E. f. g., wie erschrecklich einem jeden christlichen fursten sein muste dieser leut
furnemen directe oder indirecte zu sterken. Ferner als wir
in gemeltem gesprech bissher furgefaren und uns zwen, doctor Capito und mich, das gewissen seer getrucket, das wir
mit disem gesprech nit dem teufel dieneten, da wir meineten
Christo zu dienen, derhalben das diser leut alle handlungen so
gar immer zum verterben des Evangeli und freiheit gerichtet
wurden und deshalben uns gegen den Colnischen doctor, der
ein gotsforcht hat, alss wirs achten mogen, solchs herzlich
und warlich nit mit schlechten worten beklagt haben und
derselbig dann davon auch mit dem secretari geredt: hatt
auf diss nechten der secretari abermal mit unss geredt und
erholet mit heftigem bezeigen und schweren, wie gut sein
herr und er die sachen meinten und das sie unser gesprech
allein darumb hetten furgenomen, das sie sust deren krieg
aufzuhalten und etwas hoffnung des fridens k. mt. zuzubringen nit wusten. Und das er uns auch ein schriftlich zusage
under des kaisers siegel der heimlicheit halben geben wolte.
Item das er bei sich beschlossen unsere geheime vergleichung
erstlich allein mit E. f. g. als dem furnemisten hauptmann
unser vereinigung anzufahen, dann sie sich versehen, was
wir zu friden richten wurden, solte E. f. g. auch gefallen.
Was aber nu diss fur grosse gefar der trennung uf im habe,
das haben E. f. g. nach irem hohen und christlichen verstand
selb wol zu betrachten. Er hat uns auch angezeiget, wie
E. f. g., sobald unser werk etwas zugericht, sollen herkomen,
zu k. mt., der auch eer nit komen wurde, dann solch hoffnung
gemacht. Was dann sust E. f. g. der unterhandlung halben
angebotten wurde, wissen sie wol. Trennung ist zum hoch-

Dec. 20. sten zu besorgen. Were derhalben mein kleinfueges bedenken, E. f. g. harretten mit allen sachen, bis wir die hauptstuck unser gesprech in schrift verfasset hetten, damit man klar sehen möchte, wie nah wir zusamen kommen konden. Alssdann fende man den sachen weiter raths. Und weil dise leut one das mit E. f. g. nicht schliessen werden nach der zeit, alss ichs mag auss iren selb reden verstehen, so haben E. f. g. guten glimpf die sachen auch zu verziehen. Derweil hoffe ich werden sich die sachen bei den unsern recht schicken. Und dem nach uns zweien, Doctor Capito und mir, zum hochsten verwisslich sein werde bei anderen fursten und auch meinen herren, das wir uns on for wissen gemeiner stende gesanten allein hie in solich heimlich gesprech gelassen hatten, so bitten E. f. g. wir beide ufs underthenigst, und das aus rath herre Jacobi, das E. f. g. geruhe uns beiden ein gemeine schrift aufs furderlichst zuzusenden, der datum aber stende vor oder umb den zehenden decembris, in deren E. f. g. melde, wie der herr von Granvella von E. f. g. begeret, nachdem er zu keinem anfange oder guter hoffnung fruchtbarer handlung hie komen konde, das E. f. g. wolte mit mir alss ir zugeordnetem theologen verschaffen, das ich mich sampt Dr. Capito, damit es desto stiller bleiben konde, wolte mit k. mt. secretario, Meister Gerard von weldwyck und dem doctor Johann Groppero, Colnischen canonicus und rath in ein vertrawt heimlich gesprech von den streitigen articeln der religion, wege und mittel der vergleichung zu suchen, einlassen, welches er zugesaget allein zu förderung christlicher reformation zu gebrauchen und also, das solich unser gesprech in keinem wege solte dem in Hagenaw verordneten gesprech, hie zu halten, hinderlich oder unseren stenden nachteilig oder abbrüchlich sein, wolte auch alle handlung in höchster geheim bei sich selb haben. Weil dann E. f. g. gedechte, das christliche pflicht erfordert, alle wege zu suchen und gohn, unser oberkeit der warheit zu berichten und diss hiezu dienen mochte, so were E. f. g. begeren, das ich, weil ich doch ir zugeordnet, wolte D. Capito dahin auch vermögen, das wir beide solich gesprech, das doch gegen menniglich onverbindlich sein solte und onnachteilig, mit gemelten zwen, dem doctor und secretari, zu halten eingiengen, auch wie E. f. g. dann noch besser gestalt und form disem mandat geben mögen, doch mit ernstem befehl an unss alle soliche handlung überall niemand dann E. f. g. canzler und herrn Jacoben zu eröffnen. Solich E. f. g. mandat wurde uns, wa je die sach etwan aussbrechte, vor grosser merglicher er-

gernuss verwaren. Darumb bitten wir beide uffs allerde- Dec. 20.
mutigst, E. f. g. wolle uns on solichem mandat nit lassen,
sonder uns das uffs allerfurderlichst zusenden, weil doch E.
f. g. one das mir zu mer malen mit disem mann zu reden
befolhen haben.

Nach der Aufschrift auf der Adresse wurde dieser Brief Dec. 25.
in Marburg am Christtag[1]) *präsentirt; noch an demselben Tag
schrieb der Landgraf an Butzer:* Was das sonderlich von
Granvella begertes colloquium betrifft, habt ir recht gethan,
das ir solch colloquium bewilligt. Ir hettet auch das nit zu
bewilligen keineswegs zu verantworten gewost. Dann je
Petrus und andre Apostel sagen, man soll rechenschaft des
glaubens geben. So hat uns auch die rede, die ir zum Granvella gethan habt, ser wol gevallen. Ir habts damit recht
troffen und lasset euch diss sonderlich vertraute colloquium nit
bereuen oder leid sein, dann ir seid ein solches zu thun schuldig
gewesen. Paulus hats mit Veste und Agrippe und andern auch
gethan. Und obschon der Granvella itziger zeit wider das
evangelion tyrannisierte, so kan doch Gott durch bericht der
schrift und seiner warheit mit dem geist aus einem Saulo
einen Paulum machen, wie dann wir und andere in der erstet,
da wir des Evangelii noch keinen grundlichen bericht hatten,
auch darwider waren. Allein wollet euch in diesem colloquio wol furschen, das ir sovil muglich in denen dingen pleibet, so beim Lutero zu erheben seien und derwegen mit vertröstungen nit zu weit lauffet, uf das darus, do nichts oder
wenig daruff ervolgen solte, nit ein grosser unglimpf und
verweise ervolgte. Wir meinens treulich und gut, darumb
so schreiben wirs euch, wie wirs verstehen und bedenken,
zweifeln auch nit, ir werdets von uns wolmeinerlich aufnemen.
Dann so man solt zu rechter warhaftiger vergleichung kommen, so würden wir schir soviel mit den unsern als den Papisten zu thun gewinnen. Sagt auch nit zu, das ir uns
andern zu diser ewer vergleichung, die ir etwo mit einander
treffen möchtet, pringen wöltet, sondern das ir alle ding als
nur für euch selbst one einigen bewuste der andern Religionsverwandten thut. Wann ir von den geistlichen gutern
zu reden kemet, so musstet irs damit so machen, das es
dannost Wirtemberg und Leunenburg nit zu schwer file,

---

[1]) Sowohl hier, als in der Datirungszeile der beiden folgenden Schreiben wird am „Christtag 1541" geschrieben; diese Angaben sprechen also dafür, dass in der hessischen Knzlei damals das Jahr noch mit Weihnachten begonnen wurde.

Dec. 25. wiewol sich der churfurst in disem punct auch rumpfen möcht. Unsernthalben soll es an disem punct kein not haben, wir gedenken die geistlichen guter ad pios usus und zu warem gottesdienst zu wenden. Und obschon Wurtemberg sich hirin nit wolte weissen lassen, so must man doch eines wöllen oder nit wöllen, hirin nit zu hoch, sondern den gemeinen handel ansehen und durch das unpillich hinter oder hart halten einen gepurlichen strich thun, wie man dann in unser sach uns auch thuet. Doch dweil herzog Ulrich in ein verdorben land kommen, so must man im etzwas von geistlichen gudern bleiben lassen. Bevorab allen dingen, so sehet uns fur hoch nutzlich geraten und gut an, das der Granvella in alleweg selbst personlich bei solchem gespreche und disputation were, sonderlich aber wenn man von der privatmesse und andern articuln, wilch offentlich wider die schrift und prauch der altveter weren, disputirte. Hiltens auch dafur, es muste sein gemut sich davon dannost in vilem alieniren und enderen, es were dann ganz ein steinern gemut bei ime. Was schadet versuchen? Dinet es zu nichts mere, so dinets doch dazu, das der keiser und seine rethe dannost dis sagen mugen, das unsere religion und sach dannost nit so bös sein, als man die mache. Zudem so wird auch hirdurch unser aller conscienz und gewissen erledigt, in dem das uns bewost ist, das jener teil des grundes unser religion berichtet gewesen were. Wolten sie uns dann daruber je verunrechten, so hetten wir das unser gethan, musten Gott umb sein gnad bitten uns fur unpillichen gewalt zu erretten und konten alsdann sovil mer mit erledigtem gewissen zusamen setzen. Ewern bericht, was der Granvella mit mandaten wider die stadt Bisanz, wilch dem Evangelio gewogen, gethan soll, haben wir verstanden. Und könt wol sein, das diser man aus unverstand und unbericht unserer religion solchs gethan hette. Darumb so wer als furberurt gut, das er mit bei der sonderlichen geheimen disputation were, ob er dadurch unserer religion bessern verstand erlangen möchte. Aber dises widerchristlich furnemen directe zu sterken, gedenken wir nit zu thun. Wie kennen wirs aber indirecte weren. Doch so mus Gott alle ding schicken. Wir gleuben wol, das der keiser unser religion geverlich gnug sein mag und das der Granvelle es gut meine, mag es zu seines herrn besten thun und er villicht es dafur achten, das es unmuglich seie dise sach der religion also und mit gewalt zu dempfen. Das auch wir in allen sachen verharren und stillstehen solten, bis das ir in den hauptpunkten ewer gespręch

schriftlich verfast hettet, solchs mocht sich one das und ausser- Dec. 25.
halb ewers erinnerns also zutragen. Das aber wir euch
einen solchen stilstand solten gewisslich zuschreiben, solchs
wissen wir nit zethun. Dann wer weiss, was uns unterdess
begegnen, unter augen stehen und fursteen möcht. Doch
werden wir nichts wider. unsere religions und einungsver-
wandten, gute freunde und die deutsche nation, uf mas,
wie wir euch furgeschrieben eingeen noch annemen. Der
modus, wie wir euch einen bevelch und gewalt geben solten,
euch mit den andern in das heimlich gespręch einzulassen,
gefellet uns wol, schicken euch daruff solchen gewalt hirbei,
wiewol wir wissen, das es uns von den andern unsern mit-
stenden unglimpf oder verweiss pringen wird. Wollen aber
dasselbig nit, sondern den gemeinen handel ansehen, hoffen,
es sollte zu gutem erspriessen. Allein wollet durch unsern
canzler oder jemants anders beim Granvella suchen, dweil
sich ewern bedenken nach das mandat uf des Granvelle ge-
scheenes begeren referiren soll, das uns der Granvella umb
einen solchen bevelch euch jetzt zu geben schreibe und in der
zuversicht, das ir ein solchs beim Granvella erlangen werdet,
schicken wir euch hirneben das mandat, wie ir sehen werdet.
Wir bedenken bei uns, das es des Pabsts halben in solchem
vertrauten Colloquio auch hart halten und stecken werde.
Darumb musset ir uf die weg denken, wie hierin ein masse
zufinden seie, das ein reformirter papst were, und das der
papst nit den gewalt wie itzo hette, sondern nur wie ein bischof
zu Rom und also restringirt were, das es mit glimpf zu ver-
andworden ¹). Sovil nun den gemeinen handel ongehet, deucht
uns nichts nutzlichers sein, dan das man vil leute unter den
andern stenden hette, welch heimlich unserer religion weren
und sich des itzo nit annemen, sondern hernacher uffem
reichstag zu uns fillen. Darumb so musten die prediger dieselbigen leut also instruiren, das sie sich als weren sie unser
religion gewogen nit itzo plos geben, sonder mit dem her-
furprechen oder zufallen bis zu itztberurter zeit an sich hilten.
Das wurde alsdan jenen teil ein nit gering nachdenken und
unrichtigkeit seiner hendel verursachen.

    Von demselben Tage ist das ostensibele Schreiben Phi-

---

¹) So hat Philipp selbst in dem mir vorliegenden Concept des Briefs
corrigirt. Die erste, dann durchgestrichene Fassung des betreffenden Satzes
lautete: „Das ein reformirter papst were, der kaiser seine herschaft und
land krigte und das der papst nit unser aller abgott oder primas, sondern
nur in seinem land ein- thuer oder lasser were, wie ir solchs wol weiter,
dan wir schreiben konnen, zu machen wissen werdet".

Dec. 25. lipp's, das „Mandat" datirt, in dem er genau, wie Butzer es vorgeschlagen hatte, diesem schreibt, das der Herr Granvella von uns gepetten und begeret hat, nachdem es in dem itzo fursteenden Wormbschen gesprechstag zu keinem anfang oder guter hoffnung fruchtparer handlung komen konte, mit euch als unserm insonderheit zugeordneten Theologe zu verschaffen, das ir euch sampt D. Capiton, uf das es desto stiller pleiben konte, woltet mit kei. mt. beim Granvelle wesenden secretario Magister Gerhardo Veltwicken und Doctor Johannen Groppern, Colnischen canonico und rath, in ein vertrawet heimlich gesprech von den streitigen articuln der religion und vergleichung wegen einlassen, wilchs er zugesagt allein zu forderung christlicher reformation zu geprauchen und also das solche gesprech in keinen weg dem zu Hagenau gen Wormbs verordneten gesprech hinderlich oder unsern stenden nachtheilig noch abbruchlich sein solte. Er wolte auch alle handlung in höchster geheim bei sich selbst behalten. Dweil nun wir bedenken, das christliche pflicht erfordert alle weg aufzusuchen unsere obrigkeit der warheit zu berichten, darzu wir dan dises mittel vor bequem geachtet: do ist an euch unser gnedigs begeren, dweil ir uns doch fur einen theologum zugeordnet seiet, ir wollet euch in solch gesprech begeben und doctor Capiton auch dazu vermugen, sonderlich dweil als furberurt diss gesprech unverpundlich und unnachteilig sein soll. Doch lasset euch zuvor den Granvelle die zusag thun, das dis sondere colloquium dem gen Wormbs bewilligten colloquio und dem Hagenawschen abschied one nachteil sein soll.

Nur aus diesem letzten Schreiben war schon von Rommel[1]) *ein Auszug veröffentlicht, in dem auch die Bemerkung am Anfang nicht berücksichtigt ist, dass auf Granvella's Begehren Philipp die folgende Aufforderung an Butzer richte. Wie sich begreift, sind diese Angaben oft citirt und verwerthet; nicht ohne Grund hat Brieger darauf aufmerksam gemacht, sie schienen im Widerspruche mit Butzer's Behauptung zu stehen, von katholischer Seite sei die Anregung zu dem Gespräche ausgegangen. In wie anderem Lichte aber erscheinen diese Aeusserungen, wenn wir sie nicht wie bisher für sich, herausgerissen aus dem Zusammenhang, wenn wir sie in Ver-*

---

[1]) Philipp 2, 427. Er bietet ebenda auch einen Auszug aus dem Schreiben, das unserem Brief beigefügt ist, in dem Philipp entwickelt, warum er nicht länger die Oberhauptmannschaft des Schmalkaldischen Bundes behaupten könne.

bindung mit der oben mitgetheilten Correspondenz lesen. Wir sehen, Philipp's Brief ist veranlasst durch ein ausdrückliches Ersuchen Granvella's, Butzer möge in ein Geheim-Gespräch mit Gropper und Veltwick sich einlassen; von Butzer selbst haben wir gehört, er war der Bedenken sich wohl bewusst, die gegen solches Gespräch sich geltend machen liessen. Gewiss kann man nicht ohne Grund hervorheben, auch aus dieser Correspondenz ergibt sich, wie mancherlei Motive bei Butzer für ein Eingehen auf Granvella's Ersuchen wirksam waren; es ergibt sich namentlich aus ihr, wie willkommen dem Landgrafen damals jeder Weg erschien, dessen Betreten seine Verständigung mit dem Kaiser erleichterte, wie er ebendesshalb schon früher eine Unterredung Butzer's mit Granvella gewünscht hatte. Dies Alles steht nicht im Widerspruche mit den Angaben von Butzer's Schrift; die von ihm aufgestellte Behauptung, Gropper habe an ihn und er nicht an diesen das Ansinnen eines Geheimgesprächs gestellt, wird durch den unmittelbar nachher geschriebenen vertraulichen Brief vom 20. December 1540 vollkommen bestätigt. In einer wichtigen und delicaten Frage ist die Richtigkeit seiner Angaben hierdurch erhärtet, damit zugleich naturgemäss das Vertrauen zu der Zuverlässigkeit der widersprechenden Aussagen Gropper's nicht unbedeutend erschüttert. —

Noch wichtiger für die richtige Würdigung beider Persönlichkeiten, wie für die Kölner Entwicklung ist die Frage: Wie stellte sich Gropper zu Butzer nach Regensburg, welche Haltung nahm er ihm gegenüber, namentlich 1542, also seit der Zeit ein, da Butzer vom Erzbischof gerufen an dessen Hof, in Köln selbst persönlich mit ihm conferirt hatte? Gerade hierüber bringen beide Schriften sehr eingehende Berichte; gerade hierüber stehen ihre Angaben im entschiedensten Widerspruch zu einander.

Nach Gropper's Bericht wurden er und Nopel 1542, von Hermann aufgefordert, nach Buschhoven zu kommen, on vorgehende anzeigung, das s. C. G. den Bucer bei sich hetten. So wir nu beide dorthin kommen und den Bucer da unversehens gefunden, haben s. C. G. uns under andern angzeigt, wie sie zum höchsten begirig weren, das die sachen unser heiliger religion etwas neher dann bisher zu christlicher vergleichung bracht werden möchten. Und dieweil sie dann bericht worden, das der Bucer sich bei seinem teil mehr denn andere darumb beflissen, hetten sie in darumb heraber bescheiden. *Desshalb habe auch der Erzbischof Gropper und Nopel aufgefordert, sich in eine Unterredung mit Butzer einzulassen;*

nicht entfernt habe Gropper daran denken können, dass diesen Mann der Erzbischof ein Jahr später zum Prädicant und Reformator im Erzstift berufen werde; auch Butzer selbst sei dann in dem Gespräch weit entfernt gewesen, ichts an uns beiden, das catholischer lehr und ordnung in ichten widerwertig were zu gesinnen. Ich aber weiss mich noch wol zu erinnern, das ich dere zeit mich wider in und andern des vernemen lassen hab, wie er selber gestehen muss, das ichs darfür hielte, das alle wolhergebrachte ceremonien bei der administration der heiligen sacramenten und andern breuch und ordnungen in catholischer kirch herkommen, wie die bissher gehalten, also auch hinfüro gotseliglich könten und billich solten pleiben gehalten und geübet werden zu erbawung des glaubens und erweckung christlicher andacht und das solchs on alle geferlichkeit alles besorgten abergläubischen vertrawens uff das blosse eusserlich werck wol geschehen künte. *Auch Butzer habe damals geäussert, Gropper's Meinung über den Gebrauch des heiligen Kusses bei der Messe gefiele ihm nicht übel. Bald darauf sei er nach Köln gekommen, habe plötzlich, für Gropper unerwartet, vor dessen Haus gehalten.* Gropper habe keinen Grund gesehen, ihm dies zu verschliessen, destweiniger weil er anzeigte und ich auch nit anders wüste, er keme allein ghen Köllen die weidliche stadt zu besichtigen.

Diese Erzählung erklärt Butzer für voll grober Unwahrheiten. „War ist, schreibt er S. 90, das m. g. h. im, als er in zu sich mit mir zu reden berufen, mein beikunft angezeiget hat und das er, als dieselbigen wochen die hohe mess zu halten an im war, m. g. h. wider hat geschriben, wie er in der warheit hoch erfrewet were, das ich zu s. chf. gn. kommen, in verhoffung, daz ir chf. gn. meins getrewen fürhabens, das ich gantz und gar zur reformation 'der kirchen und befridung der zwitracht in der religion gericht, wenn sie desselbigen durch mich bericht, ein sonder gefallens haben würden. Item das er mit mir zu reden und zu conversiren hoch begirig were und drum in aller underthenigkeit bete, das s. chf. gn. mich wolte hinein gohn Cöllen kommen lassen, welchs seins erachtens frei und on einige fürsorge wol bescheen möchte, so ir chf. gn. mich in sein hauss, das an den mauren gelegen; geleiten und weisen liesse, damit ich mich mit dem weihbischov und anderen piis, die er zu mir in sein hauss berufen wolte, in underrede komme und mich mit inen vor allen dingen desto statlicher underreden möchte, das in aus vilen ursachen fur gut ansehe, demnach wolte er mich zu ir chf. gn. so ir das gefellig wider herauss geleiten und was wir uns unterredt anzeigen. Wa aber m. g. h. mich nit wolte hinein gohn Cöllen zu im kommen lassen, so wolte er dan von stund an herauss kommen, dann im je von hertzen leid sein solte, das ich, mit dem er sovil conversation in sachen unsers Herrn gehapt, wider von dannen solte abscheiden und er nit doch ein kurzes gespręch mit mir gehapt hette. Das alles hat Gropper an m. g. h. von mir geschriben, das mir s. chf. gn. damals zu lesen gabe, welche schrift würdt ir chf. gn. sonder zweifel noch bei sich haben. Dieselbig ir chf. gn. wissen auch wol, das wir zu Buschoven von weit anderen und wichtigeren dingen mit einander geredet haben dann vom kuss des fridens bei dem h. Abendmal und hültzin crützlin, davon er allein meldet. Ir chf. gn. wissen auch wol, das er mir nit allein nit hat understanden die bisher gehalten breuch alle zu verteidingen, sonder das er viel mangels an denen bekennet hat. Ir chf. gn. wissen auch, das er mich nach dem gesprech selb in sein behausung zu Cöllen nachmals geladen hat. Wie freuntlich und ehrlich er mich gehalten, wissen bass zu zeugen die gelarten und frommen her Joh. Richwin und Dr. Sturm, die mit mir in seinem hauss gelegen sein.

Offenbar sind diese Aeusserungen Butzer's dazu angethan, schweren Verdacht gegen die Richtigkeit der Erzählung Gropper's zu erwecken, offenbar würde so bestimmten positiven Angaben gegenüber eine ausdrückliche Widerlegung derselben, ein eingehender Nachweis ihrer Unwahrheit zu ihrer Verwerfung erforderlich sein. Dieser aber scheint von Gropper und seinen Freunden nicht erbracht, ja nicht einmal versucht zu sein. In Gropper's Sinn, zu Gropper's Rettung veröffentlichte 1559 — wir kommen unten darauf zurück — einer seiner Verehrer, Gennep, eine ausführliche Gegenschrift gegen Sleidan; ohne Butzer's Erwiderungsschrift nur zu nennen, führt er nur Gropper's ,,Wahrhaftige Antwort" gegen die Gegner in das Feld.

Indess an dieser Stelle ist von Butzer sein wichtigstes Beweisstück, Gropper's Schreiben an den Erzbischof, uns nicht selbst vorgelegt; er gibt dessen Inhalt nur aus der Erinnerung an; können wir seinen Angaben völlig vertrauen? Jedenfalls werden wir ihm danken müssen, dass er im Folgenden uns noch mehr bietet, die wichtigen Briefe, auf die er sich beruft, selbst zum Abdruck bringt.

Gropper erklärt (Bl. 50), nach der Unterredung in Buschhoven habe Butzer kaum über einen brief uf sein sechs oder siebenfültig schreiben an mich von mir extorquieren mögen. Habe er ihm etwa seinen guten und lieben Freund, einen vor-

nehmen und hochgelehrten Herrn genannt, so habe er doch keineswegs seine Ketzerei gelobt. Er habe, sagt er kurz zuvor, nichts an ihm gelobt, denn dass er gelehrt, klug und erfahren wäre, welches auch Augustin an dem Fausto Manichaeo und andren Ketzern gepriesen hat, *und weiter, dass er sich zu gotseliger vergleichung des jetzigen zwiespalts so ganz geneigt, gutwillig und beflissen zu sein vernehmen liess. Rund und ausdrücklich habe er ihm geschrieben*, das mir nit alles, was ich in seinen schriften, nach dem colloquio ussgangen, befunden, gefellig.

Diese Behauptungen zu widerlegen, theilt Butzer S. 93 ff. zunächst zwei Briefe Gropper's aus Bingen und Bonn vom 10. und 30. October 1541 vollständig im Original wie in deutscher Uebersetzung mit; was noch bedeutsamer, aus der Zeit nach Beider Zusammenkunft in Buschhoven, aus der Zeit, da nach Gropper's Aussage Butzer auf sein sechs oder siebenfältig schreiben kaum einen brieve habe möge extorquieren, werden hier fünf Briefe Gropper's angeführt, zwei derselben werden ganz oder zum Theil, ebenfalls lateinisch und in deutscher Uebersetzung abgedruckt[1]. *Das letzte dieser Schreiben vom 7. Januar 1543 zeigt deutlich, wie grosse Besorgniss Butzer's zweites Kommen nach Bonn Gropper verursachte; sehr bezeichnend für ihn sind auch in den vorhergehenden Schreiben die wiederholten Bitten an Butzer, er möge gelinde auftreten. Aber keineswegs nur anerkennende Worte für die Gelehrsamkeit, für die Geschicklichkeit, für die guten Absichten Butzer's enthalten diese Briefe; ausdrücklich spricht ihr Verfasser seine Uebereinstimmung mit Butzer's Schriften über das Regensburger Gespräch und über die Erbsünde aus; er lässt Hedio, Capito, Johann Sturm, vor allem Jakob Sturm grüssen; er wünscht der Strassburger Kirche Glück* eum contigisse episcopum, qui aliquantam saltem spem praebeat boni pastoris h. e. qui suae ecclesiae bene consultum velit. Scis enim, quam grate amplectenda sit, quam diligenter promovenda in hoc corruptissimo rerum statu, ubi res prope modum desperatae et deploratae sunt, vel levissima occasio, quae ullum

---

[1] Schon Hamelman wusste die Bedeutung dieser Briefe wohl zu würdigen; er nahm dieselben aus Butzer's Schrift in seine kurze Darstellung der Geschichte Hermann's auf. Zuerst in der Wolfenbütteler Handschrift Hamelman's lernte auch ich sie kennen, leider aber sind sie bei dem Druck seiner Werke (Lemgoviae 1711) fortgelassen. Um so werthvoller ist, dass Krafft (Theologische Arbeiten 2, 22 ff.) die vier Briefe vom 10. und 30. October 1511, vom 8. August 1542 und vom 7. Januar 1543 aus unserer Schrift wieder abgedruckt hat.

bonum initium reformationi inchoandae praebere posse videatur id quod quoque ut video tu hic facis. Deus Optimus Maximus illi, quem istic dedit atque adeo omnibus episcopis nostris mentem se dignam largiatur, ut tandem, quae ejus, non quae sua sunt, ut se dignum est, quaerant. *Unumwunden gesteht er:* Sunt crassissimi in ecclesia abusus, sunt morbi. *So Gropper in seinen Briefen vom 10. und 30. October 1541; es war nicht ungerechtfertigt, wenn Butzer ihrem Abdruck die bitter ironische Bemerkung beifügte:* Sehet das ist das rund und ausdrucklich anzeigen der fehle in meinen schriften.

Aber hat nicht erst bei dem Gespräch in Buschhoven Gropper Butzer's wahre Absichten durchschaut und darauf sich bestimmt von ihm abgewandt? Bald nachher übersandte Gropper an Butzer den Rathschlag von den beschwerden des zorns von Rom, der zu Augspurg von den päpstlichen stenden ist zusammen getragen worden; *dabei schrieb er ihm:* Oro te per Christum ut omnia tua studia ad pacificationem ecclesiae, ut fecisti hactenus convertas non dissedens a semitis antiquis ecclesiae catholicae Dei. (Christus) te in eo quo es studio tranquillandae domus suae juvet ac promoveat. *Und wie entschuldigte Gropper in dieser Zeit eine Verzögerung einer Antwort? Am 8. August schreibt er:* Plane falleris, eximie ac longe doctissime D. Bucere, si vel ulla suspiciuncula abalienati mei abs te animi tibi irrepat. Absit enim ut quem jam dudum, non forte fortuna, sed in Christo coepi cognoscere, nec cognoscere solum, sed cum quo de summis rebus religionis et instaurationis ecclesiae Dei pie, ut credo, etsi forsan non aliorum, meo tamen maximo cum fructu toties et tam saepe tum privatim tum publice sum collocutus et magna cum jucunditate conversatus, animo meo unquam excidere patiar. *Und in demselben Briefe lesen wir:* Scio, quam sit tibi cordi doctrinae Christi sinceritas et propagatio, quam sis concordiae Christianae studiosus. Quae cum diabolus nunc plane solutus, ut res ipsa commonstrat, ac furens omnia cum maximo ecclesiae detrimento perturbet, putas dubitem te vario mentis cruciatu agi? Sed quid faciemus, dulcissime Bucere? . . . Noster ille Senex, quem optimum virum nosti, non desinit de reformatione cogitare. Multa sunt, quae illum impediunt. Attamen sperare te volo futurum, ut ejus conatus non in totum frustrentur.

Anders lautet Gropper's letztes Schreiben vom 7. Januar 1543; aber auch von ihm durfte Butzer mit Recht sagen, dass in ihm nichts zu finden des scheltens und werwerfens, das er sich hernaher und in seinem schreiben wider mich mit nichten weisse zu massen, als das ich kein bruder seie, nit vom Cölnischen Clero, nit von inen bewert, ein abtrinniger verdampter ketzer, bigamus und weis nit was.

Es sind harte, scharfe Worte, mit denen Butzer dem Gegner erwiderte, der sich unterstanden, mit seinen so ganz offentlichen und greifflichen onwahrheiten mich bei menigklich glaublos und zu christlichen handlungen und diensten unser h. Religion untichtig zu machen. *Nicht nur die Sitte der Zeit erklärt die Heftigkeit seines Ausdrucks. Viele seiner Freunde hatten ihn einst vor Gropper verwarnet;* weil ich aber je nit alle, die noch under des Papsts Tyrannei stecken, fur verworfene geschirr götlichs zorns halten solle und auch teglich sehe, wie der gütig Gott von dieser zerstrewung imer etliche gelarte und ungelarte zu seiner heerde berufet und bringet und auch Gropper täglich mehr anzeige gab eines guten willens zur besserung der kirchen, wuste ich von im nit zu lassen. *Er hatte grosse Hoffnungen gerade auf sein Verhältniss zu Gropper gesetzt; jetzt musste er erleben, dass derselbe Mann, auf den er bei der Reformation in Köln vor allen gerechnet hatte, ihm hier vor allen entgegen trat, indem er seinerseits den alten Genossen beschuldigte, seinen eigenen früher ihm gemachten Erklärungen entgegen zu handeln. War nach den Briefen Gropper's, die er in Händen hatte, Butzer nicht berechtigt, den Vorwurf der Unwahrhaftigkeit auf jenen mit vernichtender Schärfe zurückzuwerfen? Was für uns das Wichtigste, sicher nur mit äusserster Vorsicht werden wir als historische Quelle Gropper's Schrift benutzen dürfen, nachdem ihre „Wahrhaftigkeit" in solcher Weise beleuchtet worden.*

Dieses Ergebniss ist nicht ohne Bedeutung auch für die Beurtheilung einiger historiographischen Werke des 16. Jahrhunderts, für die Beurtheilung namentlich Sleidan's. Seiner Erzählung der Geschichte Hermann's liegt die von dem erzbischöflichen Hof verbreitete Darstellung dieser Dinge zu Grunde[1]*; den Angaben, den Urtheilen Butzer's begegnen wir bei ihm wieder; gegen die Richtigkeit seiner Mittheilungen sind schon im 16. Jahrhundert von seinen Gegnern eben Gropper's widersprechende Angaben als Argument angeführt. Vier Jahre nach der Veröffentlichung von Sleidan's Geschichtswerk, drei Jahre nach seinem Tod erschien in Köln eine ausführliche Gegenschrift gegen seine Commentarien*[2]*. In der vorgedruckten*

---

[1] Vgl. Senden, De Sleidano reformationis Hermanni de Weda scriptore commentatio. Bonnae 1870.

[2] Epitome ‖ Warhafti ‖ ger Beschreibung der Vornem ‖ sten Händel so sich in Geistlichen ‖ und Weltlichen Sachen vom Jar unsers Herren M.

*Widmung an Erzbischof Johann Gebhard bemerkt Jaspar
Gennep, der bekannte Kölner Buchdrucker* [1])*, das vor wenigen
Jahren lateinisch und deutsch erschienene Buch Sleidan's sei
von Vielen mit Begier gelesen; gleich nach seinem Erscheinen
sei ihm aber gesagt, Sleidan* habe sich glücklich in viel dingen
verlauffen. *Persönlich betheiligt an vielen der geschilderten Vorgänge hätte Eberhard Billick* die feder gewetzet, umb des
Sleidani untrewlich angeben mit regelung der warheit zu
widerlegen. Weil aber der Almechtiger Got wolgemelten
Hern Eberhart auss diser unruh zu sich in die ewige freud
berufen, *baten etliche gottselige Männer Gropper, er möge
die katholische Religion vertheidigen.* Als wol gemelter Herr
nu auch sölches zu thun angefangen, kam im zeitung, wie Sleidanus gestorben. Do unterliess er sölche notwendige arbeit
und sprach, er wölte mit keynem schien oder schatten fech-
ten. Mitler weil überlass ich des Sleidani Vorredt, in dere
er so zierlich bezeuget und schreibt, Eyner Historien oder
Geschichteschreibung steht nichts bessers an dan Warheit
und uffrichtigkeit. Als ich aber weiter lass und sonderlich
die handlung zwischen dem Ertzbischof löblicher Gedechtnuss
Herrn Hermann und Gemeiner Clerisei und Universitet alhie
zu Cöllen, da sahe ich (nemlich weil alle sachen und handlung nit on meyn wissen geschehen), das Sleidani Vorredt
weit von der Warheit und seyn schreiben nit allein Affec-
tuoss, sondern sehr Sophistisch und Calumnioss ist. Und so
er ja nit umbghen kan, das er etwan des Keysers Carls oder
der Catholischen Religion in gutem gedenken muss, thut ers
so obscure, das die meinung nit leichtlich zu verstehen ist.
So ers aber nit verfynstern kan, hengt er daran, wie man
sagt. *So entschloss Gennep sich dazu, Sleidan's lügenhafter
Darstellung eine wahrheitsgetreue katholische Erzählung entgegenzustellen. Begreiflich behandelt er besonders ausführlich
die Kölner Geschichte; S. 253 ff. erzählt er zur Widerlegung
des untreuen und falschen Berichts Sleidan's an der Hand der
Vorstellungen des Domcapitels den Reformationsversuch Her-*

---

1). biss in ‖ das jar der mynderen zal Lix zugetragen und ‖ verlauffen haben. Mit höchstem fleiss aus den berumpten Histori schreibern ‖ Johanne
Nauclero. Sebastiano Munstero, Doctorn N. Fontano, Actis Lutheri, Paulo
Jovio, Johanne Carione, Conrado Licasteno, Johanne Sleidano, ‖ neben anderen Fürstlichen und viler guter freundt ‖ Schriften zusammengestellt. ‖ Mit
anzeigung wie oft und vil Sleidanus mehr aus nei ‖ gung des Affects dann
liebe der Warheit etliche dyng ‖ beschriben hat. ‖ Mit Kayserlichem Privi-
legio nit nachzutrucken. ‖ Zu Cöllen bei Jaspar Gennep ‖ 1559.
¹) Vgl. Norrenberg, Homulus 32 f. Paur, Sleidan 122 ff.

mann's von Wied. S. 274 erwähnt er, Gropper zu verdächtigen, hätten die Rädelsführer und Butzer ausgestreut, Gropper selbst habe Butzer dem Erzbischof empfohlen; darauf habe Gropper geantwortet durch ein Buch zimlicher grösse: Weil aber Sleidanus den Doctor Gröpper uss gefasstem hass zu den Catholischen in seinem buch oftmals felschlich und zu besorgen wider sein gewissen (weil nit wol gläublich, das er des Gröppers vertheidigung nit sölle gelesen haben) untrewlich angibt, als sölte Doctor Grüpper den Butzer zum Erzbischof bracht und nach angerichtem hader dem Erzbischof abgefallen seyn, darumb wöllen wir der warheit zu gut etwas uss dem buch zum kürtzten hier beisetzen. *So liefert er S. 275—279 einen Auszug aus Gropper's* Warhaftiger Antwort. *Noch einmal kommt er ausführlich bei Hermann's Entsetzung auf Sleidan's unwahre Schilderung des Verhaltens Gropper's zu reden;* öffentlich habe damals Gropper vor den Kölnischen Ständen alle handlung etlich stunden lang müntlich vorgetragen, auch ein theil, so an den sachen schuldig und gegenwertig stunden, höflich und ernstlich gnug angetast. Aber irer keiner mit eim wörtlin sich entschuldigen können, sondern ire übelthat mit stilschweigen verthädigt, obgleich der D. etlich mal sie alle ernstlich gnug ermanete so jemant in in seinem vorgeben strafen oder etwas anders anzeigen künte, were er zugegen und willig, so er anderst dan die warheit redte, verdiente straf zu leiden. Diss alles unangesehen darf gleichwol Schleidanus so oftmals den D. Gropper beschuldigen und mit unwarheit angeben, als sölte er den Butzer ins Erzstift Cöllen eingefurt und dem Erzbischof angebracht haben. So er aber in so offenbaren sachen sich so schendlich ubersehen und der warheit vergessen, ist leichtlich zu ermessen, was im in gar heimlichen sachen, so zwischen Keysern und Künigen und andern verborgentlich gehandleten sachen zu glauben. *Wir sehen, die Darstellung Gropper's und die Nichtbeachtung seiner Vertheidigungsschrift werden hier mit besonderem Nachdruck als schwer belastende Gründe gegen Sleidan's Wahrhaftigkeit geltend gemacht.*

Gennep's Buch blieb nicht ohne Erwiderung. Cyriacus Spangenberg antwortete durch einen Gegenbericht, sonderlich, wie er selbst sagt, weil ich vermerkt, das solchs sein werk von dem feinde heller warheit Doctor Billicken angefangen, aus giftigem hass durch den Gennep vollzogen und in druck gegeben worden. Nu hat mein kleines büchlin, welches nicht mehr als 4 Bogen begreift, dem alten gecken die schellen an der narrenkappen also rege gemacht, das er dafur nicht rugen können, sondern so töricht worden, das er ein büchlin von 12 bogen dawider geschrieben.

In der That liegt eine Erwiederungsschrift von Gennep vor[1]), *in welcher er das* Schmähebüchelein des Spangenbergs selbst gedrucket und uff jeden articke1 uss der heiliger Schrift und ältesten kirchen Lehrern, so fur 13 hundert jaren gelebt, geantwortet. *Auch hier wurde über Sleidan's Darstellung gerade der Kölner Ereignisse gestritten.* Spangenberg hatte Gennep vorgeworfen, *dass er die Feindschaft des Kölner Capitels gegen die Evangelische Wahrheit vertheidige; Gennep erklärte, gern habe er die Handlung des Capitels, des Clerus und der Universität von Köln wider Butzer gedruckt.* So Sleidan, sagt er Bl. 71, in sölchen öffentlichen dingen, dere ein grosses theil in druck aussgangen, so, ungewiss und wider die warheit schreibt, wie wirtz dann so rauh zugehen in anderen sachen, die doch so gar heimlich gehandlet sind? *Ferner hatte Spangenberg bemerkt*: Du straffest den Sleidanum, das er geschrieben, als solten die Colnischen Theologen den Bucerum heftig geschmähet haben, sprichs, es sei nit also, ferest dich daneben aus unverstand zu und setzest austrucklich funf ehrenrurige schmäheklagen der Cölnischen pfaffen wider Bucerum, machest es also selbst vil gröber wie der Sleidanus. Sleidadanus, *erwidert Gennep Bl. 77*, schreibt, die Cölnische Clerisei habe Bucerum geschmähet. Ich sprech und hab geschrieben, Sleidanus seie der warheit vergessen, wie offenbar ist, das sie inen mit nichten geschmähet. So aber die schaf, so irer hirt zu versorgen befohlen, mit falscher lehr zu verfüren understunde, haben sie das verhindert und etliche bestendige ursachen angezeigt, derhalb dem Butzer das Predigtamt im Erzstift Cöllen keines wegs zu gestatten, wie in meinem buch f. 258 zu sehen ist. Solte das schmähen heissen, so man jemand seiner laster überzeugt und derohalb strafwirdig erkennt? So hette der Heiliger Johannes Baptista auch den Herodem, als er in seines ehebruchs halben strafet und der herr Christus als er die jüden Schlangengezucht schalte geschmähet.

---

[1]) Eyn Ernsthaff∥tiges Gesprech zwischen Jaspar Gen∥nep Burger und Buchdrucker zu ∥ Cüllen und Cyriaco Spangen ∥ berg über die Geschicht Beschrie ∥ bung Johannis Sleidani. ∥ Allen liebhabern der Warheit Nutz ∥ lich und kurtzweilich zu lesen. ∥ MDLXI. 3 unpaginirte und 99 pag. Blätter. 8°. Interessant ist das Verzeichniss, das Gennep Bl. 8 ff. von den bei ihm verlegten Büchern gibt.

Spangenberg war nicht gewillt, dem Gegner das letzte Wort zu lassen; als er seine Schrift wider die böse Sieben ins Teufels Karnöffelspiel Eisleben 1562 *veröffentlichte, wandte er sich auf das Neue auch* wider den alten gecken *Gennep*. Seine beste kunst, *sagt er u. a.*, ist, das er alles lugen heisset, was im nicht gefallet und sagen darf, Sleidanus habe plus mille mendacia geschriben, da er in doch nicht einer lugen kan uberweisen. *Man begreift, diese Polemik war nicht dazu angethan, ihrerseits Gennep's Gesinnungsgenossen zu überzeugen; wie sein Gegner hat auch Spangenberg Butzer's wichtige Schrift nicht herangezogen; so ist auch von Surius, so ist auch später von katholischer Seite Sleidan's Erzählung kein Glaube geschenkt; direct und indirect ist mehr als einmal Gropper's Darstellung als wichtigste Quelle für die von ihm geschilderten Vorgänge benutzt. Aber wird ein kritischer Geschichtsforscher Sleidan darum tadeln dürfen, dass er derselben nicht gefolgt ist? Ich hoffe, die vorstehenden Bemerkungen genügen, diese Frage zu verneinen.*

IV.

Butzer's Briefe an Philipp von Hessen vom Niederrhein 1543.

Ist es übertrieben, wenn man behauptet, in der Geschichte des Kölner Erzstifts dürfte kaum ein Jahr zu finden sein von grösserem allgemeinem Interesse als das Jahr 1543? Schon eine Erinnerung an die Persönlichkeiten, die eben damals thätig hier auftraten, ist geeignet, auf die Vorgänge in dieser Gegend die Aufmerksamkeit zu lenken. In demselben Jahr, in dem der Jülich'sche Krieg Karl V. hierher führte, sehen wir hier von Erzbischof Hermann berufen Melanchthon und Butzer, neben ihnen aus Strassburg Hedio und Süll, den gebornen Tiroler, mehrere hessische Prediger, den Reformator Nassau's, kurz Männer aus den verschiedensten deutschen Landen, vereint mit niederrheinischen Gelehrten und Staatsmännern, persönlich den Führern der Kölner Opposition gegen Hermann's Reformationsunternehmen entgegentreten. Eben diesem Umstand verdanken wir auch, dass gerade über diesen wichtigsten Abschnitt in Hermann's Geschichte uns eine nicht geringe Zahl wichtigster Quellen erhalten ist: Berichte und Briefe der Mithandelnden selbst. Schon Ranke hat einen Auszug aus dem in Düsseldorf aufbewahrten Aktenheft des Kölner Domcapitels veröffentlicht, in dem die ganze zwischen Hermann und dem Capitel in den letzten Tagen von 1542 und in den ersten Monaten von 1543 geführte Correspondenz zusammengestellt ist; der Secretär des Capitels, Tilman vom Graben, hat hier interessante Notizen den einzelnen Schreiben zugefügt, u. a. die Namen der Domherren eingezeichnet, die bei der Beschlusfassung über diese

Schreiben zugegen waren. Andererseits sind im Corpus Reformatorum und zu seiner Ergänzung neuerdings von Bindseil und Krafft die Briefe zusammengetragen, die Melanchthon vom Niederrhein aus geschrieben hat[1]; *Krafft hat zugleich auch mehrere sehr interessante Schreiben Butzer's mitgetheilt. Neben der ausgedehntesten praktischen und schriftstellerischen Thätigkeit hat Butzer doch auch hier Zeit zu finden gewusst, eben zur Unterstützung seiner Thätigkeit eine ausgebreitete Correspondenz zu führen, die über seine, seiner Genossen und Gegner Handlungen und Pläne die mannigfachsten Aufschlüsse bietet: neben kurzen Zetteln, wie er sie namentlich an den treuen Konrad Hubert sendet, sind uns nicht wenige ausführliche, z. T. bogenlange Schreiben von seiner Hand auch aus diesen Monaten erhalten*[2]. *Vor allem musste es ihm darauf ankommen, den hessischen Landgrafen durch eingehende Berichte über die Sachlage zu informiren, zu kräftiger Unterstützung des Erzbischofs und seines Reformationswerks zu ermahnen. Von diesen an Philipp gerichteten Schreiben ist bisher vollständig*[3] *nur eines, von einigen anderen sind nur kurze Auszüge*[4] *veröffentlicht worden; da sie mir für die Charakteristik Butzer's wie für die Geschichte Hermann's in hohem Grade wichtig erscheinen, glaube ich sie unverkürzt aus den im Marburger Archiv befindlichen Originalen mittheilen zu sollen.*

1.

Januar 18. Durchleuchtiger hochgeporner furst, gnediger herre. E. f. g. seie meerung gottlichs geistes und segens zuvor mit underthenigem erbietenu meins armea gepetts und diensts. Zu dem hochwurdigen f. m. g. h. von Munster und mit derselbigen gn. zu E. f. g. zu komen bin ich meins teils willig, wie ich auch m. g. h. von Munster geschrieben. Aber wenn

---

[1] C. R. 5, 100 ff. (n. 2693 ff.) Bindseil, Melanchthonis epistolae 172 ff. Krafft, Theologische Arbeiten 2, 67 ff. Ueber die bereits im vorigen Jahrhundert bekannten Briefe und Schriften M.'s, die für die Kölner Reformationsgeschichte von Interesse, vgl. Strobel, Neue Beiträge zur Literatur des 16. Jhrdts. 5, 2, 273 ff.

[2] Aus Butzer's und Söll's nach Strassburg gerichteten Briefen sind einzelne Sätze zuerst von Röhrich (Reformation im Elsass 2, 171 ff. Mittheilungen aus der evangelischen Kirche des Elsass 3, 232 ff.) veröffentlicht. Durch die Güte von Professor Ed. Reuss wurde mir die Benutzung des hier einschlägenden Bandes der im Strassburger Thomasstift aufbewahrten Butzer-Briefe ermöglicht; derselbe enthält 173 datirte Briefe B.'s a. d. J. 1542—155') und 33 Briefe o. J. — H. Baumgarten hatte die Freundlichkeit, aus den reichen Schätzen der Abschriften Baum's mir Excerpte von drei Briefen Butzer's an Jakob Sturm vom 4. Febr., 27. Febr. und 28. März 1542 mitzutheilen.

[3] Bei Neudecker, Aktenstücke 348 ff.

[4] Durch Hassencamp 2. 1, 232 ff.

ich hie abkommen moge, das kann ich weiters nit wol ge- Januar 13.
denken, dann so die sachen biss nach ostern konden beit
haben. Dan das hoch Capitel zu Cöllen oder die so das meer
nach in dem erhalten, setzen sich wider m. gsten. herrn aufs
allertrötzlichest und fallen im sein eigen diener in demselbigen grausam ab. Auch die sich der sach der reformation
hievor willig und verstendig bissher erzeiget haben, wuten
alle grausam wider meine person. Dan sie warlich nit allein
ein geflicket und gemalcte, sonder gar kein reformation leiden
mögen, wie mans nun im werck sihet. In dem ich mich im
Herren, weil es irethalben je nit anders sein will, hoch erfrewet. Und befinde, das seer gut ist und dem reich Christi
mit nichten geferlich, sich den lewten aufs allergelindest an-
bieten, so on verletzung der majestat Christi und seines
h. worts imer geschehen kan, und nichts streiten, dan was
man des reichs Christi halben nit moge onbestritten lassen.
Dann damit komet man ein bei denen, die warlich Christi
sein, und bringet sie bald ans ganze licht Christi, dagegen
verstricken sich und verwicklen sich wunderbarlich alle die
und werden erkant, die nicht wollen Christi sein, und sicht
man, das sie Christum nit suchen und das all ir bekennen
der missbreuchen und erbieten der reformation und das gute
furwenden ires flicken und malens an den missbreuchen nichts
dan falsch lug und trug ist. Da scheiden sich gar fein die
kinder Belial von kindern Gottes und wurd man der kinder
Belial mit irem flicken und malen fein ledig, wie wirs jetzt
im werck befinden. Es haben deren leut etlich mich der lin-
digkeit hoch gelobt bei m. gst. herrn und s. chf. g. damit beweget, das sie mich zum werck der reformation berufen, das
sie aber nit gemeint noch gehoffet haben. Nun ich mich
auch gegen m. gsten. herrn gelind vernemen lassen, hat
s. chf. g. mir desto lieber glauben gegeben. Nun es ans
werck goht und die leit, so die reformation weder gemalet
noch ongemalet mögen, sich des zu erkennen geben, wolten
sie gern fil wider mich erdenken und anzihen, das sie mich
von disem werck wider hinweg brechten. So haben sie sich
gegen m. gsten. herren hievor mit meinem lob zu weit ver-
tieffet, wissen nun anders nichs furzuwenden, dann das ich
das ander weib genomen und darzu ein witwe, sagen, sie
möchten mich wol leiden, ich sei gelert und seer hubsch,
aber der anderen halben wolle es nit gelitten werden, fahen
wider an aufs concili und des papsts bewilligung zu weisen.
Damit sie sich selb auss dem werck treiben und sind wir
nun ires flickens und malens ledig, wirdt der churf. desto

Januar 18. meer zur liechten einfeltigen gantzen reformation befestiget. Aber leider do ist in so grossem erzbistumb bei so berumbter hohen schul in so gehauffeter Clerisei der stat Collen gar bei niemand, der helfen wolle. Der dechan grave Heinrich von Stolberg und grave Johann von Beichlingen, die sinds im Capitel allein (das doch E. f. g. wollen des dechans halben bei ir bleiben lassen, dann man wege suchet in aus dem Capitel zu bringen), die mit rechtem verstandt und bestendigem eifer m. gsten. hern zusetzen. Doch hoffen diese meer herbei zu bringen. Der dumprobst herzog Görg von Braunswig erbeutet sich auch alles guts, aber er ist nit im Capitel. E. f. g. wollen, umb Gottes willen, m. gsten. herren, wie ich E. f. g. nechst gepetten, alssbald und mit besonderem vleiss trösten und wa möglich soliches auch erwerben von beiden m. gsten. herren, den churf. zu Sachsen und Brandenburg. Dann so wir aufs Herren teil auch disen geistlichen chf. haben werden, wurd der Herre bald zu einer rechten gemeinen reformation und vergleichung helfen. Der von Witigstein wutet und wirdt anhang finden und hat in, das er den frommen alten churf. onzweifel filfettig(?) zu beonruwigen understohn wurde. Drumb trost und sterke s. chf. gn. seer nutz sein wurd. Sie haben im namen des Capitel ein so trotzlich schrifft an an s. chf. g. gethon, das sie sich frei vernemen lassen, sie wollens nit leiden, das ir chf. g. on sie was reformation furnemo und mich oder meinsgleichen darzu brauche. Nun weisen aber sie mit irer reformation aufs papsts zulassen und des papstlichen concili, konden E. f. g. wol sehen, wa hinaus sie gedenken. Nun sind die zeit jetz geschwind und lugt jeder seiner schanz, das ers gelt ziehe, wie er joch darbei konne. Diss wollen E. f. g. nach irem hochem und fürs vaterland getrewen verstand betrachten und hie wie anderswo gnediglich helffen.

So fil m. g. h. von Munsters vorhaben belanget, ist E. f. g. bedenken seer gut und notwendig, one das die heilige ch, weil die an disen f. und leuten der kirchen Christi so hoch von nöten und on die des antchrists zaun und gefess nimmer recht bei diesen leuten wöllen zerbrochen und zerrissen werden, freier bekant werden muss und Gott befolhen werden, was die oder jene dazu sagen. Christus ist und bleibt herre, wurd in dem werk, das der ganzen kirchen in gemein so notwendig ist, niemand stecken lassen. Wann die diener und prelaten der kirchen noch in dem stecken, darumb sie kein teil am reich Gottes haben mögen, konden sie der kirchen nichts zu gut thun. Darumb muss man diss band des teufels freier zerreissen. Hie gedenken E. f. g., was ich hette argumenten Januar 18. furzuwerfen. Aber auch in dem woll ich nit geeilet werden, biss doch das muster und die viesierung der ganzen reformation gestellet seie. Derwegen wa die fasten diss jar nicht so nahe, welche zeit an disen orten die notwendigste ist zur reformation, wolt ich auch gern vor Ostern komen. Dann man kein rechten bestendigen baw machet, da die viesierung nicht zuvor wol und ganz gestellet ist. Daran aber alss ich wol spure diss orts will noch etwas mangel sein, der aber, ob Gott wil, solle mit gutem bericht wol zu wenden sein; Diss wolt E. f. g. in diser sachen zu undertheniger antwort nicht verhalten[1]).

M. gster. herr sendet jetzund zu m. gsten. hern dem churf. zu Sachsen umb M. Philippum im doch etlich wenig wochen zu leihen, dan hat s. chf. g. freie fuge ine tröstlich zu sterken, ists moglich, bitt E. f. g. wolte das forderen. Der zum churf. reitet, will wol heut auf sein, wird aber gemach reiten, das E. f. g. wol bei zeit an den chf. schreiben mochten[2]). Alss die bösen leut wider das Evangeli sich vor E. f. g. meer dan vor Gott entsetzen, wie wol ich Gott lob irethalben kleine sorg habe, hab ich mich E. f. g. diener berumet, alss ich E. f. g. auch gern wol zu fil gutem diene. Das, bitt, wollen E. f. g. ir nit missfallen lassen, wa es an sie gelanget. Unser lieber Herre wolle E. f. g. stercken und reichlich segnen mit allem irem hauss land und kirchen. Datum zu Bonn den 18. Januarii 1543.

E. f. g.

undertheniger
diener   Martin Bucer.

2.

Durchleuchtiger hochgeporner furst, genediger herr. E. f. g. Febr. 10. seie meerung des geists Christi unsers herrens und alles guts. E. f. g. danke ich ufs underthenigst, das sie mit schreiben

---

[1]) An Sturm schrieb Butzer am 4. Februar: Monasteriensis me bis vocavit et promisi ei post pascha, quamquam hic quid effici possit incertum. Messis multa, operarii pauci, adversarii multi.

[2]) In demselben Brief an Sturm schreibt Butzer: Reverendissimus D. Philippum vocavit misso Petro Medmanno ad electorem et Philippum. Hunc multo gravius ferent, qui voluerunt videri diu maxime nostri, at gratulor et causae et mihi, hunc quoque vocatum, quamquam metuam ut congressum usque hic haesurus sit; non enim ausus est Reverendissimus illum ad multum tempus petere. Magnus quidem vel maximus de me metuere se scripsit, ne juxta Caesareanum librum hic doceam. Docere quidem studeo, ut doceam et simpliciter doceam et Christum, sed solum et plene. Malle dicunt se quemlibet vehementem Lutheranum; dolo queritur se peti.

Febr. 10. an m. gsten h. churfursten zu Colln und Sachsen das werk des Herren so getrewlich fordern. Der alt fromme churfurst kan bei vertrawten leuten e. f. g. trost nicht genug rhumen, ob er wol will und solle in diesem auf Gott alles setzen. Nachdem aber die Clerisei, an die sich die stadt henket oder meer die elteren vom rathe (dann im rathe und der in der gemeinde wie geacht wird uber die helffte des h Evangeli begeren), sich wider das reich Christi gar ernstlich setzet und das Capitel zu erbherrn des stifft machet, ist nach der zeit 'nit fil mer dan durch mein und etlicher anderen predigen gehandlet worden. Doch jetzt ist bei s. chf. gn. grave Wilhelm von Nassaw und grave Wilhelm von Newenar, auch der dechan gravé Heinrich von Stolberg. Treibt grave Wilhelm von Nassaw gar ernstlich, des tröst man mich auch von grave Wilhelm von Newenar[1]). Das Sacrament christlicher ordnung zu reichen und der priester eh gibt s. chf. gn. allen begerenden zu. Wie er aber in dem sein Colnisch gericht nach endern mögen, das alle pfarrer zu der rechten evangelischen administration gefordert werden, das sein chf. gn gern aufs schierist im werk sehe, dazu will noch zeit und muhe auch nit ongefar auflaufen. Grave Wilhelm von Nassaw wirdt seinen superintendenten Erasmum Sarcerium ein zeit zu Andernach predigen lassen. Wa E. f. gn. von m. gsten. herrn angesucht werden umb etliche prediger im. zu leihen ein zeit, bitt ich umbs Herren willen, sie wolten sich des nit beschweren. Wurde frid mit Gulich, hoff ich es solten uns feine leut auss den Niderlanden komen. Der liebe Gott wolle unss doch diesen friden geben und verleihen, das alle churf. und fursten mit e. f. g. auf das aller ernstlichest in dem anhalten wollen. Es ist gar fil evangelisch volk im land Cleve und Gulich. Ich verneme, das in E. f. g. gepiet in der graveschafft Dietz noch an etlichen orten dem H. Evangeli Christi widersprochen werde und das paebstlich onwesen erhoben durch die Trierschen. Da es aber E. f g. zu wenden hette, bitt E. f. g., sie wöllen des orts nachfragens haben und das reich Christi fordern, so fiel sie konden. Die Trierschen werden von tage zu tage wider Christum frecher, der jetzig herr ist gar der widerpart, redt gar schimpflich von m. gsten. herren

---

[1]) Auch in einem Brief an Jakob Sturm schreibt Butzer den 27. Februar: Generosus comes Wilhelmus de Newenar, cognatus ejus Humbertus, Wilhelmus a Nassaw et alii plerique causam Christi adjuvant. Senex potius ditionem quam hanc causam relinquere cogitat. Wilhelmus a Nassaw putat necessarium fore ut a civitatibus legati ad Coloniensem senatum mittantur, inter quos te cuperet primarium esse.

vorhaben. Die schriften Leiningi und Kimei hab ich gesehen Febr. 10.
und sehe, das sie alles vleissig getrewlich und grundlich ersucht
haben. Noch fil lieber wolt ich, der Bullingerus hette
ingehalten. Besorge wol, es sein mir mit gedienet worden.
Der Herre gebe unss ein einfeltig auge in allen sachen und
vorab in gottlichen schreiben und lehren. Der liebe Gott
stillet immer gantz gnediglich, das sein H. Evangeli on anstoss
bleibe, so muss unser weissheit alss etwas zanckeisens
einwerfen. Der Herre wolle es bessern und verleihen, das
wir alle so halten lehren schreiben thun leiden und meiden,
damit wir alle das H. Evangeli zieren und fordern und allen
guten hertzen so fiel moglich one anstoss seien. Darumb ich
den Herren lobe, der E. f. g. diess gemuet verlawhen, alles
auf die stille und das besserlichst zu richten und nit eins jeden
anfechten weiter anreitzung zu geben. Der Herre gebe in
allem sein gnad. Das E. f. g. leiden mogen, das ich mich
auf sie alss ihr diener verspreche, bedanck ich mich underthenighlich,
will sein auch nit dann zu furderung des reichs
Christi gebrauchen, und hiezu thut es auch alle mal etwas.
Dann E. f. g. dieser ort nit in geringem ansehen sein. Des
ansprengens halben vernig beschehen bitt ich E. f. g. wollens
gnediglich lassen hingohn. Wie der edelmann redt, so daucht
er mich reden, wie die Brunwigischen reden, das ich in fur
Braunschwigisch damal hielte. Ich weiss aber des tags warlich
nit eigentlich, es ware in der woche nach Invocavit und
mochte auf den mittwochen sein. Aber ewer f. g. wölle zur
eeren der Göttlichen gnaden, die mich so lang vor allerlei
feinden errettet hat, diese sachen recht faren lassen. E. f. g.
werden dennoch wol ir strassen fur bösen reitern bewaren.
Der Herre wolle E. f. g. allezeit gnediglich bewaren und
segnen sampt allen die E. f. g. von Gott befohlen sein.
Dat. Bonn 10. Febr. anno 1543.

Ich hatt ausser Frankfurt E. f. g. im herabreiten geschrieben[1])
von einem francösischem gelerten Theologo, so
sich bei unss zu Strassburg ein zeit gehalten, der zu Mar-

---

¹) In dem hier citirten Brief Butzer's aus Frankfurt vom 10. Dec. 1542
ist der Name des französischen Gelehrten ebenfalls nicht genannt, aber
bemerkt, derselbe sei „auch ein zeit lang zu Wittenperg gewesen"; „den
mochte E. f. g. schul mit hundert gulden haben". In diesem Schreiben
hatte Butzer hervorgehoben, wie nothwendig es sei mehr für Heranbildung
von Theologen zu thun. „Sind nach Wittenperg nit fil schulen, da
man auch fur ander leut Theologen ziehe. Hoffe es solle deshalben nun
besser angestellt sein zu Marburg, dann E. f. g. daher noch nit fiel Theologen
aufzogen haben. Zu Thuwingen gohts, wa es pflegt under solchem
regiment zu gohn".

Febr. 10. burg zu lesen seer tauglich were. So E. f. g. das wolten, mussten sie den bei zeiten berufen. Dann er von Strasspurg auf den fruhlich reisen wurde.

E. f. g. undertheniger
Martinus Bucerus[1]).

3.

Febr. 20. Die gnad unsers herrn Jesu Christi meere sich E. f. g. Durchleuchtiger hochgeporner furst, gnediger herre. Nachdem E. f. g. hiebevor begeret von mir, sie zu berichten, wie die sach des H. Evangeli diss orts furgangen und wer in dem m. gsten. herren gut oder entgegen seie, wolt E. f. g. ich wie sichs nach heltet zuschreiben. Hab ich je, so lang ich das H. Evangeli geprediget, befunden die stuck im werck, uber die der Herre den phariseern und schriftgelerten so

---

[1]) Nach der Aufschrift auf der Adresse wurde dieser Brief am 20. Februar in Wolfhagen dem Landgrafen präsentirt; am 22. antwortete dieser aus Kassel, er habe gern gehört, „das es des gotlichen worts halben so weit des orts komen ist. Faret also damit furt und thut guten vleiss, daran wir dan ewern halben nit zweifeln. Berichtet uns auch, wie der Condjutor dem Evangelio geneigt sei. Und in allweg sieht uns vor gut und geraten an, das der Condjutor werde der gotlichen warheit unterrichtet", damit wenn Hermann stürbe, ein gleichgesinnter Mann ihm folge. Gern wolle er dem Erzbischof Prädicanten leihen; in letzter Zeit aber seien viele seiner Prädicanten ihm gestorben und abgegangen; so „wissen wir warlich nit, wo wir sie nemen möchten, die wir ein zeit lang entraten mochten". Sehr wünsche auch er Herstellung des Friedens in Jülich; in diesem Sinn habe er auch seine Rüthe in Nürnberg und den Niederlanden instruirt; doch habe er geringe Vertrauen, dass es gelingen werde. „In unser herrschaft Dietz wollen wir ein nachfragens halten nach demjenigen so der christlichen warheit widerspricht und wo muglich demselbigen christliche enderung finden. Allein besorgen wir, derwil der bischove zu Thrier solch herrschaft zum teil von uns pfandweise inneu hat, daz dasselbig etwas daran verhindert mocht. Das aber die Trierschen wider Christum von tagen zu tagen frecher werden, das horen wir ungern, hoffen aber, wann Coln und Munster zu den Evangelischen dreten, es werde Trier mit der zeit sich auch schemen. Was den Bullingerum belangt, mochten wir gleich wi ir auch wol leiden, das er ingehalten hette und haben auch drumb am besten unterlassen nichts wider in druck zu geben und deucht uns, es solt nit ungut sein, wann ir etwo einen hiezu dienlichen freund hettet, der dem Bullingero angenem, das ir denselbigen unterrichtet dem Bullingero zu untersagen, das er mit weitern dergleichen schreiben mussig stehe. Dan solts nit beschecen, so musten wir in begegnen. Das ir euch als fur unsern diener versprechet, daran thut ir wie wir euch neehst geschrieben uns zu keinem missfallen, sondern mugens ganz wol leiden". „Und sovil letzlich die ansprengung betrift, konnen wir dasselbig weil es uf unser strass fur unser hoflhaltung geschecen ist also nit hingeen lassen, sondern wil uns gepuren, das wir dermass darin erkundigung und gepurlichs einsehen thun, damit sovil muglich jedermann sicher durch unser land wandern muge".

scharf zuspricht Mathei 23, so befinde ichs sie nun erst Febr. 20.
recht in den Colnischen geistlichen. Weil m. gster. herre
seine leut wol gekandt, hat er mich beruffen und predigen
lassen one rath des capitels und seiner ordentlichen räthe.
Also hat er jetzund auch grave Wilhelms von Nassaw Super-
entendenten Erasmum Sarcerium gesandt gen Andernach.
Daruber schreien sie so grausam, schreiben im eins ubers
ander, ziehen in an, alss ob er sein eid nit halte, und weil
er seiner obern, papst und keiser, nit gehorsame, seien sie
ime zu gehorsamen nicht schuldig, schreiben das erste von
unser der protestirenden leben und insonders von meiner
person das ergste, das je hat von unss geschriben werden
mögen, und so sie meiner person halben nichts besonders
finden konden, bringen sie auff, das ich ein monch gewesen
und eine nonne zum weib gehabt und nun das ander weib
habe und die ein witwe gewesen. Will das capitel die landschaft beschreiben und handelt one alle schew daruff, das sie
m. gsten. herrn absetzen mochten. Und stohn die zween
menuer, derenhalben E. f. g. hievor mit namen gefraget auf
dem gegenteil das best sie mögen. Simon und Mammon haben
die leut gar besessen. Hat der fromme alte churfurst niemand von den geistlichen, der noch sich offentlich zu im her-
fur thete. Doch von den ich vor geschriben thun trewlich.
Die graven und ritterschaft, hofft man, werden m. gsten.
herren nit lassen, desgleichen etliche stett. M. gster. herr ist
etwas langsam in seinem thun, dadurch die bösen leut desto
meer raum bekommen arges zu practiciren, aber ganz und
gar sicht er auf Gott, gibt ganz geduldig demutige antwort,
das ich die Gottes hilf so fil sterker verhoffe, so fil der welt
weisheit und macht meer gesparet wurdt. Er hat sich erbotten die landschafft zu beschreiben, das gedenke wirdt
fort gohn. Es ist in alles umb mein person und nun auch
umb den Erasmum zu thun und desgleichen wurden sie auch
gegen anderen wuten, so von unserem teil beikomen weren. Erbieten sich zu reformation, haben ein flickwerk angestellet.
Goht die lehre der Justification nit ubel dahere, aber das
andere in brauchen der kirchen verschlegts alles wider.
Dann sie auch die communion beider gestalt und priesterehe
stellen zu höherer gewalt, das ist zum papst oder concilium.
Da sie dann wol wissen, das unss Gott gegeben auch auss
den vettern und concilien ire heuchelei zu endecken, so ist
alles ir toben dahin gericht, das sie mich und meinsgleichen
von hier brechten, wirdt m. gster. herre vermanet geschwinder rede und trawen. Aber Gott ist allmechtig. Und drumb

Febr. 20. hett die brüderlich liebe etlicher m. gn. herrn dem churf. zu Sachsen die sorge vom keyserlichen buch nit dorffen einreden. · Auf ostern will m. gster. herr, wa mans wort gepredigct, befehlen das h. sacrament den begerenden nach christlicher einsetzung zu reichen. Darumb E. f. g. gar christlich gethan mit irem trösten. Der gute churfurst rhumets ge- ·trewlich. Wolt Gott, die andern christlich chf. und f. theten desgleichen. Und nachdem s. chf. g. wie geschriben uff Gott allein sicht und sich nach nichs bewirbet, wolt E. f. g. ich gepetten haben, das sie die glimpflichen wege gesuchet hetten den churf. zu Trier zu verstendigen (der sich hat beschwerlich sollen wider m. gsten. herren furhaben und besonders meine person vernemen lassen), das E. f. g. gedechten bei m. gsten. herren so fil guts zu thun und auch mir ein gnediger furst weren, alss den E. f.[1]) g. befunden, der ichs gut gemeinet und nichts liebers gemeinet und nichts liebers dann ein solche reformation sehe, dadurch jedermann bliebe, das er hatt, allein das die arme leut die religion rein haben möchten, dazu man nit vil bedörffe. Der Triorisch Cantzler machet sich seer onnutz meiner person halben, und hat mir wol die besten wort gegeben, wie auch in dieser art etliche. O welt! O onwissen des reichs Christi! Item weil m. gster. herr pfalzgrave one das m. gsten. herren lieb hat, das E. f. g. auch demselbigen mit fugen hetten geschriben, wie sie vernomen, das die Clerisei zu Coll sich ganz beschwerlich empöret wider den frommen chf., allein das er mich und etlich andere liess predigen und hetto doch inen zugesagt nichs thetlichs zu enderen one iren rath, auch das er inen alle ire stifftungen und nutzungen eer meeren dann minderen wolte, allein trucket in sein gewissen, das er seine armen leut mit rechter lehr und brauch der Sacramenten begerte zu versehen, nit weiters dan wie es zu Regenspurg verglichen und im churfurstenrath durchs meer approbicret were, das dann s. chf. g. wolt auch etwas trostlichs m. gsten. herrn zuschreiben. So fil weniger s. chf. g. sorget und alles zu dem lieben Gott und seinem wort stellet, so fil meer vleiss solten die andern ankeren in zu trosten und seiner widerpart zu wehren. S. chf. gn. haben auch nach Doctor Hedio in Strassburg geschrieben, damit sie mich desto besser nach ostern zu m. gsten. h. von Munster und E. f. g. mogen lassen abkommen. Dr. Philippus ist noch nit kommen.

Es ist ietz hie grave Dieter von Manderscheidt der

---

[1]) Im Mscpt. steht: E. chf. g.

junger, so E. f. gn. diener ist, welcher auch gar ein herzlich Febr. 20.
getrewer christ ist. Der zeiget mir an, wie sein bruder
grave Frantz, der bissher beyerischer diener gewest und
sein zeit aber bald auss ist, gern von den Beyeren were;
dann er ist auch ganz dem evangelio zugethan und sust aach
ein gar feiner herre lenger und sterker denn sein bruder,
der wolte nun gern wie sein bruder, das er möchte bei E. f. g.
oder einem andern fursten dises teils dienst haben. Mochten
E. f. gn. denselb annemen oder bei dem churf. oder herzog
Moritzen befordereu, wolt ich E. f. gn. undertheniglich darumb gepetten haben, dann es zween gar feine gotsfirchtige
graven sein. Und so E. f. gn. gelegen disen graven Frantzen
anzunemen, so wolte grave Dieter gern weniger von E f. gn.
nemen, dann sie im nun gibt, damit E. f. g. seinen bruder
desto eer annemen mochten.

Der arme verlassen Arnold von Westerburg, fur den
E. f. gn. uff her Dionisii furbitt fielmal an m. gsten. herrn
geschriben, der laufft nach hernach. Dann das er begeret,
vergeben ist. Und will, als ich verneme, sine sach darauf
beruwen, das er sich auch hie purgiren solle. Das köndte er
nu wol thun, so m. gster. herr selb im verhorer ordinir. Dann
im der wol billige ordnen wurd, die er leiden konde. Dann
er sich allein vor den Colnischen Theologen besorget hat.
So dann E. f. gn. on das m. gsten. herren wider schreiben
wurden, bitt ich umb Gottes und des armen willen, sie wolten
gnediglich an m. gsten. fur disen armen noch einmal schreiben, das sie im wolt purgirer setzen sich vor den zu purgiren und druff in so fil moglich begnaden. E. f. g. wollen
gnediglich verstehn, das umb E. f. g. ich so fil bitte. Sie
sehen die ursachen und haben mich durch ir so filfeltig gnad
beweisen also durstig gemacht. Unser lieber Herre wolle
E. f. g. in allem fordern und segnen und doch geben, das sie
uns friden möchten erlangen zwischen Brabant und Gulich,
end des so schedlichen krieges. M. gsten. h. widerwertigen
trötzen schon jetzunder auf die Brabender. Dan sie wol
wissen, wa der herzog frid hette, das er m. gsten. herren
mit nichten wurde abstohn. Darumb E. f. g. gar gottlich
und notwendig thun, das sie in dieser handlung nit nachlassen. Der Herr gebe ir auch das gedeien. Die gnade des
Herren seie ob E. f. g. und allem irem thun. Dat. Bonn
20. Februarii 1543. E. f. g.

                    undertheniger   M. Bucer.

Des welschen Theologi halben hab E. G. ich vor geschrieben[1]).

---

[1]) Nach der Aufschrift auf der Adresse wurde dieser Brief am 1. März

4.

März 8. Durchleuchtiger hochgeporner furst, gnediger herre. E. f. g. wölle unser lieber H. sein gnad allezeit meeren und sie in allen newen anligen vetterlich trösten und leiten, das sie sich gegen m. gsten. herren so christlich beweisen. S. chf. g. werden iemer steifer, obwol im, die im am forderlichsten helfen solten, am strengisten entgegen sein, das er alles mit grosser geduld uberwindet. Uf Mondag wird s. chf. gn. ein gemeinen landtag halten, da werden sich fieler gedanken eröffnen. Zun graven und der ritterschaft versihet man sich wol und auch zun stetten. Das Capitel wird allein verleitet durch die so m. gsten. herrn filfeltig verpflichtet sind. M. gn. h. Coadiutor wird vermerket, das er fielicht wol leiden möchte die reformation, wan schon wol angericht, das es im zu keiner gefar richete. Es solle in gar fiel kost haben zu Rom und just, das er in dise wurdikeit komen ist, das er seine bruder mit im selb wol ubel eingesetzet hette, wa die sach wider umbgestossen werden sollte. Wer glauben sterken könde. An verstand und bericht manglet wenig, alss ich achte. Er wird vom Capitel hoch angefochten oder meer den bösen erren auss dem Capitel, er lässt sich aber doch wider m. gsten. h. nichts vernemen. Aber wie dem, wa unss Gott ein fenster zu seinem wort aufthue, da herein müssen wir dringen, so lang es goht. Der Herr wirds hernacher auch wol machen. Mir ist leid, das Dr. Philippus nit doch ein rit zu dem frommen churf. gethan hat, er hette es wol in 8 oder 14 tagen alles bei s. chf. gn. verrichten. Dann möchten wir erstlich die reine predig und verrichtung der sacramenten erlangen mit zulassung des ch. Wir werden doch mit dem andern, weil die statt Collen sich so ubel anlesst, noch wol verziehen müssen. Er hette sich vor dem flickwerk nit besorgen dorfen, dann dahin ist m. gster. herr selb gar nit geneigt. Ich weiss sust wol, das Philippi abwesen zu Wittenperg seer vil schadet, aber desto eer hette er wider dahin ziehen mögen. Was ich

---

in Kassel präsentirt; Philipp antwortete von dort am 4., er habe an die Kurfürsten von Pfalz und Trier zu Gunsten Hermann's geschrieben „und sonderlich das Pfalz an S. L. ein trostliche schrift thun wolten, desgleichen an den Pfalzgrevischen canzler und auch an fraue Margreth von der Leyen". Auch schicke er Butzer beiliegend ein Schreiben an den Erzbischof zu Gnusten Westerburg's zu. Franz von Manderscheid wolle er eine Stelle im Dienst von Moritz von Sachsen verschaffen. Schliesslich fordert er Bericht, wie „sich doch der Coadjutor zu Collen und der Gropperus in disem des bischoves erlichen und christlichen vornemen thun halten, dann wir das sonderlich gern wissen".

thun kann, woll ich mein vleiss und muh ongern sparen und März 8.
thu ich nit uber mein vermogen, so thu ich doch auch nit
fil drunder. Und was nit rechtgeschaffen und lauter angericht wird nach Gottes wort, daran will ich ob Gott will
kein schuld haben.

Der prediger halben bittet m. gster. herr und bitt ich
auch umb Gottes willen, E. f. g. wollen Pistorium und den
zu Wiske bei Giessen lassen kommen doch uff ein zeit und
dem zu Rens schreiben, das wa man sein bedorfen werde,
das er auch das beste thue, so man in fordern wurde. Meine
herren lassen D. Hedio auch herab komen, des sie doch
daheimen hoch bedorfften. Es ist umb den anfang zu thun.
Gebe unss Gott frid mit Gulich, so werden unss fiel frommer
gelerter menner auss dem niderland zukomen. E. f. g.
konden wol erwegen, zu was gutem es dienen wurde, so uns
der Herre hie furthelfen will. Das E. f. g. ich hievor von
Pfalz und Trier zugeschrieben, wollen E. f. g. bedenken. Mit
Trier darf es sein nit wenig. Der liebe Gott wolle E. f. g.
in irem christlichen eifer, Gottes sachen und friden allenthalben zu fordern, sterken und frucht geben. Amen.
Bonn 8. Martii 1543[1]). E. f. g. undertheniger

Martin
Bucer.

Nach dem landtag wurdt m. gster. h. sehen, wie er mit
Munster handle. S. churf. g. frewet sich E. f. g. so trewen
beifals mit rath und trost ganz hochlich. Und jetzt in dem
gemeinen schreiben, das warlich fein christlich gestellet, wird
er dennoch sehen, wie deutlicher und freier E. f. g. getröstet
hat, wiewol diss auch ubrig genug ist und es m. gsten h.
seer wurdt erfrewet haben.

5.

Durchleuchtiger hochgeporner furst, gnediger herre. E. f. g. März 13.
seie meerung aller gnaden und segens Gottes und meine
underthenige dienst hochstes vleiss bereit zuvor. E. f. g. sag
ich underthenigen dank der schreiben halben an die zwen
churfursten und die anderen, welche m. gsten. herren hoch
erfrewet und sich gegen E. f. g. des so getrewen vleiss fur
sich mit verwunderen bedancket. Also sag ich E. f. g. auch

---

[1]) Nach der Aufschrift auf der Adresse ist vorstehender Brief am
12. März in Kassel präsentirt. Einen kurzen Auszug gibt Hassencamp
2. 1, 232 u. 234 A. 5; doch ist hier fälschlich der Brief vom 1. statt vom
8. März datirt.

März 13. Underthenigen danck fur den armen Westerburgen, dem E. f. g. furschreiben, ob Gott woll, wol erschiehssen solle. Gestern[1]) fienge der Landtag an. Haben sich die zween menner abermal gar ubel bewisen. Alss sie von wegen des Capitels mit irem cepler, dechan u. H. Richart von Beyern auf dem landtag erschinen, haben sie nach dem furtrag des frommen alten fursten — der war, neben zweien andern puncten, die stende solten wehlen etliche gotsforchtige verstendige menner, mit denen wolt er handlen von dem fuglichsten wege die christliche reformation ins werk zu bringen, wie im das uferlegt were und sie uf vorgehaltenem landtag selb einhelliglich begeret hetten — alle anderen stend alss die graven ritterschafft und von stetten zu sich berufen und denselbigen ein grausame schwere klage mit fil supplicationen wider m. gsten. herren und mich furgetragen und alles dahin gelenkt, das ir chf. mich solte hinweg thun und mit irem rath die reformation furnemen, die aber dann alles uf den papst schieben. Die anderen stend haben solichs m. gsten. herrn furbracht, der hat sie alles christlich bericht, das noch anders nit vermerkt werden kann, dann das sie bei m. gsten. trewlich stehn werden. Doch werden die antworten erst heut gestellet. Man hat aber fil guter reden vom adel gehöret. So weiss man auch, das dise ding nicht der herren und graven thun ist, so im Capitel sein, sonder fast allein der zweien menner, deren sich niemand genug in dieser sach verwundern kan. Und warlich ich glaube, das solcher diener zwein bei keinem fursten gefunden werden, die sich wider iren herrn so legen dorfen. Wir sehen aber warlich auch besonder gnad u. sterke Gottes uber dem frommen alten fursten. Die schrifften E. f. g an Trier werden auch seer wol dienen. Der Enschringer ist gehlich gestorben, Gott gebe einen besseren an sein statt. Was sich weiter zutregt, will E. f. g. ich mit nechster botschaft schreiben, das ubrige ob Gott will selb anzeigen, so ich zu E. f. g. von m. g. h. von Munster oder mit demselbigen kome, wie wol ich freilich vor vierzehn tagen nach Ostern hie kaum werde mogen auf sein. Aber almechtiger Gott wie wird es inen gehen, so die underhandlung zwischen Brabandt und Gulich gefallen und der krieg angeht. E. f. g. wollen doch nachgedenken und anrichten was sie konden, das deutsches land nit in solche erschrecklich fahr kome. Die Julichschen lande sind voller Evangelischer guter leut, sind dises crysams, mochten uns wol

---

[1]) Montag den 12. März.

helffen mit irem beifal. Was wirds werden, soll die Braben- März 13. disch tyranny dahin komen, die auf ein newes Christum so schrecklich verfolgen, das sie alle die brennen, bei demen man allein unser leut bucher findet, wie sie kurtz hievor zu Gendt einen verbrandt haben. Dann die monch in disen sachen solichen gewalt haben, das sich auch die grossen herren und die konigen selb nit recht regen dorffen. O Herre wende ab von deinem armen volcklin dise noht und gebe unss friden. Derselbige wolle E. f. g. in allem gnediglich segnen und bewaren sampt den iren. Dat. Bonn 13. Martii 1543. M. g. h. Coadjutor wird wol in dieser sachen gespiret.
 E. f. g.
 undertheniger
 M. Bucer[1]).

6.

Durchleuchtiger hochgeporner furst, gnediger herre. März 24. E. f. g. seien meerung gottliches geistes und mein underthenige dienst zuvor. Der liebe Gott seie gelobt, der unserem alten frommen churf. den seligen sig im ersten treffen mit den widerchristen gegeben. Die gesandten vom Capitel, under welchen die sachen allein getriben haben der Ceppler, der von Witigstein, Cantzler und. Gropper, die begerten auff dem landtag, das sie mit den andren stenden ir notrufft handlen möchten, das in m. gster. herre zuliesse, ob es wol wider ordnung were. Dann alss der stende fiere sind, so solte jeder stand erstlich sich fur sich selb auf des chf. furtragen und begeren bedencken und entschliessen und demnach des einander berichten und die sache in gleicher antwort so fil möglich ziehen. Da haben aber die practicierer des Capitels understanden die anderen drei stende der graven der ritterschafft und der stedt dem chf. ab und inen beifellig zu machen, ee sie sich under einander selb auff des chf. furtragen bedacht und die verstendigern und standthafftern die anderen hetten berichten und stercken mögen. M. gn. herren furtragen stonde uf dreien articulen. Der ein, das sie die stende den weg wolten helffen suchen und finden s. chf. g. des gelts wider zu ersetzen, das sie uff den Turckenzuch weiter auffgewandt haben, dann sie in den trugen auffgehoben. Dann sie haben in Westfalen und sust im stifft bin und wider und besonders die geistlichen gar weite ge-

---

[1]) Dieser Brief ist nach der Aufschrift auf der Adresse in Kassel am 27. März präsentirt.

Marz 24. wissen gehabt, etliche sind gar ongehorsam gewesen, haben nichs geben, also das m. gster. h., der jederman vom kriegsvolk und deren erben der gantzen besoldung zufriden gestellet, etlich uber die funfzig tausend g. meer aussgegeben hat, dan von trugen eingenommen. Der ander articul war von straff deren, die in Frankreich gezogen sind auss dem stifft, und vom Gulchschen kriege, wie man den wa möglich nachmals mochte zum anstand oder friden bringen und wa nicht, das der stift doch nit mit einzogen und etwan in schaden dadurch gefuret werde. Der dritte articul war von der religion. In dem begert der chf., dieweil er sich vor Gott schuldig befinde ein christliche Reformation in dem stifft anzurichten, im das auch in dem Regenspurgischen abscheidt aufferlegt were und die stende in nechst vorgehaltenem landtag drumb einmutiglich gepetten hetten, so hette er sich derselbigen etwas bedacht, wie die solte fuglich anzufahn und ins werk zu richten sein. Nachdem aber diese groisswichtige sache volzeiligs raths bedorffte und ir ch. gn. in dem irs raths gern pflegen wolte, solten alle fier stende, jeder auss den seinen, verordnen etliche gotsforchtige und verstendige menner, die wolte ir chf. zu beratschlagen diesen handel gebrauchen sampt andren die sie auch darzuberuffen hette. Da aber die gesandten die anderen drei stende zu sich bracht, haben sie ein uberauss schwere clag uber m. gst. herren gefuret, alles allein meiner person halben, das er mich im stifft predigen liesse uber ir, der gantzen clerisei und der universiteten filfeltigs suppliciren bitten ermanen und warnen. · Wandten fur, wie m. gster. herre in dem handlete widder ir eid und pflicht, widder des stifft nutz und frommen. Dan diss sein furhaben nit allein inen vom Capitel, on deren rath und willen er soliche sachen vermoge seins eids den Capitel gethon nit hette, furzunemen, sonder auch den pepstlichen und keiserlichen edicten und abscheiden, denen er zu gehorsamen durch sein eid verpflichtet were, gentzlich entgegen und in keinem wege zu leiden were. Erbotten sich daneben gantz willig und bereit zu christlicher reformation, aber meiner person kondte ein gantze clerisei auch rat und gemein in Collen in keinem wege bei der hand und sachen geduldeu. Bezeugten sich darauff, das sie aller dreier articel des chf. furtrags keinen einzunemen wussten, m. gster. herre hette dann inen bewilligt mich wider heim zu senden. Betten und ermaneten auch sie die anderen stende bei iren pflichten, damit sie dem stifft zugewandt weren, das sie mit inen vor allem wolten m. gsten. hern betten und dahin zu weisen und vermogen verhelffen,

das er mich wider auss dem stifft senden und sich aller fremb- *März 24.*
den und anderwertigen entschlagen wollte und die sachen seins
stiffts mit inen und die dem stifft verwandt weren handlen.
Sie hatten neben der handt auch etliche vom adel, westfalen
und andere, die vom Capitel lehen haben, nit onvleissig be-
stochen, die ir best auch gethan. Aber Gott sei lob, da sich
die drei stend under sich underredt, jeder erstlich bei sich
selb und dann ingemein, haben sie sich entschlossen bei
m. gsten. herren zu stohn und im zu christlicher reformation
zu verhelffen, auch in den anderen articulen iren gepurenden
rath und hilff zu beweisen und s. chf. g. keine mass zu
setzen, wen er zu der reformation gebrauche. Iren fil sagten,
sie weren mer schuldig m. gsten. herrn zu bitten, das er menner
meer beruffet. Des capitels bitt, mich vor allem hinwegzuschaffen, were eben ein zumuten, alss da die wölff den schaffen
zumuteten, sie solten die hund von sich thun, alssdann wolten
sie ein guten frieden mit inen treffen. Haben also m. gsten.
herren des Capitels clag und beger an sie und ir bedachte
antwort druff vor angezeiget, ee sie den gesandten des Capitels
antwort gegeben. Da hat m. gster. herr inen sein ganzes
vorhaben der reformation halben und noturfft meiner und
meinsgleichen darzu, auch was in dahin getrungen hette, das er
des Capitels ongestiemen anhalten wider meinen dienst nit
hetten können stadt geben, etwas weitleiffiger erkleret und
sie geheissen, das sie meines diensts kundtschafft wolten von
denen einnemen, die mich gehöret hetten. Fende man etwas
onchristlichs darinnen, so wolt er gern thun, das das Capitel
begeret. Darauff haben die drei stende ire vorgemeldet antwort den gesandten des Capitels gegeben, deren sie sich hoch
beschweret und weiter angehalten, sie wolten sie doch ferner
hören, noch andre ursachen wider mein person erzelen, die sie
umbs besten willen bissher ingehalten hetten. Diss haben die
drei andern stende wider an m. gsten. herren vor gelangen
lassen, der es inen selb heimgestellet, was sie weiters hören
wölten. Also haben die andern stende die vom Capitel weiter
gehöret, welche angezogen haben, das ich gelubdbruchig sei
und das ander weib, und darzu eine witwe, genomen habe und
fil andere solche gedicht und furnemlich das ich ein furnemer
vertediger seie der lutherischen oder protestirenden. Fil
schrifften und supplicationes wider mich bei inen alss den
erbherren des stiffts Collen einbracht haben sie da den dreien
anderen stenden lassen furlesen. Und daruff geschlossen:
weil sie alle gern ein christliche Reformation gefurdert sehen
und die clerisei zu Cöllen dazu zimlich geneigt were, allein

März 24. mein person kondten sie nicht geleiden, so solten sie, die anderen stende, nochmals doch zu gut der reformation bei m. gsten. herrn sampt inen anhalten, das er mich wider auss dem stifft ziehen liesse, oder wa das je nit zu erhalten, das er mich doch des predigens liesse, biss von der reformation beschlossen, ruwig stohn. Es were je zu erbarmen, das m. gster. herr wolte solich notwendig güttlich werk der christlichen reformation von wegen meiner personen lassen verschlagen werden. Sie weren meiner personen so widerwertig nit, es kondte aber bei der clerisei in Cöllen die sache meiner personen halben diss mal nit gebessert werden. Die reformation musste noch bliben oder ich musste im stifft nicht predigen. Diss hett wol etliche von anderen etwas bewegt. Da sie es aber an m. gsten. herrn haben gelangen lassen, hat ers inen heimgestellet, das sie in bitten mochten, was sie wolten, aber daneben frei bezeuget, so lange sie nit beibrechten, das ich unrecht lehret oder lebet, so würden sie mich on sich auss dem stifft nit reden oder schreiben. Ee sie aber in mit mir des stiffts verjagten, mochten sich wol fil beschwerungen begeben. Das stunde erbarn leuten zu, das sie ee ursach darthetten, die in Gottes Wort und mit der erbarkeit bestunden warumb ich nit solte Christum predigen, deren hette er noch keine vernommen. Darumb wusste er des Capitels begeren, so lang sie nit andre ursachen, dann sie noch gethon, furbrechten, nit stat zu geben. Da die drei stende diss von m. gsten. herren verstanden, haben sie denen vom Capitel die antwort gegeben, sie weren noch irer vorigen meinung, bei m. gsten. herrn zu bleiben und ime zu chr. reformation nach irem vermogen beholfen zu sein. Sie hetten auch nach der ursachen nit vernommen, das sie m. gsten. herren solten bitten, sich mein zu entschlagen. Diesser Landtag weret vom Montag nach Judica biss auff den Freitag. Also da die vom Capitel sahen, das sie nicht mochten schaffen, fiengen sie sich an zu entschuldigen und alles zu milteren. Und so fiel die religion belanget, sagten sie, sie mussten m. gsten. herrn furbringen zuvor wider fur Capitel bringen, sie wolten aber das uffs getrewlichst thun und die sachen dahin helffen befordern, das sich das Capitel auch billicher antwort vernemen lassen solte. Wan auch m. gster. h. inen den bedacht der reformation wurde zustellen, so wolten sie in besichtigen und sich druber nach der billigkeit verneinen lassen. Alss sie aber das sagten (wenn m. gster. h. inen seinen bedacht zustellet) mit solicher anzeige, also solte m. gster. herr inen diesen bedacht erstlich allein zustellen und dann erst den anderen

stenden, wem sie in approbieret hetten: da liess m. gster. März 24.
herre inen sagen, er wolte solichen bedacht den stenden allen
fier zugleich zustellen und sie dan in gemein berathen lassen.
Also ist der alte fromme chf. auff diesem tag erst recht zum
christlichen bischove von der landtschafft erwehlet und angenomen worden, da in das Capitel, das im zum paepstlichen
bischove erwelet hat, wolte wider entsetzet haben. Diss wolte
ich E. f. gn. zuschreiben, das sie dem Herren mit danck-
saget und sich der grossen threw gegen diesen alten chf. nit
gerewen lassen und die iren auch desto lieber zu diesem
werck leihen wolte, dass es moge furtbracht werden. Dan
noch der zeit fil an predigern manglet. Wir haben noch
allein in dreien stetten bewerte prediger. Sollt aber die reformation recht ins werck bracht werden, müsst man warlich
alssbald in allen stetten rechtgeschaffne prediger haben. Wie
wol aber die reformation thatlich nit dan mit rath der landtschafft solle eingefurt werden, noch hat m. gster. h. zuge-
geben, das man das Sacrament diese osteren in beider gestalt reiche allen, die es begeren mit christlichem grunde.
Also werden wir das nachtmal Christi hie, zu Andernach,
Lintz und Cempen und bei etlichen graven und edlen, die
prediger haben, nach der einsetzung Christi diesen ostertag
halten: Daruber wurdt bei dem Capitel ein new fewr au-
gohn. Der Herr wurdts aber auch wol wider leschen. Man
weiss auch wol, das diss wuten des Capitels allein die zwen
menner erhalten und gestercket haben und das nit wenig
im Capitel sind, die nit gewölt hetten, das des Capitels begeren solte ein furgang gehabt haben.

Vom Pfaltzgraven ist noch kein schreiben an m. gsten.
herren kommen. M. gster. her könde im ob solich schreiben
nit wenig nutz machen; darumb wa es aussuzubringen were,
sehen wir alle alle gar gern, das es keme. Nit das m. gster.
her nit fur sich selb steiff genug ist, sondern das er etlichen
graven und anderen zeigte, damit desto getröster hulffe.

Gnediger furst und herr, es hat m. h. dechan zu Coln,
grave Heinrich von Stolberg mich gepeten E. f. g. zu pitten
eines zehend halben, der im zustande, wie das E. f. g. in bei-
gelegten seines secretari bericht vernemen werden. Nun ist,
gnediger furst und herr, dieser allein, der von dem Capitel
m. gsten. h. in der sachen des h. Evangelii trewlich beistaht.
Und wa er allein gethon, ist zu besorgen, die practicierer im
Capitel wurden die sachen lengist weiter wider m. gsten. h.
bracht haben. Wa er nun erweisen kan, das der zehen zur
pfarre desselbigen orts nit gehöret und er so ein grosse

März 24. schwere pension darvon geben muss und sich uber das alles erbitet etwas zu der pfarr zu geben, so hoffe ich E. f, g. solle das gern lassen furgohn, des sie sich zu Warrenburg hat vernemen lassen. Wir werden des manns noch hoch bedörffen in dem werk der reformation. Da Gott vor seie, solte der Brabender im Gülcher land herr werden, es wurden die practicierer im Capitel etwas hoch beschwerlichs durch dieselbigen understohn. Derhalben wa es irgent sein möchte, wolte E. f. g. ich ganz undertheniglich umbs Herren willen gebeten haben, sie hetten dem dechan mit dem zehend gewillfaret und im damit auch geschriben, wie sie von mir vernommen, das er zu ch. reformation wol geneigt und m. gsten. heren getrew sein, darumb E. f. g. im desto lieber des zehen halber gewillfaret, ermante in doch dabei, das er m. gsten. herren in seinem christlichen furhaben so fil im möglich getrewlich beistendig sein wolte, das irem und anderen stiften und ganzer deutscher nation zu hohem guten gereichen wurde, darin auch e. f. g. m. gn. herrn nit zu verlassen gedechten etc. Was E. f. g. in dem will geruhen zu thun, bitt E. f. g. ich undertheniglich, sie wolten michs mit diesem botten, den m. h. dechan darumb zu einigen zu E. f. g. abgefertigt hat, gnediglich verstendigen.

Auf dem reichstag höre ich gehe es seer geschwind zu und das Beyeren abermals alles guts understehe zu verhindern. M. gster. her hat seinen gesandten befelh gegeben, wa man von der religion handlen werde, dahin zu handlen, das man die verglichenen articel nachmals allen stenden frei zuliesse.

Als ich diese brieve habe beschliessen wollen, sind mir die von dem gefangen, der peinlich gefragt werden solle, zukomen. Ich versehe mich, m. gster. herr werde selbs nichs an ir erwinden lassen. Doch will ich das mein auch thun, wie E. f. g. mir befolhen, obwol m. gster. herr jetzt nit hie, sonder zum Bruel ist. Der liebe Gott wolle E. f. g. und die iren alle gnediglich bewaren und segnen. Amen. Und das unss die prediger, umb die m. gster. herre gepetten, bald zukemen. Dat. Bonn 24. Martii 1543. E. f. gn.

                undertheniger
                                      Bucer.

Ein buchlin wille ich E. f. g. schicken. Was da im anderen teil verantwortet wurd, das hat das Capitel in einer grossen klagschrift wider mich allen stenden lassen furlesen. Weil aber das, da ichs schribe, noch nit geschehen war, hab ichs aufs gehöre allein gestellet und on genannte widerwertige. Wa E. f. g. mochten in gedachtem buchlin etliches scherfer begeren, haben sie wol zu bedenken, was ich damit gesuchet, das ichs linder dargeb. Wolt doch gern vernemen, wie diss schreiben E. f. g. gefallen werde[1]).

März 24

7.

Durchleuchtiger hochgeporner furst, gnediger herr. E. f. G. seie meerung des geists Christi. Der wölle den getrawen vleiss, so sie zu fürderen sein reich ankeren, reichlich belonen. Wiewol aber E. f. g. ich nun filfeltig bemuhet hab in den sachen, so m. gsten. herren zum trost und forderniss in fürgenomer reformation gereichen mogen, so werde ich doch durch die getrewen im handel des herren, so bei m. gsten. h. sein, vermocht noch umb etwas furderniss in diser sachen des Herren zu bitten. Die zwen menner, so sich m. gsten. herrn im handel Christi entgegen gesetzet, werden mit irem anhang, wie man sich eigentlich versicht und auch uss allerlei anzeige vermercket, nich feiren, die christliche reformation nochmals zu hindern, wa sie köndcn. Und demnach m. gster. herre in beiden monaten die geistlichen lehen leihet und die nun gedenket zu nutz dem reich Christi denen, die im predigen und schuldiensten getrewlich dienen, zu leihen, versicht man sich, dass diese zwen m. gsten. h. in dem mercklich zu verhindern understohn werden. Dazu sie auch durch den papst und die so dem noch anhangen leicht hilf bekommen werden. Nun aber ligen die meerenteil gueter der Colnischen stiften in den landen des durchleuchtigen hochgepornen f. m. g. h. von Jülich Cleve etc., also das s. f. g. beistand zu christlicher reformation m. gsten. herren würd höchlich von nötten sein. Wiewol nun m. g. h. zu demselbigen m. g. h. von Julich ein gut vertrawen hat, s. f. g. werden die christliche reformation fil lieber fördern dann verhindern, noch so sind die leuff geschwind und hat sich m. g. h. in der fridhandlung nit bei allen Julichern wol verdient gemacht, so treibet auch kriges not zu filem, dass man sust wol lasset. Da meinen nun die bei m. gsten. h. den handel Christi zum getrewlichsten befordern, es solte der sachen seer dienstlich sein, dass E. f. g. bei dem durchleuchtigsten m. g. h. dem churfursten zu Sachsen erlangeten, das s. ch. g. m. g. h. von Jülich das christlich vorhaben m. g. h. von Cöllen mit besonderem vertrawen be-

März 30

---

[1]) Eine im Ernestinischen Archiv (II. 177 F) noch aufbewahrte Copie dieses Briefs schickte Philipp am 3. April an Johann Friedrich. Einen kürzeren, im Wesentlichen gleichlautenden Bericht über den Landtag sandte Butzer am 28. März selbst an Jakob Sturm.

Märt 30. fehlen thete und mit namen des vermanete, wa die widerwertigen christlicher reformation m. g. h. understohn wurden etwas eintrags zu thun in verleibung der geistlichen lehen, so i. ch. g. denen, die im predigampt und schulen trewlich dienten, deren merklicher mangel im stift were, verleihen würde, das s. f. g. alsdann wolte m. g. h. getrewlich beholfen sein, damit das solch s. ch. g. christlich verleihen der pfründen dem reich Christi auch möchte fruchtbar sein und die kirchengüter, so die stift, die in Cöllen und m. g. h. oberkeiten ligen, under seinem, m. g. h. von Jülich oberkeit haben, denen verfolget werden, wie bisher beschehen, welchen m. g. h. leihen wurd zum waren dinst des Evangeli und schulen und dagegen keinen päpstlichen oder dergleichen praktiken und finanzen bei den seinen stat geben lassen, wie das für sich selbs auch recht und in den reichsabschieden verordnet und von m. g. h. von Jülich also bisher gehalten worden ist. So will auch m gster. h. das mit der that beweisen, das s. ch g. einen haller nicht weder 'in iren eigen noch anderen nutz zu wenden gedenken von allen kirchengutteren, die sie zu verleihen haben, sonder allein uf die notwendigen dienst der predigen und schulen, an welchen diensten grausamer mangel in diesem stift ist wie in andern. Es wolle auch m. gster. herr die form der christlich reformation, sobald sie die gestellet, m. g. h. von Jülich zusenden, guter zuversicht, ir f. g. sollen ire dieselbige so wol gefallen lassen, dass sie deren auch in iren gebiten stat geben sollen, wie dann fast alle ir f. g. land im Colnischen crisam ligen. Wa dann m. g. h. von Jülich solche erbar christlich und rechtmessig begeren m. g. h. von Sachsen zuschreiben wurde, so were den geschwinden widersachern m. gsten h. von Collen der weg verlauffen, das sie m. gsten. herrn durch die Julichschen kein hinderniss thun möchten in notwendiger versehung der pfarren und schulen. Dann solte s. churf. gn. hieran verhindert werden, so könde sie kein taugliche diener des Evangeli und der schulen bekomen oder erhalten. Es sind die widerwertigen m. gsten. herren wider s. churf. g. christlich vorhaben so grausam verpittert und setzen sich so unsinniglich dawider, das man sich zu inen versehen muss, wa sie nit weiter könden, sie solten die sachen, wenn sie die nach irem sinn nit besser erlangen mochten, ee dahin richten, das die kirchengefell weder irem hauffen noch den christlichen dieneren zu niessen würden, dan das sie die zum reich Christi solten dienen lassen. So schlegt auch jederman gern hend ein, wo dess anlass gegeben würdt, vorab in solchen leuffen wie jetz vorhanden. Diss

hab E. f. g. ich uf beger der vertrawtesten bei m. gsten. März 30.
herren in der sachen des Evangeli undertheniglich bitten
wollen. M. gster. herr setzet seine sachen einfeltig zu Gott
und weil er sich des vor Gott zu getrüsten weiss, dass er
nichts dann sein gottlich eer und besserung seiner kirchen
suchet, so ist er guter sicher hoffnung, der Herre werde seiner
widersacher practicen selb wol brechen, wie er auch bissher
scheinbarlich gethan hat. Aber je weniger der fromme churf.
den usseren mitlen nachsorget, so fil meer sollen fromme christliche f. in dem sein und seines christlichen vorhabens sorge
tragen und sich dass dasselbig allenthalben zu befordren befleissen.

Weil der Enschringer todt und H. Michael Staud eins
fürnemen brauchs und ansehens ist bei dem churf. von Trier,
wie er auch warlich geschickt und dem handel Christi wol
geneigt ist, wolt E. f. g. ich bitten bei demselbigen, wenn
diss gelegenheit sein mag, den handel Christi zu befordren.
Dann als ich verneme, so ist er auch E. f. g. diener und
meinen etlich, er solte wol Trierischer Cantzler werden. Wir
möchten auch hie wol wissen, ob m. gster. herr von Trier
etwas uf E. f. g. schreiben vor m. gsten. herren von Cöllen
geantwort hette. M. gster. h. Pfalzgraf sehe ich hat rath gesuchet; er wurde sust für sich selb freilich gern ein trost-
schrift zugeschickt haben. Der hofmeister, der von Rehberg,
ist uns ganz entgegen. Des von Wisske halben will ich wol
gut acht haben und bedanck E. f. g. mich ganz undertheniglich, dass sie Pistorium und disen hat befolhen herzukomen
und den von Reins uf unser fordrung zu warten. Ich hoffe,
es solle Pistorius nun alle tag ankommen. E. f. g. werden
nun wol vernomen haben, was sich zwischen den Braban-
dern Julichern thetlicher handlung zugetragen hat. So halten
wir Christen unsere ostern. Die Türken sind alle uberwun-
den und die armen gefangen Christen von irer tyranncy er-
löset, darumb so müssen nun die Christen einander selb verderben. Ach himmlischer vater sehe darein und erbarme
dich deiner armen verlassen zerstreweten herde. Kurzlich
hat man in Flanderen ein frommen christen verbrennt und
ist die verfolgung der mönich so gross, das auch die grossen
herren als der von Prato und andere sich schmucken mussen.
Ob aber nun filleicht die gemieter meer zum friden wolten
geneigt sein, weil, als ich höre, sie dennoch zu beiden teilen
zimlichen schaden genommen haben, so zweifle ich nicht
E. f. g. werden wie bissher an irem vleiss nichts erwinden
lassen, damit man friden oder doch ein anstand des krigs

März 30. erlangen möchte. Unser lieber herre Christus welle E. f. g. sampt den iren allen gnediglich bewaren und segnen. Amen. Datum Bonn den 30. tag Martii. Anno 1543.

E. f. g. undertheniger

M. Bucerus[1]).

8.

April 5. Durchleuchtiger hochgeporner furst, gnediger herr. Die gnad und segen unsers Herren Jesu Christi meere sich E. f. g. allezeit. Amen. E. f. g. bedancke ich mich ganz undertheniglich der gnedigen sorge, die sie zu mir tragen. Und ist nit on, weil der Herre gibt, das m. gster. herr so bestendiglich furtferet, auch die landschaft sich wol dazu neiget und richtet und ich dann auch das buchlin hab lassen ausgehn, das ich e. f. g. nechst zugesandt, so lassen sich etlich vom capitel fil trawlicher reden hören. Der liebe Gott aber weiss, wie lang er mich in seinem dinst gebrauchen wölle, eer werden sie mich nicht hinnemen und dann so die stund des Herren komet, ob inen der Herr an mir etwas verhengen wolte, werden sie mich damit allein in die selige ruw des Herren fördern. Aber damit sie etwas dem handel Christi zu widerstreben abgeschreckt werden möchten, hat fromme leut alhie für gut angesehen, das E. f. g. ich bete, weil doch die so gar gutwillig sein allenthalben zu forderung des reichs Christi nach irem besten zu thun, was sie dazu dienlich erkennet, das E. f. g. wolte auch dem Capitel zu Cöllen schreiben, wie sie von fielen leuten und iren dienern, die sie bei der Julischen handlung gehapt, verstunden, wie sie sich m. gsten. h. etwas ganz beschwerlich solten in seinem christlichen furhaben der reformation und besonders das s. chf. g. mich im stift predigen liessen, entgegensetzen. Des sich E. f. g. verwundert, wa im also were, dieweil doch irer im Capitel nit wenig weren, die wol erkenneten, wie hoch von noten were ein gute christliche reformation in aller administration der kirchen furderlich anzurichten, wussten auch, das solichs m. gsten. h. auf dem reichstag zu Regenspurg were mit anderen prelaten auferlegt. So hetten sie an m. gsten. h. das nun in so fil iaren wol erfaren, das er zu allem friden geneiget und sonder zweifel die christliche reformation dermassen furzunemen, das dadurch weder stift noch anderes zerrissen oder zerstört, oder jemand etwas beschwerde zugefugt, sonder

---

[1]) In diesem Brief ist nur die Unterschrift von B.'s eigener Hand geschrieben.

allein das die ere Gottes und das heil der armen seelen April 5. möchte gefordert werden. So weren E. f. g. auch one zweivel, das im Capitel weren, die mich auch also erkennet und befunden hetten, das ich auch zu keiner anderen reformation riethe oder gesinnet were. Weil dann E. f. g. zu m. gsten. h. als zu einem alten frommen churf. und der sich allwege aller billigkeit gehalten ein besonder geneigt vallen trugen und so fiel meer nun, nachdem er das so ganz notwendig werk christlicher reformation zu gutem christlichen exempel allen geistlichen prelaten mit der that angriffe, in dem sie auch in nit gedechten zu lassen, auch inen vom Capitel alss iren lieben vetteren alle eer und wolfart gern gefordert und bestetigt sehen wolten, welches sonder christlich reformation nit wurde moglich sein, dann auch mich iren diener, den sie nie anders befunden, dann solcher christlicher reformation begierig, die wie Gott beheglich also inen und memiglich eerlich und nutzlich sein werde, nit gern vernemen bei inen in ongnaden gehalten werden: der ursachen hetten E. f. g. an sie wollen schreiben und sie freuntlich ermanen, das sie dise sachen besser erwegen und bedenken wolten, ansehen die schweren zeiten etc. mit anderen ursachen, die E. f. g. wol werden in furweisen mögen, und fil lieber durch ein chr. reformation ires stifts deutscher nation zur allgemeinen reformation und friden in der religion verhelfen, damit man dann auch in anderem zu gutem friden gemeinen rechten und gemach wieder komen und dem armen Christen gegen den Turken alssdann stadliche hilf leisten möchte: welches alles, weil wir der religion halben getrennet, jemerlich verhindert wurde etc. Und wa sie sich in diesem christlichen werck, das gewisslich ganzer deutscher nation zu merglichem frommen gereichen wurde, m. gsten. h. gutwillig beweisen und behilflich sein wolten, was alssdann E. f. g. und sonder zweifel alle protestirende zu irer eer und nutz forderlich sein konden, das wolten sie gern thun. So E. f. g. auf solche meinung nach irem stylo und etwas fleissig und ernstlich auch mit volligem furhalten der nutzlichsten ursachen an das Capitel schreiben theten, hofften wir, es solte den gutherzigen im Capitel, als Dechan und etlichen anderen ein guter behelf sein, den widerwertigen desto dapferer zu begegnen, welche dann jener furwerfen des stifts verderben und gross ongnad des keisers und dergleichen. Dagegen konden dann die guten sagen, wie wenn sich aber unser herre an die protestirenden henget, die der keiser, wie wir sahen, nit ubergibt. Die sind uns gesessen und haben Julich auch zu sich

April 5. geneiget, in des gepiet wir fast alle gefelle haben etc. Der widerpart ist sust wundertrutzlich und onmessig. Haben an Papst, an Granvell, Mentz und Trier fil geschwindes geworben, aber Gott sei Lob noch wenig aussgericht. Allein Trier, weil Andernach und Linz, da m. gst. herre auch hat das h. Evangelion predigen und die sacrament christlich reichen lassen, hat sich des gegen m. gsten. h. beklagt. Mit dem will m. gst. b. uf montag persoolich sein tag halten und sehen, ob er in nach E. f. g. schreiben miltern konde. Nun haben die widerwertigen vor, das sie alle ire canonicen bei verlust irer prebenden wollen beschreiben, under denen auch der bischove zu Worms ist und margrave Hans Albrecht. Darumb were gut, das E. f. g. schrift eer ankeme, damit die gutherzigen dieselbige in disem irem grossen Capitel möchten furwenden. Der thumprobst, hertzog Gorg von Braunschweig, hat sich vor m. gsten. h. und mir fil guts vernemen lassen, wenn der bei E. f. g. hulf suchet, wer er auch zur bestendigkeit im guten zu ermanen. Gnediger furst und herr, ich schemet mich warlich E. f. g. so fil zu bitten, wenn ich nit wuste, wie gern sie zum reich Christi dienen und wie erlich und selig auch aller solicher dienst ist, derwegen ich nit zweifel E. f. g. werdens alles von mir gnediglich verstohn. Grave Christofel von Gleichen der machet sich meiner person halben vor anderen onnutz und trawet mir hoch, gibt auss, ich seie ein geteufter jud, tehte die digamie und sust fiel arges sagt er von mir wa er ist vor fursten graven und anderen leuten. Nund sind sein vatter und bruder evangelisch. Were ein fuglicher weg, das im etwa her von den seinen oder von andern geschriben wurde, das er sich billicher hielte und mich selb horet, ee er mich so ungutiglich aussgiesse, meinten auch etliche gute freund, es solte nit allein in, sondern auch andere etwas stillen. Er ist auch thumherr bei unss, solle aber jetz zu Speir sein, ich wolte sust m. h. von Strassburg lassen mit im reden, wann er zu Strassburg were.

Der warlich schedlich abgang E. f. g. Cantzlers[1]), meins l. herrn und patrons selig ist mir furwar erschrecklich zu lesen gewesen. Er hat nun mal selige ruwe von seiner grossen arbeit. Aber wie E. f. g. in der warheit schreiben, werden sein nit allein E. f. g. und die iren, sonder fil andere ubel

---

[1]) Johann Feige, dessen Tod auch Melanchthon in einem Brief an den Landgrafen (C. R. 5, 76 n. 2669) beklagt, 1482 geboren, schon seit 1513 Hofkanzler, war am 20. März 1543 gestorben. Vgl. ausser der bei Strieder 4, 93 erwähnten Literatur auch Rommel 2, 453.

manglen. Der liebe Gott wolle E. f. g. der trewen arbeit- April 5.
samen und auf Gott sehenden leut andere geben, deren man
warlich fiel bedorffte.

So fil meer ich vom Julichischen regiment höre, so fil
engster ist mir fur sie und folgents fur fil. Es will der man
nit sein, den man gemeinet hette. Frid frid wer im und allen
das beste, wie dann alle kriege zwischen unss christen und
deutschen je nichs dann die schwerste straf· Gottes sein
könden. Derhalben wa die reichsstende mit rechtem ernst
und forderlich darzu theten, das fried wurde, daran thetten
sie warlich, das gantzer deutscher nation zum hochsten von
nöten were. Der Herr gebe gnad und wölle E. f. g. sampt
den iren allen gnediglich bewaren und reichlich segnen, denen
ich mich befehlen thue. Dat. Bonn den funften Aprilis 1543[1]).
  E f. g. undertheniger
   Mart. Bucerus.

9.

Durchleuchtiger hochgeporner furst, gnediger herr. E. f. April 15.
g. scie ewigs heil und meerung aller gnaden Gottes. E. f. g.
sage ich hohen danck in aller unterthenigkeit ires gnedigen
und so fleissigen beforderens in allen sachen, die zur furderung des reichs Christi dienen mögen. Unss hat seer ver-

---

[1]) Der Brief ist präsentirt in Kassel am 9. April. Wohl ihm beigelegt
war das folgende undatirte Schreiben Butzer's: „Gnediger furst und herre.
Es hat mich jetzund ein getrawer freund des H. Evangeli erinnert, das er
meinet, es solte unser sachen in disem stift gar furderlich sein und den
widerwertigen im stifft den mut und mittel zu irren etwas benemen, wa
E. f. g. auch an die zwei capitel Mentz und Trier ein solche schrifft theten,
wie sie an den bischove zu Trier gethan haben. Doch dorffen E. f. g. in
derselbigen schrifft meiner person nit gedencken. Aber das musste drin
steln, das E f. g. gedechten m. gsten. h. von Collen in seinem christlichen vorhaben nit zu verlassen. Dann das Capitel zu Mentz sich seer
onnutz machet nit allein gegen m. gsten. herren und seine widerwertigen
sterket, sondern auch jetz gegen den dechan zu Coll, der auch thumherr
zu Mentz ist. Die zusammenkunfft m. gsten. von Collen mit Trier hat
Trier ufgeschoben, doch zugesagt, sie bald wieder zuzuschreiben. Doctor
Diethrich von der Laen von Lenepp, der in dieser sachen Christi schier
auss allen furnemen gelerten reethen neben einem jungen(?) oder drei allein
m. gsten herren recht behilflich und in dem handel ganz eifrig ist, der hat
mich gepetten, so ich E. f. g. schribe, das ich deren auch s. underthenige
dienste zuschribe mit ganz undertheniger dancksagung fur die grosse trewe,
die F. f. g. unserm frommen alten churfursten in der sachen Christi beweisen. Er rhumet mir, das er auch F. f. g. diener seie, er ist auch mir
seer tröstlich. Unser H. Christus gebe E. f. g. seine gnad und segen in
allem. Amen. Dat. ut supra E. f, g. undertheniger M. Bucer.

April 15. langet nach dem Pistorio, weil E. f. g. vor so langem geschriben, das sie im furderlichen befelch gethon hette sich mit dem von Wiscke her zu verfertigen. Das der bericht von der sachen des wolgepornen m. g. herren des dechant zu Cöllen von dem brieve an E. f. g. geschriben komen, kan ich doch nit gedenken, wie das zugangen seie. Aber wie dem, so sende E. f. g. ich den wider und bitt ufs undertheniglichs und warlich allein umb fordrung des reichs Christi willen. E. f. g. wöllen sich in der sachen gnediglich vernemen lassen. Dann ich deren in der warheit bezeuge, das m. g. h. Dechan sich in dieser sachen Christi so getrewlich und bestendig haltet und das m. gsten. h. und dem ganzen handel seine trew und bestendigkeit auch so notwendig ist, auch so wol erscheusset, das er warlich grosser gnaden und freundschaft werdt ist bei allen, die des reichs Christi furgang gern recht gefordert sehen. So dann E. f. g. one das dahin selb alwegen wol gewillet gewesen, das man denen, so die kirchen guter jetz inhaben und schon den kirchen nichs besonders dienen, nichs neme bei irem leben, wa sie nicht inhaben, das den pfarrern on mittel zugehörig, auch m. g. h. dechan ein so schwere pension von dem zehend, des er in forderung stalit, geben muss und dabei auch willig ist der pfarren etwas doch darvon zu geben: bitt E. f. g. ich umbs Herren willen, dem dieser mann nun so getrewlich und nicht on mergliche gefahr und fil schwere anfechtung dienet, sie wolten sich gegen im mit besonderen gnaden vernemen lassen. Er hat diese ostern mit dem hochgepornen hertzog Richhart, des h. h. Hansen von Beyern son, auch das h. Sacrament christlicher ordnung empfangen, daruber die theologen und monch nit wenig wuten. Gott gebe es inen zu erkennen. Es wird m. gsten. herren von Cöllen auch besonders tröstlich sein, wann E. f. g. diesem mann sich gnediglich erzeigen werden. Den lieben christen zu Metz wolle der liebe Gott gnad und bestendigkeit verleihen. Weil ich weiss, das E. f. g. den grave Diether von Manderscheid den jungern gon Metz verfertiget, und ich seither auch gehoret hab, das sie solten wider unruwig sein, so ist mir angst irethalben, dan ich seit dem osterzinstag kein brieve von heime entpfangen habe. Gott gebe sein gnad.

Von Nurenberg höre ich, das es ja seer verwirret steht. Und kann auch anders nit sein, dann der mit Christo nit ist und ware reformation der kirchen nit gedulden kan, dem ists nit möglich, das er unss recht hold konde sein, so lang wir bei Christo bleiben. Darumb derffen wir von solchen leuten unss nicht dann lehrer wort vertrösten. Und ist auch April 15. warlich ein gefehrlich ding mit solchen leuten fil zu thun haben. Ich dencke im offt nach, das Gott E. f. g. uber allen anlass von Bayern dennoch alwegen so ein frei und gewarsam gemut verlihen hat mit inen zu handlen. Dieweil ich hoffet, es solt E. f. g. und m. gsten. h. churfursten einlassen mit inen das reich Gottes bei inen auch etwas fordern, hett ich oft wol gewolt, es were inen von E. f. g. und m. gsten. h. churfursten weiter und freundlicher begegnet worden. So ich aber hernacher erfaren, wohin ire hendel gerichtet, dazu sie auch ein gar eben instrument an D. Ecken haben, so hab ich Gott auch wie in allerlei anderem meer hochgelobt, das er E. f. g. so vetterlich in sachen mit diesen leuten verwaret und verhutet hat. Glaub wol, alss sie leut sein und inen an Gott gelegen, sie schlugen kein vorteil und nutz auss, der inen auch von unss ketzern, wie sie unss halten wollen, begegnen möchte. Aber weil sie das reich Christi nit anders dann wie bissher meinen, so konden sie uns auch warlich mit keinem rechten trawen meinen und wir mögen unss an inen alwegen eer vergreifen und schaden von inen nemen, dann etwas rechts mit inen schaffen, wa wir uns an sie hengen. Derhalben ist ja das recht, das sich zusammen halte, was Gott zusammengefuget hat, was seinen lieben son erkennet, und erfordert andere auch hiezu. Wer dann zu unss zum ersten im Herren sich thut, der kann unss dann sust auch recht ansteen und nutzen. Aber lieber Gott, was onseglichen schaden fugen dieweil der krig und diese leut mit irem doch nur geringen anhange zu dem armen deutschen land und ja ganzer Christenheit, weil sie nun allein die sein, welche christliche vergleichung und reformation in deutscher nation verhinderen. Gott wolle inen wehren, alss er auch thun wird. Gott gebe aber, das es fielen und inen zum ersten nit zu spaat werde. Der Herr will unss zu sich treiben, wir fliehen aber iemer ferner von ihm, darumb werden wir auch iemer geferlicher zerruttet zertrennet und gohn zu grund. Doch die sich an herren Christum hangen, werden wol bleiben, wie ubel es sust eusserlich stoht.

M. G. H. fert nach iemer dapfer fort, je mer sich die Cüllnisch Clerisei und rath wider Christum legen. Aber weil wir bissher die leut nit haben bei hand mogen bringen, dan Pistorius auch noch nit komen und ich mich schier allein gar aussmergle, so gaht es eben langsam mit der gemeinen reformation naher dann die leut durch die predig alss vor mussten etwas wol berichtet werden. Dann sie in

April 15. disen landen gar elende prediger bissher gehabt haben und ist alles uberschuttet mit abgotterei der heiligen bein und bilder. Darumb solt sichs noch seumen mit Pistorio, bitt ich E. f. g. sie woltens doch beforderen, das er keme. D. Philippus hat mir geschriben, wie zu Leipsig eine schrift wider die digami und E. f. g. solle umbergeschleiffet werden. Das möchte der durchl. hoch. furst E. f. g. eidam wol, so er des verinneret, abschaffen. Dann nichs bessers warlich dann alles disputiren deshalben abschneiden und undertrucken, das ich auch im oberland verschaffet habe zugeschehen, hoffe nit vergebens. Der almechtig Gott wolle E. f. g. lange fristen und in allem beseligen und verleihen, das sie doch möchten auch diss orts den friden fordern zwischen Julich und Brabant. Wie wurde der frid unss so ein grosse forderung sein zum reich Christi, dann in den Julichschen landen fil gute prediger und pfarrer sein, die unss getrewlich helffen wurden. Der liebe Gott helffe. Amen. Bonn 15. Aprilis 1543 [1]).

E. f. g.
undertheniger
Caplan und diener
Martin Bucerus.

10.

April 29. Durchleuchtiger hochgeporner furst, gnediger herr. E. f. g. seien meerung gottlichs geists und segen und meine underthenige dienst zuvor. E. f. g. brieve sind, Gott scie lob, zu rechter zeit an das capitel zu Cöll ankomen. Den nechsten nach Ascensionis [2]) werden sie irem grossen Capitel, das sie dieser sachen der reformation von unsren zu Strassburg und anderen hohen stiften beruffen bei verlust der prebenden, ob Gott will furgelesen werden. Die widerwertigen feiren nicht, werden mit diesem Capitel fiel versuchen. So machen auch die gescheft und das ich so gar lang allein hie gewesen, das die anstellung der reformation noch nit hat konnden gefertigt werden. Hoffe aber doch, sie solle bald gefertigt werden. Dann gebe Gott gnad, das sie auch ins werck wol bracht werde. Es wird fiel kempfens bedorfen. Die welt ist seer roh und die leut stecken ganz tieff in der abgotterei der heiligen. Die stadt Collen haltet sich seer ubel in der sachen, fichtet die an, so das sacrament nach der ordnung geben und empfangen haben. Das der liebe Gott doch Gulich frieden gebe. Der hat m. gsten. h. vertrostet, seiner reformation zu folgen,

---

[1]) Präsentirt wurde der Brief am 24. April in Kassel.
[2]) Am 4. Mai.

hat auch fur seine person das sacrament disc ostern christ- April 29.
licher ordnung empfangen und befolhen, dasselbig allen begerenden auch dergestalt zu reichen. Diser tage sollen doch
m. gster. h. und Trier zusamenkomen. Vor heut acht tagen
war ich bei denen Trierschen raithen zu Bischhoven. Die
zeigten an, das ir herr wolte des general concili erwarten,
aber doch sich mit m. g. h. nit einlegen. Gott gebe das ir
beider beikunft frucht schaffe. So was böser practic das
Capitel zu Cöllen uffbrechte, will E. f. g. das selbig ich forderlich wissen thun. M. Philippus komet doch, Gott seie lob.
Fil Wittenberger grunzen onverdient wider mich. Sie sollen
aber im werk sehen, ob ich rein oder onrein den handel des
Herrn fure. Hinder dem wein und bier und schonen schanken ist leicht arme knechtlin in diesen kempfen und anliegen
vernichten. Aber wa unss das nit widerfure, so hetten wir
nicht die rechte probe unsers dienstes. Gott leite unss alle
in seinen wegen und gebe unss zu seinem reich getrewlich
zu dienen, segne und beware E. f. g. und die iren seliglich
in allen sachen. Unser alter frommer churfurst staht steif
wie ein fels und frewt in seer hoch, das E. f. g. sich sein
so gar getrewlich und wol bedechtlich annemen. Die brieve
ans Capitel wie auch die anderen haben im uber die mass
wol gefallen. Dat. Bonn den 29. Aprilis 1543[1]).
E. f. g.
 undertheniger
  Martin
  Bucer.

11.

Durchleuchtiger hochgeborner furst, gnediger herr. E. f. g. Mai 28.
seien meerung gottlicher gnaden und mein underthenige dienst
höchstes vleiss bereit zuvor. Der Herr treibet sein werk
allhie noch furt, im seie ewigs lob. Der Satan wutet auch
in dem Colnischen hauffen so fil ongestumer, der Herre wölle
inen wehren und die seinen von inen retten. Es ist herr
Heinrich Funck etwen ein pfarrer zu Zierenberg ein zeitlang
bei m. gsten. herren gewesen und sich mit predigen und sust
warlich recht und besserlich gehalten, das m. gster. herr und
alles hovegesind daran ein gut gefallen gehabt. Den hat der
Herre auss dieser welt beruffen durch die krankheit, die er
mit auss Hungeren bracht hat, wie fil andere meer. Nun
hören wir, wie er bei E. f. g. schwerlich solte vertragen sein,

---
[1]) Der Brief ist am 4. Mai in Kassel präsentirt.

Mai 28. herre Pistorius aber und andere, die in kennen, haben keinen zweifel, im geschehe onrecht. Derhalben ist an E. f. g. auch mein ganz underthenige bitt, sie wolten gnediglich verschaffen, das der armen wittwen und kinderen dasjenige gutiglich gefolget werde, das inen noch von dem pfarrdienst, den h. Heinrich selig verdient hat, aussstaht, auch inen sust ein gnediger furst und herre sein. Das etliche so strenglich diesen man widerfochten, sagt Pistorius auss wissender kuntschafft, daher komen sein, das er für die armen gestritten hat und das recht.

E. f. g. bitt ich auch ufs underthenighlichst, sie wolten doch ir jungster gnediger antwort nach sich in der sachen belangen grave Heinrich von Stolberg, Colnischen dechan, mit gnaden forderlich vernemen lassen. Dann in dem, das die gefell des zehends, darum m. g. h. Dechan ansuchet in arrest gelegt, sind von zehen fuder weins allein noch zwei ubrig, so ist vom korn auch bei 40 malderen komen, des sich der gute herre nit onbillich, alss ich achte, beschweret. Nun hab E. f. g. ich hievor mit der warheit bezeuget, das dieser herre sich so christlich und wol bei m. gsten. herren haltet, das er wol besonderer gnad wert ist. Weil er dann auch ein solich grosses davon ausgeben muss, sich auch erbeutet, der pfarren ein eerliche steure zu thun, alss von diesem zehen hievor nit geschehen, weil er nicht zur pfarr gehörig: bitt E. f. g. ich aber und abermal ufs underthenigst auss fielen ursachen und umb unsers frommen alten churfursten willen, sie wolten sich in diesen sachen in gnaden erzeigen. Diese ding, deren fiel leut mögen geniessen haben, haben auch fiel hindernuss. E. f. g. werden aber sonder zweifel ire gnedige antwort in diesem handel gnediglich befordren.

Gestern hat mir ein gut freund geschrieben, das er brieve auss Genua gehabt den 5. Maii. Da seie k. mt. noch nit ankomen gewesen; man habe ir aber in acht tagen gewartet[1]) und seie der papst damal zu Placentz gelegen und uff die k. mt. gewartet. Gott gebe, das einmal fried und der dem reich Christi forderlich seie, erlanget werden möge. Unser Herre Christus beware und segne E. f. g. zu seinem preiss und heil seines volks. Dat. Bonnae 28. Maii 1543.

Die Julichschen ligen noch vor Heinsperg und sagt man, die Brabender komen wieder Heinsperg zu enschutten. So sind in acht tagen bei fier tausent knecht auss Julicher land

---

[1]) Der Kaiser kam nach G. am 25. Mai. Stälin, Forschungen z. d. G. 5, 576.

in Frankreich zogen. Gott erbarms und gebe uns doch sein Mai 28.
wort zu erkennen.
E. f. g.
undertheniger
Martin Bucer¹).
12.
Die gnad unsers herren Jesu Christi zuvor. Durchleuch- Juni²
tiger hochgeporner furst, gnediger herre. E. f. g. werden m.

¹) Präsentirt ist der Brief in Kassel am 3. Juni.
²) Der Brief ist undatirt, schon von Hassencamp, der 2. I, 235 einen kurzen Auszug gibt, mit Recht in den Juni gesetzt. Auf der Adresse nämlich ist bemerkt: praes. Kassel 15. Juni 1543. Derselbe Vermerk befindet sich auf der Adresse eines Schreibens von Dietrich von Büchel, das er am 12. Juni 1543 von Brühl aus dem „ernvesten N. des hochgebornen fursten herrn, herrn Philipsen . . Camer-Secretario, meinem durchleuchtigen gunstigen herrn und freund, in seinem abwesen dem h. Licentiaten Lersener zu erbrechen" zuschrieb. Hier lesen wir: „Wiewol ich Ewer keine kundtschaft (derhalb ich auch bitt mir in ongutem nit abzunemen das ich euch in der uberschrift nit mit namen gnent, auch ein solichen titulum wie euch geburt uit geben], so hab ich doch nit underlassen mogen zu anfang unser kundschaft, die. ich verhoffen, wir geliebts Gott noch machen wollen, uch diese schrift zuzusenden. Und mag uch demnach onvermeldet nit lassen, das bede die hochgelerten herrn Philippus Melanthon und Martinus Bucerus mir diese hiebiligend schriften an den durchleuchtigen hochgebornen fursten und herrn, herrn Philipsen . . haltend zugesandt und an mir begert, sr. f. g. (dweil sie nit anders gewusst dan m. g. h. der Erzbischof zu Coln zu hochg. m. g. h. von Hessen zihen solt) die zu uberantworten und, so ich von wegen s f. g. gefragt, im sovil mir bewust die gelegenheit dere hendel, so in sachen des Evangelii alhie furfallen, anzuzeigen, wie ich dann auch nit allein s. f. g. zu underthenigem gefallen, sonder auch den vurg. trefflenlichen mannen meernern zu dienst und freundschaft, die ich ine billig erzeigen soll, ganz willig gewesen. Nachdem aber, wie ir vernemen werden, hochg. m. g. h. reise dissmals nit vur sich gehet und ich auch nit weiss, was an solichen brieven dere beider herrn gelegen, so hab ich bi diser botschaft, die ich zu uch gehabt, uch die schriften zuzusenden nit underlassen wollen, freundlich bittend, ir wollend vurg. M. H. Philippo und Martino, die ir one zweivel wol kennen, zu gefallen, ire hibiligend brieve hochg. m. g. h. dem Landgrafen uberantworten und mich also dere ufgelegten burde erledigen. Dan wo es gehern mogen, woll ich den arbeidt die brieve zu uch zu furen gerne gethon haben. Ir habt one alien zweivel D. Martini Buceri buch seiner leere berufung und zuversicht halben zu Bonne im truck ussgangen wol gesehen. Damit ir nu auch verstehen, mit was geschicklichkeit und grundts Clerus secundarius (wie sie sich nennen) und Universitas Coloniensis oder ire verordneten dazu uber solich buch geurteilt, auch was D. Philippus daruf in der ile geschriben, so senden ich uch disen hibiligenden trugk, solchs daruss zu ersehen und zu vernemen, was wir fur dapfere gelerte leut zu Coln, auch was guter sachen sie haben. Warlich irer achtung were es gerathener und weniger abbruchig gewesen zu schweigen, dan ein solichs onverschemptes urteil au tag khomen zu lassen. Ich bitten auch dem H. Dionisio hibiligends D. Philippi buchlin zu uberliebern." .

Juni gsten. herren gewislich befinden, als ich hoffe, wie sie in begeren zu vernemen. S. cf. g. versteht die sach Christi, lesst sie ir angelegen sein, scheucht nit einen jeden wind. E. f. g. geruhe das hubsche buch wider mich geschriben, deren ich E. f. g. drei exemplar schicke, einmal zu uberlaufen. Auss dem wurden sie wol den grausamen hass frevel und onsinnigkeit des Colnischen gesinds erkennen. Nun ist Gott lob so fil raths und herzes bei dem dechan, das er von den herren des Capitels den bessern teil fur sich hat, dadurch er auch verhindert hat, das des Capitels nam (das nennen sie primarium clerum) nit hat mögen zu diesem hubschen buch erlanget werden. Und wa die sieben doctores (sie nennens die sieben priester) nicht mit im Capitel weren, so were das Capitel mit meinem gnedigsten herrn. Dann allein der von Witigstein mit den zweien von Nidereisenburg und einem von Gleichen widerwertig sind, die aber nichs vermöchten, wen (nicht) die sieben priester weren, under welchen die leithemmel sind der Cantzler und Gropper. Dann sie sind mit den sofiel pastorien und anderen pfrunden grausam beschweret. Von dem Gropper haben noch etliche hoffnung; mir grawet aber vor dem, das er noch alss pfrunden annimet, hat kurzlich ein decanat zu Xanten angenomen. Und lasset sich brauchen wider m. gsten. h. und Christum. Hat ihn aber m. gster. herre von gantz geringem thun zum gelt reichen herren gemacht. Die es meinen zu wissen, geben im uber die zwei tausent gulden jerlichs einkommens zu. Nun ists aber nit möglich zweien herren, dem Mammon und Gott zu dienen[1]). So sind auch deren wenige wider komen, die nach erkandter warheit die warheit verfolget haben. Gott helfe im. Ich gedenke sein nimer on besonderen schmerzen: so fil hat er guts mit mir geredt und so wol hat er sich nach vernig zur reformation erzeiget. Der Herre helfe im ists möglich. Wann E. f. g. in gemein bei der tafel oder sust reden werden, wolte ich, sie richten ire reden alle uf die weiss, wie sie dem Capitel zu Cöllen warlich ganz christlich und weisslich geschriben haben, das es zeit uber zeit seie, das wir Christum den Herrn auss der acht liessen, sein reich nit so verfolgeten, das man warlich begeret solich reformation furzunemen, die jeden uf sein gewissen lassen solte, das jeder hette oder nach gemeiner weiss zu bekomen hette. Dann pfarren und schulen noch von dem geholffen werden möchte, das man an die personen henget,

---

[1]) Vgl. Krafft, Theologische Arbeiten 2, 53 ff.

die nichs dan vergeblich, ja wider Gott singen und lesen, Juni
die man doch auch in frieden konde lassen, bei dem das sie
haben, absterben. Ob dann E. f g. darbei etwas bekennet,
das wol anfenglich kirchen gutern vergeben worden weren,
wir begerens aber nun besser anzurichten. Dabei aber den-
nost das auch zu ¦melden were, wie die leut fursten und
herren das sacrilegii so seer schelten konden, die die kirchen
guter nach an spitalen, schulen und pfarren verwendeten und
obschon davon anderen auch etwas gegeben were, so were
das doch solichen personen gegeben worden, die der gemein
nutzlich gedienet hetten und dieneten, so die genannten geistlichen, so fiel die uf erden niemant nutzeten, dieweil im Sar-
danapalischen und Sodomitischen mutwillen lebten und schulen, spital und pfarren beraubten und verderbten. Es were
dann das die blossen namen und langen rock recht geben die
kirchen guter zu sich hauffent zu ziehen wider alles gottlich
naturlich und canonisch recht. So weren der sacrilegen und
kirchen diebe gar fiel meer uff den grossen stifften, dann uff
unserm teil. M. gster. herre wird das nit ongern horen.

Daneben ee m. gster. herre von E. f. g. schieden, wolt
ich, E. f. g. redte mit dem Gropper im beisein allein meins
gsten. h., aber s. chf. g. des onverwarnt (er will sich gern frei
halten in den dingen), von irer schriften, die sie ans Capitel
gethan und von dem bösen buch wider mich geschrieben,
zeigeten an, wie gnediglich E. f. g. gegen dem Capitel gesinnet weren und was reformation sie gern gefordert sehen,
wie sie auch mich iren diener erkennet hetten und das E. f.
g. nach dem sie nicht zweiflet, m. gster. herre gedechte kein
ander reformation, dan die christlich und jederman wol fuglich were, einzufuren und das ich auch zu keiner anderen
riete: so hetten E. f. g. nit on beschwerden der Colnischen
buch gelesen., darinnen sogar onverschemet und wider die
warheit alle protestirenden kirchendieb, zerstörer alles gottesdienst, ketzer und uffrurisch gescholten worden. Weil dann
E. f. g. und ander grosse fursten und graven auch nichten
und verwandten hetten, die auss den clöstern zur h. eh komen weren, konden sie die so schwere lesterung der h. eh
in diesem buch anders nicht dan zur schmach und verletzung
auch E. f g. und anderer fursten und stend der christlichen
vereine uffnemen und hetten sich nit versehn, das ein erwirdig
hoch Capitel solichen frevel solte gestattet haben, besorgten,
es möchte mit der zeit beschwerliche weitrung bringen, und
was E. f. g. hiezu wol bessers wird sagen konnen. Der
Gropper alss ein gelt reicher und eer begernder ist seer

Juni forchtsam, darumb solte soliche rede E. f. g. nit allein ihn, sondern noch fiel mit im stiller und uf dem kunftigen landstag, da man von der reformation schliessen solte, etwas geschmeidiger machen. Doch wolt ich auch E. f. g. gepetten haben, sie hetten deshalben dem rath und Capitel zu Colln auch geschriben oder verschafften, das beiden teilen von wegen der gemeinen stende auss Schmalkalden geschriben wurde mit ernst, welches gar wol dienen wurde, die sach Christi uf dem landtag zum guten schliessen zu fordern. E. f. g. bitt ich auch ganz undertheniglich, sie wollen gnediglich und vertrawt mit m. gsten. h. secretario Buchle von diesen sachen reden. Er ist einer vom Adel, meinem gsten. herren zum besten vertrawet, auch hoch verstendig und steif, onwankelbar, thut sich nichs besonders auss, ist aber ein furnemer mensch. Wir haben auch wol ein gedenken gehabt, ob uff dem vorhabenden tag zu Schmalkalden ein eerliche botschaft von gemeinen stenden uf unsern landtag gesandt wurde, die m. gsten. herren und die stende des churfurstenthumbs ernsthafft ermanet zu christlicher reformation mit vermeldung, zu was gutem das dem gantzen reich dienen wurde, wie sie auch ein soliche mass der geistlichen guter halben mochten treffen, die anderen zu gantz besserlichen exempel dienen wurde, die sust, wie man sehe, sampt aller guten policei und versehung der kirchen verfielen. Wa dann auch nit solte ein einigkeit der reichsstende wider mogen troffen werden, welche aber on christliche reformation nit zu hoffen were, wurden wir den ontreglichen zorn Gottes von Turken und sust teglich beschwerlicher und unss allen verderblicher befinden. Davon E. f. g. doch wolten mit diesem secretario Diether von Buchel gnediglich und vertrawet reden. E. f. g. ist doch unser aller nothelffer und vatter des vatterlands unter den menschlichen fursten, derhalben ich so gedrist E. f. g. von dem allem schreibe. Es kann E. f. g. auch wol ermessen, wie fiel gantzer deutscher nation an guter reformation in disem churfurstenthumb gelegen sein wolle. In sachen des dechans grave Heinrichs bitt ich uffs underthenigst umb ein gnedige antwort. Er ist ir warlich werdt und soll unss zu fil gutem dienen. Christus unser lieber Herre wölle E. f. g. segnen, mit allen, die er ir befolhen hat. Und gebe dem frommen verlassnen f. von Julich heilsamlich zu rathen. Er ist warlich gantz gutherzig, bekennet Christum, hat nun fier jar anders nicht dann christlich communiciret. Die leut hat er aber leider nit zu dem so grossen regiment und ist er zu gut, darff rath und hilfe. Und ist aber warlich also gutherzig,

das im billich helffen und rathen solle, wer da kan. Die Juni
gnade des H. meere sich E. f. g. allezeit. Amen.
E. f. g.
undertheniger
M. Bucer[1]).

13.

Nach dem Original (A) und einer Copie (B) hat Neudecker, Juli 3.
Aktenstücke S. 348—356 einen Brief Butzer's vom 3. Juli abgedruckt; mir liegt ausser diesen Vorlagen Neudecker's noch eine andere Copie (C) vor. Aus dem Original ergeben sich folgende Verbesserungen des Neudecker'schen Drucks:
S. 348 Z. 6 des Briefs v. o. l.: rein *statt:* sein.
S. 349 Z. 1 und 2 v. u. l.: dise feinde Christi haben den rath zu Collen oder das meere darinnen durch die weiber wie man sagt zum besten uff ir seiten. Im *statt:* dise f. Ch. h. d. r. z. C. o. d. m. darinnen durch die erstere wie man sagt zu teilen auf . . . . Im.
S. 350 Z. 3 ff. l.: aber die sieben priester . . mit dem von Witigstein, dem alten von Rinneck und Isenburg, auch dem eineigigen von Gleichen *statt:* aber die s. p. . . mit dem uneinig sein, dem allen von Rineck und Isenburgk, auch dem eineigigen von Stephen.

---

[1]) Am 18. Juni schrieb Philipp aus Kassel an Butzer, er habe dessen Brief wie das Lästerbuch der Kölner erhalten. „Wollens auch mit vleis lesen, hoffen aber, es werden der Philippus Melanthon und ir inen daruff gute antwort gegeben haben und noch geben. Das sich der Gropper dermassen hielt, solches verstehen wir nit gern, haben aber nie vil uff inen gesetzt, derwegen wir im dises deste liderlicher zugleuben mugen. Was wir mit unserm besondern lieben hern und freund dem bischove, auch darnach insonderheit mit dem Gropper und Secretario Buchlen solten geredt haben, daz gefellet uns wol, weltens auch von herzen gern gethan haben, wan des bischovs und unsere zusammenkunft were fur sich gangen, es hat sich aber dieselb geenderet us ursachen, wi euch villeicht der bischove anzeigen wurd. Doch so stehets daruff, das S. L. und wir etwa umb den august moehten zusamen komen. Da wollten wir, wa solchs beschiht, dises eures erinnerns indenkig sein. Die schrift oder botschaft an rath und capitul zu Collen zu fertigen wollen wir bei unsern standen uff nechsten tag zu Schmalkalden mit vleis befordern.' Sollten die anderen Stände nicht dazu zu bestimmen sein, wolle er es mit Sachsen allein thun. Ueber die Sache Stolberg's erwarte er noch genaueren Bericht. — An demselben Tage schickte Philipp im Ernestinischen Archiv (H. 179) noch erhaltene Copien dieses Butzer'schen Briefs und eines Briefs Melanchthon's vom 10. Juni 1543 (C. R. 5, 118 f.) an Johann Friedrich. Er befürwortete Butzer's und Melanchthon's Vorschläge, erklärte, er würde in diesem Sinn seine Räthe in Schmalkalden instruiren. Johann Friedrich spricht in seiner Antwort vom 22. Juni 1543 (Neudecker, Urkunden 652) sein Einverständniss aus; über Melanchthon's Antwort auf das Buch der Kölner urtheilt er, sie sei „sehr nuts und gut".

Juli 3. S. *350 Z. 12 v. o. l.:* ussgeschri*b*en *statt:* u*ff*geschoben.
S. *350 unten l.:* Nachdem denn der teufel bissher nit gefeirt **bei allen stenden**, fiel blode sind, die statt Colln mit der Clerisei so **wutet** und die **gutherzigen** im hohen Capitel **das** meer nach nit haben mugen, **Key. Mt.** nu vorhanden, auch das vermeint Concilium *statt:* N. d. t. b. n. g. **hat aller stenden fiel blöd sind**, die Statt Coln mit der Clerisei so **muert** und die **gethan Zuge** in hohem Capitel **des** merer nach nit haben mogen, **bey dem** nun vorhanden auch das vermeint Concilium.
S. *351 Z. 8 v. o. l.:* erwerben *statt:* erweissen.
S. *351 Z. 15 v. o. l.:* die furnemen von dem **secundario clero** *statt:* d. f. von den **stenden cleri**. *Ebenso* S. *352 Z. 13 v. u.*
S. *353 Z. 2 v. o. l.:* wutens *statt:* reubens.
S. *353 Z. 4 v. o. l.:* Haben nechst dem ketzermeister einem bosen prediger **monch** ire knecht geben *statt:* Haben nechst dem ketzermeister einen bösen prediger, **mach** ire knecht geben.
S. *353 Z. 6 v. u. l.:* der stende *statt:* der stedt.
S. *354 Z. 4 v. o. l.:* die widerwertigen **zagen** *statt:* d. w. **zeigen**.
S. *354 Z. 5 v. o. l.:* zu gutem beschluss *statt:* In g. b.
S. *354 Z. 12 v. o. l.:* ime **nit** *statt:* ime **mit**.
S. *356 Z. 5 v. o. ist von N. nach:* nachteilig seie *folgender Satz ausgelassen:* E. f. g. wolle gnediglich in allem helffen wie bissher, der liebe Christus wirds reichlich belohnen.

In C findet sich folgende Nachschrift, Abschrift eines Zettels, der A nicht mehr beiliegt:
E. f. g. bitt ich auch ufs unterthenigst, sie wolle helfen, das M. Philippus doch den lanntag bei uns ausbare. Sein ansehen und unterweisen wurde den graven und dem adel hoch von noten sein. Er eifert sehr heim, was kann aber ein acht tag erschiessen? er ist plod, aber anderswo als wol als hie. Auch konnen wir hie den teufel gar vertreiben·doch aus der kirchen, wie solt diss beut so weit reichen. Nun ist grosse hoffnung, wa wir nichts verseumen, der Herr werde uns den sig geben[1]).

---

[1]) Am 7. Juli wurde dieser Brief in Friedwald präsentirt; von da schrieb am 8. Philipp an Johann Friedrich, um Butzer's Vorschläge zu befürworten, namentlich dessen Wunsch, dass Melanchthon bis Ende des Landtags in Bonn bliebe. Ernestinisches Archiv H. 180.

V.
Zwei Briefe von Dietrich von Büchel 1544 und 1545.

Mit Recht hat 1870 Krafft hervorgehoben, wie ungenügend und dürftig bisher unsere Kenntniss über die wichtigsten Persönlichkeiten und Thatsachen der niederrheinischen Reformationsgeschichte sei; ist doch, sagte er, die Hauptpersönlichkeit, durch die Erzbischof Hermann die Reformation in seinem Erzstift betrieb, so zu sagen, noch gar nicht einmal genannt[1]. Wirklich ist ärgerlicher Weise gerade ihr Name, der Name von Hermann's einflussreichem Secretär, Dietrich von Büchel bei Ranke, an der einzigen Stelle, an der er ihn erwähnt[2], durch einen Druckfehler entstellt; erst nach 1870 sind durch Ennen, wie durch Krafft selbst einzelne Notizen über ihn veröffentlicht[3]. Aus dem Archiv zu Neuwied theilte Krafft einen Brief Butzer's an Büchel mit; oft begegnet in den dort aufbewahrten Schriftstücken uns seine Hand. Auch in Weimar und Marburg finden sich von ihm geschriebene Briefe; im vorigen Abschnitt sahen wir, in wie nahen Beziehungen Butzer zu ihm stand, wie sehr er seine Unterstützung rühmt. Noch nach Hermann's Tod vertrat er die Geldforderungen, die von Seiten Hermann's gegen Köln zu erheben waren; er wurde desshalb durch Erzbischof Adolf gefänglich eingezogen. Johann von Wied ersuchte am 28. November 1552 Wilhelm von Nassau, sich für Büchel's Freilassung zu verwenden. Wilhelm bat ihn, zuvor

---
[1] Krafft, Bullinger 2. 60.
[2] Ranke 4, 263. Im Register ist Büchel überhaupt nicht aufgeführt.
[3] Ennen 4, 395. 514. 565. Krafft, Theologische Arbeiten 2, 60.

Genaueres über den Grund von Büchel's Gefangensetzung mitzutheilen. Aber wie wir aus einem Schreiben des Befehlshabers zu Wied[1]*) ersehen, war Büchel bereits,* nachdem er in schwerer Krankheit von dem zoll zu Bun ghen Bruel gefurt, den letsten Novembris in verhaftung elendig gestorben. *Wie auch Melanchthon Büchel schätzte, zeigt eine Bemerkung auf dem Umschlag des nachfolgenden, an ihn gerichteten Briefes; auf der Adresse desselben liest man von Melanchthon's Hand:* Literae secretarii episcopi Coloniensis ingeniosi et boni viri.

1544
April 15.

1) Büchel an Melanchthon, Speier 1544, April 15.
Aus der Collectio Camerariana v. X. n. 304 und 305[2]*). Or.*

S. P. Wirdiger hochgeleerter gunstiger here und freund. Uber das vorig mein von hinne an uch ausgangen schreiben weis ich dieser zeit nichts besonders von dem stande dere sachen dieses reichstags zu vermelden. Dan als es mich ansicht, besorge ich, das wie wir Gottes unsers herrn sache nit trewlich gefürdert, sondern bi seiten gestelt und ire die letste platz geben, also werde der almechtig gerechter Gott sich unser auch wenig annemen, uns zurück stellen und seinen zorne und straf uber uns ussgan lassen, ehe Er sich gegen uns mit gnaden erzeige. Dan seidheer das man die religionsache bi seiten gesetzt und die hilf gegen den Turcken und die ime anhangen sollen, furhand gnomen, so hat man wol kei. mt. die hülf zugesagt, aber itzo wol acht wochen daruber allein gehandelt und ist doch noch nit eins, wie man sie inbringen und leisten wolle. Man ist auch also blintlich hininne gegangen in die hilf, das man des reichs und den gemeinen nutz wenig bedacht, und das zu besorgen, dasjhene, das wir schauwen, uns widerfarn werde. Der almechtig wolle uns durch seinen lieben sone unsern heiland gnade verlehenen, weider in seine erkandtnus furen und die seine gnediglich erhalten und uch für allem unfall beschirmen. Datum ilends Speyer am 15. Aprilis Anno 1544.

Ewr williger

Dr. v. Buchell.

Vergangner tage sein Sachsen und Hessen gegen herzogen Henrichen in biesein kei. vnd kn. mten. churf. fursten

---

[1]) Dies Schreiben, wie die erwähnten Briefe Johann's von Wied und Wilhelm's von Nassau, findet sich in einem dem Nassauer Archiv entstammenden Fascikel des Düsseldorfer Archivs: Correspondenz Hermann's mit Wilhelm von Nassau 1551 und 1552.

[2]) Durch Halm's Katalog wurde ich zuerst auf diesen Brief aufmerksam; auf meine Bitte hatte dann Dr. Laubmann, damals noch in München, die Freundlichkeit, eine Abschrift für mich anzufertigen.

und stande des reichs verheret, doch in absein herzog Hein- 1544
richs. Daruf versehen ich mich werde herzog Henrich binnen April 15.
kurzem antworten. Die sache mit Hessen und Nassaw hengt
noch. Ercklerung und versicherung fridens und rechtens ist
auch noch nit geschcen. Mich bedüuck, der keiser wolle
die sachen nit gerne vergebenlich ufhalten, sondern ime den
verzug nutz machen. Kei. mt. nimbt reuter und knecht
an gegen Franckreich. Dergleichen auch Engelland thut.
Man sagt, Engelland sei schon im zuge mit etligen lewten
gegen Schottlandt und auch mit etligen gegen Franckreich.
Es were wohl besser, das wir fride mit einander hetten. Man
sagt alhie, das der babst nach etligen stetten in Italia dem
keiser zustendig trachten solle. Item das babst und Venetianer ire bottschaft bi Franckreich gehabt, vast ehrlich gehalten und mit grossem geschenck wider abgefertigt sein.
Es lauffen alhie in den hendlen wunderbarliche practicen mit.
Es ist kein trewe und glawe mehr, und weiss niemandt,
weme er vertrawen soll. Der allmechtig besser es. Dere
religion halb besorgen ich, das wenig alhie gehandelt werden
soll. Datum ut in literis.

2) Büchel an Simon Bing, Buschhoven 1545, Januar 19. 1545 Januar 19.
Aus dem Marburger Archiv. Or.

Mein freundlich dinst mit vermogen alles guten zuvor.
Ersamer und achtpar gunstiger freund. Was mein gnedigster herr der erzbischof zu Coln und churfurst meinem
gnedigen herrn dem Landtgrafen itzo schreibt, das werdet ir
one zweivel uss solcher schrift vernemen¹). Neben dem will
ich uch nit bergen, das die vom Dhomcapitel zu Coln sambt
der clerisei und universiteten an die churfursten Mainz und
Trier und an ire Dhomcapitel, dereglcichen an die Suffraga-
nien (wie man sie nennet) diss ertzstifts Coln, nemlich Munster, Ossnabrug, Minden, Lutig und Utrecht und ire Dhomcapitel und Clerisei geschrieben und begert, das sie irer ver-

---

¹) Am 17. Januar 1545 schrieb Hermann aus Buschhoven an den Landgrafen, er habe einen seiner Diener an Johann Friedrich, Joachim von Brandenburg und Moritz von Sachsen geschickt und befohlen, den Genannten „diese sachen der appellation und was uns sonst begegent zu entdecken und irer Liebden Raths uf disem itzigen reichstag und sonst uns mitzuteilen zu begeren, auch dere universiteten zu Wittenberg furzugeben, das sie unser bedenken der reformation one zweifel gesehen und verlesen, wo sie uns dasselb zu verbessern wusten oder sonst einig anders bedenkens darin hetten, uns desselbigen in geheim und vertrauwen zu berichten. Was ime nun daruf begegnet, wissen wir noch nit, sein aber seiner widerkunft und berichts alle tags gewertig".

1545
Januar 19.

meinten appellation anhangen, die mit verfolgen und zum besten ine rathen und helfen wollen, das auch das Capitel zu Munster und Lutig sambt dem bischofe zu Lutig meinen gnedigsten hern in schriften ersucht von seinem vorhaben abzustain, mit dem anhange, wo das nit beschege, das sie alsdann nit wusten das Capitel zu Coln und ire mitverwandten zu verlassen, sondern musten derselben appellation auch anhangen und die verfolgen helfen. Wiewol nun hochg. mein gnedigster herr darauf antwort geben und sie der sachen zimlicher mass bericht, so lassen ich mich doch bedunken, das solichs bie den lewten wenig geacht werden soll, dweil dann one zweivel sie etwas athems und vertrestung haben. Und dan hochg. mein gnediger herr von Hessen uss den keiserischen schriften, so jungist zu Coln, als die von der landschaft vom Dhomcapitel dahin beschriben, verlesen und seiner f. g. copien davon durch doctor Lennep zugesandt, vernomen, was an die stende von der landschaft von wegen k. m. geschriben und das solichs dem jungsten Speirischen abschid und der fridenshandlung etwas ongemeess. Geben ich vur mein einfalt zu bedenken, ob man nit pillig uf diesem reichstage sich des vergleichen, auch daruf bestain solle, das man sich in keine handlung inlassen moge sonderlich dere stewr halb, man habe dan ein andern bescheid der religion und das man nit alle wege solcher schriften an die underthane, dergleichen under schein des rechten oder sonst theitlichen uberfalls gewarten dorffe. Dan dieser reichstag furnemlich der religion halb angesagt und ich besorge, das das ussschreiben des concili uf den 4. sonntag in der vasten negstkomend zu Trendt nichtz anders sei, dan das man sich damit uf diesem reichstag der religion in handlung zu begeben entschuldigen und nur das gelt von den Teutschen zu wege bringen und sie mit dere zeit ganz erösen moge, damit man sich mitler zeit gefasst machen und schier ader morgen, wann die teutschen nichts vermogen dieselb dann nach allem willen von Christo unserm heilandt in des Anti-Christs dinstbarkeit sovil moglich zwingen kunne.

Diss bitt ich ir wollendt hochg. meinem gnedigen hern ufs fueglichst anzeigen und wo sein f. g. deshalb oder sonst bi meinem gnedigsten hern ichtz welt geworben haben mir solchs widerumb bi gefelliger bottschaft zuzuschreiben. Dan uf negst vergangem reichstag hat seine churf. g. daruf gestanden und wird meins versehens seiner churf. g. meinung auch noch sein, das man Gott dem Herrn die ere und erste platz in der reichshandlung geben wolte.

Mein gnedigster herr, Gott hab lob, wiewol er sich nit wenig beschwerd, das die gegenteil wider Gott und sein heilige wort also hart anlaufen, ist doch seiner churf. person halb und auch in irem vurhaben wol getröst. Nitdestoweniger soll man dennocht den sachen acht haben und die mittel, die Gott verlihent, nit ussschlagen. Darumb stehet dise sach nit allein meinem gnedigsten herrn, sondern auch allen denen, welche der lehr und Augspurgischer Confession sein, wol zu bedenken, welchs mein gnedigster herr verhofft, das sie auch thun werden.

1545
Januar 19.

Mein gnedigster herr hat brenger diss ein bogen sambt einer winden und etligem geschoss vur meinen gnedigen herrn den jungen landgrafen und ein rapier fur meinen gnedigen herren den landgrafen selbst mitgeben. Wo es nu der bott nit will behalten, mogen ir davon bericht thun. Das wolt ich uch in ile nit bergen und erpiethe mich uch zu dienen willig. Datum ilends Bischofen am 19. Januarii Anno 1545 [1]).

D. v. Buchell.

Von kei. mt. heruf khomen zum Reichstag haben wir noch nichtz gewiss. Ire Mt. ist noch kurtz zu Gent am Podagra vast schwach gewesen. Derhalb die gesanten von der landschaft des stifts Cöln bisshere auch noch nit haben gehort werden mogen. Es ligen etliche Gardestiner umb Maschtricht und an anderen orthen. Die warten uff kei. mt., wie davon die sage ist. Die Spanier sollen noch umb Toll und Verdun ligen, vil grossen schaden thun und, wie etlige sagen, sich vurgenomen das haupt zu wenden und uns im stift Coln heimzusuchen, welchs ich doch nit gleuben kan. Datum ut supra.

---

[1]) Dieser Brief und das in voriger Anmerkung erwähnte Schreiben Hermann's sind nach den Aufschriften auf den Adressen in Kassel am 28. Januar präsentirt.

VI.

Sächsische und Hessische Gutachten in der Kölner Sache.

1. Sächsisches Bedenken, an Philipp von Hessen übersandt 1545, Januar 15[1].
Aus dem Marburger Archiv. Or.

Dieweil die zeit, Gott sei lob und dank, kommen und vorhanden ist, do der mensch der sunden nemlich der antichrist der bapst, so sich in tempel Gottes gesetzt und sich erhaben hat und erhebt uber alles, das Gott oder Gottes dienst heisst, offenbar worden und mit dem geist des Herrn mundes seines hellen lichten worts und Evangelii soll umbbracht und sein ein end gemacht werden durch die erscheinung

---

[1] Im Marburger Archiv findet sich ein von Johann Friedrich eigenhändig unterzeichneter Brief vor, von diesem Tag aus Torgau datirt, in welchem er dem Landgrafen meldet, er übersende ihm „unser bedenken in des erzbischofs zu Collen sachen", bittet ihn, dasselbe zu erwägen und ihn wissen zu lassen, was er darauf zu thun denke. Sehr erfreulich sei die gute Antwort, die Herzog Moritz den Gesandten des Erzbischofs gegeben habe; könnte Moritz bewogen werden, einer Appellation des Erzbischofs zu adhaeriren, „so wurde es dieser, auch sunsten anderen sachen vil guts thun". Hans von Dolzig habe von der Leipziger Messe die Nachricht mitgebracht, „als solten dahin zeitungen kommen sein, das Kay. Mt. die appellation des thumbcapitel und clerisei zu Collen solt abgeschafft haben"; dieser Nachricht sei kaum zu glauben, Philipp oder der Erzbischof selbst würden sie sonst gemeldet haben. Der Bischof von Münster dürfe jedenfalls nicht dem Drängen des Kölner Clerus nachgeben, seiner Appellation beizutreten. „Wurde aber der erzbischof zu Collen unserm bedenken nach appelliren und es wolt an den bischof von Munster ferner gedrungen werden, als wir uns doch nicht versehen, uf solchen val solte nit ungut sein, das er, der bischof, sich alsdan gemelts erzbischofs zu Collen appellation auch adherirte und anhengig machte".

seiner zukunft, so wil nit zu besorgen sein, das derselbe mit seinem antichristischen reich nunmehr weiter steigen, sondern nur fur und fur abnehmen werde. Hirumb sei man getrost und keck, wie man Gotlob anfencklich und bisher gewest, und trachte, thu auch mit allen crefften dorzu, domit man ime und seins anhangs arglistige griff breche. Nun ist der griff, des sich Capitel, Universitet und Clerisei der stadt und stiffts Coln wider ire von Gott geordente oberkeit, den christlichen erzbischof und churfursten doselbst wider irer chf. g. reformation mit irem vermeinten appelliren an den babst und antichristischen stul zu Rom understanden, ein geschwinder und arglistiger handel, dem mit mentschlich vernunft und mitteln muhesamlich gnug zu begegnen, wo zuvorderst die kei. mt. inen dorinnen vorhengen soll, als doch nit zu verhoffen. Dann gemelte gegenpartei hat darinnen vor sich die ordenungen der beschriebenen recht, domit sie auch one zweivel dreierlei verhoffen zu erlangen. Als nemlich und zum ersten einen grossen weiten anhang durch die adherenz, so sie gesucht und teglich suchen, domit sie gewisslich verhoffen die erweiterung Gottes worts und der reinen lehre einzustellen und zu verhindern und sonderlich obgemeltem irem herrn dem erzbischof seiner churf. g. furgenommenen reformation halben die hende zu schliessen. Zum andern wo sein chf. gn. daruber domit fortfahren wurde, das solchs bei des babsts censuren als attentat furderlich und unverzuglich solt wider abgeschafft werden. Und zum dritten vermeinen sie mit solcher curtisanischer appellation wider alle keiserliche und des heiligen reichs abschide den babst uber die streittige religionsachen als vornembsten widerpart zum richter zu machen und ime mit solcher appellation wider mehrberurte reichsabschiede, auch wider gotliche naturliche und beschriebene recht, nach welchen der babst in seinen eigenen sachen und sonderlich, do er umb irrige und unrechte ketzerische lehr beschuldigt wird, nit part und richter sein mag, berurte strittige religionsachen in die hend zu bringen und die kei. mat. ime verpflicht und verhafft zu machen, seine partheiische condemnation wider mehrgedachten ertzbischof und churfursten zu Collen als durch anrufung des weltlich schwerts zu exequiren. Und halten es die meister solchs curtisanischen griffs und der appellation gewislich dafur, es mussen und konnen inen berurte ire gedanken darin nit fehlen, nachdem sie die regeln des bebstlichen recht in solchem vor sich haben.

Nachdeme aber die furnehmen gemelten erzbischof zu Colln und s. chf. g. allein nit, sundern alle christliche churfursten, fursten und stende, so itzt das Evangelium angenommen, ha uckunftiglich durch gotliche erleuchtung wurden annehmen als ein gemeiner nachteil, so daraus ervolgen wurde, belangen: so wil auch allen iren churf. und f. g. auch gnaden und gunsten geburen und die hohe unvermeidliche notturft erfordern, das sie mit dem churf. zu Collen in solch s. ch. gn. anliegen eintreten und eine gemeine sache sein lassen. Dan do es an deme ort wider sovil reichsabschiede der religion halben gemacht dem babst und mehrberurter gegenpartei gelingen solt, so wurd es ein exempel und furbild sein, daraus dergleichen wider alle andern christlichen stende ervolgen wurde. Darumb semptlich darwider zu trachten zu thun und zu halten die notturft sein wil und insonderheit das man dem babst uber sovil kei. mt. und des reichs abschide nit widerumb in seiner als des principalen jegenteils hende kommen lasse, welchs nit allein durch die merberurte appellation, sondern auch durch die ansetzung des parteischen concilii gen Trient durch den babst und seinen anhang gesucht wird, auch weiter und uberflussig aus dem schreiben zu verstehen ist, so der itzige babst Paulus an kei. mt., weil sie nechst in Frankreich gekriget, ufs spitzigst beruṙter meinung gethan hat. Derwegen wil sich geburen, das churfursten fursten und stende der christlichen religion dem churf. von Collen als einem ehrlichen christlichen alten erzbischof und churfursten rath und christlichen beistand erzeigen, s. chf. gn. damit nit lassen, so lieb iren chf. gnaden und inen auch iren underthanen ist ihr selbst heil und wolfart, der warhaftigen lehr und religion halben. Dan es kont sich wol zutragen, dieweil der babst berurt concilium ansetzt, das er mehrgemelter gegenparthei appellation uff dasselb concilium verschieben und sich weis brennen wurd, als wolt er nit erkennen, sondern sein concilium erkennen lassen, damit er kei. mat. der execution halben dest baes und gewisser fassen mocht. Was nu damit allen itzigen auch kunftigen christlichen stenden vor ein nachteiliger einbruch wurde gemacht werden, ist leichtlich zu gedenken.

Nu wil hieran gelegen sein, wie und durch was wege solcher appellation und erlangeter adherenz, auch des babsts vermeintem concilio mit ehrlichen vernunftigen und bestendigen wegen zu begegnen und solche geferliche praktiken zu widerdringen sein wollen. Mehrgedachter erzbischof churfurst zu Coln hat seiner gegenpartei uf ire extrajudicial appellation und vorechtliche und refutatorios apostolos mit solchem christlichen und erbaren darin ausgefurten ursachen gegeben, welche die appellanten nimmermer vermugen zu widerlegen, und damit einen christlichen und rechtmessigen anfang wider alle vorerzelte des babsts und des widerteils practiken und anschlege gemacht. Nu wil weiter zu bewegen und zu bedenken sein, wie die in gedachten abschlegigen · aposteln angeregte vorlegung und grunde weiter zu nutz furgewandt mugen werden. Und wiewol wie oben vormeldet die gegenpartei die beschriebene zuvorderst bebstliche recht und derselben regeln vor sich vormeinen zu haben, so geben doch sein eigen decret und canones und vorordnen in diesem valh einen auszug und exception, das der babst nit macht hat richter oder auch president zu sein in einem concilio, do ime aufgelegt und er beschuldigt wird, das er im glauben und glaubens sachen irre, ein abgotterer, idolatra oder ein ketzer sei, in welchen fellen sich menniglicher von seinem gehorsam abziehen mag, ungeacht was ime vor eide oder pflichten geleistet werden. Das sich nu der lobliche erzbischof und churfurst zu Coln von des babst gehorsam abgezogen und abziehen tet, das haben sie nit allein zu gotlichen und heiligen, sondern auch zu seinen selbs rechten fug, welchs bei niemands zweivel haben magk. Mehr sagen auch die bewerten lehrer und scribenten uber seine recht, das ime in solchem valle oder da er ein concilium anzusetzen einmal seumig gewest, nit geburt einig. concilium zu beschreiben, vilweniger darin als das haubt zu praesidirn. So man nu sein eigen schwert und sein eigene recht wider inen neben anderen beholfen gebrauchen mocht, solchs kont nit schaden. So solt auch nit ungut sein, das man durch der wahren religion gewogene und gelerte juristen uff diese punct ratschlege stellen lies, uff das man die, so es zu solcher disputation gereichen solt, bei der hand hette. Das aber die drei bebst nach einander, nemlich Leo, Clemens und der itzige Paulus, unparteiische auch unvorstrickte concilia anzusetzen sich geweigert, das ist offentlich, auch leichtlich anzuzeigen. Dan do Leo der zehnd billich het sollen ein solch concilium wie berurt ansetzen, so verdammet er die warhafftige christliche lehre durch sein bull Coene Domini auch sonst ungehorter sachen. Clemens der siebend, dieweil er kei. mat. mehrmals. zugesagt ein concilium anzusetzen, schickte seinen nuntium den bischof von Ress gebornen Grafen von Rangonibus neben k. mt. oratorn dem von Briande zu churfursten und fursten deutscher nation und lis iren chur. und f. g. beiderseits vorwehnung thun, ein frei christlich concilium anzusetzen, doch uff etzliche artikel, die er ubergeben lies, welche mehr ein hivor unerhorte constriction dann berurte freiheit begriffen und in sich hielten, derhalben churfursten fursten und stende der Augsburgischen christlichen confession von des itzigen babsts Pauli bestimmung eins concilii gen Mantua zu Schmalkalden appellirten, deren sie bis uf den heutigen tag anhengig blieben. Und wiewol genanter babst Paulus seithero mehr concilia angesetzt, so seint es doch eitel parteiisch und kei. mt. und des reichs abschiden ungemesse concilia gewest, wie dan das itzige Trientische auch nit anders zu achten, als aus vorberurten schreiben, so er an k. mt. gethan, clar genug zu vernehmen ist. Und dieweil vielgemelter erzbischof und churf. zu Collen bittet seinen ch. gn. in disem iren obligenden zu rathen und furderung zu thun, so kont zweierlei weg semptlich und sonderlich gebraucht werden, der eine, das sein ch. gn., wie sie ir in iren gegebenen refutation furbehalten, auch davon offentlich protestirt, im valh die gegenparthei von irem furnehmen nit abstehen wurde, darwider dergleichen mittel der appellation hinwider an die hand zu nehmen, das sein ch. gn. furderlich mit auffirung christlicher und vernunfftiger ursachen an ein gemein frei christlich und unparteiisch concilium oder an ein nationalversamblung in deutschen landen zu halten wie kei. mt. sambt churfursten fursten und stendenn dieselb uff gehaltenen reichstegen verabschiedet, appellirte und alle christliche und augsburgische confession pro adherentia requirirten, darzu dann der churfurst zu Sachsen und landgrave zu Hessen insonderheit gut furderung thun wurden. So solt auch der bischof von Munster wie zu verhoffen darzu auch zu vermugen sein, vieleicht auch der churfurst zu Brandenburg und herzog Moritz zu Sachsen. Und das insonderheit in solcher appellation wol und zu aller notturft ausgefurt wurden die ableinung und widerlegung des widerteils appellation materialien mit gotlicher heiliger geschrift und bestendigen spruchen der veter auch der recht und warumb mehrgenanter ersbischof und churfurst zu Coln sic mit der furgenommenen reformation nicht gravirt hette, das auch dieselbe appellation im grunde nichts anders denn ein vorflucht were, dodurch sich gemelte gegenpartei understund an wandel wesen und leben und doctrin auch vorfurischen ceremonien keine reformation und correction von irem ordinario zu leiden, in welchem valle dan auch die canones a correctione kein appellation zuliessen noch derselben wolten stat gegeben haben. Ferner solt auch in solcher appellation die informalitet der gegenteil appellation hirumb wol auszustreichen sein, als dieweil die an den babst und stuel zu Rom beschehen,

welchs sich nit geburt hat noch geburen magk, sondern es
hat ein gemein frei christlich und unparteiisch concilium oder
nationalversamblung in deutscher nation appellirt sollen werden, nachdem der babst im glauben irret, abtrunnig und, so
es auszudrucken und nit der hohen heubter so ime anhengig
daran zu verschonen weren, ein ketzer ist. Welchs dan die
theologi auch juristen in gemelter des erzbischofs von Coln
appellation zu aller notturft wurden zu deduciren wissen. Zu
vorberurten ursachen wolt auch diese anzuzeigen in keinem weg
zu underlassen sein: nemlich das die deutsche nation mit
kei. mat. sich dieser sachen entlichen austrags, do die durch
sonderliche handlungen nit mochten concordirt und verglichen
werden uff berurt gemein frei christlich unparteiisch concilium in
deutscher nation oder ein nationalversamblung zu halten ver-
muge und inhalts viler reichsabschiede, daraus sich der churfurst zu Collen durch der gegenteil vermessene appellation
gar nicht gedecht noch wust furen zu lassen, wer auch
undertenigster trostlicher zuversicht, kei. mat. churfursten,
fursten und stende wurden s. chf. gn. dabei gnedigst und
freundlich auch getreulich helfen schutzen und handhaben
und dem babst zu Rom keins procedirens uff seiner gegenteil
vermessens gestatten. Und schliesslich solten sich auch s.
ch. gn. nach gewenlicher form der appellation dem schutz
schirm und handhabung eins gemeinen freien christliche un-
parteiischen concilii aller christlichen konig und potentaten
und churfursten fursten und stende des heiligen reichs deutscher nation mit seiner chf. gn. bischofftumen stiften landen
leuten undertanen und aller seiner ch. gn. adherenz oder dier
ir kunftiglich adheriren wurden subjiciren und underwerfen.

Und da sein chf. g. furderlich wie berurt appellirten, so
hetten sein chf. g. erstlich wider des babsts proces und ful-
minationes einen ansehenlichen schutz zu rechte, das dannoch
niemands sein churf. g. daruber vor bennisch noch des babsts
proces und fulmina vor creftig halten wurd. Zum andern
ob sich die kei. mt. gleich sonst bewegen wolt lassen dem
babst und der ihrigen partei zu vorhengen oder per imploratio-
nem brachii secularis, so wird man irer mt. mit der appellation
auch mit der ausfürung, so darin zuvorderst irer mt. reichsabschiede halben beschehen, sovil anzeigen und zu gemuet furen,
das ire kei. mt. sich one zweivel nit wurde bewegen lassen. Zum
dritten so weren seinen chf. g. durch der gegenteil appellation,
wie dieselben vermeinen, die hend, in der furgenommenen reformation im namen des Herrn vortzuschreiten, destweniger geschlossen, sondern blieben seinen chf. g. daduich neben den

gegebenen refutatorien offen, und seiner chf. g. christliche handlung mochte vor keine tetliche neuerung oder attentat gehalten werden. Zum vierden wurden die christlichen religionstende davon und durch ire adherenz desto mehr bequemikeit haben das geferlich und arglistig furnehmen der Colnischen geistlichkeit auch universitet und anderer irer anhenger abzuwenden und bei der kei. mt. anzuhalten, solch furnemen als allen reichsabschieden in gemein zuwider bei gemelter gegenpartei furderlich abzuschaffen. Dan das der gegenpartei furgenommen appellation kei. mt. reichsabschieden zuwider, das ist am tage. Dann het ein solcher curtisanischer geferlicher weg in mehrberurter religionspaltung zu frieden und ruhe dienstlich geacht mugen werden und das dem babst die sachen in seinen gewalt und hende zu geben gewest weren, so het es berurter abschid, auch so trefflicher muhe kei. mt. und churfursten und stende des heiligen reichs nit bedurft, noch auch der vilfeltigen disputation, so von cammerrichters und beisitzer parteilichkeit, auch des cammergerichts visitation und reformation halben furgefallen. Doch musten die reichsabschide und andere handlungen nit weiter angezogen werden, dann in deme, das sie von einem gemeinen freien christlichen concilio oder nationalversamlung in deutscher nation zu halten melden. Und nachdeme dan auch mehrgedachte appellation des erzbischofs und churf. zu Collen ein gut vorwehre sein, auch ein ansehenlich occasion uf itzigen reichstag zu Wormbs wider des babsts angesetzt concilium zu Trient und andere dergleichen kunftige practiken zu reden und abzuwenden, so solt in alle wege gut sein, das dieselbe appellation und requisitio oder adherenz nit vorbliebe noch vorzogen wurde. Dann do kei. mt. derselben und der christlich stende adherenz wurden certificirt werden und das sie sich mit des babst furhabendem concilio nit gedechten aus dem reichsabschied furen zu lassen, so wurde es irer mt. ursach geben zu nachdenken und ir mt. bewegen in bemelt des babsts concilium destweniger zu willigen oder dasselbig furgengig zu sein lassen. Solt auch vor rathsamer geacht werden, das die stend der christlichen verein mit und sambt dem erzbischoffe zu Collen wider den babst und sein concilium und wider des von Collen widerteil pro earum et publico interesse appellirten, so kont es auch geschehen. Und wiewol der erzbischof in der christlichen verein nit ist, vielleicht auch seiner chf. gn. underthanen halben dieselb nit annehmen mag, so wurde doch auch mehrgedachter seiner ch. gn. appellation ein voreinigung zum allerwenigsten soweit gemacht, das sein chf. gn. nu fortan in allen religionhandlungen diesen stenden beistendig ane alle vorweis der gegenpartei sein kundt und ire rethe beistendig sein lassen, die sachen Gottes worts helfen zu defendiren und zu vertreten. Dergleichen wurde aus der adherenz des churfursten zu Brandenburg, herzog Moritz zu Sachsen und des bischofs halben zu Munster auch geschehen konnen, die sonst zum teil zu der mitvertretung der waren religion schwerlich zu bewegen. Und solchs bei itzt genannten churfursten und fursten zu erlangen wurde dienen ire freuntliche und erbietliche autwort, so sie des erzbischofs gesanten negst gegeben.

Solt aber derselbe weg der appellation und adherenz des erzbischofs zu Collen oder der gemeinen religionsachen halben nit vor rathsam oder nutz geachtet werden, so wil s. chf. gn. gleichwol mit rath beistand und furderung uf itzigem reichstag und sonst in keinem wege zu verlassen, sundern rethen und botschaften gen Wurmbs zu bevelhen sein, sich damit gegen seinen chf. gn. getrewlich und vleissig zu erzeigen. Welche rethe und botschaften auch durch die grund, so mehrgemelter erzbischof in seiner chf. gn. refutatorien angeregt, auch was in diesem bedenken angezeigt, wol werden zu erwegen und s. chf. g. zu raten wissen, was ausserhalb mehr berurts weges der appellation zu s. chf. gn. bestem und sonderlich der reichsabschied, auch der furstehendem Turkenhulf halben und das die stende der Augsburgischen confession uf die kei. abschiede und bewilligungen nu soviel reichshulf bereitan geleistet hetten, auch mit der itzigen nach eins jeden gelegenheit gern und gehorsamlich thun wurden, dienen muge.

2. *Philipp von Hessen an Butzer und Jakob Sturm.* Kassel 1545 Sptbr. 9.
Aus dem Marburger Archiv. Concept mit vielen Correcturen.

Unsern gnedigen grus zuvor. Erbar und hochgelerten lieben besonderen. Was in namen unsers lieben hern und freunds des ertzbischoffs zu Collen churfurst etc. an uns geworben und uns entdeckt ist, davon findet ir hibei allenthalben copei, darus habt ir zu sehen, was furnemens man wider den guten fromen bischove ist. Dweil nun wir sehen, was in disem fall wider den gedachten bischove furgenomen wirdet, auch befinden, wiewol das reich kei. und ko. mt. ein tapffere hilff wider den Turcken bewilligt ist, das sie unangesehen desselben ehr einen anstand mit dem Turcken treffen und dise ding furnemen, uff das sie der sachen der religion helffen nach irer meinung, zudem das die ding, welche man uns disen stenden zu Speir zugesagt, itzo zu Wormbs uff ein ander meinung getzogen

Sptbr. 9. worden, und dann alle kuntschaft lauten, wi sonderlich Ir, err Jacob, wisset, was von Venedig Polen Rhom und sonst inkomen ist: so ist gewisslich zu besorgen, das der widerpart eines trefflichen furnemens sei und an zweivel uff den nechsten fruling, wo sie so lang beiten. Nun sehen wir aber, das sie es an dem ort angreiffen, da es am weichsten ist als nemlich gegen den bischove zu Collen. Da denken sie seie es pald ausszufuren, aus denen ursachen, dweilig land in sich selbst getrent, der mererteil des Capituls wider den bischove, vil vom adel, auch der Coadjutor und die stad Colln noch der alten religion seien. Item sie wissen, das der bischove nit weitmechtig sondern ein guter frommer einfaltiger mann ist, dessgleichen das wenig seiner reth inen mit treuwen meinen, auch das er mit sonderlichen vestungen in seinem land vil weniger mit geschutz attlarei uberflussigem geld etc. versehen ist. Und gedenken darneben, das inen nichts verdriesslichers sei, dan zu leiden, das erst die bischove auch diser religion werden. Und dweil sie dann auch wissen, das der bischove nit in unser christlichen verstentnis ist, so achten sie, das gegen in am besten anzufahen sei.

Nun will die frag daroff stehen, ob nutz und gut sei dem bischoffe von wegen der einung zu helffen oder nit. Zum andern ob auch muglich sei im zu helffen. Da stehen nun treffliche argumenta pro et contra.

Die argumenta contra seint dises: Das der bischoff ein alter man ist. Wann man lang gros costen muhe und arbeit uffwendet, so mocht er inwendig 2 oder 3 jaren sterben. Kompt dann der Coadjutor dran, der ist wider dise religion und were also vergebens, was man uf die sach gewendet. Dann der Coadjutor möchts nach seiner religion machen und alles das endern, das diser bischoff uffgericht. Zum andern ist der bischove ein man, wie ir inen selbst kennet, das er gar nit zum krig geschickt ist noch die ding, so datzu gehoren, hat, es seien vestungen oder anders wie vorbemeltet. Ist also nit zu zweivelen, sopald der von kaiser und pabst condemnirt ist, und es der kaiser thun will, so nimpt er im den untern stifft was am Rhein hinab ligt, ehr im einige entsetzung zukomen kan.

Die argumenta, so dahin stehen im zu helffen, seindt dises: Lest man den bischove hinziehen und verlasset inen, so ists an zweivel, es pringe allen denen schrecken, so diser religion sein oder gern werden wolten, werdt auch dem widerteil ein grosse freud und gemut machen und ein occassion geben zu sehen, wie wir uff diser seiten bei einander halten.

Und wan wir von diser part zusehn, das sie den bischove als Sptbr. 9. einen churfursten dempften, so wurden sie sagen, faret nun getrost furt, sie haben A gesagt, sie mussen auch B sagen[1]). Nembt wider einen allein fur.

Was nun fur ein elend und jammer im stift Coln ervolge, das ist liderlich zu ermessen. Man wirdet die prediger gotlicher warheit absetzen, den bischove degradiren; er muss entfliehen, der adel und burger, so diser religion sein, werden umb hab, leib und gut kommen und es nit besser gewinnen dann die im Niderland. Und man wirdet in sonderheit auch gegen des bischofs person practiciren, inen zu erhaschen und in gefengnus zu pringen.

Wie aber muglich sei, das der bischove muge entsetzt werden, so anderst der kaiser mit gewalt die sach furnemen wil, ist zu besorgen, das es nit wol muglich sei sonderlich das stift, was dess am Rein liget, wann man solang beitet, bis sie im vorzug sein, zu ensetzen[2]). Dann nichts vest noch der ding zum krig gehorig wie vorgemeldet da ist. Wann aber dise stende sich solten versehen, das durch dise citationes und volgende rechtfertigung es dahin gelangen solt, das der bischove solt mit gewalt degradirt und ubergangen werden, und es solt auch, dweil man siht, das der jegenteil die Colnische reformation, wilch doch gelind gestelt ist, nit leiden will und von dem furstehenden colloquio kein frucht zu verhoffen sei, wie sich das bemelter citationen halben nit wenig zu befaren, sondern allein darumb angefangen sein, unssern stenden darmit die augen zu plenden, bis der gegenteil mit allen dingen fertig wurde, als nemlich mit dem anstand wider den Turcken volligem volzihn des Frankreichss vertrag und anderen sachen: so wer der best und tröstlichst rath in diser sach, das man sie zum furstreich nit komen lesst, sondern den friden suchte und anzeigte: dweil man disen stenden zu Speir hett vil zugesagt, wilchs man itzo zu Wormbs wider retractiret und daruber den guten frommen bischove, der eben unser religion were, von wegen solicher religion umb seine dignitet leib ehr und gut pringen, auch kein christlich unparteiisch, sondern ein verdechtig gantz argwenigs concilium, darin der Papst parth und richter sein solt, halten wolte etc.: so konten dise stend wol gedenken, wan es mit dem bischove zu Collen aussgemacht

---

[1]) Nachträglich ist hier zwischen die Zeilen und an den Rand geschrieben: Halten sie bei einem solchen trefflichen korfersten nit, wes mochten sie bei andern slechtern(?) thun?

[2]) Nachträglich ist an den Rand geschrieben: dass es nit erobert (?) werde. Disse stende mochten es aber widerrecviriren (?).

were, das es mit inen angehen wurdt, dann einerlei verwirkung hab gleiche straff. Derwegen kont ader wiste man in solcher gefar lenger nit zu sitzen. Und daruff muss man mit ernst furtfaren, ein jeglicher furst stad und stand den nechsten bischoff und geistlichen, so bei im sesse und sich nit wolt in christlicher vergleichung gottlichem wort und iren eigenen canonibus gemes halten, zum friden pringen, auch hiebeneben ein gewaltig und trefflich heer von wegen gemeiner verstentnus und religionsverwandten, sovil do darzu willig weren, annemen und underhalten als nemlich bis in 30.000 zu fus und 6000 zu ross mit sampt dem geschutz und und dazu gehoriger notturft. Und dass diss heer dahin zohe, da man sich des grössten widerstands zu besorgen hette. Dises möcht einig der weg sein, dadurch diser sach, wo es Gott haben wolt, mocht geholfen werden¹). Dann wann das beschee und man sich des kont vereinigen, so wurden in kurzen wochen alle bissthumb ader die meisten ader furnemsten zu dieser religion pracht. Es wer auch eines grossen zufalls zu verhoffen, wann Gott nit unfall schickte, das das kriegsvolk geschlagen wurde. Dann on zweivel das volck an denen orten, da die grosse tyrannei ist und da man die armen leut bretet prennet und martert, wurden von wegen der religion und ubermessigen druckung und tyrannei zu disem teil fallen. Gebe dann Gott gluck, als wol bescheen kont, wann man dermassen gefast keme, das ein schlacht erobert, so wurden sich alle sachen besser schicken.

Hierzu aber musste von allen stenden im ersten drei doppelmonat erlegt und die andern drei doppelmonat vor aussgang des zweiten monats auch erlegt werden, uff das kein mangel were das krigsvolk zu bezalen und zu erhalten, dann one das were das krigsvolk ungehorsam und mit im nichts auszurichten Und man musste allher nit eben uff die schnur und zirkelmaes sehen, sondern ein jeder musste desto mer darzu thun und mer dan er schuldig were, uff das man einmal zu bestendigem friden keme und unsere ware religion und die freiheit teutscher nation erhalten mochte. Keme man in der vheind land, so kann man darin sovil brandschatzen, dass dise stend nit vil mehr durften zulegen. Wir zweiveln auch nicht, das so man in zeiten darzu thete und das beste krigsvolk in bemelter anzal anneme, es wurde des ubrigen krigsvolks wenig sein. Kont man nun Engelland und Den-

---

¹) Hier hat Philipp selbst an den Rand geschrieben: wiewol Gott noch vil mittel schicken kann als dotfell, uneinikeit under inen.

mark vermugen an etligen orten mitzuhelffen, so wers ein trefflich gut ding. Wissen auch gewiss das ein trefflich gros schrecken under jenen teil wurd kommen, und das es war sei, so schicken wir euch hibei eine abschrifft von einem brive, den Naves an uns geschriben hat, darus ir zu befinden hapt, wie sie ab dem darin vermeldeten geringen bewerb ein entsetzen haben. Dieses wie erzelet halten wir (menschlich davon zu reden) vor den einigen weg, den uns disem teil on zweivel Gott zeiget, dardurch uns kann geholffen werden. Als nemlich das man ehr in der weher sei und den furstreich nit verliere, dweil man solch trefflich ursach hat, die vor Gott und der welt stehen. *Sptbr. 9.*

Wil man aber dises verachten und so lang harren, bis das sie anheben zu zihen, so werden wir uff diser Seiten den nachteil und schaden leiden wie volgt. Erstlich bekomen sie das beste kriegsvolk aus teutscher nation, dann wer ehr kompt, der hats hinweg. Und obwol von etlichen gutherzigen bedacht, ein jeder solt sein volk daheimen behalten, so ists doch unmuglich, denn man findet in disen landen vil geschlecht, da in einem drei vir oder funf bruder sein, hat einer sechs acht zwelff und wol mehr pferd uffem hals stehen. Die reiten, wer inen am ersten geld gibt, wissen die pferd sonst nit zu erhalten, und pleibt etwo der bruder oder vettern einer daheimen und versihet seinem herrn den lehensdinst. Wann dann der gegenteil das best und jungst krigsvolk, so lust zum reiten tregt, hinweg hat und diss teil soll sich mit den haussleuten allein aufhalten, daroff stehet viel fursorg und wenig hoffnung[1]). Sollten dann wir dise stend reutter und knecht mit wartegeld underhalten, so gehet ein grosser uncost darauff und werdens die stend verdrossen. Underhilten man sie dann allein zween oder drei monat, so dienen sie darnach andern leuten und man hat sie denselbigen gemausset, welch darnach darmit beissen. Dises ist also ein schad, der aus dem zu langen warten entstehet. Der ander schad ist dises, das jene part disem teil on zweivell erstlich den stifft Collen nemen. Danach zihen sie uff uns, so ist unser land auch verdorben, lassens darbei nit, sondern so sie des willens sein, werden sie von Behmen und Ostreich auff die fursten von Sachsen, von Italien uff Augspurg und Wurtenberg und an andern orten mehr uf andere zihen und werden einem jeden

---

[1]) Am Rand ist beigeschriben: Darzu ist zu besorgen, wo sie den furstreich krigen, das unser diesseits eigen underthanen abfall und gross spaltung in stetten werde.

Sptbr. 9. sovil zu schaffen machen, das keiner dem andern kan zu hilff kommen. Werden uns disem teil die land, davon wir solten trost geld steur furung der buchsen wagen munition pferd haben, gentzlich verderben, den armen leuten ir pferd, vihe und all das abrauben, nemen, plundern und on zweivel ir heuser etc. verprennen, also das wir diss teils darnach nit mugen ufkommen, so wir gern wolten. Zudeme wo sie in diss land zihen, so ist die teurung so gros, das da muhe und arbeit sein wurde, wann uns schon ander volck zu hilff zuzihe, dasselbig zu profiandiren. Wann man aber im furstreich were, so durft man des alles nicht, sondern man precht den last uff jenen teil und diss teil hett allen zuschlag und furteil wie ir zu erachten hapt. Welchs alles wir euch derwegen anzeigen, damit ir den dingen nachdenket und uns ewr gemut und bedenken hinwider darauf croffnet. Und beschicht ganz nicht der meinung, das wir gern wolten unglück krig und entperung in teutscher nation anrichten oder erwarten, wissen auch des keinen furteil, wilchs wir mit Gott bezeugen. Zudem haben wir uns auch im braunschweigischen zug beschecnen rumoren und sonst dermassen erschapffet, das warlich in uns gelegenheit nit ist gross geldes spildung zu thun, wo wir des konten umbgang haben. Noch dannost, dweil wir uns entlich furgesetzt bei unser religion zu pleiben und darbei leib hab und gut aufzusetzen, so wolten wir beuten borgen und es machen wie wir konen uff das wir dem wie vorgemelt ist gnug thun möchten. Hettet aber ir ein ander bedenken wissen und meinung, das diser furgang des widerteils halben nit solt von nöten sein, solchs wolten wir recht gern hören. Dan one das, so es solt die meinung haben an uns disen teil zu setzen und denn zu uberraschen, so deucht uns ein weg vil nutzer dann der ander sein und das bey einem weg vil mer den bei dem andern trosts und hoffnung sei. Hirbeneben nun wissen wir, das etliche mugen sagen, wir sein zu sorgveltig. Gott werd all dinge wol machen. Solchs ist war, darbei aber ist zu bedenken und wissen wol, wo Gott einen weg zeigte, der muglich, sovern man den mit Gott und gutem gewissen gehen möcht, dass man Gott nit versuchen soll. Es möchtet auch ir von den stetten denken, man solt des uberzugs erwarten, solchs ist wol ein meinung, aber dem handel unfurstendig. Dann wann wir die fursten dermassen gedempft, das wir euch die stett nicht konten entsetzen, so ists mit euch auch auss. Obschon der gegenteil euch den stetten im ersten nicht mer thuet, dann allein das er euch die strassen niderlegt, so kan euer volck nirgends hin handeln

wabern oder wandeln, darus ein solcher unvalle unter euch Sptbr. 9.
in den stetten werdet, das ir letzlich auch thun musset, was
der gegenteil will. Und ob sich ewer etzliche wolten uf die
eidgnossen lassen, so ist zu besorgen, do man Remer, Spanier
und Italianer an sie precht und sie hetten kein teutsche
menner bei inen, das alsdan uf sie entlich nit zu bawen, zu-
varab wann sie euch in den eben landen als umb strasspurg
suchen wolten. Das alles haben wir also trewer gutherziger
meinung euch zu eroffnen nit wollen underlassen, damit ir
dem handel allenthalben vleissig und stadlich nachzudenken
und uns daruff wider ewer gemut und bedenken zu eroffnen habt. Seint euch darmit wol geneigt. Dat. Cassel
9. Sept. 1545 [1]).

3. *Johann Friedrich an Philipp von Hessen. Lichten-* 1546
berg 1546, Februar 5. Februar 5.
Aus dem Marburger Archiv. Or.

Von seinen Räthen in Frankfurt sei ihm berichtet, was
vom gemeinen ausschus daselbst, uff den valh do unser her
und freund der erzbischof zu Coln in eil wolt uberzogen
werden, bedacht. Nun bedunkt uns dasselbige, sovil den zuzug betrifft, vast weitleufftigk und uf ein ungewisheit gericht
sein, wie one zweivel E. l. als ein kriegsvorstendiger, an die
berurt bedenken auch wirt gelangt sein, selbst leichtlich auch
zu erachten. Dann zudeme das es noch uffzuschreiben
stehet, so soll ein jeder uff gedachts erzbischofs erfordern,
do er hulf benotigt, zu ross und fuss zum eilendsten an die
pletz so benent wurden und also, wie es nit anders zu vernehmen, weil kein anzal gesatzt, mit aller macht zuziehen.
Nu were es wol ein ding, wann es dermassen ervolgte. Wir
besorgen aber, solt es die wege erreichen, welchs der all-
mechtige mit gnaden wende, es werde langsam von statten
gehen und weit felhen, zuvorderst do solcher zuzug wider
kei. mt. bescheen und gemeint sein soll; wie aber gemeltem
erzbischof die zusage wurde geleistet, das kann leichtlich erachtet werden. Solt man auch s. l. benottigt hulf halben nit
ein anders haben schliessen wollen, so were unsers ermessens
besser gewest, man hette ime die zusage nit gethan noch sich
s. l. so weil angenomen wie doch bescheen ist und beschiet.

---
[1]) In einem beiliegenden Zettel macht Philipp Mittheilung über Nachrichten, die hinsichtlich Pfalz eingegangen, und spricht seine Ansichten
über die Pfalz und Dänemark gegenüber zu beobachtende Politik aus. Dies
vertrauliche Schreiben beantwortete Butzer in einem sehr interessanten
Brief vom 26. September.

Februar 5. Dann E. l. wissen wie es pflegt zuzegehen und dergestalt wurde E. l. und uns dieser beschwerliche und sorgliche last allein obligen. Solt auch der zuzug uf alle macht gemeint sein, so ist es auch wol bedenklich genug. Zudeme wurde es allein die treffen, welche denselben leisteten. So wil auch uns insonderheit und one zweivel E. l. in gleichung schwer fallen, nachdem E. l. und wir unser eigen reuter und fusvolk in den zweien braunschweigischen zugen zum teil und in statlicher anzal gebraucht, gemelten zuzug, wie bedacht worden, zu thun, weil wir derselbigen halben keine erstattung erlanget, zudeme das es auch unser landschaften nit wenig beschwert sein werden. Und were demnach unsers ermessens viel besser und bequemer, das es uf ein gewisse anzal und mass gericht, wie in der verfassung begriffen. So het ein jeder gewust, was er thun solte, es were mit leuten oder gelde. Das aber wann der zuzug geschiet von E. l. und uns erst die stende uff einen bestimpten platz sollen bescheiden und mit denselben, wie es ferner zu halten, geratschlagt werden: solchs besorgen wir uns werde gar zu langsam zugehen und dem erzbischof die hulf nur ufhalten. Dann keiner so den zuzug gethan wird furtwollen, es sei dann der beschlus, wie und welcher massen, von den stenden zuvor beschehen. Sol man dan lange stil stehen, so wird es ein grosser vergeblicher costen sein und wan es in des erzbischofs landen geschehen solte s. l. damit mehr entholfen dann geholfen werden. Uber das wil es ganz geferlich sein, das die erforderung der hulf allein uf vielgenannten erzbischof gestellt. Dann nachdem s. l. selbst, auch derselben landschaft vast forchtsam und zaghaft, so werden sie dieselbig wol etwas zu zeitlich und dermassen thun, das dodurch und domit wol kont erregt werden, welchs sonst vermitelst gotlicher verleihung mocht verbleiben und E. l., uns und allen, so sich in dise sachen gelassen, zu unwiderbringlichem schaden und nachteil gereichen. Dorumb bequemer und sicherer gewest, das solche erforderung uf E. l. und etwa anderer mehr stende mit ermessen gestellt worden. Und wiewol wir von disem allen unsern rethen gen Frankfurt auch anzeige und bevelh gethan, mit E. l., do sie noch doselbst zu Frankfurt weren, davon zu reden, uff das die dinge dohin gefurdert, domit darinnen notwendige verenderung und vorsehung gemacht, wie den one zweivel uf E. l. ermessen wol wird beschehen konnen, do aber E. l. von Frankfurt abgereist, das also solchs durch unsere rethe mit E. l. nit mocht geredt werden: so haben wir gleichwol nit underlassen wollen, E. l.

unsere meinung hierinnen durch dis unser schreiben zu er- Februar 5. offnen, damit E. l. desselben wissens, auch der einung, zuvorderst aber E. l. und unser notturft hirinnen zu betrachten habe. Und wollen E. l. gutbedunkens hierauf freuntlich gewertig sein[1]).

---

[1]) Nach der Aufschrift auf der Adresse wurde dieser Brief in Marburg am 11. Februar 1546 präsentirt. Philipp sprach in einem im Weimarer Archiv aufbewahrten Brief, dessen Concept sich in Marburg befindet, sein Einverständniss mit diesen Bedenken aus. „Es wäre weiser gewesen, man hett die ding uf ein gewisheit gericht oder das man dem Bischof nit souiel vertrost hette". Nun müsse man zunächst den Erfolg der Sendung an den Kaiser wie an den Kölner Clerus abwarten. „Sollten die Sachen so eilends furfallen", dass man nicht bis zur nächsten Zusammenkunft warten könnte, so wäre es wohl am besten, Johann Friedrich und Philipp kämen zusammen, um zu berathen, wie die Sachen anzugreifen und welche Hülfe man von einem jeden Stand zu Fuss und Ross einfordern solle. Auf einem beiliegenden Zettel wird die Schuld des in der Kölner Sache gefassten Beschlusses dem Umstand beigemessen, dass die Gesandten von Kriegssachen nichts verstünden. „Darumb gut were das man neben den Doctoribus und anderen gelerten zun tegen auch solche leut ordnet, die der kriegshendel etzwas mehr erfaren".

VII.

Briefwechsel zwischen Canisius und Gropper im Januar und Februar 1547.

1 Peter Canisius an Johann Gropper. Geislingen 1547, Januar 24.
Aus dem Düsseldorfer Staatsarchiv: Chur-Cöln. Geistliche Sachen n. 14. Cop.

Reverende domne Groppere. Gratia domini nostri Jesu Christi semper dignitatem tuam custodiat. Custodivit ea me quidem hactenus, ut si non animo (quod maxime vellem) corpore tamen incolumis ad Cesarem pervenerim. Interea vero dum preeuntem Cesarem assequi conor, plus satis didici verum illud esse quod vulgo dicitur: Miseri, qui castra sequuntur. Et illud etiam: Multa bellum habet inania. Quamquam utinam inania duntaxat, ut militia non simul omnium scelerum foret sentina. Locus hic, in quo biduum egit Cesar, ab incolis Geiseling appellatur et miliaribus tantum tribus ab Ulma distat. Ubinam precesserat legatus ille Verallus, quum heri ante prandium huc accederet. Sed ilico agnitum me ultro excepit cardinalis Augustanus meque tum in hac civitate tum Ulme sibi perpetuo adesse jussit. Adeo benevolentiam erga me suam confirmatam vult heros humanissimus quam Wormatie faustis auspiciis mihi primus ostendit declaravitque. In hujus igitur familia dego, quamdiu inter Cesareanos vestro nomine versari cogor. Et ut rem ipsam teneas, Il. comes a Weda nullos ad Cesarem legatos misit, quos ad palatinum deflexisse mihi fit probabile. Palatinus autem egre admodum in Cesaris gratiam receptus nihil sane iam consuluerit quod rebus vestris obfuturum sit, presertim cum accepti

ab Hermanno illo consilii in religione innovanda non dubiam Jan. 24.
poenitentiam Cesari comprobarit. Granvelanus audita legationis mee causa etiam hoc nobis precatus est, ut Manderscheidt Omphalius et similis farine homines apud Cesarem sese conspiciendos prebeant, quod sicut ipsis ea temeritate nihil magis penitendum ita vobis digna in illos severitate Cesaris nihil facilius impetrandum esse videatur. Arguunt hi consiliarii senatus istius conniventiam, quod accepta Cesaris sententia de confiscatione bonorum doctoris Siberti pergat etiam illum civem istic ferre. Procedat clerus, inquiunt, ad ulteriora. Nullus enim alius in tota Germania Cesari commendatior, nullus omnino spectabilior et publica omni defensione dignior. Testantur id porro viri ut maximi ita fide dignissimi, ut proinde timorem omnem mittere ac in sanctissimo hoc instituto fortissimos animos confirmare debeatis. Causa non tam vestra quam ecclesie agitur. Et propter Jhesum Christum agitur tanto quidem majore vestrum omnium non desitura cum gloria, quo minus et vestris laboribus et sumptibus parcendum arbitramini. Quodsi parum est summi pontificis ac primarii post Christum judicis equissimam obtinuisse sententiam eamque piissimorum omnium suffragiis ac doctissimorum hominum juditiis nusquam non eximie confirmari, saltem illud vel desperantes animos in certam spem erigeret victorie, quod augustissimus Cesar insperato rerum suarum omnium successu potiatur. Gloriantur feroces Franckfordiani et Ulmenses tumidi, quod unius Caroli pedibus accidere supplices queant. Potens Wirtenbergensis dux in deditionem venire sibi gloriosum estimat et Augustensium celsitudo servitute maxima libertatem ut somniebat Evangelicam commutat. Civitates Germaniẹ non minus populose quam florentes ac munitae nunc ad unum omnes gratiam illius ambiunt, quem pertinacibus profecto studiis ac impiis federibus inter se initis velut tirannum quendam insectabant. Et unus adhuc episcopus qui senilibus membris prudentiam senilem excussit, adversus vos et authoritatem omnium majorum sese tueri sufficiet! facile fuerit psittaci vel pavonis tumidam effigiem sibi vindicare; sed quid horum animalculorum tenuitas ad invictam lateque spargentem alas aquilam! Cesarem Ulmae adibo et rem omnem apud D. Verallum illic expediam. Si Deus optimus maximus mihi favere pergat ibidem responsorias ad archiepiscopum nostrum literas a Cesare diligenter petam. Consiliariorum una hec sententia est, expectandum esse responsum statuum et comitiorum istorum successum, post vero plurimum referre, ut que ad regalia spectant alia-

Jan. 24. que similia novus archiepiscopus coram expetat a Cęsare potissimum si (quod credunt omnes) tandem confectis rebus Spiram Cesar sese recipiat. Ego si conditionum rerum istic vestrarum nossem, presertim quc hodie tractate sunt, majorem fortasse ex hac profectione fructum referrem. Ita spero meum perspexistis animum ut meam vobis commendare diligentiam nihil sit opus. Quid ad castra hec felicissima scribitis, est cur cardinalis Augustani fidem et operam imploretis. Confessor vere Christi confessor quem nostis et Obernburger, cui munus illud promissum est, dein Granvellanus et Navius amicissimos mihi vobisque omnibus exhibent sese. Dominus conservet tuam dignitatem et Reverendissimum una cum tota clero incolumem. Ex Keyselingen 24. Jan. 1547. Servus tuus P. Kanisius.

2. Peter Canisius an Johann Gropper. Ulm 1547, Januar 28.

Aus dem Düsseldorfer Staatsarchiv: Chur-Cöln. Geistliche Sachen n. 535. Cop.

Jan. 28. Jhesus. Reverende domine Groppere. Gratia Domini nostri Jesu Christi et pax tecum perpetuo. Scripsi jam istuc sepenumero, ne quid mearum rerum ignoraretis. At 25 januarii una cum Cesare et cardinale Augustano Ulmam ingressus sum, civitatem illam certe nobilem divitem ac imperiali nomine dignam, nisi heretica lues primum eam ab optimo maximo Deo tum ab imperatore fidissimo alienavisset. Dedit autem nunc intellectum vexatio, ut, licet spiritualibus oculis catholicę fidei splendorem necdum recipiat, quia tetra errorum caligo prępedit, nihil tamen obscure jam intelligat que ad externam politiam pacemque publicam spectant. Faxit pax nostra Christus, ut sicut omnes Germaniae civitates preter Argentinam sese voluntati Cesaris per omnia dediderunt ita demum religionis nostre primoribus episcopis dent manus omnes ecclesie hostes ac emuli. Primum, Deo sic volente, effecit incruenta non minus ac insperata Cesaris victoria: alterum atque id longe prestantius efficiet spero, duce Christo, prędicanda s. patrum apud Tridentum synodus que quidem in densissima errorum hac caligine Germanis uti certissimum praesidium affulget. Nunc si rerum nostrarum statum percunctaberis, primum sic habe prudentissime vir, expectari hic anxie vestrorum comitiorum qualemcunque progressum ita ut nisi Cesar quid istic actum sit norit, ad reverentissimum archiepiscopum rescripturus esse non videatur. Proinde mihi tantisper hic morandum suadent (sed non sine

summo meo incommodo), donec rerum vestrarum accepto Jan. 28.
nuncio quid apud Cesarem vestro nomine procurandum sit,
certius fiat. Interim hoc apud reverendissimum cardinalem
Augustanum effectum est necnon apud reverendissimum nuncium et Cesaris consiliarios, ut tum ad cardinales tum ad pontificem de gratis concedendo pallio et bullis expediendis perscripturi sint. Quod ad breve apostolicum attinet, frustra
vobis expectatur, quia Romam nuper a d. nuncio remissum
est. Hoc graviter ferunt etiam amici vestri promissum ante
annum esse mandatum capituli et universitatis quod hactenus
ad concilium haud pervenerit. Quare, quod me istinc abeunte hac in re consultari cepit, exequendum curabitis. Integerrimus vir Obernburger, qui promissos aureos difficulter
accepturus mihi videtur, huc ilico mitti postulat formulam indulti, quod olim Hermannus obtinuit ad deputandum commissarium ante suam inthronizationem ad audiendas causas appellationis ex alto seculari juditio. Quapropter et illius et
meam hic expectationem vestra non frustret diligentia. Si
preterea sculptum sit sigillum archiepiscopi novum, huc mittendum erit exemplar acceptationis ac juramenti. Processus
contra decanum et hujus complices duplici de causa differtur,
tum quod secretarius reveredissimi nuncii queratur ad manum
sibi non esse suos libellos et formularia, tum quod frequens hec
peregrinandi necessitas continuusque motus non sinat processum juris videri satis legitimum atque probatum. Ubi vero
primum alicubi requiescet Cesar posito militari strepitu et
apparatu (id quod forte Auguste continget), arbitror equidem
dictum secretarium suo neutiquam officio defuturum ut mihi
sancte interim pollicitus est. Quod ad regalia ceteraque archiepiscopi nostri privilegia pertinet, hec suo ipse conspectu
impetrarit ac expedierit facillime. Nam presenti talia concedi testantur. De me postremo nihil dicam aliud nisi corporis mei curam Augustano cardinali precipuam esse, qui
nullam mihi humanitatem non clementissime impertit. Utinam
et anime custos adsit perpetuus, qui in hisce turbis atque aule
strepitu me subinde mihi ipsi restituat admoveatque. Novit
Dominus, quanto vestro desiderio tenear in hac Babylone,
tametsi quotidie mihi apud impios sacrificare phas sit. Non
mereor profecto si me ipsum recte inspiciam ut vestre sanctissime civitatis vestre constantissime pietatis et spectator
adsim et maneam cultor. Sperabo tamen (presertim vestris
ac spectatissimi cleri precibus adjutus) brevi fore ut expeditis
pro vestra voluntate omnibus vestro convictu gaudeam et
tranquillitati sue sensus vagantes ac tumultuantes restituam.

Jan. 28. Dominus qui excitatos ventos ac fluvios verbo suo tranquillat, nos omnes hisce tempestatibus concussos ad eterne glorie portum perducat. Amen. Ulme 28 jan. 1547 [1]).
Servus tuus Kanisius Noviomag.
Comes a Weda nihil hactenus apud Cesarem tentare cepit.

Febr. 20. *3. Johann Gropper an Peter Canisius. 1547. Febr. 20.*
Aus dem Wiener Haus-, Hof- und Staatsarchiv. Orig.

Salutem in Christo Jesu. Binas abs te literas accepi unas Keiselinge 24 Januarii, alteras Ulme 28 ejusdem mensis datas, ex quibus mihi volupe fuit intelligere cum sospitatem tuam tum christianissimi cesaris speciosam de ecclesie hostibus victoriam et oecumenici concilii Tridentini optatissimum et felicissimum progressum. Confirmet Deus que cepit in potestatibus a se ordinatis ad consolationem piorum et ecclesie sue, tamdiu misere jactate tranquillationem et pacem. Ejus quoque manus nobiscum quoque fuit, sit illi gratia et gloria in seculum. Amen. Nam ut comitia nostra foelix initium, feliciorem progressum et felicissimum denique finem illo bonorum omnium largissimo datore annuente habuerint, intellexisti haud dubium jampridem, intelliges vero copiosius ex actorum descriptione presentibus apposita [2]). Post que et

---

[1]) Am 14. Februar schreibt Gropper an Adolf, er habe gestern Abend ein neues Schreiben von Canisius aus Ulm erhalten.

[2]), Die Vermuthung liegt nahe, dass Gropper mit diesen Worten den interessanten Bericht über Hermann's Katastrophe bezeichnet, den gerade aus dem Wiener Archiv Bucholtz 9, 389 ff. veröffentlicht hat; die Frage drängt sich auf, sollte etwa Gropper selbst diesen geschrieben haben? oder wenn nicht er, ist nicht eine andere bekannte Persönlichkeit als Verfasser zu ermitteln? Leider liefert die Handschrift des fraglichen Documents keinen Anhaltspunkt zur Beantwortung dieser Fragen. Alfred von Arneth, dessen bekannter Liberalität auch ich zu grossem Dank verpflichtet bin, der u. a. auch meinem Wunsch um Mittheilung einer Abschrift des oben abgedruckten Briefs zu entsprechen die Güte hatte, schrieb mir, dass die Handschrift des von Bucholtz abgedruckten „Aktenstücks, welches offenbar eine von einem Kanzlisten gleichzeitig verfertigte Abschrift ist, sich wesentlich von derjenigen Gropper's unterscheidet, dessen Brief an Canisius im Original vorliegt Damit fällt jedes äussere Kennzeichen einer Identität Gropper's mit dem ungenannten Autor des ersteren Aktenstückes hinweg. Auch ist nicht die geringste Spur der Handschrift Gropper's auf der erwähnten Copie vorhanden". Da mehrfach, namentlich durch Druffel, die Unzuverlässigkeit Bucholtz'scher Abdrücke constatirt worden, erschien auch hier eine neue Collationirung seines Abdrucks mit seiner Vorlage wünschenswerth; es ist nach dieser, von unzweifelhaften, leicht zu verbessernden Druckfehlern abgesehen:
S. 390 Z. 4 v. o. nach archiepiscopum zu lesen: per sententiam pontificiam depositum pro archiepiscopo.

illud scies, reverendissimum die jouis proxime decursa Anderna- Febr. 20.
cum contendisse, ubi non ambigo illum haud aliter quam Bonne
hoc est officiosissime per senatum et populum exceptum.
Mittat illi Dominus auxilium de sancto et de Sion tueatur
eum detque ei mentem rectam et que illi placita sunt et nobis
salutaria cogitandi et omne consilium eius in bono confirmet.
Mihi heri relatum est antiquum dominum ab eo petisse, ut
illi et diem et locum congressus et colloquii condiceret. Quid
futurum sit, nondum sat scio. Vehementer cupit ob sua regalia et alia nonnulla cesarem accedere, quod et facturus est
statim, ubi subditos in fidem receperit rebus aliquantulum
confirmatis. Tibi gratias agit non vulgares, quod jam apud
reverendissimum cardinalem Augustanum[1] effeceris necnon
apud reuerendissimum dominum nunccium et cesaris consiliarios, ut cesaris nomine cum ad cardinales tum pontificem
de gratis concedendo pallio et bullis expediendis scribendum
sit. Et quando dominatio sua reuerendissima jam per Bancum ut vocant Romam scribit, ubi prepositum Hvitfelder habet sua negocia curaturum, te orat, ut memoratas literas
commendatitias quam celerrime fieri poterit expediri et per
Bancum Romam mitti cures additis literis tuis ad prepositum
ipsum. Quod vero scribis frustra exspectari breve quod nuper per nunccium Romam remissum est, nihil refert, nam
nunc eo non indigemus amplius. Optima illa et promptissima
voluntas magnifici domini Joannis Obernburger de reverendissimo benemerendi gratissima ei fuit, quod et quandoque

S. 390 Z. 4 v. o. statt principem electorem zu lesen: principe electore.
S. 390 Z. 10 v. o. „ S. D. N. zu lesen: S. D. R.
S. 390 Z. 15 v. o. „ facta at presentatione zu lesen: facta et pres.
S. 390 Z. 15 v. u. „ dixere zu lesen: decere.
S. 390 Z. 7 v. u. „ injusto „ „ iniuste.
S. 390 Z. 6 v. u. nach octavam zu lesen: noctis memoratum.
S. 391 Z. 2 v. u. statt Caesareis zu lesen: Caesaris.
S. 392 Z. 1 v. o. „ responsam zu lesen: responsum.
S. 392 Z. 19 v. o. „ consideret „ „ confideret.
S. 392 Z. 7 v. u. „ Ut Rmus. „ „ At Rmus.
S. 392 Z. 6 v. u. „ ambibat „ „ ambibant.
S. 393 Z. 12 v. o. „ nudatum „ „ nudatam.
S. 393 Z. 15 v. o. nach multis „ „ ex plebe.
S. 393 Z. 9 v. u. statt Rmum. „ „ Rmam.
S. 393 Z. 8 v. u. „ O. S. „ „ D. S.

[1] In dem Düsseldorfer Archiv findet sich ein Glückwunschschreiben
von Otto von Augsburg an Adolf vom 12. Februar 1547; hier meldet Otto
selbst Adolf, er habe bereits dessen durch Canisius ihm übermittelten
Wunsch entsprochen und wegen der Verleihung des Palliums nach Rom
geschrieben.

Febr. 20. se reipsa comprobaturum dixit. Forma indulti concessa antiquo domino, ut ei liceret ante intronizationem suam causas appellationum ex alto seculari judicio recipere et audire, mitti impresentiarum non potest, nam adhuc cum multis aliis privilegiis et instrumentis per antiquum dominum asservatur. Quare si nihilosetius breve aliquod indultum impetrari possit, effectus subsequentes, id reverendissima sua dominatio cuperet. Sin minus, rejicere oportebit et hunc articulum cum reliquis, donec reverendissimus ipse se cesaris aspectui representet.

Effectus

Nachdem mein gnedigster herr erbuttig vnd gemeint ist sich in kurtzem zu der keys. Maj^t umb ire regalia zu entfahen zu begeben, wie dann sein fürstl. Gnaden solichs irer Maj^t under seinem siegel angezeigt hat, das darumb ire keis. Maj^t seine fürstl. Gnaden verliehen und befelhen wolle, das sie mitler zeit bmelt ir hohe und andere niderige gerichten binnen irer Stat Colln zu bestetten und alle appellationsachen daher annemmen und befelhen moege, unangesehen das sein fürstl. Gnaden ir regalia noch nicht entfangen und in bmelte stat noch nicht ingeritten, nicht widderstehender alter privilegien so filleicht hiegegen hiebevor uffbracht vnd gegeben weren von keisern und romischen kunigen, irer Maj^t vorfaren etc.

Vehementer gaudeo quod impulsus per reverendissimum dominum Augustanum constitueris Tridentum proficisci in concilium[1]); quod sane si feceris et tibi et nobis multum poteris illic commodare. Ubi acta concilii prodierint, te oro ea ad nos ut mittas, vehementer enim illa videre desidero presertim decretum de justificatione hominis. Deus te servet et sospitet, commendabis me istic amplissimis cesaris consiliariis. Datum prepropere ipso die dominico quinquagesime anno salutis 1547

Tibi addictissimus

Joannes Gropper etc.

---

[1]) In dem in voriger Anmerkung citirten Brief schreibt Otto von Augsburg selbst an Adolf, dass „bei dem Concil von Trient wir diesen Canisien als einen gelerten jungen man, der auch ime selbst zu gutem und zu aufnemung und pflegung unseres heiligen glaubens wol etwas begreifen, schaffen und ausrichten mocht, vast gern sehen und darumb ine dahin persuadiret, das er sich uff solich concilium" verfüge; Adolf möge desshalb entschuldigen, wenn Canisius nicht zu ihm zurückkehre.

Frater meus dominus Godefredus Gropper in proximis Febr. 20. comitiis Spirensibus sollicitavit expeditionem cujusdam cesarei privilegii pro abbate et conventu in Bruweiler apud magnificum et spectabilem dominum Joannem Oberburger. Et quia privilegium hoc in forma petita, ut ex ipso abbate accepi, concessum est, et forsan expeditum ita quod nihil ut puto restet quam solutio taxe. Idcirco abbatis nomine te valde oro, ut apud memoratum magnificum dominum Obernburger, agas quo privilegium expeditum ad manus meas veniat cum significatione taxe, quam ego (pro quo his fidem facio) ipsi domino Obernburger bona fide exolvam vel hic, cum jusserit, numerabo, antequam privilegium manus meas exeat. In hoc feceris abbati etc. longe gratissimum[1]).

---

[1]) Auf der Adresse dieses Briefs ist zu lesen: Doctrina virtute ac pietate ornatissimo viro domino Petro Canisio sacre theologie candidato tamquam fratri charissimo et colendissimo. In absentia dentur ad manus magnifici et spectabilis domini Joannis Obernburger in aula cesaris.

VIII.

Hermann's Bibliothek in Buschhoven.

Oft ist beklagt, dass nicht reichlicher aus früheren Zeiten Verzeichnisse von Bibliotheken uns erhalten sind; um so werthvoller war mir, in einer notariellen Urkunde des Düsseldorfer Archivs, einer durchaus zuverlässigen Quelle also, einen Katalog der Bücher Hermann's zu finden. So dringend Vorsicht in dieser Hinsicht geboten ist, doch dürfen wir wohl behaupten, dass auch für die Bildung, die Anschauungen und Bedürfnisse des Besitzers die Zusammensetzung dieser Bibliothek nicht ohne Interesse ist.

Samstag, den 27. August 1552 erschien Notar Anton Bar-Johans, Gerichtsschreiber des hohen Gerichts zu Bonn, im Schloss zu Buschhoven, und nahm Inventar von allem auf, was sich nach Hermann's Tod hier vorgefunden. Er verzeichnete zunächst die Bücher in der stuben des alten Herren neben irer Gnaden schlafkammern: ein alt buch uf pergament geschriben furan intituliert: Incipiunt Capitula libri primi Macchabaeorum.

Item Eusebius de praeparatione Evangelica.
„ interpretatio in librum tertium feudorum Frederici Schenk.
„ Chronica der alten christlichen kirchen.
„ schimpff und ernst.
„ de institutione principum loci communes Lorichii Hadamarii.
„ tomus secundus integrorum scholiorum in Jesum Filium Sirach authore Erasmo Sarcerio.
„ das verpitschiert mit sieben sieglen verschlossen boich Sebastiani Frank.

Item Evangelion secundum Joannem Johannis Brentii.
„ dictionarium latino-germanicum Petri Dasipodii.
„ dictionarium germanico-latinum.
„ enchiridion psalmarum Joannis Campensis.
„ der todt Ottonis Werdmulleren.
„ schimpff und ernst in Pergament gebunden.
„ chronicum regum etc. Pauli Constantini.
„ Augustinus de civitate dei.
„ biblia tipographo Quentel.
„ register des buchs der chroniken und geschichten mit figuren und pildung von anbeginn der welt bis uff diese zeit.
„ astronomicum caesareum.
„ cathalocus episcoporum Germanie tomus primus.
„ Mercurii Trismegisti Pimander de potestate et sapientia dei.
„ psalter gebets weise.
„ declamatio lugubris Coloniae; in gruen seiden gebunden.
„ loci communes Aldendorpii.
„ elucidatio in omnes epistolas apostolorum authore Francisco Titelmanno.
„ paradoxa Sebastiani Franck.
„ biblia Xanti Panvinii Lucensis.
„ dialogus Caroli Figuli.
„ Jesu Christi vita.
„ paraphrases Erasmi in novum testamentum.
„ divi Clementis recognitionum libri decem. Basileę.
„ commentarium urbanorum Volaterrani.
„ quadruplex missalis et expositio misse.
„ Thucidides deutsch.
„ astrolabium planum cum tractatu nativitatis.
„ chronicon Eusebii.
„ Franciscus Petrarcha de remediis utriusque fortune geschrieben.
„ Barbarossa.
„ Franciscus Petrarcha von der artznei beider gluck guten und bösen.
„ ein geschrieben buch de gemmis et lapidibus.
„ Pappa Murmellii.
„ tabula annorum communium et bissextilium.
„ meditatio pia Hieronymi Savonarolę.
„ antwort doctor Johann Groppers an K. M. contra Bucerum.
„ bekenntnuss der dhiener der kirchen zu Zurich.

Item libellus consolatorius ad eos qui patiuntur persecutionem propter justitiam.
„ chronica von der stadt Collen.
„ de sartis tectis ecclesie resarciendis.
„ Artemidori daldiani philosophi de somniorum interpretatione.
„ ein figurbuch in pergament von allen päbsten.
„ Johann von Rativil Ritter.
„ Albertus Magnus.
„ decretum Gratiani.
„ tractatus de virtutibus lapidum ad instantiam Friderici archiepiscopi Coloniensis.
„ weltbuch Sebastiani Franck.
„ Marsilius von Padua von keiserl. maiestat und bäpstlicher gewalt.
„ chronica Sebastiani Franck.
„ Origenis opera per Erasmum versa.
„ herbarius novus.
„ fasciculus rerum conc. Basiliensis.
„ ein klein bibel in pergament geschrieben.
„ gulden arch Sebastiani Franck.
„ commentariolum rerum gestarum apud s. digernum.
„ novus orbis et insularum regionum.
„ dominice precationis explanatio.
„ sehr schone trostspruch fur die engstigen gewissen.
„ enchiridion divi Aurelii Augustini geschrieben.
„ decreta conc. Basiliensis geschrieben.
„ liber psalm. Parisiis gedruckt.
„ liber prophetarum Parisiis getruckt.
„ „ regum „   „
„ precationes biblicę.
„ volumen continens diversarum chronicarum materias in pergament geschr.
„ chron. Sigeberti Gemblacensis.
„ gegenbericht Thomcapitels.
„ polygraphia Johannis Trithemii.
„ ander theil schimpff und ernst.
„ statuta ecclesię Coloniensis.
„ Odissea.
„ chron. Caspar Hedii.
„ Marbodeus de lapidibus preciosis.
„ Herbarius aldt.
„ ad archiepiscopum Coloniensem d: Saxonie etc. fidelis et amica cautio geschrieben.

Item unica via ad concordiam mit derselben hand geschrieben.
„ de historia stirpium auth. Leonardo Fussio cum herbario.
„ de consilio Dei libris tres auth. Johanne Rivio.
„ Fortunatus.
„ explanatio simboli per Erasmum.
„ nachfolgung Christi.
„ naturliche kunst.
„ viola anime.
„ noch allerlei klein buecher nit uffzeichens wirdig.

Nachträge und Berichtigungen.

Zu Abth. I S. 4 Anm. 1 vergl. über die Grösse der Bevölkerung deutscher Städte im Mittelalter die Schmoller's Urtheil bestätigenden Erörterungen von Kirchhoff, Mittheilungen des Vereins f. G. Erfurts, Heft 5, S. 55—123 und L. Weber, Preussen vor 500 Jahren (Danzig 1878) S. 116 ff.; auch durch die Gegenbemerkungen von Frensdorff in Hildebrand's Jahrbüchern für Nationalökonomie 26 (1876), 224 f. wird dieses Resultat im Wesentlichen nicht erschüttert.

Zu S. 10 Anm. 2 vergl. über die Wahl Arnold's von Wied jetzt auch Witte, Die Bischofswahlen unter Konrad III, S. 80 ff.

S. 19 Anm. 1. Nachdem im Herbst 1875 meine „Einleitung" der Druckerei zugesandt war, ist bald darauf einer der wichtigsten hier ausgesprochenen Wünsche erfüllt, die Ausgabe der Kölner Chroniken in den Städtechroniken erschienen. Sehr bedauere ich, dass ich' sie, dass ich namentlich Hegel's Uebersicht über die Geschichte und Verfassung der Stadt Köln nicht mehr benutzen konnte — ebensowenig wie die ebenfalls erst seitdem veröffentlichten Erörterungen von Waitz über Vögte und Städte in der deutschen Verfassungsgeschichte 7, 320 ff. In der Controverse über die Ausdehnung des 1180 an Köln übertragenen westfälischen Herzogthums verwirft Hegel (S. XXXII Anm. 4 und S. CCXLVII) die auch von mir S. 13 Anm. 1 vertretene Annahme, dem Kölner Erzbischof sei damals nur in der Paderborner Diöcese die herzogliche Gewalt übertragen; doch scheint mir auch sein Hinweis auf einige annalistische Notizen nicht im Stande, die von den dort citirten Schriftstellern und neuerdings von Grauert eingehend dargelegten Gründe für die der seinen entgegengesetzte Ansicht zu entkräften.

S. 26 Z. 3 v. u. lies: Alexander VI statt Alexander II.

Zu S. 36 vergl. über Hermann's Bildung auch den Bericht, den Pace über seine Audienz bei dem Erzbischof an Wolsey am 3. Juni 1519 erstattete (Brewer, Letters and papers foreign and domestic of the reign of Henry VIII v. 3, 1, 96). Wie Pace erzählt, bekannte der Erzbischof, nachdem ihm die Briefe des englischen Königs und Wolsey's überliefert waren, dass he had not gretly exerciaydde the Laten tong; er wünschte, sein Bruder, Neuenahr und sein Kanzler, who rulith all aboute him, möchten bei Vorlesung der Briefe gegenwärtig sein. Auch ich finde in diesem Bericht ein stärkeres Zeugniss gegen Hermann's

Bildung als in der oft nacherzählten Aeusserung Karl's V; doch scheint mir auch aus ihm nicht zu folgern, dass Hermann „so unwissend" war, wie neuestens wieder Höfler und Janssen ihn hinstellen. Nach den Mittheilungen des sich scharf gegen die Franzosen äussernden Pace war auf diese auch der Erzbischof übel zu sprechen; obgleich er keine ausdrückliche Erklärung abgab, für wen er stimmen würde, war seine Neigung für Karl erkennbar; einem seiner Freunde sagte er: Ye do well to favor the duke of Austryche and so do I for our old masters sake themperour Maximilian.

S. 80 Z. 5 v. u. lies utrumque statt utcunque.

S. 112 Z. 15 v. u. lies in die er mit statt in der er mit.

S. 129 in der Ueberschrift lies Januar 1543 statt 1542.

S. 137 Z. 5 v. u. lies die Sache des Herrn verhinderten statt die Sache des Herrn recht vertraten.

S. 154 Anm. Z. 3 v. o. lies Zeitschrift für historische Theologie 1859, 642 ff. 1859, 162 statt 1959, 397.

In Abth. II S. 28 Z. 10 v. o. lies hervorragendes psych. I. statt hervorragend p. I.

„ „ II „ 28 Anmerk. „ Meuser, Interim 363 statt Gropper 362.

„ „ II „ 29 „ 11 v. o. „ Cochlaeus statt Latomus.

„ „ II „ 49 „ 5 „ „ „ sich gröblich statt sich glücklich.

Verzeichniss
der abgekürzt angeführten handschriftlichen und gegedruckten Quellen und Bearbeitungen.

Alten, F. v., Christoff von Oldenburg und die Grafenfehde (1534—1536). Hamburg 1853, Perthes, Besser und Mauke.
Arnoldi, J., Geschichte der Oranien-Nassauischen Länder und ihre Regenten. Dritter Band, Erste und zweite Abtheilung. Hadamar 1801. 1816 in der neuen gelehrten Buchhandlung.
Baum, Capito und Butzer Strassburgs Reformatoren (Leben und Schriften der Väter und Begründer der reformirten Kirche, 3. Theil). Elberfeld, 1860, Friderichs.
Baumgarten, Hermann, Jakob Sturm. Rede gehalten bei Uebernahme des Rectorats der Universität Strassburg am 1. Mai 1876. Strassburg, Trübner.
Berliner Handschrift in der Königlichen Bibliothek zu Berlin. Ms. Boruss. 846.
Bianco, Die alte Universität Köln und die späteren Gelehrten-Schulen dieser Stadt. I. Theil. I. Abtheilung: Die alte Universität Köln. Köln 1858, Gehly.
Bindseil, Melanchthonis epistolae judicia consilia testimonia aliorumque ad eum epistolae quae in Corpore Reformatorum desiderantur. Halis Saxonum 1874, G. Schwetschke.
Brieger, Th., Gasparo Contarini und das Regensburger Concordienwerk des Jahres 1541. Gotha 1870, F. A. Perthes.
— —, Die Rechtfertigungslehre des Cardinal Contarini, Theologische Studien und Kritiken. 45. Jahrgang (1872), Erstes Heft, S. 87—150.
— —, Gropper (Johann), Allgemeine Encyclopädie der Wissenschaften und Künste. Erste Section. Theil 92 (Leipzig 1872, Brockhaus), S. 219—242.
Bucholtz, F. B. v., Geschichte der Regierung Ferdinand des Ersten. Aus gedruckten und ungedruckten Quellen. Bd. I—IX. Wien 1831 ff. C. Schaumburg.
Butzer, Von den einigen rechten wegen und mitlen deutsche nation in christlicher Religion zu vergleichen. Strassburg 1545, W. Rihel (Vollständigen Titel s. 2, 29).
Canones concilii Coloniensis provincialis sub Hermanno Colon. ecclesiae archiepiscopo celebrati a. 1536. Quibus adjectum est Enchiridion Christianae institutionis. Coloniae 1538.
Cornelius, C. A., Geschichte des Münsterischen Aufruhrs. Bd. 1 und 2. Leipzig 1855—60, J. O. Weigel.

C. R. = Corpus reformatorum. Vol. 3—5: Melanchthonis opera quae supersunt omnia ed. Bretschneider vol. 3—5. Halis Saxonum 1836—89, apud Schwetschke et filium. — Vol. 38—40: Joannis Calvini opera quae supersunt omnia vol. 10—12. Brunsvigae 1872—1874, apud Schwetschke et filium.

Cosack, Zur Geschichte der evangelischen ascetischen Literatur in Deutschland. Aus dem Nachlass des Verfassers veröffentlicht von B. Weiss. Basel und Ludwigsburg 1871, F. Riehm.

Daniel, Herm. Adalb., Codex liturgicus ecclesiae universae in epitomen redactus. T. II: C. l. ecclesiae Lutheranae. Lipsiae 1848, T. O. Weigel.

Deckers, M., Hermann von Wied. Erzbischof und Kurfürst von Köln. Köln 1840, Du Mont-Schauberg.

X Döllinger, J., Die Reformation, ihre innere Entwicklung und ihre Wirkungen. Bd. 2 und 3. Regensburg 1848, J. G. Manz.

Drouven, G., Die Reformation in der Kölnischen Kirchenprovinz zur Zeit des Erzbischofes und Kurfürsten Hermann V, Graf zu Wied. Neuss und Köln 1876, L. Schwann.

Droysen, Joh. Gust., Geschichte der preussischen Politik. Zweite Auflage. Zweiter Theil: Die territoriale Zeit. 1. und 2. Abtheilung. Leipzig 1868—70, Veit und Comp.

Druffel, August von, Beiträge zur Reichsgeschichte 1546—1551 (Briefe und Akten zur Geschichte des 16. Jahrhunderts mit besonderer Rücksicht auf Bayerns Fürstenhaus. Dritter Band. Erste Abtheilung). München 1875, M. Rieger.

— —, Kaiser Karl V. und die römische Curie 1544—1546. Erste Abtheilung: Vom Speirer Reichstag bis zur Berufung des Trienter Concils. (Aus den Abhandlungen der königl. bayer. Akademie der Wissenschaften. III. Cl. XIII. Bd. II. Abth.) München 1877.

— —, Des Viglius van Zwichem Tagebuch des Schmalkaldischen Donaukriegs. München 1877, M. Rieger.

D. A. = Düsseldorfer Archiv.

Ennen, Leonard, Geschichte der Stadt Köln, meist aus den Quellen des kölner Stadtarchivs. Bd. 1—4. Köln und Neuss 1862—75, L. Schwann.

Epistolarum miscellancarum ad F. Nauseam episcopum Viennensem singularium personarum libri X. Basileae 1550.

Fiedler, Relationen venetianischer Botschafter über Deutschland und Oesterreich im 16. Jahrhundert. Fontes rerum Austriacarum. Zweite Abtheilung 30. Band. Wien 1870.

Gachard, Trois années de l'histoire de Charles-Quint (1543—1546) d'après les dépêches de l'ambassadeur Venitien Bernardo Navagero (Extrait des bulletins de l'academie royale de Belgique 2. série, t. XIX). Bruxelles 1865, C. Muquardt.

Gerdes, Daniel, Scrinium antiquarium sive miscellanea Groningana nova ad historiam reformationis ecclesiasticam praecipue spectantia. T. I—IV. Groningae et Bremae 1748—55, Spandaw, Barlinkhof & H. W. Rump.

Goebel, Max, Geschichte des christlichen Lebens in der rheinisch-westfälischen evangelischen Kirche. Erster Band (—1609). Koblenz 1849, K. Bädeker.

Gropper, An die Römsche Keyserliche Majestat Warhafftige Antwort und gegenberichtung uff Martini Buceri frevenliche clage und angeben. Köln 1545, Gennep. (Vgl. 2, 29.)

Hamelmann, Herm., Opera geucalogico-historica de Westphalia et Saxonia inferiori congesta ab E. C. Wasserbach. Lemgoviae 1711, H. W. Meyer.

Harzheim, Jos., Bibliotheca Coloniensis. Coloniae 1747, Odendall.
Hassencamp, F. W., Hessische Kirchengeschichte im Zeitalter der Reformation. Bd. 1 und 2. Bandes erste Abtheilung. Marburg 1852—55, Elwert.
Hinschius, Paul, Das Kirchenrecht der Katholiken und Protestanten in Deutschland. 2. Bd. 1. Hälfte: System des katholischen Kirchenrechts, Fortsetzung. Berlin 1874, Guttentag.
Jacobson, Geschichte der Quellen des Kirchenrechts des preussischen Staats. Vierter Theil: Die Provinzen Rheinland und Westfalen. Dritter Band: Das evangelische Kirchenrecht. Königsberg 1844, J. H. Bon.
Jacoby, Hermann, Die Liturgik der Reformatoren. Zweiter Band: Liturgik Melanthons. Gotha 1876, F. A. Perthes.
Krafft, Carl, Aufzeichnungen des schweizerischen Reformators Heinrich Bullinger über sein Studium zu Emmerich und Köln und dessen Briefwechsel mit Freunden in Köln. (Abdruck aus der Zeitschrift des Bergischen Geschichtsvereins [Bd. VI] mit Hinzufügung eines urkundlichen Anhangs und Registers.) Elberfeld 1870, S. Lucas.
— —, —, Mittheilungen aus der Matrikel der alten Kölner Universität, Zeitschrift für preussische Geschichte 5 (1868), 467—503.
— —, —, Quellen der Geschichte der evangelischen Bewegung am Niederrhein, Theologische Arbeiten aus dem rheinischen wissenschaftlichen Predigerverein, herausgeg. von Evertsbusch. 1. Bd. (1872), S. 1—60.
— —, —, Briefe Melanthon's, Bucer's und der Freunde und Gegner derselben, Theologische Arbeiten 2. Bd. (1874), S. 12—91.
— —, —, Kritischer Ueberblick über die auf die Geschichte der evangelischen Kirche im Gebiet des Niederrheins sich beziehende Literatur. Theologische Arbeiten 3. Bd. (1877), S. 66—147.
— —, Carl und Wilhelm, Briefe und Documente aus der Zeit der Reformation im 16. Jahrhundert nebst Mittheilungen über Kölnische Gelehrte und Studien im 13. und 16. Jahrhundert. Elberfeld (1876), S. Lucas.
Kuyper, A., Joannis a Lasco opera recensuit, vitam auctoris enarravit. T. 1 und 2. Amstelodami 1866, F. Muller.
Lacomblet, Th. Jos., Archiv für Geschichte des Niederrheins. Bd. 5. Düsseldorf 1865.
— —, Urkundenbuch für die Geschichte des Niederrheins. Bd. 1—4. Düsseldorf 1840—58.
Laemmer, Hugo, Monumenta Vaticana historiam ecclesiasticam saeculi XVI illustrantia. Friburgi 1861, Herder.
Lanz, Karl, Correspondenz des Kaisers Karl V. Bd. 2. Leipzig 1845, Brockhaus.
— —, —, Staatspapiere zur Geschichte des Kaisers Karl V. Bibliothek des literarischen Vereins in Stuttgart. Bd. 11. Stuttgart 1845.
Laspeyres, Geschichte und heutige Verfassung der katholischen Kirche Preussens. Erster Theil. Halle 1840, Buchhandlung des Waisenhauses.
Liessem, H. J., Johann Gropper's Leben und Wirken (Erster Theil) im Osterprogramm des Kölner Kaiser-Wilhelm-Gymnasiums 1876.
M. A. = Marburger Archiv.
Maurenbrecher, Romeo, Die Rheinpreussischen Landrechte. Erster Band. Bonn 1830, Ed. Weber.
— —, Wilhelm, Karl V und die deutschen Protestanten 1545—1555. Düsseldorf 1865, J. Buddeus.

Maurenbrecher, Wilhelm, Studien und Skizzen zur Geschichte der Reformationszeit. Leipzig 1874, F. W. Grunow.

Meshov, Arnold, Historia defectionis et schismatis Hermanni comitis de Weda vor der Ausgabe der vier Bücher Michaelis ab Isselt de bello Coloniensi von 1620.

Meuser, Artikel zur Geschichte der Kölnischen Theologen des 16. Jahrhunderts in der von Dieringer herausgegebenen Katholischen Zeitschrift für Wissenschaft und Kunst: über Billick im ersten Jahrg. (1844) 2, 62—67, über Gropper ebenda 183—212 und 366—390, über das Regensburger Interim von 1541 im 2. Jahrg. (1845) 1, 352—364, über Mathias Cremer im 2. Jahrg. 2, 76—90.

Nebe, A., Zur Geschichte der evangelischen Kirche in Nassau. Abtheilung 1—4. — Nikolaus Herborn. In den Denkschriften des evangelisch-theologischen Seminars zu Herborn für die Jahre 1863—68.

Neudecker, Ch. Gotthold, Urkunden aus der Reformationszeit. Cassel 1836, J. C. Krieger.

— —, Merkwürdige Aktenstücke aus dem Zeitalter der Reformation. Erste und zweite Abtheilung. Nürnberg 1838, Fr. Nap. Campe.

Pückert, Wilhelm, Die kurfürstliche Neutralität während des Basler Concils. Leipzig 1858, B. G. Teubner.

De Ram, Documents relatifs à la nonciature de Pierre Vorstius. Compte rendu de la commission d'histoire ou recueil de ses bulletins. 3 série. T. 6. Bruxelles 1864.

— —, Nonciaturre de Pierre van der Vorst. Nouveaux mémoires de l'académie de Bruxelles. T. 12. Bruxelles 1839.

Ranke, L. v., Sämmtliche Werke. Bd. 1—6: Deutsche Geschichte im Zeitalter der Reformation. Vierte Auflage. Bd. 1—6. — Bd. 25 und 26: Genesis des preussischen Staats. — Bd. 37: Die römischen Päpste in den letzten vier Jahrhunderten. Sechste Auflage. Bd. 1. Leipzig 1867—75, Duncker und Humblot.

Raynald, Annales ecclesiastici ab anno 1198, ubi card. Baronius desinit. T. 21, P. 1. Romae 1656.

Reck, J. St., Geschichte der gräflichen und fürstlichen Häuser Isenburg, Runkel, Wied, Weimar 1825. (Vgl. S. 10, Anm. 1.)

Reiffenberg, Frid., Historia societatis Jesu ad Rhenum inferiorem. Coloniae 1763, W. J. Metternich.

Richter, Aemilius Ludwig, Die evangelischen Kirchenordnungen des 16. Jahrhunderts. Bd. 1 und 2. Weimar 1846.

Riess, Florian, Der selige Petrus Canisius aus der Gesellschaft Jesu. Aus den Quellen dargestellt. Freiburg 1865, Herder.

Röhrich, Timotheus Wilhelm, Geschichte der Reformation im Elsass. Bd. 2. Strassburg 1832, F. C. Heitz.

— —, — —, Mittheilungen aus der Geschichte der evangelischen Kirche des Elsasses. Bd. 2 und 3. Strassburg 1855, Treuttel und Würtz.

Rommel, Christoph von, Philipp der Grossmüthige, Landgraf von Hessen. Nebst einem Urkundenband. Bd. 1—3. Giessen 1830, G. F. Heyer.

Rösler, Robert, Die Kaiserwahl Karl's V. Wien 1868, Tendler und Comp.

Ruble, Alphonse de, Le mariage de Jeanne d'Albert. Paris 1867, Ad. Labitte.

Salig, Christian August, Vollständige Historie der Augsburgischen Confession. Bd. 1. Halle 1730, Renger.

Schmidt, Charles, La vie et les travaux de Jean Sturm. Strassbourg 1855, G. F. Schmidt.
Schweckendieck, W., Dr. Albert Hardenberg. (Aus dem Jahresberichte des Gymnasiums besonders abgedruckt.) Emden 1859, H. Woortmann.
Scotti, J. J., Sammlung der Gesetze und Verordnungen, welche in dem vormaligen Churfürstenthum Köln ergangen sind von 1463—1816. Bd. 1 (1463—1730). Düsseldorf 1830, J. Wolf.
— —, Sammlung der Gesetze und Verordnungen, welche in Jülich und Berg ergangen sind von 1475—1818. Bd. 1. Düsseldorf 1821, J. Wolf.
— —, Sammlung der Gesetze und Verordnungen, welche in Cleve und Mark ergangen sind von 1418—1816. Bd. 1. Düsseldorf 1826, J Wolf.
Seckendorf, V. L. a, Commentarius de Lutheranismo. Editio secunda emendatior. Lipsiae 1694, J. Fr. Gleditsch.
Seibertz, Joh. Suibert, Landes- und Rechtsgeschichte des Herzogthums Westfalen. Bd. 1, Abth. 1—3. Arnsberg 1845—64, A. L. Ritter.
Senden, De Joanne Sleidano reformationis Coloniensis sub Hermanno de Weda archiepiscopo scriptore. (Bonner Dissertation 1870.) Coloniae 1870, Du Mont-Schauberg.
Sleidan, Jo., De statu religionis et reipublicae Carolo V caesare commentarii. Editio nova delineata ab J. G. Boehmio, adornata multisque annotationibus illustrata a Christiano Carolo am Ende. P. 1—3. Francofurti 1785—96, Varrentrapp et Wenner.
Spiegel, Bernhard, D. Albert Rizäus Hardenberg. Ein Theologenleben aus der Reformationszeit. (Separat-Abdruck aus dem 4. Band des Bremischen Jahrbuchs.) Bremen 1869, C. E. Müller.
State-Papers published under the authority of her majesty's commission. King Henry the eight, vol. 9—11. London 1849—52.
Steitz, G. E., Dr. Gerhard Westerburg. Archiv für Frankfurts Geschichte und Kunst. Neue Folge. Bd. 5 (Frankfurt a. M. 1872), S. 1—215.
Stobbe, Geschichte der deutschen Rechtsquellen. Zweite Abtheilung. Braunschweig 1864, C. A. Schwetschke und Sohn.
Stüve, B., Geschichte des Hochstifts Osnabrück. Zweiter Theil (1508—1623). Jena 1872, F. Frommann.
Voigt, Georg, Moritz von Sachsen 1541—1547. Leipzig 1876, B Tauchnitz.
— —, Johannes, Briefwechsel der berühmtesten Gelehrten des Zeitalters der Reformation mit Herzog Albrecht von Preussen. Königsberg 1841, Bornträger.
Waitz, Georg, Lübeck unter Jürgen Wullenwever und die europäische Politik. Bd. 1—3. Berlin 1855—56, Weidmann.
Walter, Ferdinand, Das alte Erzstift und die Reichsstadt Köln. Bonn 1866, A. Marcus.
Ernestinisches Archiv in Weimar.
Wied'sches Archiv im Schloss zu Neuwied.
Die in dem Miscellanband der Bibliothek in Wolfenbüttel 79 Jur. fol. befindlichen Einzeldrucke verzeichnet Salig 1, 541 f.
Wolters, Albrecht, Konrad von Heresbach und der Clevische Hof zu seiner Zeit, nach neuen Quellen geschildert. Elberfeld 1867, S. Lucas.
Zeitfuchs, Joh. Arn., Stolbergische Kirchen- und Stadt-Historie. Frankfurt und Leipzig 1717, A. Schallen.

Alphabetisches Personenverzeichniss.

(Wenn keine 2 vorausgeht, bezeichnen die Zahlen die Seiten der ersten Abtheilung. Heilige, Fürsten und Angehörige fürstlicher Häuser sind nach den Vornamen, alle übrigen Personen, auch die Grafen nach den Familiennamen aufgeführt.)

Adolf, Herzog von Cleve 17.
Adolf von Schaumburg, Coadjutor, dann Erzb. von Köln 41. 134. 146. 153. 177. 206. 209. 214. 271—278. — 2, 60. 64. 101.
Aesop 191.
Agrippa von Nettesheim 29. 69. 84.
Aich, Arnt von 163.
Albertus Magnus 4. — 2, 122.
Albrecht II., Erzb. von Mainz und Magdeburg 201. 267.
Albrecht, Herzog von Preussen 211. 212. 216. 229.
Aleander 53. — 2, 7.
Alexander VI., Papst 26.
Alstorf, Johann 277.
St. Ambrosius 170. 176.
Amsdorf 229. 230.
Anno, Erzb. von Köln 4. 12.
St. Antonius 173.
Arcimbold 60.
Arnold von Wied, Erzb. von Köln 10. 11. — 2, 124.
Arnsberg, Gottfried von 16.
St. Augustin 170. 176.

Bastian, Hermann 153. 154.
Beichlingen, Friedrich von 38. 130.
      " Johann von 147. — 2, 56.
Bellinghausen, Peter 91. 119. 127.
Benne, Heinrich 2, 21.

Bernhard von Clairvaux 81.
Billick, Eberhard 165—175. 200. 204. 252. 269—272. 279. — 2, 49—51.
Bing, Simon 2, 93—95.
Bitter, Dietrich von Wipperfürth 70. 119. — 2, 23.
Blankfort, Hermann 134. 137.
Blomevenna 95.
Bommel 97.
Bonifaz IX., Papst 26. — 2, 4—6.
Bonnus, Hermann 123.
Brauweiler, Arnold von 249.
Brenz, Johann 2, 120.
Broichschmidt, Arnold 51.
Bronchorst, Johann aus Nymwegen (Noviomagus) 162.
Brück 230. 231. 259.
Bruno, Erzb. von Köln 4. 12.
Bruschius 115. 157. 165.
Büchel, Dietrich von 146. 177. 215. 227. 264. 266. 276. — 2, 85. 88. 89. 91—95.
Bullinger 33. 119. 247. — 2, 23. 59. 60.
Burmann, Johann 2, 13. 14.
Buschius 169.
Butzer 28. 37. 80. 100—216. 225—231. 247. 251—253. 259. 267. 270. 276. — 2, 28—91. 103—109. 121.
Butzer, Wibrandis geb. Rosenblatt, Wittwe Oekolampad's und Capito's 123.

9*

Buwerdinck, Wilhelm 52-54.

Caesarius 33. 34. 56. 59. 61—63. 89. 164. 169. 161.
Calvin 101. 105. 106. 121. 135. 209. 229.
Campeggio 2, 26.
Canisius, Peter 202. 251. — 2, 112—119.
Capito 101. 114. 122. 123. — 2, 30—42. 46.
Cappertz, Peter aus Dulken 55.
Christoph, B. von Augsburg 105.
Christoph, Erzb. von Bremen 147.
Christoph von Oldenburg 89. 92. 257. 263.
Cicero 191.
Clarenbach, Adolf 56. 63. 67.
Claudius, Joachim 248.
Clemens VII., Papst 48. 50—54. 64. 111. — 2, 8—25. 99.
Cochlaeus 63. 115. 167. 251—253. — 2, 124.
Contarini 94.
St. Cornelius 174.
Cranen, Johann 54. 55. — 2, 25.
St. Cyprian 80. 81.

Dasypodius 2, 121.
Dereser 51.
Dhaun, Philipp von, Graf zu Falkenstein, Herr zu Oberstein 257. 264.
Dietrich von Mörs, Erzb. von Köln 22. 25. 27.
Dolzig, Hans von 157. — 2, 96.
Donat 191.
Duns Scotus 4.

Ebel, Jakob 277.
Echt, Johann 164. 277.
Eck, Johann 113. 115. 116.
Eck, Leonhard von 2, 81.
Eckhart 4.
Eichholtz 92.
Einhorn, Hieronymus 129. 206.
Engelbert von Berg, Erzb. von Köln 4. 14.
Engelbrecht, Anton 271.
Enschringer 2, 66. 75.
Erasmus 36—39. 60. 69. 70. 191. — 2, 121—123.
Erasmus von Limburg, B. von Strassburg 123.
Eugen IV., Papst 2, 3. 4.

Faber, Johann 92.
Faber, Peter 201. 202.
Fabritius, Dietrich 56. 61—64. 71. 164.
Feige, Johann 113. — 2, 78. 79.
Ferdinand I., König 40. 70.
Franck, Sebastian 2, 120—122.
Franz I., König von Frankreich 100. 111. 213. 214. 226—229. 242.
Franz von Waldeck, B. von Münster, Minden und Osnabrück 71—73. 123. 124. 148. 209. 245. 247. 270. — 2, 56. 60. 62. 66. 96. 100. 103.
Friedrich I., Kaiser 11. 12. 20. 21.
Friedrich II., Kaiser 97.
Friedrich III., Kaiser. 18.
Friedrich von Wied (Hermann's Neffe), Erzb. von Köln 279.
— — (Hermann's Bruder), B. von Münster 36. 53. 257.
Friedrich, Kf. von der Pfalz 264. 270.
Friedrich d. Weise, Kf. von Sachsen. 39. 87.
Frölich, Georg 229. 231
Funk, Heinrich 2, 83. 84.

Gennep, Caspar 142. 168. 237. — 2, 45. 48—52.
Georg von Braunschweig, Dompropst in Köln, Erzb. von Bremen 147. 234. — 2, 56. 78.
Georg, B. von Lüttich 242. — 2, 94.
Georgii, Bernhard von Paderborn 52—54. 251. — 2, 8. 13. 25. 26.
Glarean 33.
Gleichen, Christoph von 130. 131. 156. 206. — 2, 78. 86. 89.
Gonzaga 212.
Gottfried von Viterbo 3.
Graben, Tilmann vom 69. 71. 90. — 2, 53.
Granvella 98. 99. 113—116. 244. 256. 272. — 2, 31—43. 78. 112—114.
Grevenbroich, Wilhelm von (Insulanus) 17. 83.
Gropper, Caspar 90. 92. 135.
—, Gottfried 135. — 2, 119.
—, Johann (Vater des Folgenden) 135.
—, Johann 29. 51. 69. 71—84. 94. 95. 101. 109. 110. 114—122. 129—139. 150—152. 176. 183. 206. 207. 214. 223—225. 232—279. —

2, 13. 14. 26—52. 55— 90. 112—119. 121.

Hadrian VI., Papst 48.
Haes 225. 246.
Hagen, Bernhard von 51. 52. 69. 99. 129. 131. 134. 136. 138. 150—152. 233. 262. 278. — 2, 13. 14. 30. 67—71. 86.
Hanau - Lichtenberg, Philipp IV. von 199.
Hanau-Münzenberg, Philipp von 267.
—, Reinhard von 267.
Hardenberg, Albert 102. 104. 178. 215. 216. 227. 246—249. 276.
Hausmann 177. 225. 226.
Hedio 85. 99. 101. 122. 149. 157. 158. 211—215. 229. — 2, 46. 53. 65. 122.
Heinrich V., Kaiser 219.
Heinrich von Braunschweig 123. 214. 246. 260. — 2, 92. 93.
Heinrich VIII., König von England 111. 211. 217. 246. 270.
Held, Mathias 98.
Helvetius, Konrad 169.
Herborn, Nicolaus (Ferber) von 53. 56. 61. 94. — 2, 7.
Hercules Gonzaga, B. von Mantua 94.
Heresbach 72. 210.
Hermann von Hessen, Erzb. von Köln 18.
Hermann von Wied, Erzb. von Köln 8. 35—56. 66—95. 98—101. 108—218. 220—280. — 2, 7—125.
Hesiod 192.
Hieronymus 81.
Hieronymus von Verallo, Erzb. von Rossano 263. — 2, 112. 113.
Hirtzhorn, Eucharius 92.
—, Gottfried 92.
Hochstraten, Jakob 33. 61. 62.
Hoya, Gr. von 246.
Hubert, Konrad 2, 54.
Hummel, Heinrich (Augustin) 60. 67.
St. Hupert 174.
Hutten 85.

Jakob, Erzb. von Trier 25.
Ingenwinkel, Johann von 51. 52. 94. — 2, 8. 14—22.
—, Konrad von 52. — 2, 14. 21.
—, Otto von 2, 21.
Innocenz III., Papst 20.
Insulanus s. Grevenbroich.
Joachim II. von Brandenburg 82. 83. 112. 227. — 2, 32. 56. 93. 100. 103. 245.
Johann III., Herzog von Cleve 17. 27. 40—42. 45. 52. 70—75. — 2, 3. 16.
Johann Gebhard, Erzb. von Köln 2, 49.
Johann Friedrich von Sachsen 70. 82. 83. 87. 139—141. 156. 157. 204. 208. 226—231. 245. 258—261. 264—271. — 2, 56. 57. 89. 90. 92—111.
Johann IV., Erzb. von Trier 200. — 2, 64. 66. 75. 78. 79. 83.
Jonas, Jakob 201.
—, Justus (Vater) 169. 171.
—, Justus (Sohn) 158.
Isenburg, Bruno von 35.
—, Johann von 233. 272. — 2, 86. 89.
—, Wilhelm von 56. 61. 64.

Kannengiesser, Peter 129. 130.
Karl V., Kaiser 36—41. 64. 97—101. 111. 113. 210—218. 222. 226—230. 232. 234. 237. 243. 244. 246—278. — 2, 22. 30—43. 53. 94. 92—118.
Karlstadt 61. 231.
Klopris 64. 71.
Knipius, Johann Andronicus 147. 148.
Knüttel 158.
Köllin, Konrad 34. 94.
Konrad III., deutscher König 10. 11.
Konrad von Hochstaden, Erzb. von Köln 4.
Konrad von Wittelsbach, Erzb. von Mainz 12.
Kremer, Mathias von Aich 168. 175. 176.
Kriech, Tilmann 129. 130.
Kuiff, Georg 249.
Kymeus 2, 59.

Laen, Dietrich ter von Lennep 127. 134. 148. 177. 241. 250. — 2, 79. 94.
Lalaing, Philipp von 272—275.
Lambert von Avignon 59. 158.
Lambert von Hersfeld 3.
a Lasco, Johann 199. 247. 248. 270.

Latomus, Bartholomaeus 200. 201. 251.
Leningus 2, 59.
Leo X., Papst 26. 38. — 2, 99.
Leopold von Oesterreich 3.
Leyen, Margarethe von der 2, 64.
Lilie, Hermann 267.
Link 60.
Longolius, Gisbert 162.
Lorich, Gerhard von Hadamar 2, 120.
Löwenberg, Siebert 93. 100. 101. 113. 211. 213. 250. 258. 264. 265.
Ludwig von der Pfalz 149. — 2, 64. 71.
Lump, Johann 63. 63.
Luther 60. 87. 101. 103. 106. 116. 141. 171. 196. 201. 209. 229—231.
Lutzenburg, Bernhard von 94.

Manderscheid, Arnold von 86. 267.
—, Dietrich von 86. 99. 115—117. 246. 267. 275. — 2, 30. 113.
—, Dietrich (der Jüngere) von 2, 63. 80.
—, Franz von 2, 63. 64.
—, Margarethe (geb. Wied) 87.
Maria-Lyskirchen, der Pfarrer von 159. 163.
Maximilian I., Kaiser 38. 39.
Medmann, Peter 48. 85. 66. 99. 101. 126. 127. 131. 140. 164. 215. 227. 245. 258. 276. — 2, 57.
Meinertzhagen, Johann 83. 159—163. 215. 232. 235. 236. 249. 276.
Melanchthon 26. 37. 50. 65. 86. 93. 99. 101. 105. 106. 115. 140. 141. 148. 158. 159. 164. 168—199. 203—210. 212. 213. 215. — 2, 53. 57. 62. 64. 82. 83. 85. 89. 90.
Menno Symons 247. 248.
Metzler 169.
Mont 211. 226.
Moritz von Sachsen 245. 260. — 2, 64. 93. 96. 100. 103.
Morone 133. — 2, 7.
Mörs, Margarethe s. Wied.
Mosellanus 169. 191.
Mosham, Rupert von 120.
Mülen, Caecilie (geb. von Aich) 163.
—, Lorenz von der 153. 163. 171. 177. 256. 270.
Myconius 87.

Nassau, Heinrich von 40. 41.
—, Juliane (geb. Stolberg) 67.

Nassau, Wilhelm 40. 41. 67. 140. 147. 159. 206. 208. 225. 227. 232. 267. 270. — 2, 58. 61. 91—93. S. auch Oranien.
Nausea 53.
Naves 237. 243. 244. 255. 265. 268. — 2, 114.
Neuenahr, Adolf 279.
—, Anna (geb. Wied) 68.
—, Hermann von 33. 34. 59. 68.
—, Humbert von 147. 225. 279. — 2, 58.
—, Wilhelm von 68. 87. 99. 100. 134. 147. 208. 214. 267. 275. — 2, 20. 23. 58.
St. Nicolaus 173. 174.
Nolden von Crefeld 52—54. — 2, 25. 26.
Nopel, Johann 119. — 2, 43. 44.
Noviomagus s. Bronchorst.

Obernburger 2, 114—119.
Oekolampad 85. 123. 231.
Oldenburg s. Christoph.
Oldendorp 88—92. 159—162. 167. 168. 172. 252.
Omphalius 262. — 2, 113.
Oranien, Wilhelm von 279.
Osiander 176. 177.
Otto I., Kaiser 12.
—, IV., Kaiser 219.
Otto, B. von Augsburg 269. — 2, 112—118.
—, B. von Freising 3.
Ovid 191.

Paul III., Papst 54. 149. 156. 202. 209. 243. 255. 269. 271. — 2, 25—27. 93. 97. 99—101.
Petrarca 3. — 2, 121.
Pflug 115. 118.
Philipp von Hessen 8. 36. 37. 53. 64. 92. 93. 107—117. 123—125. 139—142. 148. 149. 156. 203. 204. 210. 216. 226—231. 241. 245. 246. 258—261. 264—271. 279. — 2, 31—43. 53—90. 92—111.
Philipp von Heinsberg, Erzb. von Köln 4. 13. 14. 16.
— von Dhaun, Erzb. von Köln 18. 34. 36.
Phokylides 192.
Pighius, Albert 116. 133. 176.
Pistorius 115. 149. 157. 158. 217. — 2, 65. 75. 80. 82. 84.

Pius II., Papst 3. 4.
— VI., Papst 82.
Poggio, Johannes 202.
Pole 94.
Pruckner 84. 85. 93. 99. 164.

Rehberg 149. — 2, 75.
Reinald von Dassel, Erzb. von Köln 4. 7. 12. 13.
Rennenberg, Wilhelm von 148. 247.
Reuchlin 34.
Rheidt, Johann von 60.
Rheineck, Philipp von 267.
—, Thomas von 130. 233—278. — 2, 89. 90.
Rhein- und Wildgraf Jakob 256—259. 263.
Richard von Baiern 150. 153. 257. 264. — 2, 66. 80.
Richardi, Adam 125.
Richwin, Johann 2, 45.
Rink, Richard 204.
Romberch 94.
Runkel, Dietrich von 35.
—, Friedrich von 35.
Ruprecht, Erzb. von Köln 22. 23.
Ryswick, Siebert zu Cleve 2, 21.

Sadolet 94. 95.
Sarcerius 87. 147. 158. 276. — 2, 58. 61. 120.
Savonarola 2, 121.
Sayn-Wittgenstein, Georg von 131. 150. 233. 262. 278. — 2, 20. 56. 66—71. 86. 89.
Schreiber, Hieronymus 158. 164.
Schuler, Johann 129.
Schwenkfeld 231.
Sickingen 102.
Siegen, Arnold von 64. 65. 91.
Siegfried, Erzb. von Köln 14.
Simler, Georg 169.
Sittardt, Cornelius 90. 91. 164.
—, Heinrich Andreas 90. 91.
Slachheck 2, 21.
Sleidan 80. 100. 119. 200. 266. — 2, 46—52.
Sobius, Jakob 33. 56. 59. 60.
Söll, Christoph 28. 126. 169. — 2, 53. 54.
Spalatin 87. 209.
Spangenberg, Cyriacus 2, 50—52.
Spiegel 81.
Steinwieck, Nicolaus 129. 130.

Steuper 149. 157. 171. — 2, 65. 75. 80.
Stolberg, Anna von 68.
—, Botho von 68.
—, Eberhard von 87.
—, Heinrich von 87. 88. 146. 147. 150. 153. 156. 177. 203. 205—208. 224. 225. 256—258. 261—263. 267. 268. 271. 276. — 2, 56. 58. 66—72. 77. 79. 80.
—, Ludwig von 89. 267.
—, Philipp von 87.
—, Wolfgang von 88.
Strubbe, Johann 162.
Sturm, Jakob 101—103. 204. 229. 246. 259. 260. — 2, 46. 54. 57. 103—109.
—, Johann 37. 106. 119. 191. 200. — 2, 45. 46.

Tanchelm 7.
Thann, Eberhard von der 204—209.
Thiel, Johann von 237.
Tinknagel 2, 21.
Thomas von Aquino 4.
Tungern, Arnold von 34. 61.

Ulrich von Würtemberg 2, 39. 40. 113.

Vadian 133. 247.
Veeze 98.
Veltwyck, Gerhard 114. 212. — 2, 30. 31. 33—43.
Verallo s. Hieronymus.
Viglius van Zwichem 272—275.
Virneburg, Agnes von 35.
Vlatten 121.
Vliesteden, Peter 63.
Vollebier, Dietrich 158.
Vorst, Peter van der 53. 74. 75. 83. 84.

Wallenstein, Werner von 204.
Weilburg, Jodocus von Erbach 2, 13. 14.
Weinsperg, Hermann 63.
Wesel, Arnold von 59.
Westerburg, Arnold 65. 71. — 2, 63. 64.
—, Gerhard 29. 56. 61—65. 71. 173. 249. 276.
Westphal, Joachim von Magdeburg 167.

Wichmann, Erzb. von Magdeburg 12.
Wied, Agnes (geb. Virneburg) 35.
—, Elisabeth (geb. Nassau) 40. 87.
—, Johann (Hermann's Bruder) 35. 40. 85—87. — 2, 14.
—, Johann (Sohn des Vorigen). 99. 277. — 2, 91.
—, Margaretha (geb. Mörs) 68.
—, Wilhelm von 68. S. auch Friedrich und Hermann.
Wilhelm, Herzog von Berg 2, 4—6.

Wilhelm, Herzog von Cleve 113. 121. 123. 156. 157. 209—218. 226. 278. — 2, 3. 32. 59. 63. 65—68. 73—75. 82—85. 88.
Wilich, Quirin von 59. 73.
Wilshausen, Heinrich von 234.
Witte, Degenhard 69.
Wotton 217. 226.
Wullenwever 89.
Wyman, Hildebrand zu Deventer 2, 21.
Zwingli 85. 231.